企业全面预算管理

（第二版）

张长胜 ◎ 著

ENTERPRISE'S
TOTAL BUDGETING
MANAGEMENT

图书在版编目(CIP)数据

企业全面预算管理/张长胜著. —2 版. —北京:北京大学出版社,2013.1
ISBN 978 - 7 - 301 - 17480 - 7

Ⅰ. ①企… Ⅱ. ①张… Ⅲ. ①企业管理 - 预算管理 Ⅳ. ①F275

中国版本图书馆 CIP 数据核字(2012)第 205701 号

书　　　　名:	企业全面预算管理(第二版)
著作责任者:	张长胜　著
责 任 编 辑:	赵学秀
标 准 书 号:	ISBN 978 - 7 - 301 - 17480 - 7/F · 3302
出 版 发 行:	北京大学出版社
地　　　　址:	北京市海淀区成府路 205 号　100871
网　　　　址:	http://www.pup.cn
电 子 信 箱:	em@pup.cn　　　　QQ:552063295
新 浪 微 博:	@北京大学出版社　　@北京大学出版社经管图书
电　　　　话:	邮购部 62752015　发行部 62750672　编辑部 62752926
	出版部 62754962
印 　刷 　者:	三河市博文印刷有限公司
经 　销 　者:	新华书店
	787 毫米×1092 毫米　16 开本　27.5 印张　631 千字
	2007 年 3 月第 1 版
	2013 年 1 月第 2 版　2022 年 8 月第 8 次印刷
定　　　　价:	56.00 元

未经许可,不得以任何方式复制或抄袭本书之部分或全部内容。
版权所有,侵权必究
举报电话:010 - 62752024　　电子信箱:fd@pup.pku.edu.cn

再版说明

自 2007 年 3 月至今,北京大学出版社出版的《企业全面预算管理》已经整整六年了。承蒙读者的厚爱,本书历经七次印刷,发行总量超过 2 万册。作为本书的作者,除了对读者、对出版社充满了感恩之心,还对能够为全面预算管理在我国各界的学习研究、推广应用做出微薄贡献而感到由衷欣慰。

全面预算管理是一门与时俱进的学科,其理论探索与实务操作具有很大的发展空间。经过五年的时间,作者在全面预算管理的研究上又有一些新的成果需要奉献给社会,与广大读者和同仁分享。为此,特推出《企业全面预算管理》第二版。

第二版在保留原书基本框架的基础上,做了三项重大改进:

一是完善了全面预算和全面预算管理的有关理论。本书明确提出全面预算由经营预算、投资预算、财务预算构成;财务预算由利润预算、现金预算和财务状况预算构成;筹资预算从属于投资预算和财务预算。基于这一观点,第二版删去了原书中的"筹资预算"一章,将筹资预算的相关内容分别融进了"投资预算"和"财务预算"的章节。

二是改进、完善了各种预算编制方法和内容。本书进一步明晰了各预算数据之间的勾稽关系,并增加了间接材料消耗预算、发货数量预算、所有者权益预算等预算编制内容。

三是对预算编制案例进行了全面升级。本书所举的同一案例贯穿于预算编制大纲、预算编制、预算执行、预算控制和预算分析全过程,实现了预算编制环节、执行控制环节、分析环节的环环相扣、相互衔接,有助于读者理清预算编制数据的来龙去脉,以及预算编制与预算执行、预算控制、预算分析之间的相互关系。

经过第二版的改进与完善,本书系统性强、理论与实务紧密结合和通俗易懂三个特点更加得以彰显。

北京大学出版社总编辑助理林君秀老师和责任编辑赵学秀老师对本书第二版的出版发行做了大量工作,在此表示衷心感谢。

最后,热切希望广大读者和致力于全面预算管理研究的专家、学者多提宝贵意见,以期本书的不断改进和完善。

张长胜
2013 年 1 月 3 日

Foreword

前 言

全面预算管理是以企业战略规划为依据,集计划、控制、协调、激励、评价等功能于一体的,贯穿于企业供产销各个环节、人财物各个方面的现代化企业管理系统,是被国内外众多企业实践证明的行之有效的科学管理方法。

全面预算管理自从 20 世纪初叶在美国企业诞生以来,很快成为企业管理的标准作业程序,对现代工商企业的成熟与发展起到了重大推动作用。时至今日,全面预算管理早已成为西方工业发达国家企业必备的、基础性的管理制度,是西方投资者和企业家管理运营企业的一种必备的管理方法和手段。

进入 20 世纪 80 年代后,随着西方管理会计理论引入我国,全面预算管理的理论和方法开始在我国企业中得到传播和应用;20 世纪 90 年代中后期,全面预算管理逐步为中国的大中型企业所接受,部分企业开始推行全面预算管理。

进入 2000 年后,全面预算管理这一科学的企业管理方法引起了国家经济主管部门、企业理论界和企业实务界的高度重视:

原国家经贸委在 2000 年 9 月颁布的《国有大中型企业建立现代企业制度和加强管理的基本规范(试行)》中明确提出:企业应建立全面预算管理制度;财政部于 2002 年 4 月颁布了《关于企业实行财务预算管理的指导意见》,进一步提出了企业应当实行包括财务预算在内的全面预算管理。

在企业理论界,许多专家、学者对我国全面预算管理的运行模式、系统构架进行了开拓性研究和论述,有关全面预算管理的研究成果、理论专著也陆续面世;在企业实务界,广大企业纷纷推行全面预算管理,并结合企业管理实际情况进行了大胆探索和创新。

国家经济主管部门、管理理论家、众多的企业家已经达成共识:全面预算管理是实现公司治理和企业整合的最基本、最有效的方法,是管理和运营现代企业的必备制度和手段。

可以预言:21 世纪,必将是全面预算管理在中国企业的快速发展期和成熟期。

基于对全面预算管理重要性的深刻认识,也基于企业管理的现实需要,笔者在20世纪90年代中期担任亚星集团副总经理兼总会计师职务时,就将全面预算管理运用于自己所供职的企业,并取得了显著成效。尔后,自己与全面预算管理结下了不解之缘,时断时续地进行了十余年的理论研究和实践探索。现在,我将多年来的研究成果编纂成书奉献给广大的企业经营管理者、企业理论界的专家、学者,以及其他对全面预算管理感兴趣的读者,以期对全面预算管理在我国的理论研究和应用推广做点力所能及的工作。本书具有以下两个显著特点:

一是系统性强。全面预算管理是一项系统性的管理活动,从过程看,涉及预算编制、执行、控制、核算、分析、考评等诸多环节;从内容看,涉及经营预算、资本预算、筹资预算、财务预算等多种预算。本书对全面预算管理的所有重要环节和所有预算类型都进行了阐述和讲解,可以帮助读者系统学习、掌握全面预算管理的理论和方法。

二是理论与实务密切结合。全面预算管理是一门综合性、实践性都很强的管理科学,涉及企业管理活动的方方面面。笔者集30年企业管理之经验,努力将书写得通俗易懂、贴近实务。特别是在预算编制的举例上不仅完全模拟企业实务,而且列举的案例几乎涵盖所有的预算类型,非常有助于企业实际工作者理解和模拟应用。

本书的出版得到了北京大学出版社的大力支持,特别是经济与管理图书事业部主任林君秀老师和策划编辑朱启兵老师为本书的出版发行给予了鼎力支持,在此表示衷心感谢。

我的学生皇甫晓敏不辞劳苦,为全书做了文字校对工作,在此表示由衷感谢。

为写好本书,我研究了数百万字的论文专著,参考了大量文献资料。在此,向各位作者一并表示诚挚的谢意。

由于全面预算管理在我国的理论研究还处于初级阶段,加上笔者水平所限,书中不妥之处在所难免,敬请各位同仁、读者不吝赐教。

张长胜

2006年11月21日

目 录

第一章 概 论 ··· 1
  第一节 预算管理的产生与发展 ··· 1
  第二节 全面预算的含义、内容与分类 ····································· 7
  第三节 全面预算管理的含义和内容 ······································ 15
  第四节 全面预算管理的特征与功能 ······································ 22
  第五节 全面预算管理模式 ··· 26
  第六节 推行全面预算管理的必然性和迫切性 ·························· 30
第二章 全面预算管理的前提与基础 ·· 37
  第一节 实施全面预算管理的前提条件 ·································· 37
  第二节 实施全面预算管理需加强的基础工作 ························· 41
  第三节 全面预算管理的制度体系 ·· 48
第三章 全面预算的编制方法 ··· 60
  第一节 固定预算法与弹性预算法 ·· 60
  第二节 增量预算法与零基预算法 ·· 64
  第三节 定期预算法与滚动预算法 ·· 69
  第四节 概率预算法与作业预算法 ·· 74
第四章 全面预算管理的组织体系 ··· 83
  第一节 全面预算管理组织体系的设置原则 ···························· 83
  第二节 全面预算管理的决策机构 ·· 85
  第三节 全面预算管理的工作机构 ·· 88
  第四节 全面预算管理的执行机构 ·· 92
第五章 全面预算的目标 ··· 99
  第一节 预算目标概述 ··· 99

第二节　预算目标的影响因素 …………………………………………… 102
　　第三节　预算指标体系 …………………………………………………… 106
　　第四节　预算目标的确定方法 …………………………………………… 115
　　第五节　预算目标的分解 ………………………………………………… 123

第六章　全面预算编制的准备 …………………………………………… 133
　　第一节　全面预算编制准备概述 ………………………………………… 133
　　第二节　全面预算编制的程序和起点 …………………………………… 135
　　第三节　全面预算表格的设计 …………………………………………… 141
　　第四节　预算编制的期间与时间 ………………………………………… 146
　　第五节　预算编制大纲 …………………………………………………… 147

第七章　经营预算 …………………………………………………………… 162
　　第一节　经营预算概述 …………………………………………………… 162
　　第二节　销售预算的编制 ………………………………………………… 164
　　第三节　生产预算的编制 ………………………………………………… 181
　　第四节　供应预算的编制 ………………………………………………… 204
　　第五节　期间费用预算的编制 …………………………………………… 222
　　第六节　其他经营预算的编制 …………………………………………… 234

第八章　投资预算 …………………………………………………………… 247
　　第一节　投资预算概述 …………………………………………………… 247
　　第二节　投资预算管理 …………………………………………………… 250
　　第三节　投资项目的财务评价 …………………………………………… 256
　　第四节　投资项目的不确定性分析 ……………………………………… 266
　　第五节　固定资产投资预算的编制 ……………………………………… 279
　　第六节　其他投资预算的编制 …………………………………………… 294

第九章　财务预算 …………………………………………………………… 299
　　第一节　财务预算概述 …………………………………………………… 299
　　第二节　利润预算的编制 ………………………………………………… 301
　　第三节　现金预算的编制 ………………………………………………… 310
　　第四节　财务状况预算的编制 …………………………………………… 328

第十章　预算执行与控制 …………………………………………………… 335
　　第一节　预算执行与控制概述 …………………………………………… 335
　　第二节　预算执行 ………………………………………………………… 338
　　第三节　预算控制 ………………………………………………………… 349
　　第四节　预算的审计监控 ………………………………………………… 364

第十一章　全面预算的核算 ………………………………………………… 368
　　第一节　责任会计概述 …………………………………………………… 368
　　第二节　责任会计的核算模式 …………………………………………… 372
　　第三节　责任中心的核算 ………………………………………………… 376

  第四节 责任中心的资金结算 ·· 384
第十二章 预算分析与考评 ·· 390
  第一节 预算分析概述 ·· 390
  第二节 预算差异分析的实施 ·· 396
  第三节 预算考评 ·· 417
主要参考文献 ·· 428

第一章 概 论

预算应用于企业管理已经有百余年的历史。由此诞生的全面预算管理早已成为市场经济发达国家企业必备的、基础性的管理制度,是投资者和企业家管理运营企业的一种必备的管理方法和工具。随着我国社会主义市场经济的日益完善和不断发展,全面预算管理也正在成为中国企业必备的、基础性的管理制度。

第一节 预算管理的产生与发展

一、预算管理的产生与发展

预算管理是从国家预算开始萌芽发展的,是伴随着资本主义生产方式的不断发展而逐步完善的。

人类从奴隶制社会开始就出现了国家财政收支活动。在 12 世纪至 14 世纪,英国的贵族和大地主开始对国王的课税权进行一定的限制,规定国王课税必须得到议会的同意。1215 年,英皇签署的《大宪章》明确规定:英皇未获议会同意不得征税。此后,英国议会又提出对国王需要开支的款项,由议会决定用途;政府的各项财政开支,必须事先做出计划,经议会审查通过后才能执行。1640 年英国资产阶级革命后,议会君主制的英国,其财政大权已受到议会的完全控制:议会核定的国家财政法案,政府必须遵照执行;政府在财政收支执行中,必须接受监督;财政收支的结算,必须报议会审查。1689 年,英国议会通过的《权利法案》规定:财政权利永远属于议会;君主、皇室和国家机关的开支都规定一定的数额,不得随意使用;必须规定国家机关和官吏处理财政收支的权限和责任,国家机关和官吏在处理财政收支时,必须遵守一定的法令和规章。这样,国家财政与各方面所发生的一切财政分配关系,都具有法律的形式,并由一定的制度加以保证。这种具有一定法律形式和制度保证的国家财政分配关系,就是国家预算,其具体表现形式就是国家财政收支计划。

预算管理自19世纪末开始应用于企业管理,至今已有百余年的历史,大致经历了引入期、发展期和成熟期三个阶段。

(一) 引入期(19世纪末—20世纪20年代)

最早将预算管理应用于企业管理的是美国企业。第一次世界大战结束后,美国的工商企业得到了迅速发展,公司规模不断扩大,母子公司、集团公司不断涌现,企业管理的幅度和层次日趋复杂,管理的分权化成为必然。如何做到既分权管理又有效控制,成为企业发展的一个突出问题。原有的管理手段和方法,在如何有效管理、控制母子公司、集团公司上已相形见绌。于是,一些企业管理者开始将预算管理的方法引入企业,以此来计划、协调、控制企业的生产经营活动。

20世纪初,美国的杜邦公司是一家由家族控制的、专门生产炸药的大公司,拥有健全的采购、营销网络和遍布全国各地的四十多家工厂。1899年,杜邦二世辞世后,杜邦公司因为缺乏一个强有力的接替者,传统的经营管理秩序几近崩溃。1902年,在杜邦家族拟将公司变价出卖的生死关头,三位年轻的杜邦堂兄弟用2 000万美元买下了杜邦公司。在此后几年中,引进了系统管理方式,建立起按职能划分的组织结构,利用经营预算、现金预算和资本预算卓有成效地将财权和监督权集中起来,这成为用预算管理整合纵向型集团公司的典范。

通用汽车公司创立于1908年,其创始人威廉·C. 杜兰特(William C. Durant)非常精于创业。1910年,公司刚成立两年,他就以"股票换股票"的方式将二十多家汽车制造厂、汽车零部件制造厂及汽车推销公司合并起来,其中包括别克、奥兹莫比尔、凯迪拉克、庞蒂克等知名汽车企业,形成了一家巨型汽车企业。但由于杜兰特对所属企业缺乏有效协调,公司很快陷入财务危机且被摩根银行接管,自己也不得不因此而下台。但摩根银行也无法使通用汽车公司摆脱困境。杜兰特退出通用汽车公司后,与路易斯·雪佛兰(Louis Chevrolet)一起组建了雪佛兰汽车公司,取得了辉煌的经营成就,并于1916年将通用汽车公司从摩根银行的控制下重新夺了回来。但1920年,杜兰特又同样因财务危机而永远地离开了通用汽车公司。1923年,A. P. 斯隆(A. P. Sloan)担任通用汽车公司的总经理。他针对公司产品多样化的特点,建立了多分部的组织结构,并通过预算管理实行"分散权责、集中控制",使通用汽车公司脱离了财务危机,这成为用预算管理整合横向型集团公司的典范。

1911年,被称为科学管理之父的美国人弗雷德里克·温斯洛·泰罗(Frederick Winslow Taylor)创立了"科学管理"学说,第一次系统地把科学方法引入管理实践,在美国许多企业中得到广泛推行,促进了企业管理水平和劳动生产效率的提高,也促进了企业预算管理理论的发展。其科学管理理论中的标准成本(Standard Cost)、预算控制(Budget Control)、差异分析(Variance Analysis)等专门方法都成为预算管理中常用的方法。1921年6月,美国国会颁布了《预算与会计法》,使预算管理的职能被人们普遍了解,工商企业纷纷将预算管理引入企业,使预算管理成为企业管理的重要工具。1922年,美国全国成本会计师协会第三次会议上,以"预算的编制和使用"为专题展开了研究,掀起了1923—1929年全美会计师与工程师协同研究预算控制问题的高潮。随后,英国、德国、日本的一些企业也开始效仿、采用预算管理制度。与此同时,一些学者也纷纷对预算管理理论进行了研究。1922年,被誉为美国管理会计创始人的著名学者 J. O. 麦金西(J. O. Mckinsey)出版了美国第一部系统论述预算控制的著作《预算控制论》(*Budgetary Control*),将预算管理理论及方法从控制论的角度进行了详细介绍。该书的出版发行,标志着企业预算管理理论开始形成。

在引入期,预算管理作为协调、控制企业各职能部门经济活动的管理方法受到人们的普遍重视,预算管理在市场经济发达国家企业得到了迅速普及。

(二) 发展期(20世纪30—70年代)

进入20世纪30年代,特别是第二次世界大战结束后,一方面,现代科学技术突飞猛进并大规模应用于生产,使生产力获得了十分迅速的发展;另一方面,资本主义企业进一步集中,跨国公司大量涌现,企业的规模越来越大,生产经营日趋复杂,企业外部的市场情况瞬息万变,竞争更加激烈,致使企业利润率普遍下降。这些条件和环境的变化,不仅要求企业的内部管理更加合理化、科学化,而且要求企业具有灵活反应的适应能力。否则,企业就会在激烈的竞争中被淘汰。为此,企业管理当局开始更加重视经营预测和决策工作,并在广泛推行职能管理的基础上,吸收、采用了大量先进的管理理论和方法,如盈亏平衡点分析、弹性预算法、变动成本法、差额分析法、现金流量分析法等,以辅助管理当局按照最优化的要求,对企业极为复杂的生产经营活动进行科学的预测、决策、组织、安排和控制,促使企业的生产经营活动实现最优化运转,从而大大提高了企业管理的科学化、现代化水平,有效提高了企业的适应能力和竞争能力,也促进了企业预算管理的发展与完善。

第二次世界大战结束后,伴随着现代科学技术的发展和生产社会化程度的提高,西方出现了许多新兴的管理思想和门类众多的管理学派。这些管理思想和管理学派对预算管理的理论和实践都产生了一定的积极影响。

20世纪40年代,西方的一些管理学家把行为科学的原理应用到职能管理上,形成了"行为科学管理"(Behavior Scientific Management)学派。这种学派主要是应用社会学和心理学的一些原理和方法研究如何调整人与人之间的关系,引导并激励人们在生产经营活动中充分发挥人的主观能动性。预算管理在其发展过程中吸收了行为科学的理论,提倡和推行自上而下、自下而上的预算编制程序,使企业所有层次的管理者和关键岗位的员工都参与预算的编制,形成了参与型的预算管理,从而使编制的预算更加接近实际,更加具备科学性和可行性。

20世纪50年代,西方的另一些管理学家把数量经济的原理与运筹学的方法引入管理科学中,形成了"数量管理"(Quantitative Management)学派。这种学派主要是将管理视为数学的程序、概念、符号和模型的演算。预算管理在其发展过程中吸收了数量管理的理论,运用运筹学和数理统计的原理及方法,首先将复杂的经济现象建立数学模型,然后通过电子计算机进行演算,促进了预算管理从预测、编制到执行、控制得更加科学化。

20世纪60年代,西方的一些管理学家将系统论的原理引进现代管理科学内,形成了"系统管理"(Systems Management)学派。该理论认为,任何企业都可以看成是一个人为的系统,而系统是一个有一定目的、由相互联系和相互作用的各个部分所组成的复杂整体。因此,管理人员在执行各项管理职能时,绝不能从局部的、个体的最优出发,而应从全局的、经营管理的各个组成要素的总体出发,来实现对经济活动的最优化规划和控制。人们把系统管理的思想引入预算管理的全过程,使企业预算管理得到进一步完善。

20世纪70年代,伴随着"灵活管理"(Contingency Management)学派的出现,零基预算(Zero-base Budgeting)在西方工业发达国家兴起,零基预算的应用使预算管理在理论和方法上都有了新的进展。1970年,美国德州仪器公司(TI)的彼得·派尔(Peter Pyhrr)首先成功地将零基预算法应用于公司费用预算的编制。1971年,该公司的所有部门都成功采用了零基预算法编制预算。同年,担任佐治亚州州长的詹姆斯·厄尔·卡特(James Earl Carter)饶有兴趣地读了彼得·派尔关于零基预算法的文章,马上聘请彼得·派尔为佐治亚州建立了零基预算制度,并成功地将零基预算法应用于政府预算的编制。1979年,时任美国总统的詹姆斯·厄尔·卡特又指示联邦政府全面实行零基预算,从而使零基预算法在美国颇为盛行。随后,零基预算法在许多国家先后推行,零基预算成为政府及企业管理界的一个流行词。

在发展期,预算管理从理论、方法到应用实践,都在西方工业发达国家得到了迅速而全面的发展。

(三) 成熟期(20世纪80年代以后)

进入20世纪80年代以后,伴随着信息时代的到来,企业预算管理步入了成熟期。

通信技术的突飞猛进和网络信息的发展,使企业预算管理的信息基础发生了根本性的变化,极大地提高了企业收集、存储、分析和处理各种信息的能力。被人们称作"情报化社会"的日本,国家建有统一的"日本科学技术情报中心"(JICST)和"计算机联机系统"(JOIS),并与美国最大的化学信息数据库"化学文摘服务处"(CAS)和德国的"科学情报中心"(FIS)联网,组成了一个情报资源共享的"国际科学技术信息网络"(JSTIS)。现在,日本企业只要花上5—60秒的时间,就可以获得世界各地金融市场的信息;花上1—3分钟的时间,就可以查询到日本与世界各地的贸易信息;花上3—5分钟的时间,就可以查询到日本与世界各国1万多家企业当年或历年生产经营状况的有关数据。日本的许多大企业(如日立、松下、东芝、三菱、丰田等),都在海外建立了良好的情报网络系统,情报网点多达数百个,其中仅在美国各大学设立的网点就多达66个。在日本的600多万个中小企业中,几乎每个企业都配有自己的专职情报研究人员,或者通过5.8万多个企业联营社获得所需要的信息。从而为企业全面预算管理提供了速度更快、质量更高的预测、决策信息资料,使企业对未来的经营预测、预算目标的制定特别是中长期预算目标的制定,有了更为可靠、科学的资料依据,有效地增强了企业在市场竞争中的预见性和应变能力,降低了企业的经营风险。

信息技术的发展加快了信息传递速度和实时性,扩大了业务的覆盖面和信息的交换量,为企业进行信息的实时处理,做出相应的决策提供了极其有利的条件。1993年,美国加特纳公司(Gartner Group Inc.)首先提出了企业资源计划(Enterprise Resources Planning,ERP)的概念报告。ERP的基本思想是将企业的业务流程看做一条供应商、企业本身、分销网络以及客户等各个环节紧密连接的供应链,企业内部又划分成几个相互协同作业的支持子系统。由于ERP体现的是一种面向企业供应链的管理思想,因此,可对供应链上的所有环节进行有效的管理,如订单、采购、库存、计划、生产制造、质量控制、运输、分销、服务与维护、财务管理、投资管理、经营风险管理、决策管理、获利分析、人事管理、实验室管理、项目管理、配方管理等。它从管理的广度和深度上为企业提供了丰富的功能和手段,可以有效实现全球范围内的多工厂、多地点的跨国经营运作。ERP的产生为企业预算管理体系提供了一个先进的信息平台,为企业预算的编制、执行、调控和业绩考核提供了方便、快捷、准确、可靠的管理手段,也使企业预算管理的全过程更加科学和贴近实际。

总之,经过百余年的运用、发展,预算管理已经日臻完善,趋于成熟。时至今日,全面预算管理已经成为市场经济发达国家企业必备的、基础性的企业管理制度。很多跨国公司在评价经理人员的工作业绩时,也往往偏重于以预算为标准进行评价。

二、预算管理在我国的应用和发展

在中国,人们很早就有了预算管理的思想。例如,封建社会读书人求取功名的必读书——《礼记·中庸》中就有"凡事预则立,不预则废"的至理名言。历史和现代社会中的许多名人也都引用此语说明无论做什么事,都要事先进行周密的计划,才能成功;否则,就很可能荒废、失败的道理。毛泽东在1938年5月发表的《论持久战》一文中就明确指出:"'凡事预则立,不预则废',没有事先的计划和准备,就不能获得战争的胜利。"[①]然而,我国漫长的封建社会导致了现代国家预算制度在清朝末年才开始建立。清光绪三十四年(1908年),清王朝颁布《清理财政章程》;自宣统二年(1910年)起,由清政府的清理财政局主持编制预算工作,这是我国两千多年来的封建王朝首次正式编制国家预算。

20世纪初至1949年,在半殖民地半封建社会的中国,部分企业经营者也尝试运用预算的办法来管理运营企业,但没有形成系统的企业预算管理制度,更没有形成系统的企业预算管理理论。

自1949年新中国成立至20世纪80代初期的三十多年间,我国实行高度集中的计划经济体制。企业的供应、生产、销售、分配全部纳入国家的财政预算,在国家集中统一的计划经济体制下运行。企业生产经营活动完全听命于政府下达的生产技术财务计划,没有也不可能形成企业完整、独立的预算管理体系。但是,加强企业管理的各种方法也在当时起到了很重要的作用。1953—1957年,第一个五年计划期间,我国新建了五百多个大中型工矿企业。为了加强企业管理,国家开始推行企业经济核算制度;在企业内部,则相应地开展了班组经济核算。1958—1962年,第二个五年计划时期,企业经济核算制得到进一步发展,并实行了流动资金统一计划、分口分级管理;在班组经济核算方面,则进一步发展为职工"干什么,算什么,管什么",发动广大职工共同参与管理。1979年,中国

---

① 《毛泽东选集》(第2卷),人民出版社1966年版,第462页。

共产党第十一届三中全会以后,企业管理现代化被提上了议事日程。1984年,全国第二次企业管理现代化座谈会在总结各地经验的基础上,重点推荐了经济责任制、全面计划管理(含目标管理及目标成本)、全面经济核算、全面质量管理、统筹法、优选法、ABC管理法、系统工程、价值工程、市场调查与销售预测、滚动计划、决策技术、成组技术、线性规划、全员设备管理、看板管理、量本利分析和电子计算机辅助企业管理18种现代管理方法。同年,国家经委又在[1984]81号文件提出了在企业推行18种现代管理方法的要求。从而极大地推动了现代管理方法在我国企业的推广应用。

20世纪70年代末80年代初,伴随着我国的经济体制改革和对外开放,我国高等财经院校和部分综合性大学从国外引入了管理会计学科,国内部分财务学家、会计学家先后编辑出版了管理会计的相应教材,企业预算管理或称作全面预算(Comprehensive Budget)作为其中的一章,被正式应用于教学。但是,在20世纪70年代末和整个80年代,国家经济主管部门主要在全国企业推行18种现代管理方法。后来,又重点推广"经营承包制"、"满负荷工作法"和"内部银行核算"等企业管理方法。所以,真正将预算管理应用于企业管理的并不多,只是个别企业进行了有益的尝试。

进入20世纪90年代,随着我国社会主义市场经济的培育发展和现代企业制度的推行,企业被逐渐推向市场,企业管理目标也从完成工业总产值、产品品种、产品产量计划,逐渐转移到追求经济效益、实现企业价值最大化上来。为了不在激烈的市场竞争中被淘汰,企业就必须内抓管理、外抓市场,并学会根据市场需求,自主安排企业的生产经营活动。预算管理这一为世界工业发达国家企业所普遍采用的、行之有效的管理模式,就顺理成章地被国内越来越多的企业借鉴和采用,并取得了显著成效。

中国新兴铸管联合公司,从1994年开始在企业推行全面预算管理,收到了可喜的效果:在全国57家地方钢铁骨干企业中,新兴铸管的规模居第29位,但利润却高居前几位。

亚星集团是国家大型一档企业。在1994年,笔者在担任该集团公司副总经理兼总会计师时,为了提高整个集团的凝聚力,有效规避财务风险,真正建立以财务管理为中心的运营模式,在创立并成功实施"三统一分"财务管理模式的基础上,1995年又实施了以推行全面预算管理为核心内容的"三个重点转移"①,促进了整个集团的健康、快速发展。此做法曾在山东省及全国范围内进行宣传推广。

1999年6月,北京商学院会计系由汤谷良教授、张延波副教授主持撰写的《企业预算管理的构造与运行》一书由中国人民公安大学出版社出版,这是我国学者较早专门研究全面预算管理理论的专著之一。

但是,由于我国专门从事全面预算管理研究的专家、学者还比较少,专门论述全面预算管理的专著更是凤毛麟角,加上企业管理的惯性思维,所以,在20世纪90年代,我国的大多数企业还没有或者说还没有从真正意义上推行全面预算管理。

2000年9月,由国家经贸委会同有关部门起草,经国务院批准颁布的《国有大中型企

---

① "三统一分"是指整个企业集团的财务管理体制统一、财会人员统一、资金管理统一、会计核算分离。"三个重点转移"是指推行全面预算管理制度,实现财务控制的重点向全面预算转移;推行会计派驻员制度,实现资金管理的重点向资金运动的两头转移;推行责任会计制度,实现会计核算的重点向责任核算转移。"三统一分"管理模式曾获国家企业管理创新成果奖。

业建立现代企业制度和加强管理的基本规范(试行)》第三十九条提出:企业应"建立全面预算管理制度,以现金流量为重点,对生产经营各个环节实施预算编制、执行、分析、考核";2001年4月,财政部颁布的《企业国有资本与财务管理暂行办法》中规定"企业对年度内的资本营运与各项财务活动,应当实行财务预算管理制度";2002年4月,财政部又颁布了《关于企业实行财务预算管理的指导意见》,进一步提出企业应实行包括财务预算在内的全面预算管理;2008年6月,财政部、证监会、审计署、银监会、保监会联合制定的《企业内部控制基本规范》第三十三条"要求企业实施全面预算管理制度,明确各责任单位在预算管理中的职责权限,规范预算的编制、审定、下达和执行程序,强化预算约束";2010年4月,财政部又会同证监会、审计署、银监会、保监会五部委联合发布了《企业内部控制配套指引》,其中,《企业内部控制应用指引》的第15号应用指引就是《全面预算》。这些行政规章的颁布,标志着预算管理这一科学管理理念已经在我国政府界、理论界和企业界得到了广泛认同,并进入规范和实施阶段。

在企业理论界,学者们对我国企业全面预算管理的运行模式、系统构架进行了开拓性论述,并对我国企业预算管理的运行现状进行了较大规模的问卷调查和总结、评价,社会上的各种全面预算管理培训辅导不断涌现;同时,专门论述全面预算管理理论与实务方面的著作也陆续出版发行。在企业实务界,越来越多的企业开始推行全面预算管理,并取得显著效果。中国政府的经济主管部门、理论界的专家和学者以及众多的企业家已经深深认识到:全面预算管理是实现公司治理和企业整合的最基本、最有效的方法,是管理和运营现代企业的必备制度和有效手段。

可以预言:21世纪,必将是全面预算管理在中国企业的快速发展和成熟的时期。

第二节 全面预算的含义、内容与分类

一、全面预算的含义

预算(Budget)是一种以量化①形式表现的计划,用以规划、安排预算期内资源的获得、配置和使用。在不同的应用领域,预算的内涵也有所不同。

在法律领域,预算是指政府预算,是政府为了筹集、使用和分配财政资金,按照法定程序编制,经过国家权力机构审查、批准的,具有法律地位的年度财政收支计划。

在工程领域,预算是指工程预算,是根据工程项目不同设计阶段设计文件的具体内容和有关定额、指标及取费标准,预先计算和确定建设项目全部工程费用的技术经济文件。

在企业管理领域,预算是指企业预算,是企业对预算期内各项经济活动数量化和货币化的计划安排。

---

① 所谓"量化"是指目标或任务具体明确,可以清晰度量。根据不同情况表现为金额、数量多少,以及具体的统计数据、范围衡量、时间、长度等。例如,60万元、5吨、9公里、8小时、7月15日完成任务等。

全面预算一般是指企业管理领域的预算,冠以"全面"二字是说明预算的范围涵盖了企业的所有经济活动,或者说是涵盖企业经营活动、投资活动、财务活动的预算。①

综上所述,全面预算(Comprehensive Budget)是企业为了实现战略规划和经营目标,按照一定程序编制、审查、批准的,以量化形式表现的企业预算期内经营活动、投资活动、财务活动的统筹计划。

从形式上看,全面预算是以数量或货币为计量单位,涵盖企业经营活动、投资活动和财务活动的一张张具体而详尽的计划表。

从内容上看,全面预算是企业对预算期内所有经济活动,包括供、产、销各个环节,人、财、物各个方面所做的统筹安排。

从本质上看,全面预算是企业实现战略规划和经营目标,对预算期内经营活动、投资活动、财务活动进行管理控制的方法和工具。

全面预算的概念需要从以下五个方面进行理解:

(1) 全面预算是企业为了实现战略规划和经营目标而编制的详细、具体的行动计划。全面预算属于计划的范畴,是指导企业预算期内所有经济活动的行动纲领。

(2) 全面预算是企业实现战略规划和经营目标,对预算期内经营活动、投资活动、财务活动进行管理控制的方法和工具。企业编制全面预算不是目的,通过编制、实施全面预算,强化企业各项经济活动的管理,有效控制企业风险,确保战略规划和经营目标的如期实现才是企业实施全面预算的目的。

(3) 全面预算是按照法定程序编制、审查、批准的,涵盖企业预算期内所有经济活动的综合计划。按照《中华人民共和国公司法》的规定:董事会制定公司的年度财务预算方案,股东(大)会审议批准公司的年度财务预算方案。因为财务预算是全面预算的核心内容,是企业各项预算的总预算,所以,全面预算必须经过法定的程序编制、审查和批准后才能付诸实施。

(4) 全面预算是由经营预算、投资预算、财务预算等一系列预算组成的相互衔接、相互关联的综合预算体系。全面预算以企业战略规划和市场为导向,将预算期内的经营目标具体化、细分化,它涵盖了企业的一切经济活动,包括经营、投资、财务等各项活动,以及企业的人、财、物各个方面,供、产、销各个环节,是企业预算期内所有经济活动的统筹安排和行动纲领。

(5) 全面预算是对企业预算期内所有经济活动和运作过程的数量化、货币化表述。将企业的经营活动、投资活动、财务活动用货币化或数量化表述是预算区别于一般计划的重要标志。

二、全面预算的内容

全面预算是由一系列预算按照其经济内容及相互关系有序排列组成的有机整体。各项预算之间前后衔接、相互关联、相互制约、相辅相成、环环相扣,存在着严格的勾稽关

---

① 企业是依法设立、自主从事经济活动的经济组织;企业从事的经济活动涵盖企业的经营活动、投资活动和财务活动。

系,形成一个完整的、科学的、系统的、牵一发而动全身的全面预算体系。从其内容上看,主要包括经营预算、投资预算、财务预算三大部分,如图 1-1 所示。

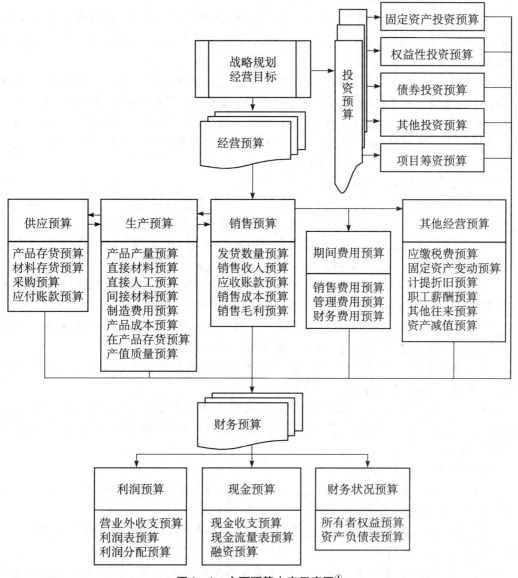

图 1-1　全面预算内容示意图①

（一）经营预算(Operational Budget)

经营预算是预算期内企业日常生产经营活动的预算,主要包括销售预算、生产预算、供应预算、期间费用预算和其他经营预算。

（1）销售预算是预算期内企业销售产品或提供劳务等销售活动的预算,主要包括发货数量预算、销售收入预算、应收账款预算、销售成本预算、销售毛利预算等。

---

① 示意图中的销售预算、生产预算、供应预算标注为双向箭头的原因是,它们之间互为条件、相互影响。

(2) 生产预算是预算期内企业产品生产活动或劳务活动的预算,主要包括产品产量预算、直接材料预算、直接人工预算、间接材料预算、制造费用预算、产品成本预算、在产品存货预算、产值质量预算等。

(3) 供应预算是预算期内企业采购物资、储备物资、供应物资、储备和供应产品等一系列供应活动的预算,主要包括采购预算、应付账款预算、材料存货预算、产品存货预算等。

(4) 期间费用预算是预算期内企业组织管理生产经营活动而发生的管理费用、财务费用和销售费用的预算,主要包括销售费用预算、管理费用预算和财务费用预算等。

(5) 其他经营预算是预算期内企业日常生产经营活动中有关计提折旧、应缴税费、职工薪酬等方面的预算,主要包括应缴税费预算、计提折旧预算、职工薪酬预算、其他往来预算、固定资产变动预算、资产减值预算等。

(二) 投资预算(Investment Budget)

投资预算也称资本预算,是预算期内企业有关资本性投资活动的预算,主要包括固定资产投资预算、权益性资本投资预算、债券投资预算和项目筹资预算等。

(1) 固定资产投资预算是预算期内企业为购建、改建、扩建、更新固定资产而进行资本投资的预算,主要包括基本建设投资预算、更新改造投资预算等。

(2) 权益性资本投资预算是预算期内企业为了获得其他企业的股权及收益分配权而进行资本投资的预算,主要包括资本市场投资预算、联营投资预算、创办子公司预算等。

(3) 债券投资预算是预算期内企业购买国债、企业债券、金融债券等的预算,主要包括认购国债预算、购买企业债券、购买金融债券预算等。

(4) 其他投资预算是预算期内企业其他投资活动的预算。主要包括无形资产投资预算、收购兼并预算、投资收益预算等。

(5) 项目筹资预算是预算期内企业有关投资活动所需资金筹措及到期项目借款偿还的预算,主要包括长期借款预算、发行债券预算、发行股票预算、增发股票预算、债券还本付息预算等。

(三) 财务预算(Financial Budget)

财务预算是预算期内企业财务活动、经营成果和财务状况方面的预算,主要包括利润预算、现金预算和财务状况预算。

(1) 利润预算是预算期内企业经营成果及利润分配的预算,主要包括营业外收支预算、利润表预算、利润分配预算等。

(2) 现金预算是预算期内企业现金收支及筹措活动的预算,主要包括现金收支预算、现金流量表预算、融资预算等。

(3) 财务状况预算是预算期初、期末企业财务状况变动情况的预算,主要包括所有者权益预算、资产负债表预算等。

企业各项预算之间,前后衔接、相辅相成、环环相扣,存在着严格的勾稽关系,形成一个完整的、科学的、系统的、牵一发而动全身的全面预算体系。

三、全面预算的分类

全面预算的种类很多,可以从不同角度、按照不同标准将其划分为若干不同的类型。

（一）按预算的内容分类

全面预算按预算的内容可分为经营预算、投资预算和财务预算。这是最常用的一种预算分类方法。

（二）按预算的性质分类

全面预算按预算的性质可分为固定预算和弹性预算。固定预算也称为静态预算,是以预算期内的某一业务量水平为既定基础编制的预算;弹性预算也称为动态预算,是以预算期内一系列业务量水平为基础编制的具有伸缩性的预算。由于这种预算是随业务量的变化做机动调整,本身具有弹性,故称为"弹性预算"。

（三）按预算的基础分类

全面预算按预算的基础可分为延续预算和零基预算。延续预算是在过去预算的基础上,根据预算期内经营目标的要求,结合目前实际,考虑未来变化,经过综合调整而形成的预算;零基预算是不考虑过去的预算项目和收支水平,以零为基础编制的预算。

（四）按预算的期间分类

全面预算按预算的期间可分为短期预算、长期预算和滚动预算。短期预算是预算期为一年或不到一年的预算;长期预算是预算期在一年以上的预算;滚动预算是预算期间始终保持为一个固定期间(如一年、一季等)的预算。

（五）按预算的主体分类

全面预算按预算的主体可分为部门预算和总预算。部门预算是以企业各职能部门为主体编制的预算;总预算是反映企业总体情况的预算。

（六）按预算的精细度分类

全面预算按预算的精细度可分为年度预算、季度预算、月度预算、旬预算和周预算。其中,旬预算和周预算是企业为适应市场经济的特点和精细化管理而编制的预算。在市场经济条件下,大部分企业都是以销定产安排生产经营活动的,只有拿到客户的产品订单后,才能组织产品生产。而很多企业拿到的产品订单往往只有10天或者一周的生产量,在这种情况下,企业就有必要将月度预算细化为旬预算或周预算。同时,企业为了管理的精细化,提高预算的执行力,也有必要将月度预算细化为旬预算或周预算。

四、战略规划、经营目标、经营计划与全面预算

战略规划、经营目标、经营计划与全面预算之间既有联系,又有区别。理清四者之间的逻辑关系,有助于理解全面预算的概念,提高全面预算管理的应用水平。

（一）战略规划(Strategic Planning)

从1999年起,我国的大中型企业开始推行战略管理。有关资料表明:在国外,企业家及企业高层经营管理者花在企业战略思考、战略研究上的时间占全部工作时间的50%以上,也就是要用一半或更多的时间来考虑战略问题。而在中国,企业领导人花在这方面的时间要少得多。

随着中国加入WTO和世界经济一体化趋势的发展,国内企业面临与全球范围内企业的竞争。孔子曰:"人无远虑,必有近忧"(《论语·卫灵公》),成功总是青睐那些有准备的企业。随着中国市场的全面开放和关税、非关税保护措施的逐步缩小,直至全部取

消,世界范围内的资本将会自由地进入和流出中国,而企业的经营效率,即投资回报率将最终决定资本的流向。国内企业将不得不面对更加激烈、更加残酷的市场竞争。只有未雨绸缪,才能高枕无忧。我国政府和企业已经深深感到推进战略管理是中国企业家从整体和全局上把握企业发展和竞争安全的科学工具,开展战略研究和战略管理已经成为每个企业不可回避的课题。为此,党的十五届四中全会决定明确提出,要重视企业发展战略研究;国家制订的"十五"计划也将研究战略管理和战略规划作为其中的一项重要内容。

企业战略实质上就是企业现在及未来的发展思路和具体安排,是在不断变化的内外环境中,为求得持续发展而做的总体性谋划,是企业经营思想的理性反映。

企业制定发展战略,首先就要制定战略目标,它描绘了企业未来的"愿景"。一个企业必须要有一个明确的奋斗目标,没有战略目标的企业,犹如一个没有志向的人,是很难取得成功的。只有确定了奋斗目标,才能使企业凝聚全部的力量,众志成城,向着一个共同的目标努力。对于企业来说,发展的方向在哪里,是应该有明确目标的。现代社会信息革命、高新技术、经济全球化等那么多复杂的问题,很多因素都是不确定的,加上企业本身的问题就更加复杂。要在这里面制定出一个目标,选择出一条适合本企业发展的道路,这就是战略目标。

由于战略目标是一个长远的目标、是一个"愿景"、是一个理想,不是短期内就可以实现的东西,在理想与现实之间,还必须有一个艰苦奋斗的历程。而将这个艰苦奋斗的历程予以规划,以期充分调动企业资源,按计划、分步骤地沿着既定的方向前进,最终确保战略目标的实现,这就是企业的战略规划。

例如,蓝天公司制定的战略目标是在20年内发展成为世界500强。

那么,企业首先需要明确,20年后世界500强的标准是什么;然后,根据现有实际状况,制订出一个切实可行的计划。例如:

第1—5年,培育企业的核心能力,建立良好的内部管理体制,储备人才,准备形成强有力的竞争能力;

第6—10年,取得海内外上市资格,通过发行股票筹集充足的资本,以保证高速扩张的需要;

第11—15年,大规模扩张,通过兼并、控购、联合等方式,一举取得市场优势地位;

第16—20年,巩固基础,理顺管理结构,提高效益,通过进一步扩张,达到跨入世界500强的战略目标,使理想最终变为现实。

这个切实可行的计划就是战略规划。可见,所谓战略规划,就是企业为了实现战略目标而制定的总体构思和全面谋划,是企业战略目标的实施步骤和方略。

(二) 经营目标(Business Objectives)

经营目标是企业在一定时期内生产经营活动所要达到的经营成果,是以战略规划为导向,在分析企业外部环境和内部条件的基础上确定的、企业在一定时期内的发展方向和奋斗目标。

经营目标具有多元化特征,要求企业在制定经营目标时,既要考虑国家,又要考虑市场;既要考虑企业,又要考虑员工;既要考虑当前,又要考虑长远;各种目标之间要互相结合,相得益彰。具体包括贡献目标、市场目标、发展目标和利益目标四大类经营目标。

(三) 经营计划(Operational Planning)

经营计划是根据战略规划和经营目标的要求,对企业计划期内的各项经营活动做出的统筹安排。

经营计划按时间可分为长期计划、年度计划和月度计划;按层次可分为企业计划、部门计划和班组计划;按内容可分为销售计划、生产计划、新产品开发计划、设备计划、财务计划、人事计划、投资计划、基建技改计划等。

年度经营计划是企业在计划年度内的行动纲领,是企业安排年度、季度、月度生产经营活动的重要依据。年度经营计划主要包括年度经营方针和年度经营目标两部分。企业一般采取统一领导、分工负责、综合平衡的方法来编制年度经营计划,即由分管计划的总经理负责领导,各部门按照"管什么业务,就编什么计划"的原则,负责编制各项专业计划。

经营计划编制的主要依据是:

(1) 企业的战略规划和经营目标;

(2) 企业计划期内的产品订货情况以及进行市场预测所获得的资料;

(3) 企业自身的人、财、物、供、产、销状况;

(4) 企业的历史统计资料等。

(四) 战略规划、经营目标、经营计划与全面预算的关系

战略规划、经营目标、经营计划与全面预算都属于计划的范畴。"计划"是管理的首要职能,是对未来行动方案的一种规划和说明,起到设定目标、明确活动内容、规定任务期限、落实执行责任的作用。按照计划的时间跨度、内容和作用的不同,可以将计划分为战略计划、策略计划和行动计划,其中:战略计划的时间跨度通常为五年以上,内容比较抽象概括,是具有全局性的计划;策略计划也称作战略规划,时间跨度一般在三年左右,内容比较具体,是将战略计划中具有广泛性的目标转变为确定目标,并进一步规定达到各种目标的确切时间的计划;行动计划的时间跨度通常为一年及一年以下,内容详细、具体,是为了实现战略计划、策略计划而"化战略为行动"的短期计划。因此,企业的战略目标属于战略计划,战略规划和经营目标属于策略计划,经营计划和全面预算则属于行动计划。战略规划、经营目标、经营计划与全面预算之间的关系是:

(1) 战略规划和经营目标是编制经营计划和全面预算的基本依据。经营计划和全面预算不能偏离战略规划和经营目标,经营计划和全面预算要相互对应和衔接。

(2) 经营计划和全面预算是实现战略目标、实施战略规划、落实经营目标的具体行动方案。

(3) 企业的经营计划是计划经济时期"生产技术财务计划"的自然延续,但编制依据有了根本性的区别。计划经济时期的生产技术财务计划是依据国家政府部门下达的指令性、指导性计划编制的;市场经济时期的经营计划则是依据市场需求和企业自身条件编制的。

（4）经营计划是对企业一年或一个经营期间经营目标的一种描述，是粗线条的；全面预算是对经营计划的归类分解和细化，并用会计专业语言进行组合、阐述和解释。全面预算比经营计划更加具体、明确和严谨，具有信息量大、可操作性强、权威性高的特点（根据《中华人民共和国公司法》的规定：企业经营计划由董事会决定，而财务预算则由股东大会决定）。

（5）经营计划代替不了全面预算，但全面预算完全可以取代经营计划。全面预算涵盖企业经营活动、投资活动、财务活动的各个方面，包括经营预算、投资预算和财务预算。因此，在成功实行全面预算管理的企业中，已经看不到经营计划的影子了，因为它已经全部囊括于全面预算之中了。目前，由于全面预算管理在我国企业中还处于推广应用阶段，大部分企业采取了经营计划与全面预算并存的办法。随着大家对全面预算管理方法的全面认识和熟练掌握，全面预算必将完全取代经营计划。

（6）恰当的战略目标和战略规划、经营目标是企业成功的前提，但成功的关键还在于执行，在于落实。很多企业的战略最终失败了，其原因之一就在于战略目标与结果之间的执行力往往是缺失的环节。只有把优秀的战略变成系统的、具体的、可行的行动计划，并能够随着企业环境的变化而不断调整自己的行动方案，才是成功企业的必备条件。而这个系统的、具体的、可行的行动计划，就是全面预算。

总之，企业的战略目标需要战略规划、经营目标来规划、细分，而战略规划、经营目标又需要全面预算来具体落实。全面预算是企业实现战略目标和战略规划、经营目标具体的、可行的行动计划，是企业战略核心能力得以发挥的基础。

图1-2列示了企业从制定战略到编制全面预算的过程。

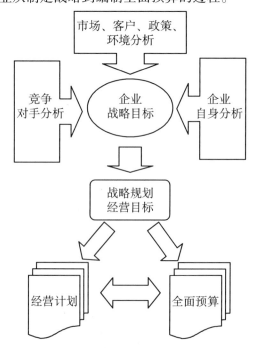

图1-2　从制定战略到编制全面预算示意图

第三节 全面预算管理的含义和内容

一、全面预算管理的含义

全面预算管理是指企业为了实现战略规划和经营目标,采用预算方法对预算期内所有经营活动、投资活动和财务活动进行统筹安排,并以预算为标准,对预算执行过程和结果进行控制、核算、分析、考评、奖惩等一系列管理活动的过程。

正确把握全面预算管理的内涵,需要从以下四个方面进行理解。

(一)全面预算管理是一项管理活动

作为一项管理活动,全面预算管理具备管理活动的五项基本要素。

(1)预算管理的主体——企业管理层。企业管理层是指在企业具有决策、领导和管理职能的组织或个人。它既可以是企业的董事会,也可以是经理团队;既可以指企业的决策、领导、管理机构,又可以指董事长、总经理等处于决策、领导和管理地位的个人。

(2)预算管理的客体——企业预算期内所有经济活动。就是企业预算期内经营活动、投资活动和财务活动的过程和结果。

(3)预算管理的手段——全面预算方法。就是将企业预算期内的所有经济活动全部编制为预算,并经过一定的程序审查、批准预算,使之成为企业预算期内法定的、规范的、具有高度权威性的行动计划。

(4)预算管理的职能——计划、执行、控制、分析、考核和奖惩等。就是企业采用全面预算方法,对预算期内所有经济活动进行计划、执行、控制、分析、考核和奖惩。

(5)预算管理的目标——实现战略规划和经营目标。企业实施全面预算管理的目的是确保预算期内战略规划和经营目标的实现。

(二)全面预算管理的本质属性是以预算为标准的管理控制系统,是企业实施内部管理控制的方法和工具

企业内部管理控制的方法和工具有很多,包括授权批准控制、会计系统控制、财产保全控制、风险防范控制、合同管理控制、管理信息系统控制、内部审计控制等。其中,全面预算管理是企业内部管理控制的主要工具和方法,它通过编制预算,制定了执行、控制和评价标准,对企业所有经济活动实施了事前、事中和事后全过程的控制,在企业内部管理控制中发挥着核心作用。正如美国著名管理学家戴维·奥利所指出的那样:全面预算管理是为数不多的几个能把企业的所有关键问题融合于一个体系之中的管理控制方法之一。

(三)全面预算管理涉及企业经济活动的方方面面,是一项全员参与、全方位管理、全过程控制的综合性、系统性管理活动

"全员参与"是指企业内部各部门、各单位、各岗位,上至董事长,下至各部门负责人、各岗位员工都必须参与预算管理。"全方位管理"是指企业的一切经济活动,包括人、财、物各个方面,供、产、销各个环节,都必须全部纳入预算管理。"全过程控制"是指企业各项经济活动的事前、事中和事后都必须纳入预算管理控制系统。

（四）全面预算管理是企业实现战略规划和经营目标的有效方法和工具

战略规划和经营目标的制定是一个思维过程，而战略规划和经营目标的实施则是一个行动过程。规划和目标制定得再好，如果得不到有效实施，就不能将美好蓝图和愿景转变为现实。通过实施全面预算管理，企业不仅可以使用预算这个量化工具，使自身所处的经营环境、拥有的资源与企业的战略规划和经营目标保持动态平衡，而且通过预算编制可以将企业的战略规划和经营目标分解、细化为一个个具体的行动计划和作业计划，并通过预算执行、控制、分析、考核、奖惩等一系列预算管理活动的实施，使企业的战略规划、经营目标与具体的行动方案紧密结合，从而化战略为行动，确保企业战略规划和经营目标的实现。

二、全面预算管理的基本原理

全面预算管理本质上是一个以预算为标准的管理控制系统。上级经理通过预算的方式确定工作任务和业绩标准，由下级经理执行；为了保障下级经理的执行过程符合预算规定的目标和标准，上级经理必须安排专人对下级经理的预算执行过程和结果进行控制和计量；然后，将实际执行情况与预算标准进行比较，并编制反馈报告送达上级经理；上级经理根据预算执行情况，决定是干预下级经理的预算执行过程，还是允许其继续运行下去；如此持续不断，最终达到促使下级经理完成预算目标的目的。

全面预算管理的基本原理示意图如图1-3所示。

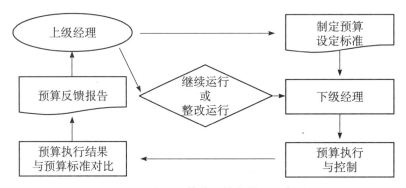

图1-3　全面预算管理基本原理示意图

（一）全面预算管理的动态分析

从动态上看，全面预算管理是一个伴随着企业经营活动而连续不断的循环过程。全面预算管理动态循环如图1-4所示。

图1-4表明，全面预算管理的动态循环过程是：企业从战略规划和经营目标出发编制预算，到执行预算、预算执行的统计核算、实际运行结果与预算进行比较，看执行结果是不是与预算指标相符，如果相符，那就通过了；如果不相符，就要看是什么性质的差异，差异额能否接受，如果可以接受就通过。如果差异不能接受，那可能有两种情况：一种是预算编制不准确，另一种是预算编制没问题，而是执行过程中出现了偏差。如果预算编制得不准确，那就需要修订预算；如果预算编制得准确无误，就要分析和确认造成差异的原因，并采取措施矫正差异。如此不断循环下去，最终实现预算目标。值得注意的是：判

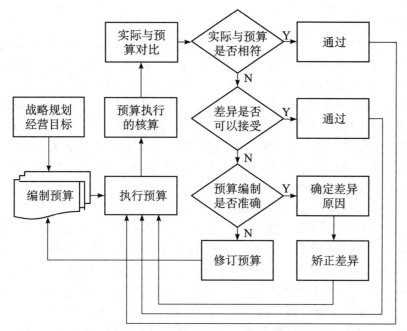

图 1-4 全面预算管理动态循环图

断预算执行差异能否接受的标准是差异数额的大小和对全面预算管理的影响程度。全面预算管理要求预算执行的差异数额越小越好,而不论是有利差异,还是不利差异。

在实施全面预算管理过程中,深刻理解全面预算管理的动态循环过程,对于保证全面预算管理的有效运行是至关重要的。

（二）全面预算管理的静态分析

从静态上分析,全面预算管理可分为10个模块,如表1-1所示。

表1-1 全面预算管理静态分析

名　　称	功　　能	基本任务
预算编制模块	将来自股东、市场的压力传递给各个层级;将企业战略具体化	设计表格,分解、细化预算指标,设置预算编制的程序和方法等
执行模块	完成各项预算指标	针对预算指标开展业务活动
控制模块	以预算为标准,监控预算的执行	采取各种控制手段和措施
调整模块	在必要情况下,对预算进行调整	设计预算调整的程序、方法
核算模块	反映预算执行的进度和结果	设计、开展责任会计核算
分析模块	确定和分析预算与实际执行结果之间的差异	分析差异产生的原因和责任,设计预警标准
反馈模块	保证上级对下级预算执行过程的监控	设计反馈报告,为整改措施拟订程序
审计模块	保证预算管理系统中传送真实和完整的数据	开展预算草案审计、预算执行审计、内部控制制度审计等
考评奖惩模块	保证预算管理系统中的当事人有足够的动力和压力	设计业绩考核体系、责任体系,奖励资源、奖惩制度
管理及技术支持模块	为预算管理提供所需的管理条件支持及技术条件支持	设计有关制度,配置计算机硬件,开发全面预算管理系统

1. 预算编制模块

预算编制模块的功能主要有两个：一是通过编制预算，公司总经理可以将来自股东或上级的要求，以及市场竞争的压力传递给公司的各层级、各单位和每一名员工；二是通过编制预算，可以将企业战略规划转化为短期的、可操作性的行动计划。

首先，随着现代企业制度的建立，公司的所有权和经营权是分离的。股东们拥有企业的产权，但不亲自经营企业。所以，股东们只能给董事会、总经理提出实现经营目标，多为公司赚钱的要求。企业要多赚钱，就要有市场，而市场竞争又是非常激烈和残酷的。总经理如何才能实现公司的经营目标，让企业多赚钱呢？最好的办法就是发动群众，实现千斤重担众人挑。而通过编制预算，就可以把任务分派下去，让全体员工共同承担来自股东的重任，共同感受来自市场竞争的压力。

其次，企业的战略规划是长期的，经营目标也是笼统的，是比较抽象的计划。公司光有战略规划、经营目标还不行，还应该通过有效的方法和途径将战略规划、经营目标转化为具体的、可操作的行动计划，转化为每个员工日常的具体的工作任务。只有这样，才能把战略规划、经营目标落到实处。这个有效的方法和途径就是通过编制预算来完成的。没有预算这个具体的行动计划，再宏伟的战略规划也只能是纸上谈兵。

编制预算的基本任务就是确定预算指标，设计预算表格，设置预算编制的程序和方法，层层分解、细化、落实预算指标等。

2. 执行模块

预算执行模块的功能主要是完成预算指标，这是全面预算管理的核心内容。预算编了不执行或仅供参考，那就不如不编。执行模块的基本任务包括根据预算指标设计业务活动方案；协调好公司供产销、人财物各方面的关系，确保生产经营活动的顺利进行。这个环节的关键是"严"字当头。因为，没有严肃、认真的态度，各种预算指标就没办法分解、落实下去；没有严密、周全的保证措施，有了预算指标也没办法确保完成。

3. 控制模块

预算控制模块的功能主要是按照一定的程序与方法，确保公司各部门和员工全面落实和实现预算。预算控制的基本任务就是以预算指标为控制标准（这些标准包括质量标准、消耗标准、利润标准等），监督、检查预算的执行情况，发现偏差，找出原因，采取措施，进行纠正，以确保预算目标的实现。按照预算控制的时序，可分为事前控制、事中控制和事后控制三类。在预算控制实施前企业要落实两件事：一是公司要有专司预算控制职能的组织体系，即明确由何部门、何职位、何人来负责何种控制工作。没有明确的控制机构和控制人员，控制职能就无法落实。二是必须将预算目标分解、细化到各个部门和岗位，对各部门、各岗位承担的预算责任必须有明确的规定。只有这样，通过预算控制发现的偏差才能明确应由谁来承担责任，应由谁来采取必要的纠正措施。

4. 调整模块

预算调整模块的主要功能就是根据需要适时调整预算指标，以确保预算管理顺利进行和预算指标的完成。预算的可调性是全面预算管理的一个重要特色，当预算制定的基础、条件发生重大变化，原有预算的假设因素不复存在时，就必须对预算指标进行适时调整。否则，预算管理将无法有效运行。调整模块的基本任务包括制定预算调整的原则、方法、程序和时间等内容。

5. 核算模块

预算核算模块的功能是准确、及时地反映预算执行进度和预算执行结果,为预算分析、考核和奖惩提供依据。基本任务包括:设计预算统计制度和核算制度,开展分部门的责任核算等。由于企业现有的按照国家《企业会计制度》开展的传统财务会计核算并不具备内部管理的功能,不适合预算管理,所以,企业需要设计专门的预算核算系统——责任会计制度,将各部门预算执行的进度和结果及时、准确地反映出来。

6. 分析模块

预算分析模块的主要功能,一是确定差异,二是分析差异。就大部分预算与执行结果之间的差异而言,一般可以分为三类:一类是价格差异,一类是数量差异,还有一类是结构差异。预算分析的首要任务是将三类差异的数额确定下来;然后,将造成这三类差异的原因找出来,将造成差异的责任落实到部门和责任人,并对症下药地进行解决。另外,企业要对预算执行的差异设定一个标准,当差异低于设定的标准时,可不进行干预;如果达到或超过设定的标准,就应立即予以干预。这个设定的干预标准被称作预警线。如果利用计算机进行全面预算管理,就可以将干预标准预先设置在计算机信息处理系统里,当某个预算项目的执行差异达到或超过干预标准时,计算机系统就会自动显示,进行报警和提醒。

7. 反馈模块

反馈模块也叫报告模块,其主要功能就是将预算的执行进度和执行结果准确、及时地反馈、报告给有关职能部门和总经理,以保证上级对下级的预算执行过程进行有效监控。预算反馈的基本任务是设计反馈报告的形式和表格,建立经常性、制度化、程序化的预算反馈报告制度,并为整改措施拟订程序。

8. 审计模块

审计模块的主要功能是保证预算管理系统中传送数据的真实性和完整性。因为,预算执行的结果与部门、员工的经济利益是密切挂钩的,不经过审计,就可能产生弄虚作假和舞弊现象,就不能保证反馈报告数据的真实性。审计模块的基本任务是制定预算审计制度,对预算的编制、执行、考核和奖惩进行全方位审计。

9. 考评奖惩模块

考评奖惩模块的主要功能是解决激励和约束问题,是为预算管理系统中的当事人提供足够的动力。在全面预算管理中,如果对预算执行结果不进行考评、不与奖惩挂钩,预算就不能得到很好的执行,人们就没有内在的动力去执行预算。只有对预算执行情况进行考评,并与奖惩挂起钩来,才能有效激励人们去努力完成预算。可以说,预算执行不与奖惩挂钩,就等于没进行全面预算管理。很多企业预算执行不下去的根本原因之一,就是预算执行没有真正与奖惩挂钩。考评奖惩模块的基本任务是制定预算考评办法和预算奖惩兑现方案,公司总经理与有关预算责任部门签订预算目标责任书,预算考评部门对预算执行结果进行严格考评,制定预算责任部门的奖惩兑现方案等。

10. 管理及技术支持模块

管理及技术支持模块的主要功能是为预算管理提供所需的管理条件支持及技术条件支持,解决预算管理的手段、环境和效率问题。预算管理是一个以预算为标准的管理控制系统。预算控制有三个基本要素：一是控制标准；二是偏差信息；三是纠偏措施。贯穿其中的基础就是信息，任何控制都有赖于信息的反馈来实现。从信息管理的角度看，全面预算管理的过程，也就是信息处理的过程。预算管理对信息的基本要求是准确、及时，这就需要提供一定的管理条件和技术保证措施，特别是通过计算机辅助预算管理系统，以保证全面预算管理的有效运行和取得成功。管理及技术支持模块的基本任务是制定有关管理制度，创造良好的管理环境，配置计算机硬件和开发全面预算管理系统等。

以上所阐述的 1—7 个模块是全面预算管理的基本模块，从编制预算，到反馈报告，是一个循环，一个完整的预算管理体系；8—10 个模块是保证模块，是保证预算管理系统健康、顺利运行的必备条件。

三、全面预算管理的流程与内容

全面预算管理的流程包括预算编制、预算执行和预算考评三大基本环节。其中，预算编制环节包括拟定预算目标、预算编制、预算审批等内容；预算执行环节包括预算分解与落实、预算执行、预算控制、预算核算、预算调整、预算报告、预算审计等内容；预算考评环节包括预算分析、预算考评、预算奖惩等内容。三大基本环节及各项内容之间相互关联、相互作用、相互衔接，并周而复始地循环，从而实现对企业所有经济活动的科学管理与有效控制。企业全面预算管理流程如图 1-5 所示。

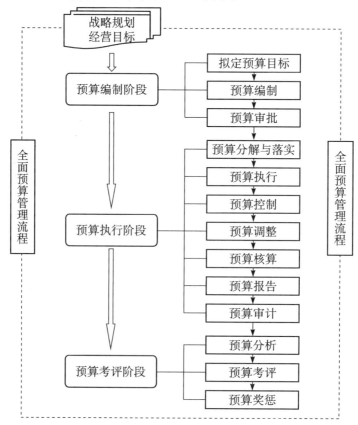

图 1-5 企业全面预算管理流程图

全面预算管理各个环节的主要内容如下。

（一）拟定预算目标

预算目标是预算期内企业各项经济活动所要达到的结果，是落实到各预算部门的、具体的责任目标值。在安排各预算部门编制预算草案之前，首先需要企业管理当局根据战略规划和年度经营目标拟定企业及各预算部门的预算目标，作为编制全面预算的主线和方向。

（二）预算编制

企业各预算部门根据预算决策机构下达的预算目标和预算编制大纲，综合考虑预算期内市场环境、资源状况、自身条件等因素，按照"自上而下、自下而上、上下结合"的程序编制预算草案。

（三）预算审批

首先，企业预算管理部门对各预算部门上报的预算草案进行审查、汇总，提出综合平衡的建议，在审查、平衡过程中发现的问题要提出调整意见，并反馈给有关部门予以修正。

然后，在企业有关部门进一步修订、调整、平衡的基础上，汇总编制企业全面预算草案，经公司总经理签批后提交董事会或股东（大）会审议批准。

（四）预算分解与落实

全面预算审批下达后，企业管理当局要通过签订预算责任书的方式将预算指标层层分解、细化，从横向和纵向两个方面将预算指标落实到企业内部各预算执行部门，形成全方位的预算执行责任体系。

（五）预算执行

在整个预算期内，企业的各项经济活动都要以全面预算为基本依据，确保全面预算的贯彻执行，形成以全面预算为轴心的企业经济活动运行机制。

（六）预算控制

预算控制是按照一定的程序和方法，确保企业及各预算部门落实全面预算、实现预算目标的过程，它是企业全面预算管理顺利实施的有力保证。企业通过预算编制为预算期的各项经济活动制定了目标和依据，通过预算执行将编制的预算付诸实施，通过预算控制确保预算执行不偏离预算的方向和目标。

（七）预算调整

预算调整是在预算执行过程中，对现行预算进行修改和完善的过程。因为预算是指导和规划未来的经济活动，编制预算的基础很多都是假设，如果在预算执行中发生预算指标或预算内容与实际情况大相径庭，就必须按照规定的程序对现行预算进行实事求是的调整。

（八）预算核算

为了对预算的执行情况和执行结果进行计量、考核和反映，企业必须完善预算核算体系，建立与各部门责任预算口径相一致的责任会计制度，包括原始凭证的填制，账簿的记录，费用的归集和分配，内部产品及劳务的转移结算，收入的确认，以及最终经营业绩的确定和决算报表编制等核算内容。

（九）预算报告

预算报告是指采用报表、报告、通报等书面或电子文档形式对预算执行过程和结果等信息进行的统计、总结和反馈。它既包括日常预算执行情况的报告，也包括预算年度结束后对全年预算执行结果进行的决算报告。

（十）预算审计

预算审计是企业内部审计部门对全面预算管理活动的真实性、合法性和效益性进行的审计监督。通过审查评价预算管理体系的效率和效果，维护全面预算管理的严肃性、合法性和真实性，促进企业各预算执行部门改善预算管理、提高经济效益。

（十一）预算分析

预算分析是指采用专门方法对全面预算管理活动全过程所进行的事前、事中和事后分析。其中，对预算执行结果的分析是重点，目的是确定预算执行结果与预算标准之间的差异，找出产生差异的原因，并确定其责任归属，为预算考评提供依据。

（十二）预算考评

预算考评是对企业全面预算管理实施过程和实施效果进行的考核和评价，既包括对企业全面预算管理活动实施效果的全面考评，也包括对预算执行部门和预算责任人的考核与业绩评价。

（十三）预算奖惩

预算奖惩是按照预算责任书中确定的奖惩方案，根据预算执行部门的预算执行结果对各预算部门进行奖惩兑现。预算奖惩是全面预算管理的生命线，是预算激励机制和约束机制的具体体现。通过建立科学的奖惩制度，一方面能使预算考评落到实处，真正体现责、权、利的结合；另一方面能有效引导人的行为，使预算目标和预算行为协调一致。

第四节　全面预算管理的特征与功能

一、全面预算管理的特征

全面预算管理作为一种现代企业管理方法，与其他管理方法相比具有以下鲜明特征。

（一）权威性

全面预算管理的权威性是由全面预算审批机构的权威性和全面预算管理的本质属性决定的。

（1）全面预算是按照法定程序编制、审查，并经过公司最高权力机构审议批准的。《中华人民共和国公司法》规定：有限责任公司股东会和股份有限公司股东大会行使审议批准公司年度财务预算方案和决算方案的权利。因为财务预算是以经营预算和投资预算为基础编制的，是企业的总预算，股东会审议批准公司的财务预算，也就相当于审议批准企业的全面预算。因此，全面预算的权威性是显而易见的。经过公司最高权力机构审议批准的全面预算是上至董事长、总经理，下至每一名员工都必须遵照执行的行动纲领。

（2）全面预算管理的本质属性是以预算为标准的管理控制系统，权威性是其发挥职能作用的必然要求。如果全面预算管理缺乏权威性，企业就不可能建立起有效的以预算为标准的管理控制系统，预算的编制、执行、控制、核算、报告、考评就会困难重重、寸步难行，所谓全面预算管理也只能是流于形式、半途而废。

（二）适应性

全面预算管理的适应性包括外部适应性和内部适应性两个方面，它是由企业外部环境的变动性和内部环境的特殊性决定的。

首先，全面预算管理是市场经济的产物，是企业适应外部市场需要而引入的管理、控制企业各项经济活动的管理制度。因此，全面预算管理的实施过程必须要适应外部市场的需要。例如，预算的编制必须以市场为导向，以销售为起点，如果外部市场发生重大变化，编制的预算就应做适应性调整；预算的执行与控制必须贴近市场，要根据外部市场的变化及时调整企业预算的执行策略；预算的考评与奖惩必须紧扣市场，充分考虑市场变化对预算执行结果的正面或负面影响，等等。

其次，全面预算管理是管理运营企业的手段、工具和方法，它的设置与运行必须符合企业管理的内在要求，必须体现本企业的个性特征，必须与本企业的性质、行业、规模、组织结构、人员素质、产品特点、企业文化等内部环境因素相互适应。

（三）全面性

全面预算管理的全面性是由全面预算管理的基本属性决定的。全面预算管理的基本属性就是全面性，如果不具备全面性，也就不能称其为全面预算管理。

首先，全面预算涵盖了企业所有经营活动、投资活动和财务活动，其预算编制范围不仅包括财务预算，还包括经营预算和投资预算，它对企业经济活动的事前、事中和事后均具有全面控制约束力。

其次，全面预算管理涉及企业人、财、物各个方面，供、产、销各个环节，具有"全员参与、全方位管理、全过程控制"的特征，是一项综合性的系统工程。

最后，全面预算管理由预算编制、执行、控制、调整、核算、分析、考评及奖惩等一系列环节组成，是一项综合性、全面性的内部管理活动。

（四）机制性

全面预算管理的机制性是由全面预算管理的运行机制决定的。全面预算管理的运行机制就是将企业生产经营活动的决策管理过程机制化、模式化、规范化。

通过实施全面预算管理，企业可以明确内部各层级、各部门的责、权、利区间。在此区间内，企业各层级、各预算部门既有权力又有责任为自己该为之事，且多为不行，少为不可。同时，全面预算管理也使企业各职能机构及责任部门的权力、责任得以具体化。例如，预算的编制权归公司董事会所有；预算的审批、决策权归公司股东会所有；预算的执行权归总经理及各责任部门所有；预算的考评权归审计考评部门所有，等等。当然，各权力机构和职能部门在获得权利的同时也承担了相应的责任和义务。全面预算管理正是通过这种近乎于机械化的程序，使企业各组织间的责、权、利实现相互制约和平衡有序，在企业建立起了适应市场需要的自我发展、自我约束、自我管理的内部经营管理机制。

二、全面预算管理的功能

全面预算管理主要有以下六个方面的功能。

(一) 规划与计划功能

全面预算管理作为一种管理方法和管理工具,是股东会对董事会、董事长对经理班子、总经理对整个企业的经济活动及其结果,进行规划和计划的基本手段。通过编制全面预算,能够综合反映企业经济活动的全貌,将企业的战略规划和经营目标细化为企业各个层级、各个环节、各个部门的具体工作目标和行动计划。

预算以量化的方式规定了企业在预算期内的预算目标和工作方向,并将预算目标按照企业内部各职能部门的职责范围层层分解落实,使预算目标成为各职能部门的具体责任目标。这样就保证了企业预算目标与各部门分管的具体责任目标的一致性,使各部门了解和明确自己在完成企业预算总目标中的职责和努力方向,并驱动企业的各个部门甚至每名员工都要编制切实可行的、具体的工作计划,并积极地实施这些计划,从而使企业总体目标通过具体目标的实施得到最终实现。

(二) 整合与凝聚功能

全面预算管理是实现企业整合的基本手段之一。现代企业有着强大的资金流、物资流、业务流、信息流、人力流和复杂的法人治理结构。全面预算管理作为一项系统工程,以经营目标为起点,以提高投入产出比为目标,通过编制全面预算将企业有限的资源加以整合,协调分配到能够提高企业经营效率、经营效果的业务、活动和环节中去,从而实现企业资源的优化配置,增强资源的价值创造能力,促进企业经营管理从粗放型向集约型的转变。

一个企业完全可以通过预算管理这种方式,有效地将企业的各个层级、每个层级的各个单位、每个单位的各个成员与企业总体目标连接起来,并使这些层级、单位和成员围绕着企业的总体目标进行运作,提高企业的凝聚力和向心力。同时,通过预算编制,企业可以将有限的资源分配到效率最高的模块之中,从而全面整合企业的各项资源,有效提高企业的整体经济效益。

(三) 激励与约束功能

重视对各部门及员工行为的激励与约束,充分调动各部门及员工的积极性、主动性和创造性,是企业持续发展的重要基础。通过全面预算管理这种方式,可以将企业各层级之间、各部门之间、各责任单位之间的责、权、利关系予以规范化、明细化、具体化和度量化;可以明确每个部门、员工在实现企业总目标中的责任、权力和利益。明确哪些是应该做的,哪些是不应该做的,做好了能得到什么奖励,做不好会受到什么惩罚,这样对每一个部门、每一个员工就具备了激励与约束作用。同时,通过编制全面预算,层层分解预算目标,使企业的每一个部门、每一个员工都有了明确、具体的奋斗目标;通过全面预算的执行,可以实现企业生产经营活动的健康运行和对企业供产销各个环节、人财物各个方面的有效规范;通过对全面预算执行结果的考核与奖惩兑现,可以有效激发各部门及全体员工努力工作的主观能动性,为全面完成企业经营目标奠定坚实的基础。

(四) 沟通与协调功能

全面预算管理是一个系统工程,任何一个因素、一个环节的变动都会引起整个系统的变动。例如,销售预算是根据市场和企业自身条件制定的;生产预算是根据销售预算制定的;材料采购预算是根据生产预算制定的;现金预算是根据采购、销售、费用等预算制定的;财务预算是根据经营预算和投资预算制定的。因此,采购影响着生产,生产影响着销售等。反之亦然。也就是说,预算管理的每一因素、每一环节都是互相影响、互相制约的。这就要求企业各个部门、各个环节在预算目标的制定和实施过程中,必须做到相互沟通与协调。

实施全面预算管理,不仅可以促使企业高层管理者从整体上考虑企业各个运行环节之间的相互关系,明确各部门的责任,便于各部门间的协调,避免由于责任不清造成相互推诿事件的发生;而且企业管理当局可以很方便地将管理意图准确、快捷地传递到企业的各个层级、各个单位和各位成员;同时,全面预算管理将企业各方面和各部门的工作纳入一个统一的、有序的预算体系中,促进了企业内部各部门间的合作与交流,减少了相互间的矛盾与冲突。由于各部门的预算指标是相互衔接、环环相扣的,这就促使企业各部门主管人员能够清楚地了解本部门在全局中所处的地位和作用,协调好自身发展和企业整体发展之间的有机关系,使企业内部目标一致、步调一致,促成企业整体长期目标的最终实现。

(五) 控制与监督功能

全面预算管理是一个以预算为标准的管理控制系统。如果我们把企业的各个权力机构及经营活动比作一匹野马,那么,全面预算管理就是一条缰绳。公司董事会可以通过这条缰绳控制总经理的行为;同样,总经理也可以利用这条缰绳去控制属下的各个部门,控制整个企业的经营活动。由于全面预算管理涵盖经营、投资和财务等企业所涉及的各个方面,具有"全方位、全过程、全员"的特征,因此,全面预算管理的控制功能贯穿了企业经营活动、投资活动和财务活动的全过程。

首先,预算编制是一种事前控制。通过制定全面预算,可以有效规划企业的经营活动,明确预定期内的工作计划,避免企业因盲目发展而遭受不必要的经营风险和财务风险。

其次,预算执行是一种事中控制。在预算执行过程中,通过计量和反馈,上级经理可以及时掌握下级经理预算执行的进度和结果,可以判断何时干预下级经理的经营过程,以保证企业经营目标的实现,从而使预算管理起到控制和管理日常生产经营活动的作用。

最后,预算分析与考评是一种事后控制。通过对比分析和考评,预算管理可以揭示实际工作与预算标准之间的偏差,并通过分析造成差异的原因和落实责任,并为此后的工作指明方向。

在全面预算管理控制功能发挥的同时,对企业经营活动、投资活动和财务活动的监督功能也得以同步发挥。

(六) 考核与评价功能

预算指标是企业数量化、具体化的经营目标,是企业各个部门、每一名员工的工作目标。因此,预算指标不仅是控制企业经营活动的依据,而且还是考核、评价企业及其各职能部门、每一名员工工作绩效的最佳标准。通过预算的编制和下达,企业的上级经理可以向下级经理指派责任、下达任务,因而预算指标也就顺理成章地成为上级经理评价下级经理工作绩效的量化标准,可以很方便地对各部门实施绩效考核和奖惩兑现。通过预算的考评奖惩制度,可以明确每个部门、每名员工完成了责任目标有什么奖励,完不成责任目标有什么惩罚。在考核、评价企业和各部门工作绩效时,以预算指标为标准,通过对比分析,划清和落实经济责任,评价各个部门的工作,并通过一定的奖惩措施激励员工的工作热情和工作素养,促使企业全体员工为完成公司总体经营目标而努力。而且用预算指标去评价部门及员工的绩效,可以有效避免各种关系及个人情感对企业的不良影响;有效避免由于个人的主观印象、主观意识、个人喜好、个人感觉对绩效考评的不利影响,有利于提高绩效考评的客观性和公正性。

第五节 全面预算管理模式

全面预算管理模式是指企业实施全面预算管理的方式、方法,主要包括预算管理体制、预算管理重点等内容。从管理体制上看,全面预算管理可分为集中型、分散型和混合型三种模式;从预算管理重点上看,可分为以资本预算为中心、以销售预算为中心、以成本预算为中心、以利润预算为中心和以现金预算为中心五种模式。

实务中,企业选择什么样的预算管理模式,在很大程度上要服从于企业的具体情况。由于企业与企业间存有性质不同、类型不同、规模不同、产品不同、管理体制不同、文化理念不同等诸多不同点,因此,在实践中也无法找到一种适合于任何行业及企业的预算管理模式。从某种意义上讲,每个企业的预算管理模式都是各不相同的。问题的关键在于企业要依据全面预算管理的原理,借鉴成功企业的经验,紧密结合本企业的实际,建立起具有本企业特色的、适应企业经营管理需要的、属于本企业的全面预算管理模式。

一、从管理体制上看预算管理模式

全面预算管理模式与企业管理体制有着密切的关系。从全面预算管理的内容看,它囊括了企业包括经营活动、投资活动和财务活动在内的所有经济活动;从全面预算管理的过程看,它包括预算编制、预算执行、预算调控和预算考评等环节。全面预算管理所涉及的各项内容之间如何协调、各个环节之间如何衔接,都取决于全面预算管理模式,而全面预算管理模式最终取决于企业的管理体制。

多法人企业的基本类型一般有控股型、实体型和管理型三大类:

(1) 控股型企业的母公司作为单纯的控股公司,不直接参与子公司的生产经营活动。其投资的目的是占有子公司的股份,控制子公司的股权,并通过控制权来影响子公司的董事会,从而支配被控股子公司的生产经营活动。

(2) 实体型企业的母公司对所属子公司既拥有控股权,又直接参与子公司的生产经营活动。一方面,母公司利用控股优势对子公司的生产经营活动进行集团化管理,使下属子公司的生产经营活动符合整个企业集团或母子公司的发展战略;另一方面,母公司又直接参与子公司的生产经营活动,使其成为企业集团或母子公司的核心企业。

(3) 管理型企业的特点则介于控股型和实体型之间。一方面,母公司不直接参与子公司的生产经营活动,而是通过控制权来影响子公司的董事会,从而支配被控股子公司的生产经营活动;另一方面,母公司又利用控股优势对子公司的生产经营活动进行集团化管理。

无论多法人企业属于何种类型,其母子公司关系都是在以资本为纽带下的法人与法人之间的关系。而母公司对子公司管理的集权与分权程度,决定着多法人企业所采用的管理体制。根据母子公司的所属关系,多法人企业的管理体制可分为集权型、分权型和混合型。与此相应的预算管理模式也可分为集中型预算管理模式、分散型预算管理模式和混合型预算管理模式。

(一) 集中型预算管理模式

实体型企业通常采用集权型管理体制。在集权型管理体制中,子公司的所有重大决策,包括生产、经营、财务、人事等方面的权利都集中在母公司。与集权型管理体制相对应的预算管理模式为集中型预算管理模式。这种模式的主要特点是:公司总部既负责预算目标的确定,又负责预算的编制和下达;子公司参与预算编制,但不占主导地位,它更重要的角色是预算的执行主体,在预算执行中的经营自主权要受到母公司较大的限制;公司总部负责对子公司的预算执行情况进行考核、监督和业绩评价。

(二) 分散型预算管理模式

控股型企业多采用分权型管理体制。在分权型管理体制中,子公司的重大决策权集中在母公司,母公司保持对子公司生产经营活动的直接监督与考核,子公司拥有人、财、物方面的大部分权利。与分权型管理体制相对应的预算管理模式为分散型预算管理模式。这种模式的主要特点是:公司总部以控股母公司的身份出现,它在全面预算管理中的任务主要是确定预算目标;子公司编制确保预算目标完成的预算草案,最后由母公司研究后审批下达;子公司在预算执行中拥有充分的经营自主权,母公司一般不予干涉;母公司负责对子公司的预算执行情况进行年度考核和经营业绩评价。

(三) 混合型预算管理模式

管理型企业通常采用混合型管理体制。这种企业的管理体制介于控股型和实体型之间,并因集权与分权的程度不同而各具特色。与混合型管理体制相对应的预算管理模式称为混合型预算管理模式。这种模式的主要特点是:母公司一般不直接参与子公司的生产经营活动,子公司在预算执行中拥有较大的经营自主权,但母公司对子公司的资本预算会进行较严格的控制;同时,公司总部按月对子公司预算执行情况进行严格的考核、监督和业绩评价。

二、从预算管理重点上看预算管理模式

任何企业都有一个从创建、成长到成熟的过程。在企业不同的发展阶段,受企业发展战略、发展规模和产品生命周期等因素的影响,企业全面预算管理的重点是不同的。

(一) 以资本预算为中心的预算管理模式

企业在初创时期,生产经营活动还没有开展起来,企业的主要经济活动就是通过资本投入形成生产能力和规模。这一时期,企业面临的经营风险来自两个方面:一是大量

资本支出与现金流出,使现金流量为负数;二是资本支出的成败及未来现金流量的大小有着较大的不确定性,投资风险巨大。

因此,在初创时期,企业的预算管理是以资本预算为中心,资金的筹措、现金的流出都要围绕本预算运转。预算管理的主要内容是:(1)搞好投资概算的编制和评审;(2)对资本支出项目进行可行性分析与评价;(3)编制项目投资预算;(4)编制现金支出预算;(5)编制筹资预算,从数量和时间两个方面保证投资项目的支出需要;(6)严格资本预算的审批程序,搞好现金支出的监督、控制与管理;(7)严格执行资本预算;(8)搞好资本支出的责任核算,正确反映资本预算的执行进度和结果。

项目投资支出金额大,风险也大。因此,必须十分重视决策科学化,要对拟定投资的项目进行科学分析、反复论证,使最终选择的投资方案达到技术经济的统一性与最优化。资本投资项目一旦付诸实施,就一定要确保工期和质量,使项目按计划竣工并发挥预期的效益。

(二) 以销售预算为中心的预算管理模式

当企业步入成长期和产品处于投放期时,企业急需把产品迅速推向市场、占领市场。因此,企业的战略重点是在营销上,抢占市场、提高市场占有率是企业的第一要务。在抢占市场的过程中,企业就有必要以较大的人力、物力、财力成本为代价,树立产品的形象,建立企业的竞争优势,达到占领市场、扩大市场份额的目的。这一时期,营销是企业的核心业务;营销部门是企业人力、物力、财力等资源配置的重点。企业的各个环节,都应该全力支持和配合营销工作。所以,这一时期全面预算管理是以销售预算为中心,企业的一切经营活动都要围着市场转。

预算管理的主要内容是:(1)以市场为依托,编制积极的销售预算;(2)以"以销定产"为原则,编制与销售预算相衔接的生产、采购、成本及费用预算;(3)以销售预算为中心,编制现金预算和财务预算;(4)集中人力、物力、财力,确保销售预算的顺利执行。

总之,在这一时期,企业预算管理的全过程都要围绕销售预算这个中心,要从有利于完成销售预算的角度来安排企业的全面预算。

(三) 以成本预算为中心的预算管理模式

当企业的产品步入成熟期时,市场上的占有情况基本已形成格局。如果这时企业再去强行扩大市场份额,其投入、产出将不成比例。在这种情况下,企业的战略重点自然应转移到怎样通过内部挖潜来实现成本费用的降低上,以达成更大的利润空间。因此,这时候企业的战略重点是成本管理,全面预算管理是以成本预算为中心,企业的一切经营活动都要围着成本转。

预算管理的主要内容是:(1)以产品销售价格和目标利润为基础,确定目标成本、编制成本预算;(2)以成本预算为基准,编制确保目标成本实现的采购预算、产品制造成本预算和期间费用预算;(3)以成本预算为中心,编制现金预算和财务预算;(4)以责任预算为依据,严格控制成本、费用支出。

以成本预算为中心的预算管理模式的内在逻辑在于:企业欲达到期望的经营目标,在很大程度上取决于企业产品的市场占有率;而企业利润实现的高低,在更大程度上取决于对成本的控制。以成本预算为中心的预算管理,强调以成本控制来规划企业的目标利润和目标成本,然后分解到涉及成本发生的所有部门或岗位,形成约束各预算部门行为和预算成本的控制体系,最终实现企业的目标利润。

(四) 以现金预算为中心的预算管理模式

资金均衡、有效的流动是企业生存和发展的基础,只有保持资金流动的均衡性,并通过资金流动有效控制企业的经营活动和财务活动,才能防止企业发生支付危机,从而保证企业获取最大收益。确保资金均衡、有效的流动不仅是资金管理的核心目标,也是企业经营活动顺利运行的保证。企业管理要以财务管理为中心,财务管理一定要以资金管理为重点。因此,从财务管理的角度看,全面预算管理是以现金预算为中心,以现金流量为主线,对企业的经营活动、投资活动、财务活动进行合理规划、测算、执行、控制、核算和考核的资金管理活动。

以现金预算为中心的预算管理模式的主要内容是:(1)企业的一切经营活动都要建立在现金收支平衡的基础之上;(2)现金预算是企业控制资金收支、组织经营活动的直接依据;(3)定期对现金流量进行分析,采取措施化解潜在的经营风险。

现金预算是财务预算的重要部分,它是与经营预算、资本预算紧密相连的。从某种意义上讲,控制了现金预算,就控制了企业的生产经营活动。因此,任何企业、任何时候都应重视资金的控制与管理。

(五) 以利润预算为中心的预算管理模式

随着世界经济一体化的发展,现代企业经营呈现多元化的发展趋势:一是产品、产业多元化,即企业不仅尽量避免经营单一产品,而且努力涉足两个以上的产业经营。企业之所以走产品、产业多元化发展的道路,主要是出于一种分散经营风险的考虑,不把鸡蛋放在一个篮子里。当然,这种产品、产业多元化不是把它做成零散型的,而是企业首先有一个核心产品、核心产业。当企业在这个核心产业中站稳脚跟后,再去占领第二个领域,而且,进入一个领域就要占领一个领域,绝对不是盲目地分散风险。二是组织结构多元化,即单一法人企业越来越少,集团化、母子化企业越来越多。企业之所以走集团化发展的道路,主要是为了壮大企业实力,积极参与世界范围内的市场竞争,规避市场经济"大鱼吃小鱼"、"弱肉强食"的竞争法则。

很显然,在企业产品、产业多元化,组织结构集团化、母子化的大背景下,企业的经营活动也必然呈现多元化的特征,处于不同发展阶段的分部和处于不同生命周期的产品在空间上同时并存,在时间上相互继起。可能这个分部或产品处于创建(试制)期,那个分部或产品处于成长期,另一个分部或产品处于成熟期,还有的分部或产品又处于衰退期,即从某一个特定时期来看,企业处于哪一个阶段的分部或产品都有。那么在这种情况下,企业的预算管理是以销售预算为中心?还是以成本预算为中心?抑或是以资本预算为中心?当然都应该有。这个分部以资本预算为中心,那个分部以销售预算为中心,另外一个分部则以成本预算为中心。总体来讲,整个企业要具体到整体利益最大化,即目标利润最大化上。因此,多元化经营的企业应实行以利润预算为中心的预算管理模式。这与企业的经营目的是一致的。

另外,随着企业所有权和经营权的两权分离,以及出资者对经营者约束机制的强化,以利润预算为中心的预算管理模式必然会被越来越多的企业采用。

在以利润预算为中心的预算管理模式中,实现目标利润是企业经营活动的中心和主线,其主要内容是:(1)按照企业所有者和经营者都能接受的投资报酬率,确定企业预定期内的利润总目标;(2)企业的一切经营活动都要围绕着利润总目标这个中心,企业各子公司、分公司的预算指标都要依据企业的利润总目标分解和展开;(3)依据利润目标,制定企业的经营预算、资本预算和财务预算;(4)利润预算是企业组织与控制生产经营活动的基本依据,在预算执行中要及时纠正偏差,确保利润总目标的实现;(5)将是否完成目标利润作为评价各预算部门经营业绩的主要标准。

第六节 推行全面预算管理的必然性和迫切性

一、从工业发达国家企业运用全面预算管理的原因,看我国企业推行全面预算管理的必然性

在工业发达国家,企业运用全面预算管理的普及率几乎达到了百分之百的程度,全面预算管理早已成为工业发达国家企业必备的、基础性的管理制度,是广大投资者和企业家管理运营企业的一种基本的方法和手段。20世纪80年代一项对美国400家大中型企业的调查表明,美国的所有大中型企业几乎都在运用预算管理。调查情况如表1-2所示。[①]

表1-2 美国400家大中型企业运用预算管理情况调查

序号	行业	运用预算方法的公司所占百分比(%)
1	商业银行	98
2	各种金融、财务机构	93
3	各种服务机构	100
4	医疗机构	100
5	人寿保险公司	96
6	大型生产制造公司	100
7	中型生产制造公司	98
8	批发商与零售商	97
9	交通运输企业	94
10	公共事业公司	96
11	其他	83

为什么工业发达国家企业将全面预算管理作为其必备的、基础的企业管理制度呢?笔者认为,最重要的原因来自以下四个方面。

一是全面预算管理从理论到方法都已十分成熟,并被实践证明确实是运营、管理现代企业的有效手段和方法。工业发达国家企业运用全面预算管理已经有一百多年的历史,这期间,全面预算管理经历了引入期和发展期。进入20世纪80年代后,伴随信息时

---

① J.L.齐默尔曼:《决策与控制会计》,东北财经大学出版社2000年版,第277页。

代的到来,全面预算管理步入了成熟期。全面预算管理的理论和方法在工业发达国家已经深入人心,成为广大企业家经营、管理现代企业的必修课和必备技能。

二是国外经济发达国家实行的市场经济制度,迫使企业必须寻求和运用与市场经济相适应的企业管理制度和方法。市场经济区别于计划经济的明显特征是:企业的生产经营活动在国家法律和政策允许的范围内由企业自主运行。全面预算管理正是在市场经济条件下,企业对预定期内的生产经营活动进行合理规划和描述,并对预算执行过程与结果进行有效控制的管理制度和方法。

三是工业发达国家企业控制权、决策权、指挥权、监督权四权分离的公司治理结构,客观上需要实行全面预算管理制度来制衡。首先,股东会通过审议、批准全面预算,可以行使股东们对公司的最终控制权,体现其对公司的所有权;其次,董事会通过制定全面预算,可以行使董事会对公司的经营决策权,体现其对公司的法人财产权;再次,经理班子通过执行全面预算,可以行使经理人对公司的经营指挥权,体现其对公司的法人代表权;最后,监事会通过对监督、检查全面预算的执行情况,可以行使监事会对公司的监督权,体现其对公司的出资者监督权。

四是大集团、大公司,特别是跨地区经营、跨国度经营的公司组织模式,客观上需要采用全面预算管理制度来运营、控制和管理。19世纪末20世纪初,美国的很多公司都面临由工厂制企业转变为公司制企业所带来的管理分散化问题。正是杜邦化学公司和通用汽车公司的决策者们成功地将国家预算管理的模式引入企业管理之中,才有效地解决了各分公司、子公司与公司总部之间的目标一致性问题,为大公司的跨地区、跨国度经营探索出了一条行之有效的控制方式。此后,预算管理方式很快风靡工业发达国家,为这些国家的企业转变成分公司、子公司遍布世界各地的巨型跨国公司奠定了坚实的基础。

目前,中国企业推行全面预算管理的四个因素都已基本具备:

首先,全面预算管理在20世纪80年代随着西方管理会计的理论引入我国后,经过二十多年的不懈努力,其理论和方法在我国已经日臻成熟,并且在许多企业中得到应用并取得显著成果。

其次,改革开放以来,我国逐步探索和实行了社会主义市场经济体制,企业成为自主经营、自负盈亏、自我发展、自我约束的法人实体和市场竞争的主体,在法律和国家政策范围内,政府不干预企业的生产经营活动。因此,企业摈弃计划经济体制下形成的以生产计划为中心的运营机制后,建立与社会主义市场经济相适应的、以全面预算为轴心的企业运营新机制就成为当务之急。

再次,随着《中华人民共和国公司法》的颁布实施和现代企业制度的建立,特别是经过企业的股份制改造,已经使中国企业逐步建立和完善了控制权、决策权、指挥权、监督权四权分离的公司治理结构。推行全面预算管理制度是将股东会、董事会、监事会、经理班子的"三会四权"落到实处的唯一选择。

最后,随着中国加入WTO和世界经济一体化的进程,越来越多的中国企业由过去的单一公司经营模式发展成以资本关系为纽带的多公司、跨地区、跨行业甚至跨国经营的集团化公司模式。集团公司总部通过推行全面预算管理就可以将各个层级、各个单位、各个成员的具体目标与集团公司的总体目标连接起来,并使各个层级、单位和成员围绕着集团公司的总体目标而运作。

因此，从工业发达国家企业运用全面预算管理的因素分析，我国企业推行全面预算管理是必然的。

二、从落实《中华人民共和国公司法》，看我国企业推行全面预算管理的迫切性

《中华人民共和国公司法》第三十八条第五项规定：有限责任公司股东会"审议批准公司的年度财务预算方案、决算方案"；第四十七条第四项规定：有限责任公司董事会"制定公司的年度财务预算方案、决算方案"；第一百零三条第六项规定：股份有限公司股东大会"审议批准公司的年度财务预算方案、决算方案"；第一百一十二条第四项规定：股份有限公司董事会"制定公司的年度财务预算方案、决算方案"。财务预算是全面预算不可分割的有机组成部分，是经营预算和投资预算的联产品，也就是说，没有经营预算和投资预算，财务预算就会成为无源之水，无本之木。因此，《中华人民共和国公司法》有关企业财务预算的规定，也就是有关企业全面预算的规定。

《中华人民共和国公司法》是国家的法律，是在中国境内所有公司都必须遵守的法律制度和经营运作规范，也是中国企业构建公司治理结构的基本依据。显然，如果企业不实行全面预算管理制度，就不可能制定出切合企业实际的、科学的年度财务预算方案和年度决算方案。公司股东会、股东大会"审议、批准公司的年度财务预算方案、决算方案"就会变成一场例行公事的游戏。因此，全面预算管理不是企业该不该、想不想实行的问题，而是必须实行的一项基本制度。

三、从建立现代企业制度和完善公司治理结构，看我国企业推行全面预算管理的迫切性

建立现代企业制度是发展社会化大生产和市场经济的必然要求，我国所要建立的现代企业制度，就是在社会主义市场经济条件下，根据现代企业的内在要求，按照世界通行的国际惯例和标准，来塑造适应社会主义市场经济发展要求的，能自主经营、自负盈亏、自我发展、自我约束的法人实体和市场竞争主体。现代企业制度的特征被高度概括为四句话、十六个字，即"产权明晰、权责明确、政企分开、管理科学"。这是一个非常复杂的问题。其中，仅从现代企业制度中的"制度"二字上来讲，就有六个方面的制度安排，包括企业的产权制度、企业的管理制度、企业的契约制度、企业的人格化制度、企业的法人治理结构和企业的组织结构。其中，建立和完善公司法人治理结构是建立现代企业制度的核心内容。

公司治理或曰公司治理结构、企业法人治理结构等，是现代企业制度中最重要的架构。联合国经济合作与发展组织（OECD）1999年制定的《公司治理原则》中给公司治理所下定义为："公司治理是一种据以对工商业进行管理和控制的体系。公司治理明确规定公司各个参与者的责任和权利分布，诸如董事会、经理层、股东和其他利益相关者，并且清楚地说明决策公司事务时所应遵循的规则和程序。同时，它还提供一种结构，使之用以设置公司目标，也提供了达到这些目标和监控运营的手段。"可见，公司治理本质上是一种制度装置，是处理董事会、经理层、股东和其他利益相关者相互关系和权力制衡的契约，其核心就是协调各利益相关者的责、权、利关系，也就是公司股东会、董事会、监事

会和经理人之间所特有的"三会四权"分权制衡的组织制度和运行机制。

公司治理中的"三会四权"可以从以下两个方面来理解：

一方面，它是一种产权结构，即公司内部各产权主体之间的关系。股东会是出资者所有权的主体；董事会是法人财产权的主体；而股东会派生出的监事会是出资者监督权的主体。

另一方面，它又是公司治理结构。按照这种治理结构的内在规定，股东会行使最终控制权、董事会行使经营决策权、经理人行使经营指挥权、监事会行使监督权。这四权相互独立，相互制约，有机组合，从而为实现公司经营目标发挥整体效能。

因此，"三会四权"既是公司产权结构，又是公司治理结构，两者之间的关系如下：

首先，产权结构是治理结构的基础。有了股东会的出资者所有权，才会有其最终控制权；有了董事会的法人财产权，才会有其经营决策权；有了经理人的法人代理权，才会有其经营指挥权；有了监事会的出资者监督权，才会实施其监督职能。只有在这种产权结构基础上才会有公司治理的健康运作。

其次，治理结构是产权结构的实现形式。只有股东会拥有对公司的最终控制权，才能体现其对公司拥有所有权；只有董事会拥有对公司的经营决策权，才能体现其对公司拥有法人财产权；只有经理人拥有对公司的经营指挥权，才能体现其对公司拥有法人代理权；只有监事会拥有对公司的监督权，才能体现其对公司拥有出资者监督权。

只有在健全、规范公司治理结构的前提下，企业的"三会四权"才能得以正常发挥功能，产权结构的各项权能才算真正到位。

目前，我国企业的公司治理结构在制度装置上分三个层次：

第一个层次，是《中华人民共和国公司法》，它是国家颁布的适用于中国境内所有公司的、高度抽象的法律制度，是我国公司制企业的根本大法。

第二个层次，是各公司注册成立时由发起人和股东共同签署的《公司章程》，它属于中间层次的法规性契约，是公司经营运作的基本规范。

第三个层次，是企业的具体规章制度，它是以《中华人民共和国公司法》和《公司章程》为依据，结合本企业的具体情况和市场的具体环境、具体规定，落实股东会、董事会、经营者，尤其是企业内部各部门乃至每个员工的责、权、利关系，明晰其权限范围和责任区域的制度性文件。

全面预算管理正是这样一种可以将各方利益相关者的责、权、利进行细化、具体化、度量化的第三层次的制度装置。全面预算管理以委托代理理论和信息经济学原理为基础，重点构建了企业组织内部分级管理体系。它通过分权、授权，对企业内部的所有事项进行责、权、利划分，形成了从股东会、董事会、监事会、总经理班子、部门经理到每一个员工的责、权、利管理体系。通过实施全面预算管理，可以健全和完善企业的法人治理结构。

首先，股东会通过审议、批准全面预算，可以行使其对公司的最终控制权，体现其对公司的所有权；

其次，董事会通过制定全面预算，可以行使其对公司的经营决策权，体现其对公司的法人财产权；

再次,经理人通过编制、执行全面预算,可以行使其对公司的经营指挥权,体现其对公司的法人代理权;

最后,监事会通过监督、检查全面预算的执行情况,可以行使其对公司的监督权,体现其对公司的出资者监督权。

总之,通过实施全面预算管理,企业可以规范各个利益主体对企业具体的约定投入、约定效果及相应的约定利益;可以真实反馈各个利益主体的实际投入及其对企业的影响;可以检查契约的履行情况并实施相应的奖惩,从而使企业在既定的公司治理结构内细化治理,提高公司治理的有效性,从而健全和完善公司的法人治理结构,建立现代企业制度。

四、从我国企业的管理现状,看推行全面预算管理的迫切性

改革开放三十多年来,我国的经济改革和企业改革取得了举世瞩目的成就,企业的现代制度正在逐步建立和日趋完善。

但是,毋庸讳言,我国企业的综合实力和整体素质与西方国家相比,还有很大差距。由于政治、经济、环境、观念等各种因素的交织影响,很多企业的法人治理结构很不完善,相当一部分企业的股东会、董事会、监事会有名无实。很多企业实行的仍然是人治,即董事长或总经理一人说了算。公司股东会、董事会、监事会、经营班子以及公司员工的责、权、利关系急需规范和落实。

2000年,南京大学会计学系在中国会计学会、中国总会计师协会的支持和指导下,在全国范围内对有关企业进行了一次《关于中国企业预算管理现状的调查报告》问卷调查。调查主要针对企业对预算管理科学性的评价、预算编制工作的组织情况、预算编制的种类及方法、预算控制情况和预算调整情况五个方面的问题,共发出问卷234份,收回77份,回收率为32.9%。本次调查的结论,可以为我们研究中国企业预算管理现状与未来发展趋势提供线索和有益的参考。其中,有一项关于"预算指标最终决定权"的调查结果令人深思。调查情况如表1-3所示。

表1-3 预算指标的最终决定者(按行业划分)调查情况

类别		董事会		总经理		专门预算机构		财务部门	
行业	家数	家数	占比(%)	家数	占比(%)	家数	占比(%)	家数	占比(%)
纺织	3	3	100	0	0	0	0	0	0
化工	11	2	18.2	4	36.4	3	27.2	2	18.2
石油	3	0	0	1	33.3	2	66.7	0	0
机械	14	4	28.6	7	50	2	14.3	1	7.1
建设	5	1	20	2	40	2	40	0	0
其他工业	10	4	40	5	50	1	10	0	0
农垦	6	3	50	2	33.3	1	16.7	0	0
商业	5	1	20	4	80	0	0	0	0
其他行业	20	5	25	8	40	2	10	5	25
总计	77	23	30	33	43.3	13	16.7	8	10

制定公司年度预算方案是公司董事会的职权,审议批准公司年度预算方案是股东会

的职权,这是《中华人民共和国公司法》有关条文明确规定的。这种规范在中国企业的全面预算管理实务中是否得到贯彻了呢?从调查表中可一目了然:由总经理做出最终决定的企业比重最大,为43.3%;由董事会最终决定的企业数量次之,为30%;由专门的预算机构做出最终决定的为16.7%;由企业财务部门做出决定的为10%。唯独应该说了算的股东会却不见了踪影。这个调查表基本上反映了我国企业在推行全面预算管理上的实际状况,这种现状与我国企业不甚健全的公司治理结构有着密切关系。

因此,为了进一步提高企业经营者的决策水平、管理水平,约束总经理的个人行为,建立规范、协调的企业管理制度体系,确保企业在法制的轨道上健康运行,在企业建立和推行规范化的全面预算管理制度十分迫切。

通过全面预算管理的组织体系,可以落实公司的治理结构;

通过全面预算管理的指标体系,可以明确公司的生产经营活动目标;

通过编制全面预算和层层分解,可以把经营目标细化、落实;

通过全面预算管理的监控体系,可以把公司的整个经营过程监控起来;

通过全面预算管理的报告体系,可以掌控企业管理所需要的相关信息;

通过全面预算管理的考评体系,可以真正把责、权、利直接对接起来。

五、从推行全面预算管理的重要意义,看推行全面预算管理的迫切性

推行全面预算管理对于企业建立和完善现代企业制度,完善企业产权制度,提高企业管理水平,增强企业市场竞争力都有十分重要的意义。

(一) 实施全面预算管理,是企业产权制度变革的必然趋势,也是完善公司治理结构的必然要求

在传统的计划经济体制下,我国的企业只有单一的投资者——国家,企业相当于国家这个大公司的一座工厂,企业维持简单再生产或扩大再生产所需的资金由国家无偿拨付。国家还通过统购、统销、统价,从政策上让一些工厂赚钱,让一些工厂亏损,最后由国家这个大公司来汇总盈亏。所以,当时企业实现的利润全部上缴国家,亏损则由国家给予全额补偿。因此,所有者(国家)对企业所关注的是能否完成国家下达的产品生产任务;作为企业的经营管理者,其关注点也是千方百计地完成国家下达的产品生产任务。

我国实行市场经济体制后,随着改革的不断深入,企业逐步做到了产权清晰、权责明确。2003年,国务院批准成立了国务院国有资产监督管理委员会,根据国务院的授权,代表国家依法履行出资人职责,代表国家向部分大型企业派出监事会,依法对所出资企业的国有资产进行监督管理。国务院国有资产监督管理委员会的监管范围是中央所属企业(不含金融类企业)的国有资产。可以说,我国目前大多数企业做到了产权清晰,而且实现了所有权与经营权的分离。

随着企业产权的清晰和企业产权结构的多元化趋势,出资者、经营者及员工之间的关系有了更加复杂的变化。如何明确和规范出资者、经营者、员工三者之间的责、权、利关系,如何保护出资者、经营者、员工的合法权益,如何限制和约束经营者的越权行为,如何保证公司股东会、董事会、监事会、经理班子各自发挥各自的职能作用,如何确保公司远景规划、经营目标、年度计划的实现等都是不可回避的重大问题。解决的办法除了完

善公司法人治理结构外,更重要的是利用全面预算这一强有力的管理手段,实现出资者对经营者的有效制约,经营者对公司经营活动、对公司员工的有效计划、控制和管理。因此,实行全面预算管理,是出资者、决策者和经营者管理运行现代企业的必然选择。

(二) 实施全面预算管理,是我国企业管理的一次重大革命,将使我国企业管理进入一个新的历史阶段,提升到一个新的高度

在工业发达国家,特别是美国的企业管理历史上曾经发生过两次重大革命。[1] 第一次是发生在19世纪末20世纪初,以"泰罗制"的产生为标志。"泰罗制"在工业发达国家的历史上第一次将企业管理从蒙昧带入科学。泰罗及其追随者们将劳动过程的标准化与奖惩制度有机结合起来,成功解决了工厂经营效率问题。第二次是在第一次的基础上于20世纪40年代前后发生的,它以杜邦模式和通用模式的形成为标志。杜邦公司三位堂兄弟、斯隆以及哈佛十神童为此做出了重要贡献,成功解决了集团公司的整合问题,为美国企业建成分公司、子公司遍布世界各地的巨型跨国公司奠定了基础。

在我国,过去五十多年的发展过程中曾涌现出大批成本管理的典型,特别是邯郸钢铁公司推行的"模拟市场核算,实行成本否决"管理方法,在国务院和国家经贸委的推动下风靡全国。这表明我国企业管理已经基本完成了第一次革命,目前正徘徊在第二次革命的边缘。历史是一面镜子,参照美国企业管理的历史,第二次企业管理革命的核心内容就是在我国企业中实行全面预算管理,为我国企业家驾驭巨型公司提供方法和手段。全面预算管理的实施,将有效地消除集团公司内部组织机构松散的状况,实现各层级、各单位、各成员的有机整合,与国际大公司的管理惯例接轨,进一步提高企业的经营管理效率,提升经营管理者把握未来的能力,使企业管理实现从粗放型向集约型的转变,提高我国企业的国际竞争能力。

---

[1] 于增彪等:《我国集团公司预算管理运行体系的新模式》,《会计研究》,2001年第8期。

第二章 全面预算管理的前提与基础

全面预算管理是一项综合性的系统工程,它既是一项非常严肃的管理制度,又是一种技术性很强的管理方法,同时也是企业的一种运营机制和责、权、利安排。因此,推行全面预算管理必然涉及企业经营管理的方方面面,需要企业高层为全面预算管理的实施构建良好的运作平台,建立相应的全面预算管理保障体系。这些基础性的要素主要包括有利于全面预算管理实施的氛围和理念、扎实的管理基础工作和规范的全面预算管理制度等。

第一节 实施全面预算管理的前提条件

实施全面预算管理是企业管理的一场重大革命,它涉及企业的法人治理结构、管理模式、管理方法和分配制度,必然会对传统企业管理思想造成巨大冲击。只有构建和创造一个良好的环境和氛围,提高各级领导对全面预算管理正确的认识,调动全体员工自觉参与全面预算管理的积极性,发挥财会人员的主力军作用,才能为全面预算管理的有效推行创造条件、铺平道路。

一、企业领导的认可和支持

实施全面预算管理涉及企业的方方面面,甚至直接触及某些部门、某些领导和员工的个人利益,是一种权利的再分配,必然会遇到种种阻碍。因此,全面预算管理属于"一把手工程",必须领导重视,各级一把手亲自抓、亲自管。否则,全面预算管理很难取得预期的效果。要学习和借鉴国内外企业推行全面预算管理的先进经验,对各级领导,特别是部门一把手,进行全面预算管理的培训学习,提高各级领导对全面预算管理的正确认识。

第一,全面预算管理是企业法人治理结构的重要组成部分,是建立和完善现代企业制度的重要措施。实施全面预算管理是《中华人民共和国公司法》及相应的《公司章程》的法定内容,不是企业可实行、可不实行的问题,而是必须要实行的一项企业最基本的制度。

第二,推行全面预算管理是国内外成功企业的成功经验,世界上的大企业、强企业都在成功推行全面预算管理;国务院国有资产监督管理委员会、财政部也都颁布文件要求企业推行全面预算管理。推行全面预算管理既可以有效保障企业投资者的权益,又可以规范决策者、管理者的行为,维护全体员工的合法权益,提高企业的经济效益,是一件利国、利企、利民的好事。因此,推行全面预算管理是大势所趋,势在必行。

第三,全面预算管理是涉及整个企业的综合性、系统性、全局性的管理活动,它要求企业销售、生产、采购、技术等部门必须共同参与,仅仅依靠财务部门是不可能完成全面预算管理重任的。

第四,全面预算管理是标准的"一把手工程",没有各级一把手的重视、支持和参与,全面预算管理是不可能搞好的。在国外,企业的预算委员会都是由董事长、总经理亲自挂帅,从而使全面预算管理拥有了权力方面的有效保障。

第五,全面预算管理是一项技术性很强的管理方法,它的内容包括预算编制、审批、执行、控制、核算、分析、考核、奖惩等一系列管理活动,必须从人力、物力、财力各方面给予足够的重视和支持。

只有企业各级领导真正从思想上认识到全面预算管理的重要性,才能为全面预算管理的成功实施奠定坚实的基础。

二、全体员工的参与和配合

全面预算管理涉及企业生产经营活动的方方面面和各个环节,而这些方方面面、各个环节的工作都是由企业不同的部门和员工来分担的。就在全面预算管理中扮演的角色而言,全体员工是全面预算的具体执行者,而只有预算的具体执行者才最为熟悉情况,预算编制的水平如何,如何去完成预算,他们最有发言权。所以,推行全面预算管理必须以人为本,要让企业的全体员工积极参与到预算的编制、执行和控制中来,为更好地实施全面预算管理献计献策。同时,只有让企业员工参与了预算的编制,并且得到了他们的重视和支持,预算才易于被广大员工接受,全面预算才有可靠的基础,才能为完成全面预算管理的任务奠定基础,进而顺利地完成企业的各项预算目标。此外,成功地动员企业全体员工积极参与全面预算管理,也可以减少企业领导与企业员工之间由于信息不对称性而可能带来的消极和负面影响,从而有利于企业生产经营活动的顺利进行。因此,让全体员工直接或者间接地参与全面预算管理的整个过程是全面预算管理成功实施的重要前提。企业推行全面预算管理必须重视对全体员工的宣传教育和技能培训,调动全体员工自觉参与全面预算管理的积极性和主动性。

三、造就高素质的财会队伍

造就一支思想作风好、业务素质高的财会队伍,是成功实施全面预算管理的前提和保证。尽管全面预算管理不是一项单纯的财务工作，但是，全面预算管理的核心是企业生产经营活动中的资金运动，是企业的财务管理，广大财会人员无疑是企业实施全面预算管理的主力军。因此，财会人员素质的高低直接关系到全面预算管理能否成功实施。这就要求广大财会人员必须从理论和实务两个方面努力学习、掌握全面预算管理知识，提高全面预算管理的操作技能，要在财务管理的广度、深度和力度上下工夫，全面提高自身素质。所谓广度，即全面性。全面预算管理的综合性，要求财会人员必须树立大财务的观念，走出就"账"论"账"的狭小天地，把自己塑造成既精通财务会计，又精通经营管理的复合型人才，力求把财务管理同生产经营管理活动有机地结合起来。所谓深度，即精细化。财务管理不能纸上谈兵，财会人员必须把财务管理落到实处，使企业的每项资源都能得到充分利用。所谓力度，即强制性。财务部门要充分利用财会信息的权威性，在编制预算、执行预算和考核预算时，做到严肃认真、雷厉风行、责任分明。唯有如此，才能发挥财会人员在全面预算管理中的主力军作用，全面预算管理才能不流于形式，取得实效。

四、树立以财务管理为中心的观念

企业实施全面预算管理，必须树立企业管理以财务管理为中心的观念。新中国成立以来，随着社会经济的发展和经济体制的改革，中国的企业管理经历了三次管理中心的演变，即由计划经济时期的以生产管理为中心，转变到改革开放初期的以营销管理为中心，如今已转变为市场经济条件下的以财务管理为中心。

市场经济条件下，企业经营环境复杂多变，经营风险越来越大。要确保企业的利润最大化，就必须重视财务管理的职能作用，发挥财务管理预测、决策、计划、控制、分析、考核等方面的功能。要特别强调的是，财务管理不仅是财务部门一家的职责；以财务管理为中心，也绝对不能理解为以财务部门为中心。企业的人财物各个方面、供产销各个环节，从科室到车间，上至总经理，下到每一名员工，人人都要树立财务管理的思想，人人都要参与财务管理，一切生产经营活动都要比较投入产出，都要追求经济效益，都要考虑财务成果，使财务管理成为企业全员的、全方位的、全过程的管理。例如，采购部门在采购活动中要货比三家，在保证采购物资质量的前提下，围绕努力降低物资采购成本，加强财务管理；生产部门在产品制造过程中，要努力保持稳定高产，降低消耗，节约制造费用，围绕降低产品制造成本，加强财务管理；销售部门要在产品价格合理的前提下，围绕提高产销率，降低销售费用，提高货款回收率，杜绝呆账、坏账发生，加强财务管理；仓储部门要在保证生产所需的前提下，围绕压缩物资库存，及时清理积压物资，盘活存量物资，节约资金占用，加强财务管理；产品开发与设计部门要在保证完成新产品开发任务和保证产品质量的同时，围绕降低新产品设计成本，不断改进和提升加工工艺，加强财务管理；各管理部门要根据各自的职能分工和职责范围，围绕提高工作质量、提高工作效率、努力降低各项管理费用支出，加强财务管理；如此等等。可以说，企业的一切工作都与财务管理有着密切的关系，财务目标是统帅企业一切经营活动的中心环节，企业从上到下都要围绕财务管理开展工作。只有这样，企业的全面预算管理才能真正发挥作用。

五、完善财务管理机构建设

企业经营活动的过程,也是资金流转的过程。确保资金均衡、有效的流动是财务管理的首要目标,也是衡量财务管理优劣的一个重要标志。因此,企业管理以财务管理为中心,而财务管理必须以资金管理为重点。实施全面预算管理,将企业资金的流转放到了十分重要的位置,企业应抓住实施全面预算管理的契机,围绕资金运动这条主线构建完善的财务运行机制。然而,目前我国大部分企业的财务管理机构不仅在部门设置上是与会计机构合二为一的,而且在职责范围上也是以会计核算职能和工作流程为主线进行职能划分的。由于财务管理的任务弹性较强,在程序与时间上要求比较灵活;而会计工作的任务刚性较强,在程序与时间上要求比较严格和规范。因此,财务与会计合二为一的管理体制也就自然而然地造成"刚性"的会计核算挤兑"弹性"的财务管理,从而导致我国企业长期以来重会计核算、轻财务管理的局面,也就导致了许多人甚至有的领导干部也认为财务部门的主要职责就是记账、算账、报账和发工资。

财务管理主要是对资金运动的管理。在计划经济体制下,企业财务管理的主要任务只是按照国家财政部门核定的定额及规定的渠道取得资金,并按照规定的用途使用资金,因此财务管理作为会计工作的附加职能也是顺理成章的事情。然而,在市场经济条件下,企业必须自主筹集资金并使用资金,企业对资金运动的管理处于企业管理的中心地位,财务管理再也不是一种附加职能,而成为与会计核算既互相联系又各司其职的、并重的管理活动。资金的筹集、资金的合理配置和有效运用、经营的风险管理等事项已成为企业财务管理的主要内容。因此,实行财务与会计分离,建立相对独立的财务管理机构,不仅是企业管理以财务管理为中心的要求,也是实施全面预算管理的现实需要。也就是说,在有条件的大中型企业,可以通过全面预算管理的实施,成立专司财务管理和全面预算管理之职的财务管理部门。

六、建立责权分明、奖惩挂钩的激励制度

企业实行全面预算管理的重要标志是该企业的预算执行结果与奖惩制度挂钩。只有这两者挂起钩来,才算真正踏上了预算管理的轨道。道理很简单,如果预算目标完成与完不成一个样,那么预算目标的分解、预算方案的编制、预算的执行就会变得异常简单。因为,不与奖惩挂钩的预算充其量也只能是仅供参考的一纸文件,企业的各个部门、每名员工是不会重视的,更不会尽全力去完成这些预算目标。因此,实施全面预算管理必须确立考评与奖惩是全面预算管理生命线的理念,按照责、权、利三统一的要求,建立健全预算激励与约束机制,明确每个岗位及员工的责任和权利,将所有的预算责任落实到相应的部门和相关的人员;要建立严格的预算考评制度,使预算的执行结果与奖惩密切挂起钩来,使严格执行预算、确保预算目标完成变为所有部门和全体员工的自觉行动。实践证明:企业只有以预算目标为起点,以预算考评为终点,才能真正发挥全面预算管理的功效。另外,全面预算管理的效果与它在业绩评价中的作用是息息相关的。传统的绩效考评,多采用与上年同期进行比较的办法,这种办法往往忽略了许多不可比因素,造成考评结果不甚合理,不利于调动全体员工的积极性。推行全面预算管理后,要以预算的各

项指标作为绩效考评的依据。这样,既可以避免传统绩效考评的弊端,又可以有效提高各部门及全体员工对全面预算管理的重视程度,进而使全面预算管理取得预期的效果。

第二节 实施全面预算管理需加强的基础工作

基础工作是指企业为实现经营目标和履行管理职能而提供资料依据、共同准则、基本手段和前提条件的必不可少的各项最基本的工作。主要包括原始记录、定额工作、计划价格、计量工作、标准化工作、信息工作、规章制度和员工培训等项内容。它是专业管理工作中最基础的部分,基础工作的好坏直接影响企业各项经营活动的绩效,影响整个企业管理水平的高低。实施全面预算管理,能够实现对企业生产经营活动的有效计划和控制,极大地提高企业的管理水平和经济效益。然而,要真正发挥全面预算管理的效能,还必须加强企业管理的各项基础工作。

在预算的编制过程中,需要各类定额指标、价格数据和企业内外部的信息资料,如果企业不能提供这些基本的数据和资料,或者不能保证提供准确而有效的信息资料,预算的编制将无法进行;在预算的执行过程中,需要进行计量、结算和核算,如果缺乏必要的计量工具、结算手段和核算方法,预算的执行过程将难以有效监控;在预算的分析、考评、奖惩过程中,涉及大量的反馈资料和信息传递,如果企业信息失真、反馈失灵,整个预算管理将无法运行。可见,全面预算管理的整个实施过程都与企业管理的基础工作密切相关。

很显然,人们要让电子计算机输出的信息符合客观实际,首先就应保证输入计算机的信息是准确无误的。如果输入的信息本身就是错误的,那么再高智能的电子计算机,也不可能输出符合客观实际的正确结果。然而,计量不准、信息不灵、数据虚假、收支不实、无章可循、有章不循,正是长期以来困扰我国企业管理的普遍问题。如果这个问题不解决,包括全面预算管理在内的任何先进管理方法也不能发挥其应有的作用。因此,企业实施全面预算管理必须双管齐下,以实施全面预算管理为契机,扎扎实实地做好企业管理的各项基础工作。从这个意义上说,加强企业管理的各项基础工作,不仅是发挥全面预算管理效能的要求,而且是实施全面预算管理方法的充分必要条件。

一、原始记录

原始记录是用以记载经济业务和完成情况的书面证明,它能及时反映生产经营经济活动的原始状态,是核算、监控和考核经济活动的重要依据,是编制预算和分析预算执行情况的重要资料,也是核算企业经营成果的重要依据。涉及全面预算管理的原始记录主要包括如下内容:

(1) 有关反映企业物资采购情况的原始记录,如"采购审批单"、"物资采购台账"等;

(2) 有关反映企业物资、产成品收付存情况的原始记录,如"材料入库单"、"材料出库单"、"产品入库单"等;

(3) 有关反映企业产品生产情况的原始记录,如"生产任务通知单"、"产品质量检验

单"、"产品生产工时记录单"等;

(4) 有关反映企业产品销售情况的原始记录,如"销售开票通知单"、"产品发货通知单"、"客户往来台账"等;

(5) 有关反映企业会计核算情况的原始记录,如"材料消耗汇总表"、"产品成本计算单"、"折旧计提分配单"等;

(6) 有关反映企业其他经营活动情况的原始记录,如"固定资产调拨单"、"工资单"等。

原始记录的基本要求有三个:一是全面完整,企业所有的经营活动都要有原始记录;二是真实可靠,原始记录的内容反映经营活动的本来面目,不得弄虚作假、肆意杜撰;三是序时及时,原始记录要按业务发生的先后顺序及时记载,一项经济业务发生后,要立即填制原始凭证并及时传递,做到不积压、不拖延、不事后补制。

企业要做好原始记录工作,首先,要依靠全体员工,实行专业管理与员工管理相结合;其次,企业要统一原始记录的格式、种类、填制方法和传递程序,避免各部门自行其是,各搞一套;最后,必须建立健全原始记录的编制、审核、传递、档案、交接等责任制度,使每张原始记录、原始凭证都有专人负责。

原始记录责任人要负担起如下责任:(1)按原始记录的各项内容逐一如实填写,不能遗漏;(2)对各项经济业务发生情况及时做好记录;(3)所有记录的数据必须如实反映,计算准确,不得弄虚作假;(4)需要进行连续记录的数据,其记录应当连续;(5)原始记录的内容要字迹端正、书写清楚;(6)做好原始记录的签署、传递、汇集和保管工作。

二、定额工作

定额工作是指对各种消耗、费用、资金等定额的制定、执行和管理工作。它是经营预测、决策、计划、核算、分析、考核、分配的重要依据,是推行全面预算管理所必须完善的基础工作。因为定额是在一定的生产技术和生产组织条件下,在充分考虑人的主观能动性的基础上,对人力、物力、财力的配置、利用、消耗等方面所确定的标准;是核算的基础、计划的依据、管理的手段、控制的工具。所以,定额工作不仅是全面预算管理的基础工作,而且也是生产、计划、会计、技术、劳动、物资管理乃至整个企业的基础工作。

(一) 定额工作的重要作用

搞好定额工作,对于企业来说至少有以下三个方面的重要作用。

(1) 定额工作是推行全面预算管理的前提条件之一,很多预算指标的制定,就是按照工作量乘以定额确定的。如果企业没有制定消耗定额、工资定额、费用定额等一系列基本定额,全面预算是没法编制的。

(2) 定额工作是对生产经营活动进行有效预测、控制和组织的工具。企业编制生产经营计划、组织物资采购、产品生产、产品销售、控制成本费用都需要以定额为基本依据,从而实现企业供应、生产、销售全过程的科学化、系统化管理。

(3) 定额工作是评价各部门以及每名员工工作业绩的标准和依据。通过制定先进合理的各项定额,并通过经济责任制的形式层层落实到企业内部各部门及全体员工,可以有效调动各部门、员工的工作积极性,使定额成为企业控制生产费用支出、实现降低成本费用的具体目标和提高经济效益的重要手段。

（二）定额的种类

定额的种类很多，涉及全面预算管理的主要有以下五种。

（1）劳动定额。它指有关人力资源消耗或占用方面的定额，如定员定额、劳动生产率定额、工时定额、工资定额、服务定额等。

（2）生产及设备定额。它指有关生产能力及机器设备利用或占用方面的定额，如产量定额、设备利用率定额、生产能力利用定额、台时定额等。

（3）物资定额。它指有关材料消耗或占用方面的定额，如材料消耗定额、工具领用定额、物资储备定额等。

（4）资金定额。它指有关流动资金占用方面的定额，如储备资金定额、生产资金定额、产成品资金定额、货币资金定额等。

（5）费用定额。它指有关制造费用和期间费用耗费方面的定额，如制造费用定额、管理费用定额、销售费用定额和财务费用定额等。

用来编制预算的定额也称作预算定额；预算定额体系是指由一系列预算定额组成的相互联系、相互补充的有机整体。

（三）定额工作的要求

搞好定额工作，主要应做好以下四个方面的工作。

1. 落实责任，建立健全定额管理制度

各项定额的制定、执行、分析、考核和修改要做到制度化。企业要建立定额管理归口负责制度，做到企业的各项定额有人负责，职责分明。一般情况下，定额的制定、修改可采取归口管理部门牵头、相关部门配合的办法。例如，企业定额归口负责制度中应明确规定：劳动定额由人力资源管理部门牵头负责，生产、技术、财务等部门配合；生产及设备定额由技术部门牵头负责，生产、设备、质量、财务等部门配合；物资定额由生产部门牵头负责，财务、采购、物管、技术等部门配合；费用定额由财务部门牵头负责，其他相关部门配合；资金定额由财务部门牵头负责，采购、物管、生产等相关部门配合等。

2. 切实可行，制定先进合理的各项定额

制定定额的基本要求是要做到"全、快、准"三个字。"全"是范围上的要求，即要求凡是需要制定定额的供、产、销各个环节，人、财、物各个方面都要制定定额。"快"是时间上的要求，即要求定额的制定要简便易行、迅速及时。例如，新产品投产时，技术工艺部门必须将新产品的消耗定额资料一并向生产、财务、物管等部门移交。"准"是质量上的要求，即要求定额水平要先进合理，制定的定额要在已经达到的实际水平的基础上有所提高，是在正常生产技术组织条件下，经过努力可以达到的水平。

3. 持之以恒，搞好定额的贯彻执行

定额制定后，必须认真贯彻执行。只有这样，才能发挥定额在企业管理中的重要作用。为此，企业必须实施一切必要的生产技术组织措施，为实施和完成定额提供必需的前提条件。同时，要加强各种定额执行情况的核算、检查、考核和分析工作，并将定额的执行结果与各个部门及每名员工的物质利益挂起钩来，以促进各项定额的贯彻执行。

4. 动态管理，及时修订各项定额

由于定额是在一定条件下生产技术和管理水平的客观反映，因此，为了保持定额的科学性、先进性和合理性，必须随着生产发展、技术进步、管理水平的提高和劳动生产率的提高而及时修订定额，使之与现实情况相适应。在通常情况下，企业每年可结合年度预算编制或清仓盘点等工作对各项定额全面审查、修改一次，个别波动大的定额应不定期地及时修订，从而为全面预算的编制提供科学、合理的编制依据。

三、计量工作

计量工作是指对生产经营活动中有关物质所进行的计量、检定、测试、化验、分析等方面的技术和管理工作。它主要是运用科学的方法和手段，从数量和质量两个方面反映、测定企业的生产经营活动状况，为企业的生产经营活动和会计核算提供准确的根据。可以说，企业会计核算和统计工作所获数据资料的准确性，在很大程度上取决于计量工作情况。显然，如果没有准确的计量，就不可能提供准确的数据，也就无法据以准确地进行各项管理工作，更不可能使全面预算管理发挥应有的效能。另外，企业生产经营活动中，所需物资的质量、数量、规格、型号是否合乎规定的技术要求，是关系到产品质量、安全生产、经济效益和企业生存的大问题。因此，计量工作必须引起各企业的高度重视，把计量工作纳入制度化、规范化、科学化的轨道。企业完善和加强计量工作，主要应抓好以下三个方面的工作。

一是完善计量制度，配备计量人员。计量制度主要包括计量标准、计量范围、计量手段、计量人员、计量程序和计量工作责任制等方面的内容。要根据企业规模的大小、业务的繁简，设立计量部门，配备计量人员，负责管理企业内部的各种计量器具和开展计量工作。

二是充实计量器具，严格计量范围。企业生产经营各个环节的计量器具必须配备齐全，特别是有些企业缺乏水、电、风、汽计量器具的状况必须改变。凡属材料物资的购进、领用、退回和产成品的入库、出售都要进行严格的检测、计量；对在产品、半成品的内部转移也要进行严格的检测、计量；对水、电、风、汽等物质的内部耗用，要有总表和分表的精确记载。

三是做好计量器具的检查、维修工作。计量器具在启用前要严格检查，不合格的不得使用。对于在用的计量器具，要经常维护和定期检修、校正和鉴定，以提高计量器具的完好率和保证计量结果的准确性。

四、标准化工作

标准化工作是指对生产经营活动各项标准的制定、执行和管理工作。它是促使企业的生产、经营、技术以及各项管理工作达到科学化、规范化、制度化和高效化的重要措施，是管理现代企业，搞好分工协作，促进经济、技术发展的重要手段。加强标准化工作，使企业的生产经营活动接受科学标准的约束，不仅有利于建立良好的生产经营活动秩序，保证产品质量，提高工作效率，增加经济效益，而且有利于全面预算管理方法的推广和应用。

标准化工作主要包括技术标准化和管理标准化两个方面的内容。

1. 技术标准

技术标准是对生产经营活动中有关质量、规格、结构以及检验方法等技术事项做出的统一规定,是进行生产技术活动的依据。它是根据不同时期的科学技术水平和实践经验,针对具有普遍性和重复性事项提出的最佳解决方案。根据其不同的性质和作用范围可分为国际标准、区域标准、国家标准、行业标准、地方标准和企业标准。只有推行技术标准化,才能把规模庞大、分工精细的现代企业生产中分散的、不同的生产部门和生产环节互相协调、衔接起来,使之成为一个有机联系的整体。

2. 管理标准

管理标准是企业为了合理组织生产经营活动,便于各级机构有效地行使管理职能,对重复性的管理工作、任务、程序、内容、方法、要求和考核奖惩办法等管理事项做出的统一规定,是科学组织、管理生产经营活动的依据。推行管理标准化,有利于实现各项管理工作的数据化、条理化和规范化,既便于科学地安排和开展工作,又便于对管理活动的检查、考核和控制,促进工作质量和管理水平的不断提高,为推行全面预算管理铺平道路。

加强标准化工作,需要抓好以下三个方面的工作:一是及时做好企业各项标准的制定、执行、检查和修订工作;二是认真组织和贯彻执行各项标准,保证产品质量和工作质量符合或高于国家规定的各项标准;三是积极扩大企业内部标准化的工作范围,为管理规范化、现代化创造良好的工作环境。

五、信息工作

信息工作是从事生产经营活动,进行预测、决策、分析、核算、控制所必需的资料数据的收集、处理、判断、传递、储存等管理工作。信息是客观事物变化和特征的反映,是客观事物之间相互联系、相互作用的表现。它包括原始记录、经济技术情报和消息,以及经济技术档案等方面的内容。从某种意义上说,全面预算管理的预算编制、执行、核算、控制、反馈、分析、考核的过程,也就是对信息的收集、处理、判断、传递和整理的过程。加强对信息的研究,有效利用信息来组织、管理生产经营活动,是推行全面预算管理的客观要求。

加强信息工作,主要是建立健全原始记录制度,做好各种信息的收集、处理和利用工作,使各项信息达到准确、及时、适用、经济的要求。

(1) 信息的准确性。就是要求信息能如实反映情况,提供的数据资料必须准确无误。信息的准确性是进行有效控制、做出正确决策的保证,预测、决策、控制、指挥的有效性在很大程度上取决于信息的准确性。因此,准确性是对信息的第一要求。

(2) 信息的及时性。经济活动总是在不断变化和不断发展之中,每时每刻都在产生新的信息。只有及时收集、迅速提供信息才能使决策者随时了解、掌握经济活动的变化和发展趋势,据以做出正确的判断和决策。否则,就会因时过境迁而使信息丧失其使用价值。

(3) 信息的适用性。就是信息要符合实际需要。企业各个层次、部门所需要的信息,在范围、内容、详细程度等方面都是不尽相同的。对特定的部门来说,只有需要的信息才是有用的。一般说来,高层管理部门往往需要综合性强、范围广、较为抽象的信息;而基层部门则往往需要专业性强、精度高、较为具体的信息。

(4) 信息的经济性。就是信息的收集、处理、传递、储存方法和手段必须建立在经济的基础上,要在满足生产经营管理需要的前提下,充分考虑以较少的费用,取得数量大、价值高的信息。

六、价格工作

价格工作就是对企业生产经营活动中的各种原材料、半成品、备品备件、燃料动力、劳务以及产成品的价格进行的制定、执行和管理工作。它包括企业外部结算价格和内部计划价格。外部结算价格是根据市场情况和企业具体情况而制定的产品对外销售价格和企业生产经营所采购物资的采购价格;内部计划价格是企业为了内部管理和责任核算需要而自行制定的各类材料、劳务、产成品的内部核算价格。

全面预算管理作为企业的一项内部管理活动,预算的编制、控制、核算、分析和考核等环节都离不开内部计划价格。因此,下面重点阐述计划价格的有关内容。

(一) 计划价格的功能作用

计划价格主要有六个方面的功能作用:

(1) 计划价格是企业内部各单位之间、各单位与公司总部之间进行"商品买卖"的价值尺度;

(2) 计划价格是进行材料核算、成本核算的依据;

(3) 计划价格是开展责任核算的基础条件之一;

(4) 计划价格是评价物资采购工作的尺度;

(5) 计划价格是确定物资采购价格,制定产品销售价格的重要依据;

(6) 计划价格是编制全面预算的重要依据之一。

(二) 计划价格的种类

企业内部计划价格主要有以下三类:

(1) 有关原材料、燃料、包装物、备品备件、动力和低值易耗品的计划价格;

(2) 有关分厂、车间之间相互提供劳务和半成品的计划价格;

(3) 有关产成品的计划价格。

(三) 计划价格的制定依据

(1) 外购材料计划价格是按照现行实际采购价格,加上必要的采购、运输、保管费用制定的;

(2) 自制半成品和各种劳务计划价格是按照定额成本制定的;

(3) 产成品计划价格是按照定额成本加上合理的内部利润制定的。

(四) 计划价格的制定原则

为便于计划价格的制定和使用,计划价格的制定应遵照如下原则:

(1) 非零数字一般不超过两位数,第三位非零数字四舍五入;

(2) 制定的计划价格差异率不超过5%。

具体制定办法如表2-1所示。

表 2-1　计划价格制定范例

物资名称	计量单位	实际价格(元)	计划价格(元)	差异率(%)
A 材料	吨	5 885.00	5 900.00	-0.25
B 材料	吨	563.60	560.00	+0.64
C 材料	千克	346.68	350.00	-0.95
D 材料	千克	19.23	19.00	+1.21
E 材料	千克	3.16	3.20	-1.25
动力电	千瓦·时	0.485 6	0.49	-0.89
F 材料	个	0.067 4	0.067	+0.59
甲产品	台	5 690.70	5 700.00	-0.16
乙产品	件	385.35	390.00	-1.19
丙产品	套	1 848.98	1 800.00	+2.72

(五) 计划价格的修定

企业内部计划价格一经确定,必须严格执行,并保持相对稳定性。一般情况下,在一个会计年度中不宜变动,以便正确考核企业内部各部门的生产经营成果,保持政策的连续性。当计划价格差异率超过正负10%时,就应及时进行修订,以防止因价格差异率过大而造成核算的失真。

(六) 计划价格的责任部门

计划价格的制定、修订工作由财务部门牵头负责,采购、物资、生产技术、销售、人力资源等相关部门配合。

各部门在计划价格管理中的职责如下。

(1) 财务部门:负责计划价格制定、执行、修订的组织、领导,并负责编制《公司计划价格手册》、发布《公司新增计划价格通知》和《公司计划价格调整通知》;

(2) 采购、物管部门:负责预测计划期内外购材料物资的市场价格,提供现行市场价格;

(3) 生产、技术部门:协助财务部门测算公司有关劳务、半成品、产成品实际成本;

(4) 人力资源部门:协助财务部门测算公司有关劳务价格;

(5) 销售部门:负责预测计划期内产品市场价格,提供现行产品市场价格。

(七)《计划价格手册》的编制

《计划价格手册》的编制是一项复杂的系统工程,既涉及方方面面的价格内容,又需要理顺各个部门、各个环节、各个层次的相互关系。因此,必须将"全面、科学、系统、合理、适用"的方针贯彻到价格制定的全过程中,要以财务部门为主,会同采购、物资、销售、生产、技术等部门共同研究编制,并特别注意以下两个问题:

(1) 认真审查各项定额的正确可靠程度,防止因定额不实而造成计划价格不准,影响各分公司、车间经营成果的正确计算和考核;

(2) 各公司、车间半成品、产成品的比价关系要相对合理,避免因比价不合理而造成部门之间的苦乐不均,影响各公司及员工的工作积极性。

《计划价格手册》的项目包括编号、名称、规格型号、计量单位、计划价格、修订价格等内容,其编号和分类要按照公司材料及产成品的统一编号执行,确保其一致性。

七、技能培训

技能培训是指对员工从事本职工作，履行本岗位职责所必须进行的最基础的技术业务培训，它是使员工能够从事正常生产经营活动的前提条件。诸如生产操作、管理技能等基本功的训练，都属于技能培训的范围。

现代化的企业管理，需要现代化的管理人才。企业的各类管理人员除了应具备较高的思想觉悟和职业道德外，还应该能够掌握和运用有关现代管理方法和技能。企业推行全面预算管理，主要是靠全体员工特别是各级领导和广大财会人员来推行和实施。如果各级领导和财会人员对全面预算管理的基本理论和基本方法都不懂，那么推行全面预算管理岂不成了一句空话？可以说，全面预算管理在企业应用的成败，关键取决于企业各级领导和广大财会人员学习和掌握全面预算管理基本理论和基本方法的程度。因此，加强各级领导和财会人员对有关全面预算管理基本理论和操作技能的学习和培训，让财会人员尽快熟练掌握全面预算管理的操作技能，是推行全面预算管理的首要任务。

有关全面预算管理的技能培训工作，要多渠道、多层次、多形式地进行。一方面，要委派企业负责预算管理的员工走出去，参加政府及社会咨询机构举办的全面预算管理培训和学习；另一方面，应邀请国内外的预算管理专家到企业举办全面预算管理讲座，现场解答企业遇到的难点、热点问题，从而使企业更多的领导和员工有机会接受到全面预算管理理论和操作技能的正规学习和培训。

上述各项基础工作与推行全面预算管理具有密切联系、互为因果的关系。推行全面预算管理必须加强上述各项基础工作，因为基础工作是推行全面预算管理的必要条件；而通过推行全面预算管理又可以促进企业各项基础工作的不断完善和加强。

第三节 全面预算管理的制度体系

全面预算管理是一个庞大的系统工程，涉及面广，技术性强，一个环节出现问题都会直接影响整个预算管理的顺利进行。因此，实施全面预算管理要特别重视规章制度建设，实现以规章制度规范全面预算管理的全过程，使全面预算管理的实施有法可依、有章可循。同时，要注意在全面预算管理的实践中不断修订、健全和完善全面预算管理的各项制度，确保全面预算管理体系真正发挥效能，并特别注意抓好以下两方面的工作：

一是制定的规章制度要切实可行。做到既要满足全面预算管理的需要，又要简便易行，不搞烦琐哲学；既要适应情况的变化而及时修订，又要保持制度的相对稳定性，避免频繁修改，引起混乱。

二是规章制度建立以后，要认真贯彻，严格执行。必须根除"规章制度全而细，执行起来不一致"的弊端，对于违反规章制度的现象，要给予坚决的抵制和纠正。各级领导要以身作则，带头维护规章制度的严肃性。同时也应在制度允许的范围内，合情合理地解决某些特殊问题。

全面预算管理制度可分为基本制度、工作制度和责任制度三大类，其制度体系架构如图 2-1 所示。

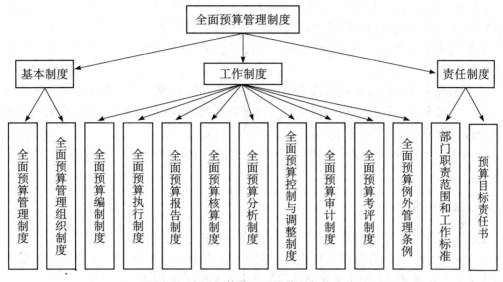

图 2-1　全面预算管理制度体系架构示意图

一、基本制度

基本制度是实施全面预算管理的根本性制度。主要包括《全面预算管理制度》和《全面预算管理组织制度》。

（一）《全面预算管理制度》

《全面预算管理制度》是关于企业实行全面预算管理的总条例，是推行全面预算管理的基本依据和规范。其内容主要包括：

（1）总则，主要对全面预算管理的原则、任务、适用范围等事项做出规定；

（2）组织体系，主要对全面预算管理决策机构、办事机构、执行机构、监控机构、考评机构等职能机构的组成及职责范围做出规定；

（3）预算编制，主要对全面预算的编制内容、编制方法、编制程序、编制时间和编制部门做出规定；

（4）预算审批，主要对全面预算的审批程序、权限、内容和时间做出规定；

（5）预算执行，主要对全面预算执行的方法、步骤做出规定；

（6）预算控制，主要对全面预算执行的控制方法、控制程序和控制权限做出规定；

（7）预算调整，主要对全面预算的调整原则、调整程序、调整权限和调整时间做出规定；

（8）预算核算，主要对全面预算执行情况的责任核算方法、核算内容做出规定；

（9）预算分析，主要对全面预算执行过程和结果的分析方法、分析内容、分析程序和分析时间做出规定；

（10）预算考评与奖惩，主要对全面预算执行过程和结果进行考评与奖惩的方法、考评与奖惩的时间、考评与奖惩的程序等事项做出原则规定。

(二)《全面预算管理组织制度》

《全面预算管理组织制度》是明确全面预算管理决策机构、日常管理机构、执行机构和监控考核机构的组成与权责的制度文件。其内容主要包括：

(1) 明确全面预算管理决策机构——公司预算委员会的人员组成、议事规则和权责；

(2) 明确全面预算管理日常管理机构——公司预算管理办公室的人员组成和权责；

(3) 明确全面预算管理执行机构——预算责任网络的构成，将公司内部各部门分别划分为投资中心、利润中心和成本中心，并明确其权责；

(4) 明确全面预算管理监控考核机构——公司预算考评委员会或办公室的人员组成和权责。

二、工作制度

工作制度是有关全面预算管理的具体任务、程序、方法、规定等方面的制度，是全面预算管理制度的具体实施细则和依据。主要包括《全面预算编制制度》、《全面预算执行制度》、《全面预算核算制度》、《全面预算报告制度》等若干个制度。

(一)《全面预算编制制度》

《全面预算编制制度》一般以《预算编制大纲》(或《预算编制指南》)的形式出现。企业在布置各部门编制预算之前，必须由预算管理部门编写一份《预算编制大纲》，用以指导各部门的预算编制工作。一般而言，《预算编制大纲》应包括如下主要内容：

(1) 全面预算编制工作的组织领导；

(2) 全面预算编制的种类和期间(年度、季度、月度等)；

(3) 各项预算编制的责任部门；

(4) 各项预算编制的方法；

(5) 各项预算编制的程序和时间要求；

(6) 各项预算的审批程序和权限；

(7) 各种预算表格的填制指南和有关项目之间的勾稽关系；

(8) 预算编制的注意事项；

(9) 预算的表格样式等。

(二)《全面预算执行制度》

《全面预算执行制度》是对各种预算的执行方法、步骤、要求等事项做出的具体规定。主要包括《预算支出及报销审批制度》、《预算支出立项制度》、《物资采购制度》等具体制度和办法。其内容主要包括：

(1) 明确各项预算执行的方法和程序。例如，执行基建技改项目预算应履行立项、招标、签订合同等程序；执行生产预算需细化指标，将责任分解到各车间、工段；执行物资采购预算，要货比三家、比质、比价；执行销售预算要明确价格的审批权限、货款回收政策及应收账款的最高限额；等等。

(2) 明确预算支出及报销的审批程序。

(3) 明确各层级领导在预算执行方面的权力和责任。

(4) 有关授权书等。

(三)《全面预算核算制度》

《全面预算核算制度》是关于对预算执行过程和执行结果进行计量核算的制度文件。因为国家统一规定的《企业会计制度》不能满足全面预算按部门、按可控性原则进行计量与核算的要求,所以,实施全面预算管理必须由企业财务部门自行设计《责任会计制度》。其内容主要包括:(1)责任会计核算的基本程序;(2)责任会计核算遵循的原则;(3)责任会计核算的组织体系;(4)各责任中心的核算方法与内容;(5)责任会计的核算流程;(6)责任中心的内部结算;(7)责任会计核算的内部仲裁等。

(四)《全面预算分析制度》

《全面预算执行制度》是对全面预算执行过程和结果进行分析的制度文件。其内容主要包括:

(1) 预算分析的内容;

(2) 预算分析的方法;

(3) 预算分析的程序;

(4) 预算分析的责任分工;

(5) 预算分析的质量与时间要求等。

(五)《全面预算控制制度》

《全面预算控制制度》是对全面预算执行过程和结果进行控制的制度文件。其内容主要包括:

(1) 预算控制的责任部门与职责;

(2) 预算控制的方法;

(3) 预算控制的内容;

(4) 预算控制的程序;

(5) 预算控制的权限等。

(六)《全面预算调整制度》

《全面预算调整制度》是对全面预算进行调整的制度文件。当因为各种原因,必须调整预算指标时,应按制度规定的程序进行调整。制度的内容主要包括:

(1) 预算调整的原则;

(2) 预算调整的程序;

(3) 预算调整的权限与责任;

(4) 预算调整的时间;

(5) 预算调整的具体办法等。

(七)《全面预算报告制度》

《全面预算报告制度》是对预算执行过程和结果进行反馈报告的制度文件。其内容主要包括:

(1) 反馈报告的形式与种类;

(2) 反馈报告的内容与编报时间;

(3) 反馈报告的编制要求;

(4)反馈报告的责任部门;
(5)反馈报告的上报与使用等。
(八)《全面预算审计制度》
《全面预算审计制度》是对全面预算管理各环节进行审计监督的制度文件。其内容主要包括:
(1)预算审计的内容、形式与种类;
(2)预算审计的原则与程序;
(3)预算审计的责任部门;
(4)预算制度审计;
(5)预算编制审计;
(6)预算执行审计;
(7)预算报告审计;
(8)预算考核审计;
(9)预算奖惩审计等。
(九)《全面预算考评制度》
《全面预算考评制度》是对全面预算执行过程和结果进行考核与评价的制度文件。其内容主要包括:
(1)预算考评的组织与责任部门;
(2)预算考评的原则与要求;
(3)预算考评的形式与内容;
(4)预算考评的方法、步骤与程序;
(5)预算考评的时间等。
(十)《全面预算例外管理条例》
《全面预算例外管理条例》是处理全面预算管理非常规事项的制度文件。其内容主要包括:
(1)例外管理的原则;
(2)例外管理的范围与事项;
(3)例外管理的程序与要求;
(4)例外管理的授权与责任等。
(十一)《预算支出审批程序及授权规定》
《预算支出审批程序及授权规定》是明确预算支出审批程序与权限的制度文件。其内容主要包括:
(1)预算支出的种类;
(2)预算支出的立项与审批程序;
(3)预算支出的审批权限;
(4)预算支出经办人与审批人的责任等。

三、责任制度

责任制度是有关公司总部与各分公司、子公司,以及公司内部各级组织、各类人员的工作范围、工作目标、应有权限、利益和工作程序等方面的制度,如《部门职责范围和工作标准》、《预算目标责任书》等。

(一)《部门职责范围和工作标准》

《部门职责范围和工作标准》是明确全面预算管理决策机构、日常管理机构、执行机构和监控考核机构职责范围和工作标准的制度文件。其内容主要包括:

(1) 公司预算委员会的职责范围与工作标准;

(2) 公司预算管理办公室的职责范围与工作标准;

(3) 公司各预算责任中心的职责范围与工作标准;

(4) 公司预算监控考核机构的职责范围与工作标准。

(二)《预算目标责任书》

《预算目标责任书》是明确预算执行部门在预算期的预算目标和责、权、利关系的内部契约性制度文件。其内容主要包括:

(1) 预算管理的主体和预算执行的主体;

(2) 预算执行部门在预算期内的预算目标;

(3) 预算管理主体和预算执行主体的权利与义务;

(4) 预算执行过程及结果的奖励或惩罚方案。

四、管理制度的制定

全面预算管理制度的制定一般要经过编写制度草案—征求意见—修改完善—审议通过—发布实施五个步骤。

(1) 编写制度草案:预算管理制度的起草一般由公司负责预算管理的部门及人员负责,对于技术性较强的预算管理制度也可以委托社会管理咨询机构的专家进行设计。

(2) 征求意见:制度草案编写完成后,需要广泛征求有关部门及相关人员的意见,为预算制度的实施奠定坚实的基础。征求意见的方法一般有两种:一是由制度起草部门召开专门会议,讲解制度草案,请参加会议的人员发表修改意见;二是将制度草案通过逐个管理部门和相关人员传阅的办法,请传阅的人员书面发表修订意见。

(3) 修改完善:由于征求的修改意见是由不同部门站在不同角度提出的,这些意见往往反映了不同部门的权益,有的带有明显的部门倾向性。因此,制度起草人员必须将征求到的修改意见进行归类汇总,经过去伪存真、去粗取精、全面平衡、综合考虑的过程,对制度草案进行全面修改完善,经公司分管领导审核后,即可提交有关权力机构审议通过。

(4) 审议通过:制度的性质不同,审议的权力机构也是不同的。就预算管理制度而言:基本制度一般需要董事会审议通过;工作制度和责任制度一般需要总经理办公会或预算委员会审议通过。

(5) 发布实施:经过审议通过的预算制度即可颁布实施,在实施中遇到的制度未尽事宜,由预算管理机构根据授权协调处理。

下面,列举阳光公司的《全面预算管理制度》。

阳光公司全面预算管理制度

一、总　则

第一条　为适应社会主义市场经济和企业发展的要求,建立现代企业制度,完善公司法人治理结构,提高公司整体管理水平和经济效益,经董事会研究决定,在公司建立全面预算管理机制。为此,根据中华人民共和国财政部《关于企业实行财务预算管理的指导意见》,结合公司实际情况,特制定本制度。

第二条　全面预算管理的基本原则是:

(1) 量入为出,综合平衡;

(2) 效益优先,确保重点;

(3) 全面预算,过程控制;

(4) 权责明确,分级实施;

(5) 严格考核,奖惩兑现。

第三条　全面预算管理的范围与内容:

全面预算管理是对公司预定期内的经营活动、投资活动、财务活动,进行全面规划、预计、测算和描述,并对其执行过程与结果进行控制、调整和考评的一系列管理活动。具体内容包括:

(1) 制定企业在预定期内的战略规划和经营目标;

(2) 编制公司经营预算、资本预算和财务预算;

(3) 经过法定程序审查、批准企业预算;

(4) 全面执行企业预算;

(5) 对执行预算过程进行监督和调控;

(6) 编制企业各项经营活动执行情况的反馈报告,对预算执行情况进行分析;

(7) 对各预算执行部门的业绩进行考核评价,奖惩兑现。

第四条　全面预算管理的基本任务是:

(1) 组织落实公司董事会确定的年度经营目标并细化、分解,组织实施;

(2) 明确公司内部各部门的预算管理职责和权限;

(3) 对公司预算执行情况进行控制、监督、分析和考评。

第五条　本制度适用于公司总部及公司所辖各子公司、分公司、分厂、车间以及其他经济实体。

二、预算管理的组织体系

第六条　全面预算管理组织体系由预算管理决策机构、预算管理职能机构和预算管理执行机构三个层次组成。

(1) 预算管理决策机构是组织领导公司全面预算管理的最高权力组织;

(2) 预算管理职能机构是负责预算的编制、审定、监控、协调和反馈的职能部门;

(3) 预算管理执行机构是预算执行过程中的各个责任预算执行主体。

第七条　预算管理决策机构为公司预算委员会,公司预算委员会受公司董事会直接领导;公司法人代表任主任委员,副主任委员由公司总经理和财务负责人担任,成员由公司高级管理人员和部分子公司、分公司及部门负责人组成。

预算委员会具体组成人员名单由董事会研究决定。

预算委员会的职责是领导公司全面预算管理工作。主要职责包括以下几项：

(1) 根据公司远景规划、发展战略及长期计划,制定公司本年度预算控制指标;

(2) 审批有关预算管理的政策、规定、制度等相关文件;

(3) 制定全面预算编制的方针、程序和要求;

(4) 审查公司总预算草案和下属二级单位预算草案,并就必要的修订提出建议;

(5) 将经过审查的预算提交公司董事会及股东会审议,通过后下达正式预算;

(6) 审批预算管理奖惩办法;

(7) 仲裁和协调预算管理中的冲突和纠纷;

(8) 审批预算调整事项和在必要时对预算执行过程进行干预;

(9) 接受预算与实际比较的定期预算报告,审定年度决算。

第八条　公司预算管理职能机构为公司预算管理办公室,负责公司日常全面预算管理工作。主要职责是:

(1) 负责公司预算管理制度的起草和报批工作;

(2) 根据预算委员会的决议,编制企业年度预算管理指南或大纲;

(3) 组织制定公司预算的各项定额工作、价格工作、标准化工作等基础工作;

(4) 为各预算单位的预算管理提供咨询;

(5) 编制公司年度全面预算(草案),并根据预算总目标向公司内部各部门分解、下达预算指标;

(6) 预审下属二级预算单位预算草案,并提供修改意见和建议;

(7) 汇总企业预算,并向预算委员会提出审批重点和建议;

(8) 负责检查落实公司预算管理制度的执行;

(9) 对预算执行过程的管理和控制,并定期进行分析;

(10) 结合预算运行的实际情况,提出调整预算指标的建议方案;

(11) 定期向预算委员会提供预算反馈报告,反映预算执行中的问题,并为预算委员会进一步采取行动拟定备选方案;

(12) 负责预算管理的其他日常工作。

公司预算管理办公室与公司财务部合署办公,财务部部长兼任公司预算管理办公室主任。

第九条　全面预算管理的监控工作由预算管理办公室牵头负责,考评工作由人力资源部牵头负责,各职能部室按其职能分工搞好配合。

第十条　全面预算管理的执行机构为公司各级预算责任执行主体。按其性质和责任分别划分为投资中心、利润中心和成本、费用中心。各责任中心必须具备的条件是:

(1) 具有承担经济责任的主体,即责任人;

(2) 具有确定经济责任的客体,即资金运动;

(3) 具有承担经济责任的基本条件,即职权;

(4) 具有考核经济责任的基本标准,即经济绩效。

第十一条　投资中心是需要对其投资负责的责任中心,适用于对资产具有经营决策权和投资决策权的独立经营单位。

第十二条　利润中心是指需要对收入、成本、费用负责,并最终对利润预算负责的责任单位。根据情况可划分为"自然"利润中心和"模拟"利润中心。

第十三条　成本、费用中心是指具有一定成本、费用控制权,因而只能对其可控成本费用预算负责的责任单位。

第十四条　各责任中心的确定和划分由公司财务部门拟定草案,报预算委员会审批决定。

三、全面预算的内容和责任分工

第十五条　公司的各项预算本着"谁执行预算,谁就编制预算草案"原则确定各项预算草案的编制责任单位如下:

（1）销售预算草案由销售部编制;
（2）生产预算草案由各生产分厂编制;
（3）员工工资预算草案由人力资源部编制;
（4）制造费用预算草案由各生产分厂编制;
（5）产品成本预算草案由各生产分厂编制;
（6）采购预算草案由采购部编制;
（7）存货预算草案由储运部编制;
（8）管理费用预算草案由各职能管理部门编制;
（9）财务费用预算草案由财务部编制;
（10）销售费用预算草案由销售部编制;
（11）科技开发费用预算草案由工程部编制;
（12）固定资产投资预算草案由项目主管部门编制;
（13）权益性资本投资预算草案由投资发展部编制;
（14）债券投资预算草案由财务部编制;
（15）筹资预算草案由财务部编制;
（16）现金预算草案由现金收入部门和各现金支出部门编制;
（17）预计资产负债表草案由财务部编制;
（18）预计利润表草案由财务部编制;
（19）其他预算草案均按照部门职能分工编制。

四、全面预算的编制程序、方法和时间

第十六条　年度预算的编制

年度预算的编制按照"由上而下、上下结合、分级编制、逐级汇总"的程序进行。具体编制程序、方法和时间要求是:

（1）下达目标:公司董事会于每年10月15日前确定公司下一预算年度的经营目标;公司预算委员会根据公司预算年度的经营目标,于每年10月25日前制定公司下一年度预算编制纲要,确定公司下一年度预算编制的原则和要求,下达各预算执行单位。

(2) 编制上报：各预算执行部门按照公司预算委员会下达的全面预算目标和政策，结合本单位实际以及预测的执行条件，按照统一格式和分工，编制本部门下一年度预算草案，于11月20日前上报公司预算管理办公室。

(3) 审查平衡：预算管理办公室对各预算执行单位上报的预算草案进行审查、汇总，提出综合平衡的建议，并于12月10日前反馈给有关预算执行单位予以修正。

(4) 审议批准：公司预算管理办公室在有关预算执行单位修正调整预算草案的基础上，汇总编制公司全面预算草案，于12月15日前上报公司预算委员会及董事会讨论审批。董事会在预算年度的1月1日前审批年度预算。公司财务预算须经过公司股东大会的审议、批准。

(5) 下达执行：董事会审议批准的年度总预算，在1月5日前，由预算管理办公室组织落实，逐级下达各预算执行单位。

第十七条　月度预算的编制

月度预算的编制按照"由下而上、上下结合、分级编制、逐级汇总"的程序进行。具体编制程序、方法和时间要求是：

(1) 各预算执行部门于每月22日前，将本部门下一月份的预算草案编制完毕上交公司预算管理办公室。

(2) 公司预算管理办公室于每月25日前，对各预算草案进行审核，与各预算执行部门进行充分沟通，对预算草案修订平衡，最终编制公司月度全面预算草案上报公司预算委员会及总经理办公会。

(3) 公司预算委员会及总经理办公会于每月30日前批准下达下月份全面预算。

第十八条　预算管理办公室可根据管理需要决定编制周预算或日预算。

第十九条　全面预算的编制方法

全面预算根据不同的预算项目，结合公司实际，分别采用固定预算、弹性预算、滚动预算、零基预算、概率预算等方法进行编制。

五、预算的实施与控制

第二十条　预算的实施

(1) 企业预算一经批准下达，即具有指令性，各预算执行单位就必须认真组织实施。将预算指标层层分解，从横向和纵向落实到内部各部门、各单位、各环节和各岗位，形成全方位的全面预算执行责任体系。

(2) 公司各部门应当将全面预算作为预算期内组织、协调本部门各项经营活动的基本依据。

第二十一条　预算的控制

(1) 各部门要强化现金流量的预算管理，按时组织预算资金的收入，严格控制预算资金的支付，调节资金收付平衡，控制支付风险。对于预算内的资金拨付，按照授权审批程序执行。对于预算外的项目支出，应当由预算委员会审批决定。对于无预算、无合同、无凭证、无手续的项目支出，一律不予支付。

(2) 各部门要严格执行销售、生产和成本费用预算，努力完成利润指标。各预算执行部门要建立健全原始记录，由生产计划部门对各生产通知单进行统一编号；各生产部门对各生产通知单实际消耗的原料、辅料、燃料、动力、人工、制造费用等做详细、明细的记录,以便与预算消耗定额、定率做比较;要及时发现预算执行中出现的异常情况,查明原因,提出解决办法;财务部门要细化核算,实行按月、按品种核算产品成本。

(3) 公司建立全面预算报告制度,各预算执行单位必须按预算管理办公室的要求定期报告全面预算的执行情况。对于全面预算执行中发生的新情况、新问题及出现偏差较大的重大项目,预算管理办公室要责成有关预算执行单位查找原因,提出改进经营管理的措施和建议。

(4) 财务部门要利用财务报表和各类内部报表监控全面预算的执行情况,及时向预算执行单位、预算委员会和总经理提供全面预算的执行进度、执行差异及其对公司全面预算目标的影响等各种信息,促进公司完成全面预算目标。

六、预算的调整

第二十二条　全面预算正式下达后,一般不予调整。但在预算执行过程中,遇到下列情况,可对预算进行适当的调整:

(1) 国家相关政策发生重大变化,导致无法执行现行预算时;
(2) 企业生产经营做出重大调整,致使现行预算与实际差距甚远时;
(3) 国内外市场发生重大变化,企业必须调整营销策略和产品结构时;
(4) 突发事件及其他不可抗事件导致原预算不能执行时;
(5) 预算委员会认为应该调整的其他事项。

第二十三条　预算的调整程序

(1) 企业调整全面预算,应当由预算执行单位逐级向公司预算管理办公室提出书面报告,阐述预算执行的具体情况、客观因素变化情况及其对预算执行造成的影响程度,提出预算的调整幅度。

(2) 预算管理办公室应当对预算执行单位的预算调整报告进行审核分析,集中编制公司年度全面预算调整方案,提交公司预算委员会及总经理办公会审议批准,然后下达执行。

(3) 对于预算执行单位提出的预算调整事项,进行决策时,应当遵循以下要求:预算调整事项不能偏离公司发展战略和年度全面预算目标;预算调整方案应当在经济上能够实现最优化;预算调整重点应当放在全面预算执行中出现的重要的、非正常的、不符合常规的关键性差异方面。

七、预算的分析与考核

第二十四条　预算的分析

(1) 公司建立全面预算分析制度,由预算管理办公室定期召开全面预算执行分析会议,全面掌握全面预算的执行情况,研究、落实解决全面预算执行中存在问题的政策措施,纠正全面预算的执行偏差。

(2) 开展全面预算执行分析,财务部及各预算执行单位应当充分收集财务、业务、市场、技术、政策、法律等方面的有关信息资料,根据不同情况分别采用比率分析、比较分析、因素分析、平衡分析等方法,从定量与定性两个层面充分反映预算执行单位的现状、发展趋势及其存在的潜力。

(3) 针对全面预算的执行偏差,预算管理办公室及各预算执行单位应当充分、客观地分析产生的原因,提出相应的解决措施或建议,提交预算委员会、总经理办公会研究决定。

第二十五条　预算的审计

(1) 公司预算委员会应当定期组织全面预算审计,纠正全面预算执行中存在的问题,充分发挥内部审计的监督作用,维护全面预算管理的严肃性。

(2) 全面预算审计可以采取全面审计,或者抽样审计。在特殊情况下,公司也可组织不定期的专项审计。

(3) 审计工作结束后,公司内部审计机构应当形成审计报告,直接提交预算委员会,作为全面预算调整、改进内部经营管理和全面考核的一项重要参考。

第二十六条　预算的考核

预算年度(季度、月度)终了,公司预算委员会应当向董事会或者经理办公会报告全面预算执行情况,并依据全面预算完成情况和全面预算审计情况对预算执行单位进行考核。

第二十七条　预算考核结果的奖惩

公司全面预算执行考核是企业效绩评价的主要内容,应当结合年度内部经济责任制考核进行,与预算执行单位负责人及员工收益奖惩挂钩。

八、附　则

第二十八条　预算委员会授权预算管理办公室制定有关全面预算管理的实施细则,以利于全面预算的编制和执行。

第二十九条　本制度由公司预算管理办公室负责解释。

第三十条　本制度经公司董事会审议通过。

第三十一条　本制度自颁布之日起施行。

阳光公司董事会
2010 年 12 月 26 日

第三章 全面预算的编制方法

预算编制方法是指用于预算编制的专门技术,是预算编制途径、规则、方式、程序、步骤、技巧和手段等的集合。预算编制的方法有若干种,正确选择预算编制方法,不仅可以有效提高预算的编制效率,而且对于提高预算指标的准确性和恰当性也是至关重要的。因此,正确选择预算编制的方法是保证预算科学性、可行性的重要基础。常用的预算编制方法主要有固定预算法、弹性预算法、零基预算法、增量预算法、滚动预算法、概率预算法和作业预算法等。各种预算编制方法都是在全面预算管理发展过程中形成的,每种方法都有其不同的适用范围和优缺点。在具体应用时,企业没必要强调方法的一致性,而应根据不同预算项目的特点和要求,因地制宜地选用不同的预算编制方法。同一个预算项目可根据具体内容的不同,选取不同的方法;同样,同一种方法也可用于不同的预算,从而保证预算方案的最优化。需要强调的是:不管采用何种预算编制方法,都要与本单位的实际情况相吻合,能切实增强预算编制的适用性和前瞻性。

第一节 固定预算法与弹性预算法

一、固定预算法

固定预算法又称静态预算法,是以预算期内某一固定业务量(如产品产量、销售量)水平为基础,来确定相应预算指标的预算编制方法。

固定预算法是编制预算最基本的方法,按固定预算法编制的预算称作固定预算。

(一) 固定预算法的优点

简便易行,直观明了。

(二)固定预算法的缺点

(1) 适应性差。固定预算法仅适用于预算业务量与实际业务量变化不大的预算项目。

(2) 可比性差。当实际业务量偏离预算编制所依据的业务量时,采用固定预算法编制的预算就失去了其编制的基础,有关预算指标的实际数与预算数也会因业务量基础不同而失去可比性。

(三)固定预算法的适用范围

(1) 经营业务和产品产销量比较稳定的企业;
(2) 能准确预测产品需求及产品成本的企业;
(3) 企业经营管理活动中的某些相对固定的成本费用支出;
(4) 社会非营利性组织。

(四)应用固定预算法编制预算举例

【例 3-1】 大地公司是产销 A 产品的专业公司,2011 年公司计划销售 A 产品 500 吨,四个季度的销售量分别是 100 吨、120 吨、150 吨和 130 吨,销售单价(不考虑税金因素)为每吨产品 1 万元;现金回款政策规定:销售货款当季收回现金 80%,其余 20% 下一季度收回,2010 年年末应收账款余额 15 万元,于预算年度的第一季度收回。

根据上述资料,采用固定预算法编制大地公司 2011 年分季度的产品销售预算及现金回款预算如表 3-1 所示。

表 3-1 大地公司 2011 年产品销售及现金回款预算表

预算类别	项目	第1季度	第2季度	第3季度	第4季度	全年
产品销售预算	A 产品销售量(吨)	100	120	150	130	500
	销售单价(万元/吨)	1	1	1	1	1
	销售收入(万元)	100	120	150	130	500
现金回款预算	期初应收账款余额(万元)	15	20	24	30	15
	本期新增应收账款(万元)	100	120	150	130	500
	本期预算收回货款(万元)	95	116	144	134	489
	期末应收账款余额(万元)	20	24	30	26	26

二、弹性预算法

弹性预算法又称动态预算法、变动预算法,是以预算期内可能发生的多种业务量水平为基础,分别确定多种预算指标的预算编制方法。用弹性预算法编制的预算称为弹性预算。

弹性预算法是在固定预算方法的基础上发展起来的一种预算编制方法。因为固定预算法是企业根据某一固定业务量水平编制预算的方法,其编制的预算指标具有唯一性特征。这样一旦预算期内的实际业务量水平与原先预计的业务量水平不一致且相差比较大时,预算指标就不能成为规划、控制和客观评价企业及职能部门经济活动与工作业绩的依据。弹性预算法恰好弥补了固定预算法的这一缺陷,它是根据预算期内可预见的多种业务量水平,分别编制相应预算指标的方法,即弹性预算法不仅适用于一个业务量水平下的预算编制,也适用于多种业务量水平下的一组预算及随着业务量变化而变化的项目预算编制。

由于弹性预算可以随着业务量的变化而反映各该业务量水平下的支出控制数,具有一定的伸缩性,因而称为"弹性预算";又由于弹性预算是随业务量的变动而做相应调整,考虑了预算期内业务量可能发生的多种变化,故又称作变动预算;还由于弹性预算的业务量和预算指标都是呈运动变化状态,所以又称作动态预算。

（一）弹性预算法的优点

（1）适应性强。弹性预算是按预算期内一系列业务量水平编制的,从而有效扩大了预算的适用范围,提高了预算的适应性。

（2）可比性强。由于弹性预算是按多种业务量水平编制的,这就为实际结果与预算指标的对比提供了一个动态的、可比的基础,使任何实际业务量都可以找到相同或相近的预算标准,从而使预算能够更好地履行其在控制依据和评价标准两方面的职能。

（二）弹性预算法的缺点

相对于固定预算方法而言,弹性预算法的预算编制工作量较大。

（三）弹性预算法的适用范围

（1）变动性成本费用预算编制；

（2）变动性利润预算编制；

（3）其他与业务量水平变动有关的预算编制。

（四）应用弹性预算法编制预算的基本步骤

（1）选择恰当的业务量。例如,产销量、材料消耗量、直接人工小时、机器工时和价格等。

（2）确定适用的业务量范围。弹性预算法所确定的业务量范围,必须具有相关性,不能脱离实际。一般而言,可定在正常业务量水平的70%—110%,或者以历史上最高业务量和最低业务量为其范围的上下限。

（3）分析各项成本费用项目的成本习性,将其划分为变动成本和固定成本。

（4）研究、确定各经济变量之间的数量关系。

（5）根据各经济变量之间的数量关系,计算、确定在不同业务量水平下的预算数额。例如,在编制成本预算时,固定成本按总额控制,变动成本按不同的业务量水平做相应的调整,其计算公式如下：

$$弹性成本预算 = 固定成本 + \sum（单位变动成本 \times 预计业务量）$$

（五）弹性预算法的应用方法

弹性预算法主要有列表法和公式法两种应用方法。

1. 列表法

列表法也叫多水平法,它是在确定的业务量范围内,按照一定的业务量标准,划分若干个不同的水平,然后分别计算各项预算数额,汇总列入一个预算表格中的方法。

在应用列表法时,业务量之间的间隔应根据实际情况确定。间隔越大,水平级别就越少,可简化编制工作,但间隔太大了就会丧失弹性预算的优点；间隔较小,用以控制成本费用的标准就较为准确,但又会增加编制预算的工作量。一般情况下,业务量的间隔以 5%—10% 为宜。

列表法的优点是：不管实际业务量是多少，不必经过计算即可找到与业务量相近的预算数额，用以控制成本较为方便、直观。但是，由于预算的实际执行结果不可能与预算标准完全一致，因此，运用列表法评价和考核实际业绩时，往往需要使用插补法来计算实际业务量的预算标准，计算过程比较麻烦。

2. 公式法

公式法是按照成本费用的线性公式 $y = a + bX$ 来代表一定业务范围内的预算数额的方法。其中 y 代表总成本，a 代表固定成本，b 代表单位变动成本，X 代表业务量。在公式法下，如果事先确定了业务量 X 的变动范围，只要列示出 a 和 b 的参数，便可利用公式计算任一业务量水平的预算数值。

公式法的优点是可以计算出任何业务量的预算数值。但是，由于任何事物都会有一个从量变到质变的过程，当业务量变化到一定限度时，代表固定成本的 a 和代表单位变动成本的 b 就会发生变化，因此，采用公式法编制预算时，需要在"备注"中说明：在不同的业务量范围内，应该采用不同的固定成本（a）数值和单位变动成本（b）数值。

利用公式法编制预算的关键是对各项成本、费用进行习性分析，找出各项成本费用的固定成本和单位变动成本，预算表格中需要注明线性公式和相应的 a、b 数值。

（六）应用弹性预算法编制预算举例

1. 列表法举例

【例3-2】 大地公司 2011 年预计 A 产品的销售量为 500—600 吨，销售单价（不考虑税金因素）为 1 万元/吨，产品单位变动成本为 0.6 万元，固定成本总额为 100 万元。

根据上述资料，采用弹性预算法的列表法，按 5% 的间隔编制收入、成本和利润预算如表 3-2 所示。

表 3-2 收入、成本和利润弹性预算表（列表法）

项目	方案1	方案2	方案3	方案4	方案5
销售量（吨）	500	525	550	575	600
销售收入（万元）	500	525	550	575	600
变动成本（万元）	300	315	330	345	360
边际贡献（万元）	200	210	220	230	240
固定成本（万元）	100	100	100	100	100
利润（万元）	100	110	120	130	140

如果预算期内大地公司实际执行结果为销售量 550 吨，变动成本总额为 320 万元，固定成本总额为 102 万元，则固定预算、弹性预算与实际执行结果的差异分析如表 3-3 所示。

表 3-3 固定预算、弹性预算与实际执行结果差异分析表

项目	固定预算	弹性预算	实际结果	预算差异	成本差异	实际与固定预算差异
栏次	①	②	③	④=②-①	⑤=③-②	⑥=③-①=④+⑤
销售量（吨）	500	550	550	+50	0	+50
销售收入（万元）	500	550	550	+50	0	+50

(续表)

项目	固定预算	弹性预算	实际结果	预算差异	成本差异	实际与固定预算差异
变动成本（万元）	300	330	320	+30	−10	+20
边际贡献（万元）	200	220	230	+20	+10	+30
固定成本（万元）	100	100	102	0	+2	+2
利润（万元）	100	120	128	+20	+8	+28

从表3—3可以看出：弹性预算与固定预算相比，销售量指标多出50吨，在成本费用开支维持正常水平的情况下，边际利润增加20万元，这20万元属于预算差异。但是，将实际完成结果与弹性预算相比较就会发现，由于变动成本和固定成本分别减支10万元和超支2万元，使实际利润比弹性预算的要求增加8万元，增加的这部分利润属于成本差异。这两种差异的相互补充，可以更好地说明实际利润比固定预算利润增加28万元的原因：一是由于销售量的增加使利润增加20万元；二是由于变动成本和固定成本的变动增加利润8万元，合计增加利润28万元。

2. 公式法举例

仍用【例3-2】，采用公式法编制总成本预算如表3-4所示。

表3-4 收入、成本和利润弹性预算表（公式法）

序号 栏次	销售量(X) ①	总成本(y)（万元） ② = a + bX	销售收入（万元） ③ = ①×单价	利润（万元） ④ = ③ − ②	备 注
1	500 吨	400.0	500	100.0	
2	501 吨	400.6	501	100.4	
3	502 吨	401.2	502	100.8	
4	503 吨	401.8	503	101.2	
5	504 吨	402.4	504	101.6	已知： a = 100 b = 0.6 $y = a + bX$ 单价为1万元/吨
6	505 吨	403.0	505	102.0	
7	506 吨	403.6	506	102.4	
8	507 吨	404.2	507	102.8	
9	508 吨	404.8	508	103.2	
10	509 吨	405.4	509	103.6	
…	…	…	…	…	
101	600 吨	460.0	600	140.0	

前面例题中介绍的弹性预算是按照不同的业务量水平分别确定相应利润指标的。此外，由于成本费用的内容复杂，各费用项目随着业务量增长所发生的变动幅度也各不相同。为了加强预算控制，企业很有必要按照不同的业务量水平编制成本费用的弹性预算。

第二节 增量预算法与零基预算法

一、增量预算法

增量预算法又称调整预算法，是在基期水平的基础上，分析预算期业务量水平及有关影响因素的变动情况,通过调整有关基期项目及数额编制预算的方法。用增量预算法编制的预算叫增量预算。

增量预算法的显著特点是:从基期实际水平出发,对预算期的业务活动预测一个变动量,然后按比例测算收入和支出指标。也就是说,根据业务活动的增减对基期预算的实际发生额进行增减调整,确定预算期的收支预算指标。

(一)增量预算法的假定前提

(1)基期的各项经济活动是企业所必需的;

(2)基期的各项业务收支都是合理的、必需的;

(3)预算期内根据业务量变动增加或减少预算指标是合理的。

(二)增量预算法的优点

(1)简便易行。增量预算法的编制方法简便,容易操作。

(2)便于理解、易于认同。由于增量预算法考虑了基期预算的实际执行情况,所编制的预算易于得到企业各层级领导、员工的理解和认同。

(三)增量预算法的缺点

(1)预算理念保守。增量预算法假定上年度的经济业务活动在新的预算期内仍然发生,而且过去发生的数额都是合理的、必需的,如此不加分析地接受原有的成本项目和数额,可能导致保护落后,使某些不合理的开支合理化。

(2)预算结果消极。增量预算法容易使预算部门养成"等、靠、要"的惰性思维,滋长预算分配中的平均主义和简单化,不利于调动各部门增收节支的积极性;当预算期的情况发生变化时,因为预算数额受到基期不合理因素的干扰,可能导致预算指标不准确,不利于调动各部门完成预算目标的积极性。

(四)增量预算法的适用范围

(1)经营活动变动比较大的企业;

(2)与收入成正比变动的成本费用支出。

(五)应用增量预算法编制预算举例

【例3-3】 大地公司2011年预计产品销售收入为550万元,比2010年增长10%,采用增量预算法编制2011年销售费用预算。

销售费用中的折旧费、销售管理人员工资等项目一般为固定费用,不会因产品销售收入的增减而增减,因此,只对变动费用项目按增量预算法相应地增加预算数额。

预算编制的基本程序和方法如下:

第一步,将销售费用的明细项目分解为固定费用和变动费用;

第二步,固定费用项目采用固定预算法确定预算指标(因为211年固定费用项目及业务范围没有发生变化,所以其预算指标与2010年保持一致),变动项目费用采用增量预算法确定预算指标,公司决定与产品销售收入保持相同的增长比率,即,按增长10%的比率调整预算指标(实务中,增减比率在预算编制大纲中有明确规定);

第三步,汇总明细费用指标,确定销售费用预算总额。

采用增量预算法编制的销售费用预算如表3-5所示。

表3-5 销售费用增量预算表

序号	项 目	2010年实际发生额(万元)	增减比率(%)	增减额(万元)	2011年预算指标(万元)
一	固定费用小计	15	0	0	15
1	销售管理人员工资	3	0	0	3
2	租赁费	7	0	0	7
3	固定资产折旧费	3	0	0	3
4	其他固定费用	2	0	0	2
二	变动费用小计	50	10	5	55
1	销售人员工资	10	10	1	11
2	运输费	10	10	1	11
3	差旅费、会务费	5	10	0.5	5.5
4	广告宣传费	15	10	1.5	16.5
5	业务招待费	5	10	0.5	5.5
6	其他变动费用	5	10	0.5	5.5
三	合 计	65	7.7	5	70

二、零基预算法

零基预算法又称零底预算法,其全称为"以零为基础编制计划和预算的方法",是指在编制预算时,不受上期预算项目和收支情况的约束,以零为基点编制预算的方法。零基预算法的基本特征是不受上期预算安排和预算执行情况的影响,一切预算收支均以"零"为出发点,都建立在成本—效益分析的基础上,根据实际需要和可能来编制预算。用零基预算法编制的预算称为零基预算。

采用零基预算法编制预算时,要按照预算期内应该达到的经营目标和工作内容,根据经济活动本身的重要性、合理性测算收入支出,对所有预算项目重新进行详尽的审查、分析和测算;都要从实际需要与可能出发,逐项审议各项费用的内容及开支标准是否合理,并在成本—效益分析的基础上,排出各项经济活动的先后次序,据此决定资金和其他资源的分配。零基预算法要求在编制预算之前应首先明确以下四个问题:

第一,业务活动的目标是什么,要达到的目标又是什么?

第二,能从此项业务活动中获得什么效益,这项业务活动为什么是必要的,不开展这项业务活动行不行?

第三,可选择的方案有哪些,目前的方案是不是最好的,有没有更好的方案?

第四,各项业务活动的重要次序是怎样排列的,从实现目标的角度看到底需要多少资金?

(一)零基预算法的特点

与传统的增量预算法相比,零基预算法有以下三个特点:

(1)预算的编制基础不同。增量预算法的编制基础是上期预算的执行结果,本期预算是在上期预算执行结果的基础上通过调整确定的;零基预算法的编制基础是零,本期预算是根据本期经济活动的重要性和可供分配的资金量确定的。

(2)预算编制分析的对象不同。增量预算法重点是对新增加的经济业务活动进行成本—效益分析,对上期延续下来的性质相同的经济业务活动则不做分析研究;零基预算法需要对预算期内所有的经济业务活动进行成本—效益分析。

(3)预算的着眼点不同。增量预算法主要以预算金额的高低为重点,着重从货币角度控制预算金额的增减;零基预算法除重视预算金额高低外,主要是从经济业务活动的必要性和重要程度上来决定资金的分配。

(二)零基预算法的应用步骤

1. 提出预算目标

在正式编制预算之前,企业预算管理部门要根据企业的战略规划和经营目标,综合考虑各种资源条件,提出预算构想和预算目标,规范各预算部门的预算行为。

2. 确定部门预算目标

企业各部门根据企业的总体目标和本部门的具体目标,以零为基础,提出本部门在预算期内为完成预算目标需要发生哪些预算项目,并详细说明每个预算项目开支的性质、内容、用途、金额以及开支的必要性。

3. 进行成本效益分析

企业预算管理部门对各部门提报的预算项目首先进行成本效益分析,将其投入与产出进行对比,说明每项费用开支后将会给企业带来什么影响;然后,在权衡轻重缓急的基础上,将各个费用开支项目分成若干个层次,排出先后顺序和重要性程度,归纳为确保开支项目和可适当调减项目两大类。

4. 分配资金,落实预算

根据预算项目的排列顺序,对预算期内可动用的资金进行合理安排,首先满足确保项目,剩余的资金再以成本效益之比为权数,并结合重要性程度进行分配,做到保证重点,兼顾一般。

5. 编制并执行预算

资金分配方案确定以后,企业要对各部门的预算草案进行审核、汇总,编制正式预算,经批准后下达执行。

(三)零基预算法的优点

(1)有利于合理配置企业资源,确保重点、兼顾一般。由于每项业务活动都通过成本—效益分析,都进行分析计算,所以,能够使企业有限的资源运用到最需要的地方,提高全部资源的使用效率。

(2)有利于提高全员的"投入—产出"意识。由于零基预算法是以"零"为起点观察和分析企业所有业务活动,并且不考虑过去的业务支出水平,所以,需要动员企业的全体员工参与预算编制,使得各项业务活动从投入开始就杜绝或减少浪费,提高产出水平,有效提高全员投入产出意识。

(3)有利于发挥全员参与预算编制的积极性和创造性。零基预算法采用了典型的先"自下而上",后"自上而下",再"上下结合"式的预算编制程序,充分体现了群策群力和从严从细的精神,有着坚实的员工基础,既有利于发挥全员参与预算编制的积极性和创造性,又有利于预算的贯彻执行。

(四)零基预算法的缺点

零基预算法在实际运用中存在如下不足。

（1）工作量大、费用较高。由于零基预算法要求一切支出均以零为起点,需要进行历史资料、现有情况和投入产出分析,因此,编制预算的工作相当繁重,需要花费大量的人力、物力和时间,预算成本较高,编制预算的时间也较长。

（2）主观意识较强、短期行为较重。因为任何项目的"轻重缓急"都是相对的,所以,零基预算法在对费用项目进行分层、排序和资金分配时,极易受主观意识的影响,并易于强调短期项目和当前利益,忽视长期项目和长远利益。

（五）零基预算法的适用范围

(1) 管理基础工作比较好的企业；

(2) 行政事业单位、社会团体、军队,以及企业职能管理部门编制的费用预算。

对于具有明显投入产出关系的产品制造活动则不适合用零基预算法。

（六）应用零基预算法编制预算举例

【例3-4】 大地公司采用零基预算法编制2011年度的管理费用资金支出预算,根据公司经营目标和总体预算安排,2011年用于管理费用资金支出的总额度为180万元。

管理费用资金支出预算编制的基本程序如下：

第一步,企业管理部门根据2011年度企业的总体经营目标及管理部门的具体任务,经过集思广益、认真分析和反复讨论、测算后,提出管理费用资金支出预算方案,确定了费用项目及其支出数额,如表3-6所示。

表3-6 管理费用资金支出预算方案　　　　　　单位：万元

序号	项目	支出金额	测算依据
1	工资	100	管理人员20名,年均工资5万元/人,全年工资100万元
2	办公费	2	管理人员20名,年办公费定额1 000元/人,全年办公费2万元
3	差旅费	40	管理人员20名,年均差旅费2万元/人,全年差旅费40万元
4	保险费	10	管理用固定资产原值1 000万元,年保险费率1%,全年保险费10万元
5	培训费	30	内部培训费10万元,外派培训费20万元,共计30万元
6	招待费	18	每月招待费1.5万元,全年招待费18万元
7	税金	9	全年缴纳房产税、土地使用税、印花税9万元
8	合计	209	

第二步,企业预算管理部门经过分析研究认为,工资、办公费、保险费、税金四项费用开支均为预算期内管理部门的最低费用支出,属于约束性费用,必须全额保证其对资金的需求；而差旅费、培训费和招待费三项开支属于酌量性开支的费用项目,可在满足约束性费用资金需求的前提下,将剩余的资金按照其对企业收益的影响程度(即重要性程度)来择优分配。酌量性费用的重要性程度可通过"成本效益分析"来确定,如表3-7所示。

表3-7 成本效益分析表

项目	前三年平均发生额(万元)	各期平均收益额(万元)	平均收益率(%)	重要性程度
差旅费	50	150	3	0.333 3
培训费	30	120	4	0.444 5
招待费	20	40	2	0.222 2
合计	100	310	9	1

第三步,将预算期内可运用的资金180万元在各费用项目之间进行分配,具体分析计算如下:

(1)全额满足约束性费用的资金需求。约束性费用所需资金总额为:工资100万元、办公费2万元、保险费10万元、税金9万元,共计121万元。

$$100 + 2 + 10 + 9 = 121(万元)$$

(2)将剩余的资金59万元(180万元-121万元),以重要性程度为比例在差旅费、培训费和招待费三项酌量性费用项目之间分配:

差旅费分配资金数 = 59 × 0.333 3 = 19.7(万元)
培训费分配资金数 = 59 × 0.444 5 = 26.2(万元)
招待费分配资金数 = 59 × 0.222 2 = 13.1(万元)

第四步,资金分配方案确定以后,编制管理费用资金支出预算,如表3-8所示。

表3-8 2011年管理费用资金支出预算　　　　　　　　　　单位:万元

序号	项目	金额
一	约束性费用支出	121
1	工资	100
2	办公费	2
3	保险费	10
4	税金	9
二	酌量性费用支出	59
1	差旅费	19.7
2	培训费	26.2
3	招待费	13.1
三	合计	180

通过例题可见,采用零基预算法编制费用预算,一方面可以杜绝不必要的费用开支,有利于企业降低成本费用;另一方面可以在保证企业经营业务资金刚性需要的前提下,合理分配和使用资金,有利于提高企业的资金使用效益。

零基预算法作为一种预算控制思想,它的核心是要求预算编制人员不要盲目接受过去的预算支出结构和规模,一切都应按照变化后的实际情况重新予以考虑。

应该指出的是:在实务中,简单地将零基预算法理解为"一切从零开始"是不恰当。因为,大多数情况下,预算项目是在以往基础上的继续运行或持续发展,完全不考虑或抛开上期的实际发生额是不科学的。零基预算法强调的是以零为起点进行分析、测算。零基预算法的真正内涵是:在对预算期内所有预算项目都进行严格审核、分析、测算、比较、评估的基础上编制预算。

第三节　定期预算法与滚动预算法

一、定期预算法

定期预算法是以固定不变的起讫期间(如年度、季度、月份)作为预算期间编制预算的方法。

需要说明的是:定期预算法并不是一种单纯的预算编制方法,而是以预算期间固定不变为特征的一类预算编制方法,即凡是预算期间固定不变的预算编制方法,都可以称为"定期预算法"。例如,本章所介绍的固定预算法、弹性预算法、增量预算法、零基预算法等预算编制方法通常都是以固定不变的起讫期间作为预算期间编制预算,所以上述预算编制方法都可以称为定期预算法,用定期预算法编制的预算也称为定期预算。

(一) 定期预算法的优点

(1) 保持了预算期间与会计期间的一致性。定期预算法编制的预算,在预算期间上与会计期间相互配比一致,便于预算资料的归集、预算指标的执行和预算执行的考评。

(2) 便于预算数据与会计数据的相互比较。由于预算期间与会计期间相互配比,所以预算数据与会计数据可以相互比较,有利于对预算执行情况和执行结果进行分析和评价。

(3) 预算编制过程比较简单。因为预算期间固定不变,所以,简化了预算编制过程。

(二) 定期预算法的缺点

(1) 预算执行难度大。企业预算一般在预算年度开始前2—3个月编制,大型企业则需要提前3—5个月。此时,预算编制部门对预算期内的某些经营活动并不十分清楚或难以准确把握,尤其是编制后半时期的预算容易带有盲目性,往往只能提出比较粗略的预算数据。当预算期内各项经营活动发生变化时,事先确定的预算项目和预算指标就失去了指导意义,从而导致预算执行难度较大。

(2) 预算衔接难度大。由于企业的各种经营活动是连续不断的,而采用定期预算法编制的预算将经营活动人为地分割成一段段固定不变的期间,间断了企业连续不断的经营活动过程,这样就必然造成前后各个期间预算衔接的难度。

(3) 缺乏远期指导性。由于采用定期预算法编制的预算其预算期是固定的,所以,随着预算的执行,预算期间会越来越短。这样就会导致各级管理人员只考虑剩余期间的经营活动,过多地着眼于企业或部门的短期利益,采取短期的行为,从而忽视企业的长远利益和可持续发展。

(4) 市场适应性差。在市场经济体制下,很多企业是依据客户的产品订单组织生产。例如,纺织印染企业一般要根据客户提供的花色品种和其他具体要求组织生产,而企业销售部门拿到客户产品订单的周期一般为一周,即只能拿到满足一周的产品生产任务。在此种情况下,按年、按月编制预算不仅难度较大,而且编制的预算也很难执行下去。

在管理实务中,为了解决定期预算所带来的预算方案与预算执行之间的相互脱节问题,企业往往被迫采取定期调整或更改预算项目和预算指标的办法,结果在一定程度上威胁到了预算的权威性。

为弥补定期预算法的不足,企业可以采用滚动预算法来编制连续不断的滚动预算。

二、滚动预算法

滚动预算法又称连续预算法或永续预算法,是指随着时间的推移和预算的执行,其预算时间不断延伸,预算内容不断补充,整个预算期间处于逐期向后、永续滚动状态的一种预算编制方法。用滚动预算法编制的预算称为滚动预算。

(一) 滚动预算法的基本原理

滚动预算法的基本原理是使预算期始终保持一个固定期间(12个月或一个季度、一个月),通常以12个月为预算的固定期间。当基期年度预算编制完成后,每过去一个月或一个季度,便补充下一个月或下一个季度的预算,逐期向后滚动,使整个预算处于一种永续滚动状态,从而在任何一个时期都能使预算保持12个月的时间跨度,所以滚动预算法又称"连续预算法"或"永续预算法"。

滚动预算法按照"近细远粗"的原则,采用了长计划、短安排的方法,即在编制年度预算时,先将第一个季度按月划分,编制各月份的明细预算指标,以方便预算的执行与控制;其他三个季度的预算则可以粗一点,只列各季度的预算总数,等到临近第一季度结束时,再将第二季度的预算按月细分,第三、第四季度以及新增列的下一年度的第一季度预算,则只需列出各季度的预算总数,以此类推,使预算不断地滚动下去。采用这种方式编制的预算有利于管理人员对预算资料做经常性的分析研究,并能根据当前预算的执行情况加以修改、完善下期预算,这些优点都是传统的定期预算编制方式所不具备的。

(二) 滚动预算法的应用方式

按照滚动的时间单位不同,滚动预算法可分为逐月滚动、逐季滚动和混合滚动。

1. 逐月滚动

逐月滚动方式是指在预算编制过程中,以月份为预算的编制和滚动单位,每个月调整一次预算的方法。

例如,在2011年1—12月的预算执行过程中,需要在1月末根据1月份预算的执行情况修订2—12月的预算,同时补充下一年即2012年1月份的预算;到2月末,要根据2月份预算的执行情况,修订3—2012年1月的预算,同时补充2012年2月份的预算;以此类推。

逐月滚动预算方式的流程如图3-1所示。

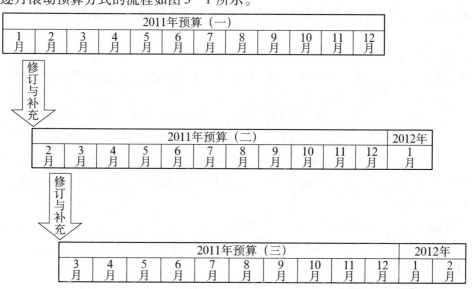

图3-1 逐月滚动预算方式示意图

采用逐月滚动方式编制的预算具有比较精确的优点,但也有工作量较大的缺点。

2. 逐季滚动

逐季滚动方式是指在预算编制过程中,以季度为预算的编制和滚动单位,每个季度调整一次预算的方法。

例如,在 2011 年 1 月至 12 月的预算执行过程中,需要在第 1 季度末根据第 1 季度预算的执行情况修订第 2 季度至第 4 季度的预算,同时补充 2012 年第 1 季度的预算;到第 2 季度末,要根据第 2 季度预算的执行情况,修订第 3 季度至 2012 年第 1 季度的预算,同时补充 2012 年第 2 季度的预算;以此类推。

逐季滚动预算方式的流程如图 3-2 所示。

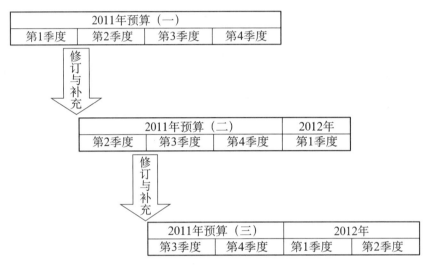

图 3-2 逐季滚动预算方式示意图

采用逐季滚动方式编制的预算具有工作量较小的优点,但也存在精确度较差的缺点。

3. 混合滚动

混合滚动方式是指在预算编制过程中,同时以月份和季度作为预算的编制和滚动单位,按每个季度细化调整一次预算的方法。

例如,在 2011 年 1 月至 12 月的预算执行过程中,需要在第 1 季度末根据第 1 季度预算的执行情况,分月份细化修订第 2 季度预算,修订第 3 季度至第 4 季度的预算,同时补充 2012 年第 1 季度的预算;到第 2 季度末,要根据第 2 季度预算的执行情况,分月份细化修订第 3 季度预算,修订第 4 季度至 2012 年第 1 季度的预算,同时补充 2012 年第 2 季度的预算;以此类推。

混合滚动预算方式的流程如图 3-3 所示。

采用混合滚动方式编制预算集中了逐月滚动和逐季滚动方式的优点,规避了其缺点。因此,具有较高的实用性。

(三)滚动预算法的优点

与定期预算法相比,滚动预算法具有以下优点。

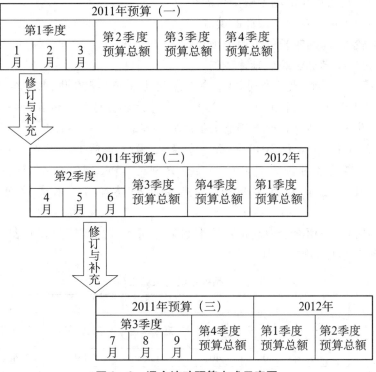

图 3-3 混合滚动预算方式示意图

（1）滚动预算能够从动态的角度、发展的观点把握住企业近期经营目标和远期战略布局，使预算具有较高的透明度，有利于企业管理决策人员以长远的眼光去统筹企业的各项经营活动，将企业的长期预算与短期预算很好地联系和衔接起来。

（2）滚动预算遵循了企业生产经营活动的变动规律，在时间上不受会计年度的限制，能够根据前期预算的执行情况及时调整和修订近期预算。在保证预算连续性和完整性的同时，有助于确保企业各项工作的连续性和完整性。

（3）滚动预算能使企业各级管理人员对未来永远保持 12 个月的工作时间概念，有利于稳定而有序地开展经营活动。

（4）滚动预算采取长计划、短安排的具体做法，可根据预算执行结果和企业经营环境的变化情况，对以后执行期的预算不断加以调整和修正，使预算更接近和适应变化了的实际情况，从而更有效地发挥预算的计划和控制作用，也有利于预算的顺利执行和实施。

（四）滚动预算法的缺点

（1）工作量较大。采用滚动预算法编制预算，由于预算的自动延伸工作比较耗时，因此，会加大预算管理的工作量。

（2）编制成本高。企业一般需要配备数量较多的专职预算人员负责预算的编制、调控与考核，这就导致预算管理直接成本的增加。

（五）滚动预算法的适用范围

（1）管理基础比较好的企业；

(2) 生产经营活动与市场紧密接轨的企业；
(3) 产品销售预算及生产预算的编制；
(4) 规模较大、时间较长的工程类项目预算。

(六) 应用滚动预算法编制预算举例

【例3-5】 经预测，大地公司2011年计划销售A产品500吨，四个季度的销售量分别是100吨、120吨、150吨和130吨。其中，第1季度各月份的销售数量分别是30吨、30吨和40吨，销售单价(不考虑税金因素)为1万元/吨。

2011年3月末，在编制2011年第2季度至2012年第1季度A产品销售滚动预算时，计划第2季度各月份A产品的销售量分别为35吨、45吨、40吨；同时，根据市场供求关系，计划自第3季度开始，A产品的销售单价(不考虑税金因素)提高10%。

根据上述资料，采用混合滚动预算法编制第一期A产品销售预算如表3-9所示；第二期A产品销售预算如表3-10所示。

表3-9　A产品销售滚动预算表(第一期)

项目	2011年						合计
	第1季度			第2季度	第3季度	第4季度	
	1月	2月	3月				
销售数量(吨)	30	30	40	120	150	130	500
销售单价(万元)	1	1	1	1	1	1	1
销售收入(万元)	30	30	40	120	150	130	500

表3-10　A产品销售滚动预算表(第二期)

项目	2011年					2012年
	第2季度			第3季度	第4季度	第1季度
	4月	5月	6月			
销售数量(吨)	40	40	40	150	130	120
销售单价(万元)	1	1	1	1.1	1.1	1.1
销售收入(万元)	40	40	40	165	143	132

第四节　概率预算法与作业预算法

一、概率预算法

概率预算法是对预算期内具有不确定性的各预算变量，根据客观情况进行分析、预测，估计其可能变动的范围以及出现在各个变动范围内的概率，再通过加权平均计算有关变量在预算期内的期望值的一种预算编制方法。用概率预算法编制的预算称作概率预算。

在预算编制过程中，往往会涉及很多变量，如产量、销量、消耗量、价格、成本等。在通常情况下,这些变量的预计可能是一个确定的值。但是在市场的供应、产销变动比较大的情况下,这些变量的数值就很难确定。这就要求根据有关因素和客观条件,对有关变量进行近似的估计,确定它们可能变动的范围,分析它们在该范围内出现的可能性(即概率),然后对各变量进行调整,计算出期望值,据以编制预算。

采用概率预算法编制出的概率预算实际上就是一种修正的弹性预算,即将每一事项可能发生的概率结合应用到弹性预算的变化之中。决定概率预算质量高低的关键因素是编制人员对各预算变量概率的估计是否准确。

(一)概率预算法的优点

(1)准确性高。概率预算法充分考虑了各项预算变量在预算期间可能发生的概率,使企业能够在预算构成变量复杂多变的情况下,确定出一个预算期内最有可能实现的数值,编制出的预算比较接近实际。

(2)预见性强。概率预算法对影响预算变动的各个变量的所有可能都做了客观的估计、分析和测算,开阔了预算变量的范围,能有效提高企业对预算期内生产经营活动的预见性。

(二)概率预算法的缺点

要求预算编制者要有较高的预测水平,预算构成变量的概率易受主观因素的影响。

(三)概率预算法的适用范围

(1)经营活动波动比较大、不确定因素多的企业;

(2)市场的供应、产销变动比较大的情况下编制销售预算、成本预算和利润预算。

(四)概率预算法的编制程序

在编制概率预算时,若业务量与成本的变动并无直接关系,则只要用各自的概率分别计算销售收入、变动成本、固定成本等的期望值,最后就可以直接计算出利润的期望值;若业务量的变动与成本的变动有着密切的联系,就要用计算联合概率的方法来计算期望值。概率预算法的编制程序如下:

(1)在预测分析的基础上,测算各相关变量在预算期内可能的数值,并为每一个变量的不同数值估计一个可能出现的概率(P_i),取值范围是 $0 \leq P_i \leq 1$,$\sum P_i = 1$。

(2)根据预算指标各变量之间的逻辑关系,计算各相关变量在不同数值组合下,对应的预算指标数值。

(3)根据各个变量不同数值的估计概率,计算联合概率(不同变量之间各概率的乘积),并编制预期价值分析表。

(4)根据预期价值分析表的预算指标数值以及与之相对应的联合概率,计算出预算对象的期望值,并根据各变量的期望值编制概率预算。

(五)应用概率预算法编制预算举例

【例3-6】 远景公司预测2011年H产品不含税销售单价为1 200元/件。产品销售量有三种可能,分别为700件、750件和800件,概率分别为0.4、0.5和0.1;单位产品变动成本有三种可能,分别为500元、550元和600元,概率分别为0.1、0.6和0.3;约束性固定成本为8万元;当H产品销售量分别为700件、750件和800件时,酌量性固定成本在不同销售量水平下分别为1万元、1.2万元和1.5万元。有关预算基础资料和概率值如表 3-11 所示。

表 3-11 预算基础资料和概率值表

H产品销售量		销售单价	单位产品变动成本		固定成本	
数量(件)	概率	(元/件)	金额(元)	概率(%)	约束性(元)	酌量性(元)
700	0.4	1 200	500	0.1	80 000	10 000
			550	0.6	80 000	
			600	0.3	80 000	
750	0.5	1 200	500	0.1	80 000	12000
			550	0.6	80 000	
			600	0.3	80 000	
800	0.1	1 200	500	0.1	80 000	15 000
			550	0.6	80 000	
			600	0.3	80 000	

根据表 3-11 的已知预算基础资料,采用概率预算法编制远景公司 2011 年 H 产品利润预期价值分析表,如表 3-12 所示。

表 3-12 2011 年 H 产品利润预期价值分析表

组合	产品销量		产品销售单价	单位变动成本		固定成本		各组合对应的利润数值	联合概率	利润期望值
	数量(件)	概率(%)	(元/件)	金额(元)	概率(%)	约束性(元)	酌量性(元)	(元)	(%)	(元)
计算关系	①	②	③	④	⑥	⑦	⑧	⑨=③×①-④×①-⑦-⑧	⑩=②×⑥	⑪=⑨×⑩
1	700	0.4	1 200	500	0.1	80 000	10 000	400 000	0.04	16 000
2	700	0.4	1 200	550	0.6	80 000	10 000	365 000	0.24	87 600
3	700	0.4	1 200	600	0.3	80 000	10 000	330 000	0.12	39 600
4	750	0.5	1 200	500	0.1	80 000	12 000	433 000	0.05	21 650
5	750	0.5	1 200	550	0.6	80 000	12 000	395 500	0.30	118 650
6	750	0.5	1 200	600	0.3	80 000	12 000	358 000	0.15	53 700
7	800	0.1	1 200	500	0.1	80 000	15 000	465 000	0.01	4 650
8	800	0.1	1 200	550	0.6	80 000	15 000	425 000	0.06	25 500
9	800	0.1	1 200	600	0.3	80 000	15 000	385 000	0.03	11 550
Σ									1.00	378 900

表 3-12 的计算步骤如下:

(1) 计算不同组合,即不同销售量、不同单位变动成本情况下,对应的实现利润数值。

例如,当 H 产品销售量为 700 件,销售单价为 1 200 元,单位变动成本为 500 元,约束性固定成本为 8 万元,酌量性固定成本为 1 万元时,可实现的利润数值为:

$(1\,200 \times 700) - (500 \times 700 + 80\,000 + 10\,000) = 400\,000$(元)

以此类推。

(2) 计算联合概率,即计算不同销售量、不同单位变动成本同时出现的可能性。

例如,H 产品销售量为 700 件,单位变动成本为 500 元的可能性为:
$0.4 \times 0.1 = 0.04$

以此类推。

(3) 根据联合概率,计算不同销售量、不同单位变动成本情况下对应实现利润所占利润期望值的数额。

例如,实现利润 400 000 元的可能性为 0.04,占利润期望值的数额为:
$400\ 000 \times 0.04 = 16\ 000(元)$

以此类推。

(4) 汇总计算,得出预算期的利润期望值:
$16\ 000 + 87\ 600 + \cdots + 25\ 500 + 11\ 550 = 378\ 900(元)$

我们也可以采取先计算销售量、单位变动成本的期望值,然后再计算利润期望值的方法。具体方法如下:

首先,计算销售量的期望值:
$700 \times 0.4 + 750 \times 0.5 + 800 \times 0.1 = 735(件)$

其次,计算单位变动成本的期望值:
$500 \times 0.1 + 550 \times 0.6 + 600 \times 0.3 = 560(元/件)$

再次,计算酌量性固定成本期望值:
$10\ 000 \times 0.4 + 12\ 000 \times 0.5 + 15\ 000 \times 0.1 = 11\ 500(元)$

然后,计算利润期望值:
$1\ 200 \times 735 - (560 \times 735 + 11\ 500 + 80\ 000) = 378\ 900(元)$

最后,根据有关资料,编制 2011 年 H 产品利润预算表,如表 3-13 所示。

表 3-13 2011 年 H 产品利润预算表 单位:元

序号	项目	金额	计算关系
1	销售收入	882 000	销售单价(1 200 元) × 销售量期望值(735 件)
2	变动成本	411 600	单位变动成本期望值 560(元) × 销售量期望值(735 件)
3	边际贡献	470 400	销售收入(882 000 元) - 变动成本(411 600 元)
4	酌量性固定成本	11 500	∑不同酌量性固定成本 × 相应销售量概率 = 10 000 × 0.4 + 12 000 × 0.5 + 15 000 × 0.1
5	约束性固定成本	80 000	已知数额
6	利润	378 900	边际贡献(470 400 元) - 固定成本(11 500 元 + 80 000 元)

二、作业预算法

20 世纪 80 年代中后期以来,随着作业成本法(Activity-based Costing,ABC)在制造企业的成功应用,人们开始利用 ABC 提供的成本信息进行企业成本控制、生产管理和预算管理等,从而产生了作业管理理论(Activity-based Management,ABM)。其中,作业预算法(Activity-based Budgeting,ABB)就是建立在 ABC 基础上的一种新型预算编制方法。

(一)作业预算法及与此相关的概念

作业预算法是根据公司作业活动和业务流程之间的关系合理配置公司资源而编制

预算的一种方法,也可以定义为企业在理解作业和成本动因的基础上,对未来期间的作业量和资源需求量进行预测的一种方法。

作业预算法的重点是对作业及其结果进行管理,集中在以作业为基础的工作过程和工作结果的管理和分析上,其目标是以尽可能低的成本去达成每一项作业并获得预期的结果。

(1) 作业(Activity),指企业为了达到其生产经营目标所进行的与产品(劳务)相关或对产品有影响的各项具体活动。

(2) 作业链(Activity Chain),是相互联系的一系列作业活动组成的链条。现代企业实际上是一个为了最终满足顾客需要而设计的一系列作业活动实体的组合,从这个意义上讲,企业就是作业链。

(3) 价值链(Value Chain),是从货币和价值的角度反映的作业链。从生产经营环节上看,价值链就是作业链。

(4) 作业消耗比率(Activity Consumption Rate),是衡量完成单位产品或劳务所需消耗的作业数量。

(5) 资源消耗比率(Resource Consumption Rate),是衡量完成单位作业所需消耗的资源数量。

(6) 资源需求量(Resources Needed),是预算期内下一个经营期间完成产品或劳务的数量所决定的资源需求数量。

(7) 资源供应量(Resources Supplied),是目前经营期间企业所拥有的资源数量,也称为可供利用的资源(Resources Available)。

(8) 资源使用量(Resources Used),是预算期结束后,完成产品或劳务所实际使用的资源数量。

(9) 成本动因(Cost Drivers),又称作成本驱动因素,是对导致成本发生及增加的、具有相同性质的某一类重要事项进行的度量,是对作业的量化表现。

(10) 经营平衡(Operational Balance),是一个企业的资源供应量和满足预算期内完成产品或劳务目标所需的资源需求量之间达到平衡。也就是说,资源供应量等于资源需求量,或者两者之间的差额在一个可接受的限度内。

(11) 财务平衡(Financial Balance),是一个企业所拥有的资源数量和组合,可以满足预算期内完成产品或劳务目标所需要的资源数量和组合,在产品或劳务销售价格一定的条件下,预算的财务指标达到或超出了企业设定的财务目标(例如利润总额、利润率、投资回报率等)就称预算达到了财务平衡。

(二) 作业预算法的流程与步骤

作业预算法的目的在于预测未来期间企业达到生产经营目标而对各种资源的需求量,而这些资源需求是由未来期间生产的产品或劳务的数量决定的。因此,作业预算法编制预算的起点是预算期间产品或劳务的需求量水平。它是建立在资源消耗观的基础上,根据"作业消耗资源,产品消耗作业"的原理,首先预测产出量,再预测产出消耗的作业量,最后预测作业消耗的资源量。作业预算法的基本流程如图3-4所示。

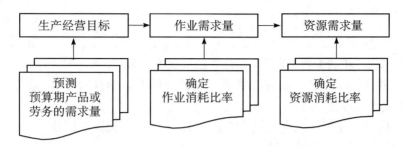

图 3-4 作业预算法的基本流程示意图

作业预算法的基本流程可以归纳为以下七个基本步骤：

（1）根据生产经营目标预测产品或劳务在预算期的需求量；

（2）确定作业消耗比率；

（3）用作业消耗比率乘以产品或劳务的预测需求量，测算出预算期可以满足产品或劳务消耗需求的作业需求量；

（4）确定资源消耗比率；

（5）用资源消耗比率乘以步骤（3）中预测出来的作业需求量，测算出预算期可以满足作业消耗需求的资源量；

（6）用资源供应量乘以资源的预计单价，测算出资源需求的成本数据；

（7）将资源成本额度分配到预测的产品或劳务上。

在步骤（5）中，必须寻求资源的经营平衡，即资源的需求量必须与目前的资源供应量一致。如果预测的资源需求量等于或大致上（在一个可接受的限度内）等于资源的供应量，则资源达到了经营平衡，进入步骤（6）。如果没有达到经营平衡，则增加或减少目前资源的供应量（例如购入新设备或处理闲置生产设备，增加或减少临时工等）；或者重新回到步骤（1），修订步骤（1）—（4）的投入量（例如重新预测产出需求，降低消耗比率，改变产品或劳务的功能等），计算新的资源需求量，来达到新的经营平衡。

在步骤（7）中，要利用 ABC 计算原理，把步骤（5）中达到经营平衡时的资源供应总成本分配到作业和产品或劳务上，计算相关的财务指标（如利润、投资回报率等），并与企业确定的财务目标进行比较，判断财务目标是否达到。如果计算出来的利润、投资回报率等指标大于或等于企业的财务目标，则预算达到了财务平衡。如果没有达到财务平衡，则需要回到步骤（5），修订步骤（1）—（4）的投入量和资源的供应量，重新寻求经营平衡并转化为财务数据，以达到新的财务平衡。

从以上流程与步骤可以看出，作业预算法是一个寻求企业资源供应量和资源需求量之间的经营平衡和满足财务目标的财务平衡的不断循环的过程。它从战略和顾客需求出发，通过预测计划期生产、销售产品或劳务的需求量，从而预测相应的作业需求量，在此基础上预测资源的需求量，并与企业目前的资源供应量进行比较，使资源配置更加客观，并力求达到企业资源的最有效配置。

（三）作业预算法的应用举例

【例 3-7】 卓越公司下属的油冷器分厂在 2011 年 10 月份采用作业预算法编制 2012 年预算。根据工艺流程，生产油冷器产品必须实施以下六项作业：

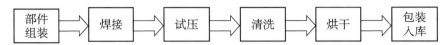

下面以"试压"作业为例,说明作业预算法的基本流程:

第一步,测算预算年度产品的需求量。根据公司下达的经营目标,油冷器分厂预测2005年需要生产油冷器10万个。

第二步,确定作业消耗比率。根据工艺要求,每个油冷器需要试压2次,即"试压"的作业消耗比率为2次/每个油冷器。

第三步,测算预算期可以满足产品消耗需求的作业需求量。已知试压的作业消耗比率为2次/每个油冷器,据此,可以计算出2005年油冷器试压所需的作业数量为:

100 000 × 2 = 200 000(次)

第四步,确定资源消耗比率。根据生产工艺要求,每个油冷器每次试压需要3分钟,即资源消耗比率为3分钟/每次试压。

第五步,测算预算期可以满足作业消耗需求的资源量。已知每个油冷器每次试压需要3分钟。据此,可以计算出2005年油冷器试压所需的人工资源需求量为:

200 000 × 3 ÷ 60 = 10 000(小时)

按照上述同样的方法,可以计算出部件组装、焊接、清洗、烘干、包装入库五项作业的人工资源需求量分别为50 000小时、40 000小时、60 000小时、30 000小时和70 000小时。据此,油冷器分厂2005年生产100 000个油冷器的人工资源需求量为:

10 000 + 50 000 + 40 000 + 60 000 + 30 000 + 70 000 = 260 000(小时)

第六步,测算资源需求的成本数据。据统计,油冷器分厂目前有120个生产工人,每个生产工人每年可以提供2 000小时的人工资源,则油冷器分厂的人工资源供应量为240 000小时。资源供应量小于资源需求量260 000小时,公司计划采取从其他分厂调配生产工人(或雇佣临时员工等其他增加生产工人的措施)的方式解决人工资源供应不足,使预算达到了经营平衡。假设每个生产工人的小时工资率为10元,则人工资源需求成本为:

260 000 × 10 = 2 600 000(元)

按照同样的方法可以计算出油冷器分厂的直接材料消耗、制造费用等资源的需求情况。

第七步,将资源成本额度分配到预测的产品上。假设油冷器分厂六项作业的资源需求总成本为3 000万元,则每个油冷器的制造成本为:

30 000 000 ÷ 100 000 = 300(元)

如果公司所确定的2005年油冷器产品目标成本为300元/个,则编制的预算达到了财务平衡。

企业运用作业预算法编制预算,不仅可以将业绩目标传递到资源层次,而且还可以传递到作业层次。而基于流程或作业的预算管理使企业能够仔细检查每个业务单元的作业和每项作业所耗费的资源,也能够计算出作业产出的单位成本,进而能与内部或外部的相似作业进行比较,发现存在的差距,寻找持续改进的关键点或关键环节,制定出与公司战略密切相关的、明确的、可衡量的目标和相应的职责。

（四）作业预算法的优势

作业预算法是以作业为基础的预算编制方法，与传统预算编制方法相比具有以下明显的优势。

1. 作业预算法可以有效提高预算的准确程度

首先，作业预算法用作业成本法（ABC）的信息作为编制预算的基础，可以使预算建立在真实准确的基础上；其次，作业预算法将业绩报告的实际成本与预算成本采用同一种方法计算，增强了实际成本与预算成本的可比性，从而使成本控制落实到实处。

2. 作业预算法可以有效实现经营预算和财务预算的综合平衡

在作业预算法下，经营预算的平衡和财务预算的平衡可以分别实现。所以企业在编制预算时，可以先实现经营预算的平衡，然后再据此结果进行财务预算，而无须计算不能平衡的经营预算的财务结果。更为重要的是，作业预算法强调根据作业、资源来直接产生预算，它与传统的预算方法相比，多了很多诸如检验次数、调试时间等非财务成本动因，而这些在差异分析时有利于更清楚地分析出企业运作中无效率、不平衡的原因以及生产过程中的瓶颈因素。这就有利于企业优化资源配置，降低成本费用以及进行相应的定价决策，同时也为企业价值链的优化提供了必要的信息。

3. 作业预算法有利于上下沟通，能有效调动基层员工的参与意识

由于作业预算法提供了关于作业量的预算数据，这就使得基层员工对于预算年度内需要完成的作业量有了很清晰的认识，能有效解决信息不对称的问题，从而使得预算更易于被基层员工接受和理解，有利于充分提高基层员工参与预算制定的积极性，使预算得以更有利的执行。

4. 作业预算法可以将企业战略与业务流程紧密地联系在一起

作业预算法能紧密联系企业战略和业务流程，将业绩目标分别传递到作业层次和资源层次，通过梳理和优化企业的作业链或价值链，识别和消除作业中的瓶颈，提高作业效率和效果，使企业的战略在日常的生产经营活动中得以理解和体现。

（五）作业预算法的应用前景

目前，作业预算法主要在流程清晰的制造业和服务业中应用。通过作业分析，制造行业的管理人员可以很清楚地把握成本控制的关键环节，减少并消除制造环节中的非增值作业或成本；服务业的管理人员可以很清楚地掌握流程与作业中的瓶颈，并可以进行有效的消除或改进。但是，对于大多数企业而言，作业预算法在实际操作中也存在着如下问题：

一是作业预算法需要企业以实施作业成本法（ABC）为基础。作业预算如果不能与财务系统融为一体，就会造成资源浪费，使企业形成预算和会计核算上的两套系统。因为，我国目前很多企业还难以满足实施作业成本法的条件，因此，客观上导致作业预算法的实施具有难度。

二是采用作业预算法时，企业需要详细预测生产和销售对作业的需求、从事作业的效率、支出和供应模式、可提供的资源等。而进行有效的价值链分析并获得较准确的预测结果，则需要相当的专业水平和分析判断能力。

三是作业预算法中的目标和责任层层落实要比传统预算方法复杂得多,分解到具体作业后,还需要将作业进一步细分为更为详细的步骤。如材料入库作业可以分解为卸载、验收、盘点、移动、摆放、记录等步骤。越严密的控制过程,越会增加实施的难度,就越要求企业有非常好的管理基础工作。

总之,作业预算法在我国的理论与实务中还是一个新领域,还有待于理论界进行深入研究和实务界的不懈努力。

第四章 全面预算管理的组织体系

全面预算管理的组织体系是由全面预算管理的决策机构、工作机构和执行机构三个层面组成的,承担着预算编制、审批、执行、控制、调整、监督、核算、分析、考评及奖惩等一系列预算管理活动的主体。它是全面预算管理有序开展的基础环境,企业全面预算管理能否正常运行并发挥作用,全面预算管理的组织体系将起到关键性的主导作用。

健全的全面预算管理组织体系是全面预算管理能够在企业范围内有效运作的组织保证。我国许多企业的全面预算管理还处于松散状态,无论是预算管理的深度还是广度,都还没有渗透到企业的全部经营活动中去,推行的效果也不尽如人意。究其原因,与没有建立一个强有力的全面预算管理组织体系有着直接的关系,致使企业实行全面预算管理的目标确定、预算编制、预算执行、预算控制、预算核算、预算考评与奖惩都不能落到实处,全面预算管理的作用得不到真正发挥。因此,建立科学、有力的全面预算管理组织体系是企业推行全面预算管理的重要内容。

第一节 全面预算管理组织体系的设置原则

全面预算管理的组织体系由预算管理决策机构、预算管理工作机构和预算管理执行机构三个层次构成。

预算管理决策机构是指组织领导企业全面预算管理的最高权力机构;预算管理工作机构是指负责预算的编制、审查、协调、控制、调整、核算、分析、反馈、考评与奖惩的组织机构;预算管理执行机构是指负责预算执行的各个责任预算执行主体。

预算管理决策机构和工作机构不仅承担相应的预算管理责任,而且,预算管理决策机构和工作机构中的某些成员就在预算管理执行机构中担任负责人的职务。因此,对于企业的绝大多数职能管理部门而言,它们都具有预算管理工作机构和预算管理执行机构的双重身份。所以,预算管理决策机构、工作机构和执行机构并非绝对相互分离的三个层面。

企业全面预算管理组织体系如图4-1所示。

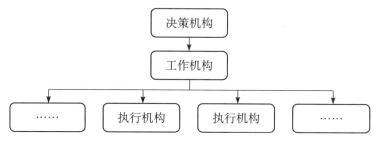

图4-1 企业全面预算管理组织体系示意图

由于各企业的经营规模、组织结构、行业特点、内外环境等因素各不相同,在全面预算管理组织体系的具体设置上可采取不同方式,并遵循如下基本原则。

一、科学、规范原则

科学、规范是指设置的全面预算管理组织体系既要符合全面预算管理的内在规律,又要符合《中华人民共和国公司法》、本企业的《公司章程》中有关公司法人治理结构的有关规定。例如,《中华人民共和国公司法》明确规定:预算的制定责任由公司董事会承担,预算的审定权力由公司股东会享有,这些条款都使各企业在设置全面预算管理组织体系、划分有关机构的责任与权利时不能与法律、法规相抵触。

二、高效、有力原则

高效、有力是指全面预算管理机制的运行要反应敏捷、作用有力、执行坚决、反馈及时,这是现代经济社会对组织管理的基本要求。设置全面预算管理组织体系的目的在于充分、有效地实施全面预算管理职能,确保全面预算管理活动的顺利运行。显然,只有高效、有力的组织机构才能保证此目的的实现。

三、繁简适度、经济适用原则

全面预算管理组织体系的建立一定要结合本企业的实际,既不能搞烦琐哲学、摆花架子,又不能过于简单。因为,繁简适度的组织体系是全面预算管理机制高效运行的基础。庞大、臃肿的预算管理机构,不仅会增加预算管理的成本,而且会降低管理效率、造成管理混乱,甚至危及全面预算管理的运行。提高经济效益是全面预算管理的根本目的,如果因为开展全面预算管理导致费用上升、效益下滑,那将得不偿失。相反,过于简单的组织机构,又难以担当全面预算管理的重任,造成顾此失彼、疲于应付,最终导致全面预算管理的失败。因此,繁简适度、因企制宜地设置全面预算管理的组织体系,并配备数量适中的工作人员,对于每一个实施全面预算管理的企业而言,都是非常重要的。

四、全面、系统原则

全面预算管理是以预算为标准,对企业经营活动、投资活动、财务活动进行控制、调整、核算和考评的一系列管理活动。它既涉及企业人财物各个方面,又涉及企业供产销各个环节,是一个全员参与、全过程控制的系统工程。因此,企业应本着全面、系统的原则,从以下两个方面建立健全全面预算管理组织体系:

一是明确预算决策机构、工作机构和执行机构的设置及组成人员,落实各机构在全面预算管理中的责任和权利。

二是全面预算管理组织体系的建设要与企业组织机构相适应,在由多级法人组成的集团公司、母子公司,应相应建立多级预算决策机构、工作机构和执行机构,避免出现全面预算管理活动相互脱节甚至出现管理空白的现象。

五、权责明确、权责相当原则

全面预算管理是以人为本的管理活动,全面预算管理的各个组织机构必须要有明确、清晰的管理权限和责任。只有做到权责明确、权责相当,才能在实施全面预算管理中减少或杜绝"扯皮"现象。

权责明确是指应根据全面预算管理组织机构所从事的具体活动,明确规定其应承担的经济责任,同时赋予其履行职责所必需的权力。

权责相当是指权力和责任是对等的,有多大权力,就应该承担多大的责任;反之,承担多大的责任,就应该拥有多大的权力。有责无权、责大权小,责任无法落实;有权无责、权大责小,就会造成权力滥用。只有权责匹配、将责权利有机结合起来,才能使全面预算管理活动充满生机和活力。

第二节 全面预算管理的决策机构

全面预算管理的决策机构是对企业全面预算管理具有领导决策权,能够对全面预算管理重大事项做出决定的组织机构。全面预算管理决策机构在全面预算管理组织体系中居于核心地位,主要包括公司股东(大)会、董事会、预算管理委员会和公司经理班子。其中,公司股东(大)会是全面预算管理的法定权力机构;董事会是全面预算管理的法定决策机构;预算管理委员会是全面预算管理的专门决策机构;公司经理班子是全面预算管理的日常运行决策机构。

一、公司股东(大)会

股东(大)会是公司的权力机构。《中华人民共和国公司法》规定,公司股东(大)会负责审议批准公司的年度财务预算方案、决算方案。因为财务预算是在经营预算和投资预算的基础上形成的。所以,公司法规定股东(大)会负责审议批准财务预算方案,也就相当于规定股东(大)会负责审议批准全面预算方案。也就是说,根据《公司法》的规定,公司股东(大)会是全面预算管理的法定权力机构。股东(大)会进行预算决策的方式主要是通过会议表决或以书面形式行使职权。

公司股东(大)会在全面预算管理中的主要职权如下：
(1) 决定公司的经营方针和投资计划；
(2) 审议批准公司的年度财务预算方案、决算方案；
(3) 审议批准公司的利润分配方案和弥补亏损方案；
(4) 对公司增加或者减少注册资本做出决议；
(5) 对发行公司债券做出决议；
(6) 对公司合并、分立、解散、清算做出决议；
(7) 其他需要审议批准的预算事项。

二、公司董事会

董事会是公司的决策机构，对股东(大)会负责。《中华人民共和国公司法》规定，董事会负责制定公司年度财务预算方案、决算方案。因此，董事会是企业全面预算管理的法定决策机构。董事会进行预算决策的方式主要是通过会议表决行使职权，在全面预算管理中的主要职权如下：
(1) 决定公司的经营计划和投资方案；
(2) 决定公司年度经营目标和预算目标；
(3) 制定公司的年度财务预算方案、决算方案；
(4) 制定公司的利润分配方案和弥补亏损方案；
(5) 制定公司增加或者减少注册资本以及发行公司债券的方案；
(6) 制定公司合并、分立、解散的方案；
(7) 决定公司全面预算考评与奖惩方案；
(8) 审批重大预算调整项目；
(9) 决定公司预算管理委员会的构成及职责；
(10) 决定公司预算工作机构和执行机构设置方案；
(11) 审批公司预算管理制度及重要预算文件；
(12) 其他需要决定及制定的全面预算管理事项。

三、预算管理委员会

预算管理委员会是在公司董事会领导下，负责企业预算管理重大事项的专门机构。公司预算管理委员会在全面预算管理组织体系中居于主导地位，它对于提高企业全面预算管理的科学性和权威性，保证全面预算管理的规范性、专业性和有效性都具有十分重要的作用。

企业的性质不同、规模不同，预算管理委员会的设立方式也有所不同。

上市公司一般都要根据《上市公司治理准则》的规定，设立董事会专门委员会之一，董事会预算委员会主要负责确定公司预算编制原则，组织编制、审议和修改公司中长期发展计划和年度预算，对公司的预算执行情况进行监督和审核工作。上市公司预算委员会成员由三名以上董事组成,其中至少有一名会计专业的独立董事;预算委员会成员由董事会选举产生,由会计专业的独立董事担任主任委员。上市公司预算委员会可根据需要设立或指定相关部门为预算工作部门,负责日常预算工作联络和会议组织等工作。

非上市公司的预算管理委员会是领导企业全面预算管理工作的权力机构。一般由公司董事长或总经理任主任委员,其成员由公司高级管理人员、职能部门负责人和部分二级公司负责人担任,如各副总经理、三总师、财务部经理、分(子)公司经理等。其中,副主任委员一般由总会计师(或财务总监、分管财务的副总经理)担任。

在一些规模较小的企业,也可以不单独设立预算管理委员会,有关预算决策事项由公司董事会或总经理班子负责。

预算管理委员会在董事会的领导和授权下,决定和处理全面预算管理的重大事项。其主要职责是:

(1) 根据公司战略规划和经营目标,制定公司年度预算指标;
(2) 制定全面预算管理的政策、规定、制度、措施、办法等文件;
(3) 制定全面预算编制的方针、原则、程序和要求;
(4) 审查公司预算草案,协调解决预算编制的问题;
(5) 将经过审查的年度预算提交公司董事会或股东(大)会审议,并组织下达预算;
(6) 仲裁和协调全面预算管理中出现的冲突和纠纷;
(7) 协调解决预算执行中的问题,必要时对预算执行过程进行干预;
(8) 审批预算调整事项;
(9) 接受预算与实际比较的定期预算报告,审定年度决算;
(10) 审议预算奖惩办法和兑现方案;
(11) 董事会授权的其他全面预算管理事项。

需要说明的是:预算管理委员会作为全面预算管理的专门机构,主要对公司董事会负责,是董事会职责在预算管理方面的延伸和具体化。预算管理委员会的主要工作方式是定期或不定期召开预算工作会议。其制定、审议的有关全面预算管理的重大事项,如年度经营目标、年度预算方案、年度决算方案、预算奖惩方案等,必须报公司董事会或股东(大)会审批。

四、公司经理班子

公司经理班子是全面预算管理的日常运行决策机构。《中华人民共和国公司法》规定,公司经理对董事会负责,主持公司的生产经营管理工作,组织实施董事会决议,组织实施公司年度经营计划和投资方案。在企业全面预算管理实务中,经理班子作为公司经营管理团队,负责组织执行全面预算,决定和处理全面预算管理的日常运行事项,确保年度经营目标和预算目标的实现。其主要职责是:

(1) 将公司年度预算指标,分解细化为月度预算指标;
(2) 决定公司内部经营性资源的分配和日常资金调度;
(3) 审核、汇总、平衡各责任中心预算;
(4) 核算、分析、考核各责任中心预算执行情况,制定内部奖惩制度;

(5) 在年度预算目标范围内,审批公司内部责任部门的预算调整事项;
(6) 参与公司预算目标的制定;
(7) 组织各内部责任部门执行全面预算,协调预算执行中的问题;
(8) 制定完成预算目标的具体方案和措施;
(9) 拟订公司预算管理制度,制定公司预算管理实施细则;
(10) 编制预算执行情况报告;
(11) 董事会授权的其他全面预算管理事项。

第三节　全面预算管理的工作机构

全面预算管理工作机构是指负责预算编制、审查、协调、控制、调整、核算、分析、反馈、考评等全面预算管理工作的职能部门。

因为预算管理委员会是由公司董事会成员或高级管理人员组成,预算管理委员会的主要议事方式是召开预算工作会议,所以,预算管理委员会一般为非常设机构,而全面预算管理日常的、具体的工作,则由预算工作机构承担。

根据全面预算管理的内容和相互牵制原则,预算工作机构可分为预算管理机构、预算核算机构、预算监控机构和预算考评机构,其中预算管理机构在所有预算工作机构中起着组织领导作用。全面预算管理工作机构组织体系构成如图4-2所示。

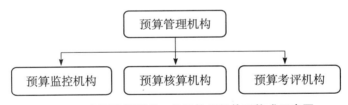

图4-2　全面预算管理工作机构组织体系构成示意图

一、预算管理机构

预算管理机构是负责企业全面预算管理具体组织领导和日常工作的部门。一般可在公司预算管理委员会下设立一个预算管理办公室作为预算管理机构。预算管理办公室既可以单独设立,也可以与财务部门"一班人马、两块牌子"的办法设立,或在财务部门下设立一个专司预算管理的科室。但规模较大、组织结构复杂的企业,应尽量采取独立设置预算管理机构的形式。值得注意的是,若采取与财务部门合署办公的形式,则一定要清楚:财务部门是企业的职能管理部门,其作用限于财务方面;而预算管理机构则是作为预算管理委员会的组成部分,其作用涵盖整个企业的经营活动、投资活动和财务活动。因此,预算管理机构的工作人员除了财务人员外,还应有计划、审计、人力资源、技术等专业人员参加。预算管理办公室主任一般由总会计师或财务部经理兼任。

预算管理机构的主要职责是:
(1) 负责公司预算管理制度的起草和报批工作;

（2）编制企业全面预算大纲；

（3）组织公司开展各项定额管理、价格管理等预算基础工作；

（4）为各预算单位的预算管理提供咨询；

（5）根据公司预算总目标，分解、制定各部门的责任预算指标草案；

（6）预审下属二级预算单位预算草案，并提出修改意见和建议；

（7）汇总编制企业全面预算草案，并向预算管理委员会提出审批重点和建议；

（8）负责检查落实公司预算管理制度的执行；

（9）对预算执行过程进行管理和控制，并定期进行预算分析；

（10）结合预算运行的实际情况，提出调整预算指标的建议方案；

（11）定期向预算管理委员会提交预算反馈报告，反映预算执行中的问题，并为预算管理委员会进一步采取行动拟定备选方案；

（12）负责预算管理的其他日常工作。

需要指出的是，在企业全面预算管理实务中，预算管理机构一般要受公司预算管理委员会和公司经理班子的双重领导。

二、预算核算机构

预算核算机构是对预算执行过程和结果进行反映、控制、核算和信息反馈的部门。企业传统的财务会计是以资金运动，也就是企业在生产经营过程中所发生的各项经济业务为会计对象，按照产品的生产流程进行核算。财务会计的核算结果满足了政府、投资者、债权人了解企业财务状况的需要，却不能满足企业预算管理、控制成本费用的需要。因此，实施全面预算管理必须建立责任会计制度，推行以责任中心为核算对象的责任会计核算。

责任会计属于管理会计的范畴，它是以责任中心为会计对象，对责任中心的经营活动过程及其结果进行控制、核算、分析、考核、评价的一种内部会计制度。责任会计核算的对象不是产品，而是公司内部各个责任中心，它强调对责任中心进行事前、事中和事后的全过程管理，它所要反映和评价的是每一个责任中心的工作业绩。

全面预算管理是以责、权、利相统一的机制为基础，以提高经济效益为中心，按照目标管理的原则，在实行分权管理的条件下，层层分解落实预算目标，以责为核心，以权为保证，以利为目的，责、权、利紧密结合的企业管理制度。从预算目标的确定、分解，到对各责任中心预算执行过程与结果的控制、核算、分析、反馈、考评和奖惩，都要依赖于完善的责任会计制度体系。所以说，全面预算管理与责任会计是密不可分的。全面预算管理是建立责任会计的前提条件，责任会计是全面预算管理有效实施的重要保证。

责任会计核算素有"单轨制"和"双轨制"之分。所谓"单轨制"就是把责任会计纳入企业传统的会计核算体系之中，使财务会计与责任会计合二为一；所谓"双轨制"就是按照责任会计的要求，另起炉灶，使企业内部形成两套会计核算体系。两者各有优点和缺点，企业在实施责任会计制度时，应根据本企业的具体情况确定责任会计核算形式。另外还有一种被称作"兼容制"的新型责任会计核算模式，它融合了"单轨制"和"双轨制"的优点，摈弃了其缺点，是一种很有应用价值的核算方法。当然，不管是"单轨制"、"双轨制"，还是"兼容制"，全面预算管理的核算工作都必须由企业财务部门负责。

预算核算机构的主要职责是：

（1）明确各责任主体，建立责任会计账簿和报表体系；
（2）建立责任会计核算所需的原始凭证制度；
（3）建立内部转让价格制度；
（4）建立企业内部的结算制度；
（5）分解、落实各责任中心预算目标；
（6）核算各责任中心的预算执行情况和经营业绩；
（7）分析、评价和考核各责任中心的工作业绩；
（8）编制责任会计报告。

三、预算监控机构

预算监控机构是对全面预算管理活动及预算执行过程和结果进行监督、控制的部门。

为了保证全面预算管理活动的健康、正常运行，企业必须对各责任部门的预算执行情况进行监控，例如价格监控、信息监控、质量监控、资金监控等。

所谓价格监控，是指在预算管理中对企业的材料、设备等各项物资的采购价格、产品销售价格、劳务价格以及企业内部各单位之间中间产品或服务的转移价格，必须制定监管政策和控制制度，并监督执行，不能放任不管。监管政策和控制制度是企业关于询价与定价的程序、标准、权限、审批和监督的规定。原因很简单，价格对预算指标的影响非常大。一种材料价格的变动，不仅对本部门产生影响，而且会涉及相关预算单位以及整个企业的预算指标，影响到预算单位之间的权责划分和整个企业整合。例如，对供应部门来说，材料采购价格越高越容易采购，但这会导致现金需要量增加、产品材料成本上升、销售利润减少，如果价格监管失控，势必给企业的生产经营活动带来不良后果。

所谓信息监控，是指通过对企业供产销各环节数据资料的有效监控，确保预算管理系统中传递的信息真实、完整。它包括内控制度、审计规则和程序、审计人员职业道德及其惩戒措施等内容。因为，一旦预算执行的结果与奖惩挂起钩来，预算执行者就会产生一种利用预算编制和预算执行过程，人为操纵预算数据的内在动力。为了防止信息被操纵、数据被篡改等弄虚作假现象的发生，企业需要建立严密的信息监控制度，对全面预算管理所需资料数据的收集、处理、判断、传递、储存等信息管理工作进行全程监控，使各项预算管理信息达到准确、及时、适用、经济的要求。

所谓质量监控，是指通过建立健全质量监督控制系统，对企业各部门的工作质量和产品质量进行有效监控。由于产品质量贯穿于设计、制造和使用整个过程，因此，企业需要对产品设计、产品制造、产品使用的全过程进行有效监控，通过实施事前决策、事中控制、事后分析等一系列环节监控方法，控制工作质量，确保产品质量。质量监控要运用系统工程的原理，由企业质量管理部门牵头，建立起统一的、协调的质量监控体系，将工作及产品质量控制目标，落实到企业各部门、各环节，使之形成一个有目标、有任务、有权责，协作配合的质量监控体系。

所谓资金监控,是指通过有效的资金监控手段保证企业各环节资金的安全、完整和资金运动的正常周转。资金运动是企业的"血液循环系统",血液循环是否顺畅,事关企业的生死存亡。特别是企业供—产—销过程的资金链条,是企业血液循环系统的"主动脉",在整个企业血液循环系统中处于核心地位。如果资金枯竭,对任何企业都是灭顶之灾。因此,在预算管理系统中,必须制订完善的资金收入、资金付出和资金占用计划,强化对企业资金运动全过程的监控和管理。

由于预算管理监控的对象主要是预算的执行过程和结果,也就是一个个责任中心执行预算的情况,而从某种意义上说,全面预算的执行者涵盖了企业的各个环节和各个部门,也就是说,预算管理的监控具有全面性、全员性、系统性的特征,企业很多部门既是预算的执行者,又是预算管理的监控者,因此,企业不可能也没有必要设置一个独立的预算管理监控部门,而是采取规定一个职能部门牵头,其他相关专业部门按照职能分工进行监控的办法,从而组成一个各职能部门共同负责、相互配合,预算执行者之间自我监控和相互监控相结合,纵横交错、相互牵制、相互监控的全面预算管理监控网络。

一般情况下,企业全面预算管理监控网络的牵头部门(或称为主要负责部门)是企业预算管理办公室。全面预算管理监控网的组成及职责如表4-1所示。

表4-1 全面预算管理监控网的组成及职责表

部　　门	在预算管理中的主要监控职责
预算管理办公室	组织、协调预算管理的监控工作 汇总监控结果,对出现的重大差异及时处理或召开协调会
审计部门	监督、审计公司各责任部门的预算执行情况 定期撰写审计报告
财会部门	对预算执行过程的资金流动进行监控 对预算执行过程的会计核算进行监控
人力资源部门	对责任单位的人力资源、劳动生产率进行监控 对工资、奖金及奖惩兑现情况进行监控 对各部门的工作质量进行考核、监控
生产计划部门	对责任单位的产品产量、品种结构进行监控 对公司综合计划执行情况进行监控
质保部门	对企业供产销各个环节的质量情况进行监控
仓储部门	对外购材料、设备、物资的价格、质量、数量进行监控 对产品质量、数量、结构进行监控

四、预算考评机构

预算考评机构是负责对全面预算管理活动及预算执行过程和结果进行考核、评价和奖惩兑现的部门。

同预算管理监控一样,预算管理考评的对象主要是预算的执行部门,是各个责任中心执行预算的过程和结果。而企业的很多职能部门既是预算的执行者,又是预算管理的考评者。因此,企业没有必要设置一个独立的预算管理考评部门,而是采取由一个职能部门为主,其他相关专业部门按照职能分工进行考评的办法。

一般情况下,企业预算考评机构的牵头部门是预算管理办公室或人力资源部门。全面预算考评机构的组成及职责如表4-2所示。

表4-2 全面预算考评机构的组成及职责

部　门	在预算管理考评中的职责
预算管理办公室	负责预算管理考评工作的组织领导工作
审计部门	负责对预算考评及奖惩兑现方案的审计
财会部门	负责对预算执行过程和结果进行责任核算,并提供考评依据
质保、生产等部门	负责品质、产量、安全等预算指标的考评
人力资源部门	负责组织对各预算执行部门的综合考评,并根据考评结果测算奖惩兑现方案

第四节 全面预算管理的执行机构

一、预算责任网络与责任中心

预算管理执行机构是各级预算责任的执行主体,它以责任网络的形式存在,因此也叫预算责任网络。预算责任网络中的各责任单位称作责任中心,它是企业内部具有一定权限,并能承担相应经济责任的内部单位。责任中心具有如下基本特征:

第一,拥有与企业总体管理目标相协调、与其管理职能相适应的经营决策权,使其能在最恰当的时刻对经营活动中遇到的问题做出最恰当的决策。

第二,承担与其经营决策权相适应的经济责任。

第三,建立与责任相配套的利益机制,以使所有员工的个人权益与其工作及经营业绩密切联系起来,从而调动各部门和全体员工的工作热情和主观能动性。

第四,各责任中心的局部利益必须与企业整体利益相一致,不能为了各责任中心的局部利益而影响企业的整体利益。

建立责任中心除了贯彻责、权、利相结合的原则和目标一致性原则外,还必须做到与企业的组织机构设置相适应。一般而言,责任中心必须具备如下条件:

(1)具有承担经济责任的主体,即责任人;

(2)具有确定经济责任的客体,即资金运动;

(3)具有承担经济责任的基本条件,即职权;

(4)具有考核经济责任的基本标准,即经营绩效。

凡是具备以上条件的单位或个人,均可成为责任中心。

根据权责范围,责任中心可分为投资中心、利润中心和成本中心三个层次,如图4-3所示。

(一)投资中心

投资中心是对投资负责的责任中心,其特点是既要对成本、收入和利润负责,又要对投资效果负责。由于投资的目的是获得利润,因此,投资中心同时也是利润中心,但它控制的区域和职权范围比一般的利润中心要大得多。它拥有投资决策权,能够相对独立地

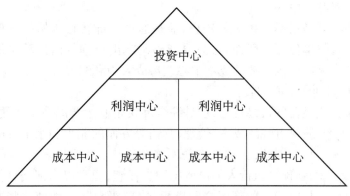

图 4-3 责任中心层次示意图

运用其所掌握的资金,有权购置和处理固定资产、扩大或缩小生产能力。

投资中心是预算责任网络体系的最高层次。投资中心不仅能控制成本和收入,而且能够对投资进行控制,因此,投资中心实质上就是全面预算的执行人。正因为如此,只有具备经营决策权和投资权的独立经营单位才能成为投资中心。一般而言,一个独立经营的法人单位,就是一个投资中心。投资中心的具体责任人应该是以董事长为代表的企业最高决策层,投资中心的预算目标就是企业的总预算目标。

投资中心是分权管理模式的最突出表现。在当今世界各国,大型集团公司下面的公司、事业部往往都是投资中心,而且一般都是独立的法人。除非有特殊情况,公司最高管理当局对投资中心一般不宜多加干涉。

(二)利润中心

利润中心是对利润负责的责任中心,由于利润等于收入减去成本和费用,所以利润中心实际上既要对收入负责,又要对成本和费用负责。利润中心一般具有产品或劳务生产经营决策权,但不拥有投资决策权的部门。它与成本中心相比,权力更大,责任也更大。

利润中心处于预算责任网络体系的中间层次,属于预算责任网络体系中的较高层次。一般具有较大的自主经营权,同时具有生产和销售的职能;有独立的、经常性的收入来源,可以决定生产什么产品、生产多少、生产资源在不同产品之间如何分配,也可以决定产品销售价格、制定销售政策等。

能否成为利润中心的衡量标准是看该责任单位有无收入及利润,凡是能够获取收入、形成利润的责任单位均可成为利润中心。

1. 利润中心的类型

根据收入、利润形成方式的不同,利润中心可以划分为"自然"利润中心和"人为"利润中心两种类型。因为人为利润中心是模拟自然利润中心运作的,所以也称作模拟利润中心。

自然利润中心是指能够通过对外销售自然形成销售收入,从而形成利润的责任单位。自然利润中心一般具有产品销售权、价格制定权、材料采购权和生产决策权。例如,某些公司采用事业部制,每个事业部均有销售、生产、采购的职能,有着很大的独立性,这些事业部就是自然利润中心。

人为利润中心则是指不直接对外销售,而是通过内部转移价格结算形成收入,从而形成内部利润的责任单位。一般而言,只要能够制定出合理的内部转移价格,就可以将企业大多数生产产品或提供劳务的成本中心改造成人为利润中心。

2. 成本中心向利润中心的转化

利润不仅是企业经营的最终目标,也是综合反映企业运营能力及其效果的标志。一个企业在技术、生产、质量、产品、成本、管理、营销等方面的能力和水平,都可以通过利润这项综合指标反映出来。因此,在预算责任网络体系中,为了考核一个部门的综合能力和经济效果,也为了增强预算执行人的成就感和责任感,通常以内部结算价格的方式,在企业内部相互提供产品或劳务的部门之间进行"内部买卖",从而使这些本来只对成本、费用负责的部门能够获得收入并创造内部利润,使之由成本中心升级为人为利润中心。通常,在一个投资中心下面往往包含若干个人为利润中心,比如制造企业内部的各个分厂都可以是人为利润中心,它们以内部转移价格在各分厂之间进行产品或劳务的"买"和"卖";企业内部的辅助部门,包括修理、供电、供水、供气等单位,都可以按内部价格向生产部门收费,因此,它们也可以被确定为"人为"利润中心。

利润中心是企业实现利润的中坚力量,其利润预算目标能否实现,关系到企业总预算目标能否实现。可见,各利润中心的预算执行情况,将极大地影响到整个企业全面预算的执行结果。

需要说明的是,在实务中既可以将企业销售部门确立为人为利润中心,也可以确立为收入中心。当确立为人为利润中心时,销售部门的利润等于产品销售收入减去按内部价格计算的产品成本和销售部门发生的销售费用;当确立为收入中心时,则不核算销售部门的利润,只核算其销售收入和销售费用。

(三) 成本中心

成本中心是对成本或费用负责的责任中心,即只负责成本和费用,不负责收入和利润的职能部门。

成本中心处于预算责任网络体系的最底层。它不拥有投资决策权和收入权,仅具有一定的成本费用控制权,因而只能对其可控的成本费用预算负责。凡是不能形成收入、只对成本或费用负有一定责任的部门甚至个人,比如各职能部门和各具体作业中心,如车间、工段、班组、个人等,均可成为一个成本中心。

成本中心作为企业基层预算执行组织,是最基本的预算责任单位。一个利润中心下面通常包含不同层次的若干个成本中心,例如,一个分厂一般会有多个车间、工段或班组,这些车间、工段或班组都可以成为不同层次的成本中心。虽然它们只对某些或某项成本、费用预算负责,但在企业效益实现中却具有非常重要的地位,尤其是外部市场环境较为稳定的企业,其成本控制更是企业全面预算管理的核心。因此,实施全面预算管理要从最基层的预算执行单位抓起,各作业中心,包括车间、班组乃至员工个人,均是预算执行机构中最基本的责任单位。

1. 成本中心的类型

根据成本中心的职能可以将其细分为产品成本中心和费用中心。

产品成本中心是指负责产品制造的部门,如工厂、车间、工段、班组等。产品成本中心主要对产品的制造成本负责。产品成本中心的基本特点有两个:一是投入与产出能够直接用货币计量;二是投入与产出之间存在函数关系。因为产品成本中心能够对其生产的产品制定标准成本,因此产品成本中心也称为标准成本中心。

费用中心是指企业行政管理部门和研究开发部门,如财务、人力资源、计划、技术、质量等部门。费用中心主要对费用的发生额负责。费用中心的基本特点有两个:一是产出不能直接用货币计量;二是投入与产出之间不存在函数关系。

企业在此类责任中心时,既可以将其统称为"成本中心",也可以分别称为"成本中心"和"费用中心"。

2. 可控成本与不可控成本

依据可控性原则,在划分成本中心的责任时,应注意区分可控成本与不可控成本。所谓可控成本是指某特定的责任中心事前能够预知其发生,且能控制和计算其耗用量的成本支出,即可以预计、可以控制和可以计量是可控成本需要具备的三个条件,不具备此条件的则是不可控成本。

成本可控与否是相对特定预算责任单位而言的,此责任单位的不可控成本,可能是另外一个责任单位的可控成本;高层次责任单位的可控成本,未必是低层次责任单位的可控成本,但低层次责任单位的可控成本,必定是高层次责任单位的可控成本。对于不可控成本,责任单位既然无法对其实施控制,因而也就无法对其负责。所以,成本中心的责任预算应该只限于该中心的可控成本。从成本的发生同各个成本中心的关系看,由各个成本中心直接发生的成本,大多属于直接成本,其可控因素居多;由其他部门分配来的成本,大多属于间接成本,其可控因素较少。对于不容易确定责任归宿的成本费用,最好不要硬性分摊到各部门,因为硬性分摊容易混淆责任范围,可行的办法是按职能归口到责任部门。例如,管理部门的固定资产折旧费、税金可由财务部门负责;养老保险费可由人力资源部门负责;等等。

判别一个责任中心对某项成本是否可控的依据有三个:

一是责任中心是否能通过自己的行为有效地影响该成本的数额;

二是该成本是否是由本责任中心全权使用的某项资产或劳务直接形成的;

三是责任中心是否是该成本责任人的直接管理者。

如前所述,任何一个责任中心既具有管理的职能,同时又具有执行的职能。由于两者的分层依据不同,因此,同一部门或人员在不同组织体系中可能具有不同的层级,也就是在整个预算体系中具有双重甚至多重身份。例如,企业最高决策层作为投资中心的责任人,需要对企业总预算目标的实现负责。但是,作为企业决策层中的决策者,为了正常开展其相应的工作,他们也会发生耗费。根据成本可控原则和权责相当原则,他们应该对其耗费负责,也就是说,应将他们的费用预算也纳入企业整体费用预算中。因此,企业决策层中的决策者,同时也成为预算执行机构中的一个成本中心。又如,各职能管理部门在实施其管理职能的同时,也不可避免地存在着各项资源的耗费,因此,它们同样也同时成为预算执行机构中的成本中心。它们均应与其他责任中心一样,承担相应的职责,接受预算约束、监督和考评。总之,预算责任网络应该是一个包容并明确到每一个部门、每一个员工职责的全方位网络系统。

二、企业组织结构与预算责任网络

企业组织结构是指企业内部的机构设置和权力的分配方式。按照企业管理组织和作业组织形式的不同,企业组织结构一般可分为直线制组织结构、直线职能制组织结构、事业部制组织结构、矩阵制组织结构和母子公司制组织结构。

设置预算责任网络与企业的组织结构紧密相关,不同的企业组织结构,其管理控制方式与权限各具特点,预算责任网络的构建形式也有所不同。企业应以现有的组织结构为基础,本着科学、高效、权责分明的原则,构建适合本企业特点的预算责任网络。

(一)直线职能制组织结构下的预算责任网络

直线职能制组织结构属于纵向组织结构。目前,我国绝大多数企业都采用这种组织结构形式。直线职能制组织结构把企业管理机构和人员分为两类,一类是直线领导机构和人员,按命令统一原则对各级组织行使指挥权;另一类是职能机构和人员,按专业化原则,从事组织的各项职能管理工作。直线领导机构和人员在自己的职责范围内有一定的决策权和对所属下级的指挥权,并对自己部门的工作负全部责任。职能机构和人员,则是直线指挥人员的参谋,不能对直接部门发号施令,只能进行业务指导。直线职能制组织结构的特点是管理控制集中,企业总部作为统一的权力机构,对整个企业的经济运行实行高度集中的管理。因此,构建预算责任网络时可以将整个企业作为一个投资中心,总经理对企业的收入、成本、利润、投资全面负责;所属的销售部门作为企业的收入中心,对企业的收入和本部门的销售费用负责;其他各部门、工厂、车间均为成本(费用)中心,只对各自的成本、费用负责。这种组织结构权力比较集中,下属部门自主权比较小。为了便于对各个生产工厂的综合评价,企业可以将其界定为"人为"利润中心。其预算责任网络结构如图4-4所示。

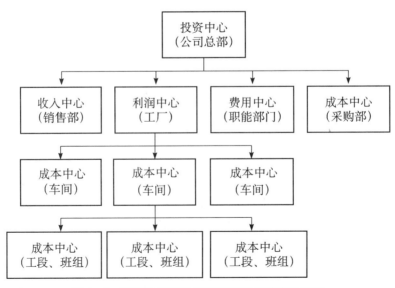

图 4-4 直线职能制组织结构下的预算责任网络

在直线职能制组织结构下,企业预算自上而下逐级分解为各责任中心的责任预算;各责任中心的责任人对其责任区域内发生的收入、利润(内部)及成本、费用负责;下层责任中心要对上层责任中心负责;上层成本中心要对下层成本中心发生的成本费用负责;上级成本中心汇总下层成本中心的成本后逐级上报,直至最高层次的投资中心。

（二）事业部制组织结构下的预算责任网络

事业部制组织结构属于横向组织结构,其特点是管理控制采取直接控制与间接控制相结合的方式,企业总部对各事业部进行直接控制,各事业部对其管辖业务具有自主权。

事业部制组织结构是一种高层集权下的分权管理体制,采取分级管理、分级核算、自负盈亏的组织结构形式,即一个公司按地区或按产品类别分成若干个事业部,从产品的设计、原料采购、成本核算、产品制造,一直到产品销售,均由事业部及所属工厂负责,实行单独核算,独立经营(也有的事业部只负责指挥和组织生产,不负责采购和销售,实行生产和供销分立)。企业总部只对事业部的主要财权集中,对重大的、全局性的财务事项做出决策,如重大的筹资、投资决策等,而根据需要将一部分次要财务决策权力下放给事业部。它适用于规模庞大、品种繁多、技术复杂的大型企业,是国外较大的联合公司所采用的一种组织形式。近年来,我国一些大型企业集团或公司也引进了这种组织结构形式。

在事业部制组织结构下,企业总部与其成员之间需划分财权,使各事业部拥有一定的自主经营权力。因此,在构建预算责任网络时,除了将企业总部作为投资中心外,还可以将具有法人资格的事业部设立为投资中心,赋予其一定的投资决策权;对于分公司性质的事业部一般设为利润中心;各职能部门为成本(费用)中心;工厂、车间既可界定为"人为"利润中心,也可界定为成本中心。其预算责任网络结构如图4-5所示。

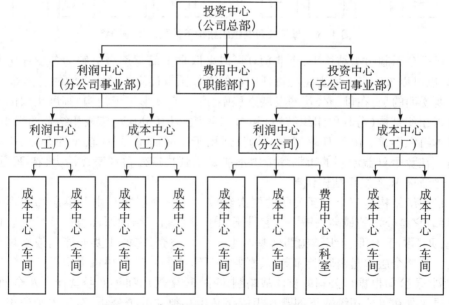

图4-5 事业部制组织结构下的预算责任网络

在事业部制组织结构下,企业预算自上而下逐级分解为各责任中心的责任预算,下层成本中心对上层成本中心负责;高层成本中心对利润中心负责;利润中心则对投资中心负责;中层投资中心对企业最高层投资中心负责。

(三)母子公司制组织结构下的预算责任网络

母子公司制组织结构属于横向组织结构,其特点是管理控制采取间接控制方式,管理控制权下放。母子公司制组织结构企业的经营决策权一般由各成员企业分散行使,成员企业独立经营、分散管理、独立核算。因此,构建预算责任网络时,除了将母公司作为投资中心外,其子公司也设立为投资中心;各子公司的下属部门则根据其具体职责分别设立为利润中心或成本(费用)中心。其预算责任网络结构如图4-6所示。

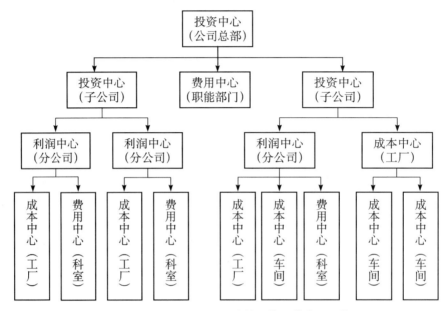

图4-6 母子公司制组织结构下的预算责任网络

在母子公司制组织结构下,企业预算可以采取自上而下逐级分解为各责任中心的责任预算,也可以采取自下而上由各责任中心的责任预算逐级汇总为企业的总预算。

需要说明的是:在母子公司的发展过程中,产生了U形组织结构(高度集权的组织结构)、H形组织结构(分权的组织结构)和M形组织结构(分权与集权相结合的组织结构)三种基本组织形式。由于U形组织结构仅适用于产品简单、规模较小的企业;H形组织结构由于在竞争日益激烈的市场环境中不能显示其长期效益和整体活力,在20世纪70年代后逐渐被M形组织结构代替。

M形组织结构由三个相互关联的层次组成。第一个层次是由董事会和经理班子组成的总部,它是公司的最高决策层。它既不同于U形组织结构那样直接从事子公司的日常管理,又不同于H形组织结构那样基本上是一个空壳,它的主要职能是战略规划和交易协调。第二个层次是由职能和支持、服务部门组成的。母公司负责全局性财务决策和战略规划,子公司根据母公司的整体战略制定中、长期规划和年度经营计划及全面预算。第三个层次是在母公司统驭下的既互相依存又相互独立的子公司,而每个子公司又是一个U形组织结构。

总之,企业在设置预算责任网络时,必须密切结合企业的组织结构,做到相互配合、相得益彰。

Chapter Five

第五章 全面预算的目标

实施全面预算管理,首先要编制全面预算。而编制全面预算,最重要的前置工作是确定预算目标。预算目标既是编制全面预算的主线和方向,也是整个全面预算管理系统运行的依据和灵魂。

企业实施全面预算管理的首要任务是要确定预算的目标,将企业的努力方向具体化、数量化,变成各部门的行动准则。合理的预算目标不仅可以使企业的工作重点突出,而且为工作绩效的评价提供了可供参考的标准。预算目标的确定恰当与否,直接关系到全面预算管理工作能否顺利实施,具有重要意义。

第一节 预算目标概述

一、预算目标与预算指标

预算目标有广义和狭义之分。广义的预算目标是指企业预算期内各项经济活动所要达到的量化指标,既包括经过股东(大)会审议批准的年度预算方案中确定的预算目标,也包括企业按照时间细分到季度、月度以及每周、每天的预算目标,还包括企业分解到内部各个层级、各个部门的预算目标。狭义的预算目标是指经过股东(大)会审议批准的年度预算方案中确定的预算目标。为了便于区分,狭义的预算目标也称作预算总目标。

预算目标是以企业战略规划和经营目标为导向,在市场预测和平衡企业内部各项资源的基础上,经过公司投资者、决策者、经营者以及内部各个预算执行部门反复协调、测算确定的,是企业战略规划和经营目标在预算期内的具体化和明细化。

预算指标是说明预算对象数量特征的概念,一般由预算指标名称和指标数值两部分组成,体现了预算对象质的规定性和量的规定性。预算目标与预算指标既有联系又有区别。

二者的联系是:预算目标与预算指标都可以用于表达预算期内某个预算对象期望达到的数值,二者在很多场合所表达的意思是完全一致的。例如,利润预算目标10亿元与利润预算指标10亿元所表达的意思都是预算期内利润要达到的期望值是10亿元。同时,预算目标与预算指标都是说明预算对象数量特征的概念,都由预算对象的名称和数值两部分组成。例如,前面的例子所表述的预算对象的名称是"利润",数值是"10亿元"。

二者的区别是:预算指标的应用范围大于预算目标。预算目标一般只用于表达预算对象的目标值;而预算指标既可以用于表达预算对象的目标值,又可以单纯用于表达预算对象的范围和性质。例如,我们可以说"财务部承担的预算指标有利润、财务费用、资产负债率等",但一般不会说"财务部承担的预算目标有利润、财务费用、资产负债率等"。

二、确定预算目标的步骤和内容

确定预算目标需要建立预算指标体系,测算并确定预算目标数值,对预算目标进行细化分解三个步骤。主要内容如下。

(1)建立预算指标体系。预算指标是全面预算的载体,建立逻辑严谨、相互联系、互为补充的预算指标体系,可以综合反映预算总目标的要求。由于企业各个层级、各个责任部门的职责分工不同,所承担的预算指标体系内容也不同。因此,需要企业根据具体的预算主体,设计建立不同的预算指标体系。

(2)测算并确定预算目标数值。预算目标是企业战略规划和经营目标的体现。按照现代企业制度的要求,任何预算目标数值的确定,都是公司股东、董事会、经营者等不同利益集团相互协调和相互博弈的过程。

(3)对预算目标进行细化分解。预算目标的细化分解,是一个由上到下、由下到上的反复沟通、协商过程。当预算总目标确定以后,就要将其在企业各个层级和各个部门中进行分解,使之成为各责任中心在预算期内的预算目标,并以此约束各责任主体的经营行为,确保企业战略规划和经营目标的实现。

三、确定预算目标的原则

确定预算目标要遵循以下七项原则。

(一)恰当性

预算目标应能反映企业及各个预算执行部门在预算期内可以达到的最佳水平,做到既先进又合理。应避免目标"定位太高"或"定位太低"两种倾向。定位太高,导致预算目标难以实现,使预算丧失可行性,极易打击各预算执行部门的工作热情和积极性;定位太低,不利于挖掘企业潜力,也违背了实施全面预算管理的初衷。因此,恰当的预算目标应该是在现有客观条件基础上,经过预算执行部门主观努力能够完成的指标。

(二)全面性

预算目标的全面性包括三个方面的要求:

一是在预算目标的属性上,既包括财务指标,又包括非财务指标;既有绝对数指标,又有相对数指标;既包括数量指标,又包括质量指标;既包括实物指标,又包括价值指标;既有定量指标,又有定性指标。

二是在预算目标的范围上,既包括供产销各个环节、人财物各个方面的指标,又包括企业各个部门、各个层级的指标。

三是在预算目标的导向上,既要兼顾国家、投资人、债权人、经营者和员工各方面的利益和要求,同时还要兼顾企业的长远发展规划与近期经营效益。

(三) 导向性

确定预算目标既要以企业战略规划和经营目标为导向,又要为各预算执行部门预算期内的生产经营活动指明重点和方向。因此,企业要根据内部各预算执行部门在企业生产经营活动中担负的职能和特点,有针对性地设计预算项目和制定预算目标,引导各预算执行部门的工作重点和努力方向。例如,为引导生产部门重视安全生产,就应将安全生产天数作为一项重要的预算指标;为了促使销售部门回收货款,就应将销售货款回收率作为一项重要的预算指标;为了盘活资金、加速资金周转,就应将资金利用效率作为一项预算指标,如此等等,从而有效引导各预算执行部门紧跟公司的战略意图,完成公司的整体预算目标。

(四) 可控性

企业向各预算执行部门分解落实预算目标时要遵循可控性原则,预算指标要与该责任部门的权责相匹配,凡是某预算执行部门不能控制的指标,一定要将其变为可控性指标。例如,成本指标是由消耗因素和价格因素构成的,对于没有材料采购权的生产部门而言,材料价格就是该生产部门的不可控指标。因此,在向该生产部门下达成本预算指标时,材料价格就必须用计划价格,而不能用实际价格。否则,就会使预算管理变为一场赌博游戏。

(五) 科学性

企业各项预算目标的制定要以历史资料为基础,根据市场调研和科学预测,通过分析、研究产品品种、结构、成本、产销数量和价格等变量之间的相互关系及其影响,以可靠、翔实的数据为依据来确定,决不能脱离实际、凭主观臆断确定预算目标。

(六) 客观性

预算目标的客观性原则有两层含义:一是预算目标的制定必须符合市场的客观需求,以市场预测为基础,经得起市场的考验,与企业的外部环境相适应;二是预算目标的制定要符合企业内部生产经营活动的客观实际,与企业的资源状况、生产能力、技术水平和员工素质相适应。

(七) 系统性

预算目标之间具有深刻的内在联系和严密的逻辑关系。预算目标不仅要与企业的发展战略协调一致,各期预算目标要前后衔接、相互协调,以确保企业战略规划能够按步骤、分阶段得到落实;同时,企业预算总目标与内部各层级的预算分目标之间、同层级预算目标之间要相互协调、相互配合、相互适应,共同构成囊括企业所有经济活动的预算指标体系。

四、预算目标的重要意义

确定预算目标是全面预算管理活动的起点,是全面预算编制过程中最重要的前置工作,在全面预算管理中具有以下三个方面的重要作用。

第一,依据和导向作用。预算目标是企业战略规划和经营目标在预算期内的具体体现,它既是编制全面预算的主线和根据,也是企业全面预算管理系统运行的依据和方向,还是企业实施内部控制、协调各部门利益关系、加强各部门联系与协作的手段和工具。通过确定预算目标,不仅可以将企业的战略规划和经营目标具体化、数量化和精确化,使之成为预算期内企业从事生产经营活动的指南;而且通过预算目标的层层分解和细化,企业预算目标可以转化为各部门、各层次以及每名员工的责任目标和工作目标。

第二,激励和约束作用。预算目标不仅可以明确企业以及各层级、各部门在预算期内的工作重点和方向,而且提供了评价各部门和员工工作绩效的标准和依据。企业预算目标一旦确定,对于预算执行者来说就有了强制性的约束力,要求企业的各部门、各环节必须不打折扣地予以执行。预算目标的完成情况决定着企业的经营状况、经济效益和工作业绩,也直接影响着企业经营管理者和全体员工的经济利益。

第三,考核和评价作用。预算考核和评价是全面预算管理的生命线。预算目标确定并层层分解和延伸细化以后,使企业各层级、各部门都有了相应的预算目标,这种预算目标与执行中的经济活动在时间上相同、空间上一致,不仅成为企业各层级、各部门从事各项经济活动的依据,而且通过预算执行结果与预算目标的相互比较,可以客观、公正、合理、准确地评价预算执行者的工作业绩。

另外,作为全面预算管理活动的起点,预算目标的恰当与否在很大程度上决定着全面预算管理的功效,即预算目标具有"双刃剑"的作用:恰当的预算目标既有利于全面预算管理有效实施,也有利于企业经营目标的最终落实;反之,不恰当的预算目标会使全面预算管理的效能大打折扣,甚至使企业全面预算管理陷入无法运行的困境之中。因此,预算目标确定得恰当与否,直接关系到全面预算管理的成败,其重要性是不言而喻的。

第二节 预算目标的影响因素

预算目标主要受公司治理结构、产品生命周期、营销策略、市场环境及内部资源状况等因素的影响,它的最终确定是公司所有者、决策者、经营者以及内部各预算部门反复协调与博弈的结果。

一、公司治理结构对预算目标的影响

公司治理结构的核心是协调公司股东、董事会、总经理和其他利益相关者的责、权、利关系。公司股东、董事会、经理层和其他利益相关者在总体目标一致的前提下,由于各自的角度不同、利益不同,对预算目标的最终确定都会产生重要的影响。

（一）公司股东对预算目标的影响

股东是企业的所有者，拥有对企业的最终控制权和税后利润的享有权。在股东还没有成为实际投资者之前，他们只是企业潜在的资本提供者。他们手中的钱可以有多种选择：既可以投资创办企业，也可以投资其他企业，还可以将钱存入银行或购买债券。作为潜在的资本提供者，他们之所以成为企业的股东，是因为他们期望从被投资公司中能够分得较大的投资收益。这个较大的投资收益就构成了公司股东对企业预算目标的期望值。

毫无疑问，公司股东对企业预算目标的期望值主要有两个：一是希望公司在预算年度有良好的经济效益，股东当年能够获得较高的红利；二是希望公司有一个良好的市场价值和发展潜力，以获取高于其他投资的长期回报或者通过股票买卖、股权转让在二级资本市场上获利。

在现代企业制度下，公司股东一方面可以通过股东（大）会直接表达自己的意愿和行使权利；另一方面可以通过其代理机构——董事会来表达股东的意愿。《中华人民共和国公司法》规定，公司股东（大）会"审议批准公司的年度财务预算方案、决算方案"。因此，公司确定的预算目标必须考虑股东的利益和要求。

（二）董事会对预算目标的影响

在公司治理结构中，董事会是公司法人财产权的主体，是连接所有者与经营者的纽带。它一方面代表所有者的利益对公司生产经营活动的重大事项进行决策，另一方面对经营者的日常经营活动进行监督。因此，公司股东对预算目标的期望必须通过其代理机构——董事会来落实。在股权结构单一、股权高度集中的情况下，股东对预算目标的期望与董事会是一致的，两者之间的代理成本很小。但是，在股权结构较为分散的情况下，董事会作为一个利益团体则有其自身的效用函数。也就是说，董事会对预算目标的期望与公司股东的期望并不完全一致，董事会与股东之间的利益矛盾直接表现为大股东与众多中小股东间的利益冲突。这是因为，董事会主要由公司大股东和经营者组成，它往往代表了大股东和经营者的利益。在利益导向与管理目标上，大股东会更多地考虑公司的战略目标、未来生存和可持续发展，以期从投资中取得长期回报；而中小股东的利益导向则往往具有短期化的特征，期望能够在较短的时间内收回全部投资。为此，现代企业制度从机制上采取了一系列的制衡措施。例如，我国自2001年在上市公司建立了独立董事制度，借以保护小股东的权益等。

一般来说，董事会集中了公司的精英和不同利益集团的代表，具有比较广泛的代表性。其确定预算目标的出发点既考虑了公司的发展战略，又兼顾了各方面的利益。因此，董事会作为确定预算目标的主导力量是比较适宜的。在这一点上，《中华人民共和国公司法》关于公司董事会负责"制订公司年度财务预算方案、决算方案"的规定与上述分析是不谋而合的。

（三）总经理对预算目标的影响

总经理享有法人代理权，拥有对公司的经营指挥权，公司的大政方针确定以后，具体的经营工作就要由总经理及整个经理班子来担当。出于谨慎性考虑，总经理在确定预算目标时，往往更多地考虑预算目标的现实可行性及客观限制因素，包括市场潜力、现有各种可利用资源以及预算行为的经济后果等,以降低经营风险。对于市场潜力而言,总经理会采取更加保守的估计来看待董事会对市场做出的预期;对于各种可利用资源而言,总经理会从确保预算目标完成的角度来估量其所需要的各种资源;对于预算行为的后果而言,总经理会非常在意因预算目标完不成而给个人带来的负面效应。因此,站在总经理角度上确定的预算目标,将不可避免地带有相对保守的色彩。也就是说,出于确保完成全面预算目标的考虑,总经理在预算目标上的行为期望是:在充分占有各种资源的条件下,承担预期不要太高的预算目标,以确保各项预算能够有百分之百的把握完成。"收入打紧、支出打足、留有余地、回旋自如"是对总经理预算行为的恰当概括。其实,总经理的预算行为与公司预算的约束力直接相关。如果公司预算约束力较强,则总经理会在预算目标确定之前夸大费用预算、紧缩收入及利润预算,"留有余地"心理动机将非常强烈;反之,如果预算约束力较弱,则总经理在确定预算目标时就不会过于保守,因为其还有机会在事中或事后通过各种方法调整对自身可能产生的不利影响。

就大多数公司而言,总经理往往是董事会成员,甚至主导全面预算的编制。因此,客观、恰当地确定预算目标是十分重要的。

(四)其他利益相关者对预算目标的影响

除股东、董事会和总经理外,公司的监事会、债权人和员工也会对预算目标的确定产生一定影响。例如,监事会一般由股东代表组成,必然期望确定的预算目标积极可靠,公司在预算年度有一个良好的经济效益;债权人出于规避财务风险的考虑,必然期望债务人确定的预算目标能使资产负债率、流动比率、速动比率、现金比率等偿债能力指标保持一个良好的状态;广大员工的期望则是在预算期内能够拿到更多的工资、享受更高的福利待遇,等等。这些利益团体在预算目标的确定中虽然不起主导作用,但是,董事会在进行决策时也必须考虑其呼声和利益,使确定的预算目标不仅具有代表性,而且具有广泛的群众基础。

二、产品生命周期对预算目标的影响

产品生命周期是指产品从完成试制,投放到市场,直到最后被淘汰退出市场为止的全部过程。企业产品处于不同的发展阶段,必然采取不同的营销策略,而不同的营销策略对于预算目标的确定有着重要的导向作用。预算作为企业营销策略的行动计划,其预算目标必须确保公司营销策略的实现,并通过编制预算来不断完善和修正公司营销策略。

(一)市场导入期营销策略对预算目标的影响

市场导入期的特点是:产品进入市场试销尚未被用户接受,销售额增长缓慢;生产批量小,试制费用多,制造成本高;产品广告费及其他营销费用支出较高;企业利润往往是负值。在市场导入期,企业的营销策略通常可采用以下四种方法:

一是高定价高促销策略。高定价是为了在单位产品销售额中获取最大的利润;高促销费用是为了引起目标市场的注意,加快市场渗透,尽快收回新产品开发的投资。

二是高定价低促销策略。较高的价格和较低的促销费用结合可以使企业获得更多的利润。

三是低定价高促销策略。目的在于先发制人,以最快的速度打入市场。该策略可以给企业带来较快的市场渗透率和较高的市场占有率。

四是低定价低促销策略。低定价是为了促使市场迅速接受新产品;低促销费用则可以实现更多的利润。

与市场导入期的营销策略相适应,企业预算目标的重点必然是将企业的人力、物力、财力资源集中用于开发产品市场,而利润目标则不是本时期的预算重点。

(二) 市场成长期营销策略对预算目标的影响

市场成长期的特点是:消费者对新产品已经熟悉,产品销售量增长很快;产品已定型,技术工艺比较成熟;建立了比较理想的营销网络和销售渠道;市场价格趋于平缓,促销费用基本稳定;单位生产成本迅速下降,企业利润迅速上升。市场成长期,企业营销策略的核心是尽可能地延长产品的成长期,营销重点通常放在保持良好的产品质量和售后服务质量上。

与市场成长期的营销策略相适应,企业预算目标的核心是以销售为中心搞好产品的供产销总量平衡。其中,利润目标成为本时期的预算重点。

(三) 市场成熟期营销策略对预算目标的影响

市场成熟期的特点是:市场需求趋向饱和状态,产品销售量达到最高点;同类产品进入市场,市场完全被开发,企业的市场占有率呈巅峰状态;市场价格趋于下降,促销费用基本稳定;生产技术成熟,生产批量大,成本低,利润达到最高点;成熟后期,更新的产品陆续出现,销售增长趋缓甚至出现负增长。

在市场成熟期,企业营销策略的基本原则是防守已有的市场占有率,稳住现有的市场地位,同时尽力寻求有利的增长点;营销策略的核心是稳定市场份额,延长产品市场寿命。

与市场成熟期的营销策略相适应,企业预算目标的核心是努力降低成本费用,提高产品盈利空间;预算目标也必然是采取一切措施挖掘内部潜力,提高经济效益,成本目标和利润目标都是本时期的预算重点。

(四) 市场衰退期营销策略对预算目标的影响

市场衰退期的特点是:市场需求和产品销量迅速下降,价格已下降到最低水平;多数企业无利可图,被迫退出该产品市场;老产品逐步被市场淘汰或被新的产品取代,产品已无利可图。

在市场衰退期,企业营销策略的重点是有计划、有步骤地转产新产品。在向市场推出新产品的同时,尽量减少由于老产品退出市场而带来的损失。

与市场衰退期的营销策略相适应,企业预算目标的重点必然是加大力度清欠应收货款、盘活积压物资,确保现金收支平衡。其中,应收账款回收率和现金流量指标成为本时期的预算重点。

需要说明的是,现代企业已经呈现经营多元化的特征,一个质地优良的成长型企业在整体上并没有特别明显的产品生命周期。原因是,企业每年都会有新产品投入市场,也会有老产品不断退出市场,企业的基建、技改、新产品开发也在年复一年的不断进行。因此,企业产品生命周期及营销策略对预算目标的影响是综合的、交叉的,必须因企、因事制宜,切不可以偏概全。

三、其他相关因素对预算目标的影响

预算目标的确定除了公司治理结构、产品生命周期、营销策略的影响外,还要综合考虑企业内外其他因素的影响和要求。

(一) 企业内部不同层级对预算目标的影响

企业内部层级不同,其责、权、利有着很大的不同,承担的预算目标也有明显的差异。例如,一个集团化企业可以划分为三个主要层次,每个层次的预算目标各不相同。

(1) 集团层。集团层是公司的最高决策层,它主要负责制定整个企业的战略决策,确定公司的经营目标,合理配置企业内部的人财物资源等。因此,集团层所确定的预算目标具有宏观性、全局性的特征。

(2) 分(子)公司层。这个层级主要负责公司有关领域的经营活动,是落实公司战略决策、实现公司经营目标的主体。针对分(子)公司、事业部层次确定的预算目标具有具体、明确的特征。

(3) 部门及作业层。这个层级主要由销售、采购及工厂、车间等作业中心组成,其主要职能是负责公司具体的供、产、销等经营活动。针对部门及作业层次确定的预算目标具有局部、详细的特征。

(二) 市场因素对预算目标的影响

国内外市场环境变化、国家产业政策变动、竞争对手状况以及产品客户的变化,都会给企业预算目标的确定带来重要的影响。例如,有许多制造企业为了减少资金占用,采取了所谓"零库存"的存货政策。规定供应商送到制造企业的外协配套件,在未耗用之前一律不办理入库手续,产权不做转移,月末根据耗用外协件的实际数量,再决定供应商的开票入库数量。显然,这种所谓"零库存"的霸王条款,对供应商是极其不利的。但市场经济的规律是不可抗拒的,在产品供大于求的大环境下,供应商对客户的"零库存"政策,也只有认真执行的份。而且,作为供应商的企业必须针对产品客户的"零库存"政策,加大存货预算,并增加产品外存(即产品已发运到客户仓库,但产权尚未转移的产品)这项预算指标。

第三节 预算指标体系

一、什么是预算指标体系

预算指标体系是由若干个相互联系、相互补充的预算指标所组成的集合体。

预算指标是全面预算的载体,但是由于单个预算指标只能反映预算对象某一个方面的特征,所以,如果要反映预算对象的各个方面以及发展变化的整个过程,就要设计和运用相互联系、相互补充的一系列预算指标。这些预算指标可以按照不同标准分为实物指标与价值指标、绝对指标与相对指标、财务指标与非财务指标、数量指标与质量指标、单

项指标与综合指标等。其中,将预算指标分为财务指标与非财务指标两大类是最常用的分类方法。

财务指标是传达财务信息,说明资金活动,反映企业生产经营过程和成果的经济指标,它反映的对象是企业的资源状况与资源运营效果,涵盖了企业经营活动、投资活动和财务活动,能够揭示企业的盈利、规模增长与风险水平,是预算指标体系的主体。

非财务指标主要是用非货币单位反映的指标,它一般不存在固定的参数和模型,也没有一套普遍适用的指标体系。企业可以根据不同部门、不同环节、不同业务特征以及不同管理重点,设计适合本企业的非财务指标作为财务指标的有益补充。

二、建立预算指标体系的要求

全面预算是企业实施战略规划、实现经营目标的具体行动计划,是从事及控制企业生产经营活动的依据,是考核、评价企业及各预算执行部门经营绩效的标准。因此,建立预算指标体系应满足以下四个方面的要求。

(一)预算指标体系要满足企业实施战略规划、实现经营目标的要求,即企业的战略规划、经营目标都要在预算指标体系中得到反映和体现

企业要按照"财务指标为主体、非财务指标为补充"的原则设计预算指标体系。从财务指标上考虑,企业的产能、销售和利润三类指标是经营目标最重要的内容。其中,产能包括企业的产品品种、产量、产值等指标,它反映了企业的生产规模和实力;销售包括企业的产品销售数量、销售收入等指标,它反映了企业的经营规模和在市场上的地位;利润包括企业的利润总额、税后净利润、息税前利润等项指标,它反映了企业的盈利水平和效益规模。除了绝对额指标外,企业还需要用一些财务比率指标来综合反映企业战略规划和经营目标,如销售增长率、销售利润率、净资产收益率、总资产报酬率、投资报酬率等比率指标。

从非财务指标上考虑,市场占有率、行业排名、企业创新能力、新产品开发能力、客户满意度等指标可以衡量企业的经营水平和满足客户需要的能力,综合反映企业的战略规划和经营目标。

(二)预算指标体系要满足企业从事与控制各环节经济活动的要求,即企业经营活动、投资活动、财务活动的各个环节、各个方面都要纳入预算指标体系

从宏观上看,企业经营活动是由供应、生产、销售、投资、筹资等一系列生产经营活动组成的有机整体,是企业业务流、资金流、信息流、人力资源流的高度集中和统一。因此,预算指标体系必须能够全面反映企业的各个环节、各个方面的经营活动内容,以便指导和控制企业的各项经营活动。其中,销售环节主要包括销售额、销售量、市场份额、现金收入、货款回收率等指标;生产环节主要包括产量、质量、品种、成本、安全等指标;供应环节主要包括采购成本、采购价格、现金支出等指标;投资环节主要包括投资报酬率、资金到位率、工程合格品率、工程费用增减率、财务内部收益率等指标;筹资环节主要包括资产负债率、各类资金构成率、借入资金总额等指标。

(三)预算指标体系要满足考核、评价企业及各预算执行部门经营绩效的需要,即预算指标体系必须与绩效评价指标协调一致

绩效评价是运用科学、规范的评价方法,对企业预算期内的资产运营、财务效益等经

营成果进行定量及定性对比分析,从而对企业及各预算执行部门的经营绩效做出真实、客观、公正的综合评价。2002年2月,财政部、经贸委、中央企工委、劳动和社会保障部、计委联合颁布了《企业绩效评价操作细则》,建立了以资本运营效益为核心,多层次、多因素的国有企业绩效评价指标体系。

五部委颁布的企业绩效评价指标体系由基本指标、修正指标、评议指标三个层次共二十八项指标构成:基本指标由八项定量指标构成,反映绩效评价内容的基本情况,可以形成企业绩效评价的初步结论;修正指标由十二项定量指标构成,是依据企业有关实际情况对基本指标评价结果进行逐一修正,以此形成企业绩效评价的基本定量分析结论;评议指标由八项定性指标构成,是对影响企业经营绩效的非定量因素进行判断,以此形成企业绩效评价的定性分析结论。

(1) 基本指标体系:包括反映企业财务效益状况的净资产收益率、总资产报酬率两项指标;反映企业资产营运状况的总资产周转率、流动资产周转率两项指标;反映企业偿债能力状况的资产负债率、已获利息倍数两项指标和反映企业发展能力状况的销售(营业)增长率、资本积累率两项指标。

(2) 修正指标体系:包括反映财务效益状况的资本保值增值率、主营业务利润率、盈余现金保障倍数、成本费用利润率四项指标;反映企业资产营运状况的存货周转率、应收账款周转率、不良资产比率三项指标;反映企业偿债能力状况的现金流动负债比率、速动比率两项指标和反映企业发展能力状况的三年资本平均增长率、三年销售平均增长率、技术投入比率三项指标。

(3) 评议指标体系:包括经营者基本素质、产品市场占有能力(服务满意度)、基础管理水平、发展创新能力、经营发展战略、在岗员工素质、技术装备更新水平和综合社会贡献八项定性指标。

企业应参照五部委的上述规定,结合企业预算管理的实际情况,科学设计反映企业内部各预算执行部门工作绩效的评价指标体系。

(四)预算指标体系要满足企业各个层级、各个预算执行部门履行职责、行使权力的需要,即要针对企业各个部门的性质与特点,设计各有侧重的预算指标体系

由于企业各个层级、各个预算执行部门在工作性质、权责范围及业务活动特点上各不相同,承担的经济活动和工作任务也各不相同,因此,企业必须针对不同的层级和预算执行部门设计不同的、各有侧重的预算指标体系,使预算指标体系与成本中心、利润中心和投资中心的权责相适应,体现各责任中心所从事的经济活动与工作内容。

三、成本中心的预算指标

成本中心具有只对成本费用承担责任,不对收入、利润承担责任的特点。其中,标准成本中心的主要职责是在保质、保量完成产品生产任务的前提下,控制成本费用的支出;费用中心的主要职责是在确保完成各项职能管理活动的前提下,按照预算指标控制各项费用的发生。由于各成本中心的职责不同,其承担的预算指标也不尽相同。下面,列举企业主要成本中心所承担的预算指标。

(一)生产部门

生产部门是企业负责产品制造的职能部门,产品由生产部门制造,产品的成本费用

也由生产部门发生。其承担的主要预算指标如下：

（1）产品产量。按照预算生产规定数量的产品是生产部门的主要职责，因此，产品产量预算是生产部门承担的主要预算指标。计算公式为：

$$产品产量 = 预算期内验收入库的产品产量$$

（2）产品责任成本。按照预算规定控制产品制造成本也是生产部门的主要职责，因此，产品制造成本预算也是生产部门承担的主要预算指标。由于生产部门没有采购权，材料价格对于生产部门而言属于不可控成本，因此，生产部门产品生产所耗用的材料一般使用计划价格结算，所计算出的产品制造成本也称作"产品责任成本"。计算公式为：

$$产品责任成本 = 直接材料成本 + 直接人工成本 + 制造费用$$

（3）制造费用。制造费用是企业为生产产品和提供劳务而发生的各项间接费用，包括生产部门为组织和管理生产活动所发生的一切费用。按照预算规定控制制造费用也是生产部门的重要职责，因此，制造费用预算也是生产部门承担的主要预算指标之一。计算公式为：

$$制造费用 = 工资及福利费 + 折旧费 + 修理费 + 办公费 + 机物料消耗 +$$
$$劳动保护费 + 其他制造费用$$

（4）产品合格率。产品合格率是指在产品质量检测中，合格产品数量占产品生产总数量的百分比。按照预算规定提高产品合格率是生产部门的重要职责，因此，产品合格率预算是生产部门承担的主要预算指标之一。计算公式为：

$$产品合格率 = 合格产品数量 \div 产品生产总数量 \times 100\%$$

（5）在产品成本。在产品成本是指正在生产部门进行加工的未完工产品成本，包括正在车间返修的产品成本，以及虽已完成了生产过程，但尚未送验入库的产品成本。按照预算规定标准控制在产品成本数额是生产部门的重要职责，因此，在产品成本预算是生产部门承担的主要预算指标之一。计算公式为：

$$在产品成本 = 未完工产品成本 + 正在返修的产品成本 + 尚未送验入库的产品成本$$

（二）采购部门

采购部门是负责企业物资采购、供应的职能部门，企业的采购成本、生产经营活动的现金支出大部分发生于采购部门。其承担的主要预算指标如下。

（1）主要材料采购量。按照预算规定的采购数量购买材料是保证生产正常进行的前提条件，是采购部门的主要职责，因此，主要材料采购量预算是采购部门承担的主要预算指标。计算公式为：

$$主要材料采购量 = \sum（期末主要材料库存量 + 本期主要材料耗用量 -$$
$$期初主要材料库存量）$$

（2）采购成本。采购成本是企业采购材料物资的成本，包括购买价款、运输费、装卸费、保险费等可归属于采购成本的费用。控制采购成本对于企业的经营业绩至关重要，采购成本下降不仅体现在现金流出的减少上，而且直接体现在产品制造成本的下降、利润的增加，以及企业竞争力的增强上。因此，按照预算规定标准的控制采购成本是采购部门的主要职责，因此，采购成本预算是采购部门承担的主要预算指标。计算公式为：

$$采购成本 = 购买价款 + 运输费 + 装卸费 + 保险费 + 合理路耗 + 其他采购费用$$

(3) 应付账款期末余额。应付账款期末余额反映了企业在期末尚未支付的应付账款余额,这个指标与应收账款期末余额相对应。按照预算规定标准的控制应付账款期末余额是采购部门的重要职责,因此,应付账款期末余额是采购部门承担的主要预算指标。计算公式为:

$$应付账款期末余额 = 应付账款期初余额 + 本期应付账款增加额 - 本期应付账款减少额$$

(三) 人力资源部门

人力资源部门是企业人力资源组织、调配和管理的职能部门,主要负责企业人力资源规划、员工招聘、绩效考评、薪酬管理、员工激励、人才培训和开发等工作。企业的人工成本(工资及福利)尽管发生于企业的各个部门,但人力资源部门具有规划、管理和控制职能,即与员工有关的支出一般由人力资源部负责管控。其承担的主要预算指标如下。

(1) 员工人数。劳动者和生产资料是物质资料生产的最基本要素。在技术装备水平基本相同的企业,员工数量的多少一般与企业的规模及人工总成本成正比。因此,员工数量是企业重要的预算指标。按照预算规定的员工数量及结构调配、聘任、解聘、管理员工人数是人力资源部门的重要职责。因此,员工人数是人力资源部门承担的主要预算指标。计算公式为:

$$员工人数 = 基本生产工人 + 辅助生产工人 + 工程技术人员 + 营销人员 + 各类管理人员 + 其他人员$$

(2) 工资总额。工资总额是指企业在一定时期内支付给全部员工的劳动报酬总额,主要包括计时工资、计件工资、奖金、津贴及补贴、加班工资和其他工资。根据企业发展战略制定薪酬体系,建立激励和约束相结合、符合市场要求和企业实际的工资分配制度是人力资源部门的重要职责。因此,工资总额预算是人力资源部门承担的主要预算指标。计算公式为:

$$工资总额 = \sum (计时工资 + 计件工资 + 奖金 + 津贴及补贴 + 加班工资 + 其他工资)$$

(3) 职工福利费。职工福利费是指企业为职工提供的除职工工资、奖金、津贴、纳入工资总额管理的补贴、职工教育经费、社会保险费和补充养老保险费(年金)、补充医疗保险费及住房公积金以外的福利待遇支出。[①]

职工福利费预算指标一般由人力资源部门负责拟订。计算公式为:

$$职工福利费 = 集体福利设施费用 + 职工住房补贴及困难补助 + 职工困难补助 + 其他福利支出$$

(4) 员工保险费。员工保险费是指企业根据国家规定为员工个人支付的各种社会保险费。员工保险费预算指标由人力资源部门负责。计算公式为:

$$员工保险费 = \sum (医疗保险 + 基本养老保险 + 失业保险 + 工伤保险 + 生育保险 + 员工各种商业保险)$$

(5) 住房公积金。住房公积金是指企业按照国务院《住房公积金管理条例》规定的

---

① 职工福利费的定义出自财政部"财企[2009]242号"文件《关于企业加强职工福利费财务管理的通知》。

基准和比例计算,向住房公积金中心为个人缴存的住房公积金。住房公积金预算指标由人力资源部门负责。计算公式为:

$$住房公积金 = \sum(企业负担部分 + 员工个人负担部分)$$

(6) 职工教育经费。职工教育经费是指企业用于员工的教育培训费用,企业实际发生的职工教育经费支出在职工工资总额2.5%以内的,税务部门准予在所得税前据实扣除。职工教育经费预算指标由人力资源部门负责。计算公式为:

$$职工教育经费 = 员工岗位培训 + 专业人员继续教育 + 职业资格认证 + 有关职工教育的其他支出$$

(7) 劳动生产率。劳动生产率是指企业员工在一定时期内创造的劳动成果与相应劳动消耗之间的比率。它是考核企业经济活动的重要指标,是企业生产技术水平、经营管理水平、员工技术熟练程度和劳动积极性的综合表现。劳动生产率预算指标主要由人力资源部门负责。计算公式为:

$$劳动生产率 = 工业增加值 \div 员工平均人数$$

工业增加值是工业企业在预算期内以货币形式表现的生产活动的最终成果,是工业企业生产过程中新增加的价值。计算公式为:

$$工业增加值 = 工业总产值 - 工业中间投入 + 本期应交增值税$$

(四) 财务部门

财务部门是负责企业财务管理和会计核算的职能部门。从宏观上看,财务部门作为企业的综合管理部门,对有关财务类预算目标的完成具有十分重要的作用;从微观上看,它主要承担着资金筹措、税金管理、会计核算、成本控制等项职责。其承担的主要预算指标如下。

(1) 资金筹措。资金筹措是指企业通过各种渠道和采用不同方式及时、适量地筹集生产经营和投资必需资金的行为。筹措资金满足企业经营活动、投资活动和财务活动的资金需要是财务部门的重要职责,因此,资金筹措预算是财务部门负责的主要预算指标。计算公式为:

$$资金净增加额 = 资金增加额 - 资金减少额$$
$$资金增加额 = 内部资金筹措 + 外部资金筹措$$

内部资金筹措是指动用企业积累的财力;外部资金筹措是指向企业外的经济主体筹措资金,主要有向金融机构筹措资金、向非金融机构筹措资金、在金融市场上发行有价证券等渠道。

(2) 财务费用。财务费用是指企业为筹集生产经营活动所需资金而发生的各项费用。财务费用预算是由财务部门负责的主要预算指标。计算公式为:

$$财务费用 = 利息净支出 + 汇兑净损失 + 调汇手续费 + 银行手续费 + 其他财务费用$$

(3) 应缴税金。应缴税金是指企业一定时期内应缴纳的各项税金,是财务部门负责的预算指标。计算公式为:

$$应缴税金 = 增值税 + 消费税 + 营业税 + 所得税 + 资源税 + 城市维护建设税 + 房产税 + 车船使用税等$$

(4) 现金流量。现金流量是指企业在一定时期内现金及现金等价物的流入、流出数量。现金流量预算是由财务部门负责的主要预算指标。计算公式为：

现金净流量 = 经营活动现金净流量 + 投资活动现金净流量 + 筹资活动现金净流量

（5）现金收付。现金收付是指企业在一定时期内现金收入、现金支出、资金的筹集和运用的数额。现金收付预算是由财务部门负责的主要预算指标。计算公式为：

现金收入 = 期初现金余额 + 销货现金收入 + 其他现金收入

现金支出 = 原材料款 + 支付工资 + 支付制造费用 + 支付期间费用
+ 上缴税金 + 购置设备 + 其他支付项

（6）资产负债率。资产负债率是企业负债总额与资产总额的比率，反映企业资产对债权人权益的保障程度。资产负债率是表明企业偿债能力强弱的重要指标，由财务部门负责。计算公式为：

资产负债率 = （负债总额 ÷ 资产总额）× 100%

（五）物资管理部门

物资管理部门是负责企业仓储管理的职能部门。在保障企业生产经营活动正常进行的前提下，压缩和控制储备资金和产成品资金占用是物资管理部门的重要职责。其承担的主要预算指标如下。

（1）储备资金。储备资金是指企业生产过程供应阶段的资金占用，其实物形态表现为各种库存材料物资和备品备件。储备资金预算是物资管理部门负责的主要预算指标。计算公式为：

储备资金期末余额 = $\sum$（储备资金期初余额 + 本期储备资金增加
− 本期储备资金减少）

（2）产成品资金。产成品资金是指产成品制成入库开始，直到销售出去为止，在这个过程中所占用的资金。其实物形态表现为各种库存产成品。产成品资金预算是物资管理部门负责的主要预算指标。计算公式为：

产成品资金期末余额 = $\sum$（产成品资金期初余额 + 本期产成品资金增加
− 本期产成品资金减少）

（3）存货周转率。存货周转率是企业一定时期内主营业务成本与存货平均资金占用额的比率。用于反映存货的周转速度，即存货的流动性及存货资金占用量是否合理，是企业营运能力分析的重要指标之一。存货周转率是物资管理部门负责的预算指标。计算公式为：

存货周转率（次）= 销售（营业）成本 ÷ 平均存货余额

平均存货余额 = （期初存货 + 期末存货）÷ 2

存货周转天数 = 计算期天数 ÷ 存货周转率
= 计算期天数 × 平均存货余额 ÷ 销货成本

（六）研发部门

研发部门是负责企业新产品开发及科研的职能部门，负责拟订企业研发费用预算。研发费用支出是指企业为研究开发新产品、新技术、新工艺所发生的各项费用支出，包括新产品设计费、工艺规程制定费、原材料和半成品试验费、技术图书资料费、中间试验费、研究人员工资等。研发费用预算是新产品研发部门负责的主要预算指标。计算公式为：

$$研发费用 = \sum（新产品设计费 + 工艺规程制定费 + 试验费 + 技术图书资料费 + 研究人员工资等）$$

（七）所有职能管理部门

企业所有职能管理部门承担的主要预算指标可分为两部分：一是各管理部门通用的管理费用预算和现金支出预算；二是职能管理部门定向负责的预算。例如，质量管理部门负责质量预算指标；设备部门负责设备购置和维修预算指标；安全环保部门负责安全及环保预算指标；等等。其中，管理费用是指企业职能管理部门为组织和管理生产经营活动而发生的各项费用；现金支出是指企业从事各项生产经营活动需要付出的资金。管理费用和现金支出预算指标的计算公式为：

$$管理费用 = 管理人员工资 + 职工福利费 + 差旅费 + 办公费 + 董事会会费 + 折旧费 + 业务招待费 + \cdots$$

$$现金支出 = 采购业务付款 + 工资付款 + 各种费用付款 + 其他付款$$

四、利润中心的预算指标

利润中心不拥有投资决策权，但具有既要对收入负责，又要对成本和费用负责的特点。凡是拥有产品或劳务生产经营决策权，能通过生产经营决策对盈利施加影响的单位，如分公司、分厂、营销部门等都可以设定为利润中心。由于利润中心本身也是成本中心，因此，成本中心负责的预算指标必然也是利润中心负责的预算指标。除此之外，利润中心还要承担一些成本中心不能承担的收入、利润等预算指标。

由于自然利润中心能够通过对外开展业务形成销售收入和利润，而人为利润中心则只能通过内部转移价格结算形成销售收入和利润。因此，自然利润中心承担的收入和利润预算指标与人为利润中心承担的收入和利润预算指标有着本质的区别。利润中心另外承担的主要预算指标如下。

（1）主营业务收入。主营业务收入是指企业确认的销售商品、提供劳务等主营业务的收入。如制造企业销售产品、半成品和提供工业性劳务作业的收入；商品流通企业销售商品的收入；旅游服务企业的门票收入、客户收入、餐饮收入等。主营业务收入预算是利润中心负责的主要预算指标。制造企业主营业务收入的计算公式为：

$$主营业务收入 = \sum（产品销售数量 \times 不含税销售单价）$$

人为利润中心的主营业务收入是企业内部销售收入；产品销售数量为入库产品数量；不含税销售单价为企业内部结算价格。

（2）主营业务成本。主营业务成本是指企业确认销售商品、提供劳务等主营业务收入时应结转的成本，是企业为了取得主营业务收入而付出的代价。主营业务成本预算是利润中心负责的主要预算指标。制造企业的主营业务成本是产品销售数量与单位产品成本的乘积，单位产品成本在具体计算上有加权平均法、先进先出法、移动平均法等。其中采用加权平均法的计算公式为：

$$主营业务成本 = \sum（产品销售数量 \times 单位产品加权平均成本）$$

$$单位产品加权平均成本 = \frac{(期初产品库存总成本 + 本期产品入库总成本)}{(期初产品库存数量 + 本期产品入库数量)}$$

人为利润中心的主营业务成本是与企业内部销售收入相配比的当期入库产品制造总成本;产品销售数量为入库产品数量;单位产品加权平均成本为当期入库单位产品制造成本。

(3) 销售费用。销售费用是指企业销售商品和材料、提供劳务的过程中发生的各种费用。销售费用预算是利润中心负责的主要预算指标。计算公式为:

$$销售费用 = 保险费 + 包装费 + 展览费 + 广告费 + 商品维修费 + 运输费 + 业务费 + 专设的销售机构费用 + \cdots$$

(4) 利润总额。利润总额是指企业在一定时期内进行生产经营活动所取得的财务成果,是扣除上缴所得税前的盈利。利润总额预算指标是利润中心负责的主要预算指标。计算公式为:

$$利润总额 = 营业利润 + 营业外收入 - 营业外支出$$
$$营业利润 = 营业收入 - 营业成本 - 税金及附加 - 期间费用 - 资产减值损失 + 投资收益$$

人为利润中心的利润总额是内部利润,等于内部销售收入减去内部销售成本的差额。

通常,在一个投资中心下面往往包含若干个利润中心,各个利润中心的收入和成本支出只包括在各自利润中心范围内发生的收入和支出。因此,各个利润中心的利润目标实际上是企业内部利润。企业各个利润中心的利润合计,减去企业的共同成本费用后,才是通常意义上的利润总额。

五、投资中心的预算指标

投资中心是既对收入、成本和利润负责,又对投资效果负责,具有投资决策权,能独立承担经济和法律责任。在母子公司体制中,母公司和子公司都可以定位为投资中心。投资中心处于预算责任体系的最高层次,囊括了利润中心和成本中心的所有职能,因此,利润中心和成本中心负责的主营业务收入、利润总额、产品制造成本、三项期间费用以及产量、质量、安全等预算指标自然也是投资中心负责的预算指标。除此之外,投资中心的预算指标还要能够体现利润与投资额之间的关系,体现投资活动的过程和效果。具体说来,投资中心另外承担的主要预算指标如下。

(1) 总资产报酬率。总资产报酬率又称资产所得率,是指企业一定时期内获得的报酬总额与资产平均总额的比率。它表示企业包括净资产和负债在内的全部资产的总体获利能力,用以评价企业运用全部资产的总体获利能力,是评价企业资产运营效益的重要指标。总资产报酬率预算指标是投资中心负责的主要预算指标。计算公式为:

$$总资产报酬率 = 息税前利润 \div 平均资产总额 \times 100\%$$

其中,息税前利润是指企业在扣除借款利息前的利润总额,通俗地说就是不扣除利息也不扣除所得税的利润,也就是在不考虑利息支出的情况下上缴所得税前的利润,也可以称为息前税前利润;平均资产总额是指企业资产总额年初数与年末数的平均值。

(2) 净资产收益率。净资产收益率又称净值报酬率或权益报酬率,是指企业一定时期内净利润与股东权益的比率。净资产收益率反映股东权益的收益水平,用以衡量企业

运用自有资本的效率。指标值越高,说明投资带来的收益越高。总资产报酬率预算指标是投资中心负责的主要预算指标。计算公式为:

$$净资产收益率 = 净利润 \div 平均净资产 \times 100\%$$

(3)基本建设投资。基本建设投资是指企业在一定时期内以扩大生产能力为主要目的,进行新建、扩建等工程而实现固定资产建造和购置投资。基本建设投资额主要包括建筑工程费、设备购置费、安装工程费、其他费用、预备费用和建设期的借款利息;基本建设投资的资金来源有自筹资金、吸收直接投资、发行股票、发行债券、银行借款、租赁筹资等多种渠道。基本建设投资预算是基建技改部门负责的主要预算指标。计算公式为:

$$基本建设投资 = 建筑工程费 + 设备购置费 + 安装工程费$$
$$+ 其他费用 + 预备费用 + 建设期的借款利息 + \cdots$$
$$基本建设项目筹资 = 自筹资金 + 吸收直接投资 + 发行股票 + 发行债券$$
$$+ 银行借款 + 租赁筹资 + \cdots$$

(4)更新改造投资。更新改造投资是指企业在一定时期内对原有固定资产设施进行的更新和技术改造,以及相应配套工程的投资。更新改造投资与基本建设投资的区别在于基本建设投资是纯粹的外延扩大再生产,属于建设新企业、建造新装置、购买新设备;更新改造投资是内涵扩大再生产,属于对原有设备进行更新和技术改造。更新改造投资预算是基建技改部门负责的主要预算指标。由于更新改造投资与基本建设投资的投资构成和资金来源基本相同,因此,计算公式也基本相同。

$$更新改造投资 = 建筑工程费 + 设备购置费 + 设备改造费$$
$$+ 安装工程费 + 其他费用$$
$$更新改造项目筹资 = 自筹资金 + 吸收直接投资 + 发行股票 + 发行债券$$
$$+ 银行借款 + 租赁筹资 + \cdots$$

第四节 预算目标的确定方法

编制全面预算首先要确定预算总目标,然后对预算总目标进行综合分析、层层分解,落实到各基层预算单位。

一、预算目标的起点

确定预算目标要以企业战略规划和经营目标为导向,并通过测算、确定预算目标的过程来反过来完善和修正企业经营目标。现代企业是以盈利为目的的经济组织,投资者投资、创办企业的初衷和归宿都是为了获利。因此,利润目标必然是企业经营目标的主要内容。而其他目标,如销量目标、销售收入目标、产量目标、成本控制目标、费用控制目标、质量目标等都是为利润目标服务的。其中,与利润目标直接相关的是收入、成本(含费用)两项目标。收入目标、成本目标、利润目标三者之间是相互依存、互为条件的关系,其中任何一项目标都要受其他两项目标的制约。也就是说,尽管利润目标是企业确定预算目标的最终归宿,但必须以收入目标、成本目标、利润目标三者之间的相互衔接、相互

平衡为前提。在实务操作中,企业首先要解决以哪项指标作为预算目标的起点问题,也就是如何理解和使用下列公式的问题:

$$收入目标 - 成本目标 = 利润目标$$

(一) 以成本目标为起点

在计划经济条件下或市场经济条件下的某些垄断性行业,由于卖方市场的缘故,企业编制预算的起点是产品产量,成本目标也就自然而然地成为预算目标的起点指标,然后"以产定销"测算收入目标,最后收入减成本等于利润目标。当然,计划经济条件下的企业与市场经济条件下的企业在运营环境、经营方式、经营目的等方面是有着本质区别的。

(二) 以收入目标为起点

在市场经济条件下,企业大都承受着越来越大的市场竞争压力。改革开放以来,我国企业的生产能力迅速提高,而社会消费水平相对滞后,市场出现了供过于求的局面。因此,在买方市场的环境下,企业一般都会选择以销售数量为预算编制的起点,收入目标也就理所当然地成了预算目标的起点指标,然后"以销定产"测算出成本目标,最后收入减成本等于利润目标。

(三) 以利润目标为起点

随着我国现代企业制度的不断完善,特别是越来越多的规范化上市公司的诞生,企业所有权与经营权的分离已成为公司制企业的主流。与此相适应,先确定利润目标,再测算收入目标,最后收入减利润倒推出成本目标的方法已经被越来越多的企业采用。此外,对于上市公司来说,所有者与经营者是通过证券市场连接起来的,如果证券市场是投资者而不是投机者占主导地位,投资报酬率及其引发的股价变化必定为所有者或投资者所关注。从而,所有者必定对公司的投资报酬率产生预期要求;作为经营者,其经营目标和预算的编制必须反映所有者的这种预期或要求,并力求在实际经营过程中予以实现。目前,我国上市公司的实际运作尚不规范,如果公司董事会能够真正代表股东,而股东的投资又是为了赚取红利,那么,按《中华人民共和国公司法》规范运作的上市公司,就不可能不以利润目标作为确定预算目标的起点目标。

总之,企业不管采用何种顺序确定预算目标,最终的归宿都是为了确定一个科学、合理、客观、可行的利润目标。

二、利润目标的确定方法

利润是一个非常重要的综合性指标,企业生产经营活动的好坏、管理水平的高低,最终都会从利润指标上反映出来。因此,企业在确定利润目标时,必须全面考虑企业内外各种因素对利润指标的影响,以保证利润目标的恰当性。如果企业以利润目标作为确定预算目标的起点,那么,确定利润目标的关键就在于如何确定一个所有者和经营者都能接受的投资报酬率。在实务操作上,可采取两种不同的确定顺序:一种是首先参照国内外同行业的平均水平、依据公司近几年的投资报酬率情况,分析预算年度的内外环境变化因素,经董事会与经理层协商后决定一个合适的投资报酬率,然后用投资报酬率乘以企业的总资本求得利润目标;另一种是首先预测利润目标,然后用利润目标除以企业的总资本求得投资报酬率。当然,不论采取何种顺序,投资报酬率和利润目标都要经过反复测算、平衡后才能最终确定下来。

下面是几种确定利润目标的具体方法。

(一) 利润比率法

所谓利润比率法,就是根据有关利润率指标来测算预算期利润目标的一种方法。采用利润比率法确定利润目标的步骤如下。

首先,确定利润比率标准。要在调查研究的基础上,了解、掌握企业利润率的历史最高水平以及国内同行业平均利润率水平,从中选择某项科学、合理的利润率作为预测基础。可供选择的利润率主要有资本利润率、销售利润率、产值利润率、成本利润率、资金利润率等比率。

其次,计算利润目标基数。用选定的利润率标准,乘以企业预期应达到的有关业务量及其他项目指标,便可测算出利润目标基数。

再次,确定利润目标修正值。利润目标修正值是对利润目标基数的调整额。一般可先将利润目标基数与按量本利关系测算的利润数额进行比较分析,并按量本利分析的原理分项测算为实现目标利润基数而应采取的各项措施,即分别计算各因素的期望值,分析其可能性。若期望值与可能性相差较大,则适当修改利润目标,并确定利润目标修正值。这个过程可反复多次,直至各项因素期望值均具有实现的可能性为止。

最后,确定利润目标。最终确定的利润目标应该为利润目标基数与修正值的代数和。它应反映预算期企业能够达到的生产经营能力、技术质量保证、资金物资供应、人员配备以及市场环境约束等条件。

下面分别列举根据销售利润率、成本利润率和资本利润率测算利润目标的方法。

1. 根据销售利润率测算利润目标

该方法是根据企业预定的销售利润率水平,结合预算期销售额来测算利润目标的一种方法。公式为:

$$产品销售利润 = 预计销售收入总额 \times 预定销售利润率$$

其中:

$$销售利润率 = (产品销售利润 \div 产品销售收入) \times 100\%$$

【例 5-1】 白云公司 2011 年产品销售额①为 4 000 万元,产品销售利润为 400 万元。根据公司自身条件和市场预测,2012 年产品销售额预计比 2011 年增长 25%,产品销售利润率提高 2 个百分点。

依据上述资料,根据产品销售利润率对 2012 年产品销售利润测算为:

预期产品销售收入 = 4 000 × (1 + 25%) = 5 000(万元)

预定销售利润率 = (400 ÷ 4 000) × 100% + 2% = 12%

预期产品销售利润 = 5 000 × 12% = 600(万元)

2. 根据成本利润率确定利润目标

该方法是根据企业预定的成本利润率水平,结合预算期销售成本额来测算利润目标的一种方法。公式为:

---

① 本书中凡是没有特别注明"含税"销售额、销售收入的,一律是指不含税销售额、销售收入。

产品销售利润 = 预计销售成本总额 × 预定成本利润率

其中：

成本利润率 = (产品销售利润 ÷ 产品销售成本) × 100%

【例 5-2】 高山公司 2011 年产品销售成本为 3 000 万元，实现产品销售利润为 300 万元。2012 年预计产品销售成本为 3 500 万元，销售成本利润率与 2011 年相同。

依据上述资料，根据销售成本利润率对 2012 年产品销售利润测算如下：

预定销售成本利润率 = 300 ÷ 3 000 × 100% = 10%

预期产品销售利润 = 3 500 × 10% = 350(万元)

3. 根据资本利润率确定利润目标

该方法是根据企业预定的资本利润率水平，结合预算期资本金总额来测算利润目标的一种方法。它以同行业的平均资本利润率为基础，结合本企业的资金成本、资产质量、获利能力等具体情况，来确定企业预算期的预定资本利润率；然后乘以资本金总额得出利润目标总额。计算公式为：

利润目标 = 资本金总额 × 预定资本利润率

其中：

资本金总额 = (期初资本金余额 + 期末资本金余额) ÷ 2

资本利润率 = (利润总额 ÷ 资本金总额) × 100%

【例 5-3】 绿洲公司 2011 年实现利润总额为 500 万元，年末资本金总额为 5 000 万元。董事会根据同行业资本利润率平均水平，结合公司本身的条件和市场预测，决定 2012 年按 12% 的资本利润率确定公司的利润目标，预计 2012 年年末资本金总额为 5 200 万元。

依据上述资料，根据资本利润率对 2012 年利润总额测算如下：

预期平均资本金总额 = (5 000 + 5 200) ÷ 2 = 5 100(万元)

预期利润总额 = 5 100 × 12% = 612(万元)

（二）量本利分析法

量本利分析法是在成本性态研究和盈亏平衡分析的基础上，利用销售量（额）、成本、利润三者之间的关系和相互影响确定预算期内利润目标的一种方法。运用量本利分析法应建立在对市场进行充分调查研究的基础上，首先对产品的销售量和销售额做出科学预测，然后分析企业的固定成本、变动成本等指标，最后确定利润目标。

需要指出的是，企业的利润总额是由营业利润、营业外收支等多项指标组成的。计算公式为：

利润总额 = 营业利润 + 营业外收入 − 营业外支出

其中：

营业利润 = 产品销售利润 + 其他业务利润 − 期间费用 − 资产减值损失
　　　　＋ 公允价值变动收益 + 投资收益

品销售利润 = 产品销售收入 − 产品销售成本
　　　　　 = 产品销售数量 × (销售单价 − 单位产品销售成本)
　　　　　 = 产品销售数量 × (销售单价 − 单位产品变动成本) − 固定成本总额

利润总额组成中的期间费用、投资收益、营业外收支、资产减值损失、公允价值变动收益与销售量、产品销售收入及产品销售成本没有必然的比例关系,需要根据企业的具体情况单独测算。因此,采用量本利分析法来确定的利润目标主要是产品销售利润。

根据企业产品品种的多寡,利润目标需要采用不同的公式进行测算。

1. 单一品种的利润测算

产品销售利润 = 产品销售数量 × (销售单价 - 单位产品变动成本) - 固定成本总额

【例5-4】 白云公司预计2012年生产销售A产品5 000吨,销售单价1万元/吨,单位产品变动成本8 000元/吨,固定成本总额400万元;预算期的其他业务利润20万元,期间费用150万元,营业外净支出10万元。

依据上述资料,采用量本利分析法对2012年利润目标测算如下:

产品销售利润 = 5 000 × (1 - 0.8) - 400 = 600(万元)

利润目标 = 600 + 20 - 150 - 10 = 460(万元)

2. 多品种的利润测算

产品销售利润 = 产品销售收入 × 综合边际贡献率 - 固定成本总额

其中:

综合边际贡献率 = $\sum$(某产品边际贡献率 × 该产品在销售总额中的比重)

产品边际贡献率 = (产品销售单价 - 单位产品变动成本) ÷ 产品销售单价

【例5-5】 碧海公司生产经营A、B、C三种产品。预计2012年三种产品的边际贡献率分别为30%、40%和20%,在产品销售总额中的比重分别为20%、30%和50%,公司产品销售收入总额2 000万元,固定成本总额200万元。

依据上述资料,采用量本利分析法对2012年产品销售利润测算如下:

综合边际贡献率 = 30% × 20% + 40% × 30% + 20% × 50% = 0.06 + 0.12 + 0.1 = 0.28

产品销售利润 = 2 000 × 0.28 - 200 = 360(万元)

(三)经营杠杆系数法

经营杠杆系数是利润变动率与销售量(额)变动率的比率,也是边际贡献额与利润额的比率。计算公式为:

经营杠杆系数 = 利润变动率 ÷ 销售量变动率 = $(\triangle P/P_0) \div (\triangle S/S_0)$

式中:P_0 表示基期利润,$\triangle P$ 表示预算期利润变动额,S_0 表示基期销售量(额),$\triangle S$ 表示预算期销售变动量(额)。

经营杠杆系数也可采用以下公式求得:

经营杠杆系数 = $\dfrac{(销售单价 - 单位变动成本) \times 销售量}{(销售单价 - 单位变动成本) \times 销售量 - 固定成本}$ = 边际贡献额 ÷ 利润额

从公式中可以看出,由于固定成本的存在,经营杠杆系数总是大于1。它表明,企业利润变动的幅度总是大于企业销售量(额)变动的幅度。当销售量(额)增长时,利润会以更高的增长率增长;当销售量(额)下降时,利润将会以更大的降低率下降。经营杠杆是指由于固定成本的存在,致使所产生的利润变动率大于销售量(额)变动率的现象。企业经营的这种现象即称为"经营杠杆现象"或"经营杠杆效应"。也就是说,如果固定成本为零,利润变动率将等于销售量(额)变动率,此时不会产生经营杠杆现象。

利用经营杠杆系数进行利润目标测算的计算公式为:

利润目标 = 基期利润 × (1 + 利润变动率)

　　　　 = 基期利润 × (1 + 经营杠杆系数 × 销售变动率)

【例 5-6】 清泉公司 2011 年实现产品销售收入 5 000 万元,变动成本总额 4 100 万元,利润总额 600 万元,预计 2012 年销售增长 20%。

采用经营杠杆系数法测算 2012 年利润目标如下:

边际贡献总额 = 5 000 - 4 100 = 900(万元)

经营杠杆系数 = 900 ÷ 600 = 1.5

利润目标 = 600 × (1 + 1.5 × 20%) = 780(万元)

目标利润增长率 = (780 - 600) ÷ 600 × 100% = 30%

(四) 增长比率法

所谓增长比率法,就是根据销售增长率、利润增长率、产值增长率等增长率指标来测算预算期利润目标的一种方法。这种方法主要适用于稳定发展的企业。

1. 根据销售增长率确定利润目标

该方法是以企业基期销售利润和企业预定的销售增长率为依据测算利润目标的方法。该方法假定企业销售利润与销售额是同步增长的。

因为企业生产经营上存在着固定成本,其经营杠杆系数大于 1,企业销售利润的增长幅度应该大于企业销售量(额)的增长幅度,所以,根据销售增长率确定利润目标是一种较为保守的方法。测算公式为:

预期产品销售利润 = 基期销售利润 × (1 + 预定销售增长率)

2. 根据利润增长率确定利润目标

该方法是以企业基期利润和企业预定的利润增长率为依据测算利润目标的方法。用该方法确定利润目标,首先要根据企业历史最好利润水平、上年度达到的利润水平以及近几年利润增长率的变动趋势与幅度,结合预算期可能发生的变动情况,来确定预定利润增长率,然后测算出利润目标。这种方法具有简便易行、较为节省时间的特点,常用于比较粗略地预计利润目标。测算公式为:

预期利润目标 = 上年度实现利润额 × (1 + 预定利润增长率)

(五) 标杆法

所谓标杆,就是确定预算目标值的参照物,如本企业历史最高水平、本行业同类企业最高水平、国外同类企业最高水平等。在实务操作中,通常存在企业内部基准和外部基准两类标杆。所谓内部基准,是以本企业历史上的最高水平为标准;所谓外部基准,是以本行业同类先进企业(如同行业排名前三位的企业)的实际水平为标准。

标杆法是以企业历史最高水平或同行业中领先的企业为基准,将本企业目前的产品、技术、服务和管理等方面的实际情况与企业历史最高水平或基准企业进行定量化评价和比较,分析企业历史最高水平或基准企业绩效达到领先水平的原因。然后制定最优的改进策略,在企业中连续不断地反复实施,以改进和提高企业绩效的一种管理方法。标杆法有着十分广泛的应用范围,利用此法确定利润目标的步骤如下。

1. 设定标杆目标

利用标杆法确定目标利润,首先要检查企业所有的作业流程,分析企业上期的预算执行结果,看其与企业的期望是否存在差距,从中选出最需要改善的项目,特别是对影响利润目标的重要项目进行标杆管理。

2. 选择标杆对象

设定标杆目标后,就要选择理想的标杆对象进行瞄准。选择的标准有四个:一是选择的标杆企业要具有卓越的经营业绩,在同行业中处于领先地位;二是标杆对象与本企业或本部门有相似的特点,具有可比性和兼容性;三是选择标杆指标要具有现实的可行性,避免因杠杆太高而导致大家失去信心,可行的办法是随着企业的发展、变化而不断更新和提高标杆水平;四是标杆对象要真实、可靠,相应资料易于计量和获取。

3. 收集资料、分析差距

要围绕确定的标杆目标进行资料和数据的收集。首先要收集能充分反映本企业标杆目标现状的数据资料;然后收集标杆对象的有关数据资料,包括标杆对象达到优良绩效的方法、措施和管理诀窍等。资料和数据的收集工作完成后,企业要对这些资料和数据进行比较、分析,找出本企业存在的差异及产生差异的原因,寻求和制定消除差异的措施,并分析预测本企业能够在多大程度上消除这些差异,以缩小与标杆对象的差距,进而达到或超越标杆对象。

4. 确定利润目标

要根据比较、分析的结果和消除差异的措施进行预测,最终确定本企业应实现的利润目标及其相关指标,从而使企业达到或超过标杆对象的业绩水平。

利用标杆法很容易发现本企业的问题和不足,具有广泛的适用性。应用此法的关键是如何获得真实、可靠的标杆资料。在国外有专门从事归集各行各业标杆资料的组织,一些咨询公司也做类似的工作,但需要付费才能获得相应的标杆。在这方面,我们国家发展得还比较缓慢。

三、其他预算目标的确定方法

一般说来,当利润目标确定后,其他相关的预算目标也就推算出来了。事实上,利润目标确定的过程,也就是其他相关预算目标确定的过程。因为企业的产能、销量与利润指标,无论以哪个为起点,都不能摆脱另外两个指标的制约,都必须与另外两者在数量、金额上相互平衡、勾稽起来。

例如,白云公司以利润目标为起点确定各项预算目标。

首先,企业要初步确定利润总额以及构成利润总额的各个项目指标,包括产品销售利润、其他业务利润、销售费用、管理费用、财务费用、投资收益、营业外收入、营业外支出等项目。

其次,考虑需要销售多少产品、完成多大的销售额,才能实现确定的利润目标。

最后,考虑企业目前的产能是否能够生产出足够的产品以满足销售的要求,如果产能不足,就必须考虑是否可以在短期内通过追加投资增加产能,如果增加产能,投资的筹措以及项目投产的时间是否有保障,诸如此类,不一而足。

这个过程要经过多次反复,甚至回到起点,"从头再来"。因此,利润目标制定的过程,也就是销售、价格、成本、费用、产量等相关预算目标确定的过程。

下面,简要介绍销售预测及销售目标的确定方法。

(一) 销售预测考虑的主要因素

从涵盖的范围看,销售预测要比销售预算宽泛得多,需要同时考虑本企业和本企业所在行业的市场潜力,对企业所处的市场环境进行分析,明确企业在市场中的定位等。

市场潜力是指在特定的营销环境下,随着行业营销活动的强化及不懈努力,企业产品的市场需求所能达到的最大极限量(或称最高市场需求)。企业的市场环境分析主要包括竞争者分析、市场细分和市场能力分析。竞争者分析是对同行业具有较强优势的竞争对手,从具体目标、资源优势、经营业绩、当前战略等方面进行分析;市场细分是根据某个特定的标准,把市场划分成若干个更小的市场,企业选用何种划分标准要具体情况具体分析,根据产品和行业特点决定;市场能力是指企业驾驭市场、适应市场的能力及产品在细分市场中的吸引力。对市场细分和对市场能力进行分析,有助于企业发现自己的竞争优势,并着眼于发挥优势制定措施,抢先占领相应的细分市场份额,据此预测应有的销售额。

另外,销售预测考虑的主要因素,还包括以往销量情况、预算期的价格政策及走向、预期销货订单、国民经济和行业经济的现状及总量、国民经济指标的变化、通货膨胀、利率、促销力度、分销渠道、新产品开发、产品特色、交易条件、行业竞争、市场份额等。由于市场多变和存在着不确定性,销售预测可以使用计算机模拟、回归分析、市场敏感性分析等科学方法,以保证销售预测的准确性。

(二) 根据利润目标,确定销售量(额)目标的方法

由于利润总额组成中的其他业务利润、管理费用、财务费用、投资净收益、营业外收支净额与销售量(额)没有必然的比例关系,因此,根据利润目标确定销售量目标的"利润目标",主要是指销售利润目标。当利润目标为利润总额时,需要将其修正为销售利润目标。根据企业产品品种的多寡,可分别采用单一品种和多品种两种公式进行测算。

1. 单一品种的销量(额)测算

销售量目标 = (固定成本总额 + 销售利润目标) ÷ 单位边际贡献

【例 5-7】 白云公司预计 2012 年 A 产品销售单价为 1 万元/吨,单位变动成本为 8 000 元/吨,固定成本总额为 400 万元,预定利润目标为 460 万元,其中,产品销售利润目标为 600 万元。

依据上述资料,对 2012 年销量目标测算如下:

销售量目标 = (400 + 600) ÷ (1 - 0.8) = 5 000(吨)

销售额目标 = 5 000 × 1 = 5 000(万元)

2. 多品种的销量(额)测算

销售额总目标 = (固定成本总额 + 销售利润目标) ÷ 综合边际贡献率

各产品销售量目标 = 销售额总目标 × 该产品在销售总额中的比重 ÷ 该产品销售单价

其中:

综合边际贡献率 = $\sum$ (某产品边际贡献率 × 该产品在销售总额中的比重)

产品边际贡献率＝（产品销售单价－单位变动成本）÷产品销售单价

【例5－8】 碧海公司生产经营A、B、C三种产品，2011年实现的产销量分别为360吨、270吨、720吨；三种产品的销售价格分别为1万元/吨、2万元/吨、1.25万元/吨；产品单位变动成本分别为0.7万元/吨、1.2万元/吨、1万元/吨；固定成本总额为200万元。假设公司2012年的销售结构、销售价格、单位变动成本和固定成本总额均保持2011年的水平，预期2012年的产品销售利润目标为360万元。

依据上述资料，对2012年各产品的销量目标测算如下。

（1）计算A、B、C三种产品在销售总额中的比重：

基期产品销售总额＝360×1＋270×2＋720×1.25
＝360＋540＋900＝1 800（万元）

A产品销售比重＝360÷1 800＝20%

B产品销售比重＝540÷1 800＝30%

C产品销售比重＝900÷1 800＝50%

（2）计算综合边际贡献率：

A产品边际贡献率＝（10 000－7 000）÷10 000＝30%

B产品边际贡献率＝（20 000－12 000）÷20 000＝40%

C产品边际贡献率＝（12 500－10 000）÷12 500＝20%

综合边际贡献率＝30%×20%＋40%×30%＋20%×50%＝0.28

（3）计算销售额目标：

销售额总目标＝（200＋360）÷0.28＝2 000（万元）

（4）计算各产品销售量目标：

A产品销售量目标＝2 000×20%÷1＝400（吨）

B产品销售量目标＝2 000×30%÷2＝300（吨）

C产品销售量目标＝2 000×50%÷1.25＝800（吨）

经过计算表明，碧海公司要在2012年实现预定的产品销售利润目标360万元，在产品销售单价、销售结构、单位变动成本和固定成本既定的情况下，就必须使A、B、C三种产品的产销量目标分别达到400吨、300吨和800吨。

第五节 预算目标的分解

预算总目标确定后，需要层层分解、落实到企业的各级预算部门和岗位，分解后的各项具体预算目标总和应等于企业预算总目标。这样，只要各级预算部门的具体预算目标完成了，企业的预算总目标也就实现了。根据企业组织结构的不同，可采取两种不同的方式分解预算总目标。

一、单一法人企业预算总目标的分解

单一法人企业只有总部一个投资中心，下设数个利润中心和成本中心。企业预算总

目标在各责任中心的分解,实际上就是投资中心将有关收入、成本、费用、利润等指标分解落实到各利润中心和成本中心。在分解方法上可灵活使用"倒推法"、"比例法"、"零基法"、"量本利分析法"、"因素分析法"等定量及定性方法。

(1) 倒推法是指首先确定两头指标,然后倒推中间指标的方法。例如,企业可以根据市场预测和战略规划,首先确定销售收入和利润总额,然后倒推出成本、费用等指标。倒推法的原理可用公式表示为:

$$市场价格 - 利润目标 = 成本目标$$

(2) 比例法是指首先由公司决策者测算、预定一个某项预算指标比基期增减的比例,然后由各责任中心分解落实的方法。例如,某企业预定预算期内管理费用指标的可控项目比基期降低10%,然后将降低10%的任务分解落实到各职能管理部门。

(3) 零基法是指分解落实预算指标时,不考虑基期发生额,而是以零为基础对有关项目进行详尽分析、测算的方法。例如,业务招待费项目在各责任中心的分解,可以不考虑基期的发生数额,而是由各责任中心采取单笔算账的方法申报。

(4) 量本利分析法是指利用销售数量、产品成本和销售利润三者之间的变量关系,分解、落实预算指标的方法。因为,在市场价格一定的情况下,销售数量、产品成本和销售利润任何一项指标发生变化,都会导致其他两项或一项指标的变化。量本利分析法的基本公式为:

$$销售量 \times (市场价格 - 单位变动成本) - 固定成本 = 销售利润$$

(5) 因素分析法是指将影响各责任中心的有利因素和不利因素综合起来,用于调整预算指标的方法。例如,生产部门由于工人薪金提高导致的人工成本增加、由于采用新技术工艺导致的材料消耗降低都可以通过因素分析测算出来。

上述分解预算总目标的方法要因企、因事、因项目灵活应用,切不可生搬硬套。下面,通过一个案例阐述综合运用倒推法、比例法、因素分析法,分解、落实公司预算总目标的过程。

【例5-9】 红叶公司是一个独立的法人企业,拥有三个产品制造分厂、一个销售分公司和若干个管理科室,三个产品制造分厂分别生产A、B、C三种产品。2011年10月,公司预算管理委员会根据公司的战略规划和经营目标,经过科学预测,提出2012年实现销售收入600万元、利润总额150万元的预算目标,2011年和2012年企业三种产品的产销率均达到100%。要求预算管理办公室根据公司确定的预算总目标,向各责任中心分解、落实。

预算管理办公室的操作步骤及方法如下。

第一步,根据销售额目标,测算、分解销售量及销售额目标,并落实产品品种及产量目标。

在预测2011年经营状况的基础上,经过对企业外部市场份额、价格及内部产能等因素的分析,测定出了2012年销售目标。其中,销售价格、销量、产量均在销售部门、生产部门得到落实,如表5-1所示。

表5-1 红叶公司预算目标测算表(1)

产品名称	2011年销售预计			2012年销售目标		
	数量(吨)	单价(元/吨)	金额(万元)	数量(吨)	单价(元/吨)	金额(万元)
A产品	700	3 000	210	800	3 000	240
B产品	500	4 000	200	550	4 000	220
C产品	450	2 000	90	700	2 000	140
合 计	—	—	500	—	—	600

第二步,测算销售成本及期间费用指标,拟定成本费用的挖潜目标。

首先,根据预定销售目标和利润目标,倒推出成本费用总额为450(600-150)万元。

然后,拟订2012年销售费用占销售额的比率由2011年的8%降为7%;管理费用占销售额的比率由2011年的6%降为5.5%;由于银行借款额增加和借款利率提高,财务费用指标测定为15万元。

最后,根据销售额、期间费用、利润等有关指标倒推出2012年销售成本为360(600-42-33-15-150)万元,如表5-2所示。

表5-2 红叶公司预算目标测算表(2)

项 目	2011年预计		2012年匡算		与2011年比较	
	金额(万元)	销售比率(%)	金额(万元)	销售比率(%)	绝对额增减(万元)	比率增减(%)
销售收入	500	—	600	—	+100	—
减:销售成本	320	64	360	60	+40	-4
销售毛利	180	36	240	40	+60	+4
减:销售费用	40	8	42	7	+2	-1
管理费用	30	6	33	5.5	+3	-0.5
财务费用	10	2	15	2.5	+5	+0.5
利 润	100	20	150	25	+50	+5

第三步,测算2012年采购成本和采购价格。

经过测算认为,2012年大部分材料价格没有变化,只是电力价格提高影响总成本15 900元。

第四步,对匡算的2012年期间费用进行逐项分析、测算、落实。

(1)财务费用是根据借款额和利率计算出来的,无弹性;

(2)销售费用经过与销售部门沟通已经欣然接受;

(3)管理费用经过逐个项目、逐个职能管理部门测算也全部落实。

至此,期间费用已全部分解、落实,此后的关键是将匡算的销售成本360万元分解、落实下去。

第五步,对匡算的2012年销售成本360万元进行分析、测算。

由于公司各种产品的产销率均为100%(为了简化起见,假设预算年度产销平衡、期初产品库存余额为零。企业实务中,产销率只能近似平衡),所以,销售成本就是产品制造成本;销售成本的降低率也就是产品制造成本的降低率。于是,预算管理办公室与各个分厂通过以下方法进行了测算、落实。

首先,用2011年的产品单位销售成本测算2012年的销售成本。

经过计算销售成本总额为390.5万元,比匡算的2012年销售成本360万元多30.5万元,如表5-3所示。

表5-3　红叶公司预算目标测算表(3)

产品名称	2011年成本预计			2012年成本测算	
	数量(吨)	单位成本(万元/吨)	总成本(万元)	数量(吨)	总成本(万元)
计算关系	①	②	③=①×②	④	⑤=②×④
A产品	700	0.19	133	800	152
B产品	500	0.23	115	550	126.5
C产品	450	0.16	72	700	112
合计	—	—	320	—	390.5

然后,分析影响产品制造成本变动的主要因素。

如果测算出的产品制造成本降低因素达到30.5万元,整个预算目标就可以全部分解、落实下去;如果达不到30.5万元,就需要进一步地修订、测算、平衡其他指标,直至综合平衡为止。

经过对影响产品成本变动的主要因素进行分析得出:2012年的产品成本降低因素32.95万元,提高因素2.32万元,相抵后净降低因素30.63万元,达到了产品制造成本降低30.5万元的要求。各种变动影响因素如表5-4所示。

表5-4　红叶公司预算目标测算表(4)　　　　　　　　　　　　　单位:元

项目	总额	A产品		B产品		C产品	
		每吨降低	总成本降低	每吨降低	总成本降低	每吨降低	总成本降低
一、成本降低因素	329 500	95	76 000	130	71 500	260	182 000
1. 物耗降低	67 500	20	16 000	30	16 500	50	35 000
2. 人工费用减少	7 000	0	0	0	0	10	7 000
3. 固定费用相对降低	255 000	75	60 000	100	55 000	200	140 000
二、成本提高因素	23 200	15	12 000	14	7 700	5	3 500
1. 人工费用增加	7 300	5	4 000	6	3 300	0	0
2. 电力提价	15 900	10	8 000	8	4 400	5	3 500
三、成本降低净额	306 300	80	64 000	116	63 800	255	178 500
2012年产品产量(吨)	—	800		550		700	

其中,表中的固定费用相对降低的计算方法如下。

(1) A产品。已知固定费用(A分厂的折旧费、办公费等)总额42万元,计算得出:

2011年单位产品固定费用 = 420 000 ÷ 700 = 600(元/吨)

2012年单位产品固定费用 = 420 000 ÷ 800 = 525(元/吨)

2012年单位产品固定费用降低 = 600 - 525 = 75(元/吨)

2012 年固定费用相对降低 = 800 × 75 = 60 000(元)

（2）B 产品。已知固定费用总额 55 万元，计算得出：

2011 年单位产品固定费用 = 550 000 ÷ 500 = 1 100(元/吨)

2012 年单位产品固定费用 = 550 000 ÷ 550 = 1 000(元/吨)

2012 年单位产品固定费用降低 = 1 100 - 1 000 = 100(元/吨)

2012 年固定费用相对降低 = 550 × 100 = 55 000(元)

（3）C 产品。已知固定费用总额 25.2 万元，计算得出：

2011 年单位产品固定费用 = 252 000 ÷ 450 = 560(元/吨)

2012 年单位产品固定费用 = 252 000 ÷ 700 = 360(元/吨)

2012 年单位产品固定费用降低 = 560 - 360 = 200(元/吨)

2012 年固定费用相对降低 = 700 × 200 = 140 000(元)

第六步，向各分厂分解、落实产品制造成本。

以用 2011 年产品单位销售成本计算的 2012 年销售成本总额 390.5 万元为基数，加减影响成本升降的因素后得出 2012 年销售成本总额，并分解、落实到各分厂，如表 5-5 所示。

表 5-5　红叶公司预算目标测算表（5）

责任中心	产品名称	2012 年产品制造成本目标				
		数量（吨）	基数成本（万元）	成本降低（万元）	总成本（万元）	单位成本（元/吨）
计算关系	×	①	②	③	④ = ② - ③	⑤ = ④ ÷ ①
A 分厂	A 产品	800	152	6.40	145.60	1 820
B 分厂	B 产品	550	126.5	6.38	120.12	2 184
C 分厂	C 产品	700	112	17.85	94.15	1 345
合　计	—	—	390.5	30.63	359.87	

至此，红叶公司 2012 年的预算目标全部得到分解和落实，如表 5-6 所示。

表 5-6　红叶公司 2012 年预算目标分解落实表

责任中心	指标	目标值	备　注
销售公司	销售收入（万元）	600	
	销售费用（万元）	42	可控费用 30 万元，固定费用 12 万元
	现金收入（万元）	580	其中，回收往年应收货款 10 万元
采购部	主要材料采购价格（元）	…	附：价格清单（略）
	现金支出（万元）	300	
A 分厂	A 产品产量（吨）	800	
	A 产品单位制造成本（元）	1 820	
B 分厂	B 产品产量（吨）	550	
	B 产品单位制造成本（元）	2 184	
C 分厂	C 产品产量（吨）	700	
	C 产品单位制造成本（元）	1 345	

(续表)

责任中心	指标	目标值	备注
人力资源部	工资总额(万元)	100	
	劳动生产率(万元/人)	1.5	产值600万元÷员工人数400人
财务部	财务费用(万元)	15	
	新增借款(万元)	50	
	资产负债率(%)	65	
各部门	管理费用(万元)	33	附:明细表,其中,可控费用20万元
全公司	利润总额(万元)	150	

需要说明以下两点:

(1) 企业预算目标的分解是一个非常细致、复杂和烦琐的过程。案例所讲的只是公司总部将预算总目标初步分解、落实到各责任中心的方法。预算目标分解下去后,各预算单位还要按照总部发放的预算编制大纲和表格编制详细的预算草案,将预算目标落到实处。

(2) 为简化讲解,案例中的预算指标并不全面,如缺少质量、安全等指标。因为,分解、落实预算总目标的关键是将利润目标以及保证利润实现的关键指标,如销售、产量、成本、费用等指标落实下去,所以,在初步分解预算总目标时,可以先分解与利润目标直接关联的项目,其他项目在编制详细预算草案时再具体落实。

二、多法人企业预算总目标的分解

多法人企业是指集团制企业或母子公司制企业。在多法人企业内部,母公司与其子公司各自为独立法人,但在很多政策选择上,子公司要受母公司的控制与引导。就全面预算管理而言,多法人企业与单一法人企业相比,具有以下四个明显特点。

第一,在组织机构的设置上,多法人企业设有多个投资中心,并按法人层级设有多级预算管理组织机构。

第二,在预算管理的内容上,母公司的预算管理主要包括两个方面:一是公司总部的预算管理;二是母公司对子公司的预算控制。

第三,在预算目标的内容上,母公司的预算目标由两部分组成:一是母公司自身的预算目标;二是各子公司的预算目标。

第四,在预算目标的确定上,多法人企业包括两方面的内容:一是整个集团企业预算总目标的确定;二是预算总目标在各子公司的分解、落实。

与多法人企业全面预算管理的四个特点相对应,预算总目标在各子公司的分解、落实,也要分两个层次进行:第一个层次是母公司将预算总目标分解、落实到各个子公司,也就是各个投资中心;第二个层次是各个投资中心将承担的预算目标分解、落实到内部的各个利润中心和成本中心。第二个层次的分解方法与前面所述的单一法人企业预算目标分解相同,兹不赘述。

下面,介绍第一个层次即母公司向各个子公司分解预算目标的方法。

集团制企业或母子公司制企业从管理体制上可分集权型和分权型两种基本模式。在现实中,还有一种集集权与分权于一身的混合型管理模式。其中,母公司作为核心企业直接参与经营活动的企业集团往往实行集权型管理;母公司只投资控股而不直接参与经营活动的企业集团往往实行分权型管理;母公司既作为核心企业直接参与经营活动,又对其他子公司只投资控股的企业集团往往实行混合型管理。无论集团制企业或母子公司制企业属于何种类型,其母子公司关系都是在以资本为纽带的法人与法人之间的关系;母公司对子公司投资、控股的最终目的也都是一致的,即获得理想的投资报酬。对于实行集权管理的核心企业,母公司的预算目标分解,无异于单一法人企业;对于实行分权管理的子公司,预算目标的分解则可采用投资报酬率方式。

从投资者的角度看,投资报酬率是资本的机会成本,或者是要求的最低报酬率;从经营者的角度看,投资报酬率是利润与资本的比值,表示资本的使用效率;对一个企业来说,理想的投资报酬率应该大于投资者的资本机会成本,并在本行业甚至国内外具有竞争力。

(一)使用投资报酬率方式分解预算目标的依据

(1)获得理想的投资报酬是投资者的权益、经营者的责任。从理论上讲,任何出资人投资都是为了获得理想的投资报酬,否则就背离了投资的目的。在所有权和经营权相分离的子公司,作为拥有子公司所有权的母公司,完全有权力要求经营者按照其意愿组织经营活动,并提供足以让母公司满意的投资报酬。这不仅反映了出资人进行投资的目的,也体现了出资人的基本权益以及对经营者的约束;同时,也表明了经营者对出资人的责任,经营者的基本职责就是通过面对市场、参与竞争,实现出资人预期的投资报酬。

(2)提高投资报酬率是投资者与经营者的共同目标。经营者经营企业的目标是企业市场价值最大化。从某种意义上讲,企业的市场价值代表着经营者的价值。而从出资人的角度看,出资人追求投资报酬最大化,也表现为企业市场价值的最大化。因为企业市场价值最大化的前提,就是企业能够获取最大的利润,投资者能够得到最大的投资报酬。显然,企业的利润越大、资本利润率越高,则企业的市场价值就越大。

(3)使用投资报酬率指标有利于增强企业的效益意识。以投资报酬率作为分解预算目标的依据,不仅要求企业追求较大的销售额、较低的成本费用,而且要求尽可能减少资本投入。同时,由于投资报酬率指标的率先导入,使得利润由预算的结果,变为预算的前提;也使得利润不再是追求销售和成本目标的结果,而是为了达到利润目标,企业的销售额和成本费用必须保持怎样的水平。

(4)使用投资报酬率指标能够有效控制企业的经营活动。在证券市场上,企业的股票价格与每股收益紧密相连,从每股收益可以推导出投资报酬率,而投资报酬率又与公司的经营活动息息相关。因此,控制了投资报酬率就可以控制整个公司的经营活动;从另一个角度看,控制了公司的经营活动,也就控制了投资报酬率和每股收益,进而影响股票价格。也就是说,投资报酬率导入企业,使得投资者和经营者既可以控制整个公司的经营活动,又可以对证券市场上的公司股票价格施加影响。

(二)预算目标的分解方法

1. 预算指标水平的选择

预算指标水平可以分为三种情况:一是可行的;二是理想的;三是超理想的。不同的预算指标水平,实际上是不同思维推演的结果。

一种思维认为,预算指标水平过高,将挫伤执行者的积极性;过低,又将助长执行者的懈怠。因此,选择可行的预算指标水平效果最佳。另一种思维认为,激烈的竞争环境要求企业达到尽善尽美的境地。为此,预算指标水平应该定在"理想"的水平上。预算执行者可能达不到这样的水平,这也无妨,它可以显示企业的潜力或差距,为持续的改进指明方向。还有一种思维认为,企业信息不对称以及不确定性因素的存在,不仅使得"可行的水平"中夹杂着"预算松弛",而且使人们根本无法知道何谓"理想水平"。既然如此,不如将预算指标水平确定在"超理想水平"上。在实务中,只要预算执行者能够接受,预算指标水平当然越高越好,其目的就是给预算执行者施加较大的压力,将预算执行者的潜力全部挖掘出来。

在实行分权管理体制的集团企业或母子公司,分解预算目标时所选择的投资报酬率应该建立在"可行的"水平上,这不仅是因为编制预算的目的是完成预算,而不是定个高指标让执行者完不成。更重要的一点是:预算指标完成与否,与预算执行者的切身利益密切相关,只有投资者和预算执行者都认为"可行的"预算指标,才有可能达成一致。

2. 预算目标的分解步骤与方法

第一步,由母公司在参照国内外同行业的先进水平、各子公司的历史最高水平及综合考虑企业内外环境、条件的基础上,拟定各个子公司的投资报酬率;再用拟定的各投资报酬率乘以各子公司的资本金,求得各子公司的利润目标;然后,将各子公司的利润目标相加得出整个集团企业的利润目标。如果总体利润目标不理想,还要对各子公司的投资报酬率和利润目标进行调整,直至达到集团公司预想的目标。

第二步,母公司召集由各子公司董事长、总经理和财务负责人参加的预算工作会议,将母公司拟定的投资报酬率和利润目标下达到各子公司。

第三步,各子公司根据母公司下达的预算目标进行测算,编制全面预算草案。

第四步,各子公司反馈预算目标及全面预算草案编制情况,经过多次测算、协调,达成一致;如果某子公司确有理由需要调整母公司下达的预算目标,母公司应准予调整,并相应调整其他子公司的预算目标,以保证整个集团预算总目标的落实。

下面,通过一个案例,说明集团企业利用投资报酬率分解预算总目标的过程。

【例 5-10】 宇宙集团公司向三个控股子公司共投资 5 亿元,对三个控股子公司实行分权型管理模式。三个控股子公司 2011 年的财务及经营状况如表 5-7 所示。

表 5-7 2011 年宇宙集团三个控股子公司的财务及经营状况资料

项　目	A 公司	B 公司	C 公司	合　计
1. 被投资公司资本金总额(万元)	16 000	10 000	20 000	46 000
2. 集团公司投资额(万元)	16 000	8 000	12 000	36 000
3. 集团公司所占股份(%)	100	80	60	78.3
4. 销售收入(万元)	50 000	20 000	30 000	100 000
5. 利润总额(万元)	6 000	2 000	3 600	11 600
6. 所得税税率(%)	25	25	25	25
7. 所得税(万元)	1 500	500	900	2 900
8. 净利润(万元)	4 500	1 500	2 700	8 700
9. 资本报酬率(%)	28.1	15.0	13.5	18.9

集团公司制定、分解 2012 年预算目标如下。

首先,集团公司预算管理委员会参照国内外同行业的先进水平,在三个控股子公司历史最高水平并综合考虑企业内外环境、条件的基础上,拟定 A、B、C 三个公司 2012 年的资本报酬率分别为 30%、16% 和 15%,由此推算出各子公司的利润目标分别为:

A 公司:

净利润 = 16 000 × 30% = 4 800(万元)

利润总额 = 4 800 ÷ (1 - 25%) = 6 400(万元)

B 公司:

净利润 = 10 000 × 16% = 1 600(万元)

利润总额 = 1 600 ÷ (1 - 25%) = 2 133(万元)

C 公司:

净利润 = 20 000 × 15% = 3 000(万元)

利润总额 = 3 000 ÷ (1 - 25%) = 4 000(万元)

集团公司:

投资收益 = 4 800 × 100% + 1 600 × 80% + 3 000 × 60% = 5 980(万元)

综合投资收益率 = 7 880 ÷ 36 000 = 21.9%

然后,集团公司预算管理委员会召开三个控股子公司负责人会议,下达 2012 年预算目标。

最后,三个控股子公司经过认真测算,并经过各公司董事会研究,表示同意接受集团公司下达的预算目标。

(三) 分解预算目标的注意事项

1. 要充分了解预算目标分解的难度

母公司的预算目标分解,需要一个相当复杂甚至艰苦的过程。因为每个企业都有各自的具体情况,公司所在的行业、地区、环境、资产状况、技术状况、员工素质、经营者素质、企业文化等的差异,都会给企业的经营活动产生重大影响。这也正是在社会现实中,看似相同的企业(如行业、投资规模、员工人数均相同),有的蒸蒸日上,有的却每况愈下的原因。特别是年度预算目标完成与否,与各公司经营管理者及员工的切身利益有着直接关系。所以,一般情况下,子公司的经营者没有十足的把握,是不会轻易接受母公司下达的预算目标的。因此,预算目标分解需要多管齐下,充分了解、掌握各责任中心的具体情况,做耐心细致的调研、协调工作,决不能简单从事,一蹴而就。

2. 企业集团进行全面预算管理的依据

企业集团是以以资本为主要联结纽带的母子公司为主体,以集团章程为共同行为规范的母公司、子公司、参股公司及其他成员企业或机构共同组成的具有一定规模的企业法人联合体。企业集团不具有企业法人资格,因此,《中华人民共和国公司法》没有规定企业集团对所属成员单位在预算控制方面的权利。但是,这并不妨碍集团总公司(母公司)基于股权持有或协议约定,对集团成员单位的生产经营活动实行全面预算管理,以最大限度地提高整个集团的经济效益和整体实力。即便是没有形成集团公司的母子公司,母公司也完全可以通过对子公司董事会的实际控制权,将母公司的预算意图贯彻到控股子公司中去。

3. 投资报酬率指标的选择问题

国外多数企业的评价指标体系都是以投资报酬率为核心的。因此,母公司以投资报酬率指标为核心向子公司分解、落实利润预算目标是符合国际惯例的做法。在对子公司分解预算目标时,有两种投资报酬率可供选择:一是总资产报酬率法,二是净资产报酬率法。两种投资报酬率的计算公式为:

$$总资产报酬率 = (利润总额 + 利息支出) \div 平均资产总额 \times 100\%$$

$$净资产收益率 = 净利润 \div 平均净资产 \times 100\%$$

表面上看,这两种投资报酬率没有什么本质的差别。其最终出发点都是为了追求股东财富的最大化,都可以看做"股东财富最大化"这一企业最终目标的演化。但是,在具体运用时,它们则各适用于不同的情况。其中,总资产报酬率法适用于母公司对子公司采用集权管理的公司;净资产收益率法适用于母公司对子公司采用分权管理的公司。

在集权管理的公司中,由于母公司往往对子公司实行资金的集中控制和管理,子公司的资本结构主要由母公司掌控,子公司没有对外筹集资金特别是负债融资的权限,这时的子公司在事实上只相当于母公司的一个利润中心,因此,按其所占用的总资产为依据测算、分解利润目标是理所当然的。

在分权管理的公司中,子公司是一个真正意义上的投资中心。母公司不对子公司的融资战略负责,子公司的资本结构完全由子公司掌控。因此,母公司对子公司的利润考核也必然以其所投入的资本额为基准。表现在预算目标的分解上,母公司必然以对子公司的投资额或子公司的净资产为依据测算利润目标。

第六章 全面预算编制的准备

预算编制是全面预算管理的起点,也是全面预算管理的关键环节。公司股东会、董事会确定的发展战略能否得到落实,年度经营目标能否得以实现,预算指标能否得以顺利执行,全面预算管理的激励与约束机制能否充分发挥作用,控制和考评功能能否有效实施,均取决于预算编制得是否恰当。因此,企业编制预算之前必须做好充分的准备工作。全面预算编制的准备工作包括制定全面预算编制的原则、确定全面预算编制的程序和起点、设计全面预算编制的表格、编写并颁布全面预算编制大纲等。

第一节 全面预算编制准备概述

一、全面预算编制准备的事项和内容

"工欲善其事,必先利其器",这句名言是比喻人们要做好一件事情,准备工作非常重要。全面预算编制作为一项复杂的系统工程,只有将准备工作做好了,预算的编制才能得心应手,事半功倍。因此,在全面预算编制之前必须做好充分的准备工作。一般情况下,全面预算编制的准备工作主要包括如下事项。

(一)制定预算编制原则,明确预算编制准绳

预算编制事关重大,必须制定编制原则作为各个预算编制部门和编制人员共同遵守的准则,规范和约束各部门的预算编制行为。

(二)夯实编制基础,健全定额体系

预算编制需要建立在资料齐全、依据充分、数据准确的基础之上。因此,初次编制预算的企业首先要建立健全科学、合理的预算定额体系;非初次编制预算的企业在编制下

一年度全面预算之前,要对现行的所有预算定额进行全面修订,从而为全面预算的编制提供科学、合理的编制依据。

（三）设计预算表格,明确勾稽关系

预算编制之前,必须根据预算编制的种类、内容和管理要求设计、建立科学、完整的全面预算表格体系,注明表与表之间以及项目之间的内在逻辑关系,明确表格以及项目之间的平衡、对应、和差、积商、动静和补充等勾稽关系,以方便预算编制人员能够正确填制各种预算表格。

（四）确定预算目标,搞好目标分解

预算目标是企业战略规划和经营目标在预算上的具体体现,是预算编制的基本依据。由于预算目标不仅关系到企业战略规划实施、经营目标的实现,而且其数值的宽松度与经营管理层及全体员工的物质利益密切相关,因此,任何预算目标的确定,都是在市场预测和平衡企业内部各项资源的基础上,经过公司投资者、决策者、经营者以及内部各个预算执行部门反复协调、测算确定的,是不同利益集团相互协调和相互博弈的结果。所以,确定预算目标,并将其细化分解到各个预算编制部门,是预算编制之前非常重要的准备工作,对于统一各预算编制人员的思想认识,明确预算编制目标具有十分重要的导向作用。

（五）编写预算大纲,明确预算方法

编写预算大纲是预算编制之前至关重要的准备工作,它对于全面预算编制工作的顺利进行具有决定性的作用。预算编制大纲既要明确预算编制目标和预算编制责任,又要规定预算编制方针、政策和要求,还要制定一系列预算方法体系。包括预算编制方法、预算编制程序等,用以规范和约束各预算编制部门的预算编制工作。

（六）召开预算会议,布置预算编制

企业年度预算编制之前,一般都要通过召开预算专题会议的方式,布置年度全面预算的编制工作,并通过对预算编制大纲的系统讲解,统一各级领导和预算编制人员的思想,使各预算编制部门和人员记牢原则、吃透政策、明确目标、掌握方法、保质保量、按时完成。

二、全面预算的编制原则

全面预算的编制必须遵循以下六项原则。

（一）目标性原则

预算编制要以完成经营目标为目标。经营目标是企业最高决策层制定的企业在预定期内所要达到的经营目的和经营活动方向,企业在预定期内的一切经营活动都要围绕着经营目标进行。因此,预算的编制必须围绕如何完成企业经营目标进行。要通过分析完成经营目标的有利因素和不利因素,综合考虑市场状况和内部条件,落实实现企业经营目标的策略和措施。最终,使各预算责任部门的各项预算指标总和等于公司预算总指标,而预算总指标又是企业经营目标的具体化。

（二）全面性原则

预算编制的全面性包括预算编制部门和预算编制内容两个方面的要求。从编制部门上看,企业各个部门都要编制预算,从而使企业各个部门的业务活动全部纳入了预算管理的范畴,并具有明确的工作责任目标;从编制内容上看,所有与企业经营目标有关的经济业务和事项,均要通过编制预算加以反映和规范,从而使企业的各项经营活动、投资活动和财务活动都能按照预算、围绕经营目标实施和进行。

（三）真实性原则

真实性是预算编制的基本要求,预算的内容虚假,不仅使预算本身失去价值,而且会导致整个预算管理活动的失败。预算编制真实与否有一个先决条件,这就是作为预算编制依据的基础信息质量一定要高。高质量的基础信息体现在:信息必须是真实的、准确的、及时的、便于理解的。预算数据要做到真实可靠,首先,要求各项收入的来源数据要真实、可靠,对没有把握的收入项目和数额,不能计入收入预算,做到既不夸大收入数额,也不隐瞒收入数额。其次,各项成本费用支出要有依据、有标准,对于关系到企业生产经营活动正常运转的必要支出,编制预算时必须足量安排,不能留有预算缺口。

（四）可行性原则

编制预算不是目的,而是实现目的的手段。因此,编制的预算必须具有可行性。体现在预算指标上,就是要做到积极可靠、留有余地。所谓积极可靠,是指要充分估计目标实现的可能性,不能把预算指标定得过低或过高;留有余地是指为了应付千变万化的客观情况,预算的制定要有一定的灵活性,以免在意外事件发生时措手不及,造成被动,影响整个经营目标的实现。

（五）人本化原则

全面预算管理能否成功,最终取决于企业的全体员工。因此,全面预算的编制必须重视预算的人性化。要正确把握预算项目的恰当性和预算目标的合理性,编制的预算要稳妥可靠,量入为出;各个预算编制部门承担的预算项目和预算目标要通过算细账、摆事实、讲道理的办法进行协调和落实,而绝不能采取单纯行政命令的办法进行硬性摊派;既要指明完成预算目标的有利因素,又要找足完成预算目标的负面影响。

（六）参与制原则

所谓预算编制的参与制原则是指让负责预算执行的部门和人员参与到预算编制过程之中。预算编制不仅是个技术问题,也是一个思想意识和行为规范问题。只有让所有层次的职能部门和关键岗位的员工参与到预算编制工作之中,才能有效强化全员预算意识,提高全员参与全面预算管理的积极性、主动性和创造性,从而有效提高预算执行力,保障全面预算管理活动的顺利实施。

第二节 全面预算编制的程序和起点

一、全面预算编制的程序

全面预算编制的程序有"自上而下"、"自下而上"两种基本方式。

所谓"自上而下"程序是指在编制预算时,首先,由上级部门向下级部门下达我预算期内的预算目标或预算草案;然后,由下级部门对上级部门下达的预算目标或预算草案进行分解、落实,并将预算草案完善、修改后反馈给上级部门;最后,上级部门根据下级部门的反馈意见,经过综合平衡后最终确定预算方案的编制程序。

所谓"自下而上"程序是指在编制预算时,首先由下级部门向上级部门提报预算期内的预算目标或预算草案;然后,由上级部门对下级部门提报的预算目标或预算草案进行综合平衡,最终确定预算方案的编制程序。

编制预算的期间不同,编制预算的程序也有所不同。一般而言,编制年度预算时,采取自上而下的程序;编制季度、月度预算时,采取自下而上的程序,分级编制、逐级汇总。

实行上述编制程序的原因是:年度预算是依据企业战略规划和经营目标编制的,自上而下的编制程序有利于统一企业各层级的思想,避免部门预算偏离企业的经营目标。当年度预算指标确定后,具体的月度预算指标就可以由各部门按照自己的实际情况,采取自下而上的程序进行编制了。

需要说明的是:不管是自上而下,还是自下而上,全面预算的编制都要经过一个上下沟通、反复协调、几上几下的复杂流程,才能最终形成正式预算草案,切不可一蹴而就,简单了事。下面,以编制年度预算为例,说明编制全面预算的程序。

(一) 下达预算目标

公司预算管理委员会根据公司董事会制定的公司发展战略和经营目标,经过对预算期内市场情况、企业自身情况等因素的科学预测,一般于每年9—10月份提出下一年度的企业全面预算目标,包括销售目标、成本费用目标、利润目标和长期投资方案等。然后,由公司预算管理部门编写"年度预算编制大纲"、设计预算表格、分解各项预算指标,通过召开专门预算会议的形式,将预算指标下达给下属各预算编制部门。

(二) 编制草案上报

各预算编制部门按照公司下达的预算目标和预算编制大纲,结合自身特点以及预测的执行条件,经过认真测算后提出本部门的预算草案,于当年11月中旬上报公司预算管理部门。

(三) 审查平衡

公司预算管理部门会同有关职能部门对各预算编制部门上报的预算草案进行审查、汇总,提出综合平衡的建议。在审查、平衡过程中,公司预算管理部门要进行充分协调、沟通,对发现的问题和偏差,提出初步调整意见,并反馈给有关预算编制部门予以修正。对经过多次协调仍达不成一致的,应在充分调研的基础上,向公司预算管理委员会汇报,以确定是否调整有关预算编制部门的预算目标,并最终达到综合平衡。

(四) 审议批准

公司预算管理部门在有关预算编制部门修正、调整预算草案的基础上,汇总编制出整个公司的全面预算方案,报公司预算管理委员会审议;预算管理委员会召集专门会议审议公司全面预算方案,对于不符合企业发展战略或经营目标的事项,预算管理委员要责成公司预算管理部门进行修订和调整;在反复修订、调整的基础上,公司预算管理委员会编制正式的年度全面预算草案,提交公司最高决策机构——公司董事会或股东(大)会审议批准。

(五) 下达执行

公司预算管理部门将已经审议批准的年度全面预算,在次年1月份之前,逐级下达到各预算部门执行。

图6-1为大地公司编制年度预算的流程图,通过该流程图可以清晰地看到全面预算编制中的动态衔接过程。

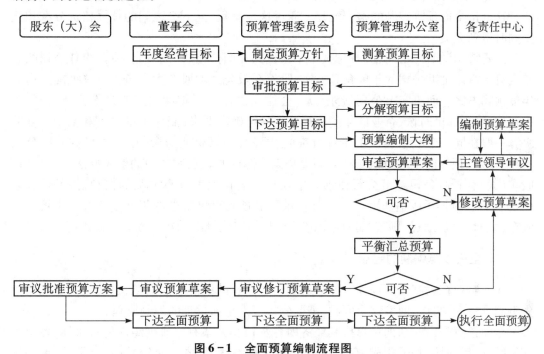

图6-1 全面预算编制流程图

根据图6-1所示,大地公司的全面预算编制程序是:

(1) 公司董事会制定年度经营目标。

(2) 预算管理委员会根据经营目标制定年度预算方针政策及规划。

(3) 预算管理办公室根据经营目标及预算方针测算年度预算目标草案。

(4) 预算管理委员会审批、下达年度预算目标草案。

(5) 预算管理办公室将公司年度预算目标草案分解为各责任中心的预算目标草案,并编写全面预算编制大纲;然后,召开年度预算会议,将预算目标草案和全面预算编制大纲下发到各责任中心(分公司、子公司和公司总部各职能部室)。

(6) 各责任中心根据预算目标草案和预算编制大纲,结合本部门的具体情况,编制本部门预算草案;经主管领导审查同意后,报预算管理办公室审查。

(7) 经预算管理办公室审查后的预算草案,如果不合乎公司要求,则退回责任中心重新修改;修改后再报预算管理办公室,这个过程可能要反复多次,直至预算管理办公室满意为止。

(8) 预算管理办公室平衡、汇总编制整个公司的全面预算草案。若公司预算平衡未能实现,则要求有关责任中心修订预算草案,直至公司总预算平衡为止,然后报预算管理委员会审议。

(9) 预算管理委员会对公司预算草案进行细致的审查、修订和协调、平衡,将审议后的全面预算草案呈报公司董事会。

（10）公司董事会审议、调整全面预算草案,确定正式提交股东(大)会审议批准的全面预算方案。

（11）公司股东(大)会审议批准全面预算方案。

（12）公司预算管理办公室将批准后的全面预算方案正式下达给各责任中心执行。

这就是全面预算编制的整个流程。通过这个流程,上下级之间的预算权责分派和接受同时得到完成。

需要特别说明一个问题。根据《中华人民共和国公司法》的规定,有限责任公司的股东会负责审议批准公司的年度预算方案;股份有限公司的股东大会负责审议批准公司的年度预算方案。而事实上公司股东(大)会往往要在下一年度的三四月份才能召开,因为,只有等到那个时候,企业的年度决算才能最终确定下来(新年度的预算和上一年度的决算一般在同一个股东会议上审议批准)。显然,如果企业照搬《中华人民共和国公司法》的规定,预算的批准与执行在时间上是无法衔接的。在实务中的解决办法是:由公司股东(大)会授权公司董事会行使预先审议批准公司年度预算方案的权利,待公司股东(大)会召开时再予以追加审议。若公司董事会预先审议批准的年度预算方案未被公司股东(大)会审议通过,则公司按股东(大)会最终审议批准的年度预算方案执行。

二、全面预算编制的起点

任何企业在编制全面预算时都会遇到一个预算的编制起点问题,也就是企业应当首先编制哪一个预算。回答这个问题,需要分析一下全面预算的编制原理。

全面预算是由一系列预算按其经济内容及相互关系有序排列组成的有机体,各项预算之间,前后衔接、相辅相成,存在着严密的勾稽关系,形成一个完整的、科学的、牵一发而动全身的预算管理体系。从其内容上看,主要包括经营预算、投资预算(资本预算)、财务预算三大部分。

财务预算也称作总预算,它是反映企业预算期内经营活动、投资活动、财务活动成果和财务状况的预算,是经营预算、投资预算、财务预算的共同结果和价值反映。财务预算主要由利润预算、现金预算和资产负债预算组成。其中,利润预算是经营预算中的销售预算、成本预算、费用预算项目之间加加减减的结果,经营预算中的各个具体预算都是利润预算项目的展开,为利润预算所涵盖;现金预算反映的是经营预算、投资预算的现金收支项目及其数额;资产负债预算是各项预算目标对企业财务状况共同作用的结果。很显然,没有经营预算就没有利润预算,按照先经营预算后利润预算的编制顺序,处理财务预算与经营预算的关系是顺理成章的事情。因此,全面预算编制顺序实际上所要处理的是财务预算与投资预算之间的关系问题。

投资预算属于不受会计期间约束的长期预算,在实务上它是可以与经营预算、财务预算分开编制的。投资预算的具体表现形式是企业专门编制的"项目预算",或作为"投资项目可行性研究报告"的组成部分。换句话说,投资预算具有不同于年度预算的特点,在编制年度预算时不一定编制投资预算。但这并不意味着编制年度预算时可以完全不考虑投资预算,因为投资预算中的当年投资支出(或收入),肯定是当年现金预算中支出(或收入)项目的一部分,同时,投资预算的数额也会引起资产负债预算的变动。显然,如果将投资预算和财务预算放在一起编制的话,投资预算在前,财务预算在后,也是顺理成章的事情。

毫无疑问,作为全面预算的三个组成部分,企业应当按照先经营预算、投资预算,后财务预算的顺序编制全面预算。

然而,经营预算是由销售、采购、生产、费用等具体预算构成的。企业编制经营预算时,应首先编制哪一个具体预算呢?

预算实务中,受企业产品在市场上的供求关系影响,预算的编制起点主要有两种。

(一) 以生产为起点编制全面预算

在产品处于卖方市场的情况下,产品供不应求,企业生产多少就能销售多少,生产决定销售。在这种情况下,预算编制的起点必然是生产,只要生产"搞定了",其他则全部"搞定"。这种"皇帝的女儿不愁嫁"的情形,在计划经济时期比较普遍。在市场经济条件下,由于市场规律的影响,"皇帝的女儿不愁嫁"的情形只是出现在垄断行业或个别领域,以及个别产品的某个时期。例如,当电力供不应求时,各发电企业需要开足马力、满负荷生产,这时就会以发电量指标作为预算编制的起点,首先确定发电的数量,然后,以产定销,确定销售预算、采购预算、人工预算、费用预算、成本预算、利润预算、财务状况预算等。以生产为起点编制全面预算的流程如图6-2所示。

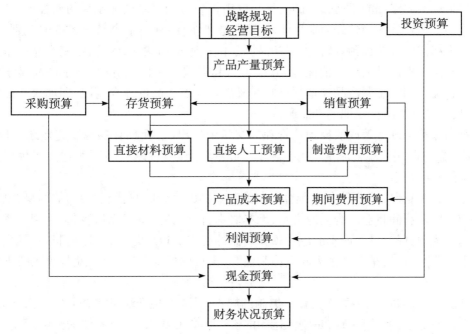

图6-2 以生产为起点编制全面预算的流程图

(二) 以销售为起点编制全面预算

在产品处于买方市场的情况下,产品供过于求,销售决定生产。这时,企业的生产必须贴近市场、适应市场,这样就必须以销售预算作为预算编制的起点,首先确定产品的销售数量,然后,以销定产,确定企业的生产预算、采购预算、人工预算、费用预算、利润预算、财务状况预算等。以销售为起点编制全面预算的流程如图6-3所示。

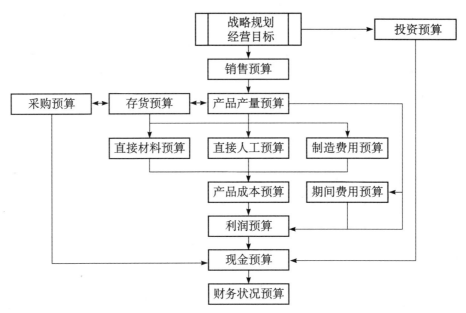

图 6-3　以销售为起点编制全面预算的流程图

以生产为起点编制全面预算的流程与以销售为起点编制全面预算的流程,除了在销售预算和生产预算编制的先后顺序上有明显差别外,还有一个容易被忽视的差别,就是以生产为起点编制全面预算时,由于产品属于供不应求的状况,因此,编制产品产量预算时一般不需考虑产品的库存情况;而以销售为起点编制全面预算时,由于产品属于供大于求的状况,因此,编制产品产量预算时一般需要考虑产品的库存情况,即如果产品库存量充足,可以适当减少当期的产品产量。

有的预算管理专著或研究预算管理的文章中指出,全面预算的编制起点还有以"目标利润"为起点、以"现金流量"为起点、以"成本"为起点、以"投资"为起点等模式。笔者不赞同这些观点。

首先,"目标利润"不能作为预算编制的起点。因为,利润是经营活动的结果,没有生产、没有销售,利润将会成为无源之水、无本之木,目标利润也就无从谈起。因此,目标利润只能成为预算的目标,而不能成为预算编制的起点。也就是说,目标利润确定以后,不论以生产为起点,还是以销售为起点编制预算,衡量的标准只有一个,就是收入减支出要等于目标利润。

其次,"现金流量"不能作为预算编制的起点。因为,现金流量是企业经营活动、投资活动和财务活动的货币表现,是物流运动的价值形式和结果,没有具体的经营活动、投资活动和财务活动,也就没有现金的收付流动。甚至可以说,现金流量预算是经营预算、投资预算和财务预算的联(副)产品。当经营预算、投资预算和财务预算编制出来后,只要把其涉及现金收付的项目汇总到现金流量预算表上就可以了。当然,现金收支的平衡与否,将反过来影响经营预算、投资预算和财务预算的编制。但无论如何,现金流量只能是经营预算、投资预算和财务预算的因变量,而不是自变量。因此,将"现金流量"作为预算编制起点的观点也是不妥当的。

在企业预算实务中,有的企业会单独编制现金收支预算,以此来安排、平衡企业的货币资金收入、支出和结存量。由此,人们可能得出现金流量完全可以作为预算编制起点的结论。其实,这是一种错觉。因为,企业如果只编制现金预算,不编制其他预算,也就无所谓预算编制的起点与终点;如果企业要编制全面预算,那么,只要将其他预算中涉及现金收支的项目汇总起来,现金流量预算的草案也就完成了(当然,企业还要根据现金流量的收支平衡情况修订其他预算)。另外,现金流量预算的内容无非是经营活动产生的现金流量、投资活动产生的现金流量和筹资活动产生的现金流量等经营活动的现金收付事项。如果没有销售预算、生产预算、成本预算等具体经营预算和其他预算做保障,现金流量预算的实现也就缺乏起码的基础。

再次,"成本"不能作为预算编制的起点。因为,成本是企业为达到特定目的(生产产品、提供劳务、投融资等)而已发生或应发生的资源消耗和支出,是企业一切经营活动投入的货币价值表现。成本的动因是企业设计、生产、销售、物流、管理、服务等一系列具体的生产经营活动。没有企业具体的经营活动投入,也就无所谓成本支出。也就是说,因为有了生产经营活动,才产生了成本支出,成本只能是具体生产经营活动的因变量,而绝对不是自变量。因此,以"成本"作为预算编制起点的观点也是站不住脚的。

最后,"投资"也不能作为预算编制的起点。原因很简单:投资预算属于长期预算,它完全可以与经营预算、财务预算分开编制(当然,编制现金预算时,必须将投资预算在本预算期的现金收支纳入其中)。也就是说,投资预算与其他预算没有必然联系,如果一个企业在某个预算期内没有投资活动,那么它在这个预算期内就没有必要编制投资预算。因此,将"投资"作为预算编制起点的观点显然也是不妥当的。

实际上,预算编制多起点论是混淆了"预算起点"、"预算重点"与"预算目标"的概念。根据发展战略、发展阶段和经营目标,企业的预算管理可以以"现金流量"、"成本"、"投资"为重点,也可以以"目标利润"、"目标成本"为目标,而不可能以"目标利润"、"现金流"、"成本"以及"投资"为预算编制的起点。

第三节 全面预算表格的设计

编制全面预算要涉及很多表格,建立科学、完整的全面预算表格体系,设计科学、适用的预算表格是编制预算不可忽视的重要问题。

一、预算表格的设计原则

全面预算表格的设计是一项技术性较强的工作,对于预算编制的顺利进行起着重要作用。全面预算表格的设计应遵循如下原则。

(一)全面性原则

根据全面预算管理的要求,企业的所有经营活动、投资活动和财务活动都要纳入预算管理的范围。因此,设计预算表格时,必须做到全面、完整,设计出供各个部门、各个环节使用的预算表格。

（二）系统性原则

有些预算内容比较复杂,预算表的基本格式并不能满足编制的需要。例如,利润预算表的内容就包括销售收入、销售成本、税金、销售费用等若干个复杂项目,如果仅设计一张利润预算表则很难遵照执行。这就需要按照系统性的原则,将复杂的预算内容设计成由主表、分表、计算表、基础表相互对应、补充说明的预算表格体系。

（三）明晰性原则

预算表之间往往存有复杂的上下层关系和数字联系,为了便于预算编制人员的正确填制,在设计预算表时,应在备注中注明项目与项目、栏次与栏次、表格与表格之间的勾稽关系和计算关系,使预算编制者、使用者都能一目了然地看清有关项目和数字的来龙去脉,并正确理解预算项目所反映的性质和内容。

（四）统一性原则

企业各层级、各部门的预算表格应由预算管理部门统一设计,这样做的目的不仅是便于各层级预算的层层汇总,更重要的是通过统一预算表格规范各部门的预算编制行为,有效提高全面预算编制的质量和效率。

二、预算表格体系

全面预算表格是一个有机联系的整体,表与表之间有着严格的勾稽关系,并呈金字塔状分布。人们在编制全面预算的过程中曾总结了一句很形象的话,入木三分地说明了全面预算表格体系的相互关系,即"提起来是一串,放下去是一片"。意思是说,预算表是一个有机联系的整体,表与表之间都是连在一起的,就像渔网一样,既能撒得下去,又能收得回来。其中,以利润预算表展开的表格体系如图6-4所示。

三、预算表格的分类

预算表格可以按不同标准分为若干类。

（一）按预算表的功能不同,可以分为主表、分表、计算表和基础表四大类

（1）主表也称作狭义预算表,是一个企业、一个部门编制预算的最终产品,它反映了全面预算各项目的预算目标值。例如,资产负债预算表、利润预算表、现金预算表等。

（2）分表也称作副表,是对主表进行细化或补充说明的表。当预算主表的项目、格式、栏次不能满足预算编制需要时,就需要编制分表予以对应、细化、补充和说明。例如,制造费用预算主表只能反映预算期内企业制造费用总额及细分到各个季度、月份的数额,如果要细化到各个分厂、车间的制造费用数额就需要编制预算分表进行描述。

（3）计算表也称作附表,是反映预算指标计算过程的表。编制预算需要运用计算公式进行大量的数字计算。例如,编制采购预算就需要按照"采购量＝生产消耗量＋期末库存量－期初库存量"和"采购金额＝采购量×预算价格"的基本公式进行计算。这些反映预算指标计算过程的表格往往需要作为附件放在主表、分表的后面,以方便有关部门、机构对预算编制过程的审查和核实。

（4）基础表也称作工作底表,是采集预算基本资料、数据和提供编制依据的表。编制预算需要很多基础性的数据和资料,例如,编制产品成本预算需要材料耗用量、材料单

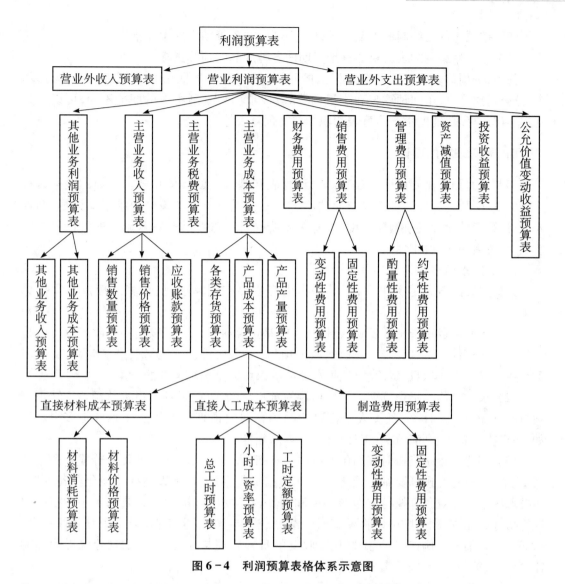

图 6-4 利润预算表格体系示意图

价、工时定额、费用定额等数据资料;编制销售预算需要营销环境、市场分析、销售政策等资料。提供这些预算基本数据的表就是基础表。

需要注意的是,主表、分表、计算表、基础表的概念是动态的、可变的。下级部门或下层的主表对于上级部门或上层而言,可能就是上级部门或上层编制主表的分表或基础表。

(二)按预算表反映的内容不同,可以分为经营预算表、投资预算表和财务预算表

(1)经营预算表反映的是预算期内企业日常生产经营活动。

(2)投资预算表反映的是预算期内企业进行的资本性投资活动。

(3)财务预算表反映的是预算期内企业有关的现金收支、经营成果和财务状况。

(三)按预算表所反映内容的角度不同,可以分为按预算项目编制的表、按预算部门编制的表和按产品编制的表等

(1)按预算项目编制的表反映的是预算期内一些全局性、综合性的预算指标。

(2) 按预算部门编制的表反映的是一个部门在预算期内的预算指标。

(3) 按产品编制的表反映的是预算期内各种产品的预算指标。

另外,按预算表所反映的组织层次的不同,可以分为集团公司预算表、子公司预算表、分公司预算表、车间预算表和班组预算表;按预算表编制主体的职能不同,可以分为基本生产预算表、辅助生产预算表和职能部室预算表等。

四、预算表格的设计

编制全面预算需要设计主表、分表、计算表和基础表的具体格式。不同的表格具有不同的设计要求:主表的设计要求简洁明了、一目了然;分表的设计要求具体详尽、细致入微;计算表的设计要求繁简适度、计算关系明确、计算过程清晰;基础表的设计要求因事制宜、灵活多样、适用性强。

(一) 主表的格式设计

预算主表的格式尽管很多,但其基本内容主要有预算项目、预算总额及细化指标三项。

(1) 预算项目是指预算反映的对象,也就是预算科目。它可以是一项收入也可以是一类收入,还可以是一项活动。例如,收入项目、支出项目、产品类别、产品名称、部门名称、业务项目、成本项目、费用项目、投资项目等都可以是预算反映的对象。

(2) 预算总额是指预算期内预算项目的量化总额,也就是预算指标总额。不管预算项目的具体内容是什么,预算表中都要注明预算期内预算项目的量化总额是多少。例如,销售收入总额、利润总额、工资总额、成本总额等。

(3) 细化指标是指按时间细化分解的预算指标。例如,年度预算要细分成4个季度或12个月份;月度预算要细分成上、中、下旬或每周、每天。预算指标的细化分解程度,主要取决于企业对预算执行的考核频率和预算内容的实际需要。如果每半年考核一次预算指标的完成情况,则可以将预算时间细分成上半年、下半年;如果一个月考核一次,就必须按月细分。例如,为了搞好现金收支的日常管理与控制,企业的现金收支预算就需要按旬、按周,甚至按天细分。

预算主表的基本格式如表6-1所示。

表6-1 _____预算表

编制单位: 编制时间: 年 月 日 第 页

序号	预算项目	计量单位	年度预算指标	各季度预算指标			
				第一季度	第二季度	第三季度	第四季度
1							
2							
...							
10	合 计						

总经理: 部门负责人: 编制人:

为了将预算期的指标与基期指标进行对比,预算表可以增加"基期指标"栏。因为企业预算编制的具体时间是在预算期到来之前,所以,在编制下一期预算时,当期的指标还没有确切的数额。因此,企业在设计预算表格时,往往需要在预算指标栏之前,再加上"基期预计"一栏,作为编制预算指标的对比资料。

例如,管理费用预算主表的基本格式如表6-2所示。

表6-2　众邦公司2012年管理费用预算表

编制单位:预算管理办公室　　　编制时间:2011年10月13日　　　　　　　　单位:万元

序号	管理费用项目	2011年预计	2012年预算	各季度预算指标			
				第一季度	第二季度	第三季度	第四季度
1	薪　酬	120	123	29	30	32	32
2	办公费	20	27	5	7	8	7
3	差旅费	30	28	7	6	7	8
4	培训费	60	65	18	16	15	16
5	其　他	30	35	10	9	8	8
6	合　计	260	278	69	68	70	71

总经理:连颖　　　　　　部门负责人:肖宏　　　　　　编制人:俞良

（二）分表的格式设计

预算分表是预算主表的对应、细化、补充和说明。因此,分表的格式要与主表的格式遥相呼应、拾遗补缺。分表的基本内容与主表一致,主要有预算项目、预算总额及细化指标三项。

（1）分表的预算项目与主表的预算项目相互对应,是具有相同或相似性质的一类事物或事件。它一般表现为主表预算项目的子项目。例如,主表预算项目是产品类别,分表预算项目则是产品名称;主表预算项目是分公司、子公司,分表预算项目则是分厂、车间。当然,分表预算项目也可以和主表预算项目完全一致。

（2）分表的预算总额是指分表所反映预算对象的指标总额,在指标范围上一般小于主表的指标范围。但是,也不排除分表指标范围与主表指标范围分类完全一致的情况。例如,销售收入预算主表是按产品品种进行编制,为了提供多维信息,分表可以按销售区域、结算方式、销售客户等不同形式进行编制。在这种情况,分表与主表的预算总额是完全一致的,区别在于预算编制的角度不同。

（3）分表的细化指标与主表的细化指标相同,也是指按时间细化分解的预算指标。但是,分表细化的是分表上所反映的预算对象的预算指标。

例如,管理费用预算主表所属的分表格式如表6-3所示。

表6-3　2012年人力资源部管理费用预算表

编制单位:人力资源部　　　编制时间:2011年10月13日　　　　　　　　单位:万元

序号	管理费用项目	2011年预计	2012年预算	各季度预算指标			
				第一季度	第二季度	第三季度	第四季度
1	薪　酬	20	21	5	5	5	6
2	办公费	3	4	1	1	1	1
3	差旅费	5	6	2	1	2	1
4	培训费	10	11	3	3	2	3
5	其　他	12	10	2	2	3	3
6	合　计	50	52	13	12	13	14

预算管理办公室:肖宏　　　　　　部门负责人:吴爽　　　　　　编制人:秦亮

(三)计算表的格式设计

预算计算表涉及很多预算指标的计算过程,需要预算人员根据预算指标的性质和计算公式进行设计,基本内容主要有预算项目、基础数据、计算关系、指标数据四项。

(1)预算项目是指需要进行计算的主表、分表预算项目。

(2)基础数据是指用于计算预算指标的各种基础性数据。

(3)计算关系是指在表中注明预算指标计算公式或各种数据之间勾稽关系的项目。

(4)指标数据是指反映预算指标计算结果的项目。

例如,产品生产量预算所附的计算表格式如表6-4所示。

表6-4 众邦公司2012年产品生产量预算表

编制单位:制造部　　　　　编制时间:2011年10月13日

产品名称	期初库存(吨)	本期销售(吨)	期末库存(吨)	本期生产(吨)
计算关系	①	②	③	④=②+③-①
A产品	3	220	2	219
B产品	1	180	3	182
C产品	6	500	5	499

预算管理办公室:肖宏　　　　部门负责人:张昕　　　　编制人:彭雯

(四)基础表的格式设计

预算基础表是为主表、分表和计算表提供基础数据和编制依据的,这些基础数据和编制依据有的是数字形式,有的是文字形式。因此,预算人员需要根据数据资料的内容和表现形式灵活设计基础表的格式。

例如,编制直接材料预算所需的材料消耗定额及预算价格基础表格式如表6-5所示。

表6-5 众邦公司2012年直接材料预算基础资料表

编制单位:制造部　　　　　编制时间:2011年10月13日

序号	材料名称	计量单位	单位产品材料消耗定额			预算单价(元)
			A产品	B产品	C产品	
1	甲材料	吨	0.2	0.1	0.2	5 000
2	乙材料	吨	0.6	1.2	0.7	2 000
3	丙材料	公斤	1	2	3	100
4	丁材料	公斤	3	5	1	500
5	戊材料	件	2	6	1	300

部门负责人:张昕　　　　编制人:彭雯

总之,预算表格的设计需要综合考虑企业性质、组织架构、经营活动、预算类型、预算管理要求等因素,判断预算表格设计是否达标的标准只有"好用"两个字。

第四节 预算编制的期间与时间

一、全面预算的编制期间

预算编制的期间主要根据预算的内容和实际需要而定,可以是一周、一月、一季、一年或若干年。通常将预算期在一年以内(含一年)的预算称为短期预算;预算期在一年以上的则称为长期预算。短期预算具有预算资料较为可靠的优点,但如果期间过短,必然会加大预算工作量;而长期预算具有与企业战略规划接轨的优点,却有因预测结果不够可靠而使预算难以切合实际的不足。所以,在全面预算的编制过程中,需要结合各项预算的特点,将长期预算和短期预算结合使用。

一般情况下,编制全面预算多以一年为一个预算期,年内再按季度或月度细分,而且预算期间要与会计期间保持一致,只有特殊业务预算的期间才会视具体情况而有所不同。例如,跨年度建设的大型基本建设投资预算、工程建设单位编制的工程项目预算就需要以项目的建设期为预算期,编制跨年度预算或涉及若干年的长期预算。

二、全面预算的编制时间

全面预算编制的时间因企制宜,主要取决于以下五个因素。

(1) 企业规模大小和组织结构、产品结构的复杂程度。企业规模越大,组织结构、产品结构越复杂,开始编制预算的时间就应越提前。

(2) 企业对预算编制的熟练程度。企业对预算编制越生疏,则开始编制预算的时间就越要提前。

(3) 企业编制预算的方法和工具。企业若采用复杂的编制方法和落后的编制工具,编制预算的时间就必然要提前;反之,若采用简便的编制方法或采用先进的计算机信息处理系统编制全面预算,则编制预算的时间就可以稍晚。

(4) 企业预算管理开展的深度和广度。毫无疑问,预算管理开展的范围越广,层次越多、越细,编制预算所花费的时间就会越长,开始编制预算的时间就越早;反之,则可以稍晚。

(5) 预算审批程序的复杂度。预算审批程度环节多、要求细,所花费的时间就长,开始编制预算的时间就应早安排;反之,则可以稍晚。

总之,编制预算的时间太早、太晚都不行。太早,影响预算的准确性;太晚,影响预算的执行。因此,不论哪个企业,确定编制预算的时间均应倒计时,即新的预算期开始时,本期预算已经编制完成并已履行完审批程序,可以付诸实施。

一般而言,独立法人企业的年度预算应在上年度的 10—11 月份开始编制,集团化企业的年度预算应在上年度的 9—10 月份开始编制;月度预算应在上月份的 20—25 日开始编制;周预算应在上周的中旬开始编制。

第五节 预算编制大纲

预算编制大纲是编制年度预算的纲领性文件。在正式编制预算之前,企业首先要对下一年度的市场情况、生产经营情况进行广泛的调查研究,尤其要对企业的销售、生产、采购、设备和资源的平衡配置情况进行深入分析,对投资项目支出以及项目投产后给企业生产经营及损益带来的影响进行全面预测。在充分掌握下一预算年度生产经营的环境、条件后,公司董事会提出下一预算年度的经营目标草案,然后由公司预算管理部门或财务部门执笔编写一份预算编制大纲(或称预算编制手册),经公司预算管理委员会审批后,下发至各个预算编制单位,用以指导和规范各预算部门的预算编制工作。

一、预算编制大纲的编制目的和要求

(一)预算编制大纲的编制目的

(1)贯彻落实公司战略规划,确保公司及各预算部门编制的预算不偏离公司预算年度的经营目标。

(2)将预算编制大纲作为公司及各预算部门编制预算的纲领和指南,确保公司及各预算部门编制出既符合公司战略规划,又切合公司及各预算部门实际情况的全面预算。

(3)阐述全面预算的编制方法与编制要求,确保全面预算编制工作的顺利进行。

(二)预算编制大纲的编制要求

(1)明确目标。预算编制大纲要体现企业的经营思想和战略目标,以企业的战略规划和年度经营目标为基本依据,充分考虑公司当前经营状况,以及预算期内宏观经济政策、公司内外环境变化等影响企业生产经营活动的有利及不利因素,将公司预算总目标层层分解下去。

(2)设定前提。预算编制大纲要明确预算编制的相关政策、基本假设和重大前提条件。

(3)落实权责。预算编制大纲要明确分工、落实权责,确保各预算编制单位能够依据预算编制大纲按时、保质、保量地完成全面预算的编制工作。

(4)便于操作。预算编制大纲要做到语言通俗、简明扼要,内容完整、项目齐全,突出重点、切实可行,各环节的预算指标要相互衔接,整个大纲要具有很强的指导性和可操作性。

(5)简繁适度。预算编制大纲的篇幅长短、项目简繁、内容粗细要因企而异,简繁适度。预算编制大纲精细度高,有利于各预算部门按照公司的意图编制预算草案,但也会带来不利于发挥各预算部门主动性的弊端;预算编制大纲精细度低,有利于发挥各预算部门的主动性,但也有加大了各预算部门的编制预算草案难度的缺点。

二、预算编制大纲的结构与内容

预算编制大纲一般由总纲、组织领导、经营目标草案、预算范围与内容、预算编制原则与方法、预算编制要求与注意事项、预算编制的时间安排、预算的审批程序、预算表填写说明、附件等部分组成。各部分的主要内容如下:

(一)总纲

总纲是对预算编制大纲基本原则的规定,是预算编制大纲的骨干和灵魂,起着统领全局的作用。总纲一般规定预算编制的目的,公司年度经营方针,预算编制的指导思想、编制依据、编制政策和基本原则等事项。

(二)预算编制的组织领导

这一部分主要阐明年度预算编制工作的组织领导机构、责任单位与责任人,目的是

明确权责、落实责任、搞好分工,便于协调工作。

（三）主要经营目标及预算指标草案

这一部分一般应对公司当期（基期）的经营业绩做一简要回顾和预测,并公布本预算年度公司及各预算部门的主要经营目标及预算指标草案。

（四）预算编制方法与要求

这一部分主要对各预算部门编制预算时所采用的技术方法提出要求,并简要说明有关预算编制方法的具体应用办法和要求。

（五）预算的审批程序

这一部分主要对各预算部门编制预算的申报、审查及批准程序做出规定,明确有关部门的责任和权利。

（六）预算编制的时间安排与要求

这一部分主要对各预算部门负责编制预算的完成时间及其他有关预算编制的事项做出要求,要明确设定各预算表的最终完成时间。对于有前后衔接关系的预算表格要安排好时间上的衔接和交叉,避免上游表格制约和耽误下游表格的填制。

（七）预算表的填写说明与要求

这一部分主要对有关预算表的填写方法、填写要求做出规定和解释,列明有关计算公式,说明表与表之间的勾稽关系。这一部分一般附在表后,作为预算表的填写说明。

（八）附件

附件主要有两部分内容：

(1) 预算编制的有关政策、假设、基本前提和定额资料;

(2) 各预算部门需要编制的预算表格样式。

三、预算编制大纲的布置与业务培训

预算编制大纲编制完成并经过公司预算管理委员会审查批准后,公司应召开专门的预算会议向公司各单位负责人布置下一年度预算编制任务,并下达预算编制大纲。

为了预算编制工作的顺利进行,预算管理办公室应对各单位负责人和预算编制人员进行有关预算编制的业务培训,让各单位负责人和预算编制人员在接受业务培训和阅读理解预算编制大纲的基础上,按照责任分工,根据预算编制大纲和具体预算项目的特点、要求编制各项预算,并及时将编制完成的预算草案上报预算管理办公室。

四、预算编制大纲的应用举例

下面,通过案例说明预算编制大纲的编写方法。

【例6-1】 阳光公司设有一个销售公司,甲、乙两个生产分厂（简称甲分厂、乙分厂）和综合管理部、财务部（预算管理办公室与财务部合署办公）、采购部、储运部、人力资源部、制造部、技术部、工程部八个职能部室。其中,销售公司负责公司的产品销售及货款回收;采购部负责公司的物资采购;甲分厂生产A、B两种产品,乙分厂生产C产品,各生产分厂没有物资采购权和产品销售权。

2011年9月,公司董事会经过分析研究后,提出了2012年公司实现销售收入550万

元、利润 55 万元的经营目标。预算管理办公室根据董事会及预算管理委员会的安排,首先测算了公司 2011 年各项主要经营指标的预计完成情况;然后,围绕董事会提出的经营目标研究分析、集思广益,广泛征求销售、生产、财务等部门责任人的意见,并充分考虑 2012 年生产经营活动的有利因素和不利因素,制定了公司 2012 年主要预算指标草案,如表 6-6 所示。

表 6-6 阳光公司 2012 年主要预算指标草案

项 目	2011 年预计	2012 年预算	2012 年与 2011 年相比	
			增减额	增减率(%)
一、销售收入(万元)	500	550	50	10.00
减:销售成本(万元)	395	425	30	7.59
二、销售毛利(万元)	105	125	20	19.05
三、销售毛利率(%)	21.00	22.73	1.73	8.23
减:税金及附加(万元)	4	4	0	0
销售费用(万元)	28	35	7	25.00
管理费用(万元)	23	22	-1	-4.35
财务费用(万元)	10	11	1	10.00
加:投资收益	0	1	1	—
四、营业利润(万元)	40	54	14	35.00
加:营业外收入(万元)	2	3	1	50.00
减:营业外支出(万元)	2	2	0	0
五、利润总额(万元)	40	55	15	37.50
六、资产负债率(%)	40	55	15.00	37.50

注:本书的预算编制主要围绕此案例展开。为了简化数字计算,本案例对企业的经营数据进行了缩小。

该草案经过预算管理委员会审查同意后,预算管理办公室执笔编写阳光公司 2012 年预算编制大纲如下。

阳光公司 2012 年预算编制大纲

一、总 纲

根据《全面预算管理制度》的有关规定和工作计划安排,公司定于 2011 年 10 月 1 日至 12 月 20 日开展 2012 年全面预算的编制与申报工作。为了确保预算编制与申报工作的顺利进行,特将 2012 年预算编制大纲下发给你们,望各预算编制部门按照本大纲的要求,在规定的时间内保质、保量地将本部门的预算草案上报到公司预算管理办公室。

(一) 2012 年公司经营方针

针对国内本行业进入结构调整期、产品需求放缓和公司国际市场地位日益巩固、不断提高的宏观形势,公司 2012 年的经营方针是:"拓展国际市场、稳固国内市场、推行精益生产、实现管理增效。"

(1) 拓展国际市场:要抓住 UFO 公司、DIY 公司等国外客户与本公司合作关系进一步加强的有利时机,加大国际市场开拓力度,确保 2012 年产品出口总值突破 15 万美元,比 2011 年增长 1 倍。

(2) 稳固国内市场:目前国内本行业的企业已进入调整期,因此,公司国内产品销售的目标是:确保比2011年增长10%,力争增长15%。

(3) 推行精益生产:要通过精益生产模式的推行,消除公司生产经营环节上的不增值活动,以达到降低成本、缩短生产周期、提高质量的目的,进一步提高公司的市场竞争力。

(4) 实现管理增效:近五年来,公司在经营规模大幅度增长的同时,产品成本、管理及销售费用也在同步增长。因此,2012年要通过实施严格的全面预算管理,遏制成本费用居高不下的势头,实现挖潜增效的管理目标。

(二) 预算编制的指导思想

按照企业内部控制规范体系建设的基本要求,实现预算编制的科学化、规范化和透明化,强化增收节支和预算约束,不断提高全面预算管理水平,提高预算资金的使用效率和经济效益,确保公司战略规划和年度经营目标的实现。具体指导思想如下。

(1) 拓展市场,做大做强。2012年要继续保持公司经营规模高速增长的势头,确保销售收入比2011年增长10%;2012年为了实现扩大产品销售市场的目标,公司将加大销售力度,适当增加广告宣传费的支出。

(2) 控制成本,压缩费用。由于近年来公司的产品价格呈下降趋势,对产品销售利润率构成威胁,因此,必须加强成本管理,严格控制物资采购成本、产品生产成本和各项费用支出。基本要求是:①物资采购的平均价格总体上比2011年降低3%以上;②可比产品制造成本比2011年降低2.5%以上;③各分厂的变动性制造费用要严格按费用定额进行管理和控制;④管理费用总额比2011年降低1万元。

(3) 量入为出,综合平衡。2012年要严格根据公司预算资金收入安排各项资金支出,实现资金总量收支平衡;重大固定资产投资项目决策一定要严格按法定程序进行,在资金来源有保障的情况下,安排投资;各预算项目之间要相互衔接,产销平衡,环环相扣。

(4) 科学有效,切实可行。编制预算的目的在于有效执行。因此,各部门编制预算要实事求是,科学确定各项预算指标,确保预算的可行性。

(三) 预算编制的原则

(1) 目标性原则。各预算部门要以确保完成公司董事会制定的2012年总体经营目标为出发点,围绕本预算编制大纲下达给各预算部门的预算分目标,深入分析、测算完成预算目标的有利因素和不利因素,编制积极的预算草案。

(2) 可行性原则。预算一经批准,必须严格执行,一般不能调整。因此,各预算部门申报的年度预算指标必须切实可行,本预算编制大纲给各预算部门下达的预算指标草案,是给各预算部门编制预算的一个方向性指导意见,各预算部门在编制年度预算时必须本着实事求是的精神,从严从细,编制出既能实现公司总体经营目标,又符合本单位实际情况的年度预算。

(3) 完整性原则。年度预算要体现全面预算的思想,各单位必将经营管理范围内的所有收入和支出完整、全面地反映在年度预算中,做到不重不漏,绝不允许在公司预算之外搞预算外收支。

(4) 统筹兼顾原则。预算编制要做到合理安排各项资金支出,重点保障生产经营活动的资金需要,要按照"先生产、后生活,先生产、后基建,先简单再生产、后扩大再生产"

的顺序,分清各项支出的轻重缓急,做到有保有压,统筹安排资金预算项目,在保证重点项目支出的前提下,兼顾一般项目的资金需要。

(5) 公开透明原则。年度预算的编制要公开透明,各单位要让预算的执行者参与到编制预算的过程中来,向所有参与预算编制的人员公开预算编制的原则、内容、程序、方法、要求和结果,要加强各部门之间的沟通与协调,建立民主决策机制,提高预算编制的公开性和透明度,确保年度预算指标拥有雄厚的群众基础。

(6) 统一性原则。各预算部门要按照本预算编制大纲统一设置的预算表格,统一口径、统一程序、统一计算方法,填列预算项目的指标与数据。

(四) 预算编制的依据

(1) 国家的有关方针、政策,国内外经济环境及消费市场发展趋势;
(2) 董事会确定的公司发展战略、经营规划、经营策略和经营目标;
(3) 公司改组改制、收购兼并、资本经营等重大经营事项安排;
(4) 客户订单、市场预测及公司生产能力;
(5) 公司财务政策、会计制度和预算编制的基本政策、基本假设;
(6) 公司相关定额标准、计划价格和其他基础资料;
(7) 本年度实际经营情况以及预见到的预算年度内外部变化因素;
(8) 公司制定的预算编制大纲;
(9) 本单位的具体情况及其他影响预算编制的因素。

二、预算编制的组织领导

(1) 全面预算的编制工作由公司预算管理委员会组织领导,具体工作协调由公司预算管理办公室负责。

(2) 各项预算草案均以所属公司、分厂、部室为单位进行编制和申报,公司经理、分厂厂长和各部门经理为编制本部门预算的第一责任人,各级财务部门及专兼职预算员负责具体的预算编制及申报工作。

三、预算编制的内容、期间与责任分工

阳光公司所属公司、分厂及各部室均需根据本预算编制大纲的要求编制2012年度预算,并将各项预算指标细化到四个季度。

预算编制的内容、期间与编制责任分工如表6-7所示。

表6-7 2012年预算编制的内容、期间与责任单位

预算编码	预算编制内容	预算编制期间	编制单位	责任人
预01	经营预算	□	□	□
预01-1	发货数量预算	2012年	销售公司	销售公司经理
预01-2	销售收入预算	2012年	销售公司	销售公司经理
预01-3	应收账款预算	2012年	销售公司	销售公司经理
预01-4	销售费用预算	2012年	销售公司	销售公司经理
预01-5	产品产量预算	2012年	制造部	制造部经理
预01-6	直接材料预算	2012年	各分厂	各分厂厂长

（续表）

预算编码	预算编制内容	预算编制期间	编制单位	责任人
预01-7	直接人工预算	2012年	各分厂	各分厂厂长
预01-8	制造费用预算	2012年	各分厂	各分厂厂长
预01-9	产品制造成本预算	2012年	各分厂	各分厂厂长
预01-10	职工薪酬预算	2012年	人力资源部	人力资源部经理
预01-11	采购预算	2012年	采购部	采购部经理
预01-12	应付账款预算	2012年	采购部	采购部经理
预01-13	存货预算	2012年	储运部	储运部经理
预01-14	管理费用预算	2012年	各管理部门	各管理部门经理
预01-15	财务费用预算	2012年	财务部	财务部经理
预01-16	应缴税费预算	2012年	财务部	财务部经理
预01-17	固定资产变动预算	2012年	财务部	财务部经理
预01-18	计提折旧预算	2012年	财务部	财务部经理
预02	投资预算	□	□	□
预02-1	固定资产投资预算	视具体项目而定	工程部、制造部	工程部、制造部经理
预02-2	权益性资本投资预算	2012年	财务部	财务部经理
预02-3	投资收益预算	2012年	财务部	财务部经理
预02-4	项目筹资预算	2012年	财务部	财务部经理
预03	财务预算	□	□	□
预03-1	利润预算	2012年	财务部	财务部经理
预03-2	现金预算	2012年	财务部	财务部经理
预03-3	融资预算	2012年	财务部	财务部经理
预03-4	所有者权益预算	2012年	财务部	财务部经理
预03-5	资产负债表预算	2012年	财务部	财务部经理
□	全面预算	2012年	预算管理办公室	办公室主任

四、预算总目标与分目标

公司董事会2011年第三次会议制定的2012年公司总体经营目标是：实现销售收入550万元，实现利润总额55万元。为确保各预算部门编制的预算与公司总体经营目标相互衔接，公司预算管理委员会在预测2011年公司及各预算部门主要经营指标完成情况的基础上，充分考虑2012年的市场情况和生产经营潜力，拟订了2012年公司预算总目标和有关预算部门的主要预算分目标，供各部门编制预算时参照。各预算部门要以公司拟订的预算目标为目标，以各单位的实际情况为依据，在科学测算、充分挖潜的基础上，编制本部门的2012年预算草案。希望各预算部门要树立全局观念，编制积极的、可靠的预算草案，确保公司2012年总体经营目标的实现。

需要强调的是：各预算项目的分目标是各部门编制预算的基本依据，原则上正负差异不得超过1%。如果个别部门经过测算需要突破公司拟定的预算分目标，应在预算编制说明中阐明原因和理由，以便公司在平衡预算时予以考虑。

（一）销售收入及利润目标

销售收入目标由销售公司负责，利润目标由各预算部门共同负责，目标草案如表6-8所示。

表 6-8 2012 年销售及利润预算目标草案

序号	预算部门	预算指标	2011年预计（万元）	2012年预算（万元）	增长率(%)
1	销售公司	销售收入	500	550	10
2	各预算部门	利润总额	40	55	37.5

（二）可比产品制造成本降低率目标

可比产品制造成本降低率目标由各分厂负责，目标草案如表 6-9 所示。

表 6-9 2012 年可比产品制造成本降低率预算目标草案

序号	预算部门	产品名称	2011年预计完成		2012年预算目标	
			单位成本(元/吨)	降低率(%)	单位成本(元/吨)	降低率(%)
1	甲分厂	A 产品	4 000	2	3 900	2.50
2	甲分厂	B 产品	7 700	2	7 500	2.60
3	乙分厂	C 产品	4 718	2	4 600	2.50

（三）期间费用目标

期间费用目标由各职能部门负责，目标草案如表 6-10 所示。

表 6-10 2012 年期间费用预算目标草案   单位：元

序号	预算部门	管理费用		销售费用		财务费用	
		2011年预计	2012年预算	2011年预计	2012年预算	2011年预计	2012年预算
一	酌量性费用	122 000	110 000	220 000	275 000	0	0
1	销售公司	0	0	220 000	275 000	0	0
2	综合管理部	10 000	8 000	0	0	0	0
3	财务部	12 000	11 000	0	0	0	0
4	采购部	12 000	11 000	0	0	0	0
5	储运部	7 000	6 000	0	0	0	0
6	人力资源部	7 000	6 000	0	0	0	0
7	制造部	4 000	3 000	0	0	0	0
8	技术部	10 000	9 000	0	0	0	0
9	工程部	7 000	6 000	0	0	0	0
10	其他	53 000	50 000	0	0	0	0
二	约束性费用	108 000	110 000	60 000	75 000	100 000	110 000
三	合计	230 000	220 000	280 000	350 000	100 000	110 000
备注	1. 期间费用可以分为酌量性费用和约束性费用。酌量性费用是有一定弹性的费用，可以适当增减；约束性费用是相对固定的费用，一般没有弹性 2. 管理费用总额比 2011 年降低 1 万元 3. 由于销售额增加 10%，增加广告支出等，2012 年的销售费用总额比 2011 年增加 7 万元 4. 2012 年银行借款增加，所以增加财务费用 1 万元 5. 本表中的各项指标数额是公司草拟的方案，供各预算部门参考，如果各部门申报的预算数额与本表数额有较大差距，应阐明原因						

五、预算编制方法

预算编制方法不要求一刀切，各预算部门可按照下列原则灵活采用固定预算法、弹性预算法、增量预算法、零基预算法等方法编制预算。

(1) 经营预算、财务预算编制时,应首先准确预测2011年的预计完成情况,然后,科学分析2012年各项预算指标的有利因素和不利因素,在制定增收节支、增产节约措施的基础上,测算出2012年的各项预算指标。

(2) 投资预算编制时,各预算部门首先要做好投资项目的可行性论证工作,并按照项目的轻重缓急进行合理排序,搞好立项。凡是已经立项的投资项目,要严格按照立项内容和资金到位情况编排项目资金支出预算。

(3) 收入预算编制时,应采用增量预算编制方法,在2011年各项收入项目预计完成的基础上,加减2012年度的增减变动因素,测算确定收入预算数额。要坚持实事求是的原则,认真执行公司的货款回收政策,切实做到不少报、不漏报、不虚报。

(4) 成本预算编制时,各部门要根据产品生产计划,按照公司核定的物资消耗定额、设备定额、劳动定额等定额标准和计划价格,逐项测算各项成本预算指标。

(5) 费用预算编制时,各部门一般应采用零基预算的方法,根据公司确定的资金定额、费用定额等标准资料,测算本部门的费用支出。

六、预算编制的程序

预算编制要以公司董事会制定的战略规划和经营目标为目标,以预算编制大纲为指南,采取自上而下、自下而上、上下结合的程序编制。

(1) 确定编制基础。公司预算管理委员会根据董事会制定的战略规划和经营目标,确定年度预算的编制原则、编制方法、重大前提条件、基本假设和编制依据。

(2) 编制预算编制大纲。预算管理办公室编制预算编制大纲,并报预算管理委员会审议批准。

(3) 布置预算编制。公司召开预算会议,颁布预算编制大纲,布置预算编制工作。

(4) 编制基层预算。各单位编制本单位负责编制的年度预算草案。

(5) 审核平衡预算。财务部及预算管理办公室审核、协调、平衡各单位编制的预算草案。

(6) 编制全面预算。财务部及预算管理办公室汇总编制公司年度全面预算草案。

(7) 审议全面预算。预算管理委员会审议、修改公司全面预算草案。

(8) 通过全面预算。公司董事会和股东大会讨论通过或者驳回修改公司总预算草案。

(9) 落实全面预算。批准后的全面预算下达给公司各单位执行,各单位将职责范围内的预算指标分解到内部各个部门和岗位,做到预算指标层层分解、全面落实。

(10) 签订预算责任书。为将预算管理的责权利落到实处,董事长与总经理签订《公司年度预算目标责任书》;总经理与各预算部门负责人签订《各部门年度预算目标责任书》。

七、预算编制及审批的时间安排

为确保2012年预算编制及审批工作的顺利进行,特将2012年预算编制、申报、审批的时间安排明确如下。

(1) 2011年9月25—10月10日,为预算编制基础资料的收集、整理及审定阶段。

负责基础资料收集、整理及审定的单位如表6-11所示。

表6-11 基础资料收集、整理及审定单位表

序号	基础资料名称	责任部门	审定部门
1	物资消耗定额	制造部、各分厂	技术部、财务部
2	劳动定额	人力资源部、制造部、各分厂	人力资源部、财务部
3	费用定额	综合管理部	财务部
4	储备资金定额	采购部、储运部	制造部、财务部
5	生产资金定额	各分厂	制造部、财务部
6	结算资金定额	销售公司	财务部
7	计划价格	财务部、储运部	销售公司、采购部
8	市场价格	销售公司、采购部	财务部
9	产品销售及收款政策	销售公司、财务部	预算管理办公室
10	物资采购及付款政策	采购部、财务部	预算管理办公室
11	历史及基期数据	各有关部门	财务部

(2) 2011年10月11日至11月20日,为各预算部门预算草案编制阶段。因为各单位编制的预算草案具有项目上的衔接关系和时间上的先后次序,所以,有关预算草案编制完成的最迟时间规定如下:

2011年10月20日之前,销售公司将发货数量预算、销售收入预算、应收账款预算等涉及销售活动的预算草案编制完毕。

2011年10月25日之前,制造部及各生产分厂将产品产量预算、直接材料消耗预算、直接人工预算、制造费用预算、产品成本预算等涉及生产活动的预算草案编制完毕。

2011年10月28日之前,储运部、采购部将存货预算、采购预算、应付账款预算等涉及采购、储运活动的预算草案编制完毕。

2011年10月30日之前,各管理部门将期间费用预算、现金收支预算、职工薪酬预算、应缴税费预算、计提折旧预算等涉及经营管理活动的预算草案编制完毕。

2011年11月10日之前,工程部、财务部将固定资产投资预算、权益性资本投资预算、投资收益预算、项目筹资预算等涉及投资活动的预算草案编制完毕。

2011年11月20日之前,财务部将利润预算、现金预算、融资预算、所有者权益预算、资产负债表预算等涉及财务活动的预算草案编制完毕。

(3) 2011年11月21日至11月30日,为各单位预算草案审查、汇总阶段。在11月30日之前,预算管理办公室负责将各单位的预算草案审核完毕并汇总编制公司2012年全面预算草案。

(4) 2011年12月15日之前,预算管理办公室将公司2012年全面预算草案编制完毕,经总经理办公会议审议通过后,上报公司预算管理委员会审议、通过。

(5) 2011年12月20日之前,公司预算管理委员会将审议、通过后的全面预算草案上报公司董事会审议。

(6) 2011年12月25日之前,公司董事会审议、批准公司2012年全面预算。

(7) 2011年12月31日之前,公司董事长与总经理签订《公司2012年预算目标责任

书》;总经理与各预算部门负责人签订《部门 2012 年预算目标责任书》。

八、预算编制的要求与注意事项

(1) 提高思想认识,切实加强领导。预算编制是搞好全面预算管理的重要环节,预算编制的成败,不仅关系到全面预算管理的成败,而且关系到公司战略规划和年度经营目标能否实现。各单位要统一思想,加强领导,精心组织,周密部署,积极为搞好 2012 年预算编制工作创造条件。各部门的主要领导要亲自抓预算编制工作,要以公司下发的预算编制大纲为指导,结合各单位实际,制定切实可行的预算编制方案,从组织上、制度上保障各单位预算编制工作的顺利进行。

(2) 夯实基础工作,加强部门配合。预算编制政策性强,涉及面广,需要做大量的基础性工作,各单位要坚持从严从细的工作作风,在确保基础资料准确无误的基础上,如实编报预算项目及其数额。要加强部门间的密切配合,相互协作,提高工作效率,共同做好预算编制工作。预算管理办公室要深入调查研究,加强业务协调,做好业务指导和服务工作,制定切实可行的预算编制预案,修订各项定额标准,认真做好预算的审核和综合平衡工作,确保预算编制的科学性和准确性。

(3) 统筹兼顾,总量平衡。预算管理部门要坚持总量平衡和合理控制的预算编制原则,确保年度预算的安排既有利于企业战略规划和年度经营目标的落实,实现日常管理的有序和协调,又有利于企业经营资本积累,有效控制各项成本费用支出规模。

(4) 树立全局观念,抓住关键环节。销售预算编制是其他预算编制的龙头和基础,销售预算编制得成功与否,直接关系到其他预算编制的成败。因此,销售公司要从编制质量和编制时间两个方面确保高标准地完成销售预算编制任务,对其他预算的成功编制起到表率作用。

(5) 精打细算,从严从紧编制成本费用预算。各单位要根据预算编制大纲的要求,从严从紧编制成本费用预算,除特殊情况外,申报的成本及费用预算总额应控制在公司制定的预算指标范围以内。

(6) 优化项目结构,提高资金使用效益。各单位要牢固树立科学理财理念,做到有所为,有所不为,优化资金投向,规范资金使用方式,提高资金使用效益。要认真遵循稳健性原则,加强对外投资及重大资本支出项目的可行性论证,严格控制股票、期货、外汇交易等风险业务预算的规模。工程部和技术部要按照本单位的工作职责,依据公司中长期发展规划,对涉及公司发展战略的重大项目进行早规划、早论证、早安排。对所有申报的项目都必须进行充分的论证,提出切实可行的实施方案,对暂不具备实施条件的项目一律不得申报。

(7) 围绕总体目标,层层落实预算。各单位的年度预算编制要在认真分析和总结上年预算执行情况的基础上,围绕公司战略规划和年度经营目标,按照 2012 年预算编制大纲的要求,结合本单位的实际情况,合理、全面、科学地编制年度预算草案。各公司、部门和生产分厂要按照"上下结合、分级编制、逐级汇总"的预算编制程序,依据财务隶属关系,认真组织所属部门层层做好年度预算编制工作。

(8) 科学严谨,规范预算编制。各单位要按照公司统一制定的预算报表格式,采用科学的编制方法,分别编制经营预算、投资预算和财务预算。要严格遵循预算编制的完整性原则,全面、完整地反映企业经营业务收入、成本费用、投(筹)资及资金需求状况;对企业财务状况和经营成果产生影响的各类财务会计事项,都要纳入年度预算的范围。在确保预算编制质量的基础上,在规定的时间内将本单位预算草案上报公司预算管理办公室。

(9) 落实责任,奖惩挂钩。为充分调动各部门认真编制预算的积极性,有效提高预算编制水平,公司决定将2012年的预算编制完成情况与单位负责人及全体员工的奖惩挂起钩来,具体奖惩办法另行规定。希望各单位负责人一定要重视预算编制工作,确保2012年预算编制工作保质、保量地如期完成。

提醒各预算编制部门注意的事项是,在编制各项专业预算时,要将需要在预算期内支付现金的费用项目和金额标注单列出来,以方便汇总编制公司现金预算。

九、预算表格的填制说明

(一) 预算编制说明书

预算编制说明书是对预算编制工作有关情况的分析说明,由预算管理办公室负责编写。其基本内容包括:

(1) 预算编制的组织情况;
(2) 预算编制的基础、基本假设及编制政策;
(3) 主要预算指标的分析说明;
(4) 可能影响预算指标事项的说明;
(5) 其他需说明的情况。

(二) 经营预算表

1. 销售预算说明书

销售预算说明书是对销售预算编制的书面说明和报告,由销售公司负责编写。内容包括营销环境、行业政策、市场展望、竞争对手分析、本公司分析、新产品开发、新客户开发、广告及其他推销策略、定价政策、授信及货款回收政策、业务人员的增减变动、销售费用的控制、本年度销售方面的有利因素与不利因素及其相应措施与对策等的说明。

2. 预01-1表:发货数量预算表

本表由销售公司根据对预算年度市场预测的产品发货数量分析编制。内容包括客户名称、产品名称、规格型号、发货数量和发货时间等。

3. 预01-2表:销售收入预算表

本表由销售公司根据市场预测的销售量、公司产品生产能力及价格政策分析编制。其中,项目栏按产品名称、类别排序,产品销售价格填列不含税销售单价。

4. 预01-3表:应收账款预算表

本表以销售公司为主,财务部协助编制。其中,项目栏填列客户名称,对于年度销售额较小的客户,可以按销售地区汇总填列;期末应收账款的总余额原则上不得大于期初应收账款的总余额。

5. 预01-4表:销售费用预算表

本表由销售公司根据公司费用控制政策分析编制。对于不可控费用的预算数额要采用零基预算法逐项分析编制;年度销售费用总额的增长比率,原则上要低于产品销售收入总额的增长比率。

6. 生产预算说明书

生产预算说明书是对生产预算编制的书面说明和报告,由制造部主编,技术部、人力资源部协助编写。内容包括产量及产能情况、质量控制、新产品或新技术的研究开发、设备及工艺情况、一线员工的增减变动、成本控制、预算年度生产上的有利因素与不利因素及其相应措施、对策等的说明。

7. 预01-5表:产品产量预算表

本表由制造部根据销售公司编制的销售量预算以及产品库存情况分析编制。其中,产品生产量的计算公式是:

生产量=销售量+期末库存量—期初库存量

8. 预01-6表:直接材料预算表

本表由各分厂根据产品产量、物资消耗定额以及材料单价分析编制。其中,材料单价采用公司制定的计划价格(该计划价格是根据预计市场采购价格加上采购费用、运输费用、库存费用等制定的)。

9. 预01-7表:直接人工预算表

本表由各分厂根据产品产量、劳动定额分析编制。

10. 预01-8表:制造费用预算表

本表由各分厂根据公司费用控制政策分析编制。固定性制造费用的预算数额要采用零基预算法逐项分析编制,变动性制造费用要以产品产量预算和费用定额资料为基础编制;年度制造费用总额的增长比率,原则上要低于产品制造总成本的增长比率。

11. 预01-9表:产品制造成本预算表

本表由各分厂根据产品产量、直接材料消耗、直接人工以及制造费用预算编制。

12. 预01-10表:职工薪酬预算表

本表由人力资源部负责编制。其中,生产工人薪酬、制造费用中的薪酬、管理费用中的薪酬、销售费用中的薪酬、在建工程中的薪酬要分别填列。

13. 供应预算说明书

供应预算说明书是对物资供应预算编制的书面说明和报告,由采购部主编,储运部协助编写。内容包括存货政策、采购政策、付款政策、采购价格预测等情况的说明。

14. 预01-11表:采购预算表

本表由采购部根据材料消耗量预算、期初期末库存定额以及物资采购价格分析编制。其中,物资采购价格与直接材料预算保持一致,采用公司制定的计划价格。

15. 预01-12表:应付账款预算表

本表以采购部为主,财务部协助编制。其中,项目栏填列供应商名称,对于年度采购额较小的供应商,可以按物资类别汇总填列;期末应付账款的总余额原则上要大于期初应付账款的总余额。

16. 预01-13表:存货预算表

本表以储运部为主,采购部、销售公司及制造部协助编制。其中,材料存货与产品存货要分别编制;各种存货的期初期末余额要与物资采购预算表、产品产量预算表的有关期初期末余额保持一致。

17. 管理及财务费用预算说明书

管理及财务费用预算说明书是对管理费用预算、财务预算编制的书面说明和报告,由综合管理部、财务部主编,其他部室协助编写。内容包括费用控制政策、管理人员增减变化、重大管理措施、信贷政策、银行借款的增减变化等情况的说明。

18. 预01-14表:管理费用预算表

本表以综合管理部为主,其他部室协助编制。本表要根据公司费用控制政策分部门、分项目填列。对于不可控费用的预算数额要采用零基预算法逐项分析编制,年度管理费用总额应控制在预算编制大纲拟订的预算额度之内。

19. 预01-15表:财务费用预算表

本表由财务部负责编制。其中,用于资本性支出的银行借款利息不得列入本表。

20. 预01-16表:应缴税费预算表

本表由财务部负责编制。本表根据国家税收政策和企业预算期的实际情况分析编制,要将流转税、所得税及在管理费用中列支的零星税种分别列示。

21. 预01-17表:固定资产变动预算表

本表由财务部负责编制。本表要准确反映预算期内固定资产增减变动及期初期末情况,要按照固定资产的使用部门和固定资产类别分别列示。

22. 预01-18表:计提折旧预算表

本表由财务部负责编制。本表要准确反映预算期内累计折旧增减变动及期初期末情况,在项目及预算指标上要与固定资产变动预算表相互衔接。

(三) 投资预算表

1. 投资预算说明书

投资预算说明书是对投资预算编制的书面说明和报告,由工程部、技术部和财务部负责编写。内容包括上年结转的投资项目、新开工项目、设备更新、技术改造、安全环保投资、节能技术投资、开竣工时间、项目资金需求与筹措等情况的说明。

2. 预02-1表:固定资产投资预算表

本表由工程部负责编制。各项投资预算应按项目名称分项填列,预算年度新开工项目以公司董事会批准的2012年基建技改项目投资计划为准。

3. 预02-2表:权益性资本投资预算表

本表由财务部负责编制。本表要按照公司2012年权益性投资计划编制,要准确反映企业对外投资的具体情况。

4. 预02-3表:投资收益预算表

本表由财务部负责编制。本表根据被投资企业预算期的利润分配计划以及公司对外投资的实际情况分析编制。

5. 预02-4表:项目筹资预算表

本表由财务部负责编制。本表根据各投资项目预算的资金投入及项目资金来源、项目资金筹措方案等资料计算、分析填列。

(四) 财务预算表

1. 财务预算说明书

财务预算说明书是对2012年财务预算编制的书面说明和报告,由财务部负责编写。

内容包括主要绩效考核指标、现金流量、资金筹措、税金交纳、投资收益、利润及利润分配、资产负债状况等情况的说明。

2. 预03-1表:利润预算表

本表由财务部负责编制。根据各项经营预算的数额计算填列,本表中的有关指标应与公司2012年的经营目标相吻合。

3. 预03-2表:现金预算表

本表由财务部负责编制。根据经营预算、投资预算及其他预算的现金收支项目和数额计算填列,现金富余或短缺要分别采取归还借款、增加借款或压缩现金支出等补充措施。现金预算表采用现金收支预算和现金流量预算两种方式编制。

4. 预03-3表:融资预算表

本表由财务部负责编制。主要根据预算期资金需求量预测,各项经营活动、投资活动及财务活动的资金收支情况等资料分析填列。

5. 预03-4表:所有者权益预算表

本表由财务部负责编制。主要根据预算期利润分配计划编制,要准确反映预算期初期末各项所有者权益的变动情况。

6. 预03-5表:资产负债表预算表

本表由财务部负责编制。填列本表时,首先要对各项目的年初数字进行正确测算,然后通过加减预算年度各项经营预算、投资预算和财务预算的预算指标得出各个期末余额。要特别注意,资产负债表预算的数字是通过计算得来的,绝不能进行简单估计。

十、附件:2012年现金政策及预算表格样式

(一) 2012年现金政策(略)

(二) 预算表格样式(略)

预算编制是一项系统工程,各预算表及项目之间有着密切的勾稽关系,需要各部门按照本预算大纲规定的要求和时间认真填报。各部门报送公司预算管理办公室的预算草案一律采用电子文档方式。不明之处,请及时与公司预算管理办公室联系。

联系人:吴磊、张婷

联系电话:8001956

阳光公司预算管理委员会

2011年9月28日

Chapter Seven

第七章　经营预算

经营预算是全面预算编制的起点,它包括销售预算、生产预算、直接材料消耗预算、采购预算、直接人工预算、制造费用预算、产品成本预算、存货预算、期间费用预算等项内容。经营预算与利润预算密切相关,它一方面为利润预算的编制提供基本依据,另一方面要受利润预算的规范和制约。

在市场经济条件下,企业的生产经营活动一般都是"以销定产"的,与此相适应,经营预算编制也往往是以销售预算的编制为起点。各项预算编制要根据企业的预算编制方针和预算目标,遵循科学的原则,按照一定的编制程序和方法进行。其中,在编制方法上,可以根据不同的预算项目,分别采用固定预算、弹性预算、滚动预算、零基预算、概率预算等方法进行编制;在编制责任单位的划分上,应采取与企业组织结构相一致的划分方法,以便于预算的执行、考核和责任落实。

下面,按照企业生产经营过程的销售、生产、供应、管理四个环节,分别讲解销售、生产、供应、期间费用及其他经营预算的编制。

第一节　经营预算概述

经营预算也称作业务预算、营业预算,是预算期内企业日常生产经营活动的预算,主要包括销售预算、生产预算、供应预算、期间费用预算等生产经营活动预算。

从事生产经营活动是企业的基本特征和内容,因此,经营预算是企业全面预算的主体。就预算种类、数量和编制工作量而言,经营预算一般要占全部预算的80%左右。经营预算在全面预算中的重要性不言而喻。

一、经营预算编制的基本任务

企业是以营利为目的独立从事生产经营活动的经济组织。工业企业的生产经营活动一般可分为供应、生产、销售三大环节,通过供应环节采购生产所需的材料物资,通过生产环节生产市场上需要的产品,通过销售环节将产品推向市场,在满足社会需要的同时以收抵支获得利润。因此,经营预算编制的基本任务如下。

(1) 贯彻落实企业年度经营目标。企业年度经营目标的主要内容是销售收入目标和利润总额目标。要将经营目标由目标变为现实,一个很重要的环节就是通过编制经营预算将经营目标一一细化和落实。

(2) 规划安排企业年度生产经营活动。通过编制经营预算将预算期内企业生产经营活动各个环节所需投入的人力、物力、财力,以及销售环节获得的营业收入,全部通过预算的方式进行统筹规划、全面安排。

(3) 优化资源配置,提高经济效益。通过编制经营预算将企业的资金流、实物流、业务流、信息流、人力流等进行科学疏理、连接与整合,将企业有限的资源协调分配到能够提高经营效率、经营效果的业务活动中去,通过优化资源配置,提高经济效益,确保企业经营目标的实现。

二、经营预算编制的基本方法

经营预算是全面预算编制的起点。在市场经济条件下,企业的生产经营活动一般都是"以销定产"的。与此相适应,编制经营预算要根据公司董事会及预算管理委员会提出的预算编制方针、编制政策和预算目标,以基期生产经营的实际状况为基础,综合考虑经济政策变动、市场竞争状况、产品竞争能力等因素,遵循科学合理、切实可行的原则,按照一定的编制程序和方法进行。基本方法如下。

(1) 按照先销售预算、再生产预算、后供应预算的基本顺序编制经营预算。适应企业"以销定产"的需要,经营预算的编制一般以销售预算为起点,然后根据销售数量和库存产品的结存情况安排生产预算;最后编制保证生产活动顺利进行的各项资源供应和配置预算。但是,对于"以产定销"的企业来说,经营预算编制的起点一般是生产预算,然后"以产定销"安排供应预算和销售预算。

(2) 按照上下结合、分级编制、逐级汇总的基本程序编制经营预算。经营预算的内容涉及企业生产经营活动的方方面面,是企业预算期内从事销售活动、生产活动、采购活动、财务活动等生产经营活动的依据和指南。要提高经营预算的执行力,提高经营预算的可行性是关键。而要提高经营预算的可行性,就必须让经营预算具有广泛的群众基础。因此,编制经营预算必须遵循从基层来、到基层去的方针,严格履行自上而下、自下而上、上下结合、分级编制、逐级汇总的基本程序。

(3) 按照先归集、再计算、后编制的基本步骤编制经营预算。全面预算的种类有很多,但编制的基本步骤基本相同。可分为三大步:

第一步,收集基础资料。预算编制是否顺利,关键要看基础资料的准备是否充分和翔实,要针对预算项目的构成要素、影响因素、编制依据、编制要求等事项,有的放矢地归集、整理有关信息数据等基础资料。

第二步,计算预算指标。数字量化是预算的基本特征之一,通过计算确定预算指标是编制预算的基本环节。因此,要根据预算指标构成要素之间的逻辑关系,运用有关公式对收集到的基础资料进行加工、整理,反复测算、计算,核定出科学合理、切实可行的预算指标。

第三步,编制预算草案。在预算指标计算并确认结果无误的基础上,通过归纳、汇总,按照特定的格式要求编制各种预算草案。

(4)采用恰当的技术方法编制经营预算。编制预算的技术方法有很多,每种技术方法都有其优缺点和适用范围。编制人员要本着遵循经济活动规律,充分考虑符合企业自身经济业务特点、基础数据管理水平、生产经营周期和管理需要的原则,针对不同的预算项目和预算内容,选择或综合运用固定预算、弹性预算、滚动预算、零基预算、概率预算等方法编制经营预算。

(5)按照企业内部组织架构落实预算编制责任。编制经营预算,落实编制责任是关键。按照"谁执行预算,谁就编制预算"的基本原则,应采取与企业内部组织架构相一致的划分方法落实预算编制责任,各部门负责人是预算编制的第一责任人。这种安排不仅有利于预算编制的顺利进行,也有利于预算的执行、控制、核算、考核和责任落实。

(6)将预算项目划分为付现项目与非付现项目。付现项目也称"现金支出项目",是指在预算期内需要支付现金的预算项目;非付现项目也称"非现金支出项目",是指在预算期内不需要支付现金的预算项目。全面预算涉及的预算项目包罗万象,以是否在预算期内支付现金分类,可以将其划分为付现项目与非付现项目两大类。划分付现项目与非付现项目的目的是汇总编制预算期的现金收支预算。因此,在编制的各类预算中,凡是需要在预算期内支付现金的预算项目,都要将其汇总起来,单独设"付现项目"栏次予以列明;凡是没有设"付现项目"栏次的各类预算,一律视为在预算期内没有需要支付现金的预算项目。

第二节 销售预算的编制

一、销售预算概述

销售预算是预算期内企业销售产品或提供劳务等销售活动的预算。主要依据年度经营目标、预测的市场销量或劳务需求、企业自身的产品生产能力与结构、预计市场价格等因素编制。在市场经济条件下,绝大多数企业需要根据产品在市场上的销售量来决定产品的生产量,然后根据产品生产量确定材料、人工、资金的需用量和各种费用的支出额。也就是说,企业的生产预算、人力资源预算、供应预算等经营预算都要受销售预算的制约。因此,销售预算是大多数企业编制全面预算的起点,也是编制其他经营预算的基础。

（一）销售预算的编制责任

销售预算的执行者是销售部门，按照让执行者参与预算编制的原则，销售部门理应是编制销售预算的主体。由于销售预算的编制直接关系到企业生产、采购、资金、费用的安排以及企业战略规划和经营目标的实现，因此，与企业销售活动相关的部门和人员都应参与销售预算的编制、审议与对接。其中，财务部门、生产部门、采购部门和储运部门是销售预算编制、审议、对接的主要力量，涉及成本方面的销售预算，还需要以财务部门为主进行编制。

（二）销售预算的内容

销售预算包括发货数量预算、销售收入预算、应收账款预算、销售成本预算、销售费用预算和销售毛利预算等销售活动的预算。其中，销售费用预算归类到期间费用预算中讲解。

1. 发货数量预算

发货数量预算是预算期内企业向客户交付产品品种和数量的预算。主要内容包括客户名称、产品名称、规格型号、销售价格、发货数量和发货时间，反映了预算期内企业产品的发货规模。

2. 销售收入预算

销售收入预算是预算期内企业销售产品或提供劳务获得收入的预算。主要内容包括销售项目、销售数量、销售单价和销售收入，反映了预算期内企业的经营规模。

3. 应收账款预算

应收账款预算是预算期内企业应收账款发生额、回收额及其期初、期末余额的预算。主要内容包括客户名称、业务内容、期初余额、本期增加额、本期回收额、期末余额和货款回收的时间，反映了预算期内企业因销售活动而发生的应收账款增减变动和货款回收情况。

4. 销售成本预算

销售成本预算是预算期内企业销售产品或提供劳务付出成本的预算。主要内容包括销售项目、销售数量、销售单位成本和销售总成本，反映了预算期内企业的销售成本水平。

5. 销售毛利预算

销售毛利预算是预算期内企业销售收入减去销售成本后所剩余额的预算。主要内容包括销售项目、销售收入、销售成本和销售收入减去销售成本的余额。销售毛利是商业企业的一项重要指标，是商品销售收入扣除销售商品进价后的余额，又称商品进销差价。因其尚未减去商品流通费、税金和其他支出，还不是净利，故称销售毛利，反映了预算期内企业销售产品的差价及盈利水平。目前工业企业也普遍采用销售毛利的概念。

在预算实务中，销售收入预算、销售成本预算、销售毛利预算最终可以合并汇总在一张预算表中。

（三）销售预算的编制程序

在市场经济条件下，企业的销售活动必须以市场为导向，编制的销售预算必须对外连接市场，对内连接企业自身情况。因此，销售部门编制销售预算的重要基础工作就是开展销售预测。要以企业战略规划和经营目标为指导,客观详细地分析企业外部环境和自身条件的优势和劣势,对预算期内本企业产品的市场需求、市场份额、发货数量、销售数量、销售价格和销售金额等事项内容进行调研预测;要在巩固现有市场占有份额和客户资源的基础上,充分考虑潜在市场和潜在客户的开发,并按产品、地区、客户等分类形成预算期的销售预算方案。销售预算的具体编制程序如下:

(1)编制发货数量预算。销售部门以销售预测结果和企业经营目标为基本依据,测算、安排预算期内各种产品的发货数量和发货时间。

(2)编制销售收入预算。销售部门以企业下达的销售收入目标为导向,根据销售预测及与产品客户对接的结果,测算、安排预算期内产品的销售量、销售价格和销售收入。

(3)编制应收账款预算。销售部门以销售收入预算、货款回收政策、应收账款期初余额等资料为依据,测算、安排预算期内企业应收账款增减变动和货款回收情况。

(4)编制产品销售成本预算。财务部门以销售数量预算、产品制造成本预算和产品库存预算为依据,测算、安排预算期内企业已销产品的实际成本。

(5)编制销售毛利预算。销售部门或财务部门以销售收入预算和销售成本预算为依据,测算、安排预算期内企业产品销售的毛利和毛利率。

销售预算的编制程序如图7-1所示。

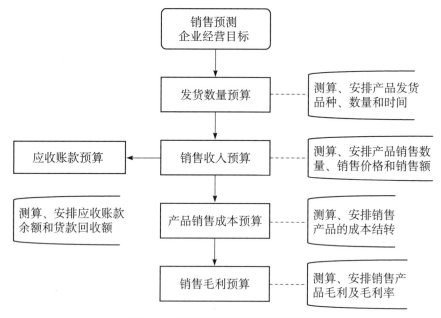

图7-1 销售预算的编制程序示意图

二、发货数量预算的编制

发货数量是指预算期内企业向客户交付的产品品种和产品数量,也就是预算期内产品的发货数量。发货数量预算是预算期内企业组织产品发货的总体安排,由销售部门负责编制,储运部门和生产部门予以协助。

(一) 发货数量预算的重要性

发货数量预算对预算期内企业的生产、供应、存货、资金等预算的制定有着决定性的影响,是其他预算的龙头。

(1) 发货数量决定着生产数量。满足产品的发货需要是生产部门的首要职责,因此,产品发货数量的多少直接影响着产品生产数量的多少。

(2) 发货数量决定着供应数量。产品发货数量多,生产数量自然也多,供应生产所需的材料物资必然也多;反之亦然。

(3) 发货数量决定着存货数量。为了满足产品发货和生产的双重需要,仓储部门需要根据发货数量的多少储备足量的材料存货和产品存货,生产部门也需要按照生产批量的多少安排在产品存货,从而保障产品的发货和生产需要。

(4) 发货数量决定着资金数量。产品发货数量、生产数量和供应数量与资金的需求数量成正比例关系,发货多、生产多、供应多,需要的资金周转量必然多,反之亦然。

另外,产品发货数量还对人力资源、设备、技术、质量、安全等方面产生直接或间接影响,发货数量预算在全面预算编制中的龙头作用可见一斑。

(二) 发货数量与销售数量的联系与区别

发货数量与销售数量是销售预算中的两个重要概念,两者都是反映企业销售情况的预算指标,都由销售部门负责安排,预算对象均为企业生产经营的各种产品。两者的区别在于:

(1) 确认的依据不同。发货数量以预算期内产品从企业管辖的仓库发出为确认依据,而不论产品的所有权是否已经转移给了客户;销售数量则以预算期内产品所有权已经转移给客户,并可以开具销售发票为确认依据,而不论产品是否已经从企业管辖的仓库发出。

(2) 两者的内涵不同。发货数量是指预算期内从企业仓库中发给客户的产品数量;销售数量是指预算期内可以向客户开具销售发票的产品数量。在产品供过于求的条件下,企业的产品发货出厂后,只是意味着产品存放地点由企业的仓库转移到了客户指定的仓库,并非意味着可以开具销售发票;只有等到客户确认后,企业才能确认销售数量,并给客户开具销售发票。反之,在产品供不应求的情况下,企业的销售发票开具后,销售数量得以确认,但是,产品的发货数量不一定能够确认,甚至有可能这时产品还没有生产出来。

(3) 两者的外延不同。预算期内的产品的销售数量一般不等于产品的发货数量,而是等于销售发票中列明的销售数量。只有在"票货同步"的情况下,即在开具销售发票的同时予以发货,产品的销售数量才等于产品的发货数量。决定销售数量是"等于"、"大于"还是"小于"发货数量的关键因素是产品的供求关系和企业的销售开票政策。

(4) 两者的用途不同。发货数量是仓储部门编制产品存货预算和生产部门编制产品产量预算的主要依据;销售数量是销售部门编制销售收入预算、应收账款预算、销售费用预算的主要依据。

(三) 发货数量预算的编制方法

(1) 收集预算基础资料。发货数量预算编制的主要依据是预算期内企业产品发货目标、客户对产品的需求量、预算期的产品订单以及本企业的产品生产能力等信息资料。为了编好发货数量预算,销售部门必须深入开展市场调研与销售预测,确保发货数量预算编制建立在翔实的基础资料之上,与市场需求相适应,与企业生产经营活动的实际相吻合。

(2)计算发货数量。在收集预算基础资料的基础上,以产品为预算对象,以客户为统计对象,逐一测算客户在预算期内对各种产品的需求数量和需求时间。统计、测算需要经过一个反复测算、编排的过程,直至基本符合预算目标。

(3)编制发货数量预算。在反复统计、测算发货数量的基础上,编制发货数量预算。编制的基本要求有三个:

一是切实可行。发货数量既要符合市场、客户对本企业产品的实际需求,又要与本企业的产品生产能力相互匹配,同时还要符合企业总体经营目标的要求。

二是确保目标。由于各种产品的销售价格及盈利水平存在差异,因此,发货数量预算中的产品结构对于年度销售收入预算和利润预算的制定影响巨大,需要编制部门综合考虑,不可偏颇。

三是尽量细化。为了便于生产部门安排产品生产,发货数量预算中要列明产品名称、规格型号、发货数量和发货时间。其中,年度预算应尽量细化到月份,月度预算则应细化到每周甚至每天。具体细化要求因企业、因产品而有所不同。

发货数量预算表的基本格式如表7-1所示。

表7-1 发货数量预算表

产品名称	规格型号	计量单位	全年发货量	各月份发货数量											
				1月	2月	3月	4月	5月	6月	7月	8月	9月	10月	11月	12月
合计															

(四)发货数量预算的编制案例①

【例7-1】 阳光公司在2012年预算编制大纲中,初步拟定的2012年公司销售收入预算目标为550万元(见第六章表6-6)。根据预算编制顺序,销售部门需要首先编制2012年发货数量预算,并将预算期间细化到每个季度。

预算编制过程和编制方法如下:

(1)收集预算基础资料。销售公司经过市场调研、销售预测,与现有客户及拟开发的新客户进行了沟通、对接,基本掌握了市场客户及同行业发展的基本情况,对预算期内客户的产品需求量、需求时间以及产品订单数量有了总体把握;同时与生产部门对接了预算期内本企业的资源状况、生产能力、技术水平等自身环境变化,掌握了编制发货数量预算的第一手资料。

---

① 为了完整反映企业编制全面预算的过程、思路和方法,保持案例的连贯性和勾稽关系,本书中凡是冠以"阳光公司"的案例之间均相互衔接。

(2) 计算发货数量。销售公司经过反复调研、统计、编排,测算2012年发货数量如表7-2所示。

表7-2 2012年发货数量测算表

预算部门:销售公司　　　　　编制时间:2011年10月12日　　　　　　　　　　单位:吨

序号	客户名称	产品名称	2012年发货数量	各季度发货数量			
				第1季度	第2季度	第3季度	第4季度
一	×	A产品	200	49	51	52	48
1	红旗公司	—	36	10	9	9	8
2	飞马公司	—	30	7	8	8	7
…	…	—	…	…	…	…	…
二	×	B产品	150	30	35	40	45
1	雪山公司	—	30	6	7	8	9
2	红旗公司	—	20	4	5	5	6
…	…	—	…	…	…	…	…
三	×	C产品	500	110	130	140	120
1	红旗公司	—	100	25	25	25	25
2	飞马公司	—	80	15	20	25	20
…	…	—	…	…	…	…	…

(3) 编制发货数量预算。销售公司根据发货数量测算表,编制发货数量预算如表7-3所示。

表7-3 阳光公司2012年发货数量预算表

预算部门:销售公司　　　　　编制时间:2011年10月12日　　　　　　　　　　单位:吨

产品名称	发货数量				
	全年	第1季度	第2季度	第3季度	第4季度
A产品	200	49	51	52	48
B产品	150	30	35	40	45
C产品	500	110	130	140	120

三、销售收入预算的编制

销售收入预算是按照"销售收入=销售数量×销售单价"的基本公式,依据销售预测确定的产品销售量和销售价格编制的。

需要特别强调以下三点:

第一,销售收入预算中的销售收入是指预算期内企业利润报表中的销售收入(主营业务收入),是预算期内企业给客户开具销售发票、确认已经实现的销售收入。

第二,销售收入预算中的销售数量是指预算期内企业给客户开具销售发票中列明的产品销售数量。

第三,销售收入预算中的销售数量一般不等于发货数量。这是因为,在产品供过于求的条件下,企业的产品发货出厂后,只是意味着产品存放地点由厂内的仓库转移到了客户指定的仓库,并非意味着销售收入的实现;只有等到客户确认后,企业才能给客户开具销售发票。因此,企业预算期内的产品销售数量一般不等于产品发货数量,而是等于销售发票中列明的销售数量。

销售收入预算是预算期内企业开展销售活动、实现销售收入的总体安排,由销售部门负责编制,财务部门和储运部门予以协助。

(一)销售收入预算的编制方法

(1)收集预算基础资料。销售收入预算编制的主要依据是预算期内产品发货数量预算、销售合同、销售开票政策、产品价格走势、收款政策、客户付款政策,以及企业年度经营目标等信息资料。因此,销售部门要通过多种渠道搜集上述基础资料,并进行深度调研、分析和预测。

(2)编排、测算销售收入额。在收集预算基础资料的基础上,以产品为预算对象,以客户为编排对象,逐一测算预算期内给客户的开票数量、结算价格、销售金额和具体时间,使之基本符合公司预定的销售收入目标。

(3)编制销售收入预算。在编排、测算销售收入额的基础上,编制销售收入预算。为了满足企业管理销售业务、控制销售活动、分析产品市场和考核销售绩效等方面的需要,方便企业管理者从不同角度提炼出不同的信息,销售收入预算可以分别按产品品种、销售区域、结算方式、销售客户、责任部门等不同形式进行编制,从而形成多维数据模型。这些多维信息的提供,可以为企业评价产品市场,进行销售区域的合理布局,调整产品销售结构,对销售人员进行业绩评价等经营决策提供可靠的数据资料和客观依据。

下面,主要介绍按产品品种、销售区域和结算方式编制销售收入预算的方法。

1. 按产品品种编制销售收入预算的方法

为了反映产品销售结构和各种产品的销售情况,销售收入预算一般按产品品种进行编制,这是销售收入预算编制的基本形式。在企业产销多种产品的情况下,销售收入预算应分别反映各种产品的预算销售额和销售结构,以发挥销售收入预算管理、决策、控制、考核销售活动的作用。如果企业产品规格型号较多,也可以按产品类别编制销售收入预算。按照产品品种编制销售收入预算的格式如表7-4所示。

表7-4 产品销售收入预算表　　　　　金额单位:万元

产品名称	计量单位	销售单价	全年		第1季度		第2季度		第3季度		第4季度	
			数量	金额	数量	金额	数量	金额	数量	金额	数量	金额
甲产品	台	1	300	300	75	75	75	75	75	75	75	75
乙产品	台	2	160	320	40	80	40	80	40	80	40	80
丙产品	套	3	120	360	34	101	24	72	36	108	26	79
合计	×	×	×	980	×	256	×	227	×	263	×	234

2. 按销售区域编制销售收入预算的方法

为了反映产品在不同销售区域的销售数量、销售价格和市场份额,以便有针对性地将不同产品投放到最适销的市场,实现企业产品销售的最佳组合,企业可以按产的销售区域编制销售收入预算。按照销售区域编制销售收入预算的格式如表 7-5 所示。

表 7-5 产品销售收入预算表　　　　　　　　　　金额单位：万元

销售区域	产品名称	计量单位	销售单价	全年 数量	全年 金额	第1季度 数量	第1季度 金额	第2季度 数量	第2季度 金额	第3季度 数量	第3季度 金额	第4季度 数量	第4季度 金额
北京	甲产品	台	1	100	100	25	25	25	25	25	25	25	25
北京	乙产品	台	2	80	160	20	40	20	40	20	40	20	40
北京	丙产品	套	3	60	180	19	56	9	27	21	63	11	34
北京	小计	×	×	×	440	×	121	×	92	×	128	×	99
山东	甲产品	台	1	100	100	25	25	25	25	25	25	25	25
山东	乙产品	台	2	40	80	10	20	10	20	10	20	10	20
山东	丙产品	套	3	40	120	10	30	10	30	10	30	10	30
山东	小计	×	×	×	300	×	75	×	75	×	75	×	75
重庆	甲产品	台	1	100	100	25	25	25	25	25	25	25	25
重庆	乙产品	台	2	40	80	10	20	10	20	10	20	10	20
重庆	丙产品	套	3	20	60	5	15	5	15	5	15	5	15
重庆	小计	×	×	×	240	×	60	×	60	×	60	×	60
合计	甲产品	台	1	300	300	75	75	75	75	75	75	75	75
合计	乙产品	台	2	160	320	40	80	40	80	40	80	40	80
合计	丙产品	套	3	120	360	34	101	24	72	36	108	26	79
合计	合计	×	×	×	980	×	256	×	227	×	263	×	234

3. 按结算方式编制销售收入预算的方法

为了反映产品在不同结算方式下的销售数量、销售价格和市场份额，企业还可以按产品的结算方式编制销售收入预算。这种形式的预算一般以产品品种为单位进行编制，然后加以汇总。

按照结算方式编制的销售收入预算如表 7-6 所示。

表 7-6 产品销售收入预算表　　　　　　　　　　金额单位：万元

产品类别及名称	结算方式	计量单位	销售单价	全年 数量	全年 金额	第1季度 数量	第1季度 金额	第2季度 数量	第2季度 金额	第3季度 数量	第3季度 金额	第4季度 数量	第4季度 金额
甲产品	现销	台	0.95	240	228	60	57	60	57	60	57	60	57
甲产品	分期收款	台	1.2	50	60	12	14.4	13	15.6	12	14.4	13	15.6
甲产品	易货	台	1.2	10	12	3	3.6	2	2.4	3	3.6	2	2.4
甲产品	小计	台	1	300	300	75	75	75	75	75	75	75	75
乙产品	现销	台	1.9	120	228	28	53.2	28	53.2	32	60.8	32	60.8
乙产品	分期收款	台	2.2	30	66	11	24.2	11	24.2	4	8.8	4	8.8
乙产品	易货	台	2.6	10	26	1	2.6	1	2.6	4	10.4	4	10.4
乙产品	小计	台	2	160	320	40	80	40	80	40	80	40	80
丙产品	现销	套	2.9	100	290	30	87	20	58	30	87	20	58
丙产品	分期收款	套	3.5	12	42	2	7	2	7	4	14	4	14
丙产品	易货	套	3.5	8	28	2	7	2	7	2	7	2	7
丙产品	小计	套	3	120	360	34	101	24	72	36	108	26	79

（续表）

产品类别及名称	结算方式	计量单位	销售单价	全年 数量	全年 金额	第1季度 数量	第1季度 金额	第2季度 数量	第2季度 金额	第3季度 数量	第3季度 金额	第4季度 数量	第4季度 金额
合计	现销	×	×	×	746	×	197.2	×	168.2	×	204.8	×	175.8
	分期收款	×	×	×	168	×	45.6	×	46.8	×	37.2	×	38.4
	易货	×	×	×	66	×	13.2	×	12	×	21	×	19.8
	合计	×	×	×	980	×	256	×	227	×	263	×	234

按照产品的销售客户、责任部门编制销售收入预算的方法与按照销售区域、结算方式编制销售收入预算的方法基本相同，兹不赘述。

销售收入预算编制形式的选择应根据企业产品销售的特点和预算管理的需要而定。同时，在编制销售收入预算时还要注意如下几点：

一是应通过量本利分析，确定有可能使企业经济效益达到最佳状态的销售量和销售单价，同时还应考虑企业现行的产品生产能力、存货水平和销售的季节性影响等情况。如果是多品种生产经营，还要考虑产品产销结构不同给企业销售收入及利润水平带来的影响。

二是在编制销售收入预算时，要充分考虑产品销售的收款方式和现金收款安排，同时还要考虑产品的出厂价、批发价和零售价。这样，既有利于细化销售收入预算的编制，又能全面把握预计应收账款情况，为编制应收账款预算和现金预算提供必要的数据资料。

三是销售收入预算还应反映流转税的情况。流转税是以商品、劳务的销售额和营业收入作为计税依据，主要包括增值税、消费税、营业税、关税及各类附加税费。其中，增值税的销项税额是应收账款的增加项目，是应向客户收取的资金；消费税、营业税及各类附加税费是销售收入的减项，扣除后为税后销售净收入。

（二）销售收入预算的编制案例

【例7－2】 阳光公司要求销售部门按照公司2012年预算编制大纲的要求，结合销售预测情况，编制2012年销售收入预算。已知阳光公司产品销售的增值税税率为17%。为了简化预算编制，案例假定阳光公司预算期内的产品发货量与产品销售数量相同，即产品发货后企业就给客户开具销售发票，确认销售收入已经实现。

销售部门根据公司2012年预算编制大纲中拟定的经营目标，结合本部门掌握的各种销售资料，分步骤编制2012年销售收入预算。

预算编制过程和编制方法如下。

1. 编制销售收入预算基础资料表

根据公司下达的预算目标草案，销售部门与财务部门共同测算、核定了2012年各种产品的销售价格和增值税税率。然后，编制了2012年产品销售品种、价格和增值税税率等销售收入预算基础资料表，如表7－7所示。

表7－7 2012年销售收入预算基础资料表

预算部门：销售公司　　　　　　编制时间：2011年10月13日

产品名称	不含税销售单价（元/吨）	含税销售单价（元/吨）	增值税税率（%）
A产品	5000.00	5850.00	17
B产品	10000.00	11700.00	17
C产品	6000.00	7020.00	17

2. 编制销售收入测算表

销售部门在编制销售预算基础资料表和发货数量预算(表7-3)的基础上,经过与产品客户衔接、沟通,以产品为预算对象,以客户为统计对象对预算期内的销售数量、价格、收入进行了全面测算。

如前所述,销售收入预算中的销售数量与发货数量预算中的发货数量不是一个概念。在预算实务中,销售收入预算中的销售数量是根据预算期内的产品发货数量、客户预计使用数量、客户的付款结算政策等因素测算确定的,是销售方与购买方反复磋商、沟通的结果。① 本案例为了简化计算,假定阳光公司2012年的产品发货数量与销售数量完全相同。

销售部门按客户测算的2012年销售收入如表7-8所示。

表7-8 阳光公司2012年销售收入测算表

预算部门:销售公司　　　　　编制时间:2011年10月13日

序号	客户名称	2012年度			第1季度		第2季度		第3季度		第4季度	
		数量(吨)	单价(万元/吨)	销售额(万元)	数量(吨)	销售额(万元)	数量(吨)	销售额(万元)	数量(吨)	销售额(万元)	数量(吨)	销售额(万元)
一	A产品	200	0.5	100	49	24.5	51	25.5	52	26	48	24
1	红旗公司	36	0.5	18	10	5	9	4.5	9	4.5	8	4
2	飞马公司	30	0.5	15	7	3.5	8	4	8	4	7	3.5
…	…	…	…	…	…	…	…	…	…	…	…	…
10	新兴公司	8	0.5	4	2	1	2	1	2	1	2	1
…	…	…	…	…	…	…	…	…	…	…	…	…
30	远景公司	2	0.5	1	0.6	0.3	0.6	0.3	0.4	0.2	0.4	0.2
二	B产品	150	1	150	30	30	35	35	40	40	45	45
1	雪山公司	30	1	30	6	6	7	7	8	8	9	9
2	红旗公司	20	1	20	4	4	5	5	5	5	6	6
…	…	…	…	…	…	…	…	…	…	…	…	…
12	新兴公司	5	1	5	1	1	1	1	2	2	1	1
…	…	…	…	…	…	…	…	…	…	…	…	…
26	潇洒公司	1.3	1	1.3	0.3	0.3	0.3	0.3	0.3	0.3	0.4	0.4
三	C产品	500	0.6	300	110	66	130	78	140	84	120	72
1	红旗公司	100	0.6	60	25	15	25	15	25	15	25	15
2	飞马公司	80	0.6	48	15	9	20	12	25	15	20	12
…	…	…	…	…	…	…	…	…	…	…	…	…
18	中天公司	10	0.6	6	2	1.2	3	1.8	3	1.8	2	1.2
…	…	…	…	…	…	…	…	…	…	…	…	…
36	黎明公司	5	0.6	3	1	0.6	1	0.6	2	1.2	1	0.6
四	合计	—	—	550	—	120.5	—	138.5	—	150	—	141

3. 编制销售收入预算

销售部门根据销售收入测算表编制的2012年销售收入预算如表7-9所示。

---

① 销售收入预算中的销售数量是发票上开具的销售数量,开具发票后就正式形成债权债务关系。因此,销售方只有和购买方沟通一致后,才能开具发票。这种现象在工业企业普遍存在。

表 7-9 阳光公司 2012 年销售收入预算表

预算部门:销售公司　　　　　　编制时间:2011 年 10 月 13 日

产品名称	2012 年预算 数量（吨）	2012 年预算 单价（元/吨）	2012 年预算 金额（元）	第 1 季度 数量（吨）	第 1 季度 金额（元）	第 2 季度 数量（吨）	第 2 季度 金额（元）	第 3 季度 数量（吨）	第 3 季度 金额（元）	第 4 季度 数量（吨）	第 4 季度 金额（元）
计算关系	(1)	(2)	(3)=(2)×(1)	(4)	(5)=(2)×(4)	(6)	(7)=(2)×(6)	(8)	(9)=(2)×(8)	(10)	(11)=(2)×(10)
A 产品	200	5 000	1 000 000	49	245 000	51	255 000	52	260 000	48	240 000
B 产品	150	10 000	1 500 000	30	300 000	35	350 000	40	400 000	45	450 000
C 产品	500	6 000	3 000 000	110	660 000	130	780 000	140	840 000	120	720 000
合　计	—	—	5 500 000	—	1 205 000	—	1 385 000	—	1 500 000	—	1 410 000

在缴纳增值税的企业,销售货款包括销售收入款和税款两部分。为了编制现金收入预算和应收账款预算的需要,缴纳增值税的企业应分别编制销售收入预算和含税销售收入预算。同时约定:凡是包含税金的销售收入一律注明"含税"两个字;凡是没有注明"含税"两个字的,一律为不含税销售收入。含税销售收入的计算公式为:

$$含税销售收入 = 销售收入 \times (1 + 税率)$$

$$税款 = 销售收入 \times 税率$$

已知增值税税率为 17%,销售部门据以编制 2012 年含税销售收入预算如表 7-10 所示。

表 7-10 阳光公司 2012 年含税销售收入预算表

预算部门:销售公司　　　　　　编制时间:2011 年 10 月 13 日

产品名称	全年预算 数量（吨）	全年预算 含税单价（元/吨）	全年预算 金额（元）	分季度预算 第 1 季度（元）	分季度预算 第 2 季度（元）	分季度预算 第 3 季度（元）	分季度预算 第 4 季度（元）
A 产品	200	5 850	1 170 000	286 650	298 350	304 200	280 800
B 产品	150	11 700	1 755 000	351 000	409 500	468 000	526 500
C 产品	500	7 020	3 510 000	772 200	912 600	982 800	842 400
合　计	—	—	6 435 000	1 409 850	1 620 450	1 755 000	1 649 700

注:表中各季度含税销售收入等于表 7-9 中的各季度销售收入乘以 1.17。

四、应收账款预算的编制

应收账款是指企业因销售产品、材料、提供劳务应向购货单位或接受劳务单位收取的款项,是企业因销售产品或提供劳务而形成的债权。在产品供大于求的市场经济条件下,企业为了扩大产品销售规模,提高市场占有率,一般会采用赊销的方式销售产品,所以当期的销售货款往往有一部分不能立即收回,从而形成一部分应收账款。也就是说,企业预算期内的销售收入额并不等于预算期内的销售现金收入。因此,为了管理、控制预算期内企业应收账款的发生、回收,以及期初、期末余额的变动情况,也为了安排预算期的现金收入,为编制现金预算提供数据来源,企业在销售收入预算编制完成后,需要编制应收账款预算。

应收账款预算是预算期内企业组织销售货款回收和控制、管理应收账款余额的总体安排,由销售部门负责编制,财务部门予以协助。

(一) 应收账款预算的编制方法

(1) 收集预算基础资料。应收账款预算编制的主要依据是预算期的销售额、产品供求关系、销售合同、销售收款政策、客户付款政策及付款能力、客户信用记录、应收账款期初余额、本企业预算期的现金收支安排等信息资料。为了编好应收账款预算,销售部门必须尽最大努力,归集、整理上述预算基础资料,要和财务部门一起研究制定预算期的销售收款政策。

(2) 计算预算指标。在收集预算基础资料的基础上,以客户为预算对象,逐一计算客户在预算期内的应收账款增加、减少和期末余额。应收账款预算各项指标计算的基本公式为:

应收账款期末余额 = 应收账款期初余额 + 预算期应收账款增加额 − 预算期应收账款减少额

(3) 编制应收账款预算。应收账款预算编制的重点是预算期内的货款回收额,也就是现金收款额。这是预算期内企业现金收入的主要来源,对于现金预算的收支平衡具有决定性的影响。因为企业的应收账款是按客户名称设置的账户,所以编制应收账款预算时,应按客户名称进行排序,同时还要反映销售业务的内容,以便与销售收入预算相衔接。

当企业的应收账款户数过多时,可采取重点管理法(也称作 ABC 分析法)编制应收账款预算。具体做法是:首先,对所有客户按年销售额大小顺序进行排列;然后,计算累计销售额占企业销售总额的百分比;最后,根据客户排列顺序进行分类管理编制预算。其中,对累计销售额占企业销售总额 80% 左右的客户群体实行重点管理,在应收账款预算中要明细到每一个客户;对于其他占企业销售总额 20% 左右的客户群体,则实行一般性管理,在应收账款预算中可以按销售区域、销售部门或产品类别进行汇总列示。

另外,需要说明的是,为了全面反映预算期内应收账款的数额,企业应将预算期的销售收入全部纳入应收账款预算;会计人员做账时,也应将销售收入全部过渡到应收账款账户。

(二) 应收账款预算的编制案例

【例 7 – 3】 阳光公司根据产品供求关系、资金状况和市场情况,制定的 2012 年产品销售货款回收政策为:每季度含税销售收入的 70% 在本季度收回现金,剩余 30% 于下一季度收回。销售部门与财务部门共同负责编制 2012 年应收账款预算。

预算编制过程和编制方法如下。

1. 收集应收账款预算基础资料

归集、整理了预算期发货数量预算、销售收入预算、已订立的销售合同、客户信用记录等基础资料;与财务部沟通了公司预算期内的总体现金收支安排;分析研究了销售收款政策、产品供求关系、客户付款政策及付款能力、预计期初应收账款余额等信息资料。

2. 研究分析产品客户,系统梳理销售收入

根据产品客户较多的具体情况,销售公司对销售客户开展 ABC 分析,系统梳理预算期的销售收入。

首先,根据销售收入测算表(表 7 – 8),分产品将所有客户按 2012 年的预计销售额大

小进行顺序排列,并计算累计销售额占总销售额的比重,如表7-11所示。

表7-11　阳光公司2012年客户分产品销售额(含税)排序表

预算部门:销售公司　　　　　　　编制时间:2011年10月13日

序号	销售客户名称	销售额(元)	累计销售额(元)	累计销售额比重(%)
一	A产品	1 170 000	—	—
1	红旗公司	210 600	210 600	18.0
2	飞马公司	175 500	386 100	33.0
…	…	…	…	…
10	新兴公司	46 800	930 000	79.5
…	…	…	…	…
30	远景公司	11 700	1 170 000	100.0
二	B产品	1 755 000	—	—
1	雪山公司	351 000	351 000	20.0
2	红旗公司	234 000	585 000	33.3
…	…	…	…	…
12	新兴公司	58 500	1 400 000	79.8
…	…	…	…	…
26	潇洒公司	15 200	1 755 000	100.0
三	C产品	3 510 000	—	—
1	红旗公司	702 000	702 000	20.0
2	飞马公司	561 600	1 263 600	36.0
…	…	…	…	…
18	中天公司	70 200	2 810 000	80.1
…	…	…	…	…
36	黎明公司	35 100	3 510 000	100.0

然后,对每一客户各种产品的年度销售额进行汇总排序,计算累计销售额和累计销售额占总销售额的比重,如表7-12所示。

表7-12　阳光公司2012年客户汇总销售额(含税)汇总排序表

预算部门:销售公司　　　　　　　编制时间:2011年10月13日

序号	销售客户名称	业务内容	销售额(元)	累计销售额(元)	累计销售额比重(%)
1	红旗公司	A/B/C产品	1 146 600	1 146 600	17.82
2	飞马公司	A/C产品	737 100	1 883 700	29.27
3	雪山公司	A/B产品	500 000	2 383 700	37.04
…	…	…	…	…	…
28	中天公司	C产品	70 200	5 150 000	80.03
…	…	…	…	…	…
56	远景公司	A产品	11 700	6 435 000	100.00
	合计	A/B/C产品	6 435 000	—	—

3. 编制应收账款预算

首先，根据销售客户的汇总排列顺序，对排在累计销售额占企业销售收入总额80%左右的客户，在应收账款预算中按客户名称进行明细填列；对于其他小客户群体，在应收账款预算中按销售区域进行汇总填列。

然后，根据应收账款期初余额、预算期新增应收账款、企业的收款政策以及客户、产品市场的具体情况确定应收账款预算的有关指标。其中：

（1）应收账款期初余额根据编制预算时应收账款账户的实际余额，综合考虑到本年期末的新增应收账款及货款回收情况分析填列；

（2）预算期新增应收账款根据销售收入预算及分客户的销售情况分析填列；

（3）收款政策由公司制定，本案例按销售收入当季度收回现金70%，其余30%下一季度收回的收款政策计算填列；

（4）预算期各季度回收现金根据如下公式计算填列：

预算期回收现金 = 应收账款期初余额 + 预算期新增应收账款 × 70%

（5）预算期各季度期末应收账款余额根据如下公式计算填列：

应收账款期末余额 = 应收账款期初余额 + 预算期新增应收账款 − 预算期回收现金

再后，编制阳光公司2012年应收账款季度预算如表7-13所示。

表7-13 阳光公司2012年应收账款季度预算表

预算部门：销售公司　　　　编制时间：2011年10月13日　　　　单位：元

序号	客户名称及分类	期初余额	第1季度			第2季度			第3季度			第4季度		
			本期应收	本期收现	期末余额	本期应收	本期收现	期末余额	本期应收	本期收现	期末余额	本期应收	本期收现	期末余额
一	重点客户	231 000	1 128 000	1 020 600	338 400	1 300 000	1 248 400	390 000	1 400 000	1 370 000	420 000	1 322 000	1 345 400	396 600
1	红旗公司	43 000	280 800	239 560	84 240	286 650	284 895	85 995	286 650	286 650	85 995	292 500	290 745	87 750
2	飞马公司	30 000	146 250	132 375	43 875	187 200	174 915	56 160	222 300	211 770	66 690	181 350	193 635	54 405
3	雪山公司	26 000	110 000	103 000	33 000	120 000	117 000	36 000	130 000	127 000	39 000	140 000	137 000	42 000
...	...	...	...	...	...	...	...	...	...	...	...	...	...	...
28	中天公司	0	14 040	9 828	4 212	21 060	18 954	6 318	21 060	21 060	6 318	14 040	16 146	4 212
二	一般客户	69 000	281 800	266 260	84 540	320 500	308 890	96 150	355 000	344 650	106 500	327 700	335 890	98 310
1	东北6户	10 000	61 000	52 700	18 300	70 000	67 300	21 000	75 000	73 500	22 500	69 000	70 800	20 700
2	华北7户	23 000	110 000	100 000	33 000	100 000	103 000	30 000	100 000	100 000	30 000	70 000	79 000	21 000
3	华东10户	26 000	100 000	96 000	30 000	100 000	100 000	30 000	110 000	107 000	33 000	120 000	117 000	36 000
4	华南5户	10 000	10 800	17 560	3 240	50 500	38 590	15 150	70 000	64 150	21 000	68 700	69 090	20 610
三	合计	300 000	1 409 800	1 286 860	422 940	1 620 500	1 557 290	486 150	1 755 000	1 714 650	526 500	1 649 700	1 681 290	494 910

最后，汇总编制阳光公司2012年应收账款年度预算如表7-14所示。

表 7-14 阳光公司 2012 年应收账款年度预算表

预算部门:销售公司　　　　　编制时间:2011 年 10 月 13 日　　　　　　　　单位:元

序号	客户名称及分类	业务内容	2012 年预算			
			期初余额	本期应收	本期收现	期末余额
一	重点客户	—	231 000	5 150 000	4 984 400	396 600
1	红旗公司	A/B/C 产品	43 000	1 146 600	1 101 850	87 750
2	飞马公司	A/C 产品	30 000	737 100	712 695	54 405
3	雪山公司	A/B 产品	26 000	500 000	484 000	42 000
…	…	…	…	…	…	…
28	中天公司	C 产品	0	70 200	65 988	4 212
二	一般客户	—	69 000	1 285 000	1 255 690	98 310
1	东北地区 6 户	A/B/C 产品	10 000	275 000	264 300	20 700
2	华北地区 7 户	A/B/C 产品	23 000	380 000	382 000	21 000
3	华东地区 10 户	A/B/C 产品	26 000	430 000	420 000	36 000
4	华南地区 5 户	A/B/C 产品	10 000	200 000	189 390	20 610
三	合计	—	300 000	6 435 000	6 240 090	494 910

五、销售成本预算的编制

销售成本是指企业已经销售的产成品或已经提供的劳务按配比原则结转的实际成本,是计算销售利润、编制利润表的重要项目。

销售成本预算是预算期内企业结转产品销售成本或劳务成本的总体安排,由财务部门负责编制,销售部门和生产部门予以协助。

（一）销售成本预算的编制方法

1. 收集预算基础资料

销售成本预算编制的主要依据是预算期内的销售数量预算、产品制造成本预算、产品库存预算和预算编制要求。为此,财务部门需要归集、整理上述基础资料,夯实编制预算的基础工作。

2. 测算单位产品销售成本

由于单位产品销售成本是已售产品的单位制造成本,因此,从理论上讲可以用销售数量乘以单位产品制造成本得到产品销售成本。然而,由于企业不同时期的完工产品制造成本是各不相同的,加上预算期实现销售收入的产品中,既有本期生产的产品,也有上期转入的产品,因此,预算期产品销售成本需要采用如下公式计算:

预算期产品销售成本 = 期初库存产品成本 + 预算期入库产品成本 - 期末结存产品成本

由于期初库存产品的单位成本和预算期入库产品的单位成本不尽相同,所以,编制产品销售成本预算的关键是如何确定已售产品的单位成本问题。根据国家财税部门的有关规定,结转产品销售成本的方法前后各期应保持一致。采用计划成本结转产品销售成本时,应同时结转产品成本差异,将计划成本调整为实际成本。由于产品销售成本直接关系到企业产品销售利润及利润总额的大小,因此,企业应根据产品特点和管理要求选择恰当的结转方法。具体方法有先进先出法、后进先出法、加权平均法及个别计价法等。

为了实现收入与成本的合理匹配,企业一般可采用加权平均法计算已售产品的单位

成本。计算公式为:

$$加权平均单位成本 = \frac{期初库存产品成本 + 预算期入库产品成本}{期初库存产品数量 + 预算期入库产品数量}$$

3. 编制销售成本预算

在计算单位产品销售成本的基础上,财务部门按照"产品销售成本 = 加权平均单位成本 × 产品销售数量"的基本公式,逐一计算出预算期各种产品的销售成本,并据以编制销售成本预算。

(二)销售成本预算的编制案例

【例 7-4】 按照责任分工,财务部负责根据有关资料,采用加权平均法编制阳光公司 2012 年产品销售成本预算。

预算编制过程和编制方法如下。

首先,收集编制销售成本预算的基础资料。包括销售产品名称、期初产品库存数量和成本、预算期产品入库数量和成本、预算期产品销售数量等基础资料。其中,预算期销售产品名称、产品销售数量、产品入库数量和成本可以分别从销售收入预算(表 7-9)和产品成本预算(表 7-41)中取得;期初产品库存数量和成本数据既可以根据编制预算时已知的产品库存账面结存成本和结存数量,与基期剩余月份预计产品入库成本和入库数量加权平均计算后取得,也可以从产品存货预算(表 7-49)中直接取得。

然后,编制销售成本预算计算表。根据收集、整理的基础资料,按照计算产品销售成本的基本公式,采用加权平均法计算 2012 年产品销售的加权平均单位成本,如表 7-15 所示。

表 7-15 阳光公司 2012 年产品销售成本预算计算表

预算部门:财务部　　　　　　　编制时间:2011 年 10 月 17 日

产品名称	期初库存产品		预算期入库产品		产品销售单位成本(元/吨)
	数量(吨)	总成本(元)	数量(吨)	总成本(元)	
计算关系	①	②	③	④	⑤ = (② + ④)/(① + ③)
A 产品	22	87 920	190	741 000	3 910
B 产品	18	142 160	160	1 232 000	7 720
C 产品	30	148 400	490	2 254 000	4 620
合计	—	378 480	—	4 227 000	—

最后,编制销售成本预算。根据产品销售成本预算计算表、销售收入预算(表 7-9)和产品成本预算(表 7-41),编制阳光公司 2012 年产品销售成本预算,如表 7-16 所示。

表 7-16 阳光公司 2012 年产品销售成本预算表

预算部门:财务部　　　　　　　编制时间:2011 年 10 月 17 日

产品名称	2012 年产品销售成本			第 1 季度		第 2 季度		第 3 季度		第 4 季度	
	数量(吨)	单位成本(元/吨)	总成本(元)	数量(吨)	总成本(元)	数量(吨)	总成本(元)	数量(吨)	总成本(元)	数量(吨)	总成本(元)
计算关系	①	②	③ = ② × ①	④	⑤ = ② × ④	⑥	⑦ = ② × ⑥	⑧	⑨ = ② × ⑧	⑩	⑪ = ② × ⑩
A 产品	200	3 910	782 000	49	191 590	51	199 410	52	203 320	48	187 680

(续表)

产品名称	2012年产品销售成本			第1季度		第2季度		第3季度		第4季度	
	数量（吨）	单位成本（元/吨）	总成本（元）	数量（吨）	总成本（元）	数量（吨）	总成本（元）	数量（吨）	总成本（元）	数量（吨）	总成本（元）
B产品	150	7 720	1 158 000	30	231 600	35	270 200	40	308 800	45	347 400
C产品	500	4 620	2 310 000	110	508 200	130	600 600	140	646 800	120	554 400
合计	—	—	4 250 000	—	931 390	—	1 070 210	—	1 158 920	—	1 089 480

需要说明两点：

（1）预算实务中，受完工产品单位制造成本变动的影响，预算期内各个月度、季度的产品销售单位成本是不尽相同的。表7-16为了简化计算，将各季度的产品销售单位成本统一使用年度产品销售单位成本替代。

（2）销售成本预算一般在产品销售收入预算、产品成本预算和产品存货预算编制完成后再编制，这样编制销售成本预算所需的基础数据就可以从上述预算中直接获取了。

六、销售毛利预算的编制

销售毛利是指销售收入减去销售成本的余额，销售毛利与销售收入的百分比为销售毛利率。销售毛利和毛利率指标可以比较直观地反映企业产品的盈利水平，所以编制销售毛利预算有利于企业决策层掌握、了解预算期内企业各种产品的盈利能力，便于实施产品结构调整等决策。

销售毛利预算是预算期内企业产品销售结构和销售利润水平的总体安排，一般由财务部门或销售部门负责编制。

（一）销售毛利预算的编制方法

（1）收集预算基础资料。销售毛利预算编制的主要依据是预算期内各种产品的销售收入、销售成本等信息资料。因此，编制销售毛利预算，首先需要归集、整理各种产品的销售收入及成本资料。

（2）计算各种产品的销售毛利。以产品为计算对象，按照"销售毛利＝销售收入－销售成本"和"毛利率＝销售毛利÷销售收入"的基本公式，逐一测算预算期内各种产品的销售毛利及毛利率。

（3）编制销售毛利预算。在计算各种产品的销售毛利和毛利率的基础上，编制销售毛利预算。为了反映同类产品的毛利率差别，销售毛利预算应将同类产品组合在一起，并按毛利率高低依次排序。

（二）销售毛利预算的编制案例

【例7-5】 根据责任分工，阳光公司2012年销售毛利预算由财务部负责编制，销售公司给予配合。

预算编制方法如下：

根据销售收入预算（表7-9）中的产品名称、销售数量、销售单价，产品销售成本预算（表7-16）中单位产品销售成本，按照计算销售毛利及毛利率的基本公式计算编制阳光公司2012年销售毛利预算，如表7-17所示。

表 7－17　阳光公司 2012 年销售毛利预算表

预算部门:财务部　　　　　　　编制时间:2011 年 10 年 17 日

产品名称	销售数量（吨）	不含税销售单价（元/吨）	不含税销售收入（元）	单位产品销售成本（元/吨）	单位产品毛利（元/吨）	总毛利额（元）	毛利率（%）
计算关系	①	②	③=②×①	④	⑤=②-④	⑥=⑤×①	⑤=⑥/③
A 产品	200	5 000	1 000 000	3 910	1 090	218 000	21.80
B 产品	150	10 000	1 500 000	7 720	2 280	342 000	22.80
C 产品	500	6 000	3 000 000	4 620	1 380	690 000	23.00
合计	—	—	5 500 000	—	—	1 250 000	22.73

第三节　生产预算的编制

一、生产预算概述

生产预算是预算期内企业产品生产活动或劳务活动的预算。主要依据预算编制大纲拟订的生产目标和销售预算所确定的产品发货数量、产品库存、销售结构，以及企业的生产能力、材料及人工消耗定额、成本定额、费用定额、价格水平等资料编制。在产品供不应求的企业，生产预算编制的依据主要是预算编制大纲拟订的生产目标、企业的生产能力、各项成本费用定额等。生产预算涉及企业生产经营过程中的各个方面，是企业组织产品生产、控制产品成本和生产资金占用、考核生产部门工作业绩的主要依据。

（一）生产预算的编制责任

生产预算的执行者是生产部门，因此，生产部门是编制生产预算的主体。由于企业的生产活动与销售、供应、人力资源等活动有着密不可分的关系，是企业生产经营活动的中心环节，因此，与生产活动相关的部门和人员都应参与到生产预算的编制之中。其中，财务部门要主导产品成本预算的编制，人力资源部门要主导直接人工预算的编制。

（二）生产预算的内容

生产预算涉及产量预算、工业总产值预算和产品成本预算三个方面，产品成本预算又分为直接材料、直接人工和制造费用预算三部分，跨预算期生产的产品还要编制在产品存货预算。生产预算具体包括产品产量预算、工业总产值预算、直接材料预算、间接材料预算、直接人工预算、制造费用预算、产品成本预算、在产品存货预算、质量预算等。

1. 产品产量预算

产品产量预算是预算期内企业产品生产品种和数量的预算，主要内容包括产品名称、规格型号、计量单位、生产数量和生产时间，反映了预算期内企业的产品生产安排。

2. 工业总产值预算

工业总产值预算是预算期内工业企业生产产品和提供劳务活动总价值量的预算，主要包括产品或劳务名称、规格型号、计量单位、生产数量、单位价格和生产时间，反映了预算期内企业生产活动创造的总价值。

根据采用的单位价格的不同,工业总产值分为不变价工业总产值和现价工业总产值。不变价工业总产值是指在计算不同时期的工业总产值时,对同一产品采用同一时期或同一时点的工业产品出厂价格作为不变价来计算的工业总产值;现价工业总产值是指在计算工业总产值时,采用企业报告期内产品实际销售价格来计算的工业总产值。

3. 直接材料预算

直接材料预算是预算期内企业产品生产所消耗的各种直接材料种类、数量及其成本的预算。直接材料是指企业在产品生产过程中所消耗的直接用于产品生产并构成产品实体的原料、主要材料、外购半成品,以及有助于产品形成的辅助材料、燃料、动力、包装物等材料物资。直接材料预算的主要内容包括产品名称、产品产量、材料用途、材料名称、计量单位、材料单价、消耗数量、消耗金额和时间等,反映了预算期内企业产品生产所需的各种材料数量及金额。

4. 间接材料预算

间接材料预算是预算期内企业产品生产所消耗的各种间接材料种类、数量及其成本的预算。间接材料是指企业在产品生产过程中所消耗的间接用于产品生产的各种材料物资,例如设备日常维修用备品备件、设备运行用润滑油等。间接材料预算的主要内容包括材料名称、计量单位、材料单价、材料用途、消耗数量、消耗金额和时间等,反映了预算期内生产部门所耗用的各种间接材料的数量及金额。

5. 直接人工预算

直接人工预算是预算期内企业为完成生产任务所需的直接人工成本的预算,主要内容包括产品名称、产品产量、劳动定额(工时定额或产量定额)、单位人工费和人工费总额等,反映了预算期内企业产品生产所需的直接人工费用支出。

6. 制造费用预算

制造费用预算是预算期内企业各生产单位(分厂、车间)为组织和管理生产活动所发生的费用支出预算,主要内容包括生产单位名称、费用项目、费用金额以及费用分配情况等,反映了预算期内企业为生产产品和提供劳务而发生的各项间接成本。

7. 产品成本预算

产品成本预算是预算期内企业为制造产品而在生产过程中发生的各种生产耗费的预算,主要内容包括产品名称、成本项目、计量单位、单位耗量、单价、单位成本、总成本等,反映了预算期内企业生产产品的单位制造成本和总成本。

8. 在产品存货预算

在产品存货预算是企业预算期初、期末正在生产过程中加工的、没有完工入库的那部分材料、半成品、产品数量及金额的预算,主要内容包括产品名称、成本项目、计量单位、在产品数量、成本等,反映了预算期内企业生产过程的期初、期末在产品数量和价值。

质量预算、安全预算、维修预算也属于生产预算的内容。为了简化,本书不做赘述。

(三) 生产预算的编制程序

一般情况下,企业的产品生产和产品销售是不可能做到在时间上同步、在空间上平行的。因此,为了在满足市场需求的前提下,避免造成产品积压,除了按客户订单生产的专供产品、特殊产品外,企业需要对市场上通用的各种产品制定一个能够保证销售活动正常进行的合理库存数量,这个合理的库存数量称为产品库存定额。毫无疑问,如果企业能够长期保持产品库存定额不变,并严格按定额储备产品,那么,企业的生产预算就完全可以按照销售数量预算进行编制,即销售多少就生产多少。然而,现实中的企业生产经营活动是非常复杂的,各种因素都有可能引起产品库存定额和产品实际库存量的变动。因此,企业为了做到既能保证销售活动的正常进行,又能避免产品库存太多造成资金浪费和产品积压,就需要定期编制产品存货预算,对预算期内各种产品的期初库存数量、本期入库数量、本期出库数量和期末库存数量进行安排。因此,生产预算应该根据产品存货预算中安排的预算期内各种产品的入库数量进行编制和安排。只有这样才能做到既能按时、足量地向客户供货,又能避免存货太多形成积压,或存货太少影响销售活动。

生产预算的具体编制程序如下:

(1) 编制产品产量预算。生产部门根据产品存货预算中安排的预算期内各种产品的入库数量,结合生产部门的实际情况,安排预算期内各种产品的生产数量和生产时间。

(2) 编制直接材料预算。生产部门根据产品产量预算中安排的产品品种和生产数量,根据企业核定的材料消耗定额和材料预算价格,安排预算期内各种产品生产使用的材料品种、数量和金额。

(3) 编制间接材料预算。生产部门根据产品产量预算和设备维修计划,结合设备的运行状况和运行需要,并根据企业核定的维修定额、机物料消耗定额等资料,安排预算期内产品生产间接材料的耗用数量和金额。

(4) 编制直接人工预算。生产部门根据产品产量预算中安排的产品品种和生产数量,根据企业工资制度、单位产品工时定额、小时工资率等劳动定额资料,安排预算期内各种产品生产耗用的直接人工工资和其他直接人工成本。

(5) 编制制造费用预算。生产部门根据产品产量预算中安排的产品品种和生产数量,根据企业核定的制造费用定额等资料,安排预算期内各车间、分厂制造费用的发生金额。

(6) 编制产品成本预算。生产部门根据直接材料、直接人工和制造费用预算汇总编制预算期内各种产品的制造总成本和单位成本。

(7) 编制在产品存货预算。生产部门根据产品成本预算、在产品资金定额以及各种产品成本核算规程、方法编制预算期内各种产品的在产品数量及资金占用。

(8) 编制其他生产预算。生产、技术、质量、设备、安全等职能管理部门根据职责范围编制工业总产值预算、质量预算、设备维修预算等一系列生产预算。

生产预算的编制程序如图 7-2 所示。

二、产品产量预算的编制

产品产量又称产品实物量,是企业在一定时期内生产的产品数量。它以验收合格入库的产品数量为计量标准,以实物单位为计量单位。所谓实物单位是指符合产品自然属性和外部特征的计算单位,如机床按"台"、汽车按"辆"、水泥按"吨"、布按"米"等。

产品产量预算是预算期内企业组织产品生产活动的总体安排,由生产部门负责

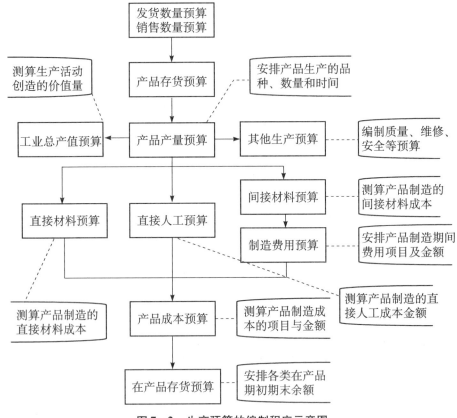

图 7-2 生产预算的编制程序示意图

编制。

(一) 产品产量预算的编制方法

(1) 收集预算基础资料。产品产量预算编制的主要依据是预算期的发货数量预算、销售数量预算和产品存货预算。由于企业产品生产除了受市场需求和产品库存影响外,还要受生产能力、设备状况、生产工艺、人力资源状况、材料供应状况等因素的影响和制约,因此,凡是对预算期产品生产有影响的因素、信息、资料都要归集到位。

(2) 计算产品产量。在企业生产能力、设备状况、人力资源、材料供应等因素都能满足产品生产的情况下,预算期的产品产量一般可以按照如下基本公式计算:

产品产量 = 销售数量 + 期末产品库存量 - 期初产品库存量

式中的销售数量可以从销售收入预算中取得,期初、期末产品库存量可以从产品存货预算中取得。如果销售数量与发货数量不一致,则公式中的销售数量,应该换为发货数量。

另外,如果企业编制的产品存货预算已经明确列明预算期各种产品入库的数量,则可以直接根据产品存货预算中的各种产品入库数量,结合生产实际情况,安排预算期内各种产品的生产数量和生产时间。

(3) 编制产品产量预算。要将产品产量计算表中的产品名称、生产数量、生产时间等项内容逐一核实,并确保产品生产与产品销售、产品库存之间的相互衔接与平衡。

(二) 产品产量预算的编制案例

【例 7-6】 销售预算和产品存货预算草案编制完成后,阳光公司制造部根据有关资料编制 2012 年产品产量预算。

预算编制过程和编制方法如下:

(1) 收集预算基础资料。从 2012 年产品存货预算表(表 7-49)和销售收入预算表(表 7-9)中获取计算产品产量预算所必需的预算期销售产品名称、销售数量、期末库存量、期初库存量等基本数据。

(2) 计算产品产量。按照"产品产量 = 销售数量 + 期末产品库存量 - 期初产品库存量"的基本公式,计算预算期各种产品产量。其中,凡是期初、期末库存数量相同的产品,计算出来的预算期产品产量和销售数量相同。

编制的产品产量计算表如表 7-18 所示。

表 7-18　阳光公司 2012 年产品产量计算表

预算部门:制造部　　　　　编制时间:2011 年 10 月 20 日　　　　　　　　　单位:吨

项目	2012 年预算				第 1 季度			第 2 季度			第 3 季度			第 4 季度		
	期初库存	本期生产	本期销售	期末库存	本期生产	本期销售	期末库存	本期生产	本期销售	期末库存	本期生产	本期销售	期末库存	本期生产	本期销售	期末库存
计算关系	(1)	(2)=(3)+(4)-(1)	(3)	(4)	(5)=(6)+(7)-(1)	(6)	(7)	(8)=(9)+(10)-(7)	(9)	(10)	(11)=(12)+(13)-(10)	(12)	(13)	(14)=(15)+(16)-(13)	(15)	(16)
A 产品	22	190	200	12	47	49	20	46	51	15	52	52	15	45	48	12
B 产品	18	160	150	28	33	30	21	39	35	25	41	40	26	47	45	28
C 产品	30	490	500	20	106	110	26	128	130	24	138	140	22	118	120	20

(3) 编制产品产量预算。根据产品产量计算表,编制 2012 年产品产量预算如表 7-19 所示。

表 7-19　阳光公司 2012 年产品产量预算表

预算部门:制造部　　　　　编制时间:2011 年 10 月 20 日　　　　　　　　　单位:吨

项目	全年产量	第 1 季度	第 2 季度	第 3 季度	第 4 季度
A 产品	190	47	46	52	45
B 产品	160	33	39	41	47
C 产品	490	106	128	138	118

三、直接材料预算的编制

直接材料的价值在企业产品生产过程中一次全部转移到产品制造成本中去,是企业产品制造成本的主要组成部分。搞好直接材料预算的编制,不仅可以保障预算期内产品生产的材料需要,而且通过严格的材料消耗定额控制,还能有效降低产品制造成本。

直接材料预算是预算期内企业生产活动耗用材料种类、数量和时间的总体安排,由生产部门负责编制,财务部门予以协助。

（一）直接材料预算的编制方法

1. 收集预算基础资料

直接材料预算编制的主要依据是预算期的产品产量预算、材料消耗定额和材料价格。编制范围既包括构成产品实体的各种原料、主要材料和外购半成品，也包括用于产品生产的包装材料、燃料与动力，以及有助于产品形成的辅助材料。因此，基础资料的归集范围要与编制范围保持一致性。

2. 计算并编制直接材料预算

编制直接材料预算主要涉及产品产量、材料消耗定额、材料预算价格三类数据资料。基本计算公式为：

$$产品生产对某材料的消耗总数量 = \sum 产品产量 \times 材料消耗定额$$

$$产品生产对某材料的消耗总金额 = \sum 产品产量 \times 材料消耗定额 \times 材料预算价格$$

（1）产品产量。产品产量是指预算期内完成生产过程、验收入库的合格产品数量。编制直接材料预算所用的产品产量可以直接从产品产量预算中取得。

（2）材料消耗定额。材料消耗定额是指在一定的生产技术组织条件下，制造单位产品或完成单位劳务所必须消耗材料的数量标准。它包括主要原材料、辅助材料、燃料与动力等材料消耗定额。制定先进合理的材料消耗定额，对于直接材料预算的编制有着决定性的作用。

材料消耗定额的制定原则是：在保证产品质量的前提下，根据企业生产部门的具体条件，结合产品结构和工艺要求，以理论计算和技术测定为主，以经验估计和统计分析为辅来制定先进合理的材料消耗定额。

主要原材料消耗定额的制定。主要原材料消耗定额由工艺性消耗定额和非工艺性消耗定额两部分构成。定额制定的计算公式为：

$$材料消耗定额 = [单位产品（部件）净重 + 各种工艺性损耗重量] \div 产品合格率$$

辅助材料消耗定额的制定。辅助材料消耗定额一般可根据不同用途，采用以下几种方法制定：与主要材料配合使用的辅助材料，可按主要材料消耗定额比例来确定；与产品重量有关的辅助材料，可按产品的数量、单位面积或单位重量来确定；与设备开动时间或工作日有关的辅助材料，可按设备使用量或工作日来确定；与使用寿命有关的辅助材料，可按其使用期限来确定。

此外，有些辅助材料，可以根据统计资料或实际耗用情况加以确定。

燃料消耗定额的制定。燃料消耗定额包括煤、焦炭、重油等，可根据不同用途、不同消耗标准分别制定。例如，动力用燃料消耗定额，以发一度电所需燃料为标准来制定；工艺用燃料消耗定额，以加工单位产品所需燃料为标准来制定。

动力消耗定额的制定。动力消耗定额也需要按不同用途分别制定。例如，用于机器运转的电力，一般是先按实际开动马力计算电力消耗，再按每种产品所耗用设备的时间，核定分摊到单位产品上的电力；用于工艺过程的电力，如电炉炼钢则直接按单位产品来计算。

(3) 材料预算价格。材料预算价格是指企业编制直接材料预算、核算产品生产的材料成本时所采用的价格,系不含税的材料单价。一般由买价加运输费、装卸费、保险费、包装费、仓储费、运输途中的合理损耗、入库前的挑选整理费用和按规定应计入成本的税金等组成。

直接材料预算中的材料成本总额是由材料消耗量乘以材料预算价格计算得来的。因此,材料预算价格的高低,将直接影响到直接材料预算的多少和产品制造成本的高低。只有正确、合理地制定出材料预算价格,才能如实地反映产品生产的材料成本,避免和减少材料成本出现偏高或偏低的现象。

编制直接材料预算所用的材料预算价格一般采用企业内部计划价格。其主要原因是:编制直接材料预算时,预算期的材料实际价格一般不可能确定下来,只能采用内部计划价格。另外,生产部门在实际核算产品制造成本时,也应采用内部计划价格核算材料消耗成本,以保持材料成本计算与直接材料预算口径的可比性。计划价格的制定依据和方法如下:外购原材料及辅助材料、外协配套件、包装物等材料的计划价格是以现行实际采购价格为基础,考虑年内市场价格变动情况,加上合理的运杂费用来确定的;自制半成品的计划价格,可以参照自制半成品的定额成本制定。

(二) 直接材料预算的编制案例

【例 7 - 7】 根据责任分工,阳光公司 2012 年直接材料预算草案由各分厂负责编制,制造部和储运部给予配合,财务部负责各分厂直接材料预算草案的审核、汇总。材料预算价格采用内部计划价格。

预算编制过程和编制方法如下。

首先,编制直接材料预算基础资料表。预算期内各种产品的材料消耗定额及各种材料的内部计划价格如表 7 - 20 所示。

表 7 - 20 直接材料预算基础资料表

预算部门:分厂　　　　　　编制时间:2011 年 10 月 20 日　　　　　　金额单位:元

序号	材料名称	计量单位	单位产品材料消耗定额			计划单价
			A 产品	B 产品	C 产品	
1	Z 材料	吨	2	3	5	500
2	Y 材料	千克	8	24	1	150
3	X 材料	件	3	3	3	200
4	工艺电	千瓦时	50	150	70	1

然后,计算并编制直接材料预算。根据 2012 年产品产量预算(表 7 - 19)和直接材料预算基础资料表中的材料消耗定额、计划价格等资料,运用"材料耗用总量 = $\sum$ 产品产量 × 材料消耗定额、材料耗用总金额 = $\sum$ 产品产量 × 材料消耗定额 × 材料预算价格"的基本公式,编制 2012 年直接材料预算,如表 7 - 21 所示。

表 7-21 2012 年直接材料预算表

预算部门：分厂　　　　　　　　编制时间：2011 年 10 月 20 日　　　　　　　　金额单位：元

材料名称	计量单位	计划单价	A产品 产量:190 吨			B产品 产量:160 吨			C产品 产量:490 吨			合计	
			单耗	总耗量	金额	单耗	总耗量	金额	单耗	总耗量	金额	总耗量	金额
计算关系	×	(1)	(2)	(3)=(2)×产量	(4)=(1)×(3)	(8)	(6)=(5)×产量	(7)=(1)×(6)	(8)	(9)=(8)×产量	(10)=(1)×(9)	(11)=(3)+(6)+(9)	(12)=(1)×(11)
Z 材料	吨	500	2	380	190 000	3	480	240 000	5	2 450	1 225 000	3 310	1 655 000
Y 材料	千克	150	8	1 520	228 000	24	3 840	576 000	1	490	73 500	5 850	877 500
X 材料	件	200	3	570	114 000	3	480	96 000	3	1 470	294 000	2 520	504 000
工艺电	千瓦时	1	50	9 500	9 500	150	24 000	24 000	70	34 300	34 300	67 800	67 800
合计	×	×	×	×	541 500	×	×	936 000	×	×	1 626 800	×	3 104 300

根据 2012 年产品产量预算（表 7-19）和直接材料预算基础资料表中的产品产量、材料消耗定额、计划价格等资料，编制各季度直接材料预算，如表 7-22 所示。

表 7-22 2012 年各季度直接材料预算表

预算部门：分厂　　　　　　　　编制时间：2011 年 10 月 20 日　　　　　　　　金额单位：元

材料名称	计量单位	计划单价	第1季度		第2季度		第3季度		第4季度	
			耗量	金额	耗量	金额	耗量	金额	耗量	金额
计算关系	×	(1)	(2)	(3)=(1)×(2)	(4)	(5)=(1)×(4)	(6)	(7)=(1)×(6)	(8)	(9)=(1)×(8)
Z 材料	吨	500	723	361 500	849	424 500	917	458 500	821	410 500
Y 材料	千克	150	1 274	191 100	1 432	214 800	1 538	230 700	1 606	240 900
X 材料	件	200	558	111 600	639	127 800	693	138 600	630	126 000
工艺电	千瓦时	1	14 720	14 720	17 110	17 110	18 410	18 410	17560	17 560
合计	×	×	×	678 920	×	784 210	×	846 210	×	794 960

四、间接材料预算的编制

间接材料是预算期内生产部门耗用的设备维修用备品备件，设备正常运转用润滑油、黄油、棉纱以及生产部门共同使用的砂轮、乙炔、氧气等材料物资。生产部门耗用的间接材料首先归集到制造费用账户，月末再按一定标准分配到各种产品制造成本中去。编制间接材料预算，不仅是预算期内设备维修用料和保障生产活动正常进行的需要，也是生产部门向仓储部门、采购部门申报间接材料供应量、采购量的需要。

间接材料预算是预算期内企业生产活动耗用间接材料品种、数量及价值的总体安排，由生产部门负责编制，财务部门予以协助。

（一）间接材料预算的编制方法

1. 收集预算基础资料

间接材料预算编制的主要依据是产品产量预算、设备维修预算、机物料消耗定额和材料预算价格等数据资料，主要涉及备品备件领用量、机物料消耗量、公共材料耗用量和材料预算价格四类数据资料。各类数据资料的来源和确定方法如下：

（1）备品备件领用量主要根据生产部门预算期内的设备维修预算制定；

（2）机物料消耗量主要根据机物料消耗定额、设备种类、数量、状况，以及设备正常运行的实际需要确定；

（3）公共材料耗用量主要根据公共材料消耗定额、产品产量和实际需要确定；

（4）材料预算价格一般采用企业内部计划价格。

2．计算并编制间接材料预算

编制间接材料预算所需的各类数据资料归集、整理完备后，间接材料预算可以通过如下基本公式计算确定：

$$间接材料预算 = \sum 间接材料耗用数量 \times 材料预算价格$$

（二）间接材料预算的编制案例

【例7-8】 为保障预算期内生产设备的正常运行，各生产部门根据预算期机物料消耗定额等资料，编制阳光公司2012年间接材料预算。材料预算价格采用内部计划价格。

预算编制过程和编制方法如下。

1．收集预算基础资料

根据预算期机物料消耗定额、计划价格等资料数据，编制间接材料预算基础资料表，如表7-23所示。

表7-23　间接材料预算基础资料表

预算部门：分厂　　　　　　　编制时间：2011年10月20日　　　　　　金额单位：元

序号	材料名称	计量单位	计划单价	各产品全年机物料消耗量			各季度合计机物料消耗量			
				A产品	B产品	C产品	第1季度	第2季度	第3季度	第4季度
1	E材料	个	70	10	11	279	68	78	75	79
2	F材料	千克	1	60	80	180	75	85	81	79
3	G材料	千克	30	38	41	421	102	129	161	108

2．计算并编制间接材料预算

根据间接材料预算基础资料，运用"间接材料预算 = $\sum$ 间接材料耗用数量×材料预算价格"的基本公式，编制2012年间接材料预算，如表7-24所示。

表7-24　2012年间接材料预算表

预算部门：分厂　　　　　　　编制时间：2011年10月20日　　　　　　金额单位：元

材料名称	计量单位	计划单价	A产品		B产品		C产品		合计	
			耗量	金额	耗量	金额	耗量	金额	耗量	金额
计算关系	×	①	②	③=①×②	④	⑤=①×④	⑥	⑦=①×⑥	⑧	⑨=①×⑧
E材料	个	70	10	700	11	770	279	19 530	300	21 000
F材料	千克	1	60	60	80	80	180	180	320	320
G材料	千克	30	38	1 140	41	1 230	421	12 630	500	15 000
合计	×	×	×	1 900	×	2 080	×	32 340	×	36 320

根据间接材料预算基础资料,运用"间接材料预算 = $\sum$ 间接材料耗用数量×材料预算价格"的基本公式,编制各季度间接材料预算如表7-25所示。

表7-25 2012年各季度间接材料预算表

预算部门:分厂　　　　　　编制时间:2011年10月20日　　　　　　金额单位:元

材料名称	计量单位	计划单价	第1季度		第2季度		第3季度		第4季度	
			耗量	金额	耗量	金额	耗量	金额	耗量	金额
计算关系	×	×	①	②=①×②	④	⑤=①×④	⑥	⑦=①×⑥	⑧	⑨=①×⑧
E 材料	个	70	68	4 760	78	5 460	75	5 250	79	5 530
F 材料	千克	1	75	75	85	85	81	81	79	79
G 材料	千克	30	102	3 060	129	3 870	161	4 830	108	3 240
合计	×	×	×	7 895	×	9 415	×	10 161	×	8 849

五、直接人工预算的编制

直接人工是指企业产品生产过程中直接耗用的人工成本,由直接人工工资和其他人工成本构成,也就是企业给予一线生产员工的工资、奖金、津贴、补贴、福利等形式的报酬以及其他相关支出。由于一线生产员工直接从事产品生产,人工成本发生后可以直接归集到各种产品成本中去,因此,编制直接人工预算不仅可以为产品成本预算提供人工成本资料,还可以反映企业一线生产员工的人工成本总额和工资构成。同时,直接人工成本不仅是产品制造成本的重要组成部分,还与员工的物质利益密切相关,而且还涉及很多政策性的事项。例如,员工的工资标准要符合国家有关法规政策,企业各部门之间、员工之间的工资水平要相对合理,要体现各尽所能、按劳分配、不劳不得、同工同酬的分配原则等。因此,直接人工预算的编制不仅要考虑产品的生产特点和产品成本的承受能力,还要符合企业的工资制度和国家有关劳动工资及社会保障方面的法律法规。

直接人工预算是预算期内企业生产活动直接人工成本支出的总体安排,由生产部门负责编制,人力资源部及财务部负责协助。

(一)直接人工预算的编制方法

直接人工预算编制的主要依据是预算期的产品产量、工资制度、劳动定额、人工成本构成等资料,具体编制方法与工资制度密切相关。我国企业执行的工资制度主要有计时工资制和计件工资制两种基本形式,其直接人工预算的编制方法不尽相同。

1. 计时工资制下的直接人工预算编制方法

计时工资制是根据员工的计时工资标准和工作时间来计算工资的制度,是我国工资分配的基本形式。按照计算的时间单位不同,计时工资制主要有三种具体形式:

一是月工资制,根据员工的月工资标准来计算工资;

二是日工资制,根据员工的日工资标准和实际工资日数来计算工资;

三是小时工资制,按照员工的小时工资标准和实际工作的小时数来计算工资。

计时工资制的计算公式为:

$$计时工资 = 工资标准 \times 实际工作时间$$

计时工资制下,直接人工预算的编制过程和编制方法如下:

(1) 确定各种产品生产的一线员工名单和工资标准。

(2) 计算各种产品在预算期内负担的直接人工工资。计算公式如下：

某产品负担的直接人工工资 = $\sum$（某产品一线生产员工工资标准 × 计划工作时间）

(3) 计算各种产品在预算期内负担的除工资以外的其他直接人工成本。主要包括一线生产员工的奖金、津贴、补贴、福利费、社会保险费、住房公积金、工会经费和职工教育经费等直接人工支出。按照《企业会计准则第 9 号——职工薪酬》的规定，上述直接人工成本需要按受益对象计入产品成本。因此，编制直接人工预算要根据企业在预算期内一线生产员工的奖金、津贴、补贴、福利费发放办法和社会保险费、住房公积金、工会经费、职工教育经费的计提依据、标准逐项计算，并分解落实到各种产品成本中去。

(4) 计算各种产品负担的直接人工成本。计算公式为：

某产品预算直接人工成本 = 某产品预算直接人工工资 + 某产品其他直接人工成本

(5) 计算预算期直接人工总成本。计算公式为：

预算直接人工总成本 = $\sum$ 某产品预算直接人工成本

(6) 计算预算期直接人工成本的现金支出。由于人工工资一般都用现金支付，所以，可以全额列入现金支出；其他直接人工成本则在预算期内不一定全额支出，因此，需要具体情况具体分析。直接人工现金支出的计算公式为：

预算直接人工成本现金支出 = 预算直接人工工资总额 + 其他直接人工成本的现金支出

计时工资不能全面反映同等级员工在同一工作时间内支付劳动量和劳动成果的差别，在一定程度上造成了平均主义。所以，企业在实行计时工资时，应实行奖励制度，以弥补计时工资制的不足。在一线生产员工中实行计时工资制的一般是机械化、自动化水平较高，技术性强，操作复杂，产品需要经过多道工序、多道操作才能完成，不易单独计算个人的劳动成果的行业和工种。

2. 计件工资制下的直接人工预算编制方法

计件工资制是按照一线生产员工生产的合格产品的数量（或作业量）和预先规定的计件工资标准，来计算报酬的一种工资制度。计件工资不是直接用劳动时间来计量，而是用一定时间内的劳动成果——产品数量或作业量来计算的，因此，它是间接用劳动时间来计算的，是计时工资的转化形式。计件工资可分个人计件工资和集体计件工资。个人计件工资适用于个人能单独操作而且能够制定个人劳动定额的工种；集体计件工资适用于工艺过程要求集体完成，不能直接计算个人完成合格产品数量的工种。计件工资的一般表现形式有超额累进计件、直接无限计件、限额计件、超定额计件等。

不管实行哪种形式的计件工资，其关键点在于企业应该根据标准工时制度合理确定劳动定额和计件工资标准。

劳动定额是指在一定的生产技术和组织条件下，为生产一定数量的合格产品或完成一定量的工作所规定的劳动消耗量的标准，或者规定在单位时间内每个岗位（或工序、流水线等）完成合格产品数量或工作量的标准。劳动定额基本表现形式有两种：一是生产单位产品消耗的时间，即时间定额；二是单位时间内应当完成的合格产品的数量，即产量定额。

计件工资标准，又称为计件单价，是指员工每完成一件合格产品或每一单位工作量时,应得到的工资额。计件单价应按照员工现行工资标准和劳动定额确定,并充分考虑工作物的技术复杂程度、劳动繁重程度、责任大小、生产设备状况等因素。

计件工资制下,直接人工预算的编制过程和编制方法如下。

(1) 确定各种产品的工时定额(或产量定额)、员工的日(小时)工资率,计算计件单价。计算计件单价的基本方法有两个:一是员工的日(小时)工资率除以日(小时)产量;二是员工的日(小时)工资率乘以单位产品的工时定额。计算公式为:

$$计件单价 = 员工的日(小时)工资率 \div 日(小时)产量定额$$
$$计件单价 = 员工的日(小时)工资率 \times 单位产品的工时定额$$

工资率又称工资标准,是按单位时间规定的各等级员工的工资金额。根据单位时间的不同,可以分为日工资率、小时工资率。计算公式为:

$$日工资率 = 月标准工资 \div 平均月计薪天数$$
$$小时工资率 = 月标准工资 \div (平均月计薪天数 \times 8 小时)$$
$$= 日工资率 \div 8 小时$$

(2) 计算各种产品负担的直接人工工资。计算公式为:

$$某产品预算直接人工工资 = 某产品产量 \times 计价单价$$

(3) 计算各种产品在预算期内负担的除计件工资外的其他直接人工成本。
(4) 计算各种产品负担的直接人工成本。
(5) 计算预算期直接人工总成本。
(6) 计算预算期直接人工成本的现金支出。

为简化计算,企业也可以将预算期内各种产品产量折合为定额工时,然后乘以小时工资率,计算出直接人工的计件工资。计算公式为:

$$某产品预算直接人工工资 = 某产品预算产量的定额工时 \times 小时工资率$$

各产品预算产量的定额工时采用下列公式计算:

$$某产品预算产量的定额工时 = 某产品预算产量 \times 某产品单位产品的工时定额$$

单位产品的工时定额可以在综合考察企业现有生产技术条件的基础上,根据直接生产人员生产单位产品所需要的合理时间来确定。该合理时间包括直接加工操作必不可少的时间以及必要的工间休息、设备调整工时。

(二) 直接人工预算的编制案例

【例 7-9】 阳光公司 2012 年一线生产人员实行集体计件工资制,按小时工资率和定额工资计算各产品负担的计件工资。计件工资的范围包含基本工资、奖金、津贴和补贴等;社会保险费、住房公积金、职工福利费、工会经费和职工教育经费以计件工资为基数,按公司规定的标准计提。根据责任分工,直接人工预算草案由各分厂负责编制,人力资源部、财务部、制造部给予配合和审议,人力资源部负责各分厂直接人工预算草案的审核、汇总。直接人工预算的现金支出由职工薪酬预算(表 7-77)统一安排,因此,直接人工预算可不用考虑现金支付事宜。

预算编制过程和编制方法如下:

首先,编制直接人工预算基础资料表。预算期内各种产品的工时定额、小时工资率以及社会保险费、住房公积金、职工福利费、工会经费和职工教育经费的计提比例等资料,如表7-26所示。

表7-26 直接人工预算基础资料表

预算部门:分厂　　　　　　编制时间:2011年10月20日

项　目	产品工时定额（小时/吨）	小时工资率（元/小时）	社会保险费、住房公积金计提比例(%)	职工福利费计提比例(%)	工会经费及职工教育经费计提比例(%)
A产品	6	120	7	10	3.5
B产品	5	230	7	10	3.5
C产品	4	200	7	10	3.5

然后,编制直接人工预算计算表。根据直接人工预算基础资料和2012年产品产量预算(表7-19),按照各项目之间的逻辑关系和计算公式,计算并编制2012年直接人工预算计算表,如表7-27所示。

表7-27 2012年直接人工预算计算表

预算部门:分厂　　　　　　编制时间:2011年10月20日

项　目	产品产量（吨）	工时定额（小时/吨）	预算产量定额工时（小时）	小时工资率（元/小时）	直接人工工资（元）	计提保险费住房公积金（元）	计提职工福利费（元）	计提工会经费职工教育经费（元）	直接人工成本（元）
计算关系	①	②	③=②×①	④	⑤=④×③	⑥=⑤×7%	⑦=⑤×10%	⑧=⑤×3.5%	⑨=⑤+⑥+⑦+⑧
A产品	190	6	1 140	120	136 800	9 576	13 680	4 788	164 844
B产品	160	5	800	230	184 000	12 880	18 400	6 440	221 720
C产品	490	4	1 960	200	392 000	27 440	39 200	13 720	472 360
合　计	×	×	×	×	712 800	49 896	71 280	24 948	858 924

最后,编制直接人工预算。根据直接人工预算计算表及产品产量预算编制2012年直接人工预算如表7-28所示。

表7-28 2012年直接人工预算表

预算部门:分厂　　　　　　编制时间:2011年10月20日

项　目	全年预算			第1季度		第2季度		第3季度		第4季度	
	产量（吨）	人工成本（元）	单位人工（元）	产量（吨）	人工成本（元）	产量（吨）	人工成本（元）	产量（吨）	人工成本（元）	产量（吨）	人工成本（元）
计算关系	①	②	③=②÷①	④	⑤=③×④	⑥	⑦=③×⑥	⑧	⑨=③×⑧	⑩	(11)=③×⑩
A产品	190	164 844.00	867.60	47	40 777.20	46	39 909.60	52	45 115.20	45	39 042.00
B产品	160	221 720.00	1 385.75	33	45 729.75	39	54 044.25	41	56 815.75	47	65 130.25
C产品	490	472 360.00	964.00	106	102 184.00	128	123 392.00	138	133 032.00	118	113 752.00
合　计	×	858 924.00	×	×	188 690.95	×	217 345.85	×	234 962.95	×	217 924.25

六、制造费用预算的编制

制造费用是企业各生产单位(分厂、车间)为生产产品和提供劳务而发生的各项间接成本,包括企业各个生产单位为组织和管理生产活动所发生的各项费用,例如各生产单位的管理及技术人员工资、固定资产折旧费、维修费、机物料消耗、办公费、水电费、劳动保护费、停工损失等。制造费用属于产品生产及劳务活动发生的间接成本,费用发生时一般无法直接判定它所归属的成本计算对象,需要先按生产单位对各项制造费用进行归集,月末再采用一定的方法分配计入各成本计算对象之中。在生产机械化、自动化程度越来越高的趋势下,企业生产设备的投资日趋增大,固定资产折旧费、保险费、维修费不断增加,制造费用在产品成本中所占的比重处于不断提高的状态,加强制造费用的控制和管理尤显重要。

制造费用预算是预算期内企业生产活动各项间接成本支出的总体安排,由生产部门负责编制,财务部门予以协助。

(一)制造费用预算的编制方法

1. 归集预算基础资料

制造费用预算编制的主要依据是预算期的产品产量预算、制造费用定额、基期费用情况、预算编制要求等信息资料。要通过细致的工作将上述基础资料归集到位。

2. 计算制造费用数额

制造费用总额与产品产量之间缺乏直接的因果关系,在制造费用各项目中既有变动性费用,也有固定性费用,还有混合性费用。固定性制造费用是指费用总额在一定业务量范围内固定不变的费用;变动性制造费用是指费用总额随着业务量成正比例变动的费用;混合性制造费用是指费用总额随着业务量不成同比例变动的费用。不同习性的制造费用项目与产品产量及工作业务量之间有着不同的依存关系。因此,计算制造费用数额首先要按成本习性将制造费用分为固定性制造费用、变动性制造费用和混合性制造费用三部分;然后,针对不同习性的制造费用采用不同的方法分析、计算、确定预算期内的各项制造费用数额。

(1)固定性制造费用总额与业务量无直接因果关系,既可以在基期费用项目及金额的基础上根据预算期的发展变化加以适当修正进行预计,也可以运用零基预算的方法逐项测算。

(2)变动性制造费用总额随着业务量的变动而成正比例变动,因此,需要首先制定各种产品的变动性制造费用定额,即单位产品耗费的费用标准;然后将预算期的产品产量与费用定额逐一相乘,即可得到相应的变动性制造费用预算金额。计算公式为:

$$变动性制造费用 = \sum 单位业务量变动性制造费用定额 \times 预算期业务量$$

(3)混合性制造费用总额随着业务量的变动不成同比例变动。因此,可利用公式 $Y = a + bX$ 进行测算。其中:Y 指混合性制造费用总额;a 指混合性制造费用中的固定费用总额;b 指混合性制造费用中的单位变动费用;X 指预算期的业务量。

为了简化计算,也可以将混合性制造费用分解为变动性和固定性两部分,分别列入变动性制造费用项目和固定性制造费用项目。

3. 编制制造费用预算

制造费用预算项目及金额确认之后,需要将制造费用预算项目分解为付现项目和非付现项目。制造费用中的付现项目主要有工资、差旅费、维修费、水电费等,非付现项目主要有固定资产折旧费、从仓库中领用的机物料消耗费、由公司统一安排现金支出的生产部门管理人员薪酬等。

制造费用中的非付现项目要从狭义上理解,即不需要生产部门在预算期内支付现金的费用项目。固定资产折旧费属于沉没成本,属于前期已经支付现金(或由投资预算支付现金)的历史成本,显然不需要生产部门支付现金;从仓库中领用的材料、物资,其现金支付归口采购预算,有些材料、物资也已经在前期支付了现金,因此,也不需要生产部门支付现金。

编制制造费用预算还要注意如下问题:

制造费用预算一般是以生产厂或车间为单位编制的,但制造费用预算最终需要落实到具体的产品成本预算中。因此,在生产厂或车间多品种生产的情况下,需要根据多品种生产的相关性选择以下两种编制方法:

一是相关产品。这类产品的制造工艺、耗用材料基本相同,只是存在规格型号及具体品种的区别,因此可以采取先以生产厂或车间为单位编制综合制造费用预算,然后选择合理的分配系数将制造费用分解到各产品成本之中,常用的分配系数有定额工时、直接人工费用、产品产量等。计算公式为:

$$制造费用分配系数 = 制造费用预算总额 \div 分配标准总数$$
$$某产品应负担的制造费用 = 该产品分配标准数 \times 制造费用分配系数$$

二是不相关产品。这类产品的制造工艺、耗用材料有较大差别,只是在一个生产部门进行生产。在这种情况下,应采取先按产品编制制造费用预算,然后再汇总编制生产厂或车间综合制造费用预算的办法。对于生产厂或车间的综合性费用,如生产厂或车间管理人员工资、办公费、共用固定资产折旧费等,应选择合理的分配系数分摊到各产品成本之中。

(二)制造费用预算的编制案例

【例7-10】 根据责任分工,阳光公司2012年制造费用预算由各生产分厂负责编制,财务部门予以指导和审核把关。编制方法要求:将制造费用分为固定性制造费用和变动性制造费用两大类,固定性制造费用按零基预算法编制,变动性制造费用按费用定额和预算期产品产量挂钩编制。

预算编制过程和编制方法如下:

1. 编制制造费用预算基础资料表

首先确认变动性制造费用项目,然后由财务部门、生产单位参照基期变动性制造费用发生额,根据管理要求和预算期内的情况变化制定各种产品的变动性制造费用定额。制造费用预算基础资料如表7-29所示。

表7-29 2012年制造费用预算基础资料表

预算部门:分厂　　　　　　　编制时间:2011年10月20日　　　　　　　单位:元/吨

序号	项目	单位产品变动性制造费用定额			备注
		A产品	B产品	C产品	
1	机物料消耗	10	13	66	润滑油、砂轮等材料,并与间接材料预算相衔接
2	维修费	8	10	18	设备日常维修费
3	检测费	2	3	11	材料、半成品、产品检测、化验等费用
4	计量费	1	1	9	材料、半成品、产品计量等费用
5	搬运费	12	16	20	材料、半成品、产品搬运等费用
6	劳动保护费	15	15	40	与业务量直接相关的劳动保护费
7	其他	2	6	16	其他零星变动性费用
8	合计	50	64	180	

2. 计算编制变动性制造费用预算

根据2012年产品产量预算(表7-19)和2012年制造费用预算基础资料表,计算2012年各生产分厂的变动制造费用预算金额。计算公式为:

$$变动性制造费用 = \sum 产品产量 \times 单位产品的变动性制造费用定额$$

首先,编制A、B产品的变动性制造费用。因为甲分厂生产A、B两种产品,所以需要分别编制A、B产品的变动性制造费用预算,如表7-30所示。

表7-30　2012年A、B产品变动性制造费用预算表

预算部门:分厂　　　　　编制时间:2011年10月20日

费用项目	A产品						B产品					
	定额	全年	第1季度	第2季度	第3季度	第4季度	定额	全年	第1季度	第2季度	第3季度	第4季度
计算关系	(1)	(2)=(1)×P	(3)=(1)×P	(4)=(1)×P	(5)=(1)×P	(6)=(1)×P	(7)	(8)=(7)×P	(9)=(7)×P	(10)=(7)×P	(11)=(7)×P	(12)=(7)×P
一、产品产量(P)(吨)	×	190	47	46	52	45	×	160	33	39	41	47
机物料消耗(元)	10	1 900	470	460	520	450	13	2 080	429	507	533	611
维修费(元)	8	1 520	376	368	416	360	10	1 600	330	390	410	470
检测费(元)	2	380	94	92	104	90	3	480	99	117	123	141
计量费(元)	1	190	47	46	52	45	1	160	33	39	41	47
搬运费(元)	12	2 280	564	552	624	540	16	2 560	528	624	656	752
劳动保护费(元)	15	2 850	705	690	780	675	15	2 400	495	585	615	705
其他(元)	2	380	94	92	104	90	6	960	198	234	246	282
二、合计(元)	50	9 500	2 350	2 300	2 600	2 250	64	10 240	2 112	2 496	2 624	3 008

然后,合并编制甲分厂A、B两种产品变动性制造费用预算,并编制乙分厂变动性制造费用预算,如表7-31、表7-32所示。

表7-31　2012年甲分厂变动性制造费用预算表

预算部门:分厂　　　编制时间:2011年10月20日　　　　　　　单位:元

序号	费用项目	全年	第1季度	第2季度	第3季度	第4季度
1	机物料消耗	3 980.00	899.00	967.00	1 053.00	1 061.00
2	维修费	3 120.00	706.00	758.00	826.00	830.00
3	检测费	860.00	193.00	209.00	227.00	231.00
4	计量费	350.00	80.00	85.00	93.00	92.00
5	搬运费	4 840.00	1 092.00	1 176.00	1 280.00	1 292.00
6	劳动保护费	5 250.00	1 200.00	1 275.00	1 395.00	1 380.00
7	其他	1 340.00	292.00	326.00	350.00	372.00
8	合计	19 740.00	4 462.00	4 796.00	5 224.00	5 258.00

表7-32　2012年乙分厂变动性制造费用预算表

预算部门:分厂　　　　　编制时间:2011年10月20日

费用项目	C产品					
	定额	全年	第1季度	第2季度	第3季度	第4季度
计算关系	(1)	(2)=(1)×P	(3)=(1)×P	(4)=(1)×P	(5)=(1)×P	(6)=(1)×P
一、产品产量(P)(吨)	×	490	106	128	138	118
机物料消耗(元)	66.00	32 340.00	6 996.00	8 448.00	9 108.00	7 788.00

(续表)

费用项目	C产品					
	定额	全年	第1季度	第2季度	第3季度	第4季度
维修费(元)	18.00	8 820.00	1 908.00	2 304.00	2 484.00	2 124.00
检测费(元)	11.00	5 390.00	1 166.00	1 408.00	1 518.00	1 298.00
计量费(元)	9.00	4 410.00	954.00	1 152.00	1 242.00	1 062.00
搬运费(元)	20.00	9 800.00	2 120.00	2 560.00	2 760.00	2 360.00
劳动保护费(元)	40.00	19 600.00	4 240.00	5 120.00	5 520.00	4 720.00
其他	16.00	7 840.00	1 696.00	2 048.00	2 208.00	1 888.00
二、合计	180.00	88 200.00	19 080.00	23 040.00	24 840.00	21 240.00

3. 编制固定性制造费用预算

首先,确定各生产分厂的管理及技术人员工资、固定资产折旧费、财产保险费、办公费、水电费(办公用水电费支出)等项目为固定性制造费用;然后,按照零基预算法测算2012年各项固定性制造费用预算金额。其中,固定资产折旧费取自计提折旧预算(表7-73、表7-74)中的数值,管理人员薪酬与职工薪酬预算(表7-77)中的数值相一致;最后,编制各生产分厂的固定性制造费用预算表,如表7-33所示。

表7-33 2012年各生产分厂固定性制造费用预算表

预算部门:分厂　　　　　　编制时间:2011年10月20日

序号	费用项目	甲分厂					乙分厂				
		全年	第1季度	第2季度	第3季度	第4季度	全年	第1季度	第2季度	第3季度	第4季度
1	管理人员薪酬	20 244	5 061	5 061	5 061	5 061	25 305	6 320	6 320	6 320	6 345
2	折旧费	62 096	14 415	14 415	16 015	17 251	33 000	5 520	7 120	10 320	10 040
3	财产保险费	2 600	650	650	650	650	3 270	810	820	820	820
4	办公费	2 000	500	500	500	500	2 500	630	630	620	620
5	水电费	1 000	250	250	250	250	900	230	230	220	220
6	其他	1 256	319	319	309	309	1 665	420	410	420	415
7	合计	89 196	21 195	21 195	22 785	24 021	66 640	13 930	15 530	18 720	18 460

4. 编制制造费用预算

将各生产分厂固定性制造费用预算与变动性制造费用预算合并编制2012年各生产分厂制造费用预算。其中,固定资产折旧属于沉没成本;管理人员薪酬由职工薪酬预算(表7-77)统一安排现金支出;机物料消耗是从仓库中领用的材料,由采购部门支付现金。因此,将上述三项列作非付现项目,其他各项制造费用为付现项目。

编制的各生产分厂制造费用预算如表7-34和表7-35所示。

表7-34 甲分厂2012年制造费用预算表

预算部门:分厂　　　　　　编制时间:2011年10月20日

性质	费用项目	2012年预算				
		全年	第1季度	第2季度	第3季度	第4季度
变动性费用	一、变动费用小计	19 740.00	4 462.00	4 796.00	5 224.00	5 258.00
	机物料消耗	3 980.00	899.00	967.00	1 053.00	1 061.00
	维修费	3 120.00	706.00	758.00	826.00	830.00
	检测费	860.00	193.00	209.00	227.00	231.00

(续表)

性质	费用项目	2012 年预算				
		全年	第 1 季度	第 2 季度	第 3 季度	第 4 季度
变动性费用	计量费	350.00	80.00	85.00	93.00	92.00
	搬运费	4 840.00	1 092.00	1 176.00	1 280.00	1 292.00
	劳动保护费	5 250.00	1 200.00	1 275.00	1 395.00	1 380.00
	其他	1 340.00	292.00	326.00	350.00	372.00
固定性费用	二、固定费用小计	89 196.00	21 195.00	21 195.00	22 785.00	24 021.00
	管理人员薪酬	20 244.00	5 061.00	5 061.00	5 061.00	5 061.00
	折旧费	62 096.00	14 415.00	14 415.00	16 015.00	17 251.00
	财产保险费	2 600.00	650.00	650.00	650.00	650.00
	办公费	2 000.00	500.00	500.00	500.00	500.00
	水电费	1 000.00	250.00	250.00	250.00	250.00
	其他	1 256.00	319.00	319.00	309.00	309.00
三、制造费用合计		108 936.00	25 657.00	25 991.00	28 009.00	29 279.00
非付现项目		86 320.00	20 375.00	20 443.00	22 129.00	23 373.00
付现项目		22 616.00	5 282.00	5 548.00	5 880.00	5 906.00

表 7-35 乙分厂 2012 年制造费用预算表

预算部门：分厂　　　　　　编制时间：2011 年 10 月 20 日　　　　　　单位：元

性质	费用项目	2012 年预算				
		全年	第 1 季度	第 2 季度	第 3 季度	第 4 季度
变动性费用	一、变动费用小计	88 200.00	19 080.00	23 040.00	24 840.00	21 240.00
	机物料消耗	32 340.00	6 996.00	8 448.00	9 108.00	7 788.00
	维修费	8 820.00	1 908.00	2 304.00	2 484.00	2 124.00
	检测费	5 390.00	1 166.00	1 408.00	1 518.00	1 298.00
	计量费	4 410.00	954.00	1 152.00	1 242.00	1 062.00
	搬运费	9 800.00	2 120.00	2 560.00	2 760.00	2 360.00
	劳动保护费	19 600.00	4 240.00	5 120.00	5 520.00	4 720.00
	其他	7 840.00	1 696.00	2 048.00	2 208.00	1 888.00
固定性费用	二、固定费用小计	66 640.00	13 930.00	15 530.00	18 720.00	18 460.00
	管理人员薪酬	25 305.00	6 320.00	6 320.00	6 320.00	6 345.00
	折旧费	33 000.00	5 520.00	7 120.00	10 320.00	10 040.00
	财产保险费	3 270.00	810.00	820.00	820.00	820.00
	办公费	2 500.00	630.00	630.00	620.00	620.00
	水电费	900.00	230.00	230.00	220.00	220.00
	其他	1 665.00	420.00	410.00	420.00	415.00
三、制造费用合计		154 840.00	330 10.00	385 70.00	435 60.00	397 00.00
非付现项目		90 645.00	18 836.00	21 888.00	25 748.00	24 173.00
付现项目		64 195.00	14 174.00	16 682.00	17 812.00	15 527.00

七、产品成本预算的编制

工业企业采用制造成本法核算产品成本。① 在制造成本法下,产品生产耗用的直接材料、直接人工和制造费用计入产品成本,管理费用、财务费用和销售费用则作为期间费用,直接计入当期损益。因此,采用制造成本法核算出来的产品成本也称为产品制造成本。

产品成本预算是对预算期内企业各种产品制造成本项目、内容、构成及耗费的总体安排,是发生在各个生产部门范围内的人力、物力、财力支出。所以,产品成本预算一般由生产部门负责编制,财务部门负责协助并汇总编制整个公司的产品成本预算。

(一) 产品成本预算的编制方法

1. 收集预算基础资料

产品成本预算编制的主要依据是预算期的产品产量预算、直接材料预算、直接人工预算和制造费用预算。将上述预算归集、审核无误是编制产品成本预算的基础。

2. 计算并编制产品成本预算

按照"产品成本 = 直接材料成本 + 直接人工成本 + 制造费用"的基本公式,通过汇总直接材料预算、直接人工预算和制造费用预算中的有关数据、资料,产品成本预算就会很容易地编制出来。

(二) 产品成本预算的编制案例

【例 7 - 11】 阳光公司各生产分厂在直接材料预算、直接人工预算和制造费用预算编制完成的基础上,汇总编制各种产品制造成本预算。其中,甲分厂生产 A、B 两种产品,需要对制造费用进行分配。制造费用在两种产品中的分配原则是:凡可以直接分清费用归属的,一律直接在受益产品成本中列支;凡是分不清费用归属的,首先在综合账户中归集,然后按恰当的比例分摊到 A、B 两种产品成本中去。

预算编制过程和编制方法如下:

1. 分配各产品成本应负担间接制造费用

A、B 两种产品的变动性制造费用,可以分清费用归属;固定性制造费用中,固定资产折旧费可以按计提折旧预算(表 7 - 74)中的数值计入各产品成本,其他固定性制造费用决定以直接人工成本为系数进行分配。

首先,根据 2012 年直接人工预算(表 7 - 28)A、B 两种产品的直接人工数值,计算固定性制造费用分配系数如表 7 - 36 所示。

表 7 - 36　A、B 产品固定性制造费用分配系数计算表

产品名称	直接人工成本(元)	分配系数	备注
A 产品	164 844	0.43	164844 ÷ 386564 = 0.43
B 产品	221 720	0.57	221720 ÷ 386564 = 0.57
合计	386 564	1	

然后,根据分配系数,计算分配固定性制造费用如表 7 - 37 所示。

---

① 制造成本法是自 1993 年 7 月 1 日我国会计改革以后采用的成本核算方法。

表 7-37　甲分厂 2012 年 A、B 产品固定性制造费用分配表　　　　　　　　单位:元

序号	费用名称	费用总额	A 产品 系数	A 产品 金额	B 产品 系数	B 产品 金额	备注
1	管理人员薪酬	20 244.00	0.43	8 704.92	0.57	11 539.08	1. 折旧费取自表 7-74 固定资产计提折旧预算; 2. 其他费用总额乘以分配系数得各产品承担的费用金额。
2	折旧费	62 096.00	—	13 503.00	—	48 593.00	
3	财产保险费	2 600.00	0.43	1 118.00	0.57	1 482.00	
4	办公费	2 000.00	0.43	860.00	0.57	1 140.00	
5	水电费	1 000.00	0.43	430.00	0.57	570.00	
6	其他	1 256.00	0.43	540.08	0.57	715.92	
7	合计	89 196.00	—	25 156.00	—	64 040.00	

2. 编制各产品成本预算

根据直接材料预算、直接人工预算和制造费用预算等资料,汇总编制各种产品成本预算,如表 7-38、表 7-39 和表 7-40 所示。

表 7-38　阳光公司 2012 年 A 产品成本预算表

预算部门:分厂　　　　　　编制时间:2011 年 10 月 20 日　　　　　　金额单位:元

成本项目	计量单位	总成本 耗量	总成本 单价	总成本 金额	单位成本 耗量	单位成本 金额
A 产品产量	吨	190				
1. 直接材料	元	—	—	541 500.00	—	2 850.00
Z 材料	吨	380	500.00	190 000.00	2	1 000.00
Y 材料	千克	1 520	150.00	228 000.00	8	1 200.00
X 材料	件	570	200.00	114 000.00	3	600.00
工艺电	千瓦时	9 500	1.00	9 500.00	50	50.00
2. 直接人工	元	—	—	164 844.00	—	867.60
3. 制造费用	元	—	—	34 656.00	—	182.40
①变动费用	元	—	—	9 500.00	—	50.00
②固定费用	元	—	—	25 156.00	—	132.40
合计	元	—	—	741 000.00	—	3 900.00

表 7-39　阳光公司 2012 年 B 产品成本预算表

预算部门:分厂　　　　　　编制时间:2011 年 10 月 20 日　　　　　　金额单位:元

成本项目	计量单位	总成本 耗量	总成本 单价	总成本 金额	单位成本 耗量	单位成本 金额
B 产品产量	吨	160	—	—		
1. 直接材料	元	—	—	936 000.00	—	5 850.00
Z 材料	吨	480	500.00	240 000.00	3	1500.00
Y 材料	千克	3 840	150.00	576 000.00	24	3 600.00
X 材料	件	480	200.00	96 000.00	3	600.00
工艺电	千瓦时	24 000	1	24 000.00	150	150.00
2. 直接人工	元	—	—	221 720.00	—	1 385.75
3. 制造费用	元	—	—	74 280.00	—	464.25
变动费用	元	—	—	10 240.00	—	64.00
固定费用	元	—	—	64 040.00	—	400.25
合计	元	—	—	1 232 000.00	—	7 700.00

表 7-40　阳光公司 2012 年 C 产品成本预算表

预算部门:分厂　　　　编制时间:2011 年 10 月 20 日　　　　　　　　金额单位:元

成本项目	计量单位	总成本			单位成本	
		耗量	单价	金额	耗量	金额
C 产品产量	吨	490	—	—	—	—
1. 直接材料	元	—	—	1 626 800.00	—	3 320.00
Z 材料	吨	2 450	500.00	1 225 000.00	5	2 500.00
Y 材料	千克	490	150.00	735 00.00	1	150.00
X 材料	件	1 470	200.00	294 000.00	3	600.00
工艺电	千瓦时	34 300	1.00	34 300.00	70	70.00
2. 直接人工	元	—	—	472 360.00	—	964.00
3. 制造费用	元	—	—	154 840.00	—	316.00
变动费用	元	—	—	88 200.00	—	180.00
固定费用	元	—	—	66 640.00	—	136.00
合计	元	—	—	2 254 000.00	—	4 600.00

3. 编制产品成本总预算

财务部通过汇总各产品成本预算表,就可以编制完成整个阳光公司的产品成本预算汇总表,如表 7-41 所示。

表 7-41　阳光公司 2012 年产品成本预算汇总表

预算部门:财务部　　　　编制时间:2011 年 10 月 20 日

产品名称	产量(吨)	直接材料		直接人工		制造费用		产品成本	
		总成本(元)	单位成本(元/吨)	总成本(元)	单位成本(元/吨)	总成本(元)	单位成本(元/吨)	总成本(元)	单位成本(元/吨)
A 产品	190	541 500	2 850.00	164 844	867.60	34 656	182.40	741 000	3 900.00
B 产品	160	936 000	5 850.00	221 720	1 385.75	74 280	464.25	1 232 000	7 700.00
C 产品	490	1 626 800	3 320.00	472 360	964.00	154 840	316.00	2 254 000	4 600.00
合计	—	3 104 300	—	858 924	—	263 776	—	4 227 000	—

八、在产品存货预算的编制

在产品也称在制品,是企业生产过程中正处于加工、等待加工材料、半成品或未办理入库的产品。生产过程中的在产品包括工艺占用在产品、运输占用在产品、周转占用在产品和保险占用在产品。工艺占用在产品是指生产线上占用的在产品,即分布在各加工、装配、检验工位上的毛坯、零件、部件和产品;运输占用在产品是指处于装卸、运输过程中的在产品;周转占用在产品是指用于平衡前后工序生产率差异的在产品;保险占用在产品是指为了保证生产活动正常生产而占用的在产品。

在产品存货预算是预算期内企业规划、控制生产过程在制品数量及价值的总体安排,由生产部门负责编制,财务部门、仓储部门予以协助。

(一) 在产品存货预算的编制方法

1. 收集预算基础资料

在产品存货预算编制的主要依据是预算期的产品产量预算、产品成本预算、在产品定额、预算编制要求及基期在产品资金占用情况等资料。需要预算编制人员将上述基础资料归集到位。

2. 核定在产品定额

在产品定额是指在一定技术组织条件下,各生产环节上为了保证生产衔接所必需的、最低限度的在产品占用量。在产品定额应当按照各种产品分别核定,各种产品的在产品定额数值主要取决于预算期各产品的平均日产量、单位成本、在产品成本系数和生产周期四个因素。核定公式为:

$$在产品定额 = 平均日产量 \times 产品单位成本 \times 生产周期 \times 在产品成本系数$$

平均日产量是指预算期某种产品的每日平均产量,可以根据预算期产品产量除以全年计划生产天数求得。计算公式为:

$$平均日产量 = 年产品产量 \div 年生产天数$$

生产周期是指从原材料投入生产开始,经过加工到产品完成、验收入库为止的全部时间,可以根据产品生产工艺分工序逐步求得。

在产品成本系数是指在产品平均成本占产成品制造成本的比率,因为各种产品的生产费用,都是在生产过程中逐渐发生的,随着生产的进行,各项生产费用不断增加,到生产最终结束时,才等于产品的全部成本。因此,在产品成本系数不能按照产品完成后的全部成本计算,而是按在产品平均成本占产品制造成本的百分比计算。

在产品成本系数的大小,取决于生产过程中产品生产费用的递增情况。产品生产费用在生产开始阶段投入越多,在产品成本系数越大;反之,在产品成本系数越小。在产品成本系数可以根据如下公式计算求得:

$$在产品成本系数 = \frac{(单位产品成本的材料成本 + 单位产品的其他成本 \div 2)}{单位产品成本}$$

在企业实务中,如果产品属于单步骤生产工艺,则在产品定额的核定比较简单;如果属于多步骤生产工艺,则在产品定额的核定方法有两种:一种是首先确定各个生产阶段的在产品定额,然后相加得出整个生产过程的在产品定额;另一种是首先分别求出各生产阶段的在产品成本系数,然后求出综合的在产品成本系数,最后再根据在产品定额计算公式求出在产品定额。

3. 编制在产品存货预算

正确核定各种产品的在产品定额是编制在产品存货预算的关键所在。当在产品定额核定之后,就可以根据在产品定额,结合预算期的产品产量预算、产品成本预算,编制在产品存货预算。如果预算期的产品产量、产品结构及成本比较稳定,在产品存货预算就可以直接按核定的在产品定额编制。

(二)在产品存货预算的编制案例

【例 7-12】 阳光公司在生产部门完成产品产量预算、产品成本预算的基础上,着手编制各种产品的在产品存货预算。已知 2012 年全年产品生产日数为 300 天。

预算编制过程和编制方法如下。

1. 收集预算基础资料

根据产品产量预算(表 7－19)、产品成本预算(表 7－41)等资料,编制 A、B、C 三种产品的在产品定额基础资料如表 7－42 所示。

表 7－42　2012 年 A、B、C 在产品定额基础资料表

预算部门:分厂　　　　　　　编制时间:2011 年 10 月 20 日

序号	产品名称	产品产量(吨)		单位成本(元)			生产周期(天)	在产品成本系数
		年产量	平均日产量	制造成本	材料成本	其他成本		
×	计算关系	①	②=①/300 天	③	④	⑤=③－④	⑥	⑦=(④+⑤/2)/③
1	A 产品	190	0.6	3 900	2 850	1 050	7	0.87
2	B 产品	160	0.5	7 700	5 850	1 850	6	0.88
3	C 产品	490	1.6	4 600	3 320	1 280	5	0.86

2. 编制在产品存货预算计算表

根据在产品定额基础资料表(表 7－42)和在产品定额计算公式,计算编制 A、B、C 三种产品的在产品定额计算表,如表 7－43 所示。

表 7－43　2012 年 A/B/C 在产品定额计算表

预算部门:分厂　　　　　　　编制时间:2011 年 10 月 20 日　　　　　　　金额单位:元

序号	产品名称	平均日产量(吨)	产品单位成本	生产周期(天)	在产品成本系数	在产品资金定额
×	计算关系	①	②	③	④	⑤=①×②×③×④
1	A 产品	0.6	3 900	7	0.87	14 250.60
2	B 产品	0.5	7 700	6	0.88	20 328.00
3	C 产品	1.6	4 600	5	0.86	31 648.00
4	合计	—	—	—		66 226.60

3. 编制在产品存货预算

生产部门根据在产品定额计算表(表 7－43)核定的在产品资金定额,结合 2012 年产品产量预算、产品成本预算和 2012 年期初在产品资金预计情况,认为预算期的产品产量、产品结构及成本比较稳定,预算期初、期末在产品余额可以直接使用核定的在产品定额。据此,编制在产品存货预算如表 7－44 所示。

表 7－44　2012 年在产品存货预算表

预算部门:分厂　　　　　　　编制时间:2011 年 10 月 20 日

序号	产品名称	期初金额(元)	期末金额(元)	备注
1	A 产品	14 250.60	14 250.60	在均衡生产的情况下,在产品的期初、期末资金定额可以相等;在预算期产品产量与基期产品产量变动较大的情况下,在产品的期初、期末资金定额一般不相等
2	B 产品	20 328.00	20 328.00	
3	C 产品	31 648.00	31 648.00	
4	合计	66 226.60	66 226.60	

第四节 供应预算的编制

一、供应预算概述

供应预算是预算期内企业采购物资、储备物资、供应物资、储备和供应产品等一系列供应活动的预算。供应活动既是企业为生产活动采购物资、储备物资的准备阶段,也是企业为销售活动储备产品、供应产品的阶段。在供应活动中,企业用货币资金购买材料等各种物资,经过储存、备货、配送等一系列物流过程到达生产过程被产品生产活动消耗使用;材料、物资经过加工而改变其原有形态,它们或构成产品实体的一部分,或被消耗掉而有助于生产活动的进行,最终生产出来的产品又回到仓库储存,以保证产品销售活动的进行。

供应预算对于组织供应活动,保证生产活动、销售活动的顺利进行具有十分重要的作用,是企业预算期内采购、供应物资,控制采购成本,储备、供应产品,考核供应活动工作业绩的主要依据。

供应预算编制的主要依据是生产预算、销售预算所确定的产品产量、材料物资耗用量、产品销售量、预算价格、库存定额、材料物资供求关系等供应活动自身的特点,以及预算编制大纲和企业管理要求。

（一）供应预算的内容

供应预算涉及材料物资采购、材料物资储备和产品储备三个方面。具体包括产品存货预算、材料存货预算、采购预算、应付账款预算等与供应活动有关的预算。

1. 产品存货预算

产品存货预算是预算期内企业各种库存产品增加、减少及期初、期末余额的预算,主要内容是产品名称、期初余额、本期增加额、本期减少额、期末余额等,反映了预算期内企业各类产品存货的增减量和结存量。

2. 材料存货预算

材料存货预算是预算期内企业各种库存材料增加、减少及期初、期末余额的预算,主要内容是材料名称、期初余额、本期增加额、本期减少额、期末余额等,反映了预算期内企业各类材料存货的增减量和结存量。

3. 采购预算

采购预算是预算期内企业采购生产经营活动所需材料、物资种类、数量和价值的预算,主要内容是采购物资名称、计量单位、采购数量、采购单价、采购金额和采购时间等项目,反映了预算期内企业材料物资采购活动的总体安排。

4. 应付账款预算

应付账款预算是预算期内企业应付账款发生额、付款额及其期初、期末余额的预算,主要内容是供应商名称、业务内容、应付账款的增加、付款、结存等项目,反映了预算期内企业因采购活动而发生的应付账款增减变动和货款支付情况。

（二）供应预算的编制程序

在以销定产的情况下，企业是按照销售—生产—供应的顺序安排生产经营活动的。由于受产品库存量、材料库存量的增减变动的影响，销售预算、生产预算、供应预算的编制需要交叉进行。一般情况下，销、产、供预算的编制顺序是：首先编制销售量预算，然后编制产品存货预算，再后编制生产量预算、在产品预算和材料消耗量预算，最后编制材料存货预算、采购预算和应付账款预算。同时，供应预算还要在资金价值和供应时间上与销售预算、生产预算、现金预算衔接起来，保障销售活动和生产活动的顺利进行。

供应预算的具体编制程序如下。

1. 编制产品存货预算

仓储部门根据产品发货数量预算或销售数量预算，结合核定的产品库存定额，安排预算期内产品库存的期初期末结存量、本期入库及出库量。

2. 编制材料存货预算

仓储部门根据直接材料预算和其他物资预算中安排的各种材料物资耗用种类及数量，结合核定的材料物资库存定额，安排预算期内各种材料物资库存的期初期末结存量、本期入库及出库量。

3. 编制采购预算

采购部门根据材料存货预算中安排的预算期材料物资入库品种和数量，结合对材料采购价格及物资供应的市场调查情况，安排预算期内企业各种材料物资的采购数量、采购成本和采购时间。

4. 编制应付账款预算

采购部门以采购预算、付款政策、应付账款期初余额等资料为依据，测算、安排预算期内企业应付账款增减变动和货款支付情况。

供应预算的编制程序如图7-3所示。

（三）供应预算的编制责任

供应预算的执行者是采购、仓储和销售部门，因此，采购、仓储和销售部门是供应预算编制的主体。由于企业的供应活动与生产活动、财务活动密不可分。因此，生产部门和财务部门也是供应预算编制的参与者。

二、存货供应的决策与规划

企业通过合理组织材料及产成品的供应活动，满足公司生产活动、销售活动在时间、空间、数量、品种等方面对材料及产成品的需要，是保证企业生产经营活动持续进行的必要条件。任何企业的生产经营活动，都表现为存货的流入、转化和流出的过程，如果某一环节不能及时获取所需的存货，企业的生产经营活动就将被中断。因此，企业只有保持一定数量的存货，才能应对市场变化、保证企业生产经营活动的正常进行和产品销售活动的畅通。但是，要保持一定数量的存货就必然要占用一定数目的资金，形成机会成本。因此，在编制采购及存货预算过程中，通过科学的存货供应决策合理规划、确定材料的采购量和采购批次，制定合理的材料及产品库存定额，使企业的各种存货既保持一定的库

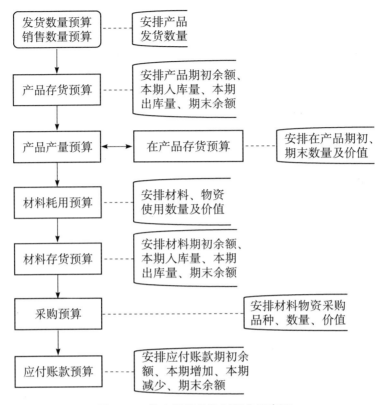

图 7-3 供应预算的编制程序示意图

存,又使存货成本降为最低,这是对存货供应活动实行预算管理的核心内容。

存货供应决策需要抓住两个关键问题:一是确定存货储备定额;二是控制存货订购经济批量。

(一) 确定存货储备定额

存货储备定额是指企业为了确保生产经营活动正常进行所必需的最经济合理的存货储备的数量标准。按其作用不同可分为经常储备定额、保险储备定额和季节储备定额。经常储备定额又称周转储备定额,是为了保证在两次进货的间隔期内正常供应的需要而规定的储备数量标准;保险储备定额是为了保证供应过程发生意外变故时能不间断地组织供应而规定的储备数量标准;季节储备定额是为了适应存货季节性特点或满足存货季节性需要而规定的一定时期内的储备数量标准。各类储备定额的计算公式为:

经常储备定额 = 平均每日需要量 × 合理储备天数

保险储备定额 = 平均每日需要量 × 保险储备天数

季节储备定额 = 平均每日需要量 × 季节性储备天数

(二) 控制存货订购经济批量

存货订购经济批量(Economic Order Quantity,EOQ)是使存货采购成本和存货储存成本达到最小的每次订购数量。影响存货订购经济批量的因素有四个:

一是采购成本。它是由材料买价和运杂费所构成的成本。一般情况下,采购成本与采购数量成正比例关系。

二是订货成本。它是每次订货业务发生的文件处理费、邮电费和验收、办公费用,以及采购部门的管理费、采购人员工资、差旅费等。一般情况下,增加一次采购数量,可以有效降低订货总成本。

三是储存成本。它是存货在储存过程中所发生的成本,包括仓储费、保险费、存货破损和变质损失、占用资金应支付的利息等。为降低储存成本,企业应该小批量地采购,减少储存数量。

四是缺货成本。它是由于未能保持足够存货而给企业生产和销售造成的损失。例如,由于不能大量购买而丧失的购货折扣损失,因存货不足而造成的停工待料损失等。

四者之间存在着此消彼长的关系。存货供应的决策与规划就是通过分析存货订购经济批量,确定存货的经济订货批量,实现采购成本和储存成本最小化。

存货订购经济批量的计算公式为:

$$Q = \sqrt{\frac{2RG}{h}}$$

式中,Q 表示某种存货每次订购的经济批量;R 表示某种存货的年采购总量;G 表示某种存货每次的订购成本;h 表示单位存货年平均储存成本。

【例7-13】 阳光公司2012年的Z材料采购总量为3 340吨。经过测算,每批采购成本和单位存货年储存成本为800元和30元,这样可以根据计算公式计算Z材料的存货订购经济批量为:

$$Q = \sqrt{\frac{2RG}{h}} = \sqrt{\frac{2 \times 3\ 340 \times 800}{30}} = 422(吨)$$

$$每年经济订货批次 = R/Q$$
$$= 3\ 340 \div 422$$
$$= 8(次)$$

计算结果表明,Z材料每年采购8次、每次采购量为422吨时,公司Z材料的存货成本最低。

三、产品存货预算的编制

产品存货是指企业为销售活动而储备的各种产品,产品存货预算是预算期内企业储备各种产品,保障销售活动顺利进行的总体安排。

编制产品存货预算是一个综合平衡的过程,不仅要考虑产品的市场需求和实际销售情况,还要结合企业核定的产品存货定额;既要确保满足销售的需要,又不能因产品存货过多而造成积压浪费、占用资金。由于产品存货预算、销售预算与生产预算三者之间的项目和指标相互关联,所以,编制产品存货预算时,需要根据销售预算、生产预算的指标和产品存货定额来安排;编制生产预算时,需要根据销售预算和产品存货预算的指标来确定产品生产数量;编制销售预算时,也需要根据产品生产和产品储备的实际情况。也就是说,产品存货数量、销售预算、生产预算的编制需要相互衔接、同步进行。因此,产品存货预算一般以销售部门为主,财务、仓储、生产等部门配合编制。

(一) 产品存货预算的编制方法

1. 收集预算基础资料

产品存货预算编制的主要依据是预算期的发货数量预算、产品库存定额、产品生产情况,以及产品供求关系变化等信息资料。因此,编制产品存货预算需要将上述基础资料归集到位。

2. 计算产品存货各项预算指标

编制产品存货预算的基本恒等式为:

期初产品库存量 + 预算期产品入库量 = 预算期产品出库量 + 期末产品库存量

式中,期初产品库存量是指预算期初产品存货的库存量;预算期产品入库量是指预算期生产部门完工入库的产品;预算期产品出库量是指预算期各种产品的发货量;期末产品库存量是指预算期末产品存货的库存量。式中各项数据获取的先后顺序如下。

首先,确定预算期产品出库量。可以从发货数量预算或销售收入预算中直接取得。

然后,确定期初产品库存量。需要根据各种产品的库存定额和编制预算时的产品库存实际情况合理测算。

再后,确定期末产品库存量。需要根据各种产品的库存定额和预算期产品生产、产品销售及产品库存的预计情况合理测算。

最后,确定预算期产品入库量。需要根据"预算期产品入库量 = 预算期产品出库量 + 期末产品库存量 − 期初产品库存量"的公式计算出来。

因此,编制产品存货预算的关键是合理确定预算期初、期末各种产品的库存量,也就是核定各种产品库存定额。

产品库存定额的确定取决于预算期产品平均日产量、预算期产品单位制造成本和产成品资金定额天数三个因素。计算公式为:

产品库存数量定额 = 预算期产品平均日产量 × 产品库存定额天数

产品库存资金定额 = 产品库存数量定额 × 预算期产品单位成本

式中,预算期产品平均日产量是指预算期内企业平均每天的产品产量,通过预算期的产品产量除以有效生产天数即可得到。但是,编制产品存货预算时,产品产量预算还没有编制出来,因此,预算期产品平均日产量可以根据企业各种产品每天的实际产量核定。

产品库存定额天数是指产品从入库到发出并收回货款为止所占用的天数,包括产品储存天数、发运天数和结算天数。产品储存天数是产品在仓库储存的天数;发运天数是产品从离开仓库到取得客户收货凭单的天数;结算天数是取得客户收货凭单开始,直到收讫货款或取得索取货款凭证为止的天数。

预算期产品单位成本是指预算期各种库存产品的平均单位成本。它既是期末库存产品单位成本,也是预算期产品销售单位成本。一般可采用加权平均法计算,计算公式为:

$$预算期产品单位成本 = \frac{期初库存产品成本 + 预算期入库产品成本}{期初库存产品数量 + 预算期入库产品数量}$$

式中,期初库存产品成本和产品数量可以根据编制预算时已知的库存产品账面结存成本和结存数量,与基期剩余月份预计产品生产入库成本、出入库数量加权平均计算后得到;预算期入库产品成本和入库数量需要通过产品成本预算(表 5 - 38)取得。

值得注意的是:编制产品成本预算的基本依据之一是预算期的产品产量预算,而产品产量预算是按照"产品产量=销售数量+期末产品库存量-期初产品库存量"的基本公式计算确定的。由此可以看出,生产预算与存货预算的编制是交叉进行的,当产品库存数量预算编制完成后,有关数据即为编制产品产量预算所用;而产品成本预算编制完成后,有关数据即为编制产品存货预算所用。

另外,为了简化,企业也可以根据产品的生产周期、一次发货量、储存时间等因素合理估计产品库存数量,同时还要考虑季节性生产或要求集中供货的订单对库存量变动的影响。总的要求是,既不要耽误产品销售活动的正常进行,又不能造成产品存货积压。

3. 编制产品存货预算

当各项产品存货预算指标计算、确定之后,就可以按产品类别、名称汇总编制产品存货预算,主要内容包括各种产品库存的期初、期末结存,预算期各种产品的出入库情况。预算指标既要反映实物数量,又要反映资金价值。

(二)产品存货预算的编制案例

【例7-14】 根据责任分工,阳光公司2012年产品存货预算由销售部门负责编制,财务部门和储运部门给予配合。

预算编制过程和编制方法如下。

1. 编制预算基础资料表

产品存货预算主要涉及各种产品的期初结存、期末结存、预算期入库、出库四项预算指标。因此,销售部门会同财务、储运部门首先围绕产品存货预算的四项指标,核定了产品期初结存、产品平均日产量入库、产品库存数量定额等基础资料。其中,产品库存数量定额是按照"产品库存数量定额=预算期产品平均日产量×产品库存定额天数"的基本公式计算得到的。编制的产品存货预算基础资料如表7-45所示。

表7-45 2012年产品存货预算基础资料表

预算部门:销售公司　　　　　　　编制时间:2011年10月25日

产品名称	期初产品库存		产品平均日产量(吨)	储存天数(天)	发运天数(天)	结算天数(天)	产品库存定额天数(天)	产品库存数量定额(元)
	数量(吨)	总成本(元)						
计算关系	①	②	③	④	⑤	⑥	⑦=④+⑤+⑥	⑧=③×⑦
A产品	22	87 920	0.6	10	3	7	20	12
B产品	18	142 160	0.5	20	6	30	56	28
C产品	30	148 400	1.6	5	2.5	5	12.5	20

2. 编制产品库存数量预算

预算期各个季度(月度)末的产品存货数量,主要以产品库存数量定额为依据,结合预算期各季度(月度)的预计产品销售和生产情况合理确定。受产品产销波动的影响,各季度(月度)末的产品库存数量也可能相同,也可能不相同。一般情况下,年末的产品库存数量应与核定的产品库存数量定额保持一致。

阳光公司2012年产品库存数量预算如表7-46所示。

表 7-46　阳光公司 2012 年产品库存数量预算表

预算部门：销售公司　　　　　　　编制时间：2011 年 10 月 25 日

产品名称	期初产品库存数量(吨)	预算期末产品库存数量(吨)			
		第1季度末	第2季度末	第3季度末	第4季度末
A 产品	22	20	15	15	12
B 产品	18	21	25	26	28
C 产品	30	26	24	22	20

3. 计算产品库存资金定额

产品库存资金定额是按照"产品库存资金定额 = 产品库存数量定额 × 预算期产品单位成本"的基本公式计算的。因此，销售部门会同财务、储运部门首先根据产品存货预算基础资料(表 7-45)和产品成本预算(表 7-41)中的有关资料，编制库存产品单位成本计算表如表 7-47 所示。

表 7-47　阳光公司 2012 年库存产品单位成本计算表

预算部门：销售公司　　　　　　　编制时间：2011 年 10 月 25 日

产品名称	期初产品库存		预算期入库产品		库存产品单位成本(元)
	数量(吨)	总成本(元)	数量(吨)	总成本(元)	
计算关系	①	②	③	④	⑤=(②+④)/(①+③)
A 产品	22	87 920	190	741 000	3 910
B 产品	18	142 160	160	1 232 000	7 720
C 产品	30	148 400	490	2 254 000	4 620
合计	—	378 480	—	4 227 000	—
备注	1. 该表的编制是与产品产量预算、产品成本预算编制交叉进行的。当产品库存数量预算(表 7-46)编制完成后，其数据即为编制产品产量预算所用；产品产量预算的数据则为编制产品成本预算所用；产品成本预算的入库产品数量、总成本数据则为计算库存产品单位成本所用　　2. 由于库存产品单位成本既是库存产品的加权平均单位成本，也是预算期产品销售单位成本。因此，该表与产品销售成本预算计算表(表 7-15)完全一致					

然后，根据库存产品单位成本计算表(表 7-47)和产品库存数量预算(表 7-46)的有关资料，编制预算期产品库存资金定额如表 7-48 所示。

表 7-48　阳光公司 2012 年产品库存资金定额表

预算部门：销售公司　　　　　　　编制时间：2011 年 10 月 25 日

产品名称	期初产品库存		库存产品单位成本(元/吨)	第1季度末库存定额		第2季度末库存定额		第3季度末库存定额		第4季度末库存定额	
	数量(吨)	资金(元)		数量(吨)	资金(元)	数量(吨)	资金(元)	数量(吨)	资金(元)	数量(吨)	资金(元)
计算关系	(1)	(2)	(3)	(4)	(5)=(3)×(4)	(6)	(7)=(3)×(6)	(8)	(9)=(3)×(8)	(10)	(11)=(3)×(10)
A 产品	22	87 920	3 910	20	78 200	15	58 650	15	58 650	12	46 920
B 产品	18	142 160	7 720	21	162 120	25	193 000	26	200 720	28	216 160
C 产品	30	148 400	4 620	26	120 120	24	110 880	22	101 640	20	92 400
合计	×	378 480	×	×	360 440	×	362 530	×	361 010	×	355 480

4. 编制产品存货预算

产品存货预算既可以根据产品存货预算编制的基本恒等式"期初产品库存量＋预算期产品入库量＝预算期产品出库量＋期末产品库存量"计算编制,也可以根据产品销售成本预算(表7-16)、产品成本预算(表7-41)和库存产品单位成本计算表(表7-47)中的有关资料汇总编制,如表7-49所示。

表7-49　阳光公司2012年产品存货预算表

预算部门:销售公司　　　　　编制时间:2011年10月25日

产品名称	期初库存			2012年入库			2012年出库			期末库存		
	数量(吨)	单位成本(元/吨)	总成本(元)	数量(吨)	单位成本(元/吨)	总成本(元)	数量(吨)	单位成本(元/吨)	总成本(元)	数量(吨)	单位成本(元/吨)	总成本(元)
计算关系	(3)	(2)=(3)/(1)	(3)	(4)	(5)=(6)/(4)	(6)	(7)	(8)	(9)=(7)×(8)	(10)	(11)	(12)=(10)×(11)
A产品	22	3 996.36	87 920	190	3 900	741 000	200	3 910	782 000	12	3 910	46 920
B产品	18	7 897.78	142 160	160	7 700	1 232 000	150	7 720	1 158 000	28	7 720	216 160
C产品	30	4 946.67	148 400	490	4 600	2 254 000	500	4 620	2 310 000	20	4 620	92 400
合计	×	×	378 480	×	×	4 227 000	×	×	4 250 000	×	×	355 480

四、材料存货预算的编制

材料存货是企业为产品生产活动而储备的各种材料物资,包括各种原料及主要材料、燃料、辅助材料、包装物、低值易耗品、备品备件、协作件等。材料存货预算不仅是仓储部门安排预算期末库存材料物资结存量的依据,还是生产部门安排预算期内生产领料的依据,更为重要的是,材料存货预算是采购部门编制采购预算的基本依据。因为,采购部门编制采购预算时,需要根据材料存货预算安排的预算期内材料物资的入库数量确定材料物资采购量。

材料存货预算是对预算期内企业各种材料物资出库、入库,以及期初、期末结存额的总体安排,由仓储部门负责编制,采购、财务、生产等部门予以协助。

(一) 材料存货预算的编制方法

1. 收集预算基础资料

材料存货预算编制的主要依据是预算期的直接材料预算、间接材料预算、其他材料耗用预算,以及不同材料物资的库存定额、材料物资供求关系变化等因素、信息和资料。编制材料存货预算需要将上述基础资料归集到位。

2. 计算材料存货各项预算指标

编制材料存货预算的基本恒等式为:

期初材料库存量＋预算期材料入库量＝预算期材料出库量＋期末材料库存量

式中,期初材料库存量是指预算期初材料存货的库存量,需要根据各种材料物资的库存定额和编制预算时材料物资库存的实际情况合理测算;预算期材料入库量是指预算期采购部门采购入库的材料物资,是根据"预算期材料入库量＝预算期材料出库量＋期末材料库存量－期初材料库存量"的公式计算出来的;预算期材料出库量是指预算期各种材料物资的发货量,可以从直接材料预算和其他材料物资耗用预算中取得;期末材料库存量是指预算期末材料存货的库存量,需要根据各种材料物资的库存定额和产品生产、材料采购及材料物资的库存情况合理测算。

因此,编制材料存货预算的关键是合理确定预算期初、期末各种材料物资的库存量,也就是核定各种材料物资库存定额。

材料物资库存定额的确定取决于预算期材料物资平均日耗用量、预算期材料物资单位成本和材料物资资金定额天数三个因素。计算公式为：

材料物资库存数量定额 = 预算期材料物资平均日耗用量 × 材料物资库存定额天数

材料物资库存资金定额 = 材料物资库存数量定额 × 预算期材料物资单位成本

式中,预算期材料物资平均日耗用量可以根据预算年度材料物资耗用量除以预算年度产品生产日数计算得出。

预算期材料物资单位成本包括材料物资的买价、运输费、装卸费、保险费、运输途中的合理损耗、入库前的加工整理及挑选费用等,一般使用企业内部计划价格。

材料物资库存定额天数是指企业用货币资金购买各种材料物资开始,直到把它们投入生产为止所占用的天数,包括在途日数、验收日数、应计供应间隔日数、整理准备日数和保险日数,需要根据各类材料物资的具体情况测算确定。

（1）在途日数：是指企业采购材料物资时,由于支付货款在先、收到材料物资验收入库在后,从而形成的占用日数。如果属于赊购物资,则在途日数为零。

（2）验收日数：是指材料物资到达企业后进行计量、拆包开箱、检查化验直到入库为止这一过程中所占用的日数。

（3）整理准备日数：是指材料物资在投入生产以前进行技术处理和生产准备所占用的日数。

（4）保险日数：是指为了防止特殊原因使材料物资不能正常供应而建立的保险储备所占用的日数。

（5）应计供应间隔日数：是指供应间隔日数与供应间隔系数的乘积。其中,供应间隔日数是指前后两次供应材料物资的间隔日数；供应间隔系数是每日平均库存周转储备额占最高库存周转储备额的比率。

材料物资库存定额的核定比较费时耗力。为了简化工作量,可以根据材料物资的性质区别对待：对于量大、价高的原料、主要材料及贵重材料物资应按品名逐一详尽核定；对于数量少、品种多的其他材料物资,可按类别加以粗略核定。

3. 编制材料存货预算

当各项材料存货预算指标计算、确定之后,就可以按材料物资类别、名称汇总编制材料存货预算,主要内容包括各种材料物资库存的期初、期末结存,预算期各种材料物资的出入库情况。预算指标既要反映实物数量,又要反映资金价值。

（二）材料存货预算的编制案例

【例7-15】 根据责任分工,阳光公司2012年的产品产量预算和材料耗用预算编制完成之后,材料存货预算由储运部门负责编制,采购部门、财务部门和生产部门给予配合。已知2012年全年产品生产日数为300天,预算期材料物资单位成本使用内部计划价格。

预算编制过程和编制方法如下。

1. 编制预算基础资料表

材料存货预算主要涉及各种材料物资的期初库存、期末库存、预算期入库、出库、预算价格五项预算指标。因此,储运部门会同采购、财务和生产部门首先围绕材料存货预算的五项指标,根据产品产量预算(表7-19)和材料耗用预算(表7-21、表7-24)等资料的有关指标和信息,核定了材料物资期初结存、材料物资平均日耗用量、材料物资库存数量定额等基础资料。其中,材料物资库存数量定额是按照"材料物资库存数量定额=预算期材料物资平均日耗用量×材料物资库存定额天数"的基本公式计算得到的。编制的材料存货预算基础资料如表7-50所示。

表7-50 2012年材料存货预算基础资料表

预算部门:储运部　　　　　　　　编制时间:2011年10月25日

材料名称	计量单位	计划单价(元)	期初材料库存数量	材料物资耗用数量		材料物资库存定额天数	材料物资库存数量定额
				年消耗量	平均日耗量		
计算关系	×	①	②	③	④=③/300天	⑤	⑥=④×⑤
一、直接材料	×	×	×	×	×	×	×
Z材料	吨	500	300	3 310	11	30	330
Y材料	千克	150	400	5 850	19.5	20	390
X材料	件	200	300	2 520	8.4	35	294
工艺电	千瓦时	1	2 500	67 800	226	10	2 260
二、其他材料	×	×	×	×	×	×	×
E材料	个	70	20	300	1	18	18
F材料	千克	1	20	320	1.1	20	22
G材料	千克	30	15	500	1.7	10	17

2. 编制材料物资库存数量预算

预算期各个季度(月度)末的材料物资存货数量,主要以材料物资库存数量定额为依据,结合预算期各季度(月度)的产品生产和材料耗用情况合理确定。受产品生产波动和物资采购的影响,各季度(月度)末的材料物资库存数量可能相同,也可能不相同。一般情况下,年末的材料物资库存数量应与核定的材料物资库存数量定额保持一致。

阳光公司2012年材料物资库存数量预算如表7-51所示。

表7-51 阳光公司2012年材料物资库存数量预算表

预算部门:储运部　　　　　　　　编制时间:2011年10月25日

材料名称	计量单位	期初材料库存数量	预算期末材料物资库存数量			
			第1季度末	第2季度末	第3季度末	第4季度末
一、直接材料	×	×	×	×	×	×
Z材料	吨	300	330	330	330	330
Y材料	千克	400	390	390	390	390
X材料	件	300	294	294	294	294
工艺电	千瓦时	2 500	2 260	2 260	2 260	2 260
二、其他材料	×	×	×	×	×	×
E材料	个	20	18	18	18	18
F材料	千克	20	22	22	22	22
G材料	千克	15	17	17	17	17

3. 计算材料物资库存资金定额

材料物资库存资金定额是按照"材料物资库存资金定额 = 材料物资库存数量定额 × 预算期材料物资单位成本"的基本公式测算的。根据材料物资库存数量预算（表7-51）中的材料物资库存数量乘以材料物资的内部计划价格，编制预算期材料物资库存资金定额如表7-52所示。

表7-52　阳光公司2012年材料物资库存资金定额表

预算部门：储运部　　　　　编制时间：2011年10月25日　　　　　金额单位：元

材料名称	计量单位	计划单价	期初材料库存		第1季度末		第2季度末		第3季度末		第4季度末	
			数量	总成本	数量	总成本	数量	总成本	数量	总成本	数量	总成本
计算关系	×	(1)	(2)	(3)=(1)×(2)	(4)	(5)=(1)×(4)	(6)	(7)=(1)×(6)	(8)	(9)=(1)×(8)	(10)	(11)=(1)×(10)
一、直接材料	×	×	×	272 500	×	284 560	×	284 560	×	284 560	×	284 560
Z材料	吨	500	300	150 000	330	165 000	330	165 000	330	165 000	330	165 000
Y材料	千克	150	400	60 000	390	58 500	390	58 500	390	58 500	390	58 500
X材料	件	200	300	60 000	294	58 800	294	58 800	294	58 800	294	58 800
工艺电	千瓦时	1	2 500	2 500	2 260	2 260	2 260	2 260	2 260	2 260	2 260	2 260
二、其他材料	×	×	×	1 870	×	1 792	×	1 792	×	1 792	×	1 792
E材料	个	70	20	1 400	18	1 260	18	1 260	18	1 260	18	1 260
F材料	千克	1	20	20	22	22	22	22	22	22	22	22
G材料	千克	30	15	450	17	510	17	510	17	510	17	510
三、合计	×	×	×	274 370	×	286 352	×	286 352	×	286 352	×	286 352

4. 编制材料存货预算

根据直接材料预算（表7-21）、间接材料预算（表7-24）和材料物资库存资金定额（表7-52）中的有关资料，按照材料存货预算编制的基本恒等式"期初材料库存量 + 预算期材料入库量 = 预算期材料出库量 + 期末材料库存量"，计算编制材料存货预算如表7-53所示。

表7-53　阳光公司2012年材料存货预算表

预算部门：储运部　　　　　编制时间：2011年10月25日　　　　　金额单位：元

材料名称	计量单位	计划单价	期初库存		2012年入库		2012年出库		期末库存	
			数量	成本	数量	成本	数量	成本	数量	成本
计算关系	×	(1)	(2)	(3)=(1)×(2)	(4)=(6)+(7)−(2)	(5)=(1)×(4)	(6)	(7)=(1)×(6)	(8)	(9)=(1)×(8)
一、直接材料	×	×	×	272 500	×	3 116 360	×	3 104 300	×	284 560
Z材料	吨	500	300	150 000	3 340	1 670 000	3 310	1 655 000	330	165 000
Y材料	千克	150	400	60 000	5 840	876 000	5 850	877 500	390	58 500
X材料	件	200	300	60 000	2 514	502 800	2 520	504 000	294	58 800
工艺电	千瓦时	1	2 500	2 500	67 560	67 560	67 800	67 800	2 260	2 260
二、其他材料	×	×	×	1 870	×	36 242	×	36 320	×	1 792
E材料	个	70	20	1 400	298	20 860	300	21 000	18	1 260
F材料	千克	1	20	20	322	322	320	320	22	22
G材料	千克	30	15	450	502	15 060	500	15 000	17	510
三、合计	×	×	×	274 370	×	3 152 602	×	3 140 620	×	286 352

根据各季度直接材料预算（表7-22）、各季度间接材料预算（表7-25）和材料物资库存数量预算（表7-51）中的有关资料，按照材料存货预算编制的基本恒等式"期初材

料库存量+预算期材料入库量=预算期材料出库量+期末材料库存量",计算编制各季度材料存货数量预算如表7–54所示。

表7–54 阳光公司2012年各季度材料存货数量预算表

预算部门:储运部　　　　　　编制时间:2011年10月25日

材料名称	计量单位	第1季度				第2季度			第3季度			第4季度		
		期初库存	入库	出库	期末库存	入库	出库	期末库存	入库	出库	期末库存	入库	出库	期末库存
计算关系	×	(1)	(2)=(3)+(4)-(1)	(3)	(4)	(5)=(6)+(7)-(4)	(6)	(7)	(8)=(9)+(10)-(7)	(9)	(10)	(11)=(12)+(13)-(10)	(12)	(13)
一、直接材料	×	×	×	×	×	×	×	×	×	×	×	×	×	×
Z材料	吨	300	753	723	330	849	849	330	917	917	330	821	821	330
Y材料	千克	400	1 264	1 274	390	1 432	1 432	390	1 538	1 538	390	1 606	1 606	390
X材料	件	300	552	558	294	639	639	294	693	693	294	630	630	294
工艺电	千瓦时	2 500	14 480	14 720	2 260	17 110	17 110	2 260	18 410	18 410	2 260	17 560	17 560	2 260
二、其他材料	×	×	×	×	×	×	×	×	×	×	×	×	×	×
E材料	个	20	66	68	18	78	78	18	75	75	18	79	79	18
F材料	千克	20	77	75	22	85	85	22	81	81	22	79	79	22
G材料	千克	15	104	102	17	129	129	17	161	161	17	108	108	17

(三)关于工艺电耗费预算的说明

(1)企业为了细化成本管理与核算,需要将工业用电分为三大类:一是工艺电,是指产品生产工艺用电,是产品成本的重要组成部分。例如,烧碱(NaOH)生产中电解盐水工艺用的电解电、电石(CaC_2)生产工艺用的电石电、铸造生产熔炼工艺用的电炉电都属于工艺电。二是动力电,是指各种工业设备运转需要的电力。例如,各种机床、电动机运转时需要的电力就属于动力电。三是照明电,是指生产管理活动需要的电力。例如,生产部门办公室的照明用电、办公设备用电就属于照明电。

工艺电属于产品生产的直接耗费,编制直接材料预算时,理应将其纳入;动力电用量大的,也应将其纳入直接材料预算;动力电用量不大的,可以和生产部门的照明电一起纳入制造费用预算。

(2)电力属于无形无体、难以储存的即时消耗性材料,理应无法核定期初、期末库存定额。那么,案例中工艺电的期初、期末库存定额应如何理解呢?事实上,目前我国的电力属于垄断和供不应求的状态,企业生产用电一般都要采用预交电费的方式(居民用电也一样)。因此,企业为了加强预算管理,将预交的电费资金作为期末库存材料管理是恰当的。

五、采购预算的编制

采购是企业在一定条件下从供应市场获取材料物资作为企业资源,以保证企业生产经营活动正常开展的一项经营活动。采购预算的编制范围既包括预算期内用于产品生产过程、构成产品实体或有助于产品形成的各类直接材料,也包括维持生产活动正常进行所耗用的间接材料,还包括用于其他经营管理活动的各种材料物资。

采购预算是预算期内企业组织材料物资采购活动的总体安排,由采购部门负责编制,财务、储运部门予以协助。

(一) 采购预算的编制方法

1. 收集预算基础资料

采购预算编制的主要依据是材料存货预算、直接材料预算、间接材料预算、预算价格和各种材料的库存定额,并综合考虑采购物资的市场供求关系、价格变动趋势等信息、资料和因素。因此,编制采购预算应将上述资料收集齐全。

2. 计算采购预算各项指标

由于持续经营的需要,企业生产经营活动耗用的材料物资一般都需要保持一定的库存量。所以,编制采购预算不仅需要依据预算期内各种材料物资的耗用预算,还要依据各种材料物资的期初、期末库存余额。编制采购预算的基本公式为:

预算期材料物资采购量 = 预算期各种材料物资耗用量 + 期末库存量 − 期初库存量

预算期材料物资采购金额 = 预算期材料物资采购量 × 材料物资预算价格

式中,预算期各种材料物资耗用量来自直接材料预算、间接材料预算、其他材料预算中安排的各种材料物资耗用数量;期初、期末库存量来自企业核定的各种材料物资库存定额;材料物资预算价格一般使用企业制定的内部计划价格,当市场价格与内部计划价格发生较大变化时,企业要及时调整内部计划价格,使其保持可用性。

另外,如果企业材料存货预算编制得比较规范和完善,企业的采购预算中采购数量可以直接使用材料存货预算中安排的"预算期材料物资入库数量"。

3. 编制采购预算

当各项采购预算指标计算、确定之后,就可以按材料物资类别、名称汇总编制采购预算,主要内容包括采购物资名称、计量单位、采购数量、采购单价、采购金额和采购时间。

(二) 采购预算的编制案例

【例 7−16】 根据责任分工,阳光公司 2012 年的材料耗用预算和材料存货预算编制完成之后,采购预算由采购部门负责编制,财务部门和储运部门给予配合。

预算编制过程和编制方法如下。

1. 编制预算基础资料表

采购预算主要涉及各种材料物资的期初库存、期末库存、预算期耗用、预算价格等预算指标。采购部门会同财务、储运部门根据需要编制采购预算基础资料表如表 7−55 所示。

表 7−55 阳光公司 2012 年采购预算基础资料表

预算部门:采购部　　　　　编制时间:2011 年 10 月 25 日　　　　　金额单位:元

材料名称	计量单位	期初库存 数量	期初库存 金额	期末库存 数量	期末库存 金额	计划单价	增值税税率(%)
一、直接材料	×	×	272 500	×	284 560	×	×
Z 材料	吨	300	150 000	330	165 000	500	17
Y 材料	千克	400	60 000	390	58 500	150	17
X 材料	件	300	60 000	294	58 800	200	17
工艺电	千瓦时	2 500	2 500	2 260	2 260	1	17
二、其他材料	×	×	1 870	×	1 792	×	17
E 材料	个	20	1 400	18	1 260	70	17
F 材料	千克	20	20	22	22	1	17
G 材料	千克	15	450	17	510	30	17
三、合计	×	×	274 370	×	286 352	×	17

2. 计算采购预算项目指标

根据采购预算基础资料和生产部门编制的直接材料预算(表5-21)、间接材料预算(表5-24)中的有关资料,按照"预算期材料物资采购量 = 预算期各种材料物资耗用量 + 期末库存量 - 期初库存量"和"预算期材料物资采购金额 = 预算期材料物资采购量 × 材料物资预算价格"的计算公式,计算采购预算项目指标,如表7-56所示。

表7-56 阳光公司2012年采购预算计算表

预算部门:储运部　　　　编制时间:2011年10月25日　　　　金额单位:元

材料名称	计量单位	计划单价	预算期耗用		期末库存		期初库存		预算期采购	
			数量	成本	数量	成本	数量	成本	数量	成本
计算关系	×	(1)	(2)	(3)=(1)×(2)	(4)	(5)=(1)×(4)	(6)	(7)=(1)×(6)	(8)=(2)+(4)-(6)	(9)=(1)×(8)
一、直接材料	×	×	×	3 104 300	×	284 560	×	272 500	×	3 116 360
Z材料	吨	500	3 310	1 655 000	330	165 000	300	150 000	3 340	1 670 000
Y材料	千克	150	5 850	877 500	390	58 500	400	60 000	5 840	876 000
X材料	件	200	2 520	504 000	294	58 800	300	60 000	2 514	502 800
工艺电	千瓦时	1	67 800	67 800	2 260	2 260	2 500	2 500	67 560	67 560
二、其他材料	×	×	×	36 320	×	1 792	×	1 870	×	36 242
E材料	个	70	300	21 000	18	1 260	20	1 400	298	20 860
F材料	千克	1	320	320	22	22	20	20	322	322
G材料	千克	30	500	15 000	17	510	15	450	502	15 060
三、合计	×	×	×	3 140 620	×	286 352	×	274 370	×	3 152 602

3. 编制采购预算

根据采购预算计算表编制采购预算如表7-57所示。

表7-57 阳光公司2012年采购预算表

预算部门:采购部　　　　编制时间:2011年10月25日　　　　金额单位:元

材料名称	计量单位	2012年采购预算			备注
		数量	计划价格	金额	
计算关系	×	①	②	③=①×②	
一、直接材料	×	×	×	3 116 360	本表中的数据与材料存货预算(表7-53)中的"2012年入库"数据完全一致,这是源于两者编制方法和依据完全一致。事实上,当期的物资采购预算也就是当期的物资入库预算
Z材料	吨	3 340	500	1 670 000	
Y材料	千克	5 840	150	876 000	
X材料	件	2 514	200	502 800	
工艺电	千瓦时	67 560	1	67 560	
二、其他材料	×	×	×	36 242	在预算实务中,材料存货预算的编制与采购预算的编制是由采购部门与物资管理部门共同协作完成的,两者的项目、数据相互衔接
E材料	个	298	70	20 860	
F材料	千克	322	1	322	
G材料	千克	502	30	15 060	
三、合计	×	×	×	3 152 602	

因为采购预算(表7-57)的采购金额是按照不含税预算价格计算的,所以,编制出来的采购预算金额是不含税金额。企业向供应商支付的材料物资采购货款是含税材料物资采购货款。因此,为了反映材料物资采购的总价款,也为了编制应付账款预算和现金

支出预算,企业需要根据材料物资的增值税税率将不含税采购金额变换为含税采购金额。换算公式为:

材料物资含税金额 = 材料物资不含税金额 + 材料物资增值税

材料物资增值税 = 材料物资不含税金额 × 增值税税率

或,

材料物资含税金额 = 材料物资不含税金额 × (1 + 增值税税率)

本案例材料物资采购的增值税税率为17%,故按照换算公式,计算2012年含税采购预算如表7-58所示。

表7-58 阳光公司2012年采购预算表

预算部门:采购部　　　　　编制时间:2011年10月25日　　　　　金额单位:元

材料名称	材料物资采购不含税金额	增值税税率(%)	材料物资增值税额	材料物资含税金额
计算关系	①	②	③=①×②	④=①+③
一、直接材料	3 116 360.00	17	529 781.20	3 646 141.20
Z材料	1 670 000.00	17	283 900.00	1 953 900.00
Y材料	876 000.00	17	148 920.00	1 024 920.00
X材料	502 800.00	17	85 476.00	588 276.00
工艺电	67 560.00	17	11 485.20	79 045.20
二、其他材料	36 242.00	17	6 161.14	42 403.14
E材料	20 860.00	17	3 546.20	24 406.20
F材料	322.00	17	54.74	376.74
G材料	15 060.00	17	2 560.20	17 620.20
三、合计	3 152 602.00	17	535 942.34	3 688 544.34

根据各季度材料存货数量预算(表7-54)中各季度材料存货入库数量,乘以含税单价(含税单价=不含税单价×1.17),编制2012年各季度含税采购预算如表7-59所示。

表7-59 阳光公司2012年各季度采购预算表

预算部门:采购部　　　　　编制时间:2011年10月25日　　　　　金额单位:元

材料名称	计量单位	含税单价	第1季度 数量	第1季度 金额	第2季度 数量	第2季度 金额	第3季度 数量	第3季度 金额	第4季度 数量	第4季度 金额
计算关系	×	(1)	(2)	(3)=(1)×(2)	(4)	(5)=(1)×(4)	(6)	(7)=(1)×(6)	(8)	(9)=(1)×(8)
一、直接材料	×	×	×	808 446.60	×	917 525.70	×	990 065.70	×	930 103.20
Z材料	吨	585.00	753	440 505.00	849	496 665.00	917	536 445.00	821	480 285.00
Y材料	千克	175.50	1 264	221 832.00	1 432	251 316.00	1 538	269 919.00	1 606	281 853.00
X材料	件	234.00	552	129 168.00	639	149 526.00	693	162 162.00	630	147 420.00
工艺电	千瓦时	1.17	14 480	16 941.60	17 110	20 018.70	18 410	21 539.70	17 560	20 545.20
二、其他材料	×	×	×	9 145.89	×	11 015.55	×	11 888.37	×	10 353.33
E材料	个	81.90	66	5 405.40	78	6 388.20	75	6 142.50	79	6 470.10
F材料	千克	1.17	77	90.09	85	99.45	81	94.77	79	92.43
G材料	千克	35.10	104	3 650.40	129	4 527.90	161	5 651.10	108	3 790.80
三、合计	×	×	×	817 592.49	×	928 541.25	×	1 001 954.07	×	940 456.53

六、应付账款预算的编制

应付账款是指企业因购买材料、物资或接受劳务供应等而应付给供应单位的款项,是企业因采购材料、物资或接受劳务而形成的债务。在买方市场的情况下,为了减少资金支出,企业一般都会通过赊购的方式购买所需的材料物资。企业采购的材料物资,在当期并不需要全部支付货款,这样就产生了应付账款。也就是说,企业预算期内材料物资采购的总金额并不等于预算期内材料物资采购的现金支出额。因此,为了管理和控制预算期内采购货款的应付及支付情况,同时也为了编制现金支出预算,企业在采购预算编制完成后,需要编制应付账款预算。

应付账款预算是预算期内企业支付采购货款和控制、管理应付账款余额的总体安排,由采购部门负责编制,财务部门予以协助。

(一)应付账款预算的编制方法

1. 明确付款政策

采购货款的付款政策对于应付账款预算的编制具有决定性的影响。因此,编制应付账款预算之前,首先要明确企业采购货款的付款政策。付款政策对于大多数企业而言是一个重点和难点问题。说它是重点不言而喻,因为付款政策直接关系到企业的资金管理,关系到现金流量,关系到企业经济效益;说它是难点在于付款政策的制定非常复杂,它受众多因素的影响,而且企业自家说了不算,还必须得到供应商的认同。

物资采购影响因素与付款政策分析如表 7-60 所示。

表 7-60 物资采购影响因素与付款政策分析表

序号	影响因素	状态	付款政策			
			预付货款	钱货两清	分期付款	延期付款
1	采购物资供求关系	供不应求	√	√		
		供需平衡		√	√	
		供过于求			√	√
2	物资采购量	大			√	√
		一般		√	√	
		小	√	√		
3	企业信用情况	好			√	√
		一般		√	√	
		不好	√	√		
4	企业实力与效益	好			√	√
		一般		√	√	
		不好	√	√		
5	采购价格与市场平均价格相比	低	√	√		
		相同		√	√	
		高			√	√
6	供应商收款政策	严格	√	√		
		一般		√	√	
		宽松			√	√
7	应付账款期初余额	大	√	√		
		适中		√	√	
		小			√	√

（续表）

序号	影响因素	状态	付款政策			
			预付货款	钱货两清	分期付款	延期付款
8	企业资金状况	宽裕	√	√	√	
		适中		√	√	
		短缺			√	√
9	采购物资质量	高	√	√	√	
		适中		√	√	
		低			√	√

2. 收集预算基础资料

应付账款预算编制的主要依据是预算期的材料物资采购金额、材料物资供求关系、采购合同、付款政策、企业信用记录、供应商收款政策、应付账款期初余额、本企业预算期的现金收支安排等信息资料。为了编好应付账款预算，采购部门必须尽最大努力，归集、整理上述预算基础资料，并和财务部门一起综合分析研究各种因素，制定科学、合理、符合实际的预算期采购付款政策。

3. 计算预算指标

在收集预算基础资料的基础上，以客户为预算对象，按照付款政策逐一计算客户在预算期内的应付账款增加、减少和期末余额。应付账款预算各项指标计算的恒等式为：

应付账款期初余额 + 预算期应付账款增加额 = 预算期应付账款减少额
+ 应付账款期末余额

式中，应付账款期初余额是指预算期初企业应付给供应商的货款余额，一般可以根据编制预算时的应付账款实际余额，加基期剩余时间预计采购金额，减基期剩余时间预计付款金额得到；预算期应付账款增加额是指预算期采购货款总额，可以从采购预算中直接获得本数据；预算期应付账款减少额是指预算期支付给供应商的货款总额，这项预算指标需要根据企业付款政策、采购物资供求关系等因素逐项物资、逐个供应商进行核定；应付账款期末余额是指预算期末企业应付给供应商的货款余额，既可以在其他三项指标的基础上测算，也可以按照有关付款政策测算。

4. 编制应付账款预算

因为应付账款是按供应商名称设置的账户，所以编制应付账款预算时，应按供应商名称进行排序，同时还要反映采购业务的内容，以便与采购预算相衔接。当企业应付账款户数过多时，可采取重点管理法（ABC法）编制应付账款预算。具体做法与应收账款预算的编制方法相同。

另外，需要说明的是，为了全面反映预算期内应付账款的数额，企业应将预算期的材料物资采购货款全部纳入应付账款预算；会计人员做账时，也应将采购货款全部过渡到应付账款账户。

（二）应付账款预算的编制案例

【例7-17】 根据责任分工，阳光公司2012年的采购预算编制完成之后，应付账款预算由采购部门负责编制，财务部门给予配合。

预算编制过程和编制方法如下：

1. 收集预算基础资料,制定付款政策

采购部门根据预算编制要求,收集了编制采购预算所需的基础资料,并会同财务部门经过研究、分析,审时度势地制定了预算期采购付款政策,如表7-61所示。

表 7-61　阳光公司 2012 年付款政策

预算部门:采购部　　　　　　　　编制时间:2011 年 10 月 25 日

序号	采购物资名称	付款政策	政策制定依据
1	Z 材料	当季度采购货款,在当季度支付50%,剩余50%下一季度支付	采购量大,企业信用好
2	Y 材料	当季度采购货款,在当季度支付40%,剩余60%下一季度支付	采购量大,供求平衡
3	X 材料	钱货两清	采购量一般,产品供不应求
4	工艺电	2012年每个季度末,保持2260千瓦时工艺电预付款余额	目前电力属卖方市场,付款政策由供方说了算
5	E 材料	当季度采购货款,在当季度支付30%,剩余70%下一季度支付	采购量一般,产品供过于求
6	F 材料	钱货两清	采购量太少
7	G 材料	钱货两清	产品供不应求

2. 计算并编制应付账款预算

在收集预算基础资料的基础上,以供应商和采购货款为预算对象,按照付款政策逐一计算、确定供应商在预算期内的应付账款增加、减少和期初、期末余额。最后,编制阳光公司 2012 年应付账款预算如表 7-62 所示。

表 7-62　阳光公司 2012 年应付账款预算表

预算部门:采购部　　　　　　　编制时间:2011 年 10 月 25 日　　　　　　　金额单位:元

序号	供应商名称	业务内容	2012 年预算			
			期初余额	本期应付款	本期支付款	期末余额
×	计算关系	×	①	②	③=①+②-④	④
1	日月公司	Z 材料	230 000.00	1 953 900.00	1 943 757.50	240 142.50
2	云海公司	Y 材料	170 000.00	1 024 920.00	1 025 808.20	169 111.80
3	无名公司	X 材料	0	588 276.00	588 276.00	0
4	天马公司	工艺电	-2 925.00	79 045.20	78 764.40	-2 644.20
5	海诺公司	E 材料	4 025.00	24 406.20	23 902.13	4 529.07
6	得力公司	F 材料	0	376.74	376.74	0
7	兴隆公司	G 材料	0	17 620.20	17 620.20	0
8	合　计	各种材料	401 100.00	3 688 544.34	3 678 505.17	411 139.17

表 7-62 预算指标的计算说明:

(1) 应付账款期初余额根据 9 月末账面实际数额,加基期第四季度预计采购金额,减基期第四季度预计付款金额测算核定。

(2) 预算期应付账款增加额取自 2012 年含税采购预算(表 7-58)。

(3) 预算期应付账款减少额既可以根据预算期采购付款政策(表 7-61),按采购物资品名,逐个供应商核定,也可以在其他三项指标的基础上测算。

（4）应付账款期末余额既可以在其他三项指标的基础上测算,也可以按照有关付款政策测算。本计算表根据预算期采购付款政策（表7-61）和各季度含税采购预算（表7-59）有关资料测算:① Z 材料的付款政策是第四季度采购货款下期付 50%:480 285 × 50% = 240 142.50(元);② Y 材料的付款政策是第四季度采购货款下期付 60%:281 853 × 60% = 169 111.80(元);③ X 材料、F 材料、G 材料的付款政策是钱货两清,所以期末无余额;④ 工艺电的付款政策是季度末保持 2 260 千瓦时工艺电的预付款余额,2 260 × 1.17 = 2 644.20(元),因为在应付账款中反映预付款,所以需要用负数表示;⑤ E 材料的付款政策是第四季度采购货款下期付 70%:6 470.10 × 70% = 4 529.07(元)。

第五节　期间费用预算的编制

一、期间费用预算概述

期间费用预算是预算期内企业组织管理生产经营活动而发生的管理费用、财务费用和销售费用的预算。

期间费用是企业日常经营活动中所发生的经济利益流出,包括销售产品、提供劳务活动而发生的销售费用,组织和管理生产经营活动而发生的管理费用,以及筹集生产经营活动所需资金而发生的财务费用。期间费用的发生与企业当期经营活动管理和产品销售直接相关,而与产品的制造过程无直接关系,即期间费用容易确定其发生的期间,而难以判别其所应归属的产品。因此,期间费用不能列入产品制造成本,而是在发生的当期从损益中直接扣除。

在市场竞争愈演愈烈,销售成本、管理成本、融资成本不断提高的市场经济条件下,企业的期间费用不仅绝对额在不断攀升,而且占销售收入的比重也在不断提高。因此,搞好期间费用预算,对于有效控制期间费用支出、提高经济效益,具有非常重要的作用。

（一）期间费用预算的编制责任

按照新会计准则的规定,企业生产部门发生的固定资产修理费也在期间费用中核算。因此,期间费用预算的执行者不仅包括企业行政管理和营销部门,还包括生产部门。所以,企业包括生产部门在内的所有职能部门都是编制期间费用预算的主体。其中,销售部门负责编制销售预算;财务部门负责编制财务预算;除销售部门以外的其他管理部门都要编制本部门的管理费用预算。当然,生产部门只参与管理费用中的固定资产修理费预算编制。

（二）期间费用预算的内容

期间费用包括直接从企业当期产品销售收入中扣除的销售费用、管理费用和财务费用,俗称三项费用。

1. 销售费用预算

销售费用预算是预算期内企业为销售产品或提供劳务所发生的各项费用的预算,主要内容包括费用项目、费用金额、费用发生时间等,反映了预算期内企业销售活动的费用支出情况。

2. 管理费用预算

管理费用预算是预算期内企业管理部门为组织管理生产经营活动所发生的各项费用的预算,主要内容包括费用项目、费用金额、费用发生时间、责任部门等,反映了预算期内企业日常经营管理活动的费用支出情况。

3. 财务费用预算

财务费用预算是预算期内企业为筹集和使用生产经营活动资金所发生的各项费用的预算,主要内容包括费用项目、费用金额、费用发生时间等,反映了预算期内企业筹集和使用生产经营活动资金的费用支出情况。

(三)期间费用预算的编制程序

三项期间费用的发生和归集都非常明确,三者之间没有项目上的关联性、金额上的衔接性和时间上的先后关系。因此,销售费用、管理费用和财务费用自成体系,分别从属、服务于不同领域的经济活动,有着不同的编制依据,分别由不同的职能部门负责编制。一般情况下,销售费用在销售收入预算、应收账款预算编制完成后进行编制;管理费用预算在预算编制大纲发布之后即可编制;财务费用预算要和财务预算同步编制。

期间费用预算的具体编制程序如下:

(1)编制销售费用预算。销售部门以预算编制大纲、销售收入预算、销售政策、产品供求关系、销售费用率和基期费用情况等资料和管理要求为基本依据,测算、安排预算期内企业销售活动发生的各项费用。

(2)编制管理费用预算。各职能部门以预算编制大纲、经营目标、职责范围、管理费用率和基期费用情况等资料和管理要求为基本依据,测算、安排预算期内各职能部门本身发生的或按职责归口发生的各项费用。各职能部门编制完成后,由综合管理部门或财务部门汇总编制整个企业的管理费用预算。

(3)编制财务费用预算。财务部门以预算编制大纲、预算期筹资预算、借款规模、借款种类、借款利率和其他融资成本等资料为基本依据,测算、安排预算期内生产经营筹资活动的各项费用。

二、销售费用预算的编制

销售费用也称作营业费用,是指企业在销售产品或提供劳务过程中发生的各项费用以及专设销售机构的各项经费。具体包括应由企业负担的运输费、装卸费、包装费、保险费、展览费、销售佣金、委托代销手续费、广告费、租赁费和销售服务费用,专设销售机构人员薪酬、差旅费、办公费、折旧费、修理费、材料消耗、低值易耗品摊销及其他费用。

销售费用是为了实现销售收入而支付的费用。销售收入作为收益性指标,当然是越高越好;而销售费用作为成本性指标,则是越低越好。然而在一般的情况下,销售收入与销售费用是成正比的,企业要使销售收入有较大幅度的增长,就必须加大销售力度,增加销售费用的投入。如果盲目压缩销售费用,就会影响销售业务的开展。因此,在编制销售费用预算时,必须与销售量及销售收入预算相互协调和配合。

销售费用预算是预算期内企业销售活动各项费用发生的总体安排,由销售部门负责编制,财务部门予以协助。

(一) 销售费用预算的编制方法

1. 收集预算基础资料

销售费用预算编制的主要依据是预算期的销售收入预算、销售政策、销售内容、费用开支标准、销售费用率、基期销售费用水平等信息资料。因此,编制销售费用预算必须将上述基础资料归集、整理到位,要按照预算编制大纲对销售费用的控制、管理要求,有针对性地归集基础资料。例如,预算编制大纲要求预算期销售费用占销售收入的比率要比基期降低10%。根据这个要求,就需要重点归集基期销售收入和销售费用的实际发生额,并计算其比率。

2. 测算销售费用数额

销售费用与销售收入、销售利润之间具有内在联系,编制人员要通过分析销售收入、销售费用和销售利润的量本利关系,力求实现销售费用投入产出的最佳效果。下面,介绍测算销售费用的三种具体方法。

(1) 销售百分比法。销售百分比法是指用基期销售费用与基期销售收入的百分比,结合预算期的销售收入预算来测算销售费用的方法。基本计算公式为:

$$基期销售费用 = 预算期销售收入 \times \frac{基期销售费用}{基期销售收入} \times 100\%$$

采用销售百分比法测算销售费用时要注意以下三点:

一是销售费用中包含一些固定性费用,它们一般不会随销售收入的变动而变动,因此,销售百分比法的基本计算公式只适应核定变动性费用。企业采用销售百分比法测算销售费用时,首先应将销售费用划分为变动性费用和固定性费用,然后按照计算公式测算出变动性费用,再加上固定费用后即为预算期的销售费用总额。

二是为了防止基期销售百分比存在的偶然性,可以采用将近几年的销售百分比加权平均的办法核定预算期的销售费用。

三是测算销售费用要充分考虑企业在预算期有无新产品投放市场以及企业采取的营销策略和促销手段等因素,同时还要考虑企业加强内部管理、压缩各项费用的具体要求等情况。

因此,采用销售百分比法核定出的销售费用,需要经过编制人员的加减校正。

(2) 零基预算法。零基预算法是指在测算销售费用时,不以基期销售费用预算和实际开支水平为基础,而是以零为起点逐一分析各项销售费用发生的必要性及其支出规模,并据以测算预算期销售费用的方法。具体操作步骤如下:

首先,测算费用项目和开支数额。要通过对预算期销售目标、销售利润和市场预测的研究,提出预算期需要发生的费用项目及开支数额。

然后,区分费用性质,分析费用开支的必要性。要将所有销售费用项目划分为"约束性项目"和"酌量性项目"两大类,并对各项费用按性质与轻重缓急确定开支等级和先后顺序。

最后,确定各项目的预算数额。对于约束性费用,如工资、折旧费、保险费、办公费、差旅费等项目必须全额保证；对于酌量性费用，如广告宣传费、修理费、物料消耗、培训费等项目，可根据预算期销售业务的实际需要和财务状况酌情增减。

（3）弹性预算法。弹性预算法是指在测算销售费用时，考虑到预算期间销售业务量可能发生的变动，编制出一套能适应多种业务量的销售费用预算，以便分别反映在不同销售业务量情况下所应开支的销售费用水平。

运用弹性预算法测算销售费用，首先要将销售费用划分为固定性费用和变动性费用两部分。对于固定性销售费用，只需要按项目反映全年预计费用水平；对随销售业务量成正比例变动的变动性销售费用，需要反映各个项目单位业务量的费用分配额，并根据费用发生额与业务量的内在比例关系分别测算不同业务量的销售费用。

综上所述，企业不管采用哪种方法测算销售费用，都要对销售费用的构成和支出数额进行认真分析，要充分利用历史数据并结合实际情况进行合理测算，考察销售费用支出的必要性和投入产出效果，并考虑预算期销售业务量以及其他相关因素的变化，逐项确定销售费用的预算数额。

3. 编制销售费用预算

在测算预算期销售费用数额的基础上，编制销售费用预算，并根据预算项目的性质将销售费用划分为付现项目和非付现项目两大类，为编制现金预算提供资料依据。

（二）销售费用预算的编制案例

【例7－18】 阳光公司2012年预算编制大纲拟订的预算期销售费用控制目标为35万元。其中，2012年销售人员的工资总额按销售收入的1%计提，销售部管理人员的工资总额比2011年增长5%。销售部负责编制2012年销售费用预算。

预算编制过程和编制方法如下：

第一步，划分费用性质。对基期2011年的销售费用进行预计，并将费用项目划分为固定性费用和变动性费用两大类。

第二步，核定变动性费用。按照"销售费用预算＝预算期销售收入×（基期销售费用÷基期销售收入）"的基本公式，采用销售百分比法计算预算期变动性销售费用项目，计算结果为24.2万元。

根据下列已知原因，将变动性费用调增55775元：一是增加2012年加大销售力度，增加广告宣传费的支出5万元；二是根据预算期工资政策，销售人员的工资总额按销售收入的1%计提，经过计算职工薪酬共计增加5775元。计算方法为：

（1）预算期销售收入550万元，乘以1%，得工资总额5.5万元；

（2）已知"五险一金"按工资总额的7%计提，"三项经费"按工资总额的13.5%计提，预算期"五险一金"和"三项经费"①共计提取11 275（55 000×20.5%）元；

（3）预算期职工薪酬共计66 275（55 000＋11 275）元，比按销售百分比法测算的60 500元，增加5 775（66 275－60 500）元。

经过调整，将变动性销售费用确定为297 775（242 000＋55 775）元。

---

① "五险"是指五种社会保险费，即养老保险、医疗保险、失业保险、工伤保险和生育保险；"一金"是指住房公积金；"三项经费"是指工会经费、职工福利费和职工教育经费。

第三步,计算固定性费用。在 2011 年固定性销售费用 6 万元的基础上,增加支出 1.5 万元。其中,2012 年公司新的销售办公楼投入使用,年增固定资产折旧费 1 万元、财产保险费 3 313 元;销售公司管理人员工资总额比 2011 年增长 5%,年增职工薪酬支出 1 687 元。因此,预算期固定性销售费用为:

固定性销售费用 = 60 000 + 10 000 + 3 313 + 1 687 = 75 000(元)

第四步,采取措施落实预算目标。经过匡算,2012 年销售费用总额为 372 775 (297 775 + 75 000)元,比公司下达的预算目标 35 万元多 22 775 元。为此,销售公司经过分析决定采取调整措施,将销售费用预算控制在 35 万元。具体调整措施为:

(1) 将部分产品由汽车运输改为火车运输,降低运杂费 13 775 元;
(2) 减少差旅费支出 4 000 元;
(3) 压缩业务招待费支出 5 000 元。

第五步,编制销售费用预算。经过指标校正,按照达标的预算指标编制销售费用预算。其中,各个季度的预算数值都要按照一定的依据测算安排。

因为销售费用中的固定资产折旧费属于已在过去支付现金的沉没成本,在销售费用预算中属于非付现项目;职工薪酬由人力资源部编制的薪酬预算统一安排现金支出,所以,在此也作为非付现项目。因此,将固定资产折旧费和职工薪酬剔除后,其他销售费用项目合计为付现项目。

编制的销售费用预算如表 7-63 所示(该表包含销售费用的测算过程)。

表 7-63 阳光公司 2012 年销售费用预算表

预算部门:销售公司　　　　　编制时间:2011 年 10 月 25 日

性质	费用项目	2011 年预计 金额(元)	2011 年预计 百分比(%)	2012 年测算 金额(元)	2012 年测算 校正额(元)	2012 年预算 全年(元)	第1季度(元)	第2季度(元)	第3季度(元)	第4季度(元)
变动性费用	销售人员薪酬	55 000	1.10	60 500	5 775	66 275	14 520	16 700	18 000	17 055
	运杂费	67 000	1.34	73 700	-13 775	59 925	12 920	15 100	16 600	15 305
	货物保险费	20 000	0.40	22 000	0	22 000	4 820	5 540	6 000	5 640
	广告宣传费	40 000	0.80	44 000	50 000	94 000	20 590	23 670	25 640	24 100
	差旅费	10 000	0.20	11 000	-4 000	7 000	1 750	1 700	1 700	1 850
	业务招待费	8 000	0.16	8 800	-5 000	3 800	820	1 000	1 060	920
	培训费	11 000	0.22	12 100	0	12 100	2 650	3 050	3 300	3 100
	售后服务费	7 000	0.14	7 700	0	7 700	1 690	1 940	2 100	1 970
	其他	2 000	0.04	2 200	0	2 200	490	550	600	560
	小计	220 000	4.40	242 000	33 000	275 000	60 250	69 250	75 000	70 500

(续表)

性质	费用项目	2011年预计		2012年测算		2012年预算				
		金额（元）	百分比（%）	金额（元）	校正额（元）	全年（元）	第1季度（元）	第2季度（元）	第3季度（元）	第4季度（元）
固定性费用	管理人员薪酬	33 740	—	33 740	1 687	35 427	8 800	8 800	8 900	8 927
	折旧费	15 000	—	15 000	10 000	25 000	5 500	7 500	6 000	6 000
	财产保险费	6 670	—	6 670	3 313	9 983	2300	2 300	2 650	2 733
	办公费	4 000	—	4 000	0	4 000	1 500	500	1 000	1 000
	其他	590	—	590	0	590	150	150	150	140
	小计	60 000	1.20	60 000	15 000	75 000	18 250	19 250	18 700	18 800
销售费用合计		280 000	5.60	302 000	48 000	350 000	78 500	88 500	93 700	89 300
1. 非付现项目		103 740	—	109 240	17 462	126 702	28 820	33 000	32 900	31 982
2. 付现项目		176 260	—	192 760	30 538	223 298	49 680	55 500	60 800	57 318
销售收入		5 000 000	—	5 500 000		5 500 000	1 205 000	1 385 000	1 500 000	1 410 000

三、管理费用预算的编制

管理费用预算是预算期内企业组织和管理生产经营所发生的管理费用的总体安排，由各职能部门负责编制，财务部门或综合管理部门负责汇总，并编制管理费用总预算。

管理费用项目繁多、内容复杂、涉及面广，特别是自2007年1月1日新颁布的会计准则陆续实施后，管理费用的核算内容和处理方法均比过去的传统做法有了很大变化。需要企业根据管理费用的特点及核算要求，分析管理费用项目构成，有针对性地采取预算控制措施。

（一）管理费用的构成分析

管理费用是企业为组织和管理企业生产经营活动，维持基本组织机构和经营能力而发生的各项费用。具体包括以下六个方面的费用。

1. 管理人员报酬及相关支出的费用

职工薪酬指企业支付给行政管理部门员工的各种形式的报酬以及其他相关支出，包括工资、奖金、津贴、补贴、职工福利费、医疗保险费、养老保险费、失业保险费、工伤保险费、生育保险费、住房公积金、工会经费、职工教育经费、非货币性福利、因解除与职工的劳动关系给予的补偿以及其他相关支出。

2. 企业日常行政管理方面的费用

（1）公司经费：指企业管理部门在企业经营管理中发生的办公费、水电费、差旅费、物料消耗、低值易耗品摊销等。

（2）业务招待费：指企业为生产、经营业务的合理需要而发生的应酬费用。

3. 用于企业间接管理的费用

（1）董事会费：指企业董事会及其成员为执行职权而发生的各项费用，包括成员津贴、差旅费、办公费、会议费等。

（2）咨询费：指企业向有关咨询机构进行生产技术经营管理咨询所支付的费用或支付企业经济顾问、法律顾问、技术顾问的费用。

（3）中介机构费：指企业聘请会计师事务所进行查账、验资、资产评估、清账等发生的费用。

（4）诉讼费：指企业向法院起诉或应诉而支付的费用。

（5）应缴税费：指企业应交矿产资源补偿费、房产税、车船使用税、土地使用税、印花税等。

4. 提供生产技术条件的费用

（1）排污费：指企业根据环保部门的规定缴纳的排污费用。

（2）绿化费：指企业区域内零星绿化费用。

（3）技术转让费：指企业使用非专利技术而支付的费用。

（4）技术开发费：指企业开发新产品、新技术所发生的新产品设计费、工艺规程制定费、设备调试费、原材料和半成品的试验费、技术图书资料费、未纳入国家计划的中间试验费、研究人员的工资，研究设备的折旧，与新产品、新技术研究有关的其他经费，委托其他单位进行的科研试制的费用以及试制失败损失等。

（5）研发支出：指企业研究与开发无形资产过程中发生的各项费用化支出。

（6）无形资产摊销：指企业分期摊销的无形资产价值，包括专利权、商标权、著作权、土地使用权、非专利技术和商誉等的摊销。

5. 固定资产运行维护的费用

（1）固定资产折旧费：指行政管理部门使用固定资产提取折旧费。

（2）财产保险费：指企业经营管理活动使用固定资产的保险费用。

（3）固定资产修理费：指企业生产部门和行政管理等部门发生的固定资产修理费用及后续支出。

6. 其他费用

（1）开办费：指企业在筹建期间发生的人员工资、办公费、培训费、差旅费、印刷费、注册登记费以及不计入固定资产价值的借款费用等。

（2）其他管理费用：指不包括在以上各项之内又应列入管理费用的费用。

管理费用支出主要与企业的规模和组织结构设置相关，而且大部分管理费用属于固定性费用或半固定性费用，受国家财政法规、会计政策以及企业自定政策的制约和影响。例如，管理人员工资由管理人员人数和月工资标准计算确定；企业为管理人员缴纳的医疗保险费、养老保险费、失业保险费、工伤保险费、生育保险费等社会保险费和住房公积金根据管理人员工资总额的一定比例计算；工会经费、职工教育经费根据管理人员工资总额和国家规定的提取标准计提；固定资产折旧费根据管理部门的固定资产原值和年折旧率计算确定；房产税、车船税、土地使用税和印花税等根据税法规定计算确定；土地使用费根据有偿使用的土地面积和规定的付费标准计算确定；等等。对于这种类型的费用，各部门发挥主观能动性的作用不大。因此，应把管理费用控制的重点放在固定资产修理费、物料消耗、办公费、差旅费等可控性费用上。

（二）管理费用预算的编制方法

1. 收集预算基础资料

管理预算编制的基础资料包括基期费用情况、预算期费用增减变动因素、预算编制大纲及管理要求等信息资料。

2. 测算各项费用指标

管理费用各项预算指标的测算要因企制宜,从严从细。一般可采用如下步骤和方法。

首先,按照不同标准对管理费用明细项目进行科学分类。

(1) 按费用可调性分类,可分为约束性费用和酌量性费用。

约束性费用是指费用是否发生、发生多少不受管理人员决策控制的费用项目。例如,固定资产折旧费、医疗保险费、养老保险费、失业保险费、工伤保险费、生育保险费、住房公积金、工会经费、职工教育经费、土地使用税等。

酌量性费用是指费用是否发生、发生多少可以由管理人员决策决定的费用项目。例如,技术开发费、研发支出、业务招待费、办公费、差旅费、物料消耗费等。

(2) 按费用管理归属分类,可分为归口管理费用和自行管理费用。

归口管理费用是指按职能管理要求归口有关职能部门管理的费用。例如,职工薪酬归口人力资源部门管理,固定资产折旧费、房产税、车船使用税、土地使用税、印花税等税费归口财务部门管理。

自行管理费用是指归费用发生部门自行管理的费用。例如,业务招待费、办公费、差旅费、物料消耗等。

(3) 按费用发生归属分类,可分为公共费用和部门费用。

公共费用是指为整个企业经营活动发生的费用。例如,排污费、绿化费、固定资产折旧费、房产税、车船使用税、土地使用税、印花税等。

部门费用是指为本部门经营管理活动发生的费用。例如,办公费、差旅费、职工薪酬、物料消耗等。

当然,上述分类会因企业的具体情况不同而不同,也会因具体费用发生的原因不同而不同,更会因企业管理的具体方法和具体要求不同而不同,但分类的基本原理是一样的。

管理费用明细项目分类标准如表 7-64 所示。

表 7-64 管理费用明细项目分类标准表

序号	管理费用明细项目	按可调性分类		按管理归属分类		按发生归属分类	
		约束性	酌量性	归口管理	自行管理	公共费用	部门费用
1	职工薪酬	√		√			√
2	公司经费		√		√		√
3	业务招待费		√		√		√
4	董事会费		√		√	√	
5	咨询费		√		√	√	
6	中介机构费		√		√	√	
7	诉讼费		√		√	√	
8	应缴税费	√		√		√	
9	排污费		√	√		√	
10	绿化费		√	√			√
11	技术转让费		√		√		√

(续表)

序号	管理费用明细项目	按可调性分类		按管理归属分类		按发生归属分类	
		约束性	酌量性	归口管理	自行管理	公共费用	部门费用
12	技术开发费		√		√		√
13	研发支出		√		√		√
14	无形资产摊销	√		√		√	
15	固定资产折旧费	√		√		√	
16	财产保险费	√		√		√	
17	固定资产修理费		√		√		√
18	开办费		√		√		√

然后,针对不同类型的管理费用落实不同的编制部门。

（1）约束性费用预算一般由归口管理部门负责编制。例如,职工薪酬预算由人力资源部门负责编制;应缴税费、无形资产摊销、固定资产折旧费、财产保险费由财务部门负责编制等。

（2）酌量性费用预算一般由各职能部门负责编制。例如,公司经费、固定资产修理费、业务招待费、董事会费、咨询费、中介机构费、诉讼费等均由各职能部门负责编制。

再后,针对不同类型的管理费用采用不同的预算编制方法。

（1）约束性费用的客观因素较多,受有关基数、政策和标准的制约,基本没有弹性。一般可采用固定预算法编制预算。

（2）酌量性费用的主观因素较多,应重点控制。一般可根据基期管理费用预计水平和预算期内的变化因素,结合费用开支标准和企业降低费用的要求,采用零基预算法或增量预算法编制预算。

最后,按费用发生的归属不同,实行统分结合的管理方式。

（1）公共费用一般实行统一管理方式,由归口管理部门负责核定费用额度但不予分解,而是将总额留在归口管理部门或设置一个综合户专门填列此类费用。例如,应缴税费、排污费、无形资产摊销、固定资产折旧费、财产保险费等与各个职能部门不直接相关的费用。

（2）部门费用一般实行分部门管理方式,将其分解到各个职能部门控制管理。例如,职工薪酬、公司经费、业务招待费、董事会费、咨询费、固定资产修理费、开办费等与各个职能部门直接相关的费用。

3. 编制管理费用预算

在归口编制、部门编制、分类编制的基础上,由财务部门、预算管理部门或综合管理部门负责汇总编制整个公司预算年度的管理费用预算。为了将管理费用各个项目落实到位,有效运用预算手段控制管理费用支出,应将管理费用预算表设计成分部门、分项目列示的棋盘式表格。

（三）管理费用预算的编制案例

【例7-19】 阳光公司2012年预算编制大纲要求,预算期酌量性管理费用预算要求比2011年降低10%,管理人员工资总额比2011年增长4%,其他管理费用预算据实从严控制。按照责任分工,公司管理费用预算由财务部牵头负责,其他部门配合。

预算编制过程和编制方法如下。

1. 收集预算基础资料

财务部按照预算编制需要,预计2011年管理费用发生额,归集了预算期有关导致费用增减的因素,为编制预算做好了资料准备。

2. 测算预算指标

财务部根据管理费用明细项目的具体情况,分别采取如下方法测算费用指标。

(1) 酌量性费用指标分解到各个职能部门。将2012年酌量性费用比2011年降低10%的要求下达到各个职能部门,要求各职能部门按照降低10%的目标,采用零基预算与增量预算相结合的方法逐项测算各项费用支出。其中,固定资产修理费由甲、乙分厂和综合管理部负责测算。

(2) 约束性费用分解到有关归口管理部门测算。其中,职工薪酬由人力资源部负责测算;财产保险费、固定资产折旧费、应缴税费由财务部负责测算。测算结果:①根据预算期管理人员工资总额比2011年增长4%的政策安排,职工薪酬为81 458元,比基期的78 325元,增加3 133元;②预算期计提固定资产折旧费2万元比基期的2.1万元减少0.1万元,原因是固定资产报废5万元,导致折旧费相应减少;③财产保险费、应缴税费与基期相比没有变化。

3. 编制管理费用预算

财务部将各部门测算编制的预算草案进行审核、修订后,基本达到了预算编制大纲的要求。然后,汇总编制阳光公司2012年管理费用预算如表7-65所示。

表7-65 阳光公司2012年管理费用预算表

预算部门:财务部　　　　编制时间:2011年10月26日　　　　单位:元

性质	项目	基期预计	2012年预算	2012年各部门管理费用预算									
				管理部	财务部	采购部	储运部	人资部	制造部	技术部	工程部	其他	甲分厂	乙分厂
约束性费用	职工薪酬	78 325	81 458	12 050	10 845	6 025	13 255	8 435	9 640	14 460	6 748	0	0	0
	保险费	1 000	1 000	0	0	0	0	0	0	0	0	1 000	0	0
	折旧费	21 000	20 000	0	0	0	0	0	0	0	0	20 000	0	0
	应缴税费	8 000	8 000	0	0	0	0	0	0	0	0	8 000	0	0
	小计	108 325	110 458	12 050	10 845	6 025	13 255	8 435	9 640	14 460	6 748	29 000	0	0
酌量性费用	修理费	55 000	49 500	0	0	0	0	0	0	0	0	11 500	20 000	18 000
	办公费	24 500	22 050	4 000	6 050	1 000	1 000	2 000	1 000	3 000	4 000	0	0	0
	差旅费	19 600	17 640	1 000	2 040	4 600	2 000	3 000	1 000	3 000	1 000	0	0	0
	招待费	13 400	12 060	2 100	2 960	2 000	1 000	1 000	1 000	1 000	1 000	0	0	0
	其他	9 220	8 298	1 000	298	3 000	2 000	0	0	2 000	0	0	0	0
	小计	121 720	109 548	8 100	11 348	10 600	6 000	6 000	3 000	9 000	6 000	11 500	20 000	18 000
管理费用合计		230 045	220 006	20 150	22 193	16 625	19 255	14 435	12 640	23 460	12 748	40 500	20 000	18 000
非付现项目		107 325	109 458	12 050	10 845	6 025	13 255	8 435	9 640	14 460	6 748	28 000	0	0
付现项目		122 720	110 548	8 100	11 348	10 600	6 000	6 000	3 000	9 000	6 000	12 500	20 000	18 000

表中,凡是与各部门直接相关的费用,如职工薪酬、修理费等费用分解落实到各个部门;凡是与各个部门不直接相关的费用,如固定资产折旧费、财产保险费等费用则放在其他项目中集中反映。

本案例中的固定资产折旧费属沉没成本,职工薪酬在职工薪酬预算(表7-77)中安排现金支出,应缴税费在应缴税费预算(表7-69)中安排现金支出。因此,这三项费用在管理费用预算中属于非付现项目,其他项目为付现项目。

四、财务费用预算的编制

财务费用是指企业为筹集生产经营所需资金等而发生的筹资费用。具体内容如下:

(1) 利息支出,指企业短期借款利息、长期借款利息、应付票据利息、票据贴现利息、应付债券利息、长期应付引进国外设备款利息等利息支出(资本化的利息除外)。

(2) 利息收入,指企业银行存款的利息收入,用于抵减利息支出。

(3) 汇兑损失,指企业因向银行结汇或购入外汇而产生的银行买入、卖出价与记账所采用的汇率之间的差额,以及月度(季度、年度)终了,各种外币账户的外币期末余额按照期末规定汇率折合的记账人民币金额与原账面人民币金额之间的差额等。

(4) 相关的手续费,指发行企业债券所需支付的手续费(需资本化的手续费除外)、开出汇票的银行手续费、调剂外汇手续费等,但不包括发行股票所支付的手续费等。

(5) 现金折扣,又称销售折扣,是指企业为了鼓励客户尽早付清货款而提供的一种价格优惠。企业因销售活动而支付给客户的现金折扣增加财务费用支出;因采购活动而收到供应商给予的现金折扣减少财务费用支出。

(6) 其他财务费用,如融资租入固定资产发生的融资租赁费用等。

财务费用预算是预算期内企业为筹集生产经营所需资金而发生费用的总体安排,由财务部门负责编制。

(一) 财务费用预算的编制方法

1. 收集预算基础资料

财务费用预算编制的主要依据包括:

(1) 预算期内企业各项生产经营借款金额与借款利率;
(2) 预算期内企业生产经营应付债券的余额与债券利率;
(3) 预算期内企业在银行办理承兑汇票贴现的额度与贴现利率;
(4) 预算期内企业在银行的平均存款余额和存款利率;
(5) 预算期内企业结汇、购汇、调汇的种类、额度与汇率;
(6) 预算期内各种外币账户的外币期末余额与折合为人民币的损益率;
(7) 预算期内企业从银行开具承兑汇票的额度及手续费率;
(8) 预算期内为生产经营筹集资金而发生的手续费;
(9) 预算期内发生的现金折扣;
(10) 预算期内发生的其他财务费用。

编制财务费用预算必须首先将上述基础资料归集到位,弄清楚具体数据。

2. 测算财务费用指标

将财务预算编制的基础资料收集齐全,确保其准确无误后,按照各自的计算公式就可以将财务费用测算出来。对财务费用的计算,要严格按财务制度的规定,切实分清列支渠道,既不能将应在损益中列支的财务费用挤入固定资产成本或挂账不列,又不能将应资本化的借款利息、融资费用列入财务费用。

3. 编制财务费用预算

根据财务费用预算计算表,按照费用项目、费用金额、发生时间的结构,汇总编制财务费用预算。

(二)财务费用预算的编制案例

【例 7-20】 根据责任分工,阳光公司 2012 年财务费用预算由财务部负责编制。预算编制过程和编制方法如下。

1. 编制预算基础资料表

根据 2012 年融资预算(表 9-13)安排的生产经营借款金额与借款利率,结合预算期银行存款余额等其他基础资料,编制财务费用预算基础资料如表 7-66 所示。

表 7-66　2012 年财务费用预算基础资料表

预算部门:财务部　　　　　　　编制时间:2011 年 10 月 26 日

序号	项目	第1季度	第2季度	第3季度	第4季度
1	银行借款平均余额(万元)	150	190	200	210
2	借款月利率(‰)	5	5	5	5
3	银行存款平均余额(万元)	30	50	60	40
4	银行存款月利率(‰)	0.5	0.5	0.5	0.5
5	承兑汇票贴现额(万元)	5	5	5	5
6	承兑汇票贴现天数(天)	30	30	30	30
7	承兑汇票月贴现率(‰)	5	5	5	5

2. 计算各项财务费用

根据 2012 年财务费用预算基础资料,计算 2012 年各项财务费用预算金额。有关计算公式为:

每季度借款利息支出 = 借款金额 × 月利率 × 3

银行存款季度利息收入 = 银行存款平均每日存款额 × 月利率 × 3

贴现利息 = 票面金额 × 贴现天数 × 月贴现率 ÷ 30

3. 编制财务费用预算

根据各项财务费用计算结果,汇总编制 2012 年财务费用预算如表 7-67 所示。因为财务费用全部需要在当期支付现金,所以,财务费用预算为全额付现项目。

表 7-67　阳光公司 2012 年财务费用预算表

预算部门:财务部　　　　　　　编制时间:2011 年 10 月 26 日　　　　　　　单位:元

序号	项目	2012 年预算	第1季度	第2季度	第3季度	第4季度
1	借款利息支出	112 500.00	22 500.00	28 500.00	30 000.00	31 500.00
2	减:利息收入	2 700.00	450.00	750.00	900.00	600.00
3	汇票贴现利息支出	1 000.00	250.00	250.00	250.00	250.00
4	手续费	288.23	70.00	70.00	70.00	78.23
5	合计	111 088.23	22 370.00	28 070.00	29 420.00	31 228.23

第六节 其他经营预算的编制

一、其他经营预算概述

其他经营预算是预算期内企业日常生产经营活动中有关计提折旧、应缴税费、职工薪酬等方面的预算。企业的日常生产经营活动除了前面销售预算、生产预算、供应预算、期间费用预算所述内容外，还要发生诸如缴纳税费、固定资产增减变动、计提折旧、职工薪酬、资产减值、其他往来账款核算等经营管理活动。这些活动的发生，同样会对企业的收入、成本、利润、现金及财务状况产生重大影响。因此，企业也需要通过编制预算的方式进行规划、控制和管理。

需要指出的是，将应缴税费、固定资产变动、计提折旧、职工薪酬、资产减值等预算归为其他经营预算，而没纳入销售预算、生产预算、供应预算、期间费用预算的主要原因有两个：

一是这些预算具有综合性、边缘性的特点，其内容一般涵盖供应、生产、销售三个环节。例如，固定资产增减变动及计提折旧预算的内容涵盖整个企业使用的固定资产；职工薪酬预算的内容涵盖企业全体员工；等等。因此，很难将其纳入个性特征较强的供应、生产、销售及期间费用预算。

二是销售预算、生产预算、供应预算、期间费用预算的范围和内容是根据生产经营活动特点和全面预算管理需要划分的，企业生产经营活动的复杂性决定了不论何种预算划分标准都难以做到面面俱到、涓滴不遗。因此，将企业生产经营活动中处于综合性、边缘性的活动及事项纳入其他经营预算是十分必要的。

下面，主要阐述应缴税费、固定资产变动、计提折旧、职工薪酬四种预算的编制。

二、应缴税费预算的编制

应缴税费是指企业按照税法等规定计算应缴纳的各种税费，包括增值税、消费税、营业税、所得税、资源税、土地增值税、城市维护建设税、房产税、土地使用税、车船使用税、教育费附加、矿产资源补偿费等。税收是国家实现职能的物质基础，依法纳税是企业对国家、社会应尽的义务。同时，缴纳税费也会给企业带来资金及利益的流出，对企业的生产经营活动产生一定影响。因此，为了全面规划、管理预算期内企业各种税费的产生、缴纳及应缴情况，为编制现金预算提供数据来源，企业需要编制应缴税费预算。

应缴税费预算是预算期内企业各种税费发生、缴纳及余额的总体安排，由财务部门负责编制。

（一）应缴税费预算的编制方法

1. 收集预算基础资料

编制应缴税费预算的主要依据是预算期内企业应缴税费的种类、课税对象、计税依据和适用税率。因此,必须将上述基础资料收集齐全。

2. 测算应缴税费的预算指标

主要根据预算期内企业应缴税费的种类、计税依据和适用税率计算应缴税费数额,并根据国家税收政策和企业的具体情况安排应缴税费的现金支出。应缴税费预算的具体内容包括期初、期末应缴税费余额,预算期应缴税费额,预算期上交税费额等指标。

(1)增值税、营业税、消费税等流转税是以产品销售收入及劳务收入额为计税依据,按规定税率计算缴纳的税金。其中,增值税需要根据预算期销售收入和材料采购金额分别计算销项增值税额和进项增值税额,两者相抵后的差额为应缴增值税额。编制流转税预算的资料来源主要是销售预算、采购预算中的有关数据。

(2)城市维护建设税和教育费附加是以企业应缴"增值税、营业税和消费税"税额为计税依据,按规定税费率计算缴纳的税费。编制城市维护建设税和教育费附加预算的资料来源是预算期内企业应缴的增值税、营业税和消费税税额。

(3)所得税是以企业一定时期的所得额为计税依据,按规定税率计算缴纳的税金。编制所得税预算的资料来源主要是利润预算中的有关数据。

(4)房产税、车船使用税、土地使用税是以企业所有或属其支配的财产为计税依据,按规定税率计算缴纳的税金。编制房产税、车船使用税、土地使用税预算的资料来源主要是企业财务账目中有关房产、车船和土地的资料及数据。

(5)资源税是以企业开发利用的特定自然资源为计税依据,按规定税率计算缴纳的税金。编制资源税预算的资料来源主要是销售预算中有关特定自然资源的销售数量。

(6)印花税是以企业经济活动中书立、领受的应税经济凭证为计税依据,按规定税率计算缴纳的税金。编制印花税预算的资料来源主要是预算期内企业书立的具有合同性质的凭证、产权转移书据和营业账簿。

企业预算期内应缴税金及附加按如下公式计算:

$$应缴税费额 = \sum 计税费依据 \times 适用税费率(额)$$

3. 编制应缴税费预算

根据预算期内各种税金及教育费附加的测算结果,汇总编制应缴税费预算。为了保持预算编制项目与会计核算科目的一致性,编制应缴税费预算时应将所有税费划分为三大类:

一是将消费税、营业税、资源税、城市维护建设税和教育费附加等划归为流转税费类。因为会计制度规定,上述应缴税费计入"营业税金及附加"科目核算,直接抵减当期损益。

二是将房产税、土地使用税、车船使用税、矿产资源补偿费、印花税等划归为管理税费类。因为会计制度规定,上述应缴税费计入"管理费用"科目核算,直接抵减当期损益。

三是将企业所得税划归为所得税费用类。因为会计制度规定,企业按照税法规定计算应缴的所得税计入"所得税费用"科目,直接抵减当期利润总额。

(二)应缴税费预算的编制案例

【例7-21】 按照责任分工,财务部负责编制阳光公司2012年应缴税费预算。其中,增值税、城市维护建设税、所得税和教育费附加的期末余额按预算年度应缴税费额的5%计算;其他税种没有余额。

预算编制过程和编制方法如下。

(1) 收集预算基础资料,包括应缴税费的种类、适用税率、课税对象和计税依据。其中,计税依据主要来自销售收入预算、采购预算、利润预算及企业其他课税对象的数额。

(2) 测算应缴税费预算指标。根据销售收入预算(表 7-9)、采购预算(表 7-58)、利润表预算(表 9-3)等有关资料中的课税对象、计税依据和适用税率,分析计算预算期内企业应缴税费数额,并编制应缴税费预算指标计算表,如表 7-68 所示。

表 7-68　阳光公司 2012 年应缴税费预算指标计算表

预算部门:财务部　　　　　　编制时间:2011 年 10 月 28 日

项目	课税对象	计税依据	税费率(额)	应缴税费
计算关系	×	①	②	③ = ① × ②
一、流转税费(元)	×	×	×	438 963.43
增值税(元)	购销业务	销项税减进项税	×	399 057.66
销项增值税(元)	销售额	5 500 000.00	17	935 000.00
进项增值税(元)	采购额	3 152 602.00	17	535 942.34
城市维护建设税(元)	应缴增值税	399 057.66	7	27 934.04
教育费附加(元)	应缴增值税	399 057.66	3	11 971.73
二、所得税费用(元)	×	×	×	134 750.00
所得税(元)	应税利润	539 000.00	25	134 750.00
三、管理税费	×	×	×	8 000.00
房产税(元)	房产余值	475 000.00	1.20	5 700.00
印花税(元)	购销合同	5 500 000.00	0.03	1 650.00
土地使用税(米^2)	土地面积	150	1	150.00
车船使用税(辆)	小型客车	1	500	500.00
四、应缴税费合计(元)	×	×	×	581 713.43

本表计算说明:

(1) 城市维护建设税是以纳税人实际缴纳的流通转税额为计税依据征收的一种税,纳税环节确定在纳税人缴纳的增值税、消费税、营业税的环节上。税率按纳税人所在地规定分别为市区 7%、县城和镇 5%、乡村 1%。大中型工矿企业所在地不在城市市区、县城、建制镇的,税率为 5%。

(2) 教育费附加的计税依据与城市维护建设税相同,征收率为 3%。

(3) 本表中的所得税应税利润为利润表预算(表 9-3)中的利润总额减去投资收益。

(4) 本表中的印花税课税对象是预算期不含税销售收入,其他课税对象忽略。

(5) 本表中的房产税、土地使用税、车船使用税课税对象数额为假定。

(3) 编制应缴税费预算。首先,测算应缴税费的期初余额。企业应缴的大部分税种都是根据已经发生的计税依据缴纳,因此,在预算期初都会有应缴税费的余额。然后,根据案例给定的条件测算应缴税费的期末余额。再后,根据公式"上交税费额 = $\sum$(期初应缴税费余额 + 本期应缴税费额 - 期末应缴税费余额)"计算预算期内上缴税费额。最后,汇总编制应缴税费预算如表 7-69 所示。

表 7-69 阳光公司 2012 年应缴税费预算表

预算部门:财务部　　　　编制时间:2011 年 10 月 28 日　　　　　　　　　　单位:元

项目	期初余额	本期应缴	本期上缴	期末余额
计算关系	①	②	③=①+②-④	④=②×5%
一、应缴税费	25 000.00	573 713.43	570 027.76	28 685.67
增值税	20 000.00	399 057.66	399 104.78	19 952.88
销项增值税	46 000.00	935 000.00	934 250.00	46 750.00
进项增值税	26 000.00	535 942.34	535 145.22	26 797.12
城市维护建设税	1 400.00	27 934.04	27 937.34	1 396.70
所得税	3 000.00	134 750.00	131 012.50	6 737.50
教育费附加	600.00	11 971.73	11 973.14	598.59
二、管理费用税费	0	8 000.00	8 000.00	0
房产税	0	5 700.00	5 700.00	0
印花税	0	1 650.00	1 650.00	0
土地使用税	0	150.00	150.00	0
车船使用税	0	500.00	500.00	0
三、税费合计	25 000.00	581 713.43	578 027.76	28 685.67

三、固定资产变动预算的编制

固定资产是指企业为生产商品、提供劳务、出租或经营管理而持有的,使用寿命超过一个会计年度的有形资产,包括房屋、建筑物、机器、机械、运输工具、器具、工具等。固定资产是企业的劳动手段,可以长期保持原有的实物形态,但其价值则随着生产经营活动而逐渐转移到产品成本或期间费用中去,并构成产品价值或有关费用的组成部分。

随着企业机械化、自动化、智能化生产水平的不断提高,企业劳动手段的更新换代速度越来越快,固定资产价值呈现越来越高的趋势,转移到产品成本或期间费用中去的那部分价值也越来越多。因此,编制固定资产变动预算,对于提高企业固定资产管理水平,准确计提折旧,加强成本控制和管理都具有十分重要的意义。

固定资产变动预算是预算期内企业固定资产增减变动情况的总体安排,由财务部门负责编制,装备及工程部门予以协助。

(一)固定资产变动预算的编制方法

(1)收集预算基础资料。固定资产变动预算编制的主要依据是基期固定资产使用状况,预算期内在建工程竣工计划、固定资产投资计划,以及固定资产出售、转让、报废计划等信息资料。编制固定资产变动预算应将上述资料收集齐全。

(2)测算固定资产变动预算指标。编制固定资产变动预算的基本恒等式为:

固定资产期初余额 + 预算期固定资产增加 = 预算期固定资产减少
　　　　　　　　　　　　　　　　　　　+ 固定资产期末余额

式中,固定资产期初余额根据编制预算时的固定资产实际状况,加减基期剩余时间固定资产预计变动情况测算;预算期固定资产增加数额根据预算期固定资产投资计划、在建工程竣工计划等信息资料合理测算;预算期固定资产减少数额根据预算期固定资产出售、转让、报废计划等信息资料合理测算;固定资产期末余额可以通过其他三项指标计算得出。

(3) 编制固定资产变动预算。根据预算期固定资产增减变动测算结果,汇总编制固定资产变动预算。

(二) 固定资产变动预算的编制案例

【例 7-22】 按照责任分工,阳光公司 2012 年固定资产变动预算由财务部负责编制,工程部、制造部等部门予以配合。

预算编制过程和编制方法如下:

1. 收集预算基础资料

编制固定资产变动预算主要涉及固定资产期初余额、预算期固定资产增加额、预算期固定资产减少额和固定资产期末余额四项指标,因此,财务部首先测算固定资产期初余额;然后与装备、工程、制造、销售等固定资产施工、使用部门分析研究,取得了预算期固定资产增减变动情况数据资料,如表 7-70 所示。

表 7-70 阳光公司 2012 年固定资产变动预算基础资料表

预算部门:财务部　　　　　编制时间:2011 年 10 月 28 日　　　　　　　　　单位:元

项目	固定资产类别	2012 年固定资产增加额			2012 年固定资产减少额			
		原因	时间	金额	原因	时间	金额	已提折旧
甲分厂	设备	新购	2012 年 7 月	80 000	×	×	×	×
甲分厂	厂房	竣工	2012 年 11 月	174 400	×	×	×	×
乙分厂	设备	新购	2012 年 5 月	160 000	报废	2012 年 11 月	20 000	19 200
乙分厂	厂房	×	×	×	报废	2012 年 11 月	32 000	30 720
销售公司	办公楼	竣工	2012 年 2 月	400 000	报废	2012 年 6 月	200 000	192 000
管理部门	设备	×	×	×	报废	2012 年 10 月	50 000	48 000
合计	×	×	×	814 400	×	×	302 000	289 920

2. 计算编制固定资产变动预算

根据预计的固定资产期初余额和固定资产变动预算基础资料(表 7-70),编制 2012 年固定资产变动预算如表 7-71 所示。

表 7-71 阳光公司 2012 年固定资产变动预算表

预算部门:财务部　　　　　编制时间:2011 年 10 月 28 日　　　　　　　　　单位:元

项目	固定资产原值			
	期初余额	增加	减少	期末余额
计算关系	①	②	③	④=①+②-③
一、生产用固定资产	807 000	414 400	52 000	1 169 400
甲分厂	548 000	254 400	0	802 400
房屋/建筑物	90 000	174 400	0	264 400
机器设备	458 000	80 000	0	538 000
乙分厂	259 000	160 000	52 000	367 000
房屋/建筑物	100 000	0	32 000	68 000
机器设备	159 000	160 000	20 000	299 000
二、非生产用固定资产	700 000	400 000	250 000	850 000
销售公司	300 000	400 000	200 000	500 000
房屋、建筑物	200 000	400000	200 000	400 000

(续表)

项目	固定资产原值			
	期初余额	增加	减少	期末余额
设备	100 000	0	0	100 000
管理部门	400 000	0	50 000	350 000
房屋、建筑物	300 000	0	0	300 000
设备	100 000	0	50 000	50 000
合计	1 507 000	814 400	302 000	2 019 400

四、计提折旧预算的编制

固定资产折旧是指在固定资产使用寿命内,按照确定的方法对应计折旧额进行的系统分摊,反映了固定资产在当期生产经营活动中的转移价值。编制计提折旧预算不仅是加强固定资产管理的需要,也是编制各项费用预算及产品成本预算的需要。

计提折旧预算是预算期内企业固定资产折旧情况的总体安排,由财务部门负责编制。

(一) 计提折旧预算的编制方法

编制计提折旧预算的目的是正确测算企业各环节、各部门在预算期内应承担的固定资产折旧数额,以便正确核算预算期的成本、费用和利润。因此,编制计提折旧预算需要按如下步骤和方法进行。

1. 确定计提折旧的固定资产范围

计提固定资产折旧的范围包括所有固定资产。但是,已提足折旧仍继续使用的固定资产不再计提折旧,按规定单独计价作为固定资产入账的土地不计提折旧。已达到预定可使用状态的固定资产,如果尚未办理竣工决算,应当按照估计价值暂估入账,并计提折旧。

确定计提折旧的固定资产范围,不仅要确认其原值,还要分清其类别、用途和使用部门。

2. 确定计提折旧的固定资产原值增减额

企业需按月提取折旧,当月增加的固定资产,当月不提折旧,从下月起计提折旧;当月减少的固定资产,当月照提折旧,从下月起不提折旧。固定资产提足折旧后,均不再提取折旧;提前报废的固定资产,不再补提折旧。因此,编制预算时,应按月测算计提折旧的固定资产原值增减额。

3. 确定计提折旧的方法

计提固定资产折旧的方法主要有平均年限法(直线法)、工作量法、双倍余额递减法和年数总和法,企业一般采用平均年限法计算折旧。企业在编制计提折旧预算时,应当对固定资产的使用寿命、预计净残值和折旧方法进行复核:使用寿命预计数与原先估计数有差异的,应当调整固定资产使用寿命;预计净残值预计数与原先估计数有差异的,应当调整预计净残值;与固定资产有关的经济利益预期实现方式有重大改变的,应当改变固定资产折旧方法。

4. 计算预算期的折旧数额,编制计提折旧预算

采用平均年限法计提折旧的公式为:

年折旧额 = 固定资产原值 × 年折旧率

年折旧率 = (1 - 预计净残值率) ÷ 折旧年限 × 100%

月折旧额 = 固定资产原值 × 月折旧率

月折旧率 = 年折旧率 ÷ 12

另外,计提折旧预算应反映预算期初、期末累计折旧余额的变动情况。

(二)计提折旧预算的编制案例

【例7-23】 按照责任分工,阳光公司2012年计提折旧预算由财务部负责编制。计提折旧的方法为平均年限法。

预算编制过程和编制方法如下:

1. 收集预算基础资料

编制计提折旧预算需要两方面的基础资料:一是确定计提折旧的固定资产范围,以及期初、期初余额和预算期内的增减变动情况,固定资产变动预算(表7-71)已将上述资料全部列明;二是确定计提折旧的方法、折旧年限及预计净残值率。为此,归集计提折旧预算基础资料如表7-72所示。

表7-72 阳光公司2012年计提折旧预算基础资料表

预算部门:财务部　　　　　　编制时间:2011年10月28日

固定资产类别	折旧方法	折旧年限(年)	预计净残值率(%)	年折旧率(%)	月折旧率(%)
房屋/建筑物	平均年限法	32	4	3	0.25
机器设备	平均年限法	8	4	12	1

2. 计算预算期的折旧数额

因为固定资产折旧是按月计提的,所以,需要按月测算计提折旧的数额。首先,根据预算期固定资产增减变动情况数据资料(表7-70),按照"当月增加的固定资产,当月不提折旧,从下月起计提折旧;当月减少的固定资产,当月照提折旧,从下月起不提折旧"的规定,逐月测算计提折旧的固定资产原值;然后,根据公式"月折旧额 = 固定资产原值 × 月折旧率"逐月计算固定资产折旧数额。固定资产折旧计提测算如表7-73所示。

3. 编制计提折旧预算

编制计提折旧预算的基本恒等式为:

累计折旧期初余额 + 预算期折旧增加额 = 预算期折旧减少额 + 累计折旧期末余额

式中,累计折旧期初余额根据编制预算时的累计折旧账面余额,加减基期剩余时间累计折旧变动情况测算;预算期折旧增加数额根据固定资产折旧计提测算表(表7-73)测算;预算期折旧减少数额根据预算期固定资产退出后的已提折旧额测算;累计折旧期末余额可以通过其他三项指标计算得出。

阳光公司2012年计提折旧预算如表7-74所示。

预算部门：财务部

表 7-73 阳光公司 2012 年固定资产折旧计提测算表（1）

编制时间：2011 年 10 月 28 日

项目	月折旧率(%)	1月 原值(元)	1月 折旧(元)	2月 原值(元)	2月 折旧(元)	3月 原值(元)	3月 折旧(元)	4月 原值(元)	4月 折旧(元)	5月 原值(元)	5月 折旧(元)	6月 原值(元)	6月 折旧(元)
1. 甲分厂	—												
房屋建筑物	0.25	548 000	4 805	548 000	4 805	548 000	4 805	548 000	4 805	548 000	4 805	548 000	4 805
机器设备	1	90 000	225	90 000	225	90 000	225	90 000	225	90 000	225	90 000	225
2. 乙分厂	—	458 000	4 580	458 000	4 580	458 000	4 580	458 000	4 580	458 000	4 580	458 000	4 580
房屋建筑物	0.25	259 000	1 840	259 000	1 840	259 000	1 840	259 000	1 840	259 000	1 840	419 000	3 440
机器设备	1	100 000	250	100 000	250	100 000	250	100 000	250	100 000	250	100 000	250
3. 销售公司	—	159 000	1 590	159 000	1 590	159 000	1 590	159 000	1 590	159 000	1 590	319 000	3 190
房屋建筑物	0.25	300 000	1 500	300 000	1 500	700 000	2 500	700 000	2 500	700 000	2 500	700 000	2 500
办公设备	1	200 000	500	200 000	500	600 000	1 500	600 000	1 500	600 000	1 500	600 000	1 500
4. 管理部门	—	100 000	1 000	100 000	1 000	100 000	1 000	100 000	1 000	100 000	1 000	100 000	1 000
房屋建筑物	0.25	400 000	1 750	400 000	1 750	400 000	1 750	400 000	1 750	400 000	1 750	400 000	1 750
办公设备	1	300 000	750	300 000	750	300 000	750	300 000	750	300 000	750	300 000	750
合计	—	100 000	1 000	100 000	1 000	100 000	1 000	100 000	1 000	100 000	1 000	100 000	1 000
		1 507 000	9 895	1 507 000	9 895	1 907 000	10 895	1 907 000	10 895	1 907 000	10 895	2 067 000	12 495

项目	7月 原值(元)	7月 折旧(元)	8月 原值(元)	8月 折旧(元)	9月 原值(元)	9月 折旧(元)	10月 原值(元)	10月 折旧(元)	11月 原值(元)	11月 折旧(元)	12月 原值(元)	12月 折旧(元)	全年折旧
1. 甲分厂	548 000	4 805	628 000	5 605	628 000	5 605	628 000	5 605	628 000	5 605	802 400	6 041	62 096
房屋建筑物	90 000	225	90 000	225	90 000	225	90 000	225	90 000	225	264 400	661	3 136
机器设备	458 000	4 580	538 000	5 380	538 000	5 380	538 000	5 380	538 000	5 380	538 000	5 380	58 960
2. 乙分厂	419 000	3 440	419 000	3 440	419 000	3 440	419 000	3 440	419 000	3 440	367 000	3 160	33 000
房屋建筑物	100 000	250	100 000	250	100 000	250	100 000	250	100 000	250	68 000	170	2 920
机器设备	319 000	3 190	319 000	3 190	319 000	3 190	319 000	3 190	319 000	3 190	299 000	2 990	30 080
3. 销售公司	500 000	2 000	500 000	2 000	500 000	2 000	50 000	50 000	2 000	2 000	500 000	2 000	25 000
房屋建筑物	400 000	1 000	400 000	1 000	400 000	1 000	400 000	1 000	400 000	1 000	400 000	1 000	13 000
办公设备	100 000	1 000	100 000	1 000	100 000	1 000	100 000	1 000	100 000	1 000	100 000	1 000	12 000
4. 管理部门	400 000	1 750	400 000	1 750	400 000	1 750	400 000	1 750	400 000	1 750	350 000	1 250	20 000
房屋建筑物	300 000	750	300 000	750	300 000	750	300 000	750	300 000	750	350 000	1 250	9 000
办公设备	100 000	1 000	100 000	1 000	100 000	1 000	50 000	50 000	500	500	300 000	750	11 000
合计	1 867 000	11 995	1 947 000	12 795	1 947 000	12 795	1 947 000	12 795	1 897 000	12 295	2 019 400	12 451	140 096

表 7-74 阳光公司 2012 年计提折旧预算表

预算部门:财务部　　　编制时间:2011 年 10 月 28 日　　　　　　　　　单位:元

项目	累计折旧期初余额	预算期折旧增加额	预算期折旧减少额	累计折旧期末余额
计算关系	①	②	③	④ = ① + ② - ③
一、生产用固定资产	320 000.00	95 096.00	49 920.00	365 176.00
1. 甲分厂	88 000.00	62 096.00	0	150 096.00
其中:A 产品使用	50 000.00	13 503.00	0	63 503.00
B 产品使用	38 000.00	48 593.00	0	86 593.00
房屋/建筑物	8 000.00	3 136.00	0	11 136.00
机器设备	80 000.00	58 960.00	0	138 960.00
2. 乙分厂	232 000.00	33 000.00	49 920.00	215 080.00
房屋/建筑物	32 000.00	2 920.00	30 720.00	4 200.00
机器设备	200 000.00	30 080.00	19 200.00	210 880.00
二、非生产用固定资产	331 610.00	450 00.00	240 000.00	136 610.00
1. 销售公司	249 000.00	25 000.00	192 000.00	82 000.00
房屋/建筑物	189 000.00	13 000.00	192 000.00	10 000.00
办公设备	60 000.00	12 000.00	0	72 000.00
2. 管理部门	82 610.00	20 000.00	48 000.00	54 610.00
房屋/建筑物	26 610.00	9 000.00	0	35 610.00
办公设备	56 000.00	11 000.00	48 000.00	19 000.00
三、合计	651 610.00	140 096.00	289 920.00	501 786.00

五、职工薪酬预算的编制

职工薪酬是指企业为获得职工提供的服务而给予各种形式的报酬以及其他相关支出。它不仅包括企业支付给全体职工的劳动报酬总额,也包括按照工资的一定比例计算并计入成本费用的其他相关支出。根据《企业会计准则第 9 号——职工薪酬》[①]的规定,职工薪酬包括如下内容:

(1) 职工工资、奖金、津贴和补贴;

(2) 职工福利费;

(3) 医疗保险费、养老保险费、失业保险费、工伤保险费和生育保险费等社会保险费;

(4) 住房公积金;

(5) 工会经费和职工教育经费;

(6) 非货币性福利;

(7) 因解除与职工的劳动关系给予的补偿;

(8) 其他与获得职工提供的服务相关的支出。

职工薪酬的内容涵盖了企业人力资源成本的全部构成,即人力资源的获得成本、开

---

① 《国际会计准则》称企业员工为雇员,我国《企业会计准则》将企业员工称为职工,将企业发放给职工的各种形式的劳动报酬以及其他相关支出统称为职工薪酬。

发成本、使用成本和离职成本。

21世纪是知识经济时代,企业间的竞争,是知识的竞争,人才的竞争。能不能招募到合适的、优秀的员工,并能最大限度地把人力资源转化为生产资源,是关系到企业兴衰成败的关键因素。因此,随着人才竞争的日益加剧,企业的人力资源成本呈越来越高的趋势。编制职工薪酬预算,对于搞好人力资源规划、控制和管理人力资源成本都有非常重要的作用。

职工薪酬预算是预算期内企业人力资源成本支出的总体安排,是调控企业员工工资总体水平的重要手段,也是企业编制直接人工预算和制造费用预算、销售费用预算、管理费用预算中有关职工薪酬项目预算的重要依据。职工薪酬预算由人力资源部负责编制,财务等部门予以协助。

(一)职工薪酬预算的编制方法

1. 收集预算基础资料

职工薪酬预算编制的主要依据有以下五项:

(1)企业的工资制度。工资制度是决定企业工资分配的一系列原则、标准和方法,包括工资原则、工资水平、工资形式、工资等级、工资标准、工资发放等内容。企业可以根据具体情况采用各种不同的工资制度,其中最基本的是计时工资制度和计件工资制度。不同的工资制度,对职工薪酬预算的编制有较大影响。一般而言,实行计时工资制度时,企业的职工薪酬总额比较平稳;实行计件工资时,企业的职工薪酬总额波动较大。

(2)工资政策。公司董事会一般每年都会制定具体的工资政策。例如,工资总额比基年增长5%;工资总额按净利润增长幅度的50%增长,等等。它是确定预算期职工薪酬总额的重要依据。

(3)工资总额。工资总额是指企业在一定时期内直接支付给本企业员工的劳动报酬总额。由计时工资、计件工资、奖金、津贴及补贴、加班加点工资、特殊情况下支付的工资六部分组成。工资总额不仅是企业人力资源成本的主体,而且是企业"三项经费"、"五险一金"的计算依据。

(4)"五险一金"计提政策。"五险"是指五种社会保险费,即养老保险、医疗保险、失业保险、工伤保险和生育保险;"一金"是指住房公积金。其中,养老保险、医疗保险、失业保险和住房公积金,由企业和个人共同缴纳;工伤保险和生育保险完全由企业承担。"五险"是法定的,"一金"不是法定的。

(5)"三项经费"计提标准。三项经费是指工会经费、职工福利费和职工教育经费。《中华人民共和国企业所得税法实施条例》规定:职工福利费不超过工资总额14%的部分、工会经费不超过工资总额的2%的部分、职工教育经费不超过工资总额2.5%的部分,准予在计算应纳税所得额时扣除。现行财务会计法规规定:一般企业按工资总额的1.5%提取职工教育经费,从业人员技术要求高、培训任务重、经济效益较好的企业,可按工资总额的2.5%提取;工会经费按工资总额的2%计提;职工福利费国家没有规定计提比例,是先提后用,还是实报实销,有关法规也没做统一规定,可由企业自行掌握,合理预计。当期实际发生金额大于预计金额的,应当补提;当期实际发生金额小于预计金额的,应当冲回多提的部分。

职工薪酬预算是一项政策性很强的预算,它既关系到企业员工工资收入的多少、福利的高低,又直接影响着企业人力资源成本的高低。因此,编好职工薪酬预算,必须将上述基础资料归集到位。

2. 测算职工薪酬指标

具体方法和步骤如下:

(1) 以各部门为单位进行统计和测算,确定基期工资总额和预算期各部门的员工数量及各类人员构成;

(2) 根据不同部门、不同人员和不同的工资制度,分别测算预算期的工资总额;

(3) 根据预算期的工资总额和计提标准,测算预算期的"五险一金"、"三项经费"和其他相关支出。

3. 编制职工薪酬预算

在测算指标的基础上,汇总编制职工薪酬预算。企业实施新企业会计准则后,"五险一金"和"三项经费"不再直接列支"管理费用"科目,而是根据职工提供服务的受益对象进行分配,分别计入生产成本、制造费用、销售费用、管理费用和在建工程等科目。因此,职工薪酬预算应根据员工提供服务的受益对象进行分配。

(二) 职工薪酬预算的编制案例

【例 7-24】 按照责任分工,阳光公司 2012 年职工薪酬预算由人力资源部负责编制,财务部予以配合。阳光公司董事会制定的 2012 年工资政策如下:

第一,甲、乙两个生产分厂的生产工人实行计件工资制,按产品产量和小时工资率、定额工资计算工资总额;分厂管理人员实行计时工资制,工资总额比 2011 年增长 5%。

第二,销售公司销售人员工资总额为 2012 年销售收入的 1%,管理人员工资总额比 2011 年增长 5%。

第三,公司管理部门管理人员工资总额比 2011 年增长 4%。

第四,"五险一金"和"三项经费"按有关规定计提。

预算编制过程和编制方法如下:

1. 收集预算基础资料

人力资源部根据 2012 年工资政策、产品产量预算(表 7-19)、劳动定额,以及"五险一金"和"三项经费"的计提比例等资料,编制职工薪酬预算基础资料表,如表 7-75 所示。

表 7-75 职工薪酬预算基础资料表

预算部门:人力资源部　　　　　　　编制时间:2011 年 10 月 28 日

项　目	基数或定额	项　目	基数
一、生产分厂计件工资预算基础资料		三、计时工资及销售部门薪酬预算基础资料	
1. 产品产量预算(吨)	×	1. 销售收入预算(元)	5 500 000
A 产品	190	2. 销售管理人员 2011 年薪酬总额(元)	33 740
B 产品	160	其中,工资总额	28 000
C 产品	490	3. 管理部门人员 2011 年薪酬总额(元)	78 325
2. 产品工时定额(小时/吨)	×	其中,工资总额	65 000
A 产品	6	4. 甲分厂管理人员 2011 年薪酬总额(元)	19 280
B 产品	5	其中,工资总额	16 000

（续表）

项　目	基数或定额	项　目	基数
C产品	4	5.乙分厂管理人员2011年薪酬总额	24 100
3.小时工资率（元/小时）	×	其中，工资总额	20 000
A产品	120	四、"五险一金"和"三项经费"的计提比例	
B产品	230	1."五险一金"计提比例（%）	7
C产品	200	2.职工福利费计提比例（%）	10
二、职工薪酬现金支付政策		3.工会经费计提比例（%）	2
1.工资总额（%）	100	4.职工教育经费计提比例（%）	1.5
2."五险一金"等支出（%）	90	×	×

2．测算工资总额

根据职工薪酬预算基础资料和董事会制定的工资政策等资料，按照各项目之间的逻辑关系和计算公式，测算各部门2012年工资总额，如表7-76所示。

表7-76　2012年工资总额计算表

预算部门：人力资源部　　　　　　编制时间：2011年10月28日

一、生产分厂计件工资总额计算					
部门	项目	产品产量（吨）	工时定额（小时/吨）	小时工资率（元/小时）	工资总额（元）
计算关系	×	①	②	③	④=③×②×①

一、生产分厂计件工资总额计算					
部门	项目	产品产量（吨）	工时定额（小时/吨）	小时工资率（元/小时）	工资总额（元）
甲分厂	A产品	190	6	120	136 800
	B产品	160	5	230	184 000
	小计	×	×	×	320 800
乙分厂	C产品	490	4	200	392 000

二、销售人员提成工资总额计算					
部门	项目	计算依据		提成比例（%）	工资总额（元）
		基数指标	金额（元）		
计算关系	×	×	①	②	③=①×②
销售公司	销售人员	预算期销售收入	5 500 000	1	55 000

三、管理人员工资总额计算					
部门	项目	计算依据		工资增长率（%）	工资总额（元）
		基数指标	金额（元）		
计算关系	×	×	①	②	③=①×(1+②)
销售公司	管理人员	基期工资总额	28 000	5	29 400
管理部门	管理人员	基期工资总额	65 000	4	67 600
甲分厂	管理人员	基期工资总额	16 000	5	16 800
乙分厂	管理人员	基期工资总额	20 000	5	21 000

3．测算职工薪酬其他支出，并编制职工薪酬预算

根据职工薪酬预算基础资料和工资总额计算表中的工资总额及"五险一金"和"三项

经费"的计提比例,计算社会保险金、住房公积金、工会经费、职工福利费和职工教育经费,并编制职工薪酬预算如表 7-77 所示。

表 7-77 阳光公司 2012 年职工薪酬预算表

预算部门:人力资源部　　　　编制时间:2011 年 10 月 28 日　　　　　　　　单位:元

项目	工资总额	计提7%五险一金	计提10%职工福利费	计提2%工会经费	计提1.5%教育经费	职工薪酬总额
计算关系	①	②=①×7%	③=①×10%	④=①×2%	⑤=①×1.5%	⑥=①+②+③+④+⑤
1. 生产工人工资	712 800.00	49 896.00	71 280.00	14 256.00	10 692.00	858 924.00
甲分厂	320 800.00	22 456.00	32 080.00	6 416.00	4 812.00	386 564.00
A 产品	136 800.00	9 576.00	13 680.00	2 736.00	2 052.00	164 844.00
B 产品	184 000.00	12 880.00	18 400.00	3 680.00	2 760.00	221 720.00
乙分厂	392 000.00	2 7440.00	39 200.00	7 840.00	5 880.00	472 360.00
2. 制造费用列支工资	37 800.00	2 646.00	3 780.00	756.00	567.00	45 549.00
甲分厂	16 800.00	1 176.00	1 680.00	336.00	252.00	20 244.00
乙分厂	21 000.00	1 470.00	2 100.00	420.00	315.00	25 305.00
3. 销售费用列支工资	84 400.00	5 908.00	8 440.00	1 688.00	1 266.00	101 702.00
销售人员	55 000.00	3 850.00	5 500.00	1 100.00	825.00	66 275.00
管理人员	29 400.00	2 058.00	2 940.00	588.00	441.00	35 427.00
4. 管理费用列支工资	67 600.00	4 732.00	6 760.00	1 352.00	1 014.00	81 458.00
管理部	10 000.00	700.00	1 000.00	200.00	150.00	12 050.00
财务部	9 000.00	630.00	900.00	180.00	135.00	10 845.00
采购部	5 000.00	350.00	500.00	100.00	75.00	6 025.00
储运部	11 000.00	770.00	1 100.00	220.00	165.00	13 255.00
人力资源部	7 000.00	490.00	700.00	140.00	105.00	8 435.00
制造部	8 000.00	560.00	800.00	160.00	120.00	9 640.00
技术部	12 000.00	840.00	1 200.00	240.00	180.00	14 460.00
工程部	5 600.00	392.00	560.00	112.00	84.00	6 748.00
5. 合计	902 600.00	63 182.00	90 260.00	18 052.00	13 539.00	1 087 633.00
非付现项目	0	6 318.20	9 026.00	1 805.20	1 353.90	18 503.30
付现项目	902 600.00	56 863.80	81 234.00	16 246.80	12 185.10	1 069 129.70

4. 编制说明

(1) 职工薪酬预算中的各项预算数额都会出现在销售费用预算、管理费用预算、制造费用预算、直接人工预算等成本费用预算中。职工薪酬预算的一个重要用途就是控制企业的职工薪酬总额,并对各项费用预算的职工薪酬支出项目起到统驭和核对作用。

(2) 为防止重复计算,职工薪酬的付现项目一律体现在职工薪酬预算中,其他预算将职工薪酬预算作为非付现项目。

Chapter Eight

第八章 投资预算

投资预算是企业全面预算体系的重要组成部分。因为投资预算规划安排的是企业的资本性投资活动,投资目的主要是企业发展的长远需要,投资支出主要依靠以后预算期的经营收入来补偿,所以,投资预算也称作资本预算;又因为投资预算不涉及企业的日常生产经营活动,是企业不经常发生的、一次性资本性投资业务,是在投资项目可行性研究基础上编制的预算,往往需要进行专门决策,故又称作专门决策预算。

第一节 投资预算概述

一、投资预算的含义

投资预算是预算期内企业有关资本性投资活动的预算,涉及企业进行规划、评价、选择、决策、实施投资活动的全过程。所谓资本性投资活动是指该项投资活动的发生不仅是为了获得或增加当期收益,而且更重要的是为了获得或增加以后各期收益;或者说,资本性投资活动主要是为了获得或增加以后各期收益而进行的投资活动。

企业要生存,发展是硬道理。企业要发展,就要在搞好日常生产经营活动的同时,不断寻求新的投资机会,搞好多元化经营和扩大再生产,使企业的经营活动充满后劲和活力。长期以来,我国企业的投资主体只有国家一个,长期投资活动所需资金全靠国家拨款,以后又改为"拨改贷"。然而,由于企业产权不清、权责不明,利润全要上缴,投资全要伸手。拨款也好,贷款也罢,企业只要能拿到钱就可以上投资项目。项目成功了,企业就会在规模、效益上更上一层楼;项目失败了,造成的损失全部由国家担着。因此,当时的企业并不重视长期投资管理。随着社会主义市场经济体制的确立和现代企业制度的建立,中国企业已经走上了自主经营、自我发展的道路,形成了多元化的投资主体。在国家法律、法规和政策允许的范围内,企业投多少钱、怎样进行融资、把资本投向哪里、上什么项目、生产经营什么产品、怎样进行生产经营,完全是企业自己的事情,投资者要对自己的投资行为和由此产生的后果承担全部责任。因此,行使生产经营和投资决策上的自主权,正确选择企业的发展方向,并运用投资预算降低投资风险,搞好长期投资决策,不断提高企业的经济实力和经济效益,是每一个企业都要面对的重要任务。

二、投资预算的内容

投资预算是为资本性投资活动服务的,它具体反映企业在何时进行投资、投多少资、资金从何处取得、用什么方式取得、何时可获得收益、每年的现金净流量为多少、需要多少时间收回全部投资等。企业的资本性投资活动可分为内部投资和外部投资。内部投资是指企业用于固定资产的购置、扩建、改建、更新、改造等方面的投资和无形资产方面的投资;外部投资是指企业用于股权、收购、兼并、联营投资及债券等方面的投资。同时,企业要投资,就必然要融资,筹措项目资金自然是企业进行投资活动的重要内容。因此,投资预算的内容主要包括固定资产投资预算、无形资产投资预算、权益性资本投资预算、收购兼并预算、债券投资预算、投资收益预算和项目筹资预算等。

(1) 固定资产投资预算是预算期内企业为购建、改建、扩建、更新固定资产而进行资本投资的预算,主要根据企业有关投资决策资料和预算期固定资产投资计划编制。

(2) 无形资产投资预算是预算期内企业为取得专利权、非专利技术、商标权、著作权、土地使用权等无形资产而进行资本投资的预算,主要根据预算期无形资产投资计划编制。

(3) 权益性资本投资预算是预算期内企业为了获得其他企业的股权及收益分配权而进行资本投资的预算,主要根据企业有关投资决策资料和预算期权益性资本投资计划编制。

(4) 收购兼并预算是预算期内企业通过承担债务、出资购买、资产置换方式、债转股等形式,吸收合并目标企业的预算,主要根据企业有关投资决策资料和收购兼并企业协议编制。

(5) 债券投资预算是预算期内企业购买国债、企业债券、金融债券等的预算,主要根据企业有关投资决策资料和证券市场行情编制。

(6) 投资收益预算是预算期内企业对外投资所取得的利润、股利和债券利息及投资损失的预算,主要根据被投资企业有关利润分配计划、股利分配计划和有关债券的面值及利息率编制。

(7) 项目筹资预算是预算期内企业有关投资活动所需资金筹措及到期项目借款偿还的预算,主要根据企业投资计划、发行债券审批文件、资金投放及偿还时间、自有资金状况、金融市场情况等资料编制。

企业经批准发行股票、配股和增发股票,应当根据股票发行计划、配股计划和增发股票计划等资料单独编制预算。

三、投资预算的特点

投资预算的特点源于投资活动与日常生产经营活动的不同特性。与经营预算相比，投资预算具有以下明显特点。

（一）投资预算编制的对象具有针对性

投资预算的编制对象是企业某项或某几项一次性的资本性投资活动，随着某项或某几项投资活动的完成，针对某项或某几项的投资预算也随之结束。投资预算编制对象的一次性特征表明，投资预算的编制具有很强的针对性。要求编制投资预算要具备创新意识，要针对不同投资项目的具体情况和特点，编制出具有针对性的投资预算。

（二）投资预算编制的方法具有多样性

投资预算的编制对象涉及面广、综合性强，不仅涉及基本建设、更新改造等技术性很强的业务活动，而且涉及收购、兼并、股票、债券等专业性突出的资本运作。投资活动突出的技术性和专业性特征，决定了投资预算编制方法的多样性。要求编制投资预算要学习、掌握各种投资活动的基本规律和内容，把握每项投资活动的要点，采取多种预算编制方法，编制出切合各个投资项目具体情况的投资预算。

（三）投资预算编制的期间具有长期性

一项投资活动从调研、决策，到实施、完结，短则数月，长则数年，与企业的日常生产经营活动相比具有周期长的特点。因此，投资预算编制的期间与投资活动的周期保持一致，具有长期性，而且不受会计期间的制约和影响。编制期间长期性是投资预算与经营预算的本质区别，这源于二者编制对象的特性。经营预算的编制对象是企业的日常经营活动，它是以年度、季度、月度为期间进行规划安排的；投资预算的编制对象是企业的投资活动，它是以项目周期进行规划安排的。

（四）投资预算编制的时间具有灵活性

由于企业的资本性投资活动具有周期性和长期性的特点，因此，投资预算必须适应资本性投资活动的需要，在编制时间上配合投资项目进度和节奏。也就是说，投资预算在编制时间上可以不受企业全面预算规定时间的约束，而是根据投资活动的实际需要随时编制。

在预算实务中，企业需要编制两种形式的投资预算：一种是与投资项目在经济内容上相同、在实施期间上一致、在编制时间上同步的投资预算，主要用于投资项目的规划、评估、论证、评审、决策和实施；另一种是与经营预算在编制时间上同步、在预算期间上一致的投资预算，主要用于预算期内企业资本性投资活动具体安排和企业实施全面预算管理的需要。

（五）投资预算编制的内容具有风险性

不论是对内的固定资产投资，还是对外的联营投资、股权投资，不仅需要投入大量资金，而且投资项目完成后会形成大量的沉没成本和长期资产。如果市场、技术、价格、成本等客观经济环境发生变化，都会给企业的投资活动带来巨大的风险。投资活动的风险性特征要求投资预算的编制必须建立在投资项目的可行性研究基础之上，要符合成本效益原则和风险控制要求，严格控制投资风险。没进行可行性研究、没通过可行性研究评审的投资项目,一律不予编制投资预算。

（六）投资预算的资金投放具有连续性

投资活动是一个不间断的实施过程。一个投资项目一旦开始建设,就必须不断投入资金和其他资源,以保证连续施工和均衡施工的需要。否则,不仅不能按预期形成新增固定资产,而且会造成已投入资金的占用呆滞,扩大投资成本,甚至造成整个投资项目的失败。因此,编制投资预算,必须规划好资金的投放规模和时间进度,确保投资活动的连续性和不间断性。

（七）投资预算实施的结果具有不可逆性

投资预算一旦实施,其执行结果往往需要很长时间才能显现出来,具有很强的不可逆性。一旦投资失误,将会给企业造成较大损失。因此,编制投资预算事关重大,企业必须重视预算编制前的可行性研究,采用规范与科学的方法,使企业的投资决策成为集思广益的、有科学依据、有制度保障的过程,从而提高投资预算编制的有效性,确保企业投资活动的万无一失。

第二节　投资预算管理

一、投资预算管理的概念

投资预算管理与投资预算是两个不同的概念,投资预算是对有关资本性投资活动的总体安排,属于计划的范畴。投资预算管理是指企业为了实现发展战略和战略规划,采用预算方法对资本性投资活动进行科学规划、测算、评价、论证、决策和描述,并以预算为标准,对投资项目的执行过程与结果进行计划、组织、控制、分析、报告、审计和考评等一系列管理活动的总称。

把握投资预算管理的内涵,需要从以下两个方面进行理解：

第一,投资预算管理的实施目的是实现企业发展和战略规划,确保资本性投资活动的有效运行和规范运作。

第二,投资预算管理是以预算为标准,对企业资本性投资活动进行事前、事中和事后全过程管理与控制的内部管理控制系统。

二、投资预算管理的目标

企业通过实施投资预算管理至少应达到以下七个目标：

（1）建立健全企业投资活动运营机制,规范投资管理,规避投资风险,切实保障企业和投资者利益；

（2）运用预算方法实施投资项目的可行性研究,选择出企业最有投资价值的投资项目；

（3）通过编制严谨周密的投资预算,为企业资本性投资活动制订实施方案和工作标准；

（4）通过编制科学合理的项目筹资预算，为企业的资本性投资活动筹集足额的项目资金，并实现资本结构的最优化；

（5）以投资预算为标准，对企业资本性投资活动实施全方位、全过程的管理与控制，确保企业资本性投资活动的规范化运作；

（6）通过实施投资项目的责任核算，实现对资本性投资活动全面、及时、准确的反映、报告和监督；

（7）通过对投资预算执行结果的分析、审计与考评，落实项目责任人的责、权、利，确保资本性投资活动目标的圆满完成。

三、投资预算管理的重要意义

投资预算管理是企业全面预算管理的重要组成部分。企业要生存，必然要发展，发展是企业永葆基业长青的关键因素。而企业要发展，就必须在搞好日常经营活动的同时，不断寻求新的投资机会，积极进行投资活动，使企业的经营活动充满后劲和活力。因此，搞好投资预算管理、组织好企业的投资活动，对于企业的生存和发展都具有十分重要的意义。

（1）投资是企业获得利润的前提条件。企业是以营利为目的的、从事商品生产经营和服务活动的经济组织，企业要想获得利润，就必须拥有一定数量的经营性资产，然后通过生产经营活动，以收抵支获得利润。因此，只有通过投资活动，才能使企业拥有经营性资产，为获得利润奠定基础。

（2）投资是企业维持简单再生产的必要手段。在科学技术及社会经济迅速发展的今天，企业要维持简单再生产，就需要不断更新、增加所需的人力、物力、财力；就必须对产品和生产工艺进行不断的改进和提高。因此，企业只有通过一系列的投资活动，才能维持企业简单再生产的顺利进行。

（3）投资是企业扩大再生产的必要条件。企业为了做大做强，增强其市场竞争能力，就必须扩大生产经营规模。为此，企业需要扩建厂房、增添设备，运用新设备来更新已有设备，所有这些都需要企业投入资金。

（4）投资是增加企业核心竞争力的重要途径。核心竞争力是指企业长期积累形成的、独有的、支撑企业可持续性竞争优势的核心能力。核心竞争力是一个系统的不可分割的整体，任何单一的基本要素，都很难形成核心竞争力；只有构成核心竞争力的基本要素协同运作，相互配合，才有可能形成核心竞争力。其中，通过投资活动，自主研究开发、引进核心产品的技术设备、核心专利技术，提高产品的技术含量，是增加企业核心竞争力的重要途径。

（5）投资是降低企业风险的重要方法。企业把资金投向生产经营的关键环节和薄弱环节，可以实现企业各种生产能力的相互配套和平衡，使企业形成更强的综合能力；企业把资金投放于多个行业，实行多元化经营，能有效增加企业销售和盈余的稳定性。这些都是降低企业经营风险的重要方法。

四、投资预算管理程序与内容

因为投资预算管理的对象是企业的资本性投资活动，所以研究投资预算管理，首先要了解企业资本性投资活动的程序与内容,又因为固定资产投资是企业资本性投资活动的主要内容,所以,本书以固定资产投资项目为例阐述投资预算管理的程序和内容。

固定资产投资项目可以分为两类:第一类称为基本建设项目(简称基建项目),它构成固定资产投资项目的主要部分。基建项目是指在一个或几个施工场地上,按照一个总体设计进行施工的各个单项工程的总体。基建项目按性质可分为新建、扩建、改建、恢复、迁建等项目;按建设规模可分为大、中、小型项目。第二类是设备更新和技术改造项目(简称更新改造项目),是指企业进行设备更新或技术改造的项目,是固定资产投资项目的另一个重要组成部分。

更新改造与基本建设的主要区别在于:基本建设属于固定资产的外延扩大再生产,而更新改造则属于固定资产的内涵扩大再生产。

固定资产投资项目的建设程序大致包括以下步骤和内容。

1. 提出项目建议书

项目建议书是企业根据战略规划,在调查研究、搜集资料、综合分析项目建设的必要性和合理性的基础上提出的。它是拟建项目的轮廓设想,主要申述项目申报的理由及主要依据、项目的市场需求、生产建设条件、投资概算和简单的经济效益、社会效益情况。项目建议书如果获得批准立项,就可以着手项目投资的前期工作。

2. 进行可行性研究

项目建议书批准后,建设单位一般需要委托有相应资质的设计、咨询单位,对拟建项目在技术、工程、经济和外部协作条件等方面的可行性进行全面分析,论证项目是否适合建设、技术上是否可靠、经济上是否合理。可行性研究的内容包括选定建设地点,研究建设条件,以及分析生产成本和利润,预测投资收益等。可行性研究报告是项目决策的依据,应按国家规定达到一定的深度和准确性,其投资估算和初步设计概算的出入不得大于±10%,否则将对项目进行重新决策。

3. 进行项目设计

项目设计包括初步设计和施工图设计:初步设计是项目可行性研究的继续和深化,是对项目各项技术经济指标进行全面规划的重要环节。初步设计一般包括设计概论、建设规模与产品方案、总体布局、工艺流程及设备选型、主要设备清单和材料、主要技术经济指标、主要建筑物、公用辅助设施、劳动定员、"三废"处理、占地面积及征地数量、建设工期计划、总投资概算等内容。施工图设计是根据已经批准的初步设计文件,对建设项目各单项工程及建筑进行详细的设计,需要编制工程说明书、绘制全部施工图纸、编制工程预算书,作为工程施工的依据。施工图设计的主要任务是满足施工要求,即在初步设计的基础上,综合建筑、结构、设备各工种,相互交底,核实校对,深入了解材料供应、施工技术、设备等条件,把满足工程施工的各项具体要求反映在图纸上,做到整套图纸齐全,准确无误。对技术复杂而又缺乏经验的项目,需增加技术设计;对一些大型联合企业、矿区开发、水利枢纽项目,为解决总体部署和开发问题,还需进行规划设计或总体设计。

4. 施工准备及施工

施工准备的主要内容有:设备和原材料的定购和采购,施工组织设计,建筑工程的招标以及征地、拆迁、辅助性临时房屋建设等。在做好施工准备的基础上,确保施工建设按计划顺利进行。

5. 生产准备

企业要根据建设项目或主要单项工程生产技术的特点,有计划地做好各项生产准备工作。生产准备工作一般包括:按计划要求培训管理人员和工人,组织生产人员参加主要设备和工程的安装、调试,在投产前熟悉工艺流程和操作技术等。

6. 竣工验收

竣工验收是全面考察建设成果、检查设计和施工质量的重要环节。按照设计要求检查施工质量,及时发现问题并予以解决,以保证投资项目建成后达到设计要求的各项技术经济指标。竣工验收一般采取先单项工程逐个验收,后整体工程验收的程序,验收合格后应及时办理固定资产交付使用手续。

与固定资产投资项目的程序与内容相对应,投资预算管理的程序与内容如图8-1所示。

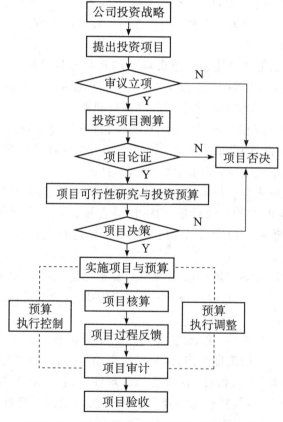

图8-1 投资预算管理的程序与内容示意图

由于资本性投资活动的实施具有相当大的风险性,一旦决策失误,就会严重影响企业的财务状况和现金流量,甚至会使企业走向破产,因此,必须在对投资项目进行充分调研、论证的基础上,遵循科学的原则和程序,依靠科学的方法和技术,对投资项目实施全面预算管理。一般情况下,投资预算管理的程序与内容如下。

1. 根据投资战略,确定投资项目

要确定投资项目,首先要提出投资项目。企业的各个层级、各个部门都可以提出投资项目。一般而言,企业高层领导提出的投资项目,多数是战略性投资项目,如开拓新的经营领域、投资建设大型基建工程、收购其他企业等,它主要依据企业发展战略和投资战略提出;中层和低层人员提出的投资项目,主要是战术性投资项目,如技术改造、设备更新等,它主要依据企业生产经营活动的现实需要提出。投资战略是根据企业总体经营战略要求,为维持和扩大生产经营规模,对有关投资活动所做的全局性谋划。因此,选择投资项目必须服从于企业的投资战略。

有关部门或人员提出的投资项目建议,经企业有关职能部门决策同意后,形成书面的投资项目建议书,经过公司经理层及战略发展与投资委员会审议批准后,将投资项目确定下来。

2. 进行项目测算,实施项目论证

对已经审议立项的投资项目,需要做大量的调查研究和测算、分析、论证工作。测算、论证的范围包括社会、市场、技术、生产、财务、人员各个方面。就预算管理而言,测算、论证的主要内容如下:

(1) 测算投资项目的现金流量。投资项目的现金流量是指由该投资项目引起的在一定期间内发生的现金流出量、现金流入量和现金净流量。一个投资项目,往往有多个投资方案,需要按照同一方法对各个投资方案进行测算。

(2) 估计预期现金流量的风险。由于投资项目不仅周期长,而且涉及企业生产经营、市场环境的各个方面,因此面临许多不确定因素,企业在估计预期现金流量时,必须充分考虑现金流量的不确定性,并对其做出合理的估计。

(3) 确定投资项目成本。投资项目成本是计算货币时间价值和投资风险价值的根据,也是确定投资方案取舍的主要标准。因此,企业要根据银行借款利率、债券利率、股东权益获利水平以及投资项目所冒风险的程度等因素进行周密考虑,确定投资项目成本的一般水平。

(4) 确定投资项目方案的现金流量现值。要根据以上各步骤所估计的预期现金流量和所确定的投资项目成本,计算各投资项目方案的现金流入量现值、现金流出量现值,并计算出现金净流量。

(5) 对投资项目进行评估、论证,撰写可行性研究报告。投资活动的风险性决定了企业必须做好投资决策前的论证工作,包括对投资项目的各个方案进行比较与评估。要对实施投资项目的必要性、可行性、有效性和合理性进行全面、系统的论证和可行性研究,对于通过论证的投资项目要安排专业人员撰写投资项目可行性研究报告、编制投资预算书。

3. 按照法定程序,进行项目决策

在对投资项目各个备选方案进行充分分析、论证的基础上,企业要按照规定的权限和程序,运用专门的方法和标准对投资项目方案进行决策审批。要重点审查投资方案是否可行、投资项目是否符合投资战略目标和规划、是否具有相应的资金能力、投入资金能否按时收回、预计收益能否实现,以及投资和并购风险是否可控等。

从预算层面上讲,项目决策的基本方法是对投资项目各个方案的现金流入量现值和现金流出量现值进行比较,如果现金流入量现值大于现金流出量现值,可以接受该方案;如果现金流入量现值小于现金流出量现值,则拒绝该投资方案。

从现代企业法人治理结构上讲,投资项目及投资预算的审批权限如下:

(1) 股东(大)会拥有长期投资及投资预算的最终决策权;

(2) 董事会拥有长期投资及投资预算的审议决策权;

(3) 监事会拥有对投资决策过程和投资预算实施过程的监督权;

(4) 总经理拥有长期投资决策及投资预算的执行权。

在规范化的上市公司,企业都设置隶属于董事会的战略发展与投资委员会,专司企业长期发展战略、重大投资决策和拟投资项目的研究、评议和审查之职。同时,企业还要制定专门的《投资决策管理制度》,对投资项目的范围、事项、决策权限、决策程序、决策执行进行规范和明确。就大部分企业而言,一般性投资项目应该经过公司董事会的审议批准;重大投资项目必须经过公司股东(大)会的审议批准。投资方案需要经过有关管理部门审批的,应当履行相应的报批程序。

经过审议批准的固定资产投资项目,进入设计阶段,包括进行初步设计、技术设计和施工图设计。对于重大、复杂的技术问题要通过科学实验、专题研究,落实技术方案和确定工程数量,并提出文字说明和适应施工需要的图表资料。

4. 实施投资项目,执行投资预算

经过公司董事会、股东(大)会审议批准的投资项目要按照计划的时间、进度组织实施。具体内容包括决定项目实施方式和建设单位、筹集项目资金、按照投资预算对投资项目进行投资、控制、管理等。就投资预算管理而言,主要包括以下三项内容。

(1) 实施筹资预算,落实项目资金。俗话说,"巧妇难为无米之炊"。进行资本性投资活动需要大量资金投入,因此,企业必须在编制投资项目预算的同时,编制项目筹资预算,落实好资金来源,搞好项目的资金安排,确保投资项目的资金需要。

(2) 组织项目实施,执行投资预算。投资预算执行的过程也是投资项目具体实施的过程。对于固定资产投资项目而言,一般可按项目实施的形式不同分为自营项目、出包项目、自营与出包相结合项目三种情况。企业不管采用何种项目实施形式,都要严格执行投资预算,确保项目建设的进度和质量。

(3) 实施过程控制,进行合理调整。在投资项目实施过程中,施工部门必须以预算为依据进行施工,管理部门也必须以预算为标准实施过程控制。由于投资项目实施周期一般比较长,在市场环境变幻莫测的情况下,不确定的因素很多,很多施工设备、物资的采购价格也会发生变化。因此,当外部环境发生变化导致原有投资预算无法执行时,就必须对某些投资预算项目进行合理的调整,包括项目内调整和对整个资本支出预算指标的增加或减少。当然,投资预算的调整也必须按照法定的审批程序进行,绝不能随意调整。

5. 设立责任中心,实施责任核算

为了落实预算责任,企业应以投资项目为对象设立资本支出中心,规范投资项目责任核算的方法、内容与程序,并按照一个项目一个账户的原则进行明细核算。企业财务部门要按照投资预算的范围、项目和指标额度安排资金支出,不在预算项目及指标范围内或没有办理预算审批手续的各类支出,财务部门一律不办理付款,从而使投资项目的各项支出均控制在预算范围之内,最终保证投资项目的实际支出总额不超过投资预算的额度。

6. 建立反馈制度,搞好责任分析

为保证企业管理决策层对投资预算执行过程和执行结果的有效监控,企业应建立投资预算执行的报告反馈制度。采取反馈例会、反馈报表、反馈报告等多种形式将投资预算的执行进度和执行结果准确、及时地反馈、报告给有关职能部门和总经理。对于预算执行中的问题,要对照预算标准,确认差异,查明原因,落实责任,纠正偏差。

7. 进行项目审计,实施全方位监督

投资项目审计是国家审计机关或内部审计部门依据国家法律、法规和政策规定,对投资项目财务收支的真实性、合法性和效益性进行监督的行为。由于投资项目一般都具有建设周期长、耗费大、参建单位多等特点,且其投入产出是分阶段一次性完成的,因此,对投资项目的审计要根据项目建设的具体情况,分别实施开工前审计、投资预算执行情况审计和竣工决算审计,确保投资项目的合规、合法、合理。审计机关和内部审计部门对投资项目审计后,要依法出具审计意见书,做出审计决定,并出具审计建议书。

8. 编制项目决算,搞好竣工验收

有预算,就有决算。当投资预算执行完毕后,项目实施单位要编制涵盖投资项目全部实际的支出决算报告。对于固定资产投资项目要组织专门的竣工验收,全面考核和检查投资项目是否符合设计要求、工程质量要求和预算标准。投资项目的竣工验收要遵循合法、公正、真实、科学的原则,按照国家规定的验收程序进行。对竣工验收合格的项目,由竣工验收部门签发项目竣工验收证书。

以上管理程序与内容主要是针对固定资产投资项目的,非固定资产投资项目的管理程序与内容可适当简化。

第三节 投资项目的财务评价

对投资项目进行财务评价既是投资项目可行性研究的重要内容,也是对投资项目进行评估决策的重要环节。财务评价的主要内容是测算投资项目的资金投入、未来现金流量和投资回报;评价的主要目的是通过对投资项目资金投入和资金收回的比较,评估投资项目的生存能力和盈利能力,并据以判断投资项目是否值得投资。

一、投资项目的财务评价方法

(一)财务评价指标

财务评价指标是评价投资项目是否可行和优劣的标准。投资项目的财务评价不是以会计利润作为评价投资项目经济效益高低的基础,而是以现金流量作为评价项目经济效益的核心指标。它以现金流入作为投资项目的收入,以现金流出作为投资项目的支出,以净现金流量作为投资项目的净收益,以此来评价投资项目的经济效益。

会计利润与现金流量的明显区别在于,会计利润是按照权责发生制原则确定的并作为评价公司经济效益的基础;现金流量是按照收付实现制原则确定的并作为评价投资项目经济效益的基础。

在投资预算中使用现金流量作为评价投资项目依据的根本原因在于现金流量不受会计政策(存货计价、费用摊配和折旧计提等方面的不同方法)的影响,能够科学地反映出资金的时间价值。因此,在评价各种投资方案时,不仅要考虑投资成本和投资报酬的数额,更要考虑预期收入与支出所发生的时间,只有这样才能做出正确的投资决策。

(二)财务评价方法

投资项目的财务评价方法按其是否考虑货币时间价值,可以分为贴现评价法和非贴现评价法两大类。

(1)非贴现评价法,即非贴现现金流量法,也称作静态评价法,是指在进行项目评估时,不考虑货币时间价值因素,直接按各项目现金流量进行评价选择的方法,主要包括投资回收期法和平均报酬率法。

(2)贴现评价法,即贴现现金流量法,也称作动态评价法,是指在进行投资项目评估时,考虑货币时间价值因素,先将投资项目各年的现金流量按一定贴现率贴现,再进行评价选择的方法,主要包括净现值法、内含报酬率法和获利指数法。

二、投资项目的现金流量

投资项目的现金流量是指一个投资项目引起企业现金流出和现金流入的数量。这里的现金是广义的现金,不仅包括各种货币资金,还包括投资项目需要投入的企业拥有的非货币资源的变现价值。例如,一个投资项目可能需要使用原有的厂房、设备和材料等。

净现金流量就是现金流入量与现金流出量的差额,即:

$$现金净流量(NCF) = 现金流入量 - 现金流出量$$

现金净流量是评价投资项目是否可行时必须事先计算的一个基础性指标。

(一)现金流量的构成

投资项目的现金流量,一般由以下三个部分构成。

1. 初始现金流量

初始现金流量是指开始投资时发生的现金流量,这部分现金流量一般是现金流出量。例如,企业购置一条生产线就包括如下的四个部分:

(1)固定资产上的投资,包括固定资产的购建成本、运输成本和安装成本等;

(2)流动资产上的投资,包括对材料、在产品、产成品和现金等流动资产的投资;

(3)其他投资费用,包括与项目有关的职工培训费、技术转让费等;

(4)固定资产的变价收入,主要是指固定资产更新时原有资产的变卖收入等。

2. 营业现金流量

营业现金流量是指投资项目投入使用后,在其寿命期内由于生产经营所带来的现金流入量与现金流出量。该现金流量一般按年度计算。其中,现金流入量是指项目投产后每年的营业收入;现金流出量则指与项目有关的现金支出和缴纳的税金。如果一个投资项目投产后每年的营业收入等于营业现金收入,付现成本等于营业现金支出,则每年营

业净现金流量可用下列公式计算:
$$净现金流量(NCF) = 营业现金收入 - 付现成本 - 所得税$$
由于付现成本等于营业成本减折旧,所以,净现金流量还可以用下列公式计算:
$$净现金流量(NCF) = 营业现金收入 - (营业成本 - 折旧) - 所得税$$
$$= 税后利润 + 折旧$$

3. 终结现金流量

终结现金流量是指投资项目终结时发生的现金流量。主要包括:

(1) 固定资产的残值收入或变价收入;

(2) 原来垫支在各种流动资产上的资金收回;

(3) 停止使用的土地变价收入等。

(二) 现金流量的计算

现金流量是综合性很强的指标,可以据以评价各投资方案的综合效益。因此,编制投资预算时,测算现金流量是很重要的一个环节。下面,举例说明现金流量的计算方法。

【例8-1】 新月公司属国家重点扶持的高新技术企业,计划购买一台设备扩大W产品的生产能力。现有甲、乙两个方案可供选择,资料如表8-1所示。其中,甲、乙两个方案均采用直线法计提折旧,所得税税率均为15%。据以计算两个方案的净现金流量。

表8-1 甲、乙投资方案资料表　　　　　　　　　　　　　　　　　单位:万元

项目	初始投资	投产前垫付营运资金	每年销售收入	第1年付现成本	付现成本每年递增	设备残值	设备使用寿命
甲方案	30	0	22	9	0	0	5年
乙方案	37	5	26	10	1	2	5年

第一步,计算两个方案的年折旧额:
$$甲方案年折旧额 = 30 \div 5 = 6(万元)$$
$$乙方案年折旧额 = (37-2) \div 5 = 7(万元)$$

第二步,计算两个方案的营业现金流量。

例题中,用来购买设备的初始投资相当于项目的初始现金流量,设备残值相当于项目的终结现金流量,为了计算两方案的全部现金流量,需要首先计算出两个方案的营业现金流量,如表8-2所示。

表8-2 甲、乙投资方案营业现金流量计算表　　　　　　　　　　　　单位:万元

方案	项目	计算关系	第1年	第2年	第3年	第4年	第5年
甲方案	销售收入	(1)	22.00	22.00	22.00	22.00	22.00
	付现成本	(2)	9.00	9.00	9.00	9.00	9.00
	折旧	(3)	6.00	6.00	6.00	6.00	6.00
	税前利润	(4)=(1)-(2)-(3)	7.00	7.00	7.00	7.00	7.00
	所得税	(4)=(4)×15%	1.05	1.05	1.05	1.05	1.05
	税后净利	(6)=(4)-(5)	5.95	5.95	5.95	5.95	5.95
	净现金流量	(7)=(3)+(6)	11.95	11.95	11.95	11.95	11.95

(续表)

方案	项 目	计算关系	第1年	第2年	第3年	第4年	第5年
乙方案	销售收入	(1)	26.00	26.00	26.00	26.00	26.00
	付现成本	(2)	10.00	11.00	12.00	13.00	14.00
	折旧	(3)	7.00	7.00	7.00	7.00	7.00
	税前利润	(4)=(1)-(2)-(3)	9.00	8.00	7.00	6.00	5.00
	所得税	(5)=(4)×15%	1.35	1.20	1.05	0.90	0.75
	税后净利	(6)=(4)-(5)	7.65	6.80	5.95	5.10	4.25
	净现金流量	(7)=(3)+(6)	14.65	13.80	12.95	12.10	11.25

第三步,结合初始现金流量和终结现金流量计算两个方案的全部现金流量,如表8-3所示。

表8-3　甲、乙投资方案全部现金流量计算表　　　　　　　单位:万元

方案	项 目	第0年	第1年	第2年	第3年	第4年	第5年
甲方案	固定资产投资	-30					
	营业净现金流量		11.95	11.95	11.95	11.95	11.95
	净现金流量合计	-31	11.95	11.95	11.95	11.95	11.95
乙方案	固定资产投资	-37					
	营运资金垫支	-5					
	营业净现金流量		14.65	13.80	12.95	12.10	11.25
	固定资产残值						2.00
	营运资金收回						5.00
	净现金流量合计	-42	14.65	13.80	12.95	12.10	18.25

现金流量计算说明:

(1) 为了简化计算,假设各年投资是在年初一次进行的,各年营业现金流量是在各年年末一次发生的,终结现金流量是在最后一年年末发生的;

(2) 案例中的销售收入假设全部为收现收入。

三、非贴现现金流量法

投资预算中常用的非贴现现金流量法主要包括投资回收期法和平均报酬率法。

(一) 投资回收期法

投资回收期(PP)是收回投资项目上的原始投资所需要的时间。投资回收期法是根据投资回收期的长短来确定投资项目优劣的方法。投资回收期一般以年为单位,回收期越短,说明资金收回速度越快,在未来期内承担的风险越小,投资效益越好。投资回收期的具体计算方法,因每年营业净现金流量是否相等而有所不同。

(1) 每年营业净现金流量相等的计算公式,为:

$$投资回收期 = \frac{初始投资额}{每年营业净现金流量}$$

(2) 每年营业净现金流量不相等的计算公式,为:

$$投资回收期 = 累计净现金流量末次出现负值的年份 + \frac{累计净现金流量末次负值的绝对值}{下一年营业净现金流量}$$

【例8-2】 经过计算,例8-1中甲方案的每年营业净现金流量相等,乙方案的每年营业净现金流量不相等。因此,需要分别运用上述两个计算公式计算投资回收期如下:

(1) 计算甲方案投资回收期,为:

$$甲方案投资回收期 = \frac{30}{11.95} = 2.59(年)$$

(2) 计算乙方案投资回收期。

因为,乙方案每年营业净现金流量不相等,所以,首先计算其各年尚未回收的投资额(累计净现金流量),计算结果如表8-4所示。

表8-4 乙投资方案各年尚未回收的投资额计算表　　　　　单位:万元

年　度	每年净现金流量	累计净现金流量
第0年	-42	-42
第1年	14.65	-27.35
第2年	13.80	-13.55
第3年	12.95	-0.6
第4年	12.10	11.5
第5年	18.25	29.75

$$乙方案投资回收期 = 3 + \frac{0.6}{12.1} = 3.05(年)$$

经过计算后,可以看出甲方案的投资回收期短于乙方案,如果不考虑其他因素,企业应该选择甲方案作为购买设备的投资方案。

投资回收期法是最早用于评估投资预算项目的方法。其优点是概念容易理解,计算也比较简便,有利于规避风险、提高资金使用效率;缺点是未考虑货币的时间价值,也未考虑项目有效期的全部现金流量,只计算到收回初始投资的时点为止,忽略了可能存在的后期现金净流量较大的方案,因而不能充分说明问题。

例如,有A、B两个方案的预期营业净现金流量,详见表8-5,试通过计算投资回收期比较方案的优劣。

表8-5 A、B投资方案营业净现金流量表　　　　　单位:万元

项　目	第0年	第1年	第2年	第3年	第4年	第5年
A方案净现金流量	-20	8	12	10	10	10
B方案净现金流量	-20	8	12	12	12	12

显然,A、B两个方案的投资回收期相同,都是2年,如果用投资回收期法进行评价,两个方案的结论是一样的。但实际上在收回初始投资以后,B方案每年的营业净现金流量明显优于A方案。

(二) 平均报酬率法

平均报酬率(ARR)也称作平均投资报酬率,是投资项目寿命周期内平均的年投资报酬率,即年平均净现金流量与初始投资额的百分比,即:

$$平均报酬率 = \frac{年平均净现金流量}{初始投资额} \times 100\%$$

平均报酬率法是根据平均报酬率的大小来评价投资项目优劣的方法。采用平均报酬率法时,需事先确定企业要求达到的平均报酬率,或称为期望报酬率,只有平均报酬率不低于期望报酬率的方案才可以考虑。在互斥的投资方案选择中,则选择平均报酬率最高的方案。

【例 8-3】 根据例 8-1 中的数据,计算甲、乙两个方案的平均报酬率,并比较两个方案的优劣。

1. 计算甲方案的平均报酬率

$$甲方案的平均报酬率 = \frac{11.95}{30} \times 100\% = 39.83\%$$

2. 计算乙方案的平均报酬率

$$乙方案的平均报酬率 = \frac{(14.65 + 13.8 + 12.95 + 12.1 + 18.25) \div 5}{42} \times 100\% = 34.17\%$$

计算得知,甲方案的平均报酬率高于乙方案,即甲方案优于乙方案。

平均报酬率法的优点是计算比较简单,也容易理解;缺点与投资回收期法相同,没有考虑货币时间价值的影响,忽略了风险因素,将不同时点的现金视作同等价值对待,可能会导致错误决策。

四、贴现现金流量法

投资预算中常用的贴现现金流量法主要包括净现值法、内含报酬率法和获利指数法。

(一)净现值法

净现值(NPV)是指投资项目投入使用后的净现金流量,按一定贴现率折算为现值,减去投资额现值以后的差额。净现值法就是通过观察和比较不同方案净现值的大小进行方案选择的方法。如果净现值为正数,说明投资报酬率大于预定贴现率,该投资方案可行;如果净现值为零,投资报酬率等于预定的贴现率,该投资方案既无盈利也不亏损;如果净现值为负数,则说明投资报酬率低于预定贴现率,该投资方案不可取。在资本投资额相同的方案中,净现值越大,投资经济效果越好,方案就越优。

1. 净现值的计算公式

$$NPV = \left[\frac{NCF_1}{(1+k)^1} + \frac{NCF_2}{(1+k)^2} + \cdots \frac{NCF_n}{(1+K)^n} \right] - C$$

式中:NPV 表示净现值;

NCF_t 表示投资项目在第 t 年年末的净现金流量;

K 表示贴现率(资金成本或企业要求的报酬率);

n 表示项目预计使用年限;

C 表示项目初始投资额。

2. 贴现率的确定

贴现率是指今后收到或支付的款项折算为现值的利率,它反映了投资者对资金时间价值估计的一个参数,其大小应取决于银行贷款利率的高低、投资项目性质、经营风险、经营目标和期望报酬率。在实践中常用的贴现率一般有三种:一是采用银行贷款平均利率作为贴现率,这是投资项目获利水平的下限标准;二是以行业平均利润率为贴现率,体现了本行业投资利润率的标准,若低于这一标准,即使投资项目不亏本,也会使行业平均利润水平下降;三是以企业的平均资金成本为贴现率,说明项目的资金利润率若不能高于企业的资金成本,实际上是无利可图的。

贴现率在项目评估中起着关键的作用,不同的贴现率会带来不同的净现值,而不同的净现值又将影响投资方案的取舍。因此,在使用净现值法时,首先需要合理确定贴现率,一般投资项目趋于选取略高于银行同期贷款利率的利率作为贴现率。

3. 净现值的计算过程

第一步,计算每年的营业净现金流量。

第二步,计算未来报酬的总现值。这一步又可分成三步:

(1)将每年的营业净现金流量折算成现值。如果每年的营业净现金流量相等,则按年金法折成现值;如果每年的营业净现金流量不相等,则先对每年的营业净现金流量进行折现,然后合计加总。

(2)将终结现金流量折算成现值。

(3)计算未来报酬的总现值。

第三步,计算净现值。

$$净现值 = 未来报酬的总现值 - 项目初始投资$$

4. 净现值法的决策规则

在只有一个备选方案的采纳与否决决策中,净现值为正者则采纳,净现值为负者不采纳;在有多个备选方案的互斥选择决策中,应用净现值是正值中的最大者。

【例8-4】 根据例8-1中的数据,假设新月公司的资金成本为10%,计算甲、乙两个方案的净现值,比较两个方案的优劣。

(1)甲方案的净现值。

由于甲方案每年的营业净现金流量相等,所以按照年金方式折现计算:

$$NPV = \sum_{t=1}^{5} \frac{11.95}{(1+10\%)^t} - 30$$
$$= 11.95 \times 3.791 - 30$$
$$= 15.3(万元)$$

(2)乙方案的净现值。

由于乙方案每年的营业净现金流量不相等,所以各年现金流量需要分别折现计算,如表8-6所示。

表8-6 乙投资方案净现值计算表　　　　　　　　　　单位:万元

年度(t)	每年的营业净现金流量(万元)	现值系数	现值(万元)
计算关系	(1)	(2)	(3)=(1)×(2)
第1年	14.65	0.9091	13.32
第2年	13.80	0.8264	11.40
第3年	12.95	0.7513	9.73
第4年	12.10	0.6830	8.26

(续表)

年　度(t)	每年的营业净现金流量(万元)	现值系数	现　值(万元)
第5年	18.25	0.620 9	11.33
未来报酬的总现值			54.05
减:项目初始投资			42.00
净现值(NPV)			12.05

(3)比较两个方案。

从上面的计算中我们可以看出,甲、乙两个方案的净现值均大于零,故都是可取的。但甲方案的净现值大于乙方案,故新月公司应选用甲方案。

净现值法的优点:有效克服了非贴现现金流量法的缺陷,既充分考虑了货币的时间价值,又考虑了项目有效期内的全部现金流量,方案取舍标准也最大限度地体现了财务管理的目标。

净现值法的缺点:在使用时需要事先确定一个贴现率,确定过程中不可避免地有人为因素的影响,在一定程度上不能客观地得出未来报酬的总现值,而且无法提示各方案本身可能达到的实际报酬率是多少。另外,净现值法是对两个或多个方案的净现值的绝对数进行比较,没有考虑项目初始投资大小、回收期长短等因素,不能真实反映方案的获利能力。

(二)内含报酬率法

内含报酬率(IRR)也称内部收益率,是使投资项目净现金流量总现值与原始投资额总现值相等时的折现率,即投资项目净现值等于零的折现率。它反映了投资项目本身可达到的报酬水平。内含报酬率法是通过观察和比较不同方案内含报酬率的高低进行方案选择的方法。

1. 内含报酬率的计算公式

$$\frac{NCF_1}{(1+r)^1}+\frac{NCF_2}{(1+r)^2}+\cdots+\frac{NCF_n}{(1+r)^n}-C=0 \ \text{即},$$

$$\sum_{t=1}^{n}\frac{NCF_t}{(1+r)^t}-C=0$$

式中:NCF_t 表示投资项目在第 t 年年末的净现金流量;

r 表示内含报酬率;

n 表示项目预计使用年限;

C 表示项目初始投资额。

2. 内含报酬率的计算过程

(1)如果每年的营业净现金流量相等,则按下列步骤计算。

第一步,计算年金现值系数:

$$年金现值系数=\frac{初始投资额}{每年营业净现金流量}$$

第二步,查年金现值系数表,在相同的期数内,找出与上述年金现值系数相邻近的较大和较小的两个贴现率。

第三步,根据上述两个邻近的贴现率和已求得的年金现值系数,采用插值法计算出该投资方案的内含报酬率。

(2) 如果每年的营业净现金流量不相等,则采用"逐步测试"法,即通过多次测试,找出使项目净现值正负相邻的两个贴现率,然后以插值法确定内含报酬率的精确值。具体按下列步骤计算。

第一步,先预估一个贴现率,并按此贴现率计算净现值。

如果计算出的净现值为正数,则表明预估的贴现率小于该项目的实际内含报酬率,应提高贴现率,再进行测算;如果计算出的净现值为负数,则表明预估的贴现率大于该方案的实际内含报酬率,应降低贴现率,再进行测算。经过如此反复测算,找到净现值由正到负并且比较接近于零的两个折现率。

第二步,根据上述两个邻近的贴现率再用插值法,计算出方案的实际内含报酬率。

3. 内含报酬率法的决策规则

在只有一个备选方案的采纳与否决策中,如果计算出的内含报酬率大于或等于企业的资金成本或必要报酬率就采纳;反之,则拒绝。在有多个备选方案的互斥选择决策中,应选用内含报酬率超过资金成本或必要报酬率最多的投资项目。

【例 8-5】 根据例 8-1 中的数据,计算甲、乙两个方案的内含报酬率,并比较两个方案的优劣。

(1) 甲方案的内含报酬率。

由于甲方案每年的营业净现金流量相等,所以采用直接插值法计算内含报酬率。

首先,计算甲方案的年金现值系数:

$$年金现值系数 = \frac{30}{11.95} = 2.510$$

然后,查年金现值系数表,第 5 年与 2.510 相近的年金现值系数为 2.689 和 2.435,各自对应的报酬率为 25% 和 30%,所以甲方案的内含报酬率就为 25%—30%。利用插值法计算甲方案的内含报酬率如下:

贴现率	年金现值系数
25% ⎫ ⎫	2.689 ⎫ ⎫
?% ⎬ x% ⎬ 5%	2.510 ⎬ 0.179 ⎬ 0.254
30% ⎭ ⎭	2.435 ⎭ ⎭

$$\frac{x}{5} = \frac{0.179}{0.254}$$

$$x = 0.179 \times 5 \div 0.254 = 3.52$$

甲方案的内含报酬率 = 25% + 3.52% = 28.52%

(2) 乙方案的内含报酬率。

由于乙方案每年的营业净现金流量不相等,所以需要首先采用"逐步测试"法找出相邻的两个贴现率,然后再用插值法计算内含报酬率。

乙方案内含报酬率的测试如表 8-7 所示。

在表 8-7 中,先按 20% 的贴现率进行测算,净现值为正数,再把贴现率调高到 21%,

进行第二次测算,净现值为负数,说明乙方案的内含报酬率一定为20%—21%。

表8-7 乙投资方案净现值计算表

年　度 (t)	每年的营业 净现金流量(万元)	测试20%		测试21%	
		复利现值系数	现　值(万元)	复利现值系数	现　值(万元)
0	-42	1.000 0	-42.00	1.000 0	-42.00
1	14.65	0.833 3	12.21	0.826 4	12.11
2	13.80	0.694 4	9.58	0.683 0	9.43
3	12.95	0.578 7	7.49	0.564 5	7.31
4	12.10	0.482 3	5.84	0.466 5	5.64
5	18.25	0.401 9	7.33	0.385 5	7.04
净现值	—	—	0.46	—	-0.48

用插值法计算乙方案的实际内含报酬率,计算方法如下:

$$\begin{array}{ll} \text{贴现率} & \text{年金现值系数} \\ \left.\begin{array}{l} 20\% \\ ?\% \\ 21\% \end{array}\right\}x\%\Big\}1\% & \left.\begin{array}{l} 0.46 \\ 0 \\ -0.48 \end{array}\right\}0.46\Big\}0.94 \end{array}$$

$$\frac{x}{1} = \frac{0.46}{0.94}$$

$$x = 0.46 \times 1 \div 0.94 = 0.49$$

乙方案的内含报酬率 = 20% + 0.49% = 20.49%

(3)比较两个方案。

从以上计算甲、乙两个方案的内含报酬率的过程可以看出,甲方案的内含报酬率高于乙方案的内含报酬率,所以甲方案比乙方案好。

内含报酬率法的优点是考虑了资金的时间价值,而且可以提示各方案自身的报酬比率究竟是多少,概念也易于理解;内含报酬率的缺点是计算过程比较复杂,尤其是对于每年营业现金净流量不相等的投资项目,一般需要经过多次测算才能求得。

(三)现值指数法

现值指数(PI)也称为获利指数、净现值率,是投资项目未来报酬的总现值与初始投资额的现值之比。现值指数法是通过观察和比较不同方案现值指数的大小进行方案选择的方法。

1. 现值指数的计算公式

$$\text{现值指数} = \frac{\text{未来报酬的总现值}}{\text{初始投资额}}$$

即,

$$PI = \left[\frac{NCF_1}{(1+r)^1} + \frac{NCF_2}{(1+r)^2} + \cdots + \frac{NCF_n}{(1+r)^n}\right] \div C = \left[\sum_{t=1}^{n} \frac{NCF_t}{(1+r)^t}\right] \div C$$

式中:PI 表示现值指数;

NCF_t 表示投资项目在第 t 年年末的净现金流量;

r 表示内含报酬率;

n 表示项目预计使用年限;

C 表示项目初始投资额。

2. 现值指数的计算过程

第一步,计算未来报酬的总现值,这与计算净现值所采用的方法相同。

第二步,计算现值指数,即根据未来的报酬总现值和初始投资额之比计算现值指数。

3. 现值指数法的决策规则

在只有一个备选方案的采纳与否决策中,现值指数大于或等于1,则方案可行;反之,方案不可行。在有多个方案的互斥选择决策中,应选择现值指数超过1最多的投资方案。

【例8-6】 根据例8-1中的数据,计算甲、乙两个方案的现值指数,并比较两个方案的优劣。

(1) 甲方案的现值指数:

$$现值指数 = \frac{未来报酬的总现值}{初始投资额} = \frac{11.95 \times 3.791}{30} = 1.51$$

(2) 乙方案的现值指数:

$$现值指数 = \frac{未来报酬的总现值}{初始投资额} = \frac{54.05}{42} = 1.29$$

甲、乙两个方案的现值指数都大于1,所以两个方案都可以进行投资,但甲方案的现值指数超过1更多,因此应选择甲方案。

现值指数法的优点是,考虑了资金的时间价值,能够真实地反映投资项目的盈亏程度;而且由于现值指数是用相对数表示的,所以,消除了不同投资方案因原始投资额不同而带来的不可比性,有利于在不同投资方案之间进行对比。

现值指数法的缺点与净现值法有相同之处,不可避免人为因素的影响,无法提示各方案自身的报酬比率究竟是多少。另外,现值指数的经济含义也不易理解。

以上所述投资项目的财务评价方法,不管是贴现分析法,还是非贴现分析法,都有一个基本假设,那就是计算评价指标所用的各项信息数据都是确定的。然而,事实上人们对投资项目评价指标计算所使用的信息数据,绝大部分来自预测和估算,有相当程度的不确定性。

第四节 投资项目的不确定性分析

一、不确定性分析概述

投资项目的不确定性分析是指采用专门方法,分析、研究与投资项目相关的各种不确定因素,确定由于不确定因素变化而对投资项目评价结论产生的影响程度,以便预先采取措施与对策,避免投资项目决策上的失误,提高决策的科学性和有效性。

本章第三节所述投资项目的财务评价方法,不管是贴现分析法,还是非贴现分析法,都有一个基本假设,那就是计算评价指标所用的各项信息数据都是确定的。然而,事实上人们对投资项目评价指标计算所使用的信息数据,绝大部分来自预测和估算,有相当程度的不确定性。主观估测的误差和客观情况的变化,可能会导致以各项预测值为基础计算出来的各项指标难以实现。也就是说,用带有一定偏差的预测和估计资料所做出的投资项目评价结论,与未来项目的实际情况肯定会出现某种程度的偏离。例如,市场需求的变化、汇率利率的高低、原材料及能源价格的上涨、人力资源成本的提高、产品销售价格的波动、通货膨胀的风险、开工不足的风险以及国内外政治经济形势的变幻等,都会造成预测与实际的偏离。因此,为了弄清各项因素对评价结论的影响程度,尽可能地避免或减少因不确定因素而造成的潜在投资风险,企业在完成投资方案的财务评价后,还应采用盈亏平衡分析法、敏感性分析法、概率分析法和决策树分析法等方法对投资项目进行不确定性分析。

投资项目不确定性分析的方法主要有盈亏平衡分析法、敏感性分析法、概率分析法和决策树分析法等。我国目前对投资项目进行不确定性分析时主要进行盈亏平衡分析、敏感性分析和概率分析。

不确定性分析的主要步骤是:

(1) 鉴别关键变量。从各个变量及其相关因素中找出不确定程度较大的关键变量或因素。要特别关注投资额、销售收入、成本和建设周期这四个变量及其相关因素,可以用敏感性分析来确定敏感因素。

(2) 估计变化范围或直接进行风险分析。找出关键变量之后,还要估计其变化范围,确定其边界值或原预测值的变化率,也可直接对关键变量进行风险分析或盈亏平衡分析。

(3) 求可能值及其概率或直接进行敏感性分析。对已确定出变化范围的关键变量,要估计出其各种可能值的概率分布,也可直接进行敏感性分析。

(4) 进行概率分析。求出关键变量的期望值,并以期望值代替原预测值来求因变量的值,然后将其与原来的数值进行对比,观察前面确定性分析结果的误差,并把概率分析后的数值作为原数值的修正值。

二、盈亏平衡分析

(一) 盈亏平衡分析的含义

盈亏平衡分析是通过盈亏平衡点(Break-even Point,BEP)分析投资项目对各种不确定因素变化承受能力的一种方法。不确定因素的变化会影响投资方案的经济效果,当这些因素的变化达到某一临界值时,就会影响方案的取舍。盈亏平衡分析的目的就是找出这个临界值,也就是找到项目的盈亏平衡点,盈亏平衡点越低,说明项目盈利的可能性越大,亏损的可能性越小,因而项目具有承受较大风险的能力。所以,通过盈亏平衡分析可以判断投资方案对不确定因素变化的承受能力,为投资决策提供科学依据。

(二) 盈亏平衡分析的表达形式与分类

1. 项目盈亏平衡点有多种表达形式

它既可以用产销量、单位产品售价、单位产品变动成本及年固定成本总量等绝对值表示,也可以用生产能力利用率等相对值表示。其中,产销量与生产能力利用率是进行项目不确定性分析中应用较广的两种表达形式。

2. 盈亏平衡分析可以按不同标准进行分类

其中,按分析方法不同,可以分为图解法和代数法;按产品成本及销售收入与产销量之间是否呈线性关系,可以分为线性盈亏平衡分析和非线性盈亏平衡分析;按是否考虑资金的时间价值,可以分为静态盈亏平衡分析和动态盈亏平衡分析。

(三) 盈亏平衡分析的方法

1. 总成本费用的划分

要进行盈亏平衡分析,首先要把项目正常生产年份的总成本费用划分为变动成本和固定成本。划分的标准是该成本项目是否与产量(销量)成正比关系,变动成本总额一般随着产量的增加而增加,单位固定成本随着产量的增加而减少。

2. 盈亏平衡分析的假设条件

进行盈亏平衡分析,其结论要在一定的假设条件下才能成立。线性盈亏平衡分析的假设条件包括:

(1) 项目的产量等于销售量;

(2) 总成本由固定成本和变动成本组成,项目正常生产年份的固定成本总额不随产量变动而变化,变动成本总额随产量变动呈比例变化,单位产品变动成本为一常数,总生产成本是产量的线性函数;

(3) 销售量变化,销售单价不变,从而销售收入是销售量的线性函数;

(4) 项目只生产一种产品,如果生产多种产品,则可以换算为单一产品计算。

只有以上假定的四个条件成立,才可以进行线性盈亏平衡分析。

3. 盈亏平衡分析的计算公式

(1) 因为销售收入与产量呈线性关系,所以,可得如下计算公式:

$$S = P \times Q$$

式中:S 表示销售收入;

P 表示销售单价;

Q 表示销售量或生产量。

(2) 因为总成本是固定成本与变动成本之和,总变动成本是产量的线性函数,所以,可得如下计算公式:

$$C = C_f + C_v \times Q$$

式中:C 表示总成本;

C_f 表示总固定成本;

C_v 表示单位变动成本;

Q 表示销售量或生产量。

(3) 在盈亏平衡点上,项目的销售收入等于总成本,也就是,

$$P \times Q = C_f + C_v \times Q$$

所以,计算盈亏平衡点产量(Q_o)的公式为:

$$Q_o = \frac{C_f}{P - C_v}$$

若项目设计生产能力为 Q_c,则盈亏平衡生产能力利用率(E_o)为:

$$E_o = \frac{Q_o}{Q_c} \times 100\% = \frac{C_t}{(P-C_v)Q_c} \times 100\%$$

若按设计能力进行生产和销售,则盈亏平衡销售价格(P_o)为:

$$P_o = \frac{S}{Q_c} = \frac{C}{Q_c} = C_v + \frac{Q_t}{Q_c}$$

若按设计能力进行生产和销售,且销售价格已定,则盈亏平衡单位产品变动成本(C_{vo})为:

$$C_{vo} = P - \frac{C_f}{Q_c}$$

4. 盈亏平衡分析法举例

【例8-7】 寰宇公司准备新上电动车项目,正常年份的设计生产能力为5万辆/年,年固定成本为500万元,每辆电动车的销售单价预计1 200元,单位产品的变动成本为800元(产品销售税金及附加忽略)。

根据上述资料采用盈亏平衡分析法,对电动车项目进行不确定性分析如下。

(1) 计算项目的产量盈亏平衡点:

$$Q_o = \frac{C_f}{P-C_v} = \frac{500}{1\,200-800} = 1.25(万辆)$$

(2) 计算项目的销售单价盈亏平衡点:

$$P_o = C_v + \frac{C_t}{Q_c} = 800 + \frac{500}{5} = 900(元/辆)$$

(3) 计算项目的生产能力利用率盈亏平衡点:

$$e_o = \frac{C_f}{(P-C_v)Q_c} \times 100\% = \frac{500}{(1\,200-800)\times 5} \times 100\% = 25\%$$

(4) 评价。

本项目的产量盈亏平衡点为1.25万辆,而项目的设计生产能力为5万辆,远大于盈亏平衡点产量,可见,该项目盈亏平衡点较低,盈利能力和抗风险能力较强。

本项目的销售单价盈亏平衡点为900元/辆,而项目的预测销售单价为1 200元/辆,高于盈亏平衡点的销售单价33.3%,如果市场销售下滑,为了促销,产品销售价格降低在33.3%以内,仍能做到保本经营。

本项目的生产能力利用率盈亏平衡点为25%,也就是说,在销售价格、成本不变的情况下,该项目只要发挥出25%的生产能力就可以做到保本经营。

综上所述,可以判断该项目的盈利能力和抗风险能力均较强。

(四) 盈亏平衡分析的优缺点

盈亏平衡分析法简单易懂,通过对高度敏感的产量、售价、成本、利润等因素进行分析,有助于决策者了解投资项目可能承担风险的程度,有助于合理确定项目的生产规模,帮助项目规划者对由于设备不同而引起的生产能力不同的方案,以及工艺流程不同的方案进行投资抉择。

盈亏平衡分析的缺点是,它建立在生产量等于销售量的基础上,这对于大多数产品而言,是很难做到的。它用的一些数据,是某一正常生产年份的数据,需要一些假设条件。由于建设项目是一个长期的过程，不确定因素很多，所以用盈亏平衡分析法很难得到一个全面的结论。

三、敏感性分析

(一) 敏感性分析的含义

敏感性分析就是研究、测算影响投资项目的主要因素发生变化时，对其评价指标的影响程度和敏感性程度。如果某个因素在较小范围内发生了变动，就会影响原定方案的经济效果，即表明该因素的敏感性强；如果某个因素在较大范围内发生变动，才会影响原定方案的经济效果，即表明该因素的敏感性弱。

投资项目评估中最主要的决策指标是净现值和内含报酬率，但是这些效益指标都是根据预测的数据计算出来的，因此，不可避免地会与实际情况产生一定的偏差。这种偏差发生时，对投资项目的效益指标有什么影响，项目所能承受这种影响的最大限度是多大，等等，所有这些都有赖于敏感性分析。通过敏感性分析，可以找出投资项目的敏感因素，并确定这些因素变化后，对评价指标的影响程度，使决策者能了解项目建设中可能遇到的风险，从而提高投资决策的准确性。

(二) 敏感性分析的基本方法

敏感性分析侧重于对最敏感的关键因素及其敏感程度进行分析，通常主要分析单个因素变化，必要时也可分析两个或多个不确定因素的变化对项目经济效益指标的影响程度。单因素敏感性分析是指只变动一个不确定因素，同时保持其他因素不变，考察项目效益指标的变化情况。

敏感性分析的基本步骤和方法

第一步，确定敏感性分析的对象。确定敏感性分析的对象就是评价投资方案优劣的投资效果指标，包括静态指标和动态指标。其中，内含报酬率反映了投资项目所特有的获利能力，一般是敏感性分析的首选对象。

第二步，选择需要分析的不确定因素，并设定这些因素的变动范围。影响投资方案经济效果的不确定因素有很多，要重点选择那些敏感性强的因素和数据准确性把握不大的因素。

第三步，计算各种不确定因素在可能的变动范围内对敏感性分析对象的影响程度。计算的基本方法是：在选择的诸个不确定因素中，先让其中一个因素以基准方案值为基础按一定幅度变动，其他因素固定不变，计算出被分析的评价指标随该因素而变化的相应数值。然后，再按上述同样方法，计算第二个、第三个……不确定因素变化时被分析的评价指标相应的变化数值，直到所选择的需要分析的不确定因素全部计算完为止。

第四步，明确敏感性因素变化的最大极限值，并用图表将项目评价指标对各不确定性因素的敏感性程度表示出来。

第五步，确定敏感因素。敏感因素是其数值变动能显著影响投资方案经济效果的因素。不确定因素变化给评估指标带来的风险，取决于评估指标对不确定因素变化的敏感性(即变化率大小)和不确定因素的盈亏极限临界值。项目的风险性与不确定因素的敏感性成正比，即变化率大的敏感因素对项目风险影响大；而与不确定因素盈亏界限的临界值成反比,即临界值越小,项目风险性越高。

第六步,进行决策,即综合经济效果评价和不确定性分析的结果,选择最佳投资方案。

(三) 敏感性分析举例

【例8-8】 寰宇公司电动车项目投资5 000万元,建成后预计可使用10年,每年可实现销售收入6 000万元,每年支付营业成本4 500万元,公司要求最低基准内含报酬率为12%。要求:

(1) 测算项目净现值对投资额、销售收入、经营成本和项目寿命的敏感程度;

(2) 测算项目投资额、销售收入和经营成本变化幅度为±5%和±10%时,对项目内含报酬率的影响程度。

(为简化计算,不考虑税收、固定资产残值等因素。)

1. 计算项目的净现值(NPV)

$$NPV = \sum_{t=1}^{n} \frac{NCF_t}{(1+k)^t} - C$$

$$= \sum_{t=1}^{10} \frac{(6\,000 - 4\,500)}{(1+k12\%)^t} - 5\,000$$

$$= 1\,500 \times 5.650 - 5\,000$$

$$= 3\,475(万元)$$

计算结果表明,该方案的净现值是正数,说明该方案以投资收益率(内含报酬率)为12%作为衡量标准是可行的。但其可行性是有条件的,也就是要看影响净现值的三个主要因素:

(1) 每年的现金净流量为1 500(6 000-4 500)万元是否可靠;

(2) 固定资产10年的有效使用期限是否准确;

(3) 项目投资5 000万元是否准确。

2. 进行敏感分析

(1) 确定年销售收入的下限临界值(X_1)。

假设使用年限、每年支付的营业成本和项目投资不变,每年销售收入的下限临界值(X_1)将使该方案的净现值等于零,即:

$$\sum_{t=1}^{10} \frac{(X_t - 4\,500)}{(1+12\%)^t} - 5\,000 = 0$$

$$(X_1 - 4\,500) \times 5.650 - 5\,000 = 0$$

$$X_1 = 5\,385(万元)$$

$$销售收入下限临界值的下降比率 = \frac{(6\,000 - 5\,385)}{6\,000} \times 100\% = 10.25\%$$

计算结果表明,该投资方案在使用年限、每年支付的营业成本和项目投资不变的情况下,每年销售收入由6 000万元下降至5 385万元,下降幅度在10.25%以内,投资方案仍然可行,可以达到12%的投资收益率。

(2) 确定年经营成本的上限临界值(X_2)。

假设使用年限、每年销售收入和项目投资不变,每年支付的营业成本的上限临界值(X_2)将使该方案的净现值等于零,即:

$$\sum_{t=1}^{10} \frac{(6\,000 - X_2)}{(1+12\%)} - 5\,000 = 0$$

$$(6\,000 - X_2) \times 5.650 - 5\,000 = 0$$

$$X_2 = 5\,115(万元)$$

营业成本上限临界值的上升比率 $= \frac{(5\,115 - 4\,500)}{4\,500} \times 100\% = 13.67\%$

计算结果表明,该投资方案在使用年限、每年销售收入和项目投资不变的情况下,每年支付的营业成本由 4 500 万元上升至 5 115 万元,上升幅度在 13.67% 以内,投资方案仍然可行,可以达到 12% 的投资收益率。

(3) 确定项目投资上限临界值(X_3)。

假设使用年限、每年销售收入和每年支付的营业成本不变,项目投资的上限临界值(X_3)将使该方案的净现值等于零,即:

$$\sum_{t=1}^{10} \frac{(6\,000 - 4\,500)}{(1+12\%)} - X_3 = 0$$

$$(6\,000 - 4\,500) \times 5.650 - X_3 = 0$$

$$X_3 = 8\,475(万元)$$

营业成本上限临界值的上升比率 $= \frac{(8\,475 - 5\,000)}{5\,000} \times 100\% = 69.5\%$

计算结果表明,该投资方案在使用年限、每年销售收入和每年支付的营业成本不变的情况下,项目投资由 5 000 万元上升至 8 475 万元,上升幅度在 69.5% 以内,投资方案仍然可行,可以达到 12% 的投资收益率。

(4) 确定项目使用年限的下限临界值(X_4)。

假设每年销售收入、每年支付的营业成本和项目投资不变,项目使用年限的下限临界值(X_4)将使该方案的净现值等于零,即:

$$(6\,000 - 4\,500) \times (P/A, 12\%, X_4) - 5\,000 = 0$$

$$(P/A, 12\%, X_4) = 5\,000 \div 1\,500 = 3.333$$

通过查 1 元年金的现值表,并采用插值法计算得:

$$X_4 = 4 + 0.52 = 4.52(年)$$

项目使用年限下限临界值的下降比率 $= \frac{(10 - 4.52)}{10} \times 100\% = 54.8\%$

计算结果表明,该投资方案在每年销售收入、每年支付的营业成本和项目投资不变的情况下,项目使用年限由 10 年下降至 4.52 年,下降幅度在 54.8% 以内,投资方案仍然可行,可以达到 12% 的投资收益率。

3. 确定对评价指标净现值有显著影响的敏感因素

根据上述敏感分析计算的结果,由小到大排列不确定因素保证净现值等于或大于零的最大变化幅度为:

年销售收入(10.25%)<年营业成本(13.67%)<项目使用年限(54.8%)<项目投资额(69.5%)。

由此可以断定,年销售收入是影响净现值这个项目评价指标的最敏感因素。

4. 测算项目投资额、销售收入和经营成本变化幅度为±5%和±10%时,对项目内含报酬率的影响程度。

(1) 投资额变动±5%和±10%时,对项目内含报酬率的影响程度。

当投资额增加10%时,

由 $(6\,000-4\,500)\times(P/A,i,10)-5\,000\times(1+10\%)=0$

得 $(P/A,i,10)=3.667$

查1元年金的现值表知:

$$(P/A,24\%,10)=3.682$$
$$(P/A,25\%,10)=3.571$$

所以,

$$i=24\%+\frac{3.682-3.667}{3.682-3.571}\times(25\%-24\%)=24.14\%$$

当投资额增加5%时,

由 $(6\,000-4\,500)\times(P/A,i,10)-5\,000\times(1+5\%)=0$

得 $(P/A,i,10)=3.5$

查1元年金的现值表知:

$$(P/A,25\%,10)=3.571$$
$$(P/A,30\%,10)=3.092$$

所以,

$$i=25\%+\frac{3.571-3.5}{3.571-3.092}\times(30\%-25\%)=25.74\%$$

当投资额减少5%时,

由 $(6\,000-4\,500)\times(P/A,i,10)-5\,000\times(1-5\%)=0$

得 $(P/A,i,10)=3.167$

查1元年金的现值表知:

$$(P/A,25\%,10)=3.571$$
$$(P/A,30\%,10)=3.092$$

所以,

$$i=25\%+\frac{3.571-3.167}{3.571-3.092}\times(30\%-25\%)=29.22\%$$

当投资额减少10%时,

由 $(6\,000-4\,500)\times(P/A,i,10)-5\,000\times(1-10\%)=0$

得 $(P/A,i,10)=3$

查1元年金的现值表知:

$$(P/A,30\%,10)=3.092$$
$$(P/A,35\%,10)=2.715$$

所以,
$$i = 30\% + \frac{3.092 - 3.00}{3.092 - 2.715} \times (35\% - 30\%) = 31.22\%$$

(2) 销售收入变动 ±5% 和 ±10% 时,对项目内含报酬率的影响程度。

当年销售收入增加 10% 时,

由 $[6\,000(1+10\%) - 4\,500] \times (P/A, i, 10) - 5\,000 = 0$

得 $(P/A, i, 10) = 2.381$

查1元年金的现值表知:
$$(P/A, 40\%, 10) = 2.414$$
$$(P/A, 45\%, 10) = 2.168$$

所以,
$$i = 40\% + \frac{2.414 - 2.381}{2.414 - 2.168} \times (45\% - 40\%) = 40.67\%$$

当年销售收入增加 5% 时,

由 $[6\,000(1+5\%) - 4\,500] \times (P/A, i, 10) - 5\,000 = 0$

得 $(P/A, i, 10) = 2.778$

查1元年金的现值表知:
$$(P/A, 30\%, 10) = 3.092$$
$$(P/A, 35\%, 10) = 2.715$$

所以,
$$i = 40\% + \frac{3.092 - 2.778}{3.092 - 2.715} \times (35\% - 30\%) = 34.16\%$$

当年销售收入减少 5% 时,

由 $[6\,000(1-5\%) - 4\,500] \times (P/A, i, 10) - 5\,000 = 0$

得 $(P/A, i, 10) = 4.167$

查1元年金的现值表知:
$$(P/A, 20\%, 10) = 4.192$$
$$(P/A, 22\%, 10) = 3.923$$

所以,
$$i = 20\% + \frac{4.192 - 4.167}{4.192 - 3.923} \times (22\% - 20\%) = 20.19\%$$

当年销售收入减少 10% 时,

由 $[6\,000(1-10\%) - 4\,500] \times (P/A, i, 10) - 5\,000 = 0$

得 $(P/A, i, 10) = 5.556$

查1元年金的现值表知:
$$(P/A, 12\%, 10) = 5.650$$
$$(P/A, 14\%, 10) = 5.216$$

所以,

$$i = 12\% + \frac{5.650 - 5.556}{5.650 - 5.216} \times (14\% - 12\%) = 12.43\%$$

(3) 年经营成本变动 ±5% 和 ±10% 时,对项目内含报酬率的影响程度。

当年经营成本增加 10% 时,

由 [6 000 — 4 500(1 + 10%)] × (P/A, i, 10) − 5 000 = 0

得 (P/A, i, 10) = 4.762

查 1 元年金的现值表知:

$$(P/A, 16\%, 10) = 4.833$$
$$(P/A, 18\%, 10) = 4.494$$

所以,

$$i = 16\% + \frac{4.833 - 4.762}{4.833 - 4.494} \times (18\% - 16\%) = 16.42\%$$

当年经营成本增加 5% 时,

由 [6 000 − 4 500(1 + 5%)] × (P/A, i, 10) − 5 000 = 0

得 (P/A, i, 10) = 3.922

查 1 元年金的现值表知:

$$(P/A, 22\%, 10) = 3.923$$
$$(P/A, 24\%, 10) = 3.682$$

所以,

$$i = 22\% + \frac{3.923 - 3.922}{3.923 - 3.682} \times (24\% - 22\%) = 22.41\%$$

当年经营成本减少 5% 时,

由 [6 000 − 4 500(1 − 5%)] × (P/A, i, 10) − 5 000 = 0

得 (P/A, i, 10) = 2.899

查 1 元年金的现值表知:

$$(P/A, 30\%, 10) = 3.092$$
$$(P/A, 35\%, 10) = 2.715$$

所以,

$$i = 30\% + \frac{3.092 - 2.899}{3.092 - 2.715} \times (35\% - 30\%) = 32.56\%$$

当年经营成本减少 10% 时,

由 [6 000 − 4 500(1 − 10%)] × (P/A, i, 10) − 5 000 = 0

得 (P/A, i, 10) = 2.564

查 1 元年金的现值表知:

$$(P/A, 35\%, 10) = 2.715$$
$$(P/A, 40\%, 10) = 2.414$$

所以,

$$i = 35\% + \frac{2.715 - 2.564}{2.715 - 2.414} \times (40\% - 35\%) = 37.51\%$$

(4) 计算各个不确定因素不变时,即投资额 5 000 万元、使用年限 10 年、年销售收入 6 000 万元、年营业成本 4 500 万元时的项目内含报酬率。

由 $[6\ 000 - 4\ 500] \times (P/A, i, 10) - 5\ 000 = 0$

得 $(P/A, i, 10) = 3.333$

查 1 元年金的现值表知:
$$(P/A, 25\%, 10) = 3.571$$
$$(P/A, 30\%, 10) = 3.092$$

所以,
$$i = 25\% + \frac{3.571 - 3.333}{3.571 - 3.092} \times (30\% - 25\%) = 27.48\%$$

(5) 上述计算结果的敏感性分析表和敏感性分析图分别如表 8-8 和图 8-2 所示。

表 8-8　不确定因素变动对内含报酬率的影响

序号	项目	内含报酬率(IRR)指标变化数值				
1	各种不确定因素变动率	-10%	-5%	0	+5%	+10%
2	投资额变动对 IRR 的影响	31.22%	29.22%	27.48%	25.74%	24.14%
3	销售收入变动对 IRR 的影响	12.43%	20.19%	27.48%	34.16%	40.67%
4	营业成本变动对 IRR 的影响	37.51%	32.56%	27.48%	22.41%	16.42%

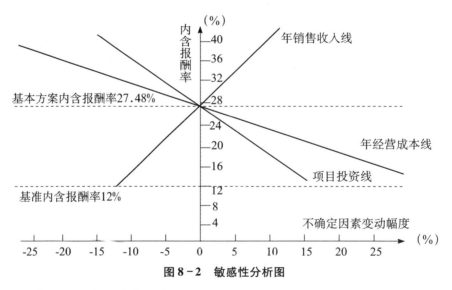

图 8-2　敏感性分析图

通过敏感性分析表和敏感性分析图可以看出,年销售收入的变化对评价指标内含报酬率的影响比较敏感,年经营成本次之,项目投资额居最后。各不确定因素在 ±10% 的范围内变动时,投资项目的内含报酬率均远远高于公司要求的 12% 的基准内含报酬率,说明该投资项目抗风险的能力较强。

(四) 敏感性分析的局限性

通过敏感性分析可以了解不确定性因素对项目评价指标影响的大小,并找出敏感性因素,还可以测定达到项目效益临界点的敏感性因素的允许变动幅度。但是,敏感性分

析实质是一种定性分析,它难以做到像定量分析那样准确。其局限性表现在:

(1) 不能测定不确定因素发生的可能性的大小;

(2) 不能确定各因素之间的相互关系,只能人为地假定一个变动幅度,人为地假定某一不确定因素变化时其他因素不变,这显然与实际现象是不相符的。

四、概率分析

(一) 概率分析的含义

概率分析是运用概率和数理统计方法,通过研究各种不确定性因素发生不同变动幅度的概率分布及其对项目经济效益指标的影响,对项目可行性和风险性以及方案优劣做出判断的一种不确定性分析法。

在敏感性分析中,有一个基本假设就是各个不确定因素发生变化的概率是相同的。但实际生活中,任何项目中的各个不确定因素在未来以某一幅度变化的概率是不会相同的。一个敏感性大而发生概率很低的因素,对项目的影响有可能小于一个敏感性小而发生概率大的因素。因此,为了弥补敏感性分析的不足,正确判断投资项目的风险,在进行项目评估和决策时,有必要利用概率分析方法求出各个不确定因素发生某种变动的概率,并以此进行不确定性分析。

概率分析的具体方法主要有期望值法、效用函数法和模拟分析法等。其中,期望值法在项目评估中的应用最为普遍。

(二) 期望值法的步骤和方法

期望值是某变量在概率分布中的所有可能数值乘以其相应概率的总和,或者说,某变量的期望值是该变量所有可能数值的加权平均值。

期望值法是通过计算投资项目评价指标的期望值及概率分布的离散情况,来比较投资方案优劣、确定项目可行性和风险程度的方法。采用期望值法进行概率分析,一般需要遵循以下步骤和方法:

(1) 选定一个或几个评价指标,列出必须考察的不确定性因素。通常将内含报酬率(内部收益率)、净现值等作为评价指标。

(2) 确定各不确定性因素可能发生的状态或变化范围。

(3) 分别确定各不确定性因素在每种情况下发生的概率。

各不确定性因素在每种情况下的概率,必须小于等于1,大于等于0,且所有可能发生情况的概率之和必须等于1。这里的概率为主观概率,是在充分掌握有关资料的基础上,由专家依据自己的知识、经验做出的主观判断。

(4) 计算评价指标的期望值。评价指标期望值的计算公式为:

$$E = \sum_{i=1}^{n} X_i P_i$$

式中: E 表示评价指标的期望值;

X_i 表示评价指标在第 i 种情况下的数值;

P_i 表示评价指标在第 i 种情况下发生的概率;

n 表示发生的状态或变化范围数。

投资的风险程度与评价指标的概率分布有着密切的联系。概率分布越集中,实际可能的结果就会越接近期望值,实际指标低于预期指标的可能性就越小,投资的风险程度也就越小;反之,概率分布越分散,投资的风险程度也就越大。所以,对有风险的投资项目,不仅要考察其预期指标(期望值)的高低,而且还要通过计算、分析其标准离差和标准离差率来考察其风险程度的大小。

(5) 计算评价指标的标准离差。标准离差是反映概率分布中各种可能结果对期望值的偏离程度的一个数值。计算公式为:

$$\sigma = \sqrt{\sum_{i=1}^{n}(X_i - E)^2 P_i}$$

式中,σ 表示评价指标的标准离差;其他符号的意义同前。

标准离差是以绝对数来衡量投资方案的风险,在期望值相同的情况下,标准离差越大,风险越大;反之,标准离差越小,风险越小。

(6) 计算评价指标的标准离差率。标准离差率是标准离差同期望值之比。计算公式为:

$$V = \frac{\sigma}{E} \times 100\%$$

式中,V 表示评价指标的标准离差率;其他符号的意义同前。

标准离差率是一个相对指标,它以相对数反映投资方案的风险程度。标准离差作为绝对数,只适用于相同期望值投资方案风险程度的比较,对于期望值不同的投资方案,评价和比较各自的风险程度只能借助于标准离差率这一相对数值。在期望值不同的情况下,标准离差率越大,风险越大;反之,标准离差率越小,风险越小。

(7) 对以上分析结果做综合评价,说明项目方案是否可行以及所承担风险的大小。

(三) 期望值法对投资方案进行评价的标准

(1) 期望值相同,标准离差小的方案为优;
(2) 标准离差相同,期望值大的方案为优;
(3) 期望值不同,标准离差率小的方案为优。

(四) 期望值法应用举例

【例 8-9】 新月公司计划购买一台设备扩大 A 产品的生产能力。现有甲、乙两个方案可供选择,两个方案的内含报酬率及其概率分布情况如表 8-9 所示。应用期望值法对两个方案进行概率分析。

表 8-9 甲、乙方案内含报酬率可能状态及概率表

可能状态(i)	甲方案		乙方案	
	内含报酬率(%)	概率	内含报酬率(%)	概率
第 1 种	30	0.2	25	0.6
第 2 种	25	0.4	20	0.3
第 3 种	15	0.4	10	0.1

1. 计算甲、乙两方案的内含报酬率期望值

甲方案(E) = 30% × 0.2 + 25% × 0.4 + 15% × 0.4 = 22%

乙方案(E) = 25% × 0.6 + 20% × 0.3 + 10% × 0.1 = 22%

计算结果表明,甲、乙两个方案的内含报酬率期望值都是22%,但这并不能说明两个方案完全等同,还需要分析其概率分布的离散情况,即通过计算标准离差和标准离差率分析判断两个方案的风险度。

2. 计算甲、乙两方案的标准离差

由,$\sigma = \sqrt{\sum_{i=1}^{n}(X_i - E)^2 P_i}$

得甲方案的标准离差:

$\sigma = \sqrt{(30\% - 22\%)^2 \times 0.2 + (25\% - 22\%)^2 \times 0.4 + (15\% - 22\%)^2 \times 0.4}$
$= \sqrt{0.0036} = 0.06$

乙方案的标准离差:

$\sigma = \sqrt{(25\% - 22\%)^2 \times 0.6 + (20\% - 22\%)^2 \times 0.3 + (10\% - 22\%)^2 \times 0.1}$
$= \sqrt{0.0021} = 0.0458$

计算结果表明,甲、乙两方案的期望值相同,但甲方案的标准离差比乙方案大,所以采用甲方案的风险高于乙方案。

3. 计算甲、乙两方案的标准离差率

由,$V = \dfrac{\sigma}{E} \times 100\%$

得甲方案的标准离差率:

$$V = \dfrac{0.06}{0.22} \times 100\% = 27.27\%$$

乙方案的标准离差率:

$$V = \dfrac{0.0458}{0.22} \times 100\% = 20.82\%$$

计算结果表明,甲方案的标准离差率比乙方案大,所以采用甲方案的风险高于乙方案。

当然,由于此案例中甲方案和乙方案的内含报酬率期望值是相等的,可以直接根据标准离差来比较两个方案的风险水平。如果两个方案的内含报酬率期望值不同,则必须通过计算标准离差率才能比较两个方案的风险水平。

第五节　固定资产投资预算的编制

一、固定资产投资预算概述

固定资产投资预算是预算期内企业为购建、改建、扩建、更新固定资产而进行资本投资的预算。固定资产投资按性质可分为基本建设投资和更新改造投资两大类,与此相对应,固定资产投资预算主要包括基本建设投资预算和更新改造投资预算。

(一) 基本建设投资预算

基本建设投资预算是预算期内企业新建、扩建、改建和迁建项目投资的预算。基本建设是指企业以扩大生产能力为主要目的的新建、扩建、改建和迁建项目投资活动;新建项目是从无到有、平地起家的建设项目;扩建和改建项目是在企业原有设施的基础上,扩大产品生产能力或增加新产品生产能力,以及对原有设备和工程进行全面技术改造的项目;迁建项目是原有企业由于各种原因,搬迁到另地建设的项目。

(二) 更新改造投资预算

更新改造投资预算是预算期内企业对现有固定资产进行更新和技术改造投资的预算。更新改造是指企业采用国内外先进的、适用的新技术、新设备、新工艺、新材料,对现有设施、生产工艺条件及辅助设施进行的设备更新和技术改造活动。

(三) 基本建设投资与更新改造投资的联系和区别

基本建设投资与更新改造投资都属于固定资产投资活动,投资目的都是搞好企业的扩大再生产,壮大企业经济实力,提高经济效益。

基本建设投资与更新改造投资的主要区别有三个:

一是基本建设投资属于固定资产的外延扩大再生产,而更新改造投资则属于固定资产的内涵扩大再生产;

二是基本建设投资一般建设周期较长、投资规模较大,而更新改造投资一般建设周期较短,投资规模较小;

三是基本建设投资的决策依据主要是企业的长期发展战略和战略规划,而更新改造投资的决策依据主要是企业的经营目标和现有设施及生产工艺条件的实际情况。

二、基本建设投资预算的编制内容

基本建设投资预算的编制内容包括从投资项目前期准备开始,到投资项目全部建成投产为止所发生的全部建设费用预算,以及生产运行期所需的流动资金预算和针对该投资项目的筹资预算。

基本建设投资预算的编制内容如图 8-3 所示。

图 8-3 表明,基本建设投资预算由固定资产总造价预算、流动资金预算和项目筹资预算组成。各种预算都有其不同的编制程序和编制方法。

三、固定资产总造价预算的编制

固定资产总造价预算是投资项目在建设期所有固定资产支出的总体安排,是确定整个基本建设投资项目从筹建开始到竣工验收、交付使用所需的全部费用支出的预算文件,包括基本建设投资项目的工程费用、其他费用、预备费用和建设期的借款利息。

固定资产总造价预算编制的主要依据是各单项工程预算、其他费用预算,以及预算工程量、预算定额、预算价格和预算手册等。各项费用的具体内容和编制方法如下。

(一) 工程费用

工程费用是指直接形成固定资产的工程项目费用,包括建筑工程费、设备购置费和安装工程费。

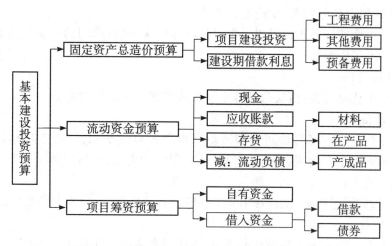

图 8-3 基本建设投资预算的编制内容示意图

1. 建筑工程费

建筑工程费由直接费、间接费、计划利润和税金及附加组成。其中:

(1) 直接费包括人工费、材料费、施工单位机械使用费和其他直接费、现场经费等,可按建筑工程量和当地建筑工程概算综合指标计算,房屋建筑按每平方米造价估算。

(2) 间接费包括施工管理费和其他间接费,一般以直接费为基础,按照施工现场所在地区规定的间接费率执行。

(3) 计划利润以直接费和间接费之和为基数,按一定的利润率计取。

(4) 税金及附加包括营业税、城市维护建设税和教育费附加。其中,营业税以建筑工程的直接费、间接费和计划利润之和为基数(不包括技术装备费、施工机构迁移费),按照3%计取;城市维护建设税按所在地区不同,按营业税的1%—7%计算;教育费附加按营业税的2%计征。

2. 设备购置费

设备购置费包括需要安装和不需要安装的全部设备、工装器具及生产用家具购置费等。其中,自制设备根据设备用料、用工和消耗定额、费用定额及计划价格等资料计算;外购设备按招标价格和采购价格逐项计算。

3. 安装工程费

安装工程费包括设备安装费及室内外管道(线)安装费用,由直接费、间接费、计划利润和税金组成。其中:

(1) 直接费按每台设备或每台设备占全部设备价格的百分比计算;

(2) 间接费以直接费用为基础,按间接费用率计算;

(3) 计划利润以安装工程直接费和间接费之和为基数,按一定的利润率计算;

(4) 税金包括营业税、城市维护建设税和教育费附加,根据有关的税率、费用率和纳税项目数额计算。

(二) 其他费用

其他费用是指根据有关规定应列入基本建设投资的建设费用,包括土地费、拆迁费、勘察设计费、建设单位管理费、生产筹备费等。

其他费用主要按照基本建设投资项目的具体情况、政府部门的有关收费规定和建设区域的收费标准等资料计算。

(三) 预备费用

预备费用也称不可预见费,包括基本预备费和涨价预备费两部分。

1. 基本预备费

基本预备费是指在可行性研究和评估时难以预料的费用,又称工程建设不可预见费。基本预备费以工程费用和工程建设其他费用之和为基数,按照规定的基本预备费率计算。计算公式为:

$$基本预备费 = (工程费用 + 工程建设其他费用) \times 基本预备费率$$

2. 涨价预备费

涨价预备费是对建设工期较长的项目,在建设期内由于价格上涨可能引起投资增加而预留的费用,亦称为价格变动不可预见费。涨价预备费一般以工程费用为基数,按下列公式计算:

$$P_f = \sum_{i=1}^{m} K_t [(1+F)^t - 1]$$

式中:P_f 表示项目建设期价格变动引起的投资增加额;

K_t 表示项目建设期内各年按投资预算分配的工程费用投资额;

F 表示投资价格指数;

m 表示项目建设期的年数。

(四) 建设期的借款利息

建设期的借款利息是指按规定列入基本建设投资价值的借款及债券利息。按照项目建设资金筹措方案确定的借款和发行债券的种类、额度、时间、利率、偿还方式和偿还期限计算。

国外借款利息的计算,还应包括国外贷款银行根据贷款协议向借款方以年利率方式收取的手续费、管理费、承诺费,以及国内代理机构以年利率的方式向借款单位收取的转贷费、担保费、管理费等资金成本费用。

(五) 固定资产总造价预算的编制案例

【例 8-10】 根据投资项目可行性研究报告及董事会决议,阳光公司决定 2012 年投资建设年产 600 吨的 D 产品项目,建设期两年,各年投资额基本相等,现金按各年投资额一次付清。固定资产总造价预算由工程部负责编制,财务部门予以配合。有关项目资料如下:

(1) 工程新征土地 10 亩,每亩 3 万元;

(2) 建筑面积 800 平方米,每平方米造价(不含土地费用)1 000 元;

(3) 购进产品生产线 3 条,每条出厂价 60 万元,运杂费共计 0.2 万元;

(4) 购铲车 2 万元,供水、供电设备 3 万元,水电建筑施工费 0.5 万元;

(5) 安装工程费按设备价值的 7% 计付,其中,铲车不需安装;

(6) 勘察设计费 10 万元;

(7) 生产筹备费 5 万元;

第八章 投资预算

（8）基本预备费率按5%计提，年均价格上涨3%；

（9）银行借款300万元，其中，2012年1月1日到位150万元，2013年1月1日到位100万元，其余50万元项目竣工后到位，补充流动资金；月利率5‰，每月末付息一次。

预算编制过程和编制方法如下：

首先，根据预算基础资料计算有关预算指标。计算结果如下（计算结果只保留整数位）：

建筑工程费 = 1 000 × 800 + 5 000 = 805 000（元）

设备购置费 = 3 × 600 000 + 2 000 + 20 000 + 30 000 = 1 852 000（元）

安装工程费 = (3 × 600 000 + 2 000) × 7% + 30 000 × 7% = 126 140 + 2 100 = 128 240（元）

工程费 = 805 000 + 1 852 000 + 128 240 = 2 785 240（元）

其他费用 = 30 000 × 10 + 100 000 + 50 000 = 450 000（元）

基本预备费 = (805 000 + 1 852 000 + 128 240 + 450 000) × 5% = 161 762（元）

工程费每年投入额 = 2 785 240 ÷ 2 = 1 392 620（元）

涨价预备费 = 1 392 620 × [(1 + 3%) − 1] + 1 392 620 × [(1 + 3%)^2 − 1]
= 41 778.60 + 84 810.56 = 126 589（元）

建设期借款利息（2年） = 1 500 000 × 5‰ × 24 + 1 000 000 × 5‰ × 12
= 180 000 + 60 000 = 240 000（元）

项目建设投资 = 2 785 240 + 450 000 + 161 762 + 126 589 = 3 523 591（元）

固定资产总造价 = 3 523 591 + 240 000 = 3 763 591（元）

然后，根据预算指标计算结果编制固定资产总造价预算如表8-10所示。

表8-10 年产600吨D产品投资项目预算表

预算部门：工程部　　　　编制时间：2011年11月5日　　　　　　　　金额单位：元

序号	项目或费用名称	估算价值					占总投资比例(%)	各年度投资额	
		建筑工程	设备购置	安装工程	其他	合计		2012年	2013年
一、	项目建设投资	805 000	1 852 000	128 240	738 351	3 523 591	93.62	1 791 795	1 731 796
1.	工程费用	805 000	1 852 000	128 240	0	2 785 240	74.00	1 392 620	1 392 620
1.1	主要生产项目	800 000	1 802 000	126 140	0	2 728 140	72.49	1 364 070	1 364 070
1.1.1	D产品生产线	—	1 802 000	126 140	0	1 928 140	51.23	964 070	964 070
1.1.2	厂房8 000米²	800 000	—	—	0	800 000	21.26	400 000	400 000
1.2	辅助生产项目	5 000	50 000	2 100	0	57 100	1.52	28 550	28 550
1.2.1	水/电设施	5 000	30 000	2 100	0	37 100	0.99	18 550	18 550
1.2.2	厂内运输设备	—	20 000	—	0	20 000	0.53	10 000	10 000
2.	其他费用	—	—	—	450 000	450 000	11.96	280 000	170 000
2.1	土地费	—	—	—	300 000	300 000	7.97	200 000	100 000
2.2	勘察设计费	—	—	—	100 000	100 000	2.66	80 000	20 000
2.3	生产筹备费	—	—	—	50 000	50 000	1.33	0	50 000
3.	预备费用	—	—	—	288 351	288 351	7.66	119 175	169 176
3.1	基本预备费用	—	—	—	161 762	161 762	4.30	77 396	84 366
3.2	涨价预备费用	—	—	—	126 589	126 589	3.36	41 779	84 810
二、	建设期借款利息	—	—	—	240 000	240 000	6.38	90 000	150 000
三、	固定资产总造价	805 000	1 852 000	128 240	978 351	3 763 591	100.00	1 881 795	1 881 796

四、流动资金预算的编制

流动资金预算是关于固定资产投资项目竣工投产后进行正常生产经营活动所需周转金的预算,所需流动资金等于流动资产减去流动负债的差额。

编制流动资金预算可选用分项估算法或扩大指标估算法两种方法。

(一) 分项估算法

流动资金的显著特点是在生产过程中不断周转,其周转额的大小与生产经营规模及周转速度直接相关。分项估算法是根据周转额与周转速度之间的关系,对构成流动资金的各项流动资产和流动负债分别进行估算的方法。

在可行性研究中,为简化计算,仅对存货、现金、应收账款和应付账款四项内容进行估算。计算公式为:

$$流动资金 = 流动资产 - 流动负债$$
$$流动资产 = 现金 + 应收账款 + 存货$$
$$流动负债 = 应付账款 = 材料费 + 燃料及动力费$$
$$流动资金本年增加额 = 本年流动资金 - 上年流动资金$$

估算的具体步骤是:首先计算各类流动资产和流动负债的年周转次数,然后再分项估算占用资金额。

1. 周转次数的计算

周转次数是指流动资金各个构成项目在一年内完成多少个生产过程。计算公式为:

$$周转次数 = 360 \text{ 天} \div 最低需要周转天数$$
$$= 周转额 \div 各项流动资金平均占用额$$

存货、现金、应收账款和应付账款的最低周转天数,可参照同类企业的平均周转天数并结合项目特点确定。

因为,周转次数 = 周转额 ÷ 各项流动资金平均占用额

如果周转次数已知,则:

$$各项流动资金平均占用额 = 周转额 \div 周转次数$$

2. 现金需要量的估算

项目流动资金中的现金是指货币资金,即企业生产运营活动中停留于货币形态的那部分资金,一般根据人工费用及其他费用的现金支出额测算。计算公式为:

$$现金需要量 = (年职工薪酬 + 年其他费用) \div 现金周转次数$$
$$年其他费用 = 制造费用 + 管理费用 + 销售费用 + 财务费用$$
$$- (四项费用中的职工薪酬、折旧费、摊销费、修理费)$$

3. 应收账款的估算

应收账款是指企业对外赊销商品、劳务而占用的资金。应收账款的周转额应为全年赊销商品、劳务的销售收入。在可行性研究中,可用销售收入代替赊销收入。计算公式为:

$$应收账款 = 年销售收入 \div 应收账款周转次数$$

4. 存货的估算

存货是企业为销售或者生产耗用而储备的各种物资,主要有原材料、辅助材料、燃

料、低值易耗品、维修备件、包装物、在产品、自制半成品和产成品等。为简化计算,仅考虑外购原材料、外购燃料及动力、在产品和产成品,并分项进行计算。计算公式为:

$$存货 = 外购原材料 + 外购燃料及动力 + 在产品 + 产成品$$

$$外购原材料占用资金 = 年外购原材料总成本 \div 原材料周转次数$$

$$外购燃料及动力占用资金 = 年外购燃料及动力 \div 按种类分项的周转次数$$

$$在产品 = \frac{年外购原材料、燃料及动力 + 年职工薪酬 + 年修理费 + 年其他制造费}{在产品周转次数}$$

$$产成品 = 年销售成本 \div 产成品周转次数$$

5. 流动负债的估算

流动负债是指在一年或者超过一年的一个营业周期内,需要偿还的各种债务。在可行性研究中,流动负债的估算一般只考虑应付账款一项。计算公式为:

$$应付账款 = (年外购原材料 + 年外购燃料) \div 应付账款周转次数$$

6. 根据流动资金各项估算结果编制流动资金估算表

$$流动资金 = (现金 + 应收账款 + 存货) - 流动负债$$

(二)扩大指标估算法

扩大指标估算法是根据企业现有资料或参照同类企业有关资料,求得各种流动资金率指标,然后将各类流动资金率乘以相应的投资项目年度基数来估算流动资金需要量,或者采用单位产品产量占用流动资金的比率来估算流动资金需要量的方法。

扩大指标估算法简便易行,但准确度不高,适用于项目建议书阶段的估算。各种资金比率的计算公式如下。

1. 产值(销售收入)资金率法

$$流动资金预算额 = 项目年产值(销售收入) \times 产值(销售收入)资金率$$

式中,项目年产值(销售收入)为项目达到设计能力时的指标;产值资金率根据同类项目或企业指标确定。

2. 销售成本资金率法

$$流动资金预算额 = 项目年销售成本 \times 销售成本资金率$$

式中,项目年销售成本为项目达到设计能力时的指标;销售成本资金率根据同类项目或企业指标确定。

3. 固定资产资金率法

$$流动资金预算额 = 固定资产价值 \times 固定资产资金率$$

式中,项目固定资产价值为投资项目的固定资产总造价;固定资产资金率根据同类项目或企业指标确定。

4. 单位产品资金率法

$$流动资金预算额 = 项目年产品产量 \times 单位产品资金率$$

式中,项目年产品产量为项目达到设计能力时的指标;单位产品资金率根据同类项目或企业指标确定。

(三)流动资金预算的编制案例

【例8-11】 根据设计方案,阳光公司年产600吨D产品项目竣工达产后每年可实现销售收入 360 万元,已知同类企业同类产品的年销售收入为 400 万元,年流动资金平均占用额为 80 万元。财务部门根据有关资料,采用扩大指标估算法编制年产 600 吨 D 产品项目竣工达产后的流动资金预算。

预算编制过程和编制方法如下:

首先,计算同类企业同类产品的销售收入流动资金率:

$$销售收入流动资金率 = \frac{80}{400} \times 100\% = 20\%$$

然后,计算 600 吨 D 产品项目达产后的流动资金预算额:

$$流动资金预算额 = 360 \times 20\% = 72(万元)$$

最后,根据计算结果编制投资项目流动资金预算,如表 8-11 所示。

表 8-11 投资项目流动资金预算表

预算部门:财务部　　　　编制时间:2011 年 11 月 5 日

序号	项目	时间	金额(万元)
1	年产 600 吨 D 产品投资项目	2014 年	72
2	—	—	—
3	合计	2014 年	72

五、项目筹资预算的编制

项目筹资预算是预算期内企业有关投资活动所需资金筹措及到期项目借款偿还的预算。它与经营活动的筹资预算相比,在编制目的、编制要求、编制依据、编制内容和编制方法等方面都有许多不同之处。

项目筹资预算由财务部门负责编制,有关投资部门予以配合。

(一) 编制项目筹资预算的目的与要求

项目筹资预算是项目可行性研究报告的有机组成部分,通常以"项目资金来源和筹资方案"的形式出现。因此,企业编制项目筹资预算的目的与要求主要有以下四个。

1. 论证投资项目在资金上的可行性

进行资本性投资活动需要大额资金投入,分析、论证项目资金是否有可靠的资金来源、筹资方案是否可行是编制项目筹资预算的首要目的。

2. 实现项目资金的供求平衡

项目可行性研究报告提出了项目的投资总额,项目筹资预算就要针对项目的投资总额,提出资金供给方案,在数量和时间两个方面实现项目资金的供求平衡。

3. 满足项目可行性研究报告使用者的决策需要

项目可行性研究报告使用者主要包括项目经营者、出资人、债权人以及项目的其他潜在参与者。项目筹资预算必须能够满足他们了解项目的融资结构、融资成本、融资风险和融资计划的需要,以便据以进行项目投资决策。

4. 符合有关评审部门对投资项目的评审要求

企业进行投资项目建设,需要经过专门评估机构的评审和政府职能部门的审批,因此,编制项目筹资预算要符合上述单位的评审要求,使之能够判断项目融资的可靠性、可行性与合理性。

（二）项目筹资预算的特点

项目筹资预算作为项目可行性研究报告的一个章节，与经营筹资预算相比具有以下四个特点。

1. 融资用途具有特定性

项目筹资预算是为具体的投资项目服务的，它所筹集的资金具有特定的用途，需要专款专用。

2. 预算编制时间具有不确定性

项目筹资预算的编制时间是根据投资项目的需要而定，不受企业统一预算编制时间的限制。

3. 预算作用期间具有长期性

投资项目的实施时间有多长，为该项目编制的筹资预算作用期间就有多长，它不受会计期间的约束和限制。

4. 预算内容具有依附性

项目筹资预算对象都是特定的，它依附于特定的投资项目。筹资方案也是投资项目可行性研究报告的有机组成部分，没有特定的投资项目，也就没有具体的项目筹资预算。

（三）项目筹资预算的编制依据

项目筹资预算的编制依据主要包括以下七个方面的资料。

1. 企业有关项目资金筹措的决策资料

企业项目资金筹措的决策资料主要包括公司制定的投资战略、融资战略、项目可行性研究资料和公司决策层对项目筹资方案的审批意见。

2. 发行股票的有关审批文件

企业经批准发行股票或配股、增发股票的，应当根据股票发行计划、配股计划和增发股票计划等资料编制筹资预算。

3. 发行债券的有关审批文件

经批准发行企业债券的，应当根据债券发行计划等资料编制筹资预算。

4. 投资预算

投资预算对项目资金的用途、使用时间、使用金额等事项都做了详细规划，是决定项目融资时间与融资金额的主要依据。

5. 企业自有资金状况

企业自有资金的状况不仅关系到企业能拿出多少自筹资金进行项目投资，而且直接关系到企业筹集外部债务资金的成败。

6. 项目资金的融资渠道与融资方式

目前，可以为项目进行融资的渠道与方式很多，需要企业根据项目的具体情况、企业实力和债权人的贷款条件等多种因素决定具体投资项目的融资渠道与融资方式。

7. 金融市场情况

金融市场的贷款政策、贷款利率、证券价格、汇率走势、融资成本等因素，都会对企业的项目融资产生较大影响。

(四) 项目筹资预算的编制方法与编制内容

如前所述,项目筹资预算依附于特定的投资项目,具有很强的目的性。因此,项目筹资预算的编制方法和内容应符合项目可行性研究报告的要求。具体编制方法与编制内容如下。

1. 明确投资项目的融资方式

目前,国际上通行的投资项目融资方式有两类,即公司融资和项目融资。这两类融资方式所形成的项目,在投资者与项目的关系、投资决策与信贷决策的关系、风险约束机制、各种财务比率约束等方面都有显著区别。在项目可行性研究报告中,企业需要说明本项目是采取公司融资方式,还是采取项目融资方式,并按拟定的投融资方式对"资金来源与筹资方案"进行阐述。

下面,简要介绍公司融资和项目融资的概念及在融资方面的异同。

(1) 公司融资。

公司融资,又称企业融资,是指由现有企业筹集资金并完成项目的投资建设。无论项目建成之前或之后,都不出现新的独立法人。公司融资的基本特点是:①公司作为投资者,做出投资决策,承担投资风险,也承担决策责任;②借款和其他债务资金虽然是用于项目投资,但是债务方是公司而不是项目,整个公司的现金流量和资产都可用于偿还债务、提供担保。

(2) 项目融资。

项目融资是指项目发起人为筹资和经营项目而专门成立一家独立法人,即项目公司,然后由项目公司承担项目借款,完成项目的投资建设和偿还借款的责任。项目融资的基本特点是:①投资决策由项目发起人做出,项目发起人与项目法人并非一体;②项目公司承担投资风险,但因决策在先、法人在后,所以无法承担决策责任,只能承担建设责任;③项目法人不负责筹资,而是按投资者拟定的筹资方案去具体实施;④一般情况下,债权人对项目发起人没有追索权或只有有限追索权,项目只能以自身的盈利能力来偿还债务,并以自身的资产来作担保,项目能否还贷取决于项目是否有财务效益。

(3) 公司融资与项目融资在资金筹措上的异同。

在公司融资情况下,项目的总投资可分为两个部分:第一部分,是公司原有的非现金资产直接利用于新建项目;第二部分,是新建项目需要公司用现金支付的投资。

公司融资时,投资与融资的对应关系如图8-4所示。

在公司融资情况下,企业能够投入到新建项目上的现金来源有四个:一是企业新增的、可用于投资的权益资本;二是企业原有的、可用于投资的现金;三是企业原有的非现金资产通过出售变为现金资产(这三部分资金合称自有资金);四是企业新增的债务资金。

在项目融资情况下,项目不存在任何企业原有的资产或负债,项目总投资的资金来源,仅由新增权益资本和新增债务资金两部分构成。

项目融资时,投资与融资的对应关系如图8-5所示。

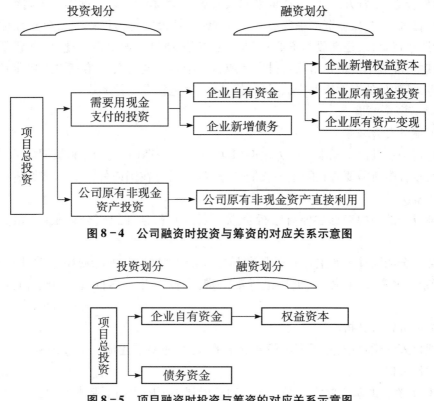

图8-4 公司融资时投资与筹资的对应关系示意图

图8-5 项目融资时投资与筹资的对应关系示意图

（4）融资方式的选择。

项目融资主要用于需要巨额资金、投资风险大而传统融资方式又难以满足融资需求但现金流量稳定的工程项目，如天然气、煤炭、石油等自然资源的开发，以及运输、电力、农林、电子、公用事业等大型工程建设项目。对于一般投资项目而言，通常采取公司融资方式。

2. 自有资金和权益资本筹措

（1）公司融资方式的权益资本筹措。

投资项目是以公司融资方式进行时，项目筹资预算要通过分析企业的财务报表，说明企业是否能够拿出以及能够拿出多少自有资金进行投资。企业自有资金来源分为扩充、提现和变现三部分。扩充权益资本的方法主要有转增企业留存收益、原股东追加资本、扩股融资和配股及私募四种方法，企业可以根据具体情况和需要选择。提现是指企业为了获得债权人的支持，而对投资项目进行的现金投入。企业需要从资产结构、损益、现金流量等方面分析企业提现的可能性，并对项目建设期内可用于投资的现金做出定量预测。变现是指企业在扩充权益资本和完成提现分析后，如果项目建设的现金仍然不足，筹资方案中就需要进行变现分析。企业非现金资产变为现金的主要途径有流动资产变现、对外长期投资变现、固定资产变现、资产组合变现、现金流量变现等多种途径。

（2）项目融资方式的权益资本筹措。

投资项目以项目融资方式进行时，项目筹资预算要就权益资本筹措情况做出详细说明,包括出资方、出资方式、股本资金来源及数额、股本资金认缴进度等有关内容。

在项目融资中,权益资本主要有三个来源:一是投资者为设立项目公司而缴付的出资额,即股本资金;二是准股本资金;三是直接安排项目公司上市。此外,还包括接受的捐赠。其中,准股本资金是指项目投资者或者与项目利益有关的第三方所提供的一种从属性债务,最常见的有无担保贷款、可转换债券、零息债券三种形式。

3. 债务资金筹措

(1) 债务资金来源。

债务资金按其使用期限可分为短期(1年以内)、中期(1—5年)和长期(5年以上)债务。项目投资中所需要筹集的是中长期债务资金,通过在国内外的资本市场进行各类负债融资来解决。

债务资金的国内来源主要有银行贷款、债券融资、信托投资公司贷款、租赁融资等渠道。

债务资金的国外来源主要有国际贸易中长期出口信贷、国际银团贷款、国际债券融资、国际租赁融资、政府贷款、世界银行集团贷款、亚洲开发银行贷款、国际项目融资等渠道。

(2) 债务资金分析。

在项目筹资预算中,除了列出债务资金的来源,还要描述债务资金的基本要素,以及债务人的债权保证。

① 债务资金的基本要素。对于每一项负债都必须阐明如下基本要素:

时间和数量。要指出每项债务资金可能提供的数量及初期支付时间、贷款期和宽限期、分期还款的类型。

融资成本。要说明贷款利息、租赁租金、债券债息是固定的,还是浮动的;何时调整及如何调整,每年计息几次,年利率是多少。除了与债务总额呈正比关系的资金费用外,每项债务资金还有一些其他费用,如承诺费、手续费、管理费、代理费、担保费、保险费及其他杂费。对于这些伴随债务资金发生的资金筹集费,应说明其计算办法及数额。

建设期利息的支付。不同的资金债务会有不同的付息条件和支付办法,需要予以说明。

附加条件。对于债务资金有附加条件的应予说明,例如,购买货物的限制;借外债时,对所借币种及所还币种的限制等。

利用外债的责任。凡中国境内机关、团体、企事业单位、金融机构或其他机构对中国境外国际金融机构、外国政府、企业以及境内外金融机构用外国货币承担的具有契约性偿还义务的全部外债,均需要进行登记并接受国家外汇管理部门的监测。筹资方案分析中,要明确外债是否属国家债务,以及属于哪一类型的债务。

② 债权保证。债权保证是债务人及涉及的第三方对债权人提供的履行债务的特殊保证。分析债务资金时,应根据可行性研究阶段所能做到的深度,对债务人及有关第三方提出的债权保证加以说明。债权保证的形式,主要有借款人保证、抵押、质押、担保等。

4. 编制筹资方案

在提出权益资本筹措方式和债务资金筹措方式之后,需要综合编制筹资方案。筹资方案主要由项目资金筹措来源表和项目投资及筹资预算表两部分组成。

(1) 项目资金筹措来源表的编制与文字说明。

项目资金筹措来源表的编制方法就是将所选择的自有资金或权益资本筹措方式与债务资金筹措方式汇集在一起。其文字说明要抓住要点,对每一项资金来源都要尽可能详尽描述。

【例 8-12】 阳光公司计划 2012 年投资建设年产 600 吨的 D 产品项目,项目建设投资 4 483 591 元(含流动资金 72 万元),其中企业投入自有资金 1 483 591 元,债务资金 300 万元。

公司财务部根据有关资料编制项目资金筹措来源表,如表 8-12 所示。

表 8-12 600 吨 D 产品项目资金筹措来源表

预算部门:财务部　　　　　编制时间:2011 年 11 月 5 日

序号	渠道	金额(元)	融资条件	融资可信程度
1.	自有资金	1 483 591		
1.1	公司现金提取	1 483 591		公司书面承诺
1.2	其他	0		
2.	债务资金	3 000 000		
2.1	工商银行长期贷款	1 500 000	2012 年 1 月一次到位,贷款期 5 年,月利率 5‰,每月末付息一次;贷款自 2014—2016 年分次还清;由大海公司担保,免收担保费	工商银行书面贷款承诺;大海公司书面担保承诺函
2.2	中国银行长期贷款	1 000 000	2013 年 1 月一次到位,贷款期 5 年,月利率 5‰,每月末付息一次;2015—2018 年分次还款;由大海公司担保,免收担保费	中国银行书面贷款承诺;大海公司书面担保承诺函
2.3	工商银行短期贷款(流动资金)	500 000	2014 年 1 月一次到位,贷款期 9 个月,月利率 5‰,每月末付息一次	工商银行书面贷款承诺
3.	资金筹措合计	4 483 591		

(2) 项目投资及筹资预算表的编制与文字说明。

项目投资及筹资预算表与可行性研究中的投资预算和筹资方案相衔接,编制时应注意以下四个问题。

一是项目的资金需求与资金筹措要在时间和数量两方面都能实现供需平衡。

二是各年的资金筹措不仅要满足当年的投资金额需求,还要满足因资金筹措和占用而产生的当年负债利息等财务费用的支付需求,从而形成以下平衡关系:

$$\sum_{t=1}^{n} 年资金筹措额 = \sum_{t=1}^{n} (项目投资额 + 财务费用)$$

由这一平衡关系确立的资金数额,应反馈到投资预算中去,使之与融资额保持一致。

三是项目建设期内的财务费用可全部计入固定资产投资。

四是因为建设期内需要支付利息,所以,必须相应扩大借款,用于项目投资和利息支付。扩大借款的计算公式为:

$$X = \frac{A + Bi}{1 - i \div 2}$$

式中:X 表示当年实际借款额;

A 表示当年投资所需借款额(不含财务费用);

B 表示年初累计借款额;

i 表示借款年利率。

在融资条件许可的情况下,各渠道资金的时序安排原则:先权益资本后债务资金,先低成本债务后高成本债务,以减少债务风险;先国内后国外,以减少国家主权信用风险。

项目投资及筹资预算表的文字说明部分主要是对项目的投资总额及分项构成做出简要说明,对项目的资金筹措则应做出比较详尽的说明。

【例 8-13】 阳光公司财务部根据年产 600 吨 D 产品项目可行性研究中的项目投资预算(表 8-10)、流动资金预算(表 8-11)和项目资金筹措来源(表 8-12),编制项目投资及筹资预算表如表 8-13 所示。

表 8-13 600 吨 D 产品项目投资及筹资预算表

预算部门:财务部　　　　　　编制时间:2011 年 11 月 5 日

序号	项　目	预算总额(元)	分年度预算		
			2012 年	2013 年	2014 年
1.	项目总投资(1.1+1.2+1.3)	4 483 591	1 881 795	1 881 796	720 000
1.1	项目建设投资	3 523 591	1 791 795	1 731 796	0
1.1.1	工程费用	2 785 240	1 392 620	1 392 620	0
1.1.2	其他费用	450 000	280 000	170 000	0
1.1.3	预备费用	288 351	119 175	169 176	0
1.2	建设期财务费用	240 000	90 000	150 000	0
1.2.1	工商银行贷款利息	180 000	90 000	90 000	0
1.2.2	中国银行贷款利息	60 000	0	60 000	0
1.3	投产后流动资金	720 000	0	0	720 000
2.	资金筹措(2.1+2.2)	4 483 591	1 882 288	1 881 303	720 000
2.1	自有资金	1 483 591	382 288	881 303	220 000
2.1.1	公司现金提取	1 483 591	382 288	881 303	220 000
2.1.2	其他	0	0	0	0
2.2	债务资金	3 000 000	1 500 000	1 000 000	500 000
2.2.1	工商银行贷款	2 000 000	1 500 000	0	500 000
2.2.2	中国银行贷款	1 000 000	0	1 000 000	0
3.	资金筹措与投资差额(2-1)	0	493	-493	0

筹资方案编制完成后,还要对方案进行分析、比较、权衡和推荐,并对择定筹资方案进行融资风险分析。

六、更新改造投资预算的编制

企业除了要进行大中型基本建设投资项目外,更多的是进行一些技术改造或更新改造投资。例如,现有产品生产线的工艺、工程设施和技术装备进行技术改造或设备、建筑物更新等。这些更新改造投资项目具有投资规模较小、建设期短的特点。

更新改造投资项目一般与公司战略规划没有直接关系,而是与年度经营目标的实现、日常的生产经营活动密切相关。因此,更新改造投资预算的编制程序和方法比较简单,不需要经过大中型基本建设投资项目的评审程序。

(一)更新改造投资预算的编制程序与方法

1. 提报更新改造投资报告

企业各部门根据职责范围和实际需要,提报各自领域在预算期内需要进行更新改造投资的项目。在投资报告中要说明投资的内容、理由、时间和金额,经部门负责人签字、公司分管领导审查同意后上报公司专业技术部门。一般而言,土建工程上报基建部,设备购置上报装备部或工程部。

2. 专业技术部门签署审查意见

专业技术部门对各部门上报的更新改造投资报告要进行认真考察研究,重点从投资必要性和可行性上进行把关。审查结果要在投资报告上签署意见,并由部门负责人签字。

3. 公司总经理签署审批意见

因为更新改造投资与日常生产经营活动密切相关,所以,经过专业技术部门把关的投资项目需要公司总经理签署审批意见。总经理一般会采取召开专门会议的形式,由技术、生产、财务、工程、质量等部门从不同角度对投资项目进行评判。

4. 按照法定程序,进行项目决策

更新改造投资项目尽管数额较小,但属于资本性投资活动,因此,需要严格按法定程序进行项目决策。为了提高决策效率,公司股东(大)会一般会将更新改造投资的决策权授予董事会或董事长。

5. 编制更新改造投资预算

经过董事会或董事长批准投资的更新改造投资项目,由项目实施部门负责编制预算,项目受益部门予以协助。

(二)更新改造投资预算的编制案例

【例8-14】 2011年,阳光公司甲分厂和乙分厂分别提出2012年对现有设备进行技术改造的申请。其中,甲分厂为了提高产品质量申请购买卧式车床1台,金额8万元;乙分厂为了提高生产效率申请购买铲车2台、立式车床1台,金额16万元。公司有关专业技术部门经过审查同意两个分厂的申请,公司总经理和董事会也批准了上述技术改造投资。按照职责分工,由装备部负责编制预算。

装备部编制阳光公司2012年更新改造投资预算如表8-14所示。

表 8-14　阳光公司 2012 年更新改造投资预算表

预算部门：装备部　　　　　　　编制时间：2011 年 11 月 5 日

序号	收益部门	项目负责部门	投资时间	固定资产投资内容			
				名　称	数量（台）	单价（元/台）	金　额（元）
1	甲分厂	装备部	2012 年 7 月	卧式车床	1	80 000	80 000
2	乙分厂	装备部	2012 年 5 月	立式车床	1	100 000	100 000
3	乙分厂	装备部	2012 年 5 月	铲车	2	30 000	60 000
4	合　计	-	-	-	-	-	240 000
备注	该投资预算与固定资产变动预算基础资料（表 7-70）中的设备购置投资相互衔接						

第六节　其他投资预算的编制

一、权益性资本投资预算的编制

权益性资本投资是企业以获得其他企业的股权及收益分配权为投资目的，以现金、实物资产、无形资产等方式向企业外部主体进行的投资活动。通过权益性资本投资活动，企业投出的资金形成被投资企业的资本金，企业拥有了被投资企业的所有权，按投资比例享有权益和承担风险。购买上市公司的普通股、兼并或收购某家企业等活动都属于企业权益性资本投资的范畴。权益性资本投资具有高收益、高风险的特点，特别是在购买上市公司股票的整个投资过程中，都蕴涵着很高的风险因素。因此，企业在进行权益性资本投资时，必须严格按投资程序运作，有效控制投资风险，提高投资收益。

权益性资本投资预算是预算期内企业进行权益性资本投资活动的总体安排，由资本投资部门负责编制，财务部门予以协助。

（一）权益性资本投资预算的编制程序与编制方法

权益性资本投资预算主要依据企业有关投资决策资料和年度资本投资计划编制。编制程序与编制方法如下。

1. 根据公司年度资本投资计划，提出投资建议

资本投资部门要在企业资本投资计划的框架内进行权益性资本投资的可行性分析、论证，在此基础上，向公司投资决策机构提交投资建议书，明确投资方式、投资内容、投资金额、投资时限、投资效益以及投资风险、投资责任等事项。

2. 企业投资决策机构审议投资建议，决策投资项目

权益性资本投资活动要根据企业《投资决策管理制度》规定的投资决策权限和程序进行审议、决策。一般而言，较小的投资项目可以由公司董事会做出投资决策或制定投资额度授权总经理班子做出投资决策；重大投资项目应通过公司股东大会的审议批准，并按法定程序办理有关审批、备案手续。批准投资的项目要形成书面的投资决议。

3. 按照投资决策，开展预投资活动

资本投资部门按照批准的投资项目开展实质投资前的工作，包括投资谈判、签订投资合同、制定或修订被投资企业的《公司章程》等。

4. 根据投资决策及投资计划，编制投资预算

负责资本投资的部门要与财务部门密切合作，根据投资项目的不同，编制具体的权益性资本投资预算。投资项目需要确定的事项如下：

（1）投资的时间、金额与股份比例；
（2）被投资单位的名称；
（3）投资性质与方式；
（4）企业与被投资企业的关系（控制、共同控制、有重大影响或无重大影响）；
（5）被投资企业的年度净利润；
（6）收回投资的时间与金额。

（二）权益性资本投资预算和投资收益预算的编制案例

【例 8-15】 根据阳光公司 2012 年投资计划，公司拟订实施如下权益性资本投资活动：

1. 2012 年 3 月，以现金 10 万元向黄海公司投资，每股 1 元。投资后，阳光公司占黄海公司 2% 的股权，对黄海公司的生产经营活动无重大影响，黄海公司宣布 2012 年向股东发放现金股利 50 万元。

2. 2012 年 5 月，购买上市公司"大地股份"普通股 1 万股，占公司 0.01% 的股份，预计投资 5 万元；"大地股份"公司宣布 2012 年向股东发放现金股利 1 000 万元。

权益性资本投资预算和投资收益预算由公司财务部负责编制。

预算编制过程和编制方法如下：

（1）收集预算基础资料。根据公司 2012 年投资计划和权益性资本投资活动的具体安排，财务部收集了被投资方的有关信息资料，编制权益性资本投资预算基础资料表，如表 8-15 所示。

表 8-15　权益性资本投资预算基础资料表

预算部门：财务部　　　　　　编制时间：2011 年 11 月 5 日

序号	被投资单位	投资性质	投资时间	投资金额（元）	股权结构		2012 年被投资方发放股利方案
					持有股数	股权比例（%）	
1	黄海公司	参股	2012 年 3 月	100 000	10 万股	2	总股利 50 万元
2	大地股份	买股票	2012 年 5 月	50 000	1 万股	0.01	总股利 1 000 万元

（2）编制权益性资本投资预算。根据权益性资本投资预算基础资料，编制 2012 年权益性资本投资预算，如表 8-16 所示。

表 8-16　阳光公司 2012 年权益性资本投资预算表

预算部门：财务部　　　　　　编制时间：2011 年 11 月 5 日

序号	被投资单位	期初余额（元）	2012 年增加投资		2012 年收回投资		期末余额（元）
			时间	金额（元）	时间	金额（元）	
1	黄海公司	0	2012 年 3 月	100 000	—	0	100 000
2	大地股份	0	2012 年 5 月	50 000	—	0	50 000
3	合计	0	—	150 000	—	0	150 000

（3）计算并编制投资收益预算。根据权益性资本投资预算基础资料和权益性资本

投资预算,计算并编制 2012 年投资收益预算,如表 8-17 所示。

表 8-17 阳光公司 2012 年投资收益预算表

预算部门:财务部　　　　　　　　编制时间:2011 年 11 月 5 日

被投资单位	投资时间	投资金额（元）	股权结构		现金股利政策		投资收益预算（元）
			持有股数	股权比例（%）	总股利（元）	每股股利（元）	
黄海公司	2012 年 3 月	100 000	10 万股	2%	500 000	0.10	10 000
大地股份	2012 年 5 月	50 000	1 万股	0.01%	10 000 000	0.10	1 000
合计	—	150 000	—	—	10 500 000	—	11 000

二、投资总预算的编制

为了确保投资项目的资金保障,企业需要编制投资总预算,对一定时期内的投资项目进行综合平衡和动态分析。投资总预算的预算期间不受会计期间限制,可以是一年,也可以是二年、三年、五年。

(一) 投资总预算的编制方法

首先,测算预算期内资本性投资总额,即对各项投资预算进行汇总,确认预算期内所有资本性投资总额。

其次,测算预算期内资本性投资活动的资金来源。为了保障日常生产经营活动的顺利进行,防止出现资本性投资活动与生产经营活动争资金状况的发生,企业需要对预算期内可以用于投资活动的资金来源进行测算、核实。主要包括预算期内新增折旧资金、所有者权益净增额、长期借款、长期债券等。

最后,在各项资本性投资活动有资金来源保障的基础上,编制投资总预算。

(二) 投资总预算的编制案例

【例 8-16】 阳光公司财务部为保障公司资本性投资活动有可靠的资金来源,决定编制阳光公司 2012—2013 年投资总预算。

预算编制过程和编制方法如下:

(1) 测算 2012—2013 年资本性投资总额。通过对已知各项投资预算(表 8-10、表 8-14、表 8-16)进行汇总,确认 2012—2013 年所有资本性投资总额为 4 153 591 元。

(2) 测算 2012—2013 年资本性投资活动的资金来源。根据项目筹资预算(表 8-13)、所有者权益预算(表 9-13)、计提折旧预算(表 7-74)汇总借入资金和自有资金来源,并对 2013 年的计提折旧和留存收益金额进行预测,最终确认 2012—2013 年项目资金来源共计 4 530 771 元。其中:

2011 年留存收益①115 万元,2012 年预算增加留存收益 290 675 元,2013 年预计增加留存收益 30 万元,合计留存收益 1 740 675 元;

2012 年计提折旧 140 096 元,2013 年预计计提折旧 15 万元;

---

① 留存收益是指企业从利润中提取或留于企业的内部积累,它来自企业经营活动所实现的净利润,包括企业的盈余公积和未分配利润两个部分。

长期银行借款 250 万元。

测算结果表明,2012—2013 年阳光公司的各项投资活动资金来源大于资金支出(4 530 771 − 4 153 591 = 377 180),说明项目资金支出有资金保障。

(3) 编制的阳光公司 2012—2013 年投资总预算如表 8-18 所示。

表 8-18 阳光公司 2012—2013 年投资总预算表

预算部门:财务部　　　　　　　　编制时间:2011 年 11 月 5 日

序号	资金来源 项目	金额(元)	序号	资本性支出 项目	金额(元)
1.	自有资金(1.1+…+1.5)	2 030 771	1.	基建技改项目(1.1+1.2)	4 003 591
1.1	2011 年留存收益	1 150 000	1.1	基本建设项目	3 763 591
1.2	2012 年新增留存收益	290 675	1.1.1	D 产品项目(不含流动资金占用)	3 763 591
1.3	2013 年新增留存收益	300 000	1.2	更新改造项目	240 000
1.4	2012 年计提折旧	140 096	1.2.1	设备更新	0
1.5	2013 年计提折旧	150 000	1.2.2	技术改造	240 000
2.	借入资金(2.1+2.2)	2 500 000	2.	权益性资本投资(2.1+2.2)	150 000
2.1	银行借款	2 500 000	2.1	黄海公司	100 000
2.1.1	工商银行	1 500 000	2.2	大地股份	50 000
2.1.2	中国银行	1 000 000	3.	债券投资(3.1+3.2)	0
2.1.3	其他银行	0	3.1	国库券	0
2.2	发行债券	0	3.2	企业债券	0
3.	资金来源总计(1+2)	4 530 771	4.	资本性支出合计(1+2+3)	4 153 591
—	—	—	5.	资金来源大于资本性支出	377 180

三、投资现金预算的编制

为了满足企业编制现金预算的需要,企业需要在编制各项投资预算的基础上汇总编制投资现金预算。

(一) 投资现金预算的编制方法

投资现金预算主要是确定投资活动在预算年度内的现金收支情况。因为现实中的投资业务发生与现金支出并不同步,所以,企业必须根据投资项目的实际需要和企业总体现金收支状况,编制预算年度内投资项目的现金预算。编制方法是先由各投资单位申报,然后由财务部门负责修订平衡。

(二) 投资现金预算的编制案例

【例 8-17】 阳光公司财务部根据公司 2012 年各项投资预算(表 8-10、表 8-14、表 8-16)、投资收益预算(表 8-17)和项目筹资预算(表 8-13),结合公司现金收支状况,编制 2012 年投资现金预算如表 8-19 所示。其中,已知公司 2012 年第三季度可收到黄海公司和大地股份现金股利 11 000 元。

表 8-19 阳光公司 2012 年投资现金预算表

预算部门:财务部　　　　编制时间:2011 年 11 月 5 日　　　　单位:元

序号	项目	2012 年预算	2012 年各季度预算			
			第 1 季度	第 2 季度	第 3 季度	第 4 季度
1.	现金流出(1.1+1.2+1.3)	2 271 795	600 000	710 000	580 000	381 795
1.1	基本建设投资	1 881 795	500 000	500 000	500 000	381 795
1.1.1	600 吨 D 产品项目	1 881 795	500 000	500 000	500 000	381 795
1.2	更新改造投资	240 000	0	160 000	80 000	0
1.3	权益性资本投资	150 000	100 000	50 000	0	0
1.3.1	黄海公司	100 000	100 000	0	0	0
1.3.2	大地股份	50 000	0	50 000	0	0
2.	现金流入(2.1+2.2)	1 511 000	1 500 000	0	11 000	0
2.1	投资收回	0	0	0	0	0
2.2	投资收益	11 000	0	0	11 000	0
2.3	投资项目借款	1 500 000	1 500 000	0	0	0
3.	净现金支出(1-2)	760 795	—900 000	710 000	569 000	381 795

表 8-19 表明,阳光公司 2012 年投资活动现金收入 1 511 000 元,现金支出 2 271 795 元,现金净支出 760 795 元。

第九章 财务预算

财务预算作为全面预算编制体系中的最后环节,主要从利润、现金流量、财务状况三个方面总括地反映了企业在预算期的总体目标,以及经营预算和投资预算共同作用的结果,在全面预算管理体系中具有十分重要的地位。

第一节 财务预算概述

一、财务预算的概念

财务预算是预算期内企业财务活动、经营成果和财务状况方面的预算,是预算期内企业资金取得与投放、各项收入与支出、经营成果与分配等财务活动及其结果的统筹安排。

财务活动是指企业资金运动过程中的资金筹集、使用及利润分配等活动的总称,包括资金筹集、资金使用和利润分配三个基本环节;经营成果是企业在一定时期内从事生产经营活动所取得的最终成果;财务状况是指企业一定日期的资产、负债及权益情况,是企业一定时期财务活动结果的综合反映。

财务预算从价值方面总括反映了预算期内经营预算和投资预算的执行结果,不仅信息资料主要来自经营预算和投资预算,而且大部分财务预算指标也都是经营预算指标、投资预算指标汇总或加减计算的结果。所以,财务预算也被称作总预算(Master Budget)。

二、财务预算的内容

财务预算主要包括利润预算、现金预算和财务状况预算。

(1)利润预算是预算期内企业经营成果及利润分配的预算,总括反映了预算期内企业执行经营预算、投资预算及财务预算后的效益情况和利润分配情况,主要包括营业外收支预算、利润表预算、利润分配预算等。

（2）现金预算是预算期内企业现金收支及筹措活动的预算，总括反映了预算期内企业现金收支、筹措、流动情况及其结果，主要包括现金收支预算、现金流量表预算、融资预算等。

（3）财务状况预算是预算期初、期末企业财务状况变动情况的预算，总括反映了预算期内企业执行经营预算、投资预算和财务预算前后的财务状况变化情况，主要包括所有者权益预算、资产负债表预算等。

三、财务预算与其他预算的关系

全面预算是预算期内企业经营活动、投资活动和财务活动的总体安排，包括经营预算、投资预算和财务预算三大类预算。

财务预算作为全面预算编制体系中的最后环节，其编制顺序虽然在经营预算和投资预算的后面，但却起着统驭全面预算体系全局的作用，是全面预算体系的核心。因此，财务预算属于企业的总预算，其他预算则属于分预算或辅助预算。

（1）财务预算与战略规划和经营目标相对接，从财务活动、经营成果和财务状况三个方面总括地反映了企业在预算期的总体目标，在全面预算管理体系中具有十分重要的地位。其中，现金预算反映企业的财务活动；利润预算反映企业的经营成果；财务状况预算反映企业的财务状况。

（2）经营预算的内容是利润预算的展开和细化，它的所有内容都为利润预算所涵盖。尽管从表面上看，利润预算主要是对经营预算的汇总，但这种汇总绝不是简单的数字累加，而是按照企业的经营目标对经营预算进行的审核、分析、修订和综合平衡。也就是说，将经营预算汇总为利润预算的过程也是对经营预算进行审核、修订和完善的过程，利润预算与经营预算是统驭与被统驭的关系。

（3）利润预算的内容反映了企业预算期的财务目标，经营预算则是为了实现企业预算期的财务目标而开展的具体的生产经营活动。实现利润最大化是企业的财务目标。[①] 从本质上讲，企业实行全面预算管理的重要目的，就是实现企业利润最大化这一财务目标。利润预算中的"利润总额"、"净利润"等项指标，是企业财务目标的数量反映，也是企业投资者、经营管理者、债权人、企业员工等利益相关者都十分关注的事项。可以这么说，假设企业仅仅编制利润预算就能达到企业利润最大化的目标，那么，企业就完全没有必要再编制经营预算了（当然这种假设是不存在的）。因此，在全面预算体系中，利润预算起着导向和目标作用，经营预算则是为了实现利润预算而采取的具体方法、措施和途径。

（4）投资预算从属于财务预算，并受财务预算的制约。投资预算是规划企业资本性投资活动的预算，而企业进行资本性投资活动的目的，也正是实现企业中长期的利润最大化。同时，投资预算还要受财务状况预算及现金预算的制约，如果财务状况预算和现金预算所反映的企业财务状况不佳，例如，资产负债率过高、现金流量短缺，企业是没有

---

① 企业财务目标还有"股东财富最大化"、"企业价值最大化"、"企业经济效益最大化"等观点，这些观点皆与企业实现利润最大化密切相关。

能力进行资本性投资活动的。因此,投资预算也是服从和从属于财务预算的。

总之,财务预算在全面预算体系中处于核心地位,对经营预算、投资预算起着统驭作用,经营预算、投资预算的编制及执行结果都应符合财务预算的指标要求。

四、财务预算在全面预算体系中的作用

财务预算作为全面预算体系的总预算,在全面预算体系中发挥着以下四个方面的重要作用。

（一）目标与导向作用

财务预算是全面预算体系的核心和灵魂,对全面预算的编制起着明确目标和指引方向的作用。在编制预算时,为了防止各个分项预算的编制偏离企业的战略规划和经营目标,企业一般需要采取"先入为主"的方法,通过制定预算编制大纲确立预算编制总目标,作为各个部门编制分项预算的指南。预算编制总目标的主要内容就是财务预算中的有关预算指标,如销售收入、销售成本、期间费用、利润总额、销售利润率、资产负债率等。确立预算编制总目标,不仅对全面预算的编制起到了目标与导向作用,而且也成为审核、分析、修订、平衡全面预算的依据。

（二）控制与约束作用

在全面预算体系中,财务预算占据着全局地位,其他预算则居于局部位置。在编制预算过程中,通过财务预算的系统规划、全面协调与综合平衡,将全面预算的各个部分串连到一起,使全面预算的各个组成部分都统一服从于企业预算期的经营总目标。当经营预算和投资预算与财务预算发生冲突时,毫无疑问,其他预算要服从于财务预算。因此,财务预算对其他预算具有很强的控制与约束作用。

（三）合理配置财务资源作用

财务预算总揽企业全局,可以综合平衡企业财务收支和各项财务资源的合理配置。当财务资源出现供需矛盾时,人们可以通过编制财务预算,优化投资结构,控制低效率开支,将财务资源分配到企业效率最高的生产经营活动中,从而确保公司财务资源的合理配置和有效利用,提高财务资源的投入产出比率,保持企业资产结构与资本结构、资产盈利性与流动性的有机协调。

（四）制定绩效评价标准作用

财务预算中的预算指标综合了企业各个专业、各个部门的绩效评价指标,不仅使企业预算期内的经营活动、投资活动、财务活动实现了目标化、具体化和系统化,而且也为企业考核和评价各部门、各层次的工作绩效提供了具体的标准和依据。

第二节　利润预算的编制

一、利润预算概述

利润预算是预算期内企业经营活动成果及利润分配的预算。主要依据年度经营目标、预算编制大纲、经营预算和投资预算编制。利润预算一方面要对经营预算中有关收入、成本、费用指标进行汇总；另一方面要审查、核实经营预算和投资预算中的有关预算指标是否符合年度经营目标和预算编制大纲的要求，实现各项预算指标与企业战略规划、经营目标的相互衔接。

（一）利润预算的内容

利润预算主要包括利润表预算、营业外收支预算和利润分配预算。

1. 利润表预算

利润表预算是预算期内企业经营活动成果的预算。它以动态指标形式总括反映了预算期内企业执行经营预算及其他相关预算之后的效益情况。

2. 营业外收支预算

营业外收支预算是预算期内企业与日常经营活动无直接关系的各项利得和损失的预算。它总括反映了预算期内企业经营成果之外的收益与支出情况。

3. 利润分配预算

利润分配预算是预算期内企业对净利润以及以前年度未分配利润进行分配的预算。它总括反映了企业对预算期内实现的净利润以及以前年度未分配利润在各个方面进行分配的数额和过程。

（二）利润预算的重要地位

利润预算不仅是财务预算的核心，也是整个全面预算体系的核心。它的重要性来自利润的重要性和利润预算本身的功能作用。

1. 追求利润是企业经营的基本动机

利润是个差额概念，是收入与成本费用相抵后的余额，反映了企业一定时期的经营成果。利润对于国家、投资者、企业、债权人、经营者以及企业员工的重要性是不言而喻的：利润是企业计算向国家缴纳所得税的基本依据，企业实现的利润越多，向国家缴纳的所得税就越多；利润是企业发展的经济源泉，企业实现的利润越多，企业进行发展的自有资金就越充足；利润是进行股利分配的基本依据，企业的税后利润越多，投资者从企业分到的股利就越多；利润反映了企业的获利能力，企业实现的利润越多，获利能力就越强，债权人对企业就越放心，经营者就会越开心，企业员工就会从企业的税后留利中得到更多的福利和好处。可见，追求利润是企业经营的基本动机。利润预算作为反映企业预算期内实现利润情况的预算，其重要性可见一斑。

2. 编制利润预算有利于提高企业经济效益

利润预算的功能和作用主要有三个：

一是通过编制利润预算，可以从总体上掌控企业在预算期内的收入、成本、费用和利润的实现及构成情况，可以据此分析影响利润形成和变动的重要因素，分析、评价企业的盈利状况和经营成果，促进企业不断改进经营管理，不断提高经济效益。

二是利润预算作为综合反映企业经营活动及其成果的预算，可以展示企业的获利能力和发展趋势，为投资者、债权人、经营者进行投资决策、经营决策提供资料依据。

三是通过编制利润预算，企业不仅可以实现预算期内经营活动、投资活动、财务活动与企业战略规划及经营目标的协调统一，而且可以通过编制分部门的利润预算，落实各部门的利润责任,实现以利润为目标的综合管理。

(三)利润预算的编制依据

1. 经营目标是利润预算编制的目标依据

经营目标是企业在一定时期内生产经营活动所要达到的经营成果,是以战略规划为导向,在分析企业外部环境和内部条件的基础上确定的、企业在一定时期内的发展方向和奋斗目标,是企业主要预算指标制定的目标依据。利润预算中的"营业收入"、"利润总额"、"净利润"等指标都是企业经营目标的重要内容,因此,编制利润预算必须紧紧围绕如何落实企业经营目标这个主题,使预算期内的销售收入、利润总额等主要预算指标与企业确定的经营目标相吻合。

2. 经营预算是编制利润预算的基本依据

经营预算是编制利润预算的基础,利润预算中的收入、成本、费用等项预算指标都可以直接取自各种经营预算。如果没有经营预算的基本数据,利润预算的编制就会成为无源之水、无本之木。

3. 投资预算是编制利润预算的重要依据

利润预算中的投资收益指标来自投资收益预算,因此,投资预算也是编制利润预算的重要依据。

4. 权责发生制是编制利润预算的法规依据

利润预算中的利润是指会计利润,也就是账面利润、在利润表中披露的利润。我国企业计算会计利润所依据的《企业财务通则》、《企业会计准则》都是按照权责发生制原则确认企业当期的收入、成本和利润,即凡是预算当期已经实现的收入和已经发生或应当负担的费用,不论款项是否收付,都应当作为预算当期的收入和费用;凡是不属于预算当期的收入和费用,即使款项已在预算期内收付,也不应当作为预算当期的收入和费用。因此,编制利润预算必须遵循权责发生制原则。

(四)利润预算的编制责任

利润预算所涉及的利润表预算、营业外收支预算和利润分配预算均属于全局性的财务活动范畴,因此,由财务部门负责利润预算的编制,企业内部各投资中心和利润中心予以配合。

二、营业外收支预算的编制

营业外收支预算是预算期内企业与日常经营活动无直接关系的各项利得和损失的预算。它总括反映了预算期内企业经营成果之外的收益与支出情况。

(一)营业外收支预算的编制方法

营业外收支与企业的日常经营活动无直接关系,营业外收入和营业外支出之间也相互独立,不具有因果关系和配比关系。因此,营业外收支预算的编制一般采用收付实现制原则,即以款项的实际收付为标准来确认营业外收支事项的发生。

营业外收入和营业外支出要在预算表中分列项目反映,具体预算数值要根据各明细项目的性质和特点进行测算。营业外收入和营业外支出预算的主要项目如下。

(1)非流动性资产处置利得或损失是指预算期内企业处置固定资产和无形资

产所增加或减少的经济利益。可根据预算期内企业固定资产和无形资产处置计划、拟处置固定资产和无形资产的账面价值、预计市场价格、清理费用、相关税费等因素测算。

（2）非货币性资产交换利得或损失是指换入固定资产或无形资产公允价值与换出固定资产或无形资产公允账面价值的差额，扣除相关费用后所增加或减少的经济利益。可根据预算期内企业固定资产和无形资产交换计划、拟交换固定资产和无形资产公允价值、相关费用等因素测算。

（3）债务重组利得或损失是指债务重组导致债务账面价值超过或低于清偿资产公允价值及所转股份公允价值而增加或减少的经济利益。可根据预算期内企业债务重组计划、拟采用的债务重组方式（例如以资产清偿债务、债务转为股本、修改债务条件等）等因素测算。

（4）政府补助是指企业从政府无偿取得货币性资产或非货币性资产形成的利得。可根据预算期内企业申请政府补助计划等资料测算。

（5）盘盈利得或盘亏损失是指企业对现金等资产清查盘点中发生的盘盈、盘亏及毁损，查明原因并报经批准后计入营业外收支的金额。此项目一般事先难以估计，可根据以往经验数字预计。

（6）捐赠利得是指企业接受捐赠产生的经济利益流入。可根据预算期内有关单位或个人对企业的捐赠意向等资料测算。

（7）非常损失是指企业因自然灾害等客观原因造成的损失净损失。此项目一般事先难以估计，可根据以往经验数字预计。

（8）公益性捐赠支出是指企业对外进行公益性捐赠发生的支出。"予人玫瑰，手有余香"，开展公益性捐赠是企业应承担的社会责任。此项目可根据预算期内企业慈善计划、公益支出计划等资料测算。

（二）营业外收支预算的编制案例

【例9-1】 阳光公司2012年预计发生以下非日常经营活动事项：一是董事会决定向希望工程捐款2万元；二是香港某企业家为了支持家乡企业发展向阳光公司捐赠现金3万元。

财务部据此编制阳光公司2012年营业外收支预算如表9-1所示。

表9-1 阳光公司2012年营业外收支预算表

预算部门：财务部　　　　编制时间：2011年11月11日　　　　单位：元

序号	营业外收入项目	2012年预算	序号	营业外支出项目	2012年预算
1	非流动资产处置利得	0	1	非流动资产处置损失	0
2	非货币性资产交换利得	0	2	非货币性资产交换损失	0
3	债务重组利得	0	3	债务重组损失	0
4	政府补助	0	4	公益性捐赠支出	20 000
5	盘盈利得	0	5	非常损失	0
6	捐赠利得	30 000	6	盘亏损失	0
7	合计	30 000	7	合计	20 000

三、利润表预算的编制

利润表预算是按照利润表的内容和格式编制的,它将预算期内各项收入、费用以及构成利润的各个项目根据"收入－费用＝利润"的基本等式,依照一定的分类标准和顺序排列而成的。其中,收入项目主要包括营业收入、公允价值变动净收益、投资收益和营业外收入;费用项目主要包括营业成本、营业税金及附加、销售费用、管理费用、财务费用、资产减值损失、营业外支出、所得税费用等;利润项目主要包括营业利润、利润总额和净利润等。

另外,为了落实各预算单位的利润责任,凡是设置投资中心和利润中心(包括模拟利润中心)的企业还需要编制以责任中心为对象的利润预算。

按照收入与费用的列示方法不同,利润表预算可以按照"多步式"和"单步式"两种类型进行编制。

（一）多步式利润表预算的编制方法

多步式利润表预算是将收入和费用按性质进行归集分类,使之相互配比,据以计算出不同业务活动所实现的利润,并逐步计算出利润总额及净利润的利润表预算。编制多步式利润表预算一般分为三个步骤。

第一步,以营业收入为基础,减去营业成本、营业税金及附加、销售费用、管理费用、财务费用、资产减值损失,加上公允价值变动收益(减去公允价值变动损失)和投资收益(减去投资损失),计算出营业利润;

第二步,以营业利润为基础,加上营业外收入,减去营业外支出,计算出利润总额;

第三步,以利润总额为基础,减去所得税费用,计算出净利润(或净亏损)。

目前,我国企业一般编制多步式利润表预算。

（二）单步式利润表预算的编制方法

单步式利润表预算是将各项收入与各项费用直接相减得出利润总额及净利润的利润表预算。编制单步式利润表预算的基本步骤:首先,将预算期所有的收入列在一起加以汇总;然后,将所有的费用列在一起加以汇总;最后,将收入和费用相减得出预算期利润总额及净利润。

（三）以责任中心为对象编制的利润预算

以责任中心为对象编制的利润预算是对企业所属投资中心和利润中心所编制的内部利润预算的汇总。也就是说,编制该预算的前提是各责任中心需要编制内部利润预算。

因为企业内部各责任中心实现的利润一般是按照计划价格和内部销售数量核算的,它和公司利润表预算中的会计利润不是一个核算口径,所以,需要进行价格差异及数量差异调整。

以责任中心为对象编制的利润预算的基本格式如表9－2所示。

表 9-2 南海公司各责任中心利润预算表

项　目	2012 年预算总额	各责任中心预算			
		A 中心	B 中心	C 中心	…	Z 中心
一、内部销售收入						
减:内部销售成本						
二、内部销售利润						
减:销售费用						
管理费用						
财务费用						
三、内部利润总额						

（四）利润表预算的编制案例

【例 9-2】 根据部门职责,财务部负责编制阳光公司 2012 年利润表预算。编制格式参照现行利润表的格式和内容。

预算编制过程和编制方法如下:

(1) 收集预算基础资料。利润表预算编制的主要依据是经营预算和投资预算中有关收入、成本、费用和收益的预算指标。因此,编制利润表预算必须首先将上述基础资料归集、整理到位。

(2) 计算并编制利润表预算。利润表预算中的大部分预算指标都是经营预算、投资预算中有关指标的汇总和加减计算。汇总和加减计算的结果得出后,要与公司经营目标及预算编制大纲中拟订的有关预算目标相对接。利润表预算初步编制的结果如果与公司经营目标及预算目标差异过大,就需要分析造成差异的原因。最终处理的结果无非是两种:一是如果经营预算和投资预算编制有误,则需要对经营预算和投资预算进行修订,直至符合经营目标及预算目标的要求;二是如果经营预算和投资预算编制得非常准确,已经没有修改的余地,则只能修改公司的经营目标及预算目标。阳光公司 2012 年利润表预算如表 9-3 所示。

表 9-3 阳光公司 2012 年利润表预算表

预算部门:财务部　　　　　　　编制时间:2011 年 11 月 11 日

序号	项　目	2012 年预算（元）	数据来源	计算关系
1	营业收入	5 500 000.00	表 7-9	=主营业务收入＋其他业务收入
2	减:营业成本	4 250 000.00	表 7-16	=主营业务成本＋其他业务成本
3	营业税金及附加	39 905.77	表 7-69	=应缴城建税＋应缴教育费附加
4	销售费用	350 000.00	表 7-63	=销售费用
5	管理费用	220 006.00	表 7-65	=管理费用
6	财务费用	111 088.23	表 7-67	=财务费用
7	资产减值损失	0		=资产减值损失
8	加:公允价值变动收益	0		=公允价值变动损益
9	投资收益	11 000.00	表 8-17	=投资损益
10	营业利润	540 000.00		=营业收入－营业成本－税金及附加－期间费用－资产减值损失＋公允价值变动收益＋投资收益

(续表)

序号	项 目	2012年预算(元)	数据来源	计算关系
11	加:营业外收入	30 000.00	表9-1	=营业外收入
12	减:营业外支出	20 000.00	表9-1	=营业外支出
13	利润总额	550 000.00		=营业利润+营业外收入-营业外支出
14	减:所得税费用	134 750.00		=(利润总额-投资收益)×25%
15	净利润	415 250.00		=利润总额-所得税费用

表9-3的编制说明:

(1)表中的收入、成本、费用、投资收益等项目数值分别来自本书第七章至第九章中关于阳光公司的预算编制案例。

(2)企业股权性投资所得到的投资收益是从被投资企业的税后利润中分配所得,已经缴纳过企业所得税,因此,原则上不再缴纳企业所得税。按照现行有关规定,对被投资企业适用的所得税税率低于投资方企业所得税税率的,应补征税率差额部分的税款。

(3)企业根据经营预算、投资收益预算汇总编制得到的利润表预算,还需要预算管理部门及财务部门根据公司年度经营目标及年度预算编制大纲进行调整和平衡,最终确定为利润表预算草案。

四、利润分配预算的编制

利润分配预算是在利润表预算编制完成后,按照利润分配表的内容和格式编制的,反映企业预算期实现净利润的分配或亏损弥补以及年末未分配利润情况的预算。利润分配预算编制的政策性很强,需要财务部门按照国家有关规定和企业董事会及股东(大)会的决议进行编制。

(一)利润分配的原则

企业编制利润分配预算应遵循以下三项原则。

1. 依法分配原则

利润分配必须依法进行,这是正确处理各方面利益关系的关键。国家为了规范企业的利润分配行为,制定和颁布了许多法规。这些法规规定了企业利润分配的基本要求、一般程序和重大比例等,企业都必须严格遵守。

2. 分配与积累并重原则

企业进行利润分配,应正确处理长远利益和近期利益的辩证关系,将两者有机结合起来,坚持分配与积累并重。企业可向所有者分配的利润是否全部分配,要视企业的具体情况而定。一般而言,在可供分配的利润中,企业除按规定提取法定盈余公积金外,可适当留存一部分利润作为积累。这部分积累不仅为企业扩大再生产提供了资金,同时也增强了企业抵御风险的能力,提高了企业经营的安全系数和稳定性,也有利于增加所有者的长期回报。通过正确处理利润分配和积累的关系,留存一部分利润以供未来分配之需,还可以达到以丰补歉、平抑利润分配数额波动幅度、稳定投资报酬率的效果。

3. 投资与收益对等原则

投资者作为资本投入者和企业所有者,依法享有利润分配权。企业净利润归投资者所有,是企业的基本制度,也是企业所有者投资于企业的根本动力所在。企业分配利润应当体现投资与收益对等的原则,要做到谁投资谁受益、受益大小与投资比例相适应,这是正确处理投资者利益关系的关键。投资者因其投资行为而享有收益分配权,并同其投资的比例相适应。这就要求企业在向投资者分配利润时,应遵循公开、公平、公正的原则,按照各方投入资本的多少进行分配。不搞幕后交易,不得以其在企业中的其他特殊地位谋取私利。这样,才能从根本上保护投资者的利益,鼓励投资者投资。

(二) 利润分配顺序

根据《中华人民共和国公司法》和《企业财务通则》的规定,公司税后利润分配的顺序如下。

1. 弥补企业以前年度亏损

公司的法定公积金不足以弥补以前年度亏损的,在提取法定公积金之前,应当先用当年利润弥补亏损。

2. 提取法定公积金

法定公积金的提取比例为当年税后利润(弥补亏损后)的10%。当法定公积金已达到注册资本的50%时可不再提取。法定公积金可用于弥补亏损、扩大公司生产经营或转增资本,但公司用法定公积金转增资本后,法定公积金的余额不得低于转增前公司注册资本的25%。

3. 提取任意公积金

公司从税后利润中提取法定公积金后,经股东会或者股东大会决议,可以从税后利润中提取任意公积金。任意公积金的提取比例由股东会或者股东大会决议。

外商投资企业按规定提取储备基金、企业发展基金、职工奖励及福利基金;金融企业按规定提取一般风险准备。

4. 向投资者分配利润

公司弥补亏损和提取公积金后所余税后利润,经股东会或者股东大会决议,可以向投资者分配股利润。其中,有限责任公司股东按照实缴的出资比例分取红利,全体股东约定不按照出资比例分取红利的除外;股份有限公司按照股东持有的股份比例分配,但股份有限公司章程规定不按持股比例分配的除外。公司持有的本公司股份不得分配利润。

企业弥补以前年度亏损和提取盈余公积后,当年没有可供分配的利润时,不得向投资者分配利润,但法律、行政法规另有规定的除外。

5. 未分配利润

未分配利润是个时点数,是指截至预算年度的12月31日企业还剩下多少税后利润可以进行分配。这个未分配利润是预算年度年末的未分配利润,它将构成下一个预算年度的年初未分配利润。未分配利润的计算公式为:

$$未分配利润 = 可供分配的利润 - 已经分配的利润$$

值得注意的是,编制利润分配预算时的未分配利润指标与财务状况预算中的未分配利润指标完全一致。

(三) 利润分配预算的编制方法

企业的利润分配预算需要根据公司股东(大)会审议的利润分配方案进行编制。但是,企业在编制利润分配预算时,公司股东(大)会往往还没有召开审批利润分配方案的会议。因此,在编制利润分配预算时,一般按下列方法进行:

首先,由财务部门提出一个预算年度的利润分配预案,经公司经理班子同意后报公司董事会审议批准。

然后,财务部门根据公司董事会审议批准的利润分配预案和预算年度利润预算中的税后利润数额编制利润分配预算。

最后,召开公司股东(大)会时,如果公司董事会批准的利润分配预案和股东(大)会最终的表决结果一致,就不用修改利润分配预算了;如果股东(大)会批准的利润分配方案与原来董事会所提交的利润分配预案有差别,财务部门就需要按照股东(大)会审议的结果,修订或者重新编制利润分配预算。

(四) 利润分配预算的编制案例

【例 9-3】 阳光公司财务部为了编制 2012 年利润分配预算,向公司经理班子提出了如下 2012 年利润分配预案:

(1) 按照当年税后利润 10% 的比例提取法定盈余公积金;
(2) 按照当年税后利润 5% 的比例提取任意盈余公积;
(3) 按照当年税后利润 30% 的比例分配给投资者;
(4) 剩余的税后利润留作公司的未分配利润。

公司经理班子和公司董事会审议批准了 2012 年利润分配预案。

为此,财务部根据利润分配预案和利润预算中的净利润数额,编制 2012 年利润分配预算如表 9-4 所示。

表 9-4　阳光公司 2012 年利润分配预算表

预算部门:财务部　　　　　编制时间:2011 年 11 月 11 日　　　　　单位:元

项　目	2012 年预算	数据来源及计算关系
一、净利润	415 250.00	表 9-3
加:年初未分配利润	1 000 000.00	=2011 年年末利润分配账户余额
其他转入	0	法定公积金弥补亏损
二、可供分配的利润	1 415 250.00	=净利润+年初未分配利润+其他转入
减:提取法定盈余公积金	41 525.00	=415 250×10%
提取任意盈余公积金	20 762.50	=415 250×5%
三、可供股东分配的利润	1 352 962.50	=可供分配的利润-提取法定公积金-提取任意公积金
减:应付投资者利润	124 575.00	=415 250×30%
四、未分配利润	1 228 387.50	=可供股东分配的利润-应付投资者利润

第三节　现金预算的编制

一、现金预算概述

现金预算是预算期内企业现金收支及筹措活动的预算,是对预算期内企业现金收入、现金支出及现金余缺筹措等现金收付活动的具体安排。这里所说的现金是指企业的库存现金和银行存款等货币资金。现金预算是企业按照收付实现制原则编制的,它综合反映了企业在预算期内的现金流转情况及其结果。现金预算的内容不仅决定着企业在预算期内的现金流入流出总量,也决定着企业预算期内所需现金的筹措总额和筹措时间。因此,现金预算是全面预算体系的重要预算,是经营预算、投资预算以及利润预算顺利实施的保障。

(一)现金预算的内容

现金预算主要包括现金收支预算、现金流量表预算和融资预算。

1. 现金收支预算

现金收支预算是按照预算部门和业务内容编制的,反映预算期内企业各预算部门所发生的现金收入、现金支出情况及其现金余缺的预算。

2. 现金流量表预算

现金流量表预算是按照现金流量表的项目和内容编制的,反映预算期内经营活动、投资活动和筹资活动现金流入与现金流出情况及其结果的预算。

3. 融资预算

融资预算是预算期内企业资金筹集、融通,以及原有借款、债券偿还的预算。它总括反映了预算期内企业经营活动、投资活动、财务活动各项资金的借入、偿还及结存情况。

(二)现金预算的重要作用

1. 现金预算是现金流管理的重要工具。现金流是以收付实现制为基础反映一定期间内企业的现金流入量和流出量。如果把企业比喻为人的躯体,那么现金流就是企业的血液。人的生存离不开血液,企业的生存离不开现金流。企业的资产规模再大,账面利润再多,一旦现金流中断,就会引发财务危机,严重的还会导致企业破产。因此,现金流无论对于企业的经营者、投资者,还是债权人都是十分重要的。企业管理以财务管理为中心,财务管理则应以现金流管理为重点,编制现金预算正是企业加强现金流管理的重要措施。

2. 编制现金预算有利于企业事先对现金收支活动进行计划安排。透过现金预算,人们可以清楚地看到企业的现金何时来、从何而来、又何时用于何方,从而通过对现金收支及持有量的合理安排,确保企业各项生产经营活动的顺利进行。如果没有现金预算,企业将无法对现金收支活动进行合理的计划、平衡和调度,就有可能使企业陷入财务困境。

3. 通过编制现金预算,企业可以合理调剂现金余缺。现金预算的结构是按下列公式

设计的:

期初现金余额 + 预算期现金收入 - 预算期现金支出 - 期末现金余额 = ± 现金余缺

计算公式表明,期初现金余额加上预算期现金收入,再减去预算期现金支出和期末现金余额,就是预算期应该融资的数额。如果现金余缺为正数,可以安排投资;如果现金余缺为负数,则必须筹措资金。因此,现金预算可以清楚地表明企业预算期内的现金多余或不足状况,从而有利于企业制定预案,既避免由于现金多余而造成资金浪费,又避免由于现金不足而影响企业经营活动、投资活动和财务活动的顺利进行。

4. 编制现金预算,可以有效提高企业对到期债务的偿付能力。能否偿还到期债务,是衡量企业偿债能力强弱的重要标志。如果一个企业一旦缺乏偿债能力,不仅无法获得后续债务资金,而且还会因无力支付到期债务而被迫出售资本性投资项目或拍卖固定资产,甚至会给企业带来破产的厄运。因此,企业通过编制现金预算,可以提高对到期债务偿付能力的预见性,有利于提前采取措施,合理调配资金,确保到期债务的按时偿付。

5. 编制现金预算,可以合理配置财务资源,合理调控企业的经营活动和资本性投资活动。编制现金预算,不仅是对其他预算中的现金收支活动进行汇总,更重要的是通过合理调配各类预算中的现金收付时间和收付数额,促使企业各项业务活动的开源节流,实现财务资源的最佳配置,并通过对现金收付的调控,实现对企业各项业务活动的合理调控。

(三) 现金预算与其他预算的关系

现金预算是对其他预算中有关现金收支部分的汇总,以及对现金收支差额所采取的融资平衡措施。它的编制在很大程度上要取决于企业对经营预算、投资预算和利润预算中的现金收支安排。因此,企业在编制经营预算、投资预算和利润预算时,必须为编制现金预算做好数据准备。也就是说,编制各项预算时,凡是涉及现金收付的项目,必须单独列示出来。

显然,现金预算的编制要以其他各项预算为基础,以其他预算所提供的现金流量作为数字依据。然而,现金预算绝不是对其他预算现金收支活动的简单汇总,其他预算也需要根据现金预算的总体安排和企业的融资能力合理调配各自的现金收支项目、时间和数额,特别是融资预算需要根据现金预算的资金余缺情况安排资金筹措方案。

现金预算与其他预算的关系如图 9-1 所示。

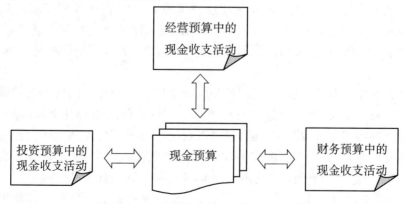

图 9-1 现金预算与其他预算关系示意图

(四) 现金预算的编制依据

1. 经营预算、投资预算和利润预算是编制现金预算的基本依据。现金预算中的现金收入、现金支出和资金融通,都需要以经营预算、投资预算和利润预算中的现金收支安排为基础。或者说,现金预算中的现金收支和资金融通安排都必须满足和符合经营预算、投资预算和利润预算的现金收支需要。显然,如果没有经营预算、投资预算和利润预算中的现金收支项目及数据,编制现金预算就是一句空话。

2. 收付实现制是编制现金预算的法规依据。收付实现制是以款项的实际收付为标准来处理经济业务的原则。凡在本期实际收到的现金,不论收入是否属于本期均应作为本期现金收入;凡在本期实际付出的现金,不论费用是否属于本期均应作为本期现金支出。采用收付实现制编制现金预算可以真实反映预算期内企业的现金收支和结存情况,便于合理安排预算期内企业经营活动、投资活动、财务活动的现金收支及资金融通。

(五) 现金预算的编制责任

现金预算所涉及的内容与企业各个现金收款部门和现金用款部门密切相关,因此,企业各个现金收款部门和现金用款部门都要参与现金预算的编制。其中,财务部门负责现金预算的汇总、修订和平衡,企业各个现金收款部门和现金用款部门予以配合。

二、现金收支预算和现金流量表预算的联系与区别

现金收支预算和现金流量表预算同属于现金预算,两者的编制依据和最终的现金收支数额完全相同。其区别主要有以下四点。

(1) 编制的项目不同:现金收支预算是按照预算部门和业务内容编制的,编制项目是各个责任部门;现金流量表预算是按照现金流量表的项目和格式编制的,编制项目是各类业务活动。

(2) 编制的方法不同:现金收支预算是按各预算部门分类,对经营预算、投资预算和利润预算中的现金收支项目和金额进行归类汇总;现金流量表预算是按照经营活动、投资活动、筹资活动分类,对经营预算、投资预算和利润预算中的现金收支项目和金额进行归类汇总。

(3) 反映的内涵不同:现金收支预算反映了预算期内企业各预算部门从事各项业务活动的现金收入、现金支出情况及其现金余缺情况;现金流量表预算反映了预算期内企业经营活动、投资活动、筹资活动所发生的现金流入、流出情况及其现金流量结果。

(4) 预算的作用不同:现金收支预算是以预算期内各预算部门所发生的现金收支项目和数额为对象编制的,可以清楚地展示预算期的现金收入由哪几个部门负责实现,现金支出分别由哪些部门负责落实。因此,通过现金收支预算可以从总体上把握企业预算期内的现金支付能力,有利于明确有关职能部门的现金收付责任,搞好现金收支的归口管理,也有利于对企业各部门的现金收支活动进行监控和责任考核。现金流量表预算展示的是企业预算期内现金收支的渠道和结构。通过现金流量表预算可以分析企业的现金收入主要来自哪个领域的业务活动,现金支出主要流向了哪个领域,从而有利于分析

企业现金收支结构的合理性,有利于分析企业现金流出、流入的原因,有利于分析、评价企业经济活动的有效性,也有利于分析企业的偿债能力、预测企业未来产生现金流量的能力。

三、现金预算的编制程序与方法

编制现金预算有利于现金的合理流动,对于确保现金收支平衡、规避财务风险具有十分重要的作用。同时,现金预算的编制结果还与现金收入部门和现金支出部门的权益息息相关,是大家非常关注的预算。因此,现金预算的编制必须采用公开透明的办法,让所有与现金收支活动有联系的部门都参与到编制现金预算的过程中来。现金预算的编制程序与方法如下。

(一)制定预算期现金收支总目标和现金政策

在企业制定的预算编制大纲中,应该明确企业预算期的现金收支总目标和现金政策,以方便各部门按照现金收支总目标和现金政策编制各类预算的现金收付项目。

例如,阳光公司2012年现金收支总目标和现金政策如表9-5所示。

表9-5　阳光公司2012年现金收支总目标和现金政策

项　目	目标与政策
一、现金收支总目标	经营活动及财务活动的现金收支总量平衡,投资活动的现金投入按需安排
二、收款政策	每季度含税销售收入的70%在当季度收回现金,剩余30%于下一季度收回
三、付款政策	
Z材料	当季度采购货款,在当季度支付50%,剩余50%下一季度支付
Y材料	当季度采购货款,在当季度支付40%,剩余60%下一季度支付
X材料	钱货两清
工艺电	钱货两清
E材料	当季度采购货款,在当季度支付30%,剩余70%下一季度支付
F材料	钱货两清
G材料	钱货两清
应缴主要税费	预算期增值税、城市维护建设税、所得税和教育费附加应缴额的5%下一年度缴纳
应缴其他税费	预算期房产税、印花税、土地使用税、车船使用税等税种应缴额当期付清
员工工资	不拖欠
其他支出	当期付清

(二)各部门编制本部门的现金收支预算

各部门编制经营预算、投资预算和财务预算时,必须将涉及现金收支的项目单独列示出来,形成各部门的现金收支预算。当然,部门的现金收支预算没有必要单独编制,而是作为各个经营预算、投资预算和财务预算的现金收入或现金支出项目进行列示。

(三)审查各部门编制的现金收支预算

财务部门在编制公司现金预算之前,要对各部门编制的经营预算、投资预算和财务预算中的现金收支项目进行审查,确保各部门在各个预算中安排的现金收支项目及其数额都符合公司预算期的现金收支总目标和现金政策。对于不符合要求的预算草案要退回到草案编制部门进行修订。

(四) 平衡现金预算,确定现金余缺

在对各预算现金收支项目审核无误的基础上,财务部门需要对现金预算的期初现金余额、预算期现金收入、预算期现金支出、现金余缺、期末现金余额五个项目进行汇总和平衡。

(1) 期初现金余额是指预算期初的现金结存数。编制现金预算时,期初现金余额往往还不知道,需要结合企业核定的现金最佳持有量和现金收支的具体情况进行预计。

(2) 预算期现金收入是指预算期内经营活动、投资活动、财务活动的所有现金收入,其数据分别来自经营预算、投资预算和财务预算中的现金收入项目。

(3) 预算期现金支出是指预算期内经营活动、投资活动、财务活动的所有现金支出,其数据分别来自经营预算、投资预算和财务预算中的现金支出项目。

(4) 现金余缺是指期初现金余额与预算期现金收入相加,减去预算期现金支出与期末现金余额后的差额。如果其差额为正数,说明企业预算期的现金有剩余;如果其差额为负数,则表明企业预算期的现金出现短缺。不管现金差额是剩余还是短缺,财务部门都需要有针对性地采取资金融通措施,保证预算期内的资金收支平衡。

(5) 期末现金余额是指企业在预算期末结存的现金余额。它的数值从表面上看是由如下公式计算得来的:

期初现金余额 + 预算期现金收入 − 预算期现金支出 ± 现金余缺 = 期末现金余额

其实不然,因为要保证企业经营活动、投资活动及财务活动的正常运行,企业日常就需要保持一个恰当的现金余额。这个恰当的现金余额就是企业的现金最佳持有量,它既不会因为现金结存太多而造成现金闲置,又不会因为现金结存不足而导致企业缺乏支付能力。

因此,基于企业现金最佳持有量的理论,我们应该将上述现金预算的结构公式变更为如下模式:

(期初现金余额 + 预算期现金收入) − (预算期现金支出 + 期末现金余额) = 现金余缺

上述结构公式表明,期末现金余额不是被动计算出来的,而是由企业事先核定的现金最佳持有量决定的。这对于编制现金预算、加强企业的现金流管理具有十分重要的意义。

(五) 编制融资预算

财务部门根据预算期现金余缺情况编制融资预算。如果预算期的现金余缺为现金剩余,则需要编制将剩余现金用于归还借款、进行短期投资等措施的融资预算;如果现金余缺为现金短缺,则需要编制增加银行借款、收回短期投资、出售不需要资产等措施的融资预算。通过编制融资预算实现现金收支的综合平衡。

(六) 编制现金收支预算和现金流量表预算

在实现预算期现金收支综合平衡的基础上,财务部门按照不同的格式和内容,分别编制现金收支预算和现金流量表预算。

现金预算的编制程序如图 9−2 所示。

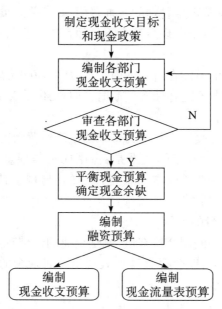

图 9-2 现金预算的编制程序示意图

四、最佳现金持有量的确定

为了保证生产经营活动的正常运行,企业必须持有一定额度的现金。但是现金属于一种非盈利性资产,持有过多,会造成企业盈利水平下降;持有太少,又可能出现因为现金短缺而影响正常生产经营活动的现象。因此,企业编制现金预算需要事先确定现金最佳持有量,以便据以确定企业预算期末的现金余额。

需要指出的是,现金最佳持有量不仅仅是预算期末的现金余额,也是每天的现金结存量,所以,可以称之为"每天的现金余额"。

确定现金最佳持有量实质上是要求企业在现金不足和现金过量的两难之中做出正确的选择,找到两者的最佳结合点。常用的确定方法主要有成本分析模式、现金周转模式、因素分析模式和随机模式等。下面,介绍成本分析模式、现金周转模式和因素分析模式。

(一)成本分析模式

成本分析模式是通过分析持有现金的有关成本,寻找持有总成本最低时的现金持有量的一种方法。

1. 持有现金的成本

一般来说,企业持有现金的成本包括占用成本、管理成本和短缺成本三种。

(1)占用成本:也称作机会成本、投资成本。现金作为企业的一项资金占用,是要付出代价的,这种代价就是资金占用成本。现金作为资金总体的一部分,或者来自债权人,或者来自股东。因此,持有现金必须考虑相应的占用成本。另外,如果将现金进行短期投资则可以赚取一定的投资收益;如果将现金持有而未进行投资,则就丧失了取得投资收益的可能,因此形成了机会成本。

(2) 管理成本:是指从事现金管理的各种费用,如有关人员工资、安全措施费等。

(3) 短缺成本:是指企业由于现金持有不足而带来的损失或为此付出的代价。短缺成本主要体现在三个方面:

一是现金不足致使企业不能在折扣期内付款,从而使购货成本提高;

二是现金不足致使企业不能在债务到期时及时偿还,带来罚款、罚息损失,以及由于信誉危机带来的连锁反应;

三是现金不足致使企业丧失支付能力带来的生产经营活动中断损失。

三种资金成本与现金持有量的关系是:占用成本与现金持有量成正比;现金短缺成本与现金持有量成反比;管理成本通常是固定的,与现金持有量之间无明显的比例关系。

2. 确定最佳现金持有量的图示

三种资金成本之和最小的现金持有量,就是企业的最佳现金持有量。如果把三种资金成本线放在一个坐标图上,就会很直观地表现出持有现金的总成本,并找出最佳现金持有量的点,如图9-3所示。

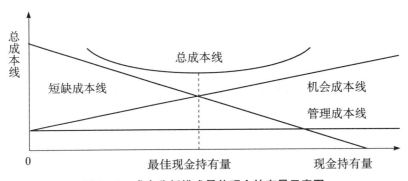

图9-3 成本分析模式最佳现金持有量示意图

从图9-3可以看出,由于各项资金成本同现金持有量的变动关系不同,使得总成本线呈抛物线状,抛物线的最低点即为总成本最低点,该点所对应的现金持有量便是最佳现金持有量。

3. 运用成本分析模式确定最佳现金持有量的方法

当企业确定最佳现金持有量时,要根据实际需要,规划出若干个现金持有方案,然后比较各个方案的机会成本、管理成本和短缺成本之和,从中选出总成本最低的方案,该方案的现金持有量就是现金的最佳持有量。

【例9-4】 东海公司有A、B、C、D四种现金持有量方案:

A方案持有现金50万元,资金短缺成本10万元;B方案持有现金80万元,资金短缺成本5万元;C方案持有现金100万元,资金短缺成本2万元;D方案持有现金150万元,资金短缺成本为零。四种方案的资金管理成本均为2万元,机会成本率均为10%。

根据上述资料,计算确定最佳现金持有量方案如表9-6所示。

表9-6 最佳现金持有量方案计算表　　　　　　　　单位：万元

序号	项目	A方案	B方案	C方案	D方案
①	货币资金持有量	50	80	100	150
②	机会成本（①×10%）	5	8	10	15
③	管理成本	2	2	2	2
④	短缺成本	10	5	2	0
⑤	总成本（②+③+④）	17	15	14	17

显然，C方案总成本最低。因此，100万元为最佳现金持有量。

（二）现金周转模式

现金周转模式是通过剖析企业生产经营活动中现金周转的过程，在已知存货周转期，应收、应付账款周转期的基础上，确定最佳现金持有量的方法。

现金周转期是指从现金投入生产经营开始，到最终转化为现金的过程。它主要经过三个过程：

（1）存货周转期，是指将原材料转化为产成品并将其出售所需要的时间；
（2）应收账款周转期，是指将应收账款转换为现金所需要的时间；
（3）应付账款周转期，是指从收到尚未付款的材料开始到现金支出所需的时间。

上述三个过程与现金周转期之间的关系可用图9-4说明。

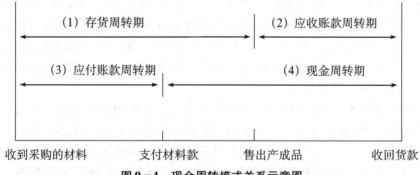

图9-4　现金周转模式关系示意图

如图9-4所示，现金周转期可用下列公式计算：

现金周转期 = 存货周转期 + 应收账款周转 - 应付账款周转期

现金周转期确定后，便可据以确定最佳现金持有量：

最佳现金持有量 = 企业年现金需求总额 ÷ 360 × 现金周转期

【例9-5】　南海公司预计存货周转期为40天，应收账款周转期为50天，应付账款周转期为60天，预计全年需要现金5 400万元，求最佳现金持有量。

现金周转期 = 40 + 50 - 60 = 30（天）

最佳现金持有量 = 5400 ÷ 360 × 30 = 450（万元）

现金周转模式操作比较简单，但使用该模式有两个假设条件：

一是材料采购与产品销售产生的现金流量在数量上基本一致；

二是企业的生产经营过程在一年中持续稳定地进行，即现金需要与现金供应不存在不确定的因素。

如果以上假设条件不存在,则求得的最佳现金持有量将会发生偏差,需要根据实际情况对计算结果进行校正。

(三) 因素分析模式

因素分析模式是根据上年现金占用额和有关因素的变动情况,来确定最佳现金持有量的一种方法。计算公式为:

$$最佳现金持有量 = (上年现金平均占用额 - 不合理占用额) \times (1 \pm 预计销售收入变化的百分比)$$

【例9-6】 阳光公司2011年度平均占用现金为38万元,经分析,其中有2万元的不合理现金占用额,2012年预计实现销售收入550万元,比2011年增长10%,则2012年的最佳现金持有量为:

$$(38-2) \times (1+10\%) = 39.6(万元)$$

因素分析模式考虑了影响现金持有量高低的基本因素,计算方法比较简单。但是这种模式假设企业的现金需求量与业务量呈同比例增长,在现实经济活动中有时情况并非完全如此。因此采用此模式时,企业应根据实际情况对计算结果加以校正。

五、现金收支预算的编制

现金收支预算是企业以预算期不同责任部门所发生的现金收支项目和数额为对象编制的现金预算。它可以清楚地展示预算期的现金收入由哪个部门负责实现,现金支出分别由哪些部门负责落实。同时,企业通过编制现金收支预算可以搞好现金收支的归口管理,有利于明确有关职能部门的现金收付责任,便于对现金收支完成情况的责任考核。

(一) 现金收支预算的编制方法

首先,对各部门编制的经营预算、投资预算和财务预算中的现金收支项目进行审查,确保各预算提出的现金收支项目及其数额都符合公司的现金收支总目标和现金政策。

其次,汇总各项预算的现金收支数额,按照现金预算的结构公式计算出预算期需要融通的现金数额,即预算期现金余缺数额。如果企业预算期初和期末的现金余额相同,则可以通过如下公式求得预算期需要融通的现金余缺数额:

$$现金余缺数额 = 预算期现金收入 - 预算期现金支出$$

最后,编制现金收支预算。要在现金收支预算列明现金收支预算的责任部门、业务事项和预算金额。

(二) 现金收支预算的编制案例

【例9-7】 阳光公司2012年经营预算、投资预算、营业外收支预算和利润分配预算等涉及现金收支的预算已经全部编制完毕。根据责任分工,由财务部负责编制阳光公司2012年现金收支预算。

预算编制过程和编制方法如下:

第一,审核各项预算中的现金收支项目。财务部经过审核认为经营预算及其他预算中的现金收支项目和数额符合公司2012年的现金政策,可以作为编制现金收支预算的基本依据。

第二,确认预算期需要偿还的融资债务。通过排查,确认公司2012年需要归还银行短期借款 100 万元。

第三,确定预算期初、期末现金余额。财务部根据测算的现金最佳持有量,结合企业实际情况确定公司 2012 年预算期初现金余额为 38 万元,预算期末现金余额为 40 万元。

第四,确认预算期的现金余缺。通过编制《各项预算现金收支汇总表》,汇总、核实各项预算中的现金收支金额,结合 2012 年需要偿还的融资债务及期初、期末现金余额,计算出预算期的现金余缺。各项预算现金收支汇总表如表 9-7 所示。

表 9-7 阳光公司 2012 年各项预算现金收支汇总表

预算部门:财务部　　　　编制时间:2011 年 11 月 11 日　　　　　　单位:元

序号	项　　目	现金收支金额	数据来源
1	一、期初现金余额	380 000.00	
2	二、预算期现金收入	7 781 090.00	=3 行+4 行+5 行+6 行
3	销售收入	6 240 090.00	表 7-9
4	投资收益	11 000.00	表 8-16
5	长期借款	1 500 000.00	表 8-13
6	捐赠利得	30 000.00	表 9-1
7	三、预算期现金支出	9 273 777.86	=8 行+9 行+10 行+13 行+…+22 行
8	材料采购	3 678 505.17	表 7-62
9	职工薪酬	1 069 129.70	表 7-77
10	制造费用	86 811.00	=11 行+12 行
11	甲分厂	22 616.00	表 7-34
12	乙分厂	64 195.00	表 7-35
13	销售费用	223 298.00	表 7-63
14	管理费用	110 548.00	表 7-65
15	财务费用	111 088.23	表 7-67
16	缴纳税费	578 027.76	表 7-69
17	公益性捐赠支出	20 000.00	表 9-1
18	基本建设投资预算	1 881 795.00	表 8-19
19	更新改造投资预算	240 000.00	表 8-19
20	股权投资	150 000.00	表 8-19
21	应付投资者利润	124 575.00	表 9-4
22	归还短期借款	1 000 000.00	表 9-13
23	四、期末现金余额	400 000.00	现金最佳持有量
24	五、现金余缺差额	-1 512 687.86	=1 行+2 行-7 行-23 行

第五,确定融资方案。通过编制《各项预算现金收支汇总表》得出,预算期现金收支缺口 1 512 687.86 元。经过分析发现,造成现金短缺的主要原因有两个。

(1)资本性投资活动现金收支短缺 760 795 元。预算期资本性投资活动的现金收入为 151.1 万元(其中,长期借款 150 万元,投资收益 1.1 万元),资本性投资活动的现金支出为 2 271 795 元(其中,基本建设投资 1 881 795 元,更新改造投资 24 万元,股权投资 15 万元),收支相抵,资金短缺 760 795 元。造成项目资金收支不平衡的原因主要有两个:

一是自有资金没有到位。根据《项目投资及筹资预算》(表 8-13)的安排,2012 年公司为了 D 产品项目需要投入自有资金 382 288 元,也就是要从企业的现有现金总量中抽出

382 288元进行D产品项目投资。显然,在前面的现金收支安排中还没有考虑这个因素。

二是更新改造投资24万元和股权投资15万元没有安排资金来源。

上述两个原因导致项目资金支出大于收入772 288(382 288+240 000+150 000)元。

(2)预算期归还短期借款100万元。2012年归还短期借款100万元,属于正常的资金借贷行为,理应通过借新还旧的方式予以解决。

经过分析,财务部门认为,剔除2012年归还短期借款100万元后,2012年现金收支实际短缺512 687.86元。从《2012—2013年投资总预算》(表8-18)中可以看出,公司进行资本性投资活动拥有充足的资金来源(资金来源大于资金支出377 180元)。因此,2012年短缺的现金512 687.86元不是资本性投资活动造成的,可以通过适当增加短期借款的办法予以解决。

在认真分析的基础上,财务部提出了在期初短期借款的基础上,2012年增加短期借款60万元的融资方案。

第六,编制2012年现金收支预算。财务部根据经营预算、投资预算、财务预算中的现金收支预算,结合融资预算,以责任部门为对象编制的阳光公司2012年现金收支预算如表9-8所示。

表9-8 阳光公司2012年现金收支预算表

预算部门:财务部　　　　　　　编制时间:2011年11月11日　　　　　　　单位:元

序号	责任部门	业务内容	预算金额	数据来源
1	一、期初现金余额		380 000.00	
2	二、预算期现金收入		9 381 090.00	=3行+4行+5行+6行+7行
3	销售公司	产品销售货款	6 240 090.00	表7-9
4	财务部	投资收益	11 000.00	表8-16
5	财务部	项目借款	1 500 000.00	表8-13
6	财务部	短期借款	1 600 000.00	表9-13
7	财务部	捐赠利得	30 000.00	表9-1
8	三、预算期现金支出		9 273 777.86	=9行+…+22行
9	采购部	采购货款支出	3 678 505.17	表7-62
10	人力资源部	职工薪酬	1 069 129.70	表7-77
11	销售公司	销售费用	223 298.00	表7-63
12	各职能部门	管理费用	110 548.00	表7-65
13	财务部	财务费用	111 088.23	表7-67
14	甲分厂	制造费用	22 616.00	表7-34
15	乙分厂	制造费用	64 195.00	表7-35
16	财务部	缴纳税费	578 027.76	表7-69
17	财务部	公益性捐赠支出	20 000.00	表9-1
18	财务部	归还短期借款	1 000 000.00	表9-12
19	财务部	应付投资者利润	124 575.00	表9-4
20	财务部	权益性资本投资	150 000.00	表8-19
21	工程部	基本建设投资	1 881 795.00	表8-19
22	装备部	更新改造投资	240 000.00	表8-19
23	四、期末现金余额		487 312.14	=1行+2行-8行

六、现金流量表预算的编制

现金流量表预算是以不同业务活动所产生的现金流量为对象编制的现金预算,它不仅可以系统展示企业预算期来自经营活动、投资活动和筹资活动的现金收入、现金支出分别是多少,而且可以表明各业务活动的现金收支平衡情况。

(一) 现金流量表预算的编制方法

现金流量表预算和现金收支预算没有本质的区别,两者在编制依据和编制金额上完全相同。因此,两者在编制方法上也没有本质区别。编制现金流量表预算要按照经营活动产生的现金流量、投资活动产生的现金流量和筹资活动产生的现金流量分别列示。主要项目和内容如下。

1. 期初现金余额

期初现金余额是指预算期初的现金结存数。

2. 经营活动产生的现金流量

经营活动产生的现金流量是指企业投资活动和筹资活动以外的所有交易和事项所产生的现金流入、流出量。主要包括:

(1) 销售商品、提供劳务收到的现金;
(2) 收到的税费返还;
(3) 收到的其他与经营活动有关的现金;
(4) 购买商品、接受劳务支付的现金;
(5) 支付给职工以及为职工支付的现金;
(6) 支付的各项税费;
(7) 支付其他与经营活动有关的现金。

3. 投资活动产生的现金流量

投资活动产生的现金流量是指企业长期资产的购建和不包括在现金等价物范围内的投资及其处置活动所产生的现金流入、流出量。主要包括:

(1) 收回投资收到的现金;
(2) 取得投资收益收到的现金;
(3) 处置固定资产、无形资产和其他长期资产收回的现金净额;
(4) 处置子公司及其他营业单位收到的现金净额;
(5) 收到的其他与投资活动有关的现金;
(6) 购建固定资产、无形资产和其他长期资产支付的现金;
(7) 投资支付的现金;
(8) 取得子公司及其他营业单位支付的现金净额;
(9) 支付其他与投资活动有关的现金。

4. 筹资活动产生的现金流量

筹资活动产生的现金流量是指导致企业资本及债务规模和构成发生变化的活动所产生的现金流入、流出量。主要包括:

（1）吸收投资收到的现金；
（2）取得借款收到的现金；
（3）收到的其他与筹资活动有关的现金；
（4）偿还债务支付的现金；
（5）分配股利、利润或偿付利息支付的现金；
（6）支付其他与筹资活动有关的现金。

5. 期末现金余额

期末现金余额是指企业在预算期末结存的现金余额。

（二）现金流量表预算的编制案例

仍以【例 9-7】为例，财务部编制阳光公司 2012 年现金流量表预算如表 9-9 所示。

表 9-9 阳光公司 2012 年现金流量预算表

预算部门：财务部　　　　编制时间：2011 年 11 月 11 日　　　　单位：元

序号	项　目	2012 年预算	数据来源
1	一、预算期初现金余额	380 000.00	
2	二、经营活动产生的现金流量		
3	销售商品、提供劳务收到的现金	6 240 090.00	表 7-9
4	收到的其他与经营活动有关的现金	30 000.00	表 9-1
5	1. 经营活动现金流入小计	6 270 090.00	=3 行 + 4 行
6	购买商品、接受劳务支付的现金	3 678 505.17	表 7-62
7	支付给职工以及为职工支付的现金	1 069 129.70	表 7-77
8	制造费用支付的现金	86 811.00	表 7-34、表 7-35
9	销售费用、管理费用支付的现金	333 846.00	表 7-63、表 7-65
10	支付的各项税费	578 027.76	表 7-69
11	支付的其他与经营活动有关的现金	20 000.00	表 9-1
12	2. 经营活动现金流出小计	5 766 319.63	=6 行 + 7 行 + 8 行 + 9 行 + 10 行 + 11 行
13	3. 经营活动产生的现金流量净额	503 770.37	=5 行 - 12 行
14	三、投资活动产生的现金流量		
15	收回投资所收到的现金		
16	分得股利或利润所收到的现金	11 000.00	表 8-16
17	收到的其他与投资活动有关的现金		
18	1. 投资活动现金流入小计	11 000.00	=15 行 + 16 行 + 17 行
19	购建固定资产、无形资产支付的现金	2 121 795.00	表 8-19
20	权益性投资所支付的现金	150 000.00	表 8-19
21	支付其他与投资活动有关的现金		
22	2. 投资活动现金流出小计	2 271 795.00	=19 行 + 20 行 + 21 行
23	3. 投资活动产生的现金流量净额	-2 260 795.00	=18 行 - 22 行
24	四、筹资活动产生的现金流量		
25	吸收权益性投资所收到的现金		
26	投资项目借款收到的现金	1 500 000.00	表 8-13

(续表)

序号	项　目	2012年预算	数据来源
27	短期借款收到的现金	1 600 000.00	表9-13
28	收到与筹资活动有关的其他现金		
29	1. 筹资活动现金流入小计	3 100 000.00	=25行+26行+27行+28行
30	偿还债务所支付的现金	1 000 000.00	表9-13
31	偿付利息及筹资费用支付的现金	111 088.23	表7-67
32	分配股利或利润所支付的现金	124 575.00	表9-4
33	支付与筹资活动有关的其他现金		
34	2. 筹资活动现金流出小计	1 235 663.23	=30行+31行+32行+33行
35	3. 筹资活动产生的现金流量净额	1 864 336.77	=29行-34行
36	五、预算期末现金余额	487 312.14	=1行+13行+23行+35行

七、融资预算的编制

融资预算是企业对预算期内资金筹集、融通活动的总体安排,既包括经营活动、财务活动的资金筹集和融通,也包括投资活动的资金筹集和融通。

融资的概念有广义和狭义之分。广义的融资是指资金在供给者与需求者之间的流动,这种资金流动是双向互动的过程,既包括资金的融入,也包括资金的融出。狭义的融资是指企业资金筹集的行为与过程,是企业从自身生产经营现状及资金运用情况出发,根据企业未来经营策略与发展需要,经过科学的预测和决策,通过一定的渠道,采取一定的方式,利用内部积累或向企业的投资者及债权人筹集资金,组织资金的供应,满足经营活动、投资活动和财务活动资金需要的理财活动。

全面预算管理所定义的融资概念是指广义的融资。因此,融资预算既包括资金的借入、筹集安排,也包括资金的偿还、融通安排。

(一) 企业融资的渠道与方式

确定融资渠道和选择融资方式是企业融资中的两个重要问题。明确融资渠道是解决资金从哪里来的问题;明确融资方式是解决如何取得资金的问题。

(1) 企业融资的渠道可分为内源融资和外源融资两大类。内源融资是企业依靠其内部积累进行的融资,是企业将自有资金转化为新增投资的活动。外源融资是企业通过一定方式从企业外部进行的融资,是企业吸收其他经济实体的资金,使之转化为企业新增投资的活动。外源融资包括国家财政资金、银行信贷资金、非银行金融机构资金、其他企业资金、民间资金、国外及境外资金等渠道。

(2) 企业融资的方式可分为股权融资和债务融资两大类。股权融资是企业向其股东筹措资金的一种方式。股权融资获取的资金形成公司的股本,股本代表着对企业的所有权,因而股权融资也称所有权融资。其具体方式包括吸收直接投资、发行股票、内部积累等。债务融资是企业向其债权人筹措资金的一种方式。债务融资获取的资金形成企业的债务。其具体方式包括发行债券、银行借款、商业信用、融资租赁、出口信贷、国际债券、政府贷款等。

企业的融资渠道与融资方式有着密切的关系,同一渠道的资金可以采取不同的融资方式筹集,而同一融资方式又可以适用于多种融资渠道。所以,企业融资时,必须审时度势,缜密决策,实现两者的合理配合。企业融资渠道与融资方式的配合如表9-10所示。

表9-10 融资渠道与融资方式的配合

筹资方式		筹资渠道						
分类	具体方式	内源融资	外源融资					
		企业自有资金	国家财政资金	银行信贷资金	非银行金融机构资金	其他企业资金	民间资金	国外及境外资金
股权融资	吸收直接投资	√	√		√	√	√	√
	发行股票	√	√		√	√	√	√
	内部积累	√						
债务融资	发行债券				√	√		√
	银行借款		√	√	√			√
	商业信用				√	√		
	融资租赁				√	√		
	出口信贷							√
	国际债券							√
	政府贷款							√

(二)企业融资结构的抉择

企业进行融资的渠道和方式尽管很多,但从资金来源结构上分析,无非有两种类型:一类是企业的自有资金,这类资金的特点是企业可以长期使用,不必归还;另一类是债务资金,这类资金的特点是企业使用有时限,到期必须连本带息偿还。

企业通过融入债务资金,可以缓解企业自有资金不足的矛盾,提高权益资本的收益水平。但是如果企业负债过多,就会导致财务风险过大,偿债能力过低,甚至会由于丧失偿债能力而面临破产。企业进行投资建设融资时,首先要落实企业能够拿出多少自有资金进行投资,然后才能考虑借入多少债务资金。因为债务资金与自有资金的关系不仅是互补的,更是互动的:自有资金越充足,越容易争取到债务资金;反之,自有资金匮乏,债务资金就不会跟进。这就是人们常说的金融机构"嫌贫爱富综合征"。因此,合理安排自有资金与债务资金的比例关系,是融资预算管理的核心问题。

(三)融资预算的编制依据

(1)企业融资决策资料。企业融资决策资料主要包括企业制定的财务战略、筹资计划、资金需求决策和企业决策层对财务部门融资方案的审批意见。

(2)各项预算的资金需求情况。经营预算、投资预算、利润预算的现金流入流出净额对融资预算的编制具有重大影响,是决定企业融资时间与融资金额的主要依据。

(3)企业现有负债在预算期内的偿还时间与金额。现有负债在预算期内的偿还时间与金额对融资预算的编制同样具有重大影响,也是决定企业融资时间与融资金额的主要依据。

(4)企业自有资金状况与内部资金挖潜措施。企业自有资金包括实收资本、资本公积、未分配利润等股东权益和企业通过计提折旧而形成的资金来源。内部资金挖潜措施既包括清仓利库、清收欠款、处理积压物资、压缩资金占用等传统方法,也包括盘活存量资产、调整产品结构、开发闲置资源、提高资金效率等现代资金运营管理措施。企业股东权益占资产比率的高低、计提折旧的多少以及内部资金挖潜措施是否得力,都会对融资预算的编制造成重大影响。

(5) 企业的融资渠道与融资方式。企业可以融资的渠道与方式有很多,但这些渠道和方式并不一定适合每一个具体的企业。企业需要根据自身的具体情况以及银行、非银行金融机构的贷款条件等多种因素决定本企业的融资渠道与融资方式。

(6) 预算期金融市场情况。金融市场是指实现货币资金借贷、办理各种票据和有价证券买卖的领域,如存款、贷款、信托、保险、租赁、票据贴现、黄金与外汇市场等。国内外金融市场的贷款政策、贷款利率、证券价格、汇率走势、融资成本等因素,都会对企业融资预算产生一定影响。

(四)融资预算的编制程序与编制方法

融资预算编制是一项专业性、技术性和经验性都很强的工作,编制人员需要总揽全局,既要全面熟悉、掌握企业经营活动、投资活动、财务活动及资金状况,又要熟悉外部资金市场的情况及动向,还要拥有金融及资金管理、资金运作方面的技能。

(1) 确定预算期的现金余缺。在产品盈利和产品、材料供求关系平稳的情况下,企业经营活动中的资金流量应当是流入大于流出的,富余资金的数量也往往与企业的盈利能力成正比。然后,由于企业投资活动的需要、偿还原有借款的需要,以及产品销售与材料采购的供求关系不平衡等因素的影响,企业在预算期内出现现金短缺的状况也是非常普遍的。因此,编制融资预算首先要确定预算期内的现金余缺情况。

(2) 确认预算期偿还债务的种类、时间与金额。企业日常生产经营活动所需的资金有很大一部分是通过短期举债筹措的,这部分短期负债除了需要定期支付利息外,还需要按照双方约定的时间偿还本金。显然,借新债还旧债也就成为企业日常融资的一项重要内容。这也是导致企业每个预算期都需要大量筹集资金的重要原因。同时,企业前期资本性投资项目筹集的长期借款到期后也需要安排偿还。因此,要对预算期内各项债务的种类、偿还时间和偿还金额逐一排队,确认预算期内需要偿还债务的种类、时间与金额。

(3) 核定预算期需要筹措的现金总量。将各预算的现金余缺数量与在预算期内需要偿还的债务总量进行累加,就可以核定企业预算期内的现金余缺总量。

(4) 制定融资方案。当预算期现金的富余总量或缺口总量确定以后,企业就需要制定调剂现金余缺的融资方案。如果出现现金富余,就应当根据现金富余的数额、时间分别制定提前偿还借款或将节余资金投向短期资本市场等融资方案;如果出现现金短缺,则应当首先制定从企业内部挖掘自有资金潜力的措施,如清理应收账款、处理积压物资、压缩库存、盘活存量资产等,然后再根据预算期资金市场情况和资金成本高低制定向银行及非银行金融机构举债的融资方案。对于计划从外部筹集的资金,应在融资预算中逐项列明债权单位、借债种类、借债方式、借债成本、借债时间、借债期间和借债金额等事项。

(5) 评审融资方案。融资方案的评审需要严格审批程序和决策权限。一般而言,企业通过发行新股、债券以及其他股权性凭证融资的,需要董事会审议通过后,提请股东(大)会审议批准;企业向金融机构借款融资的,单项借款金额或一年内累计借款金额达到企业总资产的50%以上的,提请股东(大)会审议批准,未达到50%的,由董事会审议批准;日常借新债还旧债的融资业务,由总经理办公会或董事长审查批准。

(6) 编制融资预算。由财务部门根据通过评审的融资方案编制融资预算。

融资预算的编制程序如图9-5所示。

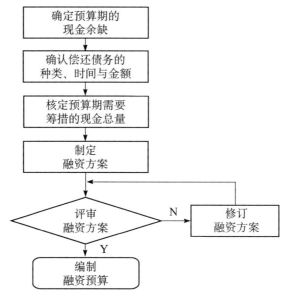

图9-5 融资预算的编制程序

(五) 融资预算的编制案例

【例9-8】 大海公司2012年各项预算中的现金收入为1 100万元,现金支出为1 150万元,现金短缺50万元。由财务部负责编制2012年融资预算。

大海公司财务部采用如下步骤和方法编制融资预算:

首先,对公司2012年的各项预算的现金收支项目和数额进行了审核,确认无误。

其次,对公司在2012年内需要偿还的各项债务进行排查,确认2012年需归还银行借款200万元;银行承兑汇票期初余额100万元,需要第一季度承付。最终核定,2012年现金短缺350万元。现金收支及余缺情况如表9-11所示。

表9-11 大海公司2012年现金收支及余缺情况 单位:万元

序号	预算名称或现金项目	现金收入金额	现金支出金额	收支差额
1	销售预算	1 050	20	1 030
2	生产预算	0	160	-160
3	供应预算	0	500	-500
4	薪酬预算	0	110	-110
5	期间费用预算	0	80	-80
6	应缴税费预算	0	70	-70
7	利润分配预算	0	60	-60
8	固定资产投资预算	0	150	-150
9	投资收益预算	50	0	50
10	银行借款	0	200	-200
11	银行承兑汇票	0	100	-100
12	合计	1100	1450	-350

然后,财务部根据现金余缺数额和公司的实际情况制定了如下筹资方案:

第一,通过加强存量资金管理,压缩资金占用 20 万元,清理其他应收款 10 万元。企业的存货、应收账款及其他应收款中,有许多沉淀资金,公司采取清仓利库、压缩库存、处理超储积压物资等措施,可以把死物变成活钱。

第二,利用企业信用筹资 50 万元。公司利用自己的商业信用,通过出具商业汇票等措施,减少对外采购中现金的支付,调节企业可支配现金流量。

第三,利用银行信用筹资 100 万元。公司利用银行信用,通过办理银行承兑汇票的方式,不仅可以推延企业现金流出的时间,而且可以有效降低资金的融资成本。

第四,企业资金剩余缺口 170 万元通过增加银行借款的方式解决。筹资方案报经总经理办公会议审议批准。

最后,财务部根据筹资方案,编制 2012 年大海公司融资预算如表 9-12 所示。其中,融资预算表中的期初余额根据编制预算时的实际借款及应付票据余额,考虑到年末的变动情况进行测算。

表 9-12 大海公司 2012 年融资预算表

融资项目	月利率或手续费	期初余额(万元)	预算期增加(万元)	预算期减少(万元)	期末余额(万元)
1. 银行借款	—	300	170	200	270
工商银行借款	5‰	200	120	200	120
农业银行借款	5‰	100	50	0	150
2. 信用筹资	—	100	150	100	150
商业承兑汇票	10 元	0	50	0	50
银行承兑汇票	10 元	100	100	100	100
合 计	—	400	320	300	420

【例 9-9】 阳光公司 2012 年各项预算以收抵支及归还短期借款后的现金缺口为 1 512 687.86 元(表 9-7)。根据责任分工,由财务部负责编制阳光公司 2012 年融资预算。

预算编制过程和编制方法如下:

首先,财务部制定了通过银行借款渠道借新还旧 100 万元、新增银行短期借款 60 万元的融资方案,该融资方案获得了公司董事长的审议批准。

然后,财务部根据融资方案和项目投资及筹资预算(表 8-13),结合公司各类负债的实际情况,编制阳光公司 2012 年融资预算如表 9-13 所示。

表 9-13 阳光公司 2012 年融资预算表

预算部门:财务部　　　　　　编制时间:2011 年 11 月 11 日

融资项目	月利率(‰)	期初余额(元)	预算期增加(元)	预算期减少(元)	期末余额(元)
一、短期融资	—	1 500 000	1 600 000	1 000 000	2 100 000
1. 工商银行借款	5	1 000 000	1 000 000	1 000 000	1 000 000
2. 中国银行借款	5	500 000	600 000	0	1 100 000
二、长期融资	—	200 000	1 500 000	0	1 700 000
1. 工商银行借款	5	0	1 500 000	0	1 500 000
2. 中国银行借款	5	200 000	0	0	200 000
三、合 计	—	1 700 000	3 100 000	1 000 000	3 800 000

第四节 财务状况预算的编制

一、财务状况预算概述

财务状况预算是预算期初、期末企业财务状况变动情况的预算。所谓财务状况是指企业一定日期的资产、负债、所有者权益状况及其相互关系,是企业一定期间内经营活动、投资活动、财务活动过程及其结果在财务方面的综合反映。

(一)财务状况预算的内容

财务状况预算主要包括所有者权益预算和资产负债表预算。

1. 所有者权益预算

所有者权益预算是预算期初、期末企业所有者权益变动情况的预算。它从静态和动态两个角度揭示了预算期内企业净利润、利润分配、所有者投入与所有者权益内部结转方面的变动情况。

2. 资产负债表预算

资产负债表预算是预算期初、期末企业资产、负债及所有者权益变动情况的预算。它以静态指标形式总括反映了预算期内企业执行经营预算、投资预算和财务预算前后的财务状况变化情况。

(二)财务状况预算的编制依据

主要依据企业预算期初的预计财务状况和预算期的经营预算、投资预算、财务预算等有关资料、数据加以分析调整编制。

1. 预算期初财务状况是财务状况预算编制的基础依据。财务状况预算反映的是企业预算期初、期末的资产、负债、所有者权益状况及其相互关系。而期末的资产、负债、所有者权益状况是在期初财务状况基础上形成的。因此,编制财务状况预算必须以预算期初的财务状况为基础。

2. 经营预算、投资预算、利润预算和现金预算是编制财务状况预算的基本依据。毫无疑问,预算期末的财务状况与期初的财务状况相比之所以发生了变化,是因为企业在预算期内从事了经营活动、投资活动和财务活动,也就是执行了经营预算、投资预算、利润预算和现金预算。财务状况预算的期末数据是在期初财务状况基本数据的基础上,通过加减、调整经营预算、投资预算、利润预算和现金预算中的有关项目和数据得出的,如果没有上述预算的基本数据,财务状况预算的编制就是一句空话或者是杜撰。

3. 预算编制大纲确定的资产负债率指标是编制财务状况预算的重要依据。资产负债率是企业年末的负债总额同资产总额的比率,表示企业总资产中有多少是通过负债筹集的。资产负债率是衡量企业负债水平及财务风险程度的重要指标,可以综合反映企业的财务状况。企业制定预算编制大纲时,一般都要确定资产负债率指标,作为控制预算期企业财务状况的目标。因此,财务状况预算的编制结果要受预算编制大纲确定的资产负债率指标的制约。如果出现偏离预算目标较大的情况,就需要对影响资产负债率的有关预算进行深入分析,确定造成差异的原因,并进行适应性调整。

（三）财务状况预算的编制责任

财务状况预算所涉及的所有者权益预算和资产负债表预算均属于全局性的财务活动范畴,因此,由财务部门负责财务状况预算的编制,企业内部各投资中心和利润中心予以配合。

二、所有者权益预算的编制

所有者权益预算是按照所有者权益变动表的内容和格式编制的,它综合反映了所有者权益各组成部分在预算当期的增减变动情况以及预算期初、期末的所有者权益情况。

（一）所有者权益预算的编制方法

所有者权益预算是在预算期初所有者权益变动表的基础上,依据企业编制的利润表预算、利润分配预算等资料计算、分析、编制的。

因为企业编制年度预算时,预算期初的所有者权益状况还没有最终确定,因此,编制所有者权益预算需要按下列步骤进行。

第一步,预计预算期初数据。

所有者权益预算中的期初数据是根据编制预算时企业所有者权益变动表的实际期末数,加上到年末可能导致企业所有者权益增加的因素,减去到年末可能导致所有者权益减少的因素,经过分析计算后得出的。其中,"会计政策变更"和"前期差错更正"分别反映采用追溯调整法处理的会计政策变更的累积影响金额和采用追溯重述法①处理的会计差错更正的累积影响金额。如果编制预算时,尚不清楚"会计政策变更"和"前期差错更正"的情况,可不予填列。

第二步,分析、计算预算期内所有者权益的增减变动额。

净利润:反映企业预算期实现的净利润金额,可以从利润预算中获取。

直接计入所有者权益的利得和损失:反映企业预算期直接计入所有者权益的利得和损失金额。其中,"利得"是指由企业非日常活动所形成的、会导致所有者权益增加的、与所有者投入资本无关的经济利益的流入;"损失"是指由企业非日常活动所发生的、会导致所有者权益减少的、与向所有者分配利润无关的经济利益的流出。主要包括以下三项:

（1）可供出售金融资产公允价值变动净额:反映企业持有的可供出售金融资产②在预算期的公允价值变动金额。应根据预算期企业持有的可供出售金融资产的预计变动金额测算。

（2）权益法下被投资单位其他所有者权益变动的影响:反映企业对按照权益法核算的长期股权投资,在被投资单位除预算期实现的净损益以外,其他所有者权益在预算期

---

① 追溯调整法是指对某项交易或事项变更会计政策,视同该项交易或事项初次发生时即采用变更后的会计政策,并以此对财务报表相关项目进行调整的方法;追溯重述法是指在发现前期差错时,视同该项前期差错从未发生过,从而对财务报表相关项目进行更正的方法。

② 金融资产是一切可以在有组织的金融市场上进行交易、具有现实价格和未来估价的金融工具的总称。金融资产的最大特征是能够在市场交易中为其所有者提供即期或远期的货币收入流量。

变动中应享有的份额。应根据企业在被投资单位的持股比例及被投资单位在预算期的所有者权益变动情况测算。

(3) 与计入所有者权益项目相关的所得税影响:反映企业预算期根据《企业会计准则第18号——所得税》规定,应计入所有者权益项目的所得税影响金额。应根据预算期资产负债表日直接计入所有者权益项目相关的递延所得税资产或递延所得税负债测算。

所有者投入和减少资本:反映企业预算期所有者投入的资本和减少的资本。应根据企业预算期的资本变动计划测算。

利润分配:反映企业预算期的利润分配金额,可以从利润分配预算中获取。

所有者权益内部结转:反映企业构成所有者权益的组成部分之间的增减变动情况。其中,资本公积转增资本反映企业以资本公积转增资本的金额;盈余公积转增资本反映企业以盈余公积转增资本的金额;盈余公积弥补亏损反映企业以盈余公积弥补亏损的金额。所有者权益内部结转的具体情况可以从利润分配预算中获取。

第三步,分析、计算预算期末数据。

所有者权益预算中的期末数据是以预算期初数据为基础,加减预算期内所有者权益的增减变动额得出的。基本计算公式为:

预算期末余额 = 预算期初余额 + 预算期增减变动金额

预算期增减变动金额 = 净利润 + 直接计入所有者权益的利得和损失
+ 所有者投入和减少资本 + 利润分配 + 所有者权益内部结转

(二) 所有者权益预算的编制案例

【例9-10】 根据责任分工,阳光公司财务部负责编制2012年所有者权益预算。

预算编制过程和编制方法如下:

首先,测算前期期末余额和预算期初余额。测算方法是以编制预算时已经确认的最近一期资产负债表中的所有者权益构成及数据为基础,加减未来所有者权益的变动因素及会计政策变更、前期差错更正等因素。

然后,测算预算期内所有者权益的增减变动额。其中,净利润项目数据从利润表预算(表9-3)中获取,利润分配项目数据从2012年利润分配预算(表9-4)中获取;已知直接计入所有者权益的利得和损失项目数据为零、所有者投入和减少资本项目数据为零、所有者权益内部结转项目数据为零。

最后,编制2012年所有者权益预算如表9-14所示。

表9-14 阳光公司2012年所有者权益预算表

预算部门:财务部　　　　　编制时间:2011年11月11日　　　　　单位:元

项目	预算期金额				
	实收资本	资本公积	盈余公积	未分配利润	所有者权益合计
一、前期期末余额	2 000 000.00	100 000.00	150 000.00	1 000 000.00	3 250 000.00
加:会计政策变更	—	—	0	0	0
前期差错更正	—	—	0	0	0
二、预算期初余额	2 000 000.00	100 000.00	150 000.00	1 000 000.00	3 250 000.00
三、预算期增减变动金额	0	0	62 287.50	228 387.50	290 675.00

(续表)

项　目	预算期金额				
	实收资本	资本公积	盈余公积	未分配利润	所有者权益合计
（一）净利润	—	—	—	415 250.00	415 250.00
（二）直接计入所有者权益的利得和损失	—	—	—	—	0
1. 可供出售金融资产公允价值变动净额	—	—	—	—	0
2. 权益法下被投资单位其他所有者权益变动的影响	—	—	—	—	0
3. 与计入所有者权益项目相关的所得税影响	—	—	—	—	0
（三）所有者投入和减少资本	0	0	0	—	0
1. 所有者投入资本	0	0	—	—	0
2. 股份支付计入所有者权益的金额	—	0	—	—	0
（四）利润分配	—	—	62 287.50	−186 862.50	−124 575.00
1. 提取盈余公积	—	—	62 287.50	−62 287.50	0
2. 对所有者（或股东）的分配	—	—	—	−124 575.00	−124 575.00
（五）所有者权益内部结转	0	0	0	0	0
1. 资本公积转增资本	0	0	—	—	0
2. 盈余公积转增资本	0	—	0	—	0
3. 盈余公积弥补亏损	—	—	0	—	0
四、预算期末余额	2 000 000.00	100 000.00	212 287.50	1 228 387.50	3 540 675.00

三、资产负债表预算的编制

资产负债表预算是按照资产负债表的内容和格式编制的，它综合反映了企业预算期初、期末各种资产、负债及所有者权益状况的变动情况。通过编制资产负债表预算，可以了解企业所拥有或控制的经济资源和承担的责任、义务，了解企业资产、负债、所有者权益各项目的构成比例是否合理，财务状况是否稳定，并以此分析企业的生产经营能力、营运能力和偿债能力。通过对财务状况预算的分析，如果发现资产负债率、流动比率、速动比率、股东权益比率等财务比率不佳，企业就可以采取修订完善有关预算的办法，改善企业预算期的财务状况。因此，编制资产负债表预算具有控制和驾驭企业各项预算的重要作用。

（一）资产负债表预算的编制方法

资产负债表预算是在预算期初资产负债表的基础上，根据"资产＝负债＋所有者权益"这一会计恒等式所反映的三个会计要素之间的相互关系，依据企业编制的经营预算、投资预算、利润预算、现金预算和所有者权益预算等资料测算分析编制的。因为编制年度预算时，预算期初的资产负债状况还不可能知道，因此，编制资产负债表预算需要按下列步骤进行。

1. 预计预算期初数据

资产负债表预算中的期初数据是根据编制预算时企业资产负债表的实际期末数，加上到年末可能导致企业资产、负债及所有者权益增加的因素，减去到年末可能导致企业资产、负债及所有者权益减少的因素，经过分析计算后得出的。如果企业编制的有关预算中已有期初预算数据，也可以直接从有关预算中提取，但计算原则必须一致。

2. 分析、计算预算期末数据

资产负债表预算中的期末数据是以预算期初数据为基础，加上经营预算、投资预算、利润预算、现金预算和所有者权益预算中导致企业资产、负债及所有者权益增加的因素，减去经营预算、投资预算、利润预算、现金预算和所有者权益预算中导致企业资产、负债及所有者权益减少的因素，经过分析和平衡计算后得出的。基本计算公式为：

资产负债表预算的期末数 = 预算期初数 + 预算期增加数 − 预算期减少数

计算中要特别注意剔除在不同预算中的同一项目和数值，避免重复统计和计算。

3. 确定资产负债表预算草案

资产负债表预算的期末数据填列后，应通过计算分析资产负债表预算中的有关财务比率，观察、论证企业预算期的资产、负债、所有者权益各项目的构成比例是否合理；资产负债率、流动比率、股东权益比率等财务比率是否处于正常状态。如果确认财务状况良好，则就此结束资产负债表预算的编制；如果认为财务状况不理想，则应通过修订经营预算及其他预算的办法，使企业的财务状况尽量达到理想状态。

(二) 资产负债表预算的编制案例

【例 9 - 11】 阳光公司 2012 年经营预算及其他预算已经全部编制完毕，财务部负责编制公司 2012 年资产负债表预算。

预算编制过程和编制方法如下：

首先，财务部审核了所有经营预算、投资预算、现金预算及利润预算，确认上述预算中均填有预算期初、期末数据，勾稽关系没有错误。

然后，按照资产负债表预算中各项资产和负债的流动性大小顺序排列，根据经营预算及其他预算资料，逐个分析测算资产、负债、所有者权益项目的期初、期末数据。

对于没有编制专门预算，但在资产负债表预算中需要单独填列的项目，需要根据有关预算资料测算其期初、期末余额。

1. 在建工程期末余额 3 307 395 元的测算

(1) 在建工程期初余额为 200 万元。期初余额根据编制预算时在建工程科目余额，加减到年末的预计增减变动额得出。

(2) 在建工程预算期增加额为 2 121 795 元。预算期增加额根据固定资产总造价预算(表 8 - 10)中的 2012 年固定资产投资 1 881 795 元、更新改造投资预算(表 8 - 14)中的 2012 年更新改造投资 240 000 元汇总得出。

(3) 在建工程预算期减少额为 814 400 元。预算期减少额根据固定资产变动预算(表 7 - 71)中的 2012 年固定资产增加额 814 400 元得出(因为固定资产类投资活动都通过在建工程科目核算，所以，固定资产在预算期的增加额，一般等于预算期在建工程减少额)。

(4) 在建工程期末余额为 3 307 395 元。期末余额等于期初余额加预算期增加额,减预算期减少额。

2. 固定资产清理期末余额 12 080 元的测算

固定资产清理项目期初无余额;2012 年固定资产变动预算(表 7 - 71)中,因固定资产报废减少固定资产原值 302 000 元;2012 年计提折旧预算(表 7 - 74)中,因固定资产报废而减少折旧 289 920 元;固定资产原值 302 000 元与折旧 289 920 元的差额 12 080 元为报废固定资产的残余价值,应结转到固定资产清理科目。所以,固定资产清理期末余额为 12 080 元。

3. 其他应收款的期初、期末余额均为 1 121 633.40 元

最后,将分析计算得来的预算期初和期末数据,填入资产负债表预算表格,按照"资产 = 负债 + 所有者权益"的会计恒等式试算平衡。编制的资产负债表预算如表 9 - 15 所示。

表 9 - 15 阳光公司 2012 年资产负债表预算表

预算部门:财务部　　　　　　编制时间:2011 年 11 月 17 日　　　　　　单位:元

资产	行次	期初余额	期末余额	数据来源
一、流动资产				
货币资金	11	380 000.00	487 312.14	(表9-8)现金收支预算
应收账款	12	300 000.00	494 910.00	(表7-14)应收账款预算
其他应收款	13	1 121 633.40	1 121 633.40	案例已知数据
存货	14	719 076.60	708 058.60	14 = 15 + 16 + 17
材料存货	15	274 370.00	286 352.00	(表7-53)材料存货预算
在产品存货	16	66 226.60	66 226.60	(表7-44)在产品存货预算
产成品存货	17	378 480.00	355 480.00	(表7-49)产品存货预算
流动资产合计	18	2 520 710.00	2 811 914.14	18 = 11 + 12 + 13 + 14
二、非流动资产				
长期股权投资	21	0	150 000.00	(表8-16)权益性资本投资预算
固定资产原价	22	1 507 000.00	2 019 400.00	(表7-71)固定资产变动预算
减:累计折旧	23	651 610.00	501 786.00	(表7-74)计提折旧预算
固定资产净值	24	855 390.00	1 517 614.00	24 = 22 - 23
在建工程	25	2 000 000.00	3 307 395.00	根据在建工程科目及有关预算测算
固定资产清理	26	0	12 080.00	
非流动资产合计	27	2 855 390.00	4 987 089.00	27 = 21 + 24 + 25 + 26
三、资产总计	30	5 376 100.00	7 799 003.14	30 = 18 + 27
负债及所有者权益	行次	期初余额	期末余额	数据来源
流动负债				
短期借款	51	1 500 000.00	2 100 000.00	(表9-13)融资预算
应付账款	52	401 100.00	411 139.17	(表7-62)应付账款预算
应付职工薪酬	53	0	18 503.30	(表7-77)职工薪酬预算未支付现金部分

(续表)

资产	行次	期初余额	期末余额	数据来源
应缴税费	54	25 000.00	28 685.67	(表7-69)应缴税费预算
流动负债合计	55	1 926 100.00	2 558 328.14	55 = 51 + 52 + 53 + 54
非流动负债				
长期借款	61	200 000.00	1 700 000.00	(表9-13)融资预算
非流动负债合计	62	200 000.00	1 700 000.00	62 = 61
负债合计	65	2 126 100.00	4 258 328.14	65 = 55 + 62
所有者权益				
实收资本	71	2 000 000.00	2 000 000.00	(表9-14)所有者权益预算
资本公积	72	100 000.00	100 000.00	(表9-14)所有者权益预算
盈余公积	73	150 000.00	212 287.50	(表9-14)所有者权益预算
未分配利润	74	1 000 000.00	1 228 387.50	(表9-14)所有者权益预算
所有者权益合计	75	3 250 000.00	3 540 675.00	75 = 71 + 72 + 73 + 74
四、负债和所有者权益总计	80	5 376 100.00	7 799 003.14	80 = 65 + 75

通过表9-15可以得到阳光公司2012年年末的资产负债率为54.60%（4 258 328.14÷7 799 003.14），符合公司确定的2012年资产负债率目标（表6-6）。

预算草案编制完成后，首先报请公司预算管理委员会及总经理办公会议审核、研究，然后提交公司董事会审议。

预算从编制到审批下来，一般需要经过自上而下和自下而上的多次反复。预算反复编制、审核、调整的过程，也是各级预算组织之间相互交流和沟通的过程。只有经过一个上下反复的过程，才能有效避免决策人员主观臆断造成的预算脱离实际的现象，切实提高预算编制的科学性、合理性和可行性；才能使最终付诸实施的预算既符合企业的全局利益，又切合企业各部门、各环节的具体情况，提高预算的执行效果。

第十章 预算执行与控制

全面预算编制完成并批准下达,就意味着企业预算期内经营活动的方方面面有了明确的目标和方向。但预算毕竟是纸面上的东西,是一个标准、一种规矩。孟子有句名言:"不以规矩,不能成方圆。"编制全面预算为企业的各项经营活动制定了规矩,能不能达到预期的经营目标,关键还在于企业是否能够搞好预算的执行与控制。

第一节 预算执行与控制概述

一、预算执行与控制的含义

预算执行是指以预算为标准组织实施企业生产经营活动的行为,包括从预算审批下达到预算期结束的全过程;预算控制是指企业以预算为标准,通过过程监督、信息反馈、预算调整等方法促使预算执行不偏离预算标准的行为。

全面预算从编制到审批下来,一般要经过自上而下和自下而上的多次反复。预算编制与审批的过程,也是各层预算组织之间相互交流和沟通的过程。只有经过这样一个上下反复的过程,才能提高预算的合理性和准确性,才能使最终付诸实施的预算既符合企业的全局利益,又切合企业内部各部门、各环节的具体情况,避免由于高层管理人员的主观臆断而造成预算脱离实际的结果。可见,编制全面预算的这种"费时又费事"的过程是完全必要的。但是,预算编制完成,只是全面预算管理的第一步。如果我们把编制好的预算束之高阁不去执行,那么,再好的预算也无异于纸上谈兵、枉费心机;如果我们按照编制的预算执行了,但没有采取必要的控制措施,那么,预算执行的过程和结果就很有可能偏离预算的方向和目标。

预算执行与预算控制是相辅相成的关系,预算执行必须以预算为标准进行严格控制,预算控制必须以预算执行为载体进行规范实施。有执行,没控制,执行将处于不确定状态,预算执行的过程和结果就会偏离预算的方向和目标;有控制,没执行,控制将成为空中楼阁、无的放矢,预算执行的过程和结果就无从谈起。因此,预算执行的过程也就是企业以预算为标准控制各项经济活动的过程。企业通过预算编制为预算期的经济活动制定了目标和依据,通过预算执行将编制的预算付诸实施,通过预算控制确保预算执行不偏离预算的方向和目标。可见,预算执行与控制是全面预算管理体系的核心环节,是企业能否实现预算目标的关键。

二、预算执行与控制的程序和内容

预算执行的目的是实现全面预算安排的各项预算目标。为此,企业各预算执行部门需要严格以预算为标准从事各项生产经营活动。与此同时,企业为了保证各预算执行部门在预算执行过程中不偏离预算目标,就需要针对预算执行的各个阶段采取一系列控制方法和措施。预算执行按进程可分为预算执行前、预算执行中和预算执行后三个基本阶段,因此,预算执行与控制的程序就是以预算执行的三个基本阶段为主线展开的。

(一) 预算执行前阶段

预算执行前阶段是指企业各预算执行部门安排生产经营活动的过程。在这个阶段,预算执行部门需要安排一件件具体的经营活动,预算管理部门则需要对这些具体的经营活动实施事前控制,以确保各预算执行部门从事的各项经营活动都在预算范围之内。预算执行前控制的内容包括定性控制和定量控制两个方面:所谓定性控制就是保证实施的经营活动在预算规定的项目之内;所谓定量控制就是保证实施的经营活动不要超出预算规定的标准。如果准备实施的某项经营活动不在预算范围之内或超出了预算规定的标准,就需要针对不同情况进行不同处理:如果确属必须实施的经营活动事项,就需要追加预算项目或调整预算或动用预算外指标,同时还要对造成经营活动事项与预算项目及指标之间差异的原因进行分析,以便改进、完善今后的预算编制工作;如果此项经营活动可以不实施或可以拖后实施,就应毫无异议地中止此项经营活动的执行。

(二) 预算执行中阶段

预算执行中阶段是指企业各预算执行部门具体实施生产经营活动的过程。在预算执行过程中,企业管理当局需要对预算执行实施事中控制,以确保各预算执行的结果能够达到预算的目标;预算执行部门需要严格按照预算从事生产经营活动,并及时向预算管理部门反馈预算执行情况;预算管理部门则通过审批、核算、分析、反馈、调整、审计等方法实现对预算执行过程的有效控制。如果预算执行过程出现了偏离预算标准的情况,企业就要分析原因,采取措施纠正偏差,以保证预算目标的实现。

(三) 预算执行后阶段

预算执行后阶段是指企业各预算执行部门实施的生产经营活动已经结束,预算执行结果已经出现的过程。在这个阶段,预算执行部门需要对预算执行结果进行决算、反馈;预算管理部门则需要对预算执行实施事后控制,包括对预算执行结果进行审计、分析、考核、反馈等控制活动,以确认预算执行结果是否达到了预算目标。同时,还要根据预算考评结果和预算责任书的规定对各个预算责任部门进行奖惩兑现。因为,预算执行是一个周而复始的过程,所以,本次预算执行的结果将为下次预算的执行提供参考和借鉴。

预算执行与控制的基本程序如图10-1所示。

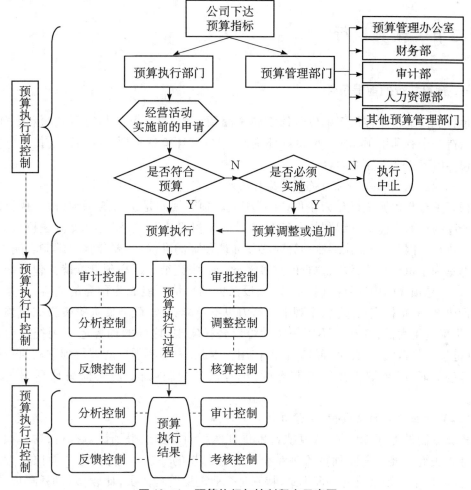

图10-1 预算执行与控制程序示意图

预算执行与控制程序的主要内容如下。

(1) 公司决策机构将预算分别下达给各预算执行部门和预算管理部门。

(2) 各个预算执行部门以预算为标准实施各自的生产经营活动。

(3) 各预算管理部门根据各自的职责,行使预算监控职能。

财务部门通过实施责任核算,反映预算执行过程及执行结果,并将核算信息及时反馈到下列机构和人员:反馈给各预算执行部门,以确保信息的准确无误和作为校正偏差的依据;反馈给预算管理部门,作为预算控制、考核和调整的依据;反馈给审计部门,作为审计监督的依据;反馈给人力资源部门,作为业绩评价和实施预算奖惩的依据;反馈给公司总经理,作为控制整个企业生产经营活动的依据。

各预算管理部门通过实施过程控制、调整控制、分析控制和考核控制,确保全面预算管理活动的顺利进行。

审计部门通过实施审计监督,确保预算执行过程及结果的真实性和有效性。

人力资源部门通过实施业绩评价,确保预算执行结果与奖惩密切挂起钩来。

第二节 预算执行

一、预算执行的前提条件

预算执行是企业各预算单位具体实施全面预算的过程,要使预算得到顺利实施,还需要营造一个有利于预算执行的良好环境,这个良好环境就是预算执行的前提条件。它主要包括以下三个方面的内容。

(一) 提高预算的准确性,是预算执行的基础

预算编制与预算执行互为条件,相辅相成。预算编制是执行的基础,预算执行以完备和严谨的预算为前提。编制的预算与实际情况相差甚远,这样的预算没法执行,也没有必要执行。因此,企业在编制预算时必须强调预算的准确性,要让预算编制者明白,编制预算是为了执行预算,没法执行的预算无异于一张废纸。提高预算准确性包括两方面的要求:一是预算的内容要准确,不能办、没法办的事情不能成为预算的内容;二是预算的指标要准确,指标定得过高,主观上再努力也不可能完成,就会使大家丧失完成预算的信心,指标定得太低,主观上不用努力就可以轻松实现,这样的预算起不到挖掘内部潜力、规范生产经营活动、提高经济效益的作用。因此,为了使预算能够得到顺利执行并发挥应有的效能,必须端正预算编制态度,规范预算编制规程,切实提高预算编制的准确性。

(二) 树立预算的权威性,是预算执行的保障

预算编制得再好,得不到认真执行也是枉然。预算要想得到认真执行,树立预算的权威性是关键。推行全面预算管理是企业管理思想的一次革命,实施全面预算管理之前,企业习惯了比较粗放的管理模式,特别是企业高层管理人员,比较喜欢那种"说了算,定了办"的感觉;一般员工也习惯了"只干不看"的工作模式。而推行全面预算管理实际上是在企业构建了一种新的运营模式,这种运营模式的本质是:以预算为标准,控制企业的经营活动。其表现形式就是"一切看预算":领导审批生产经营活动要看是否有预算;员工从事生产经营活动要看是否符合预算;财务部门报销费用要看是否超出预算;……也就是说,预算一旦审批下来,在企业内部就有了"法律效力",上至董事长,下到每一名员工都要严格执行。树立预算的权威性,领导仍然"说了算,定了办",但必须在预算的范围内;一般员工也仍然要干,但必须不能违背预算。只有这样,预算的执行才能拥有切实的保障。

(三) 健全预算执行机制,是预算执行的关键

建立健全预算执行机制,是预算执行的必要条件。它包括组织机制、核算机制、监控机制和考核奖惩机制四个方面。

1. 建立预算执行的组织机制。预算执行需要相应的组织机构来承担,需要特定岗位的人员去执行。由于各项具体预算是按照企业内部各个部门不同的职责范围进行编制的,是责任预算。与此相适应,企业必须建立健全各种预算执行的责任中心,使各责任中心对分解的预算指标既能控制,又能承担完成责任。因此,按照企业的组织结构合理划分责任中心,建立与预算责任划分相适应的组织构架,是搞好预算执行的组织保证。

2. 建立预算执行的核算机制。企业各责任中心的预算执行过程和结果,需要及时、准确地予以揭示和反映,而传统的财务会计以资金运动作为核算对象,不能满足企业对预算责任进行核算的需要。责任会计通过对各个责任中心的责任核算,不仅可以准确掌握各责任中心的预算执行情况和执行结果,而且有利于企业管理当局及时发现、分析和纠正预算执行中的偏差,确保预算目标的实现。因此,实施全面预算管理,必须建立责任会计核算机制,按预算责任部门开展会计核算工作,以满足正确核算各预算责任部门预算执行过程和结果的需要。

3. 建立预算执行的监控机制。预算执行是一个动态过程,不确定的因素很多。为了确保预算的有效执行,就必须对各责任中心预算的执行情况进行有效监控,及时调整预算执行中的偏差。因此,企业只有建立健全预算执行的监控机制,才能确保预算的顺利执行。它包括预算信息监控、预算调整监控、预算审计监控等内容。

4. 建立预算执行的考核奖惩机制。如果不对预算执行的过程和结果进行考核和奖惩兑现,预算执行就会流于形式。因此,建立健全严格的考核奖惩机制是预算执行的关键因素。预算的考核奖惩关系到每名员工的切身利益,在实施过程中必须以预算指标为标准,把握好考核评价的科学性,以及奖励惩罚的公正性。

二、预算执行前的准备工作

为了确保预算得到有效执行,在预算正式执行前,企业需要将全面预算目标进行层层分解,落实各个责任中心的预算责任,并通过签订《预算目标责任书》的方式,建立预算执行的激励与约束机制,确保全面预算的有效贯彻和执行。

(一) 预算的分解

预算的分解是对预算指标进行细化和落实的过程,目的是保证全面预算目标的实现。企业要根据内部的组织构架、生产经营特点、管理基础和人员状况,从横向、纵向和时间三个方面尽可能地将各项预算指标细化。

所谓横向细化是指将预算按部门分解,各部门的预算指标总和要大于等于公司的总预算指标;所谓纵向细化是指各项预算指标要层层分解落实到每个车间、工段、岗位和个人;所谓时间细化是指预算的各项指标要分解落实到每个季度、月份,甚至旬、周、日。

1. 预算分解的步骤

(1) 预算获得董事会的批准后,预算管理部门要将全面预算切块分解为部门责任预算,明确各预算执行部门的预算责任目标;同时将年度预算细分为季度预算和月份预算,以便预算的分期执行和控制。

(2) 预算分块落实后,各级预算执行部门要从横向、纵向和时间三个方面对本部门负责的预算指标进行层层分解,形成全方位的预算执行责任体系,保证全面预算目标的实现。

2. 预算分解的原则

为保证预算分解的科学性,各项预算指标的分解应遵循以下四项原则:

一是定量化原则。预算指标的分解要明确、具体,便于执行和考核。

二是全局性原则。预算指标的分解要有利于公司经营总目标的实现。

三是可控性原则。赋予责任部门的预算指标应当是通过该责任部门的努力可以达成的,责任部门以其责权范围为限,对预算指标负责。

四是公平责任原则。将预算指标分给某个责任部门,不仅是落实了预算责任,也在很大程度上决定了责任部门的奖惩水平。因此,必须做到公平合理,有理有据。

预算指标的分解要尽量详细、具体,使所有预算指标都落实到具备控制手段的责任人。

例如,阳光公司2012年管理费用预算的办公费项目分解如表10-1所示。

表10-1 阳光公司2012年管理费用——办公费分解表 单位:元

项目	合计	管理部	财务部	采购部	储运部	人资部	制造部	技术部	工程部
办公用品	2 150	800	400	50	100	100	200	200	300
印刷费	3 300	1 000	700	200	200	300	100	300	500
邮资费	850	100	100	100	50	200	100	100	100
电话费	3 250	600	750	300	100	400	100	200	800
微机耗材费	7 600	900	3 000	150	350	500	300	1 100	1 300
报刊、图书费	3 050	500	1 000	100	150	300	100	500	400
晒图、描图费	1 000	0	0	0	0	0	0	500	500
其他	850	100	100	100	50	200	100	100	100
合计	22 050	4 000	6 050	1 000	1 000	2 000	1 000	3 000	4 000

(二) 签订预算目标责任书

签订《预算目标责任书》是规范预算执行行为的重要措施,也是建立全面预算管理激励与约束机制的重要内容。通过签订《预算目标责任书》,企业实现了以契约的形式将自己的整体预算目标具体落实为各级预算执行部门的预算责任目标,明确企业决策管理层与预算执行层之间的相互关系及各自的责任、权利和义务。同时,通过签订《预算目标责任书》还可以使签订双方都清楚:完成预算责任目标,预算执行部门将得到哪些奖励和结果;完不成预算责任目标,将会受到什么样的惩罚和后果,从而调动各预算执行部门严格按预算标准实施生产经营活动的自觉性。另外,《预算目标责任书》还是考核、评价各预算执行部门经营业绩的重要依据。因此,签订《预算目标责任书》是实施全面预算管理必不可少的内容。

《预算目标责任书》的签订时间一般是在公司董事会批准预算草案以后,预算期到来之前。签订《预算目标责任书》的层次和方式需要根据企业的经营规模和组织结构等情况决定。集团化企业一般需要签订多个层次的《预算目标责任书》,包括董事会与总经理签订、集团公司与控股子公司签订、子公司与内部预算责任部门签订等。对于一般企业而言,至少需要签订以下两个层次的《预算目标责任书》:

一是董事会与公司总经理签订《预算目标责任书》。按照现代企业法人治理结构的内容和全面预算管理的内在要求,董事会是企业的决策机构,总经理是企业的经营管理者。董事会做出的决策需要通过总经理去贯彻、实施。因此,通过董事会与总经理签订《预算目标责任书》的形式,可以明确董事会与总经理在全面预算管理中的责任和权利,使总经理在规定的权利范围内,行使生产经营的指挥权,并承担相应的预算责任。

二是总经理与各预算执行部门负责人签订《预算目标责任书》。企业各个预算执行部门是预算的执行者,全面预算规划的各项预算目标只有通过预算执行部门的实施才能变为现实。因此,总经理与各预算执行部门签订《预算目标责任书》是落实预算责任的核心。

各预算执行部门负责人与总经理签订《预算目标责任书》以后,要通过指标分解的办法将预算责任落实到每个岗位和员工,构建"千斤重担众人挑,人人肩上有指标"的预算执行责任体系。

下面,通过一个案例说明《预算目标责任书》的结构和内容。

【例 10-1】 阳光公司为了确保 2012 年销售预算的完成,总经理与销售公司经理签订《预算目标责任书》如下:

阳光公司 2012 年销售预算目标责任书

甲方:阳光公司(简称甲方)

乙方:销售公司(简称乙方)

为确保公司 2012 年销售预算目标的完成,甲、乙双方就销售预算的有关事宜达成并签订本责任书。

1. 乙方的预算责任期限

2012 年 1 月 1 日至 2012 年 12 月 31 日。

2. 乙方的预算责任目标

2.1 全年实现销售收入(不含税,以财务部开票为准)550 万元。其中:第一季度 120.5 万元,第二季度 138.5 万元,第三季度 150 万元,第四季度 141 万元。①

2.2 全年完成销售现金收入 624 万元。其中:第一季度 128.7 万元,第二季度 155.7 万元,第三季度 171.5 万元,第四季度 168.1 万元②;各季度产品销售的货款回收时间按如下政策考核,产品销售的当季度回收现金 70%,其余 30% 下一季度收回。

2.3 2012 年销售费用占销售收入的比率不超过 6.4%。

2.4 2012 年期末各种产品库存余额合计不超过 36 万元。

3. 预算奖惩方案

3.1 乙方全面完成 2012 年的预算责任目标,甲方全年向乙方兑现奖金 2 万元。

3.2 乙方超额完成销售收入、现金收入两项指标,甲方按下列算式向乙方兑现超额奖金(全年统算兑现):

---

① 见第七章表 7-9。

② 见第七章表 7-13 和表 7-14。

超额奖金 = (实际销售收入 − 550 万元 + 实际现金收入 − 624 万元) ÷ 2 × 1%

3.3　乙方没有完成销售收入、现金收入两项指标,甲方按下列方案向乙方兑现奖惩,全年统算兑现:

A. 95% ≤ 销售和现金收入指标平均完成率 < 100%,兑现奖金 1 万元;

B. 90% ≤ 销售和现金收入指标平均完成率 < 95%,兑现奖金 0.5 万元;

C. 80% ≤ 销售和现金收入指标平均完成率 < 90%,不奖不罚;

D. 销售和现金收入指标平均完成率 < 80%,扣发乙方全体员工 10% 的基本工资。

销售和现金收入指标平均完成率按如下公式计算:

$$销售/现金收入指标平均完成率 = \frac{实际销售收入 + 实际现金收入}{550 万元 + 624 万元} \times 100\%$$

3.4　全年销售费用占销售收入的比率按其费用升降额的 20% 兑现奖惩。即:

奖惩额 = (6.4% − 销售费用实际比率) × 实际销售收入 × 20%

(计算结果为正值,则为奖励额;为负值,则为罚款额)

3.5　全年库存产成品平均余额的升降按 1% 的比例兑现奖惩,即:

奖惩额 = (36 万元 − 实际库存产成品平均余额) × 1%

(计算结果为正值,则为奖励额;为负值,则为罚款额)

4. 预算责任的考核部门及考核方式

4.1　各项预算责任指标按季度进行考核,每季度兑现奖惩 80%;年终统算兑现。

4.2　各项预算责任指标的完成情况由财务部负责核算提供,人力资源部负责审查、计算并提出奖惩兑现方案,奖惩兑现方案经乙方认可、财务部审核、总经理办公会议批准后执行。

4.3　乙方负责提出内部员工的具体奖惩方案,报甲方审批后兑现。

5. 甲方的权利和义务

5.1　协助乙方完成 2012 年度责任目标,并保证本预算责任书中奖惩方案的兑现。

5.2　从时间、品种、质量、数量四个方面保证乙方的产品销售活动。

5.3　若因甲方原因造成乙方未完成预算责任目标,则由甲方承担乙方的经济损失。

5.4　由于乙方原因,完不成本预算责任书的有关条款,甲方有权随时对乙方的人事及工作进行干预、调整和重组。

5.5　甲方有关职能部门在全力支持乙方完成预算责任目标的同时,有权对乙方的各项工作进行监督、检查。

6. 乙方的权利和义务

6.1　采取有效措施,确保 2012 年责任目标的完成。

6.2　保证乙方所有的经营活动在国家法律、法规及厂规厂纪的范围内开展。

6.3　服从甲方领导,积极配合甲方有关职能部门的指导、监督和检查。

6.4　由于乙方原因给甲方造成的经济损失,由乙方承担赔偿责任。

7. 其他

7.1　若因重大市场变化或其他不可抗力导致本预算责任书的有关条款不能执行,甲、乙双方应及时协商调整有关条款。

7.2 本责任书未尽事宜,由甲、乙双方协商补充、解决。

7.3 本责任书正本一式二份,甲、乙双方各执一份,双方盖章及负责人签字后生效。

甲　方:阳光公司　　　　　　　　　　　乙方:销售公司

总经理:李　铭　　　　　　　　　　　　经理:方　昕

2011 年 12 月 26 日

《预算目标责任书》的签订应通过召开专门会议、举行签字仪式的方式进行,并尽量扩大宣传,营造有利于全面预算执行的环境氛围。

三、预算执行的方法

预算经过层层分解落实,成为各个部门、各个岗位的责任目标,但这并不意味着企业的生产经营活动可以高枕无忧了。因为预算规定的只是一个目标和标准,它不可能规定具体的业务活动事项和业务活动过程。而企业的生产经营活动是一个连续不断的过程,因此,预算执行也是一个周而复始、连续不断的过程。在预算执行中,预算执行部门需要将企业的生产经营活动细分为一件件具体的业务活动事项,例如,采购一批材料、生产某种产品、购买某种设备、支付一笔款项等。企业一件件具体的业务活动事项就是预算执行的对象。各预算执行部门要将预算变为现实,就需要针对各自负责的业务特点、业务内容和预算指标,设计制定具体的业务活动方案,把预算执行工作落到实处。

同时,为了确保预算在受控的范围内执行,各种预算的执行还必须履行申请、批准、执行、反馈、核算、考核等管理程序。而企业预算管理部门正是通过参与预算执行的各个环节,实现对预算执行的全过程管理。下面,例举几种主要预算的执行方法。

（一）销售预算的执行

销售预算不仅是预算编制的起点,更是预算执行的重点。在产品供过于求的条件下,销售工作的重要性是不言而喻的,它是企业收入的来源、生产的依据。可以说,销售预算执行得好坏,直接关系到整个全面预算管理运行的成败。如果销售预算落空,带来的直接后果就是其他预算没法执行。因此,从这个意义上讲,如何执行好销售预算是全面预算管理的第一要务。销售预算执行的关键是抓住销售活动的计划、控制、反馈、考核四个环节,确保销售活动的有序进行。

1. 计划:销售工作的基本法则是制订销售计划和按计划销售。企业推行全面预算管理,要求销售部门必须按照公司下达的销售预算指标,按月制订销售计划,这个月度销售计划就是销售预算执行的具体行动方案。它的具体内容是:在分析市场形势和企业现状的基础上,围绕如何完成销售预算制定明确的销售目标、回款目标和其他定性、定量目标,并落实具体的执行人员、执行职责和执行时间。销售部门制定的销售计划必须报经公司分管领导批准,并报送财务部门及预算管理办公室备案。

2. 控制:企业高层领导必须有效控制企业产品的销售活动,销售部门的领导必须有效控制每名销售人员的业务活动。实现两个有效控制的核心是围绕销售预算的执行,落实每名销售人员的责任,要通过制定月度行动计划和周行动计划、每日销售报告和月度工作总结、考核等方式,提高销售活动过程的透明度,提高销售工作的效率,实现预算执行过程的有效控制。

3. 反馈：信息是企业决策的生命，也是全面预算管理的重要内容。销售活动反馈的信息包括三个方面的内容：一是销售预算的执行情况；二是销售市场的动向、消费者的需求、竞争对手的变化、经销商的要求以及质量信息、价格信息、品种信息、市场趋势等市场信息；三是销售活动中存在的问题。这些信息的及时、准确反馈，有利于企业及时做出正确的经营决策，确保销售预算的圆满完成。

4. 考核：企业要定期对销售部门完成销售预算的情况进行考核；销售部门也要对每一名销售人员的销售业绩进行定期考核。对销售人员的考核包括定量和定性两个方面：定量考核主要是销售预算的完成情况，如销售额、回款额、费用额等指标；定性考核主要包括销售人员的合作精神、工作热情、对企业的忠诚度、责任感等指标。考核结果是企业对销售部门、销售部门对每名销售人员进行奖惩的依据，只有将考核结果与奖惩挂起钩来，才能充分调动销售部门及销售人员的工作积极性，有利于销售预算的圆满完成。

（二）产品成本预算的执行

产品成本预算的执行情况对企业预算期的经济效益具有重大影响。日本企业界有句名言叫"利在于本"，意思是说，企业要想获得利润，关键是要控制好成本。成本决定利润，降本方能增效。在收入一定的情况下，成本是决定企业经济效益高低的关键因素。在产品质量相同或相近的条件下，产品价格的高低是决定企业市场竞争力强弱的主要因素，而决定产品价格高低的主要因素是产品成本的高低。因此，从这个意义上讲，产品成本预算执行情况的好坏，又直接反作用于销售预算的执行。同时，降低产品成本不仅能够提高企业的市场竞争能力，提高企业的生存能力和获利能力，更重要的意义还在于能够节约社会资源，使有限的资源生产出更多的产品，从而提高社会效益。因此，加强成本管理是企业永恒的主题，也是企业预算管理的重点。产品成本预算执行的关键在于把握各项生产活动的"指令、实施、控制、核算、考核"五个环节，严格按预算支出标准实施各项产品生产活动。

1. 指令：所谓指令是指《产品生产指令》，生产部门必须按企业生产指挥中心下达的生产指令从事产品生产活动。《产品生产指令》是根据销售部门拿到的客户产品订单及产品成本预算编制的，其内容既包括产品生产的品种、规格、数量、质量、时间要求，也包括产品生产的材料消耗定额、费用定额等成本控制指标。

2. 实施：生产部门必须按《产品生产指令》的要求，组织产品生产和控制产品制造成本，杜绝自行安排产品生产活动的行为发生。

3. 控制：《产品生产指令》既是生产部门控制产品生产消耗的依据，也是物资管理部门控制生产部门领料的依据，还是财务部门控制成本费用支出的依据。

4. 核算：财务部门要按照成本预算的口径对产品生产成本进行责任核算，反馈产品成本预算的执行结果。

5. 考核：预算管理部门要对产品成本预算的执行结果进行定期考核，并根据考核结果进行奖惩兑现。

（三）费用预算的执行

费用预算包括销售费用、制造费用、管理费用和财务费用预算。这四部分费用占企业全部经营成本的30%以上,而且随着科学技术的日益发展,各项费用在全部经营成本中所占的比重呈现逐年提高的趋势。因此,根据预算标准,控制各项费用支出是费用预算执行的重要内容。费用预算执行的关键是各项费用支出必须按照"申批、执行、核算、考核"的程序进行。

1. 申批:包括申请和批准两个环节。各预算执行部门在各项经济活动及费用发生之前,首先要填写经济活动及费用支出申请单,经过预算管理部门审核后,报有关领导审批。通过申批程序,可以将一切不正确、不合理、不合法、不符合预算的经济活动及费用支出制止在发生之前。

2. 执行:各预算执行部门要按照授权从事经济活动,财务部门也要按授权报销各种费用。

3. 核算:财务部门要按预算执行部门归集各项费用支出,正确核算各责任部门的费用预算完成情况。

4. 考核:每月结束后,预算管理部门要根据费用预算执行情况进行考核,并根据考核结果奖惩兑现。

(四) 材料采购预算的执行

材料成本一般占产品成本的比重在50%以上。产品成本中的材料成本是由材料消耗数量和材料价格决定的,其中,材料价格是一个弹性非常大的因素。而产品成本中材料价格是由材料采购价格决定的,因此,严格控制材料采购价格是材料采购预算执行的重要内容。材料采购预算的执行一般需要按照"立项、实施、支付、核算、考核"的程序进行。

1. 立项

所谓立项是指材料采购业务在具体实施之前需要办理的申请和审批事项,包括《材料采购计划》和材料采购价格审批两项内容。具体执行程序如下。

(1)《材料采购计划》的立项程序:①生产部门根据《产品生产指令》中所下达的生产任务和材料消耗定额编制《材料耗用计划》;②物资管理部门根据《材料耗用计划》和材料库存情况编制《材料补库计划》;③采购部门根据《材料补库计划》编制《材料采购计划》;④预算管理部门审核、平衡上述各项计划,确保各项计划与公司各项预算相吻合;⑤公司总经理审查并批准《材料采购计划》。

(2) 材料采购价格的立项程序:①询价。采购部门按照公司批准下达的《材料采购计划》,根据采购项目的时间要求,在了解市场行情、参考过去采购记录和预算价格的基础上,向有关供应商咨询价格。询价过程和供应商的报价要如实登记备案。②核价。价格管理部门根据采购部门的询价情况,通过电话、计算机网络等渠道查询、核实采购部门的询价结果,将核价的情况记录备案,并据以核定材料的最高采购限价。③审批。价格管理部门核定的最高限价,经预算管理部门填写审核意见后,按照审批权限报有关领导审批。④谈判。采购部门根据领导审批的最高限价,与供应商进行价格谈判,力争以较低的价格签订采购合同;公司常年使用的大宗材料采购业务,由公司总经理率领采购谈判小组与生产厂商直接谈判、签订采购合同。⑤备案。采购部门与供应商最终确定的采购价格要填写《材料采购价格反馈表》报价格管理部门备案。

如果某项材料采购业务已经立项,则说明它可以付诸实施了。

2. 实施

所谓实施是指采购部门按照批准的《材料采购计划》和采购价格实施材料采购活动的过程。采购部门需要将采购业务落实到具体的采购人员,并严格按采购合同执行。

3. 支付

材料采购的货款支付一般由财务部门负责,付款的依据要同时满足如下条件:

(1)符合采购合同规定的付款时间、方式和金额;

(2)在公司现金预算范围内;

(3)采购发票、验收证明等相关凭证真实、完整、合法、合规、无误。

办理采购付款时,由采购部门填写《材料采购付款单》,财务负责人按预算审批付款;超出预算的付款,必须由采购部门申明理由,经公司总经理批准后,从预算外资金列支或调整现金预算。

4. 核算

材料采购的核算需要通过材料采购账户进行,通过核算可以准确反映材料预算的执行过程和结果。

5. 考核

月末,预算管理部门对采购预算的执行结果进行考核,并奖惩兑现。

(五)现金预算的执行

资金是企业的血液,是企业赖以生存的源泉,资金枯竭的极端后果是整个预算成为无米之炊,直至企业倒闭。因此,现金预算的执行是企业预算期内生产经营活动顺利运行的保证。人们常说"企业管理要以财务管理为中心,财务管理要以资金管理为重点",就是这个道理。要加强资金管理,就必须强化财务部门的资金管理职能,加大盘活资金的力度,减少资金的流转环节,避免资金沉淀和浪费。在全面预算管理中,特别是对资本性支出项目,要认真贯彻"量入为出,量力而行"的原则。这里的"入",一方面要从过去自有资金的狭义范围拓宽到举债经营范围,同时又要考虑企业的偿债能力,杜绝没有资金来源或负债风险过大的长期投资项目预算。现金预算的执行包括现金收入预算执行和现金支出预算执行两部分。各部分执行程序如下。

1. 现金收入预算的执行

企业日常的现金收入来源主要是销售货款和银行借贷资金,其中,销售货款是现金收入的主要来源。现金收入预算一般按如下程序执行。

(1)计划:销售部门要根据公司下达的销售预算和现金预算,编制具体的现金收款计划,报经预算管理部门和有关领导批准。

(2)收款:销售部门要按照现金收款计划落实现金收款任务。现金收款的时间一般分预收货款、收款发货和清收应收货款三种情况,这主要取决于产品的供求状况。收到的各类现金凭证要及时送交财务部门入账。

(3)核算:财务部门要按照现金收入的来源进行明细核算,并按日编制《现金收入日报表》,以便及时掌握现金收入预算的完成情况。

(4)考核:预算管理部门每月对现金收入预算完成情况考核一次,并奖惩兑现。

2. 现金支出预算的执行

现金支出预算一般按如下程序执行。

（1）申批：各个用款部门付款前必须填写《现金付款申请单》，预算管理部门按照现金预算签署审批意见，然后报经财务负责人审查批准。

（2）付款：财务部门根据领导签批的《现金付款申请单》和现金结存情况具体安排付款时间和付款金额。

（3）核算：财务部门要按部门核算现金支出预算的执行情况，并按日编制《现金支出日报表》，以便及时掌握现金支出预算的完成情况。

（4）考核：预算管理部门每月对现金支出预算完成情况考核一次。因为现金支出的权限不在各个预算执行部门，而且现金支出预算的完成情况在很大程度上取决于现金收入预算的完成情况，因此，现金支出预算的执行结果一般不做奖惩处理。

（六）预算执行方法的案例

预算执行是一项非常务实和复杂的经济活动，各种预算的执行不仅相互关联和影响，而且预算的执行往往与预算控制、预算考核、预算奖惩交织在一起。下面，通过一个案例说明预算执行的方法。

【例10-2】 新月公司是一家纺织印染企业，按客户订单组织产品生产，为了确保2012年全面预算目标的实现，公司建立了"以销售收入为起点，以目标利润为核心，通过倒逼成本的方式，将成本、费用及价格指标分解落实到有关生产厂和职能部门"为主要内容的预算执行控制体系。具体内容如下。

新月公司预算执行控制体系

为了确保2012年预算目标的全面完成，特制定预算执行控制体系如下。

1. 销售部门根据客户要求申请生产的每一批产品，必须将销售价格控制在公司销售预算制定的预算价格之上，对于新产品订单或大额订单可以由公司价格管理部门另行核定预算价格。

2. 在安排产品生产之前，销售部门首先填写《产品销售收入及成本、利润预算表》，表中要填明产品名称、数量、售价、销售客户等内容；然后，将填好的表格报财务部。

3. 财务部将销售部门报来的《产品销售收入及成本、利润预算表》进行分析计算，按照如下步骤分解成本、费用及材料采购预算价格指标。

① 计算期间费用和销售利润。

按照公司的既定销售政策（不同性质的产品，公司需要制定不同的价格水平、费用率及毛利率政策，例如老产品的毛利率为20%，新产品的毛利率为25%等），计算目标产品应分担的期间费用（指销售、管理和财务费用）和销售税金及附加，并计算目标产品的销售利润。计算公式为：

$$期间费用 = 销售额 \times 期间费用率$$
$$销售税金及附加 = 销售额 \times 税费率$$
$$销售毛利 = 销售额 \times 毛利率$$
$$目标利润 = 销售毛利 - 期间费用 - 销售税金及附加$$

② 倒逼成本费用及材料采购价格

首先,依据下列公式计算出产品订单的目标成本:

$$目标成本 = 销售收入 - 销售税金及附加 - 期间费用 - 目标利润$$

然后,根据产品成本构成将"目标成本"分解为"直接材料成本、直接人工成本和制造费用"。计算公式为:

$$直接人工成本 = 产品产量 \times 单位工时定额 \times 小时工资率$$

$$制造费用 = 产品产量 \times 单位产品制造费用预算定额$$

$$直接材料成本 = 目标成本 - 直接人工成本 - 制造费用$$

最后,将"直接材料成本"分解"直接材料消耗量"和"采购价格"。计算公式为:

$$直接材料消耗量 = \sum 产品产量 \times 单位产品材料消耗定额$$

$$采购价格 = 直接材料成本 \div 直接材料消耗量$$

4. 财务部测算的成本费用及材料采购价格经生产厂、采购部确认后,由公司制造部下达《产品生产指令》。

① 公司核定的材料采购价格是考核采购部工作业绩的依据。采购部实际采购材料的结算价格如果低于核定的材料采购价格,公司按材料采购价格节约总额的10%奖励采购部门;如果高于核定的材料采购价格,则在材料采购之前必须申明理由,经公司总经理批准执行;月末考核时,如果发现属于采购部的责任造成材料采购价格超过预算的,公司则按材料采购价格超支总额的10%扣罚采购部门的基本工资。

② 公司核定的"目标成本"是考核生产厂工作业绩的依据。同时,生产厂需要将公司核定的产品制造成本逐项分解到各个生产工序。如果生产厂的实际产品制造成本低于公司核定的目标成本,公司按制造成本降低总额的10%奖励生产厂;如果高于核定的目标成本,则按制造成本提高总额的10%扣罚生产厂的基本工资。

5. 财务部每月将销售费用、管理费用、财务费用指标分解落实到有关职能部门。上述费用的支出,严格按预算执行,月末考核,按节约或超支额的10%进行节奖超罚。

新月公司预算执行控制体系流程如图10-2所示。

建立预算执行控制体系实现了生产部门的制造成本与奖惩挂钩;采购部的采购价格与奖惩挂钩;销售部的销售费用与奖惩挂钩;各管理部室的管理费用与奖惩挂钩。实行上述预算执行控制体系需要具备如下前提条件:

一是预算管理部门或财务部门要设置专门负责测算、分解产品"目标成本"、"期间费用"和"材料采购价格"的人员,负责公司的成本管理、价格管理和预算执行控制体系的成本费用测算与考核工作。

二是建立健全公司的定额管理、价格管理和原始记录管理。

三是公司需要制定有关产品、材料的价格政策和各种费用率、利润率水平,对有关部门和人员实行授权管理。

四是财务部的成本核算办法要适应预算执行控制体系的要求,按《产品生产指令》核算成本。同时,每张《产品生产指令》都要有一个唯一的编号,为该《产品生产指令》发生的材料领料单、人工工时记录单、费用支出单等,都要注明该生产指令编号,这样财务部门就可以很方便地归集和核算每张《产品生产指令》的成本费用了。

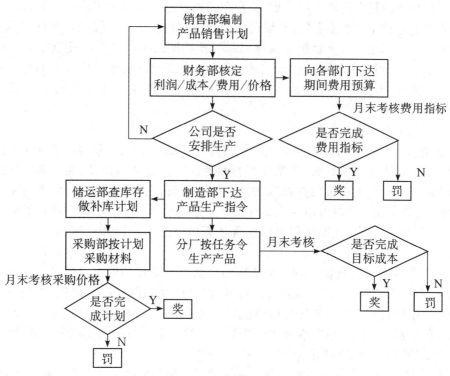

图 10-2 预算执行控制体系流程示意图

第三节 预算控制

一、预算控制概述

预算控制是按照一定的程序和方法,确保企业及各预算执行部门全面落实和实现全面预算的过程。如前所述,预算控制与预算执行密不可分,预算执行的过程也就是企业以预算为标准控制生产经营活动的过程。

预算控制具有三个基本条件:一是要有明确的控制标准或控制目标,没有控制标准或控制目标就无所谓预算控制;二是预算控制客体必须具有多种发展可能性,如果被控客体的发展方向和结果是唯一的、确定的,就谈不上预算控制;三是预算控制主体可以在被控客体的多种发展可能性中通过一定的控制方法进行选择,如果这种选择不成立,预算控制的目标也就无法实现。在这里,预算控制客体是指各个预算执行部门和各项经济活动;预算控制主体是指公司股东(大)会、董事会和各级经营管理层;预算控制标准或控制目标是指经过公司决策机构批准实施的各项预算;控制方法是指为确保预算执行而使用的各项控制工具和手段。

被人们誉为"管理过程之父"的法国著名管理学家亨利·法约尔(Henri Fayol)在他的代表作《工业管理和一般管理》(1916)一书中指出:"在一个企业,控制就是核实所发生的每一件事是否符合所规定的计划、所发布的指示以及所确定的原则。其目的就是要指出计划实施过程中的缺点和错误,以便加以纠正和防止重犯。控制在每件事、每个人、每个行动上都起作用。"[1]企业通过预算编制为预算期的生产经营活动制定了目标和依据,通过预算执行将编制的预算付诸实施,通过预算控制确保预算执行不偏离预算的方向和目标。因此,预算控制是全面预算管理体系中的关键环节之一,是全面预算目标得以顺利实现的保障。

（一）预算控制的特征

1. 预算控制是一种目标控制。预算控制具有很强的目的性,预算控制所采取的一切手段和方法都是为了一个目的,即实现预算目标。在预算执行前期,通过采取事前审批的控制手段可以制止不符合预算目标的经济活动运行;在预算执行中期,通过采取实时监控、预算调整等控制手段可以纠正偏离预算目标的经济活动;在预算执行后期,通过采取信息反馈、预算考评等控制手段可以发现预算执行结果与预算目标的差异,为下一周期的预算执行指明方向和目标。

2. 预算控制是一种价值控制。企业实施全面预算管理的根本目的是实现企业价值的最大化,企业生产经营的各个环节,从材料采购、产品制造到产品销售,都是一个不断增加企业价值的过程。预算控制是以价值管理为手段,通过采取程序控制、授权控制、实时监控、反馈控制等方式,确保企业生产经营活动的各个环节都能实现最合理的增值,从而实现企业价值最大化的目标。

3. 预算控制是一种制度控制。预算一经确定,在企业内部已具有"法律效力"。预算控制所采取的程序、方法都以预算为目标,以严格、规范的预算管理制度为依据,从而提高了预算控制的权威性,保证了预算控制的有效性。

（二）预算控制的原则

1. 全面性原则。预算控制是一项全方位、全过程的控制活动,作用于全面预算管理的全过程。

2. 及时性原则。预算控制通过对各项生产经营活动的实时监控,可以及时发现预算执行中的偏差,并及时采取措施加以纠正。

3. 经济性原则。预算控制所采取的一切程序和方法都必须是合理的、必要的,是能够通过控制活动实现投入产出比最大化的增值活动。

4. 客观性原则。预算控制以预算目标为依据,对各项经济活动进行实事求是的控制和管理。

5. 适应性原则。预算控制离不开企业外部市场环境和企业内部特定环境的影响,而这些环境因素往往是发展变化的,因此,预算控制必须适应内外环境的变化,适应企业的具体情况。

6. 权威性原则。预算控制是一种约束行为,没有权威的约束行为是起不到任何控制作用的,因此,预算控制必须具备权威性。

（三）预算控制的种类

预算控制可以按控制方法、功能、时序、对象等标准分为不同种类。

---

[1] 《工业管理和一般管理》(中文版),周安华等译,中国社会科学出版社1982年版。

1. 按控制方法分类

按控制方法可以将预算控制分为授权控制、反馈控制、调整控制和制度控制等。

（1）授权控制是指企业通过建立授权批准制度,确保一切生产经营活动都在授权的范围内运行。

（2）反馈控制是指通过采取实时汇报、定期报告、会议调度等信息传输手段,实现对生产经营活动的有效控制。

（3）调整控制是指采用调整预算项目或预算标准的方法,确保预算的顺利执行。

（4）制度控制是指通过制定预算管理制度,实现对生产经营活动的制度化管理。

2. 按控制功能分类

按控制功能可以将预算控制分为预防性控制、导向性控制、纠正性控制和补偿性控制等。

（1）预防性控制是指为防范风险、舞弊、错误和非法行为发生而采取的控制。

（2）导向性控制是指为保证各项生产经营活动达到预期目标而采取的控制。

（3）纠正性控制是指针对生产经营活动中出现的偏离预算的行为所采取的控制措施。

（4）补偿性控制是指针对生产经营环节中出现的某些不足或缺陷而采取的控制措施。

3. 按控制时序分类

按控制时序可以将预算控制分为事前控制、事中控制和事后控制。

（1）事前控制也称原因控制,是指在经济活动行为发生之前进行的控制。

（2）事中控制也称过程控制,是指在经济活动行为发生过程中进行的控制。

（3）事后控制也称结果控制,是指在经济活动行为发生后进行的控制。

4. 按控制对象分类

按控制对象可以将预算控制分为资金控制、销售控制、生产控制、采购控制和投资控制等。

（1）资金控制是指对企业资金收支进行的控制。

（2）销售控制是指对企业销售活动进行的控制。

（3）生产控制是指对企业生产活动进行的控制。

（4）采购控制是指对企业采购活动进行的控制。

（5）投资控制是指对企业投资活动进行的控制。

（四）预算控制的基础

预算控制的基础是进行预算控制所必须具备的基本条件,主要包括以下五个方面。

1. 组织保证

预算控制必然涉及控制主体和被控制对象。就预算控制主体而言,应当围绕预算控制建立有效的组织保证。例如,为了制定预算,就要建立相应的预算决策机构和预算编制机构;为了对预算执行过程和结果进行准确反映,就应建立责任会计核算机构;为了组织、实施预算控制,就要建立相应的预算监督、协调机构;为了对预算执行结果进行考核、评价,就应建立相应的预算考评机构等。就被控制的对象而言,应本着有利于将全面预算分解落实到企业内部各个部门、各个层次和各个岗位的原则,设立预算执行的责任中心,并落实各个责任中心的责、权、利,使各责任中心对承担的预算指标既能有效控制,又能承担完成责任。

2. 制度保证

预算控制制度是企业进行有效控制的法规保障,制定预算控制制度既有利于约束预算执行部门从事各种生产经营活动的行为,又有利于规范预算控制部门和人员的控制行为,提高预算控制的权威性。预算控制制度主要包括预算编制控制制度、预算执行控制制度、预算调整控制制度、预算分析控制制度、预算考核控制制度等。

3. 控制目标

预算控制的总目标就是公司最高决策机构批准下达的全面预算。全面预算的各项目标既是预算部门从事生产经营活动的依据,也是预算控制的依据。企业要通过预算目标的层层分解,将预算目标细分为各个责任中心的具体工作目标,从而实现预算控制目标的明晰化和具体化。

4. 会计核算

预算控制离不开会计核算,会计核算可以及时、准确地反映预算的执行进度和执行结果,为预算控制提供翔实的控制依据。透过会计核算资料可以了解分析各项预算的执行情况、存在的差异及其原因,并提出相应的纠正措施。

5. 信息反馈

预算控制是一个动态的控制过程,要确保各项预算的贯彻执行,必须对各预算执行部门执行预算的情况进行跟踪监控,不断调整执行偏差。这就需要建立一个以会议、报表、报告为主要形式,以计算机为主要传输手段的信息反馈系统。

(五) 预算控制的主体

现代企业产权关系的主要特征是所有权和经营权分离,经营者取代出资者控制企业的经营管理权。委托代理理论认为,出资者将其所拥有的资产根据预先达成的条件委托给经营者经营,所有权仍归出资者所有,出资人按出资额享有剩余索取权和剩余控制权。经营者在委托人授权范围内,按企业法人制度的规则对企业财产等行使占有、支配和处置的权力。因此,预算控制的主体主要有两个:一是出资者,一个是经营者。两者进行预算控制的方法和内容如下。

(1) 出资者预算控制是出资者为了实现其资本保全和资本增值,提高资本收益率而进行的预算控制,其控制方式主要有以下五种:

一是通过股东大会审议通过财务预算的方式,实现对企业生产经营活动的事前控制。

二是通过以股东为主体组成的公司董事会,对企业生产经营活动实行决策控制。

三是通过在企业实行监控型财务总监制,实现对企业生产经营活动的预算控制。很多母公司以出资者身份向子公司委派财务总监,就是实施出资者预算控制的具体形式。

四是通过出资者代表组成的监事会,实现对企业生产经营活动的日常监控。

五是通过审议通过经营者年终决算报告的形式,实现对企业生产经营活动的事后控制。

（2）经营者预算控制是经营管理者为了实现全面预算目标而对企业各项生产经营活动和财务收支所进行的预算控制。其控制方式主要有以下六种：

一是通过分解预算目标，将全面预算责任转化为部门预算责任；

二是通过授权制度确保各项生产经营活动的有效进行；

三是通过财务控制确保各项财务收支活动的合理、合法；

四是通过调整控制确保预算的可执行性；

五是通过考评控制激励和约束各预算执行部门的行为；

六是通过审计控制增强预算控制的权威性和严肃性。

二、预算的授权控制

（一）授权控制的含义

授权控制也称授权书控制，授权是指授予某个部门或某个人对于某类业务或某项具体业务做出决策的权力；授权控制是指在办理各项经济业务时，必须经过规定程序的授权批准。授权控制是一种事前控制，一般通过授权文件的形式来规定，授权文件除了授权人持有外，还要下达到公司各预算执行部门。授权控制的原则是对在授权范围内的行为给予充分信任，但对授权之外的行为不予认可。

（二）授权控制的形式

授权控制的形式可分为一般授权和特别授权。

（1）一般授权是对办理常规性经济业务的权力、范围、条件和有关责任做出的规定。通常以文件的形式规定一般性交易办理的条件、范围和对该项交易的责任关系。例如，企业对各职能管理部门按照职责范围做出的权限划分就属于一般授权；企业的各级领导通过文件形式规定的权限范围也属于一般授权。一般授权适应于重复性的日常生产经营活动，其时效性一般较长。

（2）特别授权是指对办理例外的、非常规性交易事件的权力、条件和责任做出的规定。例如，非经常的、重大的筹资行为、投资行为、资产重组、收购兼并、担保抵押、关联交易等；对于超过一般授权限制的常规交易也需要特别授权。特别授权一般只涉及对特定经济业务进行处理的相关人员，其权力一般集中在高层管理者手中。

（三）授权控制的内容

一个完善的授权控制体系应该包括以下四个方面的内容：

一是授权批准的范围：企业的各项生产经营活动都应纳入；

二是授权批准的层次：应根据经营活动的重要性和金额大小划分权限，以保证企业的不同层级都能有责、有权，且权责对等；

三是授权批准的程序：应具体规定每类经济业务的审批程序，避免越权审批、违规审批、重复审批现象的发生；

四是授权批准的责任：要明确授权批准人所承担的经济责任，做到有多大权力，就要承担多大责任。

（四）授权控制的基本要求

（1）企业所有人员不经合法授权，不能行使权力；

(2) 企业的所有业务,不经授权,不能执行;

(3) 企业的所有业务,一经授权,必须予以执行。

(五) 授权控制的案例

【例 10-3】 阳光公司为了搞好预算授权控制,特制定预算审批程序及授权控制文件如下。

阳光公司预算审批程序及授权规定

为规范预算审批程序,明确业务经办人、部门负责人及审批人的权限与责任,确保公司各项经济业务活动在预算的框架内"合理、合法、合规"地进行,有效避免财务风险,特制定本规定。

1. 预算支出的分类

公司的预算支出按性质划分为七大类:

(1) 日常物资采购支出:指公司发生的与生产经营活动有关的各项物资采购支出。如采购生产用材料、外协件、包装物、维修用备品备件等物资的支出。

(2) 日常成本费用支出:指公司发生的与生产经营活动有关的各项成本费用支出。如差旅费、运费、保险费、办公费、财务费用等费用支出。

(3) 低值易耗品采购支出:指公司发生的不纳入固定资产管理的劳动资料采购支出。如工装器具、办公家具、劳动保护用品等。

(4) 设备采购支出:指公司发生的各类设备采购支出。

(5) 基建技改支出:指公司发生的基本建设项目支出与技术改造项目支出。

(6) 对外投资支出:指公司发生的股权投资和债权投资支出。如以现金或其他资产投入被投资企业,在证券市场上购买其他企业的股票投资,认购国库券、各种公债、企业债券等。

(7) 其他业务支出:指公司发生的其他业务支出。如对外赞助、扶贫等公益性支出和其他营业外支出。

2. 预算支出的立项

(1) 公司年度内的各项支出必须纳入年度预算,并分解细化为月度预算;

(2) 各项资金支出业务发生前,由业务实施部门在预算范围内填写《预算支出立项表》,经有关领导批准后实施;

(3) 公司的物资采购、固定资产购置、基建技改、对外投资等重大业务办理必须与对方单位签订经济合同或协议,并到财务部办理备案;

(4) 未办理预算支出立项手续及应签订而未签订合同、协议的经济业务支出,一律不得安排资金支出。

3. 预算支出的审批程序与权限

公司各项预算支出审批分为业务立项审批和资金支付审批两大类。其中,业务立项审批是指公司是否允许经济业务发生及办理的审批;资金支付审批是指公司是否安排货币资金支付的审批。

（1）业务立项审批：根据业务内容及限额分别由部门经理、分管副总经理、总经理及董事长审批。其中，常规业务审批规定如表9-2所示，非常规业务审批规定如表9-3所示。

（2）资金支付审批：货币资金的对外支付由公司财务总监审批。审批的主要依据有六个：

① 公司下达的《现金预算》；
② 经济业务办理审批手续是否齐全（是否立项，业务经办人、审批人是否在各类付款凭单上签字）；
③ 经济业务是否合理、合法、合规；
④ 是否签署有关付款合同、协议；
⑤ 公司货币资金结存状况和总体安排；
⑥ 其他需综合考虑的情况。

（3）财务总监对违反财经法规、政策和公司有关规章的资金支出，以及有可能在经济上给公司造成损失、浪费的资金支出，有权予以制止或纠正，制止或纠正无效时，提交公司总经理处理。

（4）财务部协助财务总监搞好资金支出的审查工作，对于各种不合理、不合法、不真实、不完备的资金支出，有权不予受理。

4. 资金支出及付款程序

资金支出及报销程序包括预算、立项、审核、批准和付款五项手续。

（1）预算：指公司的货币资金支出全部纳入预算管理，没有预算的资金支出财务部一律不办理付款；
（2）立项：指各项业务实施前，由业务经办人办理业务立项审批手续；
（3）审核：指财务部稽核人员对各类付款业务进行会计审核；
（4）批准：指公司财务总监对各类付款业务进行签批；
（5）付款：指财务部出纳员办理付款业务。

5. 预算支出经办人与审批人的责任

（1）业务经办人对经济业务的真实性、合法性负责；
（2）部门负责人对经济业务的真实性、合法性、合规性负责；
（3）审核人对经济业务的合法性、合规性、合理性负责；
（4）批准人对经济业务的有效性和合法性责任。

6. 其他

（1）本规定经公司总经理办公会研究并报董事会批准；
（2）本规定自2012年1月1日起施行。

附：《常规业务审批权限表》（表10-2）和《非常规业务审批权限表》（表10-3）。

2011年10月13日

表 10-2 常规业务审批权限表

业务类别	支出项目	金额	第1审批人	第2审批人	第3审批人	第4审批人
日常物资采购	材料、包装物	≤1万元	部门经理			
		>1万元	部门经理	分管副总经理		
	外协件、备件	≤1万元	部门经理	分管副总经理		
		>1万元	部门经理	分管副总经理	总经理	
日常成本费用	出差	一般员工	部门经理			
		部门经理		分管副总经理		
		副总经理			总经理	
		总经理				董事长
	招待费	≤500元	部门经理	分管副总经理		
		>500元	部门经理	分管副总经理	总经理	
	运输费用	无限额	部门经理	分管副总经理		
	外协加工	≤5万元	部门经理	分管副总经理		
		>5万元	部门经理	分管副总经理	总经理	
	广告费	无限额	部门经理	分管副总经理	总经理	
	培训费	无限额	部门经理	分管副总经理	总经理	
	咨询费	无限额	部门经理	分管副总经理	总经理	
	保险费	无限额	部门经理	分管副总经理	总经理	
	办公费	≤500元	部门经理			
		>500元	部门经理	分管副总经理		
	技术开发	无限额	部门经理	分管副总经理	总经理	
	工资福利	无限额	部门经理	分管副总经理	总经理	
	财务费用	无限额	部门经理	分管副总经理		
	其他	无限额	部门经理	分管副总经理	总经理	
低值易耗品	生产用	无限额	部门经理	分管副总经理		
	非生产用	无限额	部门经理	分管副总经理	总经理	
设备采购	通用设备	≤2万元	部门经理	分管副总经理		
		>2万元	部门经理	分管副总经理	总经理	
	专用设备	≤1万元	部门经理	分管副总经理		
		>1万元	部门经理	分管副总经理	总经理	

表 10-3 非常规业务审批权限表

业务类别	支出项目	金额	第1审批人	第2审批人	第3审批人	第4审批人
基建技改项目	技术改造	≤50万元	部门经理	分管副总经理	总经理	
		>50万元	部门经理	分管副总经理	总经理	董事长
	基本建设	≤100万元	部门经理	分管副总经理	总经理	
		>100万元	部门经理	分管副总经理	总经理	董事长
对外投资	股权投资	无限额	部门经理	分管副总经理	总经理	董事长
	债权投资	无限额	部门经理	分管副总经理	总经理	
其他支出	对外赞助	无限额	部门经理	分管副总经理	总经理	董事长
	其他	无限额	部门经理	分管副总经理	总经理	

三、预算的调整控制

预算调整是指预算正式批准下达以后,由于特定原因,按照规定的程序对预算进行修改、完善的过程。

(一)预算调整的必要性

在预算执行过程中,由于主、客观条件的发展变化,或者由于错综复杂的原因,有时会出现预算脱离实际的情况。为了保证预算的科学性、严肃性与可操作性,企业有必要对编制的预算进行适当调整,这种调整,实际上是对预算的一种完善、提升和控制。预算调整的必要性主要是由以下四项因素决定的。

(1)预算管理的适应性特征决定了预算调整的必要性。全面预算管理是市场经济的产物,其实施过程必须要适应市场环境变化的需要;全面预算管理是为企业生产经营活动服务的,预算的运行必须符合企业管理的内在要求。因此,当市场环境和企业内部条件发生较大变化时,为了增强预算的适应性,就应当对预算进行适时调整。

(2)预算的直接用途决定了预算调整的必要性。当编制的预算因为种种原因导致无法执行或者如果执行现行预算就会使企业遭受经济损失时,就应毫不犹豫地对预算进行调整。因为编制预算是为了执行预算,是为了更好地从事各项经济活动,如果起到了反向作用,显然不符合预算作为管理控制系统的初衷,所以,预算调整不仅必要,而且合理。

(3)预算编制的基础决定了预算调整的必要性。编制预算是为了把握未来、规划未来,安排预算期内的经济活动。然而,预算的编制往往需要很多假设条件,如销售价格、采购价格、市场供求关系等,如果预算期内的实际情况与预算编制的假设条件发生了重大变化,就会导致无法执行现行预算情况的发生。因此,当预算编制基础发生重大变化时,就必须对预算进行调整。

(4)预算管理的复杂性决定了预算调整的必要性。预算编制是一项集技术性、复杂性、综合性于一体的系统工程,尤其是在刚刚推行全面预算管理的企业,由于大家初次接触预算,经验不足,预测能力差,对预算进行定期调整是很自然的事情。如果片面强调预算的刚性特征而不对预算进行适时调整,无异于自己和自己过不去,也无异于将全面预算管理引向绝路。

总之,预算的可调性,是全面预算管理的一大特色,这种预算调整活动既是预算控制的重要手段,又是确保预算顺利执行的必要措施。

(二)预算调整的特殊性

预算正式批准下达以后,一般不予调整。因为如果预算调整过于频繁,就会对预算及全面预算管理制度的权威性构成很大的威胁,预算就不能成为企业生产经营活动的"硬约束",而且会给员工一种"计划不如变化快"的感觉。这样,编制预算就失去了意义,人们也就不会以严肃认真的态度去对待预算编制工作了。因此,预算调整必须谨慎从事,要明确预算调整在预算执行中的特殊性,正确处理预算调整必要性和特殊性的辩证关系,严格执行预算调整的程序和原则,从而逐步达到培养预算意识、端正预算编制态度、提高预算能力、增强预算准确性的目标。

(三)预算调整的原则

企业进行预算调整时,应当遵循以下五项原则:

（1）符合性原则。预算调整应当符合企业发展战略、年度经营目标和现实状况，调整的结果不能偏离企业发展战略和年度经营目标。

（2）最优化原则。预算调整方案应当客观、合理、可行，在经济上能够实现最优化，预算应该是越调越好，而不是走向反面。

（3）谨慎性原则。预算调整绝不应该成为预算执行过程中的普遍现象，必须谨慎从事，严格控制调整频率和调整幅度，预算年度的调整次数应尽量减少。

（4）例外原则。预算调整重点应当放在预算执行中出现的重要的、非正常的、不符合常规的关键性差异方面。

（5）双向原则。预算调整不仅包括将预算指标调低，也包括将预算指标调高。将预算调整得科学、合理、符合实际情况，是预算调整的方向和目标。

对于不符合上述原则的预算调整报告，预算决策机构应当予以否决。

（四）预算调整的条件

为了保证预算的科学性、严肃性、可操作性和可控制性，在预算执行过程中，当发生下列情况，致使预算的编制基础不成立，或者将导致预算执行结果产生重大偏差的时候，就需要对已制定的预算项目或预算指标进行调整。

（1）国家相关政策发生重大变化，导致无法执行现行预算时。国家产业政策、价格政策、税收政策、产品进出口政策等相关政策的调整，都会对某些行业、企业的生产经营产生重大影响，对预算进行调整也是很自然的事情。

（2）企业决策层对生产经营做出重大调整，致使现行预算与实际差距甚远时。为了更好地利用企业的各项资源，实现价值最大化目标，企业有时会根据内部资源条件的变化而主动调整生产经营结构，这时，调整预算也就成为必然。

（3）国内外市场环境发生重大变化，企业必须调整营销策略和产品结构时。全面预算的编制起点是销售预算，销售预算编制的重要依据是市场需求，当国内外市场需求发生重大变化时，企业为了适应市场变化，必须调整营销策略和产品销售结构。在这种情况下，预算跟着市场进行调整也是必需的。

（4）突发事件及其他不可抗事件导致原预算不能执行时。如果发生诸如战争、瘟疫、地震、水灾、火灾等重大自然灾害和非企业所能控制的重大事件，导致企业无法正常生产或无法执行现行预算时，必须调整预算。

（5）企业刚刚开始推行全面预算管理，大家对预算编制还不够熟悉，导致预算与实际差距太大而无法执行时。

（6）公司预算管理委员会认为应该调整的其他事项。

（五）预算调整的程序

预算调整同预算编制一样，是全面预算管理的一个既重要又严肃的环节，必须建立严格、规范的调整审批制度和审批程序。一般而言，预算调整需要经过以下程序。

1. 申请

预算调整申请由预算执行部门或预算编制部门向公司预算管理委员会提出，申请报告主要包括以下六项内容：

（1）现行预算执行情况和执行进度；

(2) 预算调整的原因和理由；
(3) 建议调整方案；
(4) 预算调整前后的指标对比；
(5) 预算调整后对企业预算总目标的影响；
(6) 预算调整后的措施等。

2. 审议

预算管理办公室应当对各预算执行部门提交的预算调整申请进行审核分析，集中编制企业预算调整方案，提交公司预算管理委员会审议。

3. 批准

经过审议后的预算调整申请，需要根据预算调整事项性质或预算调整金额的不同，按照依据授权进行审批，或提交原预算审批机构审议批准，然后下达执行。按照《中华人民共和国公司法》关于公司股东（大）会"审议批准公司的年度财务预算方案、决算方案"，公司董事会"制定公司的年度财务预算方案、决算方案"的规定和现代企业制度的要求，企业预算调整的批准权限应做如下划分：

（1）如果不涉及销售收入、利润等预算总指标，只是调整产品结构、收入结构、成本结构、费用结构、筹资结构的经营预算调整事项，由总经理办公会议批准。

（2）涉及销售收入、利润等预算总指标的经营预算调整，以及涉及资本性投资、企业兼并、合资、股权结构变更、资本收益率变化等重大预算调整事项，一般需要由公司董事会审批，或报请股东（大）会审议批准。

大型企业应当建立弹性预算机制，对于不影响预算总目标的结构性调整，可以按照授权批准制度进行调整。

公司预算管理委员会或董事会审批预算调整方案时，应当依据预算调整条件，并考虑预算调整原则严格把关，对于不符合预算调整条件的，予以否决；对于预算调整方案欠妥的，应当协调有关部门研究改进方案，并责成预算管理办公室予以修改后再履行审批程序。

（六）预算调整的频率和时间

预算调整的频率一般为一年2—3次，调整的时间一般在每年的4月初、7月初或10月初，选择这个时间的主要原因是便于总结、分析过去一个季度、半年及三个季度的预算执行情况。

在预算实务中，企业可以采取分大项预先设置预算调整额度的办法，解决某些预算项目由于基础资料掌握不全或由预算项目本身的复杂性而导致的预算编制不准确的问题。通过设置预算调整额度，日常预算的微调，就可以由预算管理办公室或预算执行部门自行调节处理了。这样既可以使预算保持一定的灵活性，又不失预算的控制力，有利于预算的顺利执行。

四、预算的反馈控制

预算反馈控制是指通过会议、报告、调度、分析等多种形式，及时掌握预算执行情况的预算控制活动。建立健全预算信息反馈系统是确保全面预算管理系统高效、协调运行的基础与保障,也是实施预算控制的重要工具。为保证预算目标的顺利实现,在预算执行过程中,各级预算执行部门要定期对照预算指标及时总结预算执行情况,对于发生的新情况、新问题及出现偏差较大的重大项目,应当及时查明原因,计算差异,提出改进措施和建议;财务部门应当利用各个责任中心的会计核算资料和财务报表监控预算的执行情况,及时提供预算的执行进度、执行差异及其对企业预算目标的影响等财务信息,促进企业各预算执行部门完成预算目标;公司预算管理部门要及时向公司预算管理委员会报告预算的执行情况,以便公司决策管理层能够及时、全面地了解情况,进行协调、监督和指导;公司预算管理委员会也要定期召开预算执行分析会议,全面、系统分析预算管理部门提交的预算执行报告,对存在的问题及出现偏差较大的重大项目,责成有关预算责任部门查找原因,提出改进经营管理的措施和建议。

预算反馈控制主要包括预算反馈例会和预算反馈报告两种形式。

(一)预算反馈例会

预算反馈例会是指为了保证预算目标的顺利实现,在预算执行过程中,预算管理部门和预算执行部门定期召开的各种预算例行会议。通过召开各种例会,可以对照预算指标及时掌握预算执行情况、掌握差异、分析原因、提出改进措施。例如,企业所采取的"资金周调度会"、"财务月度分析会"、"经济活动季度总结会"等,都是预算反馈例会的有效形式。

(二)预算反馈报告

预算反馈报告是指采用报表、报告、通报等书面或电子文档形式进行预算信息反馈的预算控制方式。预算反馈报告是预算反馈控制的重要内容,预算反馈报告反馈的各种信息是各级领导和预算管理部门实施预算控制的重要依据。

1. 预算反馈报告的基本要求

(1)真实性。预算反馈报告是企业各个环节预算执行过程和执行结果的总结,是企业各级领导进行决策管理的重要依据,必须做到真实、准确。否则,预算反馈报告就失去了其最基本、最重要的作用,就会给企业带来一系列的决策和控制失误。

(2)及时性。预算反馈报告是实施预算控制和经营决策的重要依据,为了有助于决策,必须在决策前得到相关报告;为了有助于控制,则必须在采取控制行动之前得到相关报告。由于预算控制的对象是企业的日常生产经营活动,是预算执行的过程,迟到的反馈信息只会带来决策的滞后和控制的无效,所以,预算反馈报告的及时性是预算调控职能实现的关键。预算反馈报告的及时性包括对报告期间和报告日期两方面的要求。

传统的财务报告是按月进行编报的,这显然不能满足预算控制的要求。因此,为了适应预算管理的需要,预算反馈报告的期间应该尽可能地缩短,比如有关现金流量的反馈报告应该按日编报;有关产品产量及产品销售实现的报告应该按周编报等。在反馈报告的编报日期上,应尽可能迅速,要尽量减少中间的传递环节和时间延误。另外,预算反馈报告的期间应视情况而定,当发生非常事件时,报告日期则不应受期间和时间规定的限制,必须随时报告。

(3)系统性。全面预算管理将企业所有经济活动都纳入预算管理的范围,预算反馈报告要以预算为依据,在对预算执行情况进行系统记录、计量和分析的基础上形成预算反馈报告。在各个预算执行部门中,不同层次的责任中心具有不同的责任预算目标,因而需要编制不同的反馈报告,反馈报告的详尽程度应根据不同的管理需要而定,但其系统性和完整性的要求是一致的,即反馈报告应该覆盖整个责任中心,并突出其责任预算目标的执行情况。一般而言,系统、完整的反馈报告系统应是预算编制下达的逆运行系统,因此,预算反馈报告多是以最基层为起点,逐级汇总上报,直至企业最高决策层,以形成完整的全面预算反馈报告系统。

(4) 有用性。如实反映是会计核算的基本职能,而向决策者提供有用的信息则是对反映的基本要求。所谓有用的信息首先必须具有相关性,与决策无关、对控制无用的信息再准确、再及时也只能浪费报告编制者和使用者的时间。因此,为了使预算反馈报告的资料与公司决策及控制需要相关,预算反馈报告既要反映各责任中心所能控制的内容,又要反映各级领导及管理层进行决策和控制所需的数据资料。另外,预算反馈报告的重点除了揭示预算执行的差异外,更重要的是分析和揭示产生预算差异的原因,并提出改进的意见和建议。

(5) 多样性。定期编制的预算反馈报告可以用报表、数据分析、文字说明等多种形式,也可以采取当面汇报、电话汇报、短信汇报等更具灵活性的方式。此外,为了满足报告及时性的要求,还可以将碰头会纳入定期反馈报告制度中,比如有的企业在编制预算时,通过每日早晚开碰头会的方式,很好地健全和完善了预算反馈报告制度,优化了预算信息的反馈职能。另外,预算反馈报告的多样性还包括要根据报告使用者的不同层次和要求,提供不同形式的反馈报告。例如,给公司总经理提供的反馈报告就要把简捷明了放在第一位,原因是公司总经理的工作非常繁忙,不能让数字将其淹没了。

2. 预算反馈报告的种类

根据使用对象的不同,可以将预算反馈报告设计成标准反馈报告、简式反馈报告和专题反馈报告三种类型。其中,标准反馈报告是基础,简式反馈报告是核心,专题反馈报告是补充。

(1) 标准反馈报告。标准反馈报告主要反映预算项目、预算指标、预算执行情况、预算执行差异和预算执行说明五个方面的情况。其基本格式如表10-4所示。

表10-4 阳光公司预算反馈报告(标准)

编报单位:　　　　　预算期间:　　年　月　日至　　年　月　日　　金额单位:

序号	项目	预算	实际	差异	说明

预算反馈报告中的项目栏反映反馈报告的事项,主要填写产品名称、部门名称或具体预算项目;预算栏反映的是预算指标;实际栏反映的是预算执行结果;差异栏填写预算栏与实际栏的数据差额;说明栏是对需要注明的事情加以解释和说明。

预算控制的一个重要特点是差异控制。因此,有一张预算表就要有一张相应的标准预算反馈报告。显然,企业需要编报数量可观的标准预算反馈报告。标准预算反馈报告一般由财务人员按照不同的预算执行部门和经营环节进行分门别类的编制,因为企业普遍使用了计算机信息处理系统,所以,预算反馈报告的编制还是非常快捷的。预算反馈报告的传递方式主要是计算机系统,没有特殊需要,可以不予打印。标准预算反馈报告是简式反馈报告的编制基础和依据。

(2) 简式反馈报告。简式反馈报告是以标准反馈报告为基础,根据领导决策和控制需要而编制的简捷明了的反馈信息。例如,向公司总经理报送的简式反馈报告格式如表10-5所示。

表10-5 阳光公司预算反馈报告(简式)

编报单位:　　　　　预算期间:　　年　月　日至　　年　月　日　　　　　报送:总经理

序号	项目	预算	实际	差异	说明
1	销售收入				
2	利润				
3	现金收入				
4	现金支出				
5	现金余额				
6	产品产量				
7	产品销量				
8	产品单位成本				
9	产品合格率				
10	银行借款余额				
11	①工商银行				
12	②建设银行				

标准预算反馈报告编制完成后,从中提炼一个简式反馈报告,是非常容易的事情。简式反馈报告的填报内容要结合企业的具体情况和报告使用者的需要而定。具体确定填报哪些内容,应征求三个方面的意见:

一是报表使用者的意见,询问其需要及时掌握哪些信息;

二是征求报告主体的意见,也就是各预算执行部门最希望报告使用者知道哪些信息;

三是财务人员从专业角度考虑报表使用者应该掌握哪些信息。

(3) 专题预算反馈报告。专题预算反馈报告是指非定期编报的、对预算执行中出现的重大事件或非常规事件所编报的反馈信息。一般在下列情况下需要编制专题反馈报告:

一是对重大事件进行的专题调研、分析报告;

二是标准反馈报告、简式反馈报告不能涵盖的报告事项;

三是其他需要报送反馈报告的情况。

五、全面预算的控制案例

下面,简要介绍笔者在亚星集团担任副总经理兼总会计师期间对整个集团公司实施预算控制的方法。

亚星集团是1994年由数个独立企业组建的集团公司,拥有数个控股子公司、全资子公司和分支机构。集团公司组建初期,内部分散化严重,凝聚力不强,通过大刀阔斧的财务体制改革和推行全面预算管理,很快扭转了被动局面,取得了很好的管理业绩。

（一）组织保障

1994年，集团公司首先实行"三统一分"的财务管理体制，基本内容如下。

（1）"机构统一。"集团公司所属核心企业、子公司和分公司的财会机构统属集团公司财务部的直属部门或派出机构。

（2）"人员统一。"集团公司所属核心企业、子公司和分公司的财会人员统归集团公司财务部领导；委派到各公司工作的财会人员实行岗位轮换制，一般2—3年轮换一次。

（3）"资金统一。"成立与集团公司财务部合署办公的内部银行，由财务部统一对整个集团公司的生产经营、基建技改资金进行筹措、运营和监控，实行统存、统贷。集团公司所属核心企业、子公司和分公司的货币资金收支一律采用内部资金支票方式，通过内部银行办理存款或付款业务。

（4）"核算分离。"集团公司所属核心企业、子公司和分公司的会计核算，一律由集团公司财务部负责，各公司单独设置会计账簿，分别核算成本、计算盈亏。

"三统一分"财务管理体制的成功实施，为全面预算管理的顺利推行提供了组织保障，打下了坚实基础。

（二）方法保障

为了彻底解决财务管理活动与生产经营活动相互脱节的问题，集团公司实施了以推行全面预算管理为核心内容的"三个重点转移"，实现了对生产经营活动的事前、事中、事后全过程控制、监督和管理。

1. 推行全面预算管理制度，实现财务控制的重点向全面预算转移

集团公司财务部下设预算管理处，专司预算管理之职。财务部门通过全面预算的编制、执行、考核三个环节，实现对企业一切生产经营活动全过程的控制和管理。

（1）在预算编制环节，财务部门依据"统筹兼顾、先急后缓、量入为出"和"由上而下、由下而上、上下结合、全面平衡"的原则，将企业的一切生产经营活动全部纳入年度预算和月度预算，经总经理办公会议审议批准后下达执行。

（2）在预算执行环节，公司所有职能部门都必须严格执行预算计划，未列入年度及月度预算的各项经济事项一律不得付诸实施，财务部也一律不安排预算外资金支出。若遇到特殊意外情况，必须预算外开支时，则由总会计师一支笔审批预算外资金支出。

（3）在预算考核环节，财务部门按月考核各职能部门预算执行情况，编写预算执行分析报告。对没有完成收入预算或超额的支出预算项目要查明原因，落实责任，并通过经济责任制奖惩兑现。

全面预算管理制度的实施，使企业建立起了以全面预算为轴心的生产经营活动新秩序，真正实现了企业管理以财务管理为中心的战略转变。

2. 推行会计派驻员制度，实现资金管理的重点向资金运动的两头转移

为了根除财务部门的资金管理活动与业务主办部门的经营活动严重脱节的问题，加强企业供应、生产、销售、基建全过程的资金管理和经济核算，做到哪个部门发生资金收支和成本、费用耗费，哪个部门就一定有财务部门严格的资金管理和经济核算。集团公司实行了会计派驻员制度，将一部分达到主管会计水平和具有独立工作能力的会计人员聘任为会计派驻员，委派到供应、销售、仓储、设备、维修、基建等业务主管部门和花钱、用

钱部门中去,负责被派驻部门的资金管理和经济核算,并协助被派驻部门编制和执行部门预算,管理业务往来结算卡,签发内部资金支票等项工作,对各部门的各项经济活动实施会计监督。被派驻部门的一切经济业务只有经过会计派驻员的审核盖章后,才能到财务部门办理其他手续。

会计派驻员制度的实施,使经济业务在资金收付行为发生之前,就已进入了资金管理的程序,有效避免和杜绝了生产经营活动中的种种不规范行为的发生,从经济活动的源头加强了资金管理。

3. 推行责任会计制度,实现会计核算的重点向责任核算转移

为落实集团公司二级单位的预算责任,集团公司通过实行责任会计制度,划小了内部核算单位,形成了横到边、竖到底的责任会计核算网络。每年的12月份,集团公司总经理都要和各个责任中心负责人签订《预算目标责任书》,将完成年度预算目标的责任,落实到每个责任中心头上,并按月考核,奖惩兑现,从而使每个责任部门都能紧紧围绕预算目标各负其责,各司其职。

(三)严格执行,有效控制

全面预算制定下达后,就成为集团公司组织实施生产经营活动的行动指南,各责任部门必须严格执行。对于预算执行中出现的偏差和需要进行预算调整的事项,则由预算执行部门提出书面申请,按照规定程序逐级申报并经原批准机构审议通过后实施。

(1)在销售环节,财务部通过计算机统一开票的方式实施销售监控,并给每一个客户建立应收账款业务结算卡,应收账款超过一定限额,则停止开票,有效避免呆账、坏账的发生。同时,财务部依据每天的销售和回款情况,编制销售日报和现金收入日报,及时向有关部门和领导反馈收入预算的执行情况,确保销售预算目标的实现。

(2)在采购环节,财务部严格审核每笔采购业务有无计划部门签发的"采购计划通知单"、审计部门签发的"价格审核通知单"和预算管理部门签发的"预算内支出审批单"。同时,给每个供应商建立应付账款业务结算卡,根据欠款数额及供应商的信誉等情况来调节付款数额。财务部还根据每天现金支出和现金节余情况,编制现金支出日报,及时向有关部门和领导反馈支出预算的执行情况,严密控制资金支出。

(3)在成本控制环节,各部门从仓库领料及到财务部报销费用时,必须附有财务部的会计派驻员、成本核算员及预算管理部门的签章,从而有效控制了成本及相关费用的开支。

(4)在现金收支环节,总会计师严格按现金收支预算签批开支款项,确保了整个集团公司的资金收支平衡。

有力的组织、科学的方法、严格的执行和有效的控制是亚星集团成功实施全面预算管理的重要秘诀。

第四节 预算的审计监控

预算审计监控是企业内部审计部门对全面预算管理活动的真实性、合法性和效益性进行的审计监督。它是企业内部审计工作的重要内容,是对企业预算管理全过程的审计

活动。预算审计监控主要是通过审查评价预算管理体系的效率和效果,维护全面预算管理的严肃性、合法性和真实性,促进企业各预算执行部门改善预算管理、提高经济效益。

预算审计监控主要包括预算制度审计、预算编制审计、预算执行审计、预算控制审计、预算调整审计和预算考核审计等项内容。

一、预算制度审计

全面预算管理制度是企业推行全面预算管理的准则,是进行预算编制、执行、控制、调整、核算、分析、考核、奖惩等预算环节的法规依据。全面预算管理制度健全与否,直接关系到企业预算管理活动能否顺利推行。预算制度审计的主要内容是:

(1) 全面预算管理制度是否建立、健全,是否切合企业实际,是否具有可行性;

(2) 各级预算部门是否严格执行了各项预算管理制度;

(3) 企业实施预算管理的措施是否具体,职责是否明确,实施的结果如何。

二、预算编制审计

预算编制是全面预算管理实施的首要环节,预算编制得恰当与否,直接关系到预算能否顺利执行。因此,预算编制审计的重点是预算编制的恰当性。具体包括如下内容。

1. 全面预算编制的总体审计内容

(1) 预算的编制方法是否科学、得当;

(2) 预算的编制结果是否与企业战略规划、经营目标相对接;

(3) 编制的预算是否切合实际、是否可行,有无弄虚作假现象;

(4) 各预算之间是否相互衔接,有无自相矛盾的地方;

(5) 预算的编制程序、审批程序是否合法有效,年度预算是否通过股东(大)会的审议批准。

2. 收入预算编制的审计内容

(1) 销售预算是否参照企业近年的销售情况,是否考虑预算期企业内外(市场、生产能力)环境的变化,是否与其他预算相衔接;

(2) 对外劳务收入、其他业务收入、营业外收入的确定依据是否充分;

(3) 对外投资收益是否以投资数额大小以及被投资单位经营状况来确定收益额,是否与被投资单位进行了沟通;

(4) 编制的收入预算中是否存在弄虚作假、多编、少编、漏编及打埋伏的问题。

3. 支出预算编制的审计内容

(1) 成本、费用的预算支出依据是否合理;

(2) 各项费用支出是否按有关标准定额确定,成本、费用的列支渠道是否合理、合法;

(3) 各项专项资金的支出是否按有关规定编制,有无不按规定而多列、虚列、少列或不列的问题;

(4) 各种成本、费用支出预算是否有资金保障,是否与现金预算相衔接。

4. 存货预算编制的审计内容

(1) 期末存货是否符合企业储备定额,是否满足生产、销售的需要;

(2) 编制预算依据的计划价格、消耗定额、储备定额是否可靠、合理;
(3) 存货预算是否与生产、销售、采购预算相衔接。

5. 现金预算编制的审计内容
(1) 各项现金收支预算数额是否与其他预算相衔接;
(2) 现金收支差额的处理措施是否得当、可行;
(3) 现金余额是否符合企业实际和有关定额。

三、预算执行审计

预算执行是能否实现企业经营目标的关键,如果预算执行偏离了预算规定的目标,经营目标的实现就会成为一句空话。因此,预算执行审计的重点是各预算执行部门是否严格地执行了全面预算。具体内容如下:

(1) 全面预算管理的各项制度、规定及各项预算是否得到了全面执行;
(2) 各项收入的确认是否符合会计制度的规定,是否符合权责发生制原则;
(3) 各项收入的形成是否真实、合法,记录是否完整;
(4) 有无截留、隐瞒、转移收入、设置"账外账"和"小金库"的问题;
(5) 各项收入、投资收益是否按规定全部入账,在会计报表上的反映是否真实、恰当;
(6) 各项成本费用支出的真实性、合法性和合规性;
(7) 各项费用开支是否得到了有效控制,有无违反财务法规和会计制度的现象;
(8) 呆账、坏账是否按规定进行了处理;
(9) 预算外开支是否履行了有关批准手续;
(10) 有无不按规定提取有关费用和基金的问题;
(11) 各项预算收支是否与预算相一致,造成差异的原因是否合理;
(12) 年底是否进行了财产清查,企业的账账、账实是否相符。

四、预算控制审计

预算控制是确保预算执行活动不偏离预算目标的保证,预算控制是否有效,直接关系到预算执行的过程和结果,是全面预算管理的关键环节。因此,预算控制审计的重点是预算控制的有效性和严密性。具体内容如下:

(1) 预算控制的方法是否科学、恰当;
(2) 预算控制的程序是否合法、适用;
(3) 预算控制的过程是否严格、有效;
(4) 预算控制的结果是否理想。

五、预算调整审计

预算调整是确保预算能够顺利实施的重要手段和措施,然而,预算调整牵一发而动全身,需要慎重处理。因此,预算调整审计的重点是预算调整的恰当性和调整程序的合法性。具体内容如下:

(1) 预算调整的理由是否充分,是否需要必须进行预算调整;
(2) 预算调整的程序是否合法,是否存在越权调整问题;
(3) 预算调整的数额、期间、时间及频率是否恰当;
(4) 预算调整的结果是否理想。

六、预算考核审计

预算考核是对各预算执行部门奖惩兑现的依据,关系到预算执行部门的切身利益和部门之间的公平、合理。因此,预算考核审计的重点是预算考核的可靠性和准确性。具体内容如下:

(1) 全面预算的考核结果是否真实可靠,各预算执行部门是否存有异议;
(2) 全面预算执行的结果与标准是否有较大差异,原因何在;
(3) 预算考核结果是否真正与奖惩方案挂钩,有无背离原奖惩方案的现象。

预算审计监控一般采取定期的全面审计或抽样审计方式,在特殊情况下,企业也可组织不定期的专项审计。

审计结束后,内部审计部门应当形成书面审计报告,直接提交公司预算管理委员会、总经理或公司董事会,作为完善全面预算管理的一项重要依据。

第十一章 全面预算的核算

全面预算为企业预算期内的生产经营活动做出了全面规划和安排。为了保证预算目标的实现,企业通过指标分解、层层落实的办法将全面预算转化为企业内部各个责任中心的责任预算。然后,通过各个责任预算的执行、控制和考核,最终实现全面预算总目标。在这个过程中,企业既需要对各个责任中心的预算执行过程和结果进行计量、核算和监督,又需要对预算执行情况进行反馈、分析和考核,而这一切都要通过责任会计来实施。因此,责任会计是全面预算管理的重要内容和有机组成部分。

本章将集中阐述全面预算管理中的责任会计核算。

第一节 责任会计概述

一、责任会计的概念、产生和发展

责任会计(Responsibility Accounting)是以责任中心为会计对象,对责任中心进行控制、核算、分析和考核的一种会计制度。

责任会计的核算对象不是产品而是责任中心,它强调对责任中心进行事前、事中和事后的全过程管理,它所要反映和评价的是每一个责任中心的工作业绩。

责任会计起源于西方,是社会化大生产与企业实行分权管理的产物。20世纪20年代以来,企业进入现代管理阶段,责任会计应运而生。20世纪60年代以后,西方经济快速发展时期的到来,以及现代管理科学、运筹学和行为科学向责任会计的渗透,极大地推动了责任会计体系的完善和发展,使之成为企业管理的有效制度之一。

伴随着社会的发展,现代企业规模越来越大,管理层次愈来愈多,组织机构日趋复杂,分支机构分布越来越广。为了有效管理、监控庞大的经济组织,就有了实施分权管理的必要。所谓分权管理,就是将日常经营管理决策权在不同层次的管理人员之间进行适当划分,并通过相应授权,使不同层次的管理人员能对各权责范围内的经营管理活动做出及时有效的决策,从而最大限度地激发基层管理人员的积极性和创造性,减轻高层管理人员的工作压力与决策负荷,使其将工作重点放在企业长远战略规划上。分权管理的结果是:一方面,分权单位之间具有一定的相互依赖性,主要表现是它们之间相互提供产品或劳务;另一方面,各分权单位具有相对的独立性,有时可能发生为了自身利益而损害其他分权单位或者整体利益的行为。因此,必须大力协调各分权单位之间的关系,防止出现各部门片面追求局部利益而使企业整体利益受损的行为发生。这就需要对各分权单位进行过程控制和业绩计量、评价与考核,以达到内部控制的目的。责任会计正是适应分权管理的要求,在企业内部建立若干不同形式的责任中心,并以各责任中心为主体,以责、权、利相统一的机制为基础,通过信息收集、加工和反馈而形成的企业内部严密的会计控制制度。分权管理与责任会计是相辅相成的关系:实施分权管理是建立责任会计的前提条件,建立责任会计是实施分权管理的保证。

二、责任会计在我国的应用与发展

我国的责任会计起源于20世纪50年代的厂内经济核算。20世纪70年代末80年代初,随着企业内部经济责任制的普遍推行,责任会计在我国企业得到广泛推广和应用。结合西方管理会计理论,并与企业内部经济责任制相配套,许多企业实行了集控制、核算、结算、信贷功能于一身的厂内银行制度,成为我国企业内部实施责任会计的基本形式,并逐步形成了以企业经济责任制为基础的具有中国特色的责任会计体系。

20世纪90年代,责任会计在我国的应用有了重大突破。邯郸钢铁总厂采用模拟的办法,把市场机制引入企业内部管理,在保持现代企业专业化、协作化和管理高度集中统一的前提下,在企业内部建立了"模拟市场核算,实行成本否决"的经营机制,取得了降本增效的显著成果。1996年1月,国务院以国发[1996]3号文件发出通知,要求在全国学习推广邯钢经验,从而把中国的责任会计推向了新的高度。财政部在1995年制定的《会计改革与发展纲要》中明确提出,深化会计改革必须"建立以责任会计为主要形式的企业会计管理体系"。

随着全面预算管理的推广和应用,责任会计作为全面预算管理的有机组成部分,又得到了进一步的应用与发展。

三、责任会计的基本内容

责任会计是为企业内部管理服务的,企业是具有个性的经济组织,因此,各个企业实行责任会计的具体形式会有所不同,但基本内容均包括以下六项。

(一)建立责任中心

实行责任会计,首先要按照分工明确、权责分明、业绩易辨的原则,在企业内部建立若干个不同层次、不同职责的责任中心;并向各个责任中心委之以责,授之以权,予之以利,使各责任中心在所授予的权力范围之内,独立自主地履行职责。同时,将责任中心作为责任会计的核算对象。

所谓责任中心（Responsibility Center）是指有权控制、决定、影响成本费用的发生，资金的筹集和使用，收入的实现，并应对行使权力所引起的结果承担相应责任的公司内部各个分支机构、部室、分厂、车间、工段乃至个人。根据责任中心的权责范围以及业务活动的不同特点，一般可将企业的责任中心划分为成本中心、利润中心和投资中心三类，也可以细分为成本中心、费用中心、收入中心、利润中心、资本中心和投资中心六类。具体名称灵活多样，不一而足。

（二）建立内部结算制度

为了分清各个责任中心的经济责任，公平合理的开展各责任中心之间的"商品交换"，准确核算各责任中心的收入、支出和利润，企业必须制定合理的内部转移价格，建立完善的内部结算制度，为对各责任中心开展责任会计核算提供客观依据。企业建立内部结算制度的具体形式灵活多样，可以采取内部银行方式，也可以采取结算中心方式。

（三）编制责任预算

责任预算是以责任中心为主体，以其可控的成本、收入、利润和投资等为对象编制的预算。责任预算编制的过程就是对全面预算分解落实的过程，通过编制责任预算可以明确各责任中心的责任、权力和利益，并通过责任预算与全面预算的协调一致，确保全面预算的层层分解和落实。

（四）实施责任控制

为了确保责任预算的完成，必须对各责任中心执行责任预算的过程进行有效控制。这种控制既包括上层责任中心对所属的下层责任中心的控制；也包括各责任中心进行的自我控制。实施责任控制是促使各责任中心完成责任预算目标的重要保障。

（五）开展责任核算

为了准确核算各责任中心的预算执行过程和预算执行业绩，实现对责任中心的有效控制。必须建立一套完整的日常记录、核算和考核有关责任预算执行情况的责任会计核算制度。包括原始凭证的填制、账簿的记录、费用的归集和分配、内部产品及劳务的转移结算、收入的确认，以及最终经营业绩的确定和决算报表编制等。由于各个责任中心的责任范围不同，所以，应针对不同的责任中心实施不同的责任核算方法。

（六）进行责任考核

根据责任会计核算反映的预算执行结果，对照各责任中心的责任预算标准，对各责任中心进行责任考核，并根据考核结果分析原因、判明责任、兑现奖惩是责任会计制度的重要环节，也是全面预算管理的重要内容。为此，企业必须制定一套科学、合理和有效的责任预算奖惩制度，以实现各责任中心的责、权、利协调统一。

以上六项内容构成了责任会计的完整体系。它们之间保持着密切的关系：建立责任中心和建立内部结算制度是实施责任会计的前提，编制责任预算、实施责任控制、开展责任核算和进行责任考核是实施责任会计的基本环节。"预算—控制—核算—考核"构成了责任会计制度实施的基本程序。它的突出特点是全方位核算、全员核算和全过程核算。

（1）全方位核算，即整个企业从公司总部，到分厂、车间、工段；从生产经营、技术管理，到后勤服务各个领域，都要实行责任核算。

（2）全员核算，即从公司领导、管理干部、技术人员，一直到生产工人、辅助人员都要参与责任核算。

(3) 全过程核算,即从产品的研究设计、技术开发、基建技改、供应、生产、销售,直至产品售后服务的整个全过程,都要进行责任核算。

四、责任会计的原则

实施责任会计应遵循以下六项原则。

(一) 整体性原则

实现企业整体目标是责任会计的出发点和落脚点。在划分责任中心时,要充分考虑企业的规模、组织结构和生产经营特点,符合提高整体效益的需要;在落实权责时,要做到责权分明、分而不乱、放而有度、管而有序;在分解预算目标时,要从企业预算总目标出发,层层分解、逐项落实,形成纵横交叉、相互联系的责任预算指标体系;在考评绩效和奖惩兑现时,要考虑企业的整体利益和长远利益,有利于提高企业的凝聚力和发展后劲。

(二) 可控性原则

可控性原则是指各责任中心只对其可控范围内的收入、成本、利润或投资活动承担责任。可控性原则是责任会计最重要的原则之一。贯彻可控性原则,一是要分清平级责任中心之间的责任界限,即平级的其他责任中心的责任不能由本责任中心负担;二是要分清上下级责任中心之间的责任界限,即不能让下级责任中心承担上级责任中心的责任,而上级责任中心却应向其上级责任中心承担下属责任中心的责任,因为,任何一个责任中心对其下属责任中心的责任都有着间接可控性。

(三) 责、权、利相符原则

实现各责任中心的责任、权力、利益相互协调统一是责任会计核算的重要原则,也是进行有效控制的首要条件。有责无权,责任无法落实;有权无责,权力就会滥用。在给责任中心授权时,要做到责权一致、以责定权、相互匹配;在进行绩效考核和奖惩兑现时,要以责确效、据效分利、奖惩分明。

(四) 公平性原则

企业内部的各个责任中心是预算责任体系的有机组成部分,相依相存,缺一不可。因此,在处理相互之间的经济关系时,应公平合理,一视同仁,而不能厚此薄彼,畸轻畸重。在分解落实预算目标时,应注意各责任中心预算水平的协调性,避免由于内部转移价格制定不当而导致不能体现"等价交换"的状况;在制定奖惩措施时,要体现多劳多得,按绩效、按贡献、按责任分配。避免因赏罚不明、分配不公而挫伤各责任中心及员工工作积极性与创造性的现象。

(五) 及时性原则

为了保证企业和各责任中心对预算执行情况的有效控制,企业有关领导和管理控制部门需要及时掌握预算执行情况的准确信息,以便做出正确决策。因此,责任会计不仅要做到准确核算、及时核算,还要做到对各种核算信息进行准确反馈、及时反馈。

(六) 重要性原则

重要性原则也称例外管理原则,是指责任会计的控制重点应放在有关企业大局的重要指标和关键问题上,如收入、成本、质量、资金回笼等重要经济事项,将这些指标作为主要考核指标,实行一票否决制度。遵循重要性原则有利于抓住工作重点,提高工作效率,以收到事半功倍的效果,更好地发挥责任会计在全面预算管理中的作用。

五、责任会计在全面预算管理中的作用

责任会计以其独特的控制方法和程序,在全面预算管理体系中发挥着不可替代的作用。

(一) 为全面预算转化为责任预算创造了条件

全面预算转化为责任预算的基本方法是:按照企业内部责任中心的划分,将全面预算分解为各个责任中心的责任预算。而责任会计正是以责任中心为核算对象的会计制度。因此,责任会计制度为全面预算转化为责任预算创造了条件,提供了载体。

(二) 为预算执行的监控提供了方法和工具

全面预算管理是以预算为标准的管理控制系统,要确保预算执行的正确性,就必须对预算执行过程进行反映和计量。而责任会计正是对责任中心预算执行情况进行反映、计量的方法和工具。

(三) 为全面预算控制提供了有效手段

责任会计本身就是一种控制手段,它既能通过签批预算收支凭证等方法实现对预算执行的事前控制,也能通过对预算执行过程的核算实施事中控制,还能通过对预算执行结果的考核、分析实现事后控制。

(四) 为预算控制提供了信息资料

预算控制是一个利用信息资料进行决策的过程,没有及时、准确的信息反馈,预算控制就会陷入困境。而责任会计正是服务于预算控制的信息反馈系统,全面预算管理中的大量信息资料都是责任会计系统提供的。

(五) 为评价和考核预算执行结果提供了可靠依据

责任会计对各个责任中心的核算结果将形成各个责任中心的预算执行报告,企业可以依据责任会计提供的责任报表和反馈资料,考核各个责任中心的责任预算完成情况,公平合理地评价和考核各责任中心的工作业绩,并据以奖惩兑现。

责任会计与全面预算管理就像一对孪生姊妹,推行全面预算管理,必须实行责任会计核算,不然,全面预算的责任无法落实。通过建立完善的责任会计制度,既可保证全面预算的分解落实,又能明确各责任中心的经济责任,及时、准确地核算全面预算的执行过程和结果,从而为实现企业全面预算总目标打下坚实的基础。

第二节 责任会计的核算模式

一、责任会计的核算模式概述

责任会计素有"单轨制"和"双轨制"两种基本核算模式,另外,企业也可以采用"兼容制"[①]核算模式。

---

① 兼容制模式是笔者为浙江某上市公司设计的新型责任会计核算模式。

（一）单轨制核算模式

所谓单轨制，是指将责任会计核算纳入财务会计的核算体系，使责任会计核算与财务会计核算合二为一，通过设置一套账簿同时进行责任会计与财务会计的核算。例如，成本中心既要核算为内部控制和责任考核服务的部门责任成本，又要核算为计算盈亏和编制财务报表服务的产品成本。

在单轨制核算模式下，企业必须根据对各责任中心进行核算和考核的需要，增设内部核算账户，或在正常的财务会计账户下，按对各责任中心的考核内容增设二级或三级明细分类账户。具体操作方法主要有两种：

一种是以传统的产品成本及费用核算体系为基础设置账簿，计算产品制造成本和期间费用，然后，将各责任中心当期所发生的不可控费用剔除，以计算责任成本。在这种方法下的责任成本，一般采取编制成本项目调整表的方式将产品制造成本转变为责任成本。

另一种是在各责任中心的生产费用类账户下，分设"可控费用"和"不可控费用"明细账，将发生的可控费用和不可控费用分别归类登记，并将其分别在各种产品成本及期间费用之间进行分配。各责任中心发生的当期可控费用之和即为其责任成本；各产品及期间费用当期发生的可控费用与不可控费用之和即为其产品制造成本或期间费用。

单轨制核算模式具有简化核算工作、减少重复劳动的优点，但它的技术性含量较高，对会计人员的业务素质和企业管理水平均有较高要求。

（二）双轨制核算模式

所谓双轨制，是指在不影响和改变企业原有财务会计核算体系的前提下，根据企业预算管理和内部控制的需要，在财务会计核算体系之外，另起炉灶，构建一套独立的责任会计核算体系，对各责任中心的收入、成本、费用、利润、投资等方面进行责任核算。在双轨制核算形式下，财务会计核算与责任会计核算自成体系，在核算形式和核算内容上均无直接联系。在责任会计核算上，可以完全按照预算管理和内部控制的要求，为各个责任中心设置独立的账户，独立编制凭证，独立登记账簿，从而专门提供各责任中心的预算执行情况和执行结果等核算资料。

双轨制核算模式的优点是便于理解和操作，且灵活性高、反馈信息及时。它的缺点主要有两个：一是由于设置双重核算体系，加大了日常账务处理的工作量，导致大量重复性劳动；二是由于两者的核算内容相互脱节，致使财务会计和责任会计所提供的信息之间缺少直接联系，加大了信息理解的难度。

（三）兼容制核算模式

兼容制核算模式是以财务会计核算体系为基础，按照责任核算的特点和要求，对财务会计的核算内容进行全面细化和整合，以满足财务会计核算和企业内部责任核算双重需要的企业会计核算模式。它是借鉴我国多年来的责任会计实践，汲取"单轨制"、"双轨制"的优点，摒弃其不足，结合企业会计核算实践而独创的一种崭新的会计核算模式。

兼容制核算模式的显著特色是企业会计核算的一个"兼容"、两个"顺序"和三个"转变"。

1. 一个兼容

兼容制核算模式在核算内容和方法上将财务会计与责任会计"有统有分、统分结合"，不仅克服了"单轨制"核算缺乏灵活性和适用性的弱点，而且有效规避了"双轨制"

核算重复劳动的弊端。

2. 两个顺序

一是在经济业务发生顺序上是先根据预算审批,后办理经济业务;二是在会计核算顺序上是先责任会计核算,后财务会计核算。

3. 三个转变

一是会计人员由"记账、报账"型,向"核算、管理"型转变。财务部的所有财会人员既要做好财务会计,又要做好责任会计。在业务上,财务部的会计人员既要精通财务会计,又要精通内部管理。

二是会计核算由事后"算账"型,向"事前、事中、事后"全过程控制型转变。兼容制核算模式按照责任会计和财务会计的双重要求,将财务部的所有会计核算岗位进行重新定位,会计岗位的会计人员由现在的被动算账,变为以部门责任预算为目标,对各责任部门进行"事前、事中、事后"的全过程控制。

三是会计核算资料由只能满足向外报账需要,转变为同时满足对外报账和企业内部管理的双重需要。例如,期间费用类科目,既分明细项目核算,又分责任部门核算,还要区分出可控费用和不可控费用;各利润中心的责任会计核算一方面要模拟独立企业运行,另一方面在成本费用的归集口径上既要满足责任会计核算可控费用的需要,又要符合财务会计核算产品制造成本的需要等。

兼容制核算模式在核算内容和方法上将财务会计与责任会计"有统有分、统分结合",解决了长久以来人们对"双轨制"和"单轨制"的两难选择,是一种值得推广的新型会计核算模式。

二、兼容制核算模式的实施方法

(一) 整合传统财务会计岗位

传统财务会计岗位是将整个企业的供、产、销经营活动作为核算对象,依据"制作凭证—登记账簿—编制报表"的会计流程设置会计岗位、组织会计核算的,它满足了为政府部门、投资者、债权人及其他利益相关者提供财务会计信息的需要。但不能满足责任会计核算以责任中心为对象进行责任核算的要求,提供不出企业进行内部控制所需的会计信息。因此,需要以财务部门现有财务会计岗位为基础,按照责任会计核算的特点和要求,对会计岗位进行重新整合和定位。整合后的会计岗位要求会计人员身兼财务会计与责任会计两个角色,每一名会计人员都要担负起对公司及各个责任中心的经营活动进行监督、控制、核算、分析、报告、考核六项职能。

(二) 改革传统财务会计核算流程

传统财务会计核算流程具有"事后算账"特征,会计人员整日忙于对已经发生了的经济业务进行归类、登记、计算、报表,根本无法对公司及各个部门的经营活动进行有效监督和控制,不能满足责任会计核算对公司及各责任中心的经营活动进行事前、事中、事后全过程监督和控制的要求。因此,必须对传统财务会计核算流程进行如下改革。

(1) 公司各责任中心发生经济业务时,首先对口到各责任会计岗位审批,各责任会计对各责任中心申请办理的经济业务进行认真审核,严格按资金及成本费用预算控制各责任中心的成本费用发生和资金支出。审核无误并在预算指标范围内的费用支出,由责任会计开具内部银行支票,作为各责任中心办理经济业务和到财务部支付资金的依据。

(2) 公司各责任中心发生的经济业务一律由各责任会计制作记账凭证,并输入会计信息处理系统。

(3) 管理费用、销售费用、制造费用等费用账簿既要按照财务会计的核算要求,根据业务内容进行明细核算;又要按照责任会计的核算要求,根据责任中心和费用的性质(是否可控)进行分类核算。

(4) 分厂(成本中心)的会计人员,将成本费用类账户分设为"可控费用"和"不可控费用"明细账,将发生的费用分别归类登记,既要按照可控性原则核算各分厂的责任成本,又要将可控费用和不可控费用合并计算产品制造成本。月末,财务部将分厂的《产品成本计算单》调整价格差异后,核算出公司产品的实际成本(根据可控性原则,价格高低对于生产部门而言是不可控因素,因此,成本中心应采用内部计划价格核算)。

(5) 月末,财务部除了按国家财政部门的规定编制资产负债表、损益表、现金流量表等报表外,还要由各个责任会计根据全面预算管理和考核各部门工作业绩的需要编制各责任中心的责任会计报表。

兼容制核算流程示意图如图 11-1 所示。

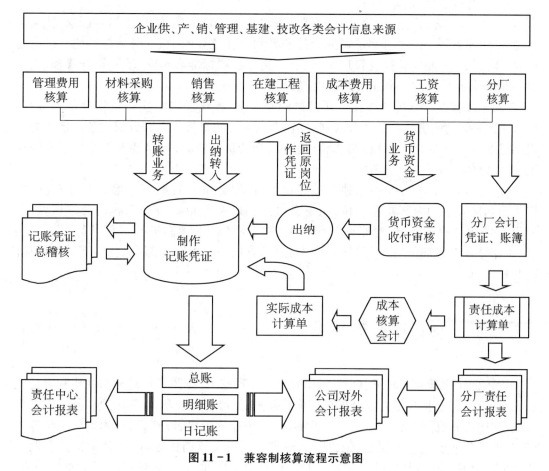

图 11-1 兼容制核算流程示意图

(三) 充实传统财务会计的核算内容

传统财务会计是以整个企业为核算主体,强调准确反映企业生产经营过程中人、财、物要素在供、产、销各个环节上的分布及使用、消耗情况,并定期编制有关财务报表,向企业外界具有经济利害关系的团体、个人报告企业的财务状况与经营成果。因此,传统财务会计的核算内容具有模式化的特征,侧重于对过去已经发生的经济业务进行事后反映。它不能满足责任会计既反映过去,又预测未来,同时还控制现在,从而横跨过去、现在、未来三个时态的要求。为此,需要在传统财务会计核算内容的基础上,充实预算编制、过程控制、责任核算、责任分析和责任考核等项内容,使兼容制核算模式的核算内容不仅涵盖公司财务会计核算的各个要素,而且也涵盖公司及各个责任中心实施全面预算管理的全过程和经济业务发生的全过程。

(四) 建立兼容制核算体系

兼容制核算遵循"统一领导、分级归口管理"和"财务会计核算与责任会计核算相结合"的原则,实行公司、分厂、车间三级责任核算;对企业的采购、生产、销售、基建技改等各类经营活动实行归口责任核算,从而在公司形成一个垂直领导、分级管理、上下成线、左右成网的责任会计核算体系。

(1) 统一领导,是指公司总部作为代表整个公司的法人实体,一个口对国家、社会承担经济、法律责任。公司总部是财务会计核算和责任核算的中心,必须保证统一经营管理的权限,如统一制定核算及管理制度、统一制定各项标准和定额、统一资金管理、统一对外办理各项业务、统一制定分配制度等。

(2) 分级归口管理,是指在公司总部的领导下,各责任中心实行责任分工和分权。分级管理是纵向的责任分工和分权;归口管理是横向的责任分工和分权。各责任中心不仅要把本责任中心作为责任核算单位,搞好自身的责任核算,而且要发挥归口管理的作用,组织好各专业的责任核算。

(3) 公司总部作为统一的独立核算单位,由财务部负责搞好兼容制会计核算;分厂作为相对独立的内部核算单位,由财务部派出的会计负责搞好兼容制会计核算;车间设立兼(专)职核算员,对车间所承担的各项经济技术指标进行责任核算;供应、销售、基建技改及各职能管理部门(费用中心)的责任核算由财务部设立责任会计岗位进行归口核算。

第三节 责任中心的核算

责任会计核算是以责任中心为对象开展的。理论上,按照责任对象的性质和责任范围大小,可以将企业内部的各个部门(子公司、分公司、分厂、车间、部室等)分为成本中心、利润中心和投资中心三大类。实务中,由于企业的规模、机构设置、职责分工千差万别,有的部门还承担着多项经济责任,如销售部门既负责销售收入,又负责销售费用支出;储运部门既负责货物运输,又负责物资保管等。因此,企业需要建立多少责任中心,建立什么样的责任中心,完全取决于企业内部经济责任的划分和责任考核的需要。

一、责任中心的核算任务

(一) 公司总部(投资中心)

公司总部责任核算是在总经理领导下,由公司总会计师(财务总监)负责,以财务部为中心,组织公司各责任中心对公司各方面的经济活动和经济效果进行全面、综合、系统、及时、正确的核算,以保证公司全面预算目标的实现。公司总部责任核算的主要任务如下。

(1) 以全面预算指标为依据,确定各责任中心的责任预算目标,作为明确各责任中心经济责任和业绩考核的依据。

(2) 审核和核定生产经营消耗和资金占用的各项定额或标准,对生产经营过程中的活劳动消耗、物资消耗和资金占用实行分级归口管理。

(3) 组织各责任中心的责任核算,在各责任中心之间进行计价结算,并综合、汇总各责任中心的经济成果。

(4) 按月分析公司生产经营计划及预算的完成情况,考核各责任中心的预算执行结果,提出挖掘内部潜力和提高经济效益的措施。

(5) 为考核各责任中心预算完成情况及奖惩兑现提供数据资料和依据。

(二) 分公司、分厂(利润中心)

分公司、分厂的责任核算是在公司总部的领导下,由各分公司、分厂负责人负责,以财务部直属的会计机构或派出的会计人员为中心,对分公司、分厂的生产经营活动和预算执行结果进行的核算。其主要任务如下。

(1) 对公司总部下达的各项预算指标进行逐项分解,落实到各车间、工段,明确其经济责任,作为考核各车间、工段工作业绩的依据。

(2) 根据公司总部制定的各项预算定额和标准,对各生产环节的生产耗费和资金占用进行核算和控制。

(3) 与公司总部及其他有经济业务关联的责任中心进行内部结算。

(4) 核算责任中心的成本费用及收入、支出,计算内部盈亏。

(5) 组织开展车间、工段责任核算,对各车间、工段的工作业绩进行严格考核,并据以进行奖惩兑现。

(三) 车间、工段(成本中心)

车间、工段的责任核算是在分厂厂长领导下,由车间主任和工段长负责,以车间、工段的兼(专)职核算员为中心,将全体员工组织起来,对本车间、工段的经济活动和经济效果进行的责任核算。车间、工段责任核算的主要任务如下。

(1) 将分厂下达的各项指标,分解落实到车间、工段的每名员工,做到人人参加核算,个个责任明确。

(2) 对本车间、工段的各种生产消耗和资金占用进行有效控制和核算。

(3) 对本车间、工段的各项指标完成情况进行考核、分析。

(4) 与公司总部及其他有经济业务关联的责任中心进行内部结算。

(5) 为分厂对本车间、工段的业绩考核和奖惩兑现提供依据。

(四)职能部室(费用中心)

各职能部室的责任核算是在公司各分管总经理的领导下,由各职能部室经理负责,以财务部设立的责任会计为中心,对各职能部室的经济活动和预算执行情况进行的核算。各职能部室责任核算的主要任务如下。

(1)对公司总部下达的各项预算指标进行逐项分解,并落实到各部门及有关人员,明确其经济责任,作为考核各部门及有关人员工作业绩的依据。

(2)根据公司总部制定的预算指标和费用定额,对各职能部室的各项经济活动进行核算和控制。

(3)与公司总部及其他有经济业务关联的责任中心进行内部结算。

(4)对各部室的各项指标完成情况进行考核、分析。

(5)为公司总部对各职能部室的业绩考核和奖惩兑现提供依据。

二、责任中心的会计科目设置

根据兼容制核算模式的原则和各责任中心的性质及核算要求,各责任中心应根据公司财务部设置《会计科目表》选用科目。同时,根据责任会计的核算特点,还要增设如表11-1所示的责任会计科目。

表11-1 责任中心核算增设的会计科目

资产类		负债及权益类	
编号	名称	编号	名称
101	内部结算存款	301	内部银行借款
102	外部结算存款	302	拨入预算资金
103	上缴利润	303	内部销售
104	上缴折旧	304	内部利润

增设会计科目的核算内容如下。

(1)"内部结算存款"科目,核算责任中心内部资金结算存款的增减变化和结存情况。

借方:登记内部结算资金存款的增加数;

贷方:登记内部结算资金存款的减少数;

余额:在借方,表示责任中心在内部银行的内部结算资金结存数。

(2)"外部结算存款"科目,核算责任中心对外货币资金结算存款的增减变化和结存情况。

借方:登记货币资金存款的增加数;

贷方:登记货币资金存款的减少数;

余额:在借方,表示责任中心在内部银行的外部结算资金结存数。

(3)"上缴利润"科目,核算各责任中心上缴内部利润和拨补亏损情况。

借方:登记责任中心上缴的内部利润数额。

贷方:登记责任中心收到的拨补亏损数额。

余额:在借方,表示责任中心上缴的内部利润净额;在贷方,表示责任中心收到拨补亏损的净额。

年度终了,应将其与内部利润科目结转,结转后,本科目无余额。

(4) "上缴折旧"科目,核算各责任中心上缴固定资产折旧费情况。

借方:登记责任中心上缴的折旧费数额;

贷方:登记上缴折旧费的核销数额;

余额:在借方,表示责任中心上缴的折旧费净额。

(5) "内部银行借款"科目,核算各责任中心从内部银行的借款情况。

借方:登记责任中心归还内部银行借款的数额;

贷方:登记内部银行贷给责任中心的借款数额;

余额:在贷方,表示责任中心尚未归还的内部银行借款数。

(6) "拨入预算资金"科目,核算内部银行根据公司下达的管理费用、财务费用等预算指标,拨付的费用支出额度及核销情况。

借方:登记费用预算的核销数额;

贷方:登记内部银行拨付给各费用中心的预算额度;

余额:在贷方,表示内部银行拨付给各费用中心的未核销预算额度。

本科目月末与"管理费用"、"财务费用"等科目对转后,如果出现借方余额,则表示费用超支的数额;若为贷方余额,则表示费用节约的数额。年末,本科目的余额通过拨补超支额或上缴节约额的方式,将余额轧平。

(7) "内部销售"科目,核算各责任中心对内产品销售及劳务收入情况。

借方:登记转入"内部利润"科目的数额;

贷方:登记责任中心内部销售产品或劳务收入的数额;

余额:本科目月末无余额。

(8) "内部利润"科目,核算各责任中心在生产经营中实现的内部利润(或亏损)数额。

借方:登记由"产成品"、"管理费用"、"财务费用"等科目结转的成本、费用额。

贷方:登记由"内部销售"科目结转的销售额。

余额:在贷方,表示责任中心实现的内部利润净额;在借方,表示责任中心发生的亏损净额。

年度终了,本科目的余额,应全部转入"上缴利润"科目。年度决算后,本科目应无余额。

各责任中心选用的公司财务部门根据企业会计准则应用指南设置的会计科目,其核算内容遵照企业会计准则的有关规定。

三、责任中心的账簿与会计报表

各责任中心应根据需要设置如下会计账簿和会计报表。

(一) 总分类账

各责任中心应按照选用的财务会计科目和增设的责任会计科目设置总分类账账户,并依据定期编制的汇总记账凭证进行登记。汇总记账凭证的编制时间,应根据各责任中心业务量的多少而定,但一般不得超过十天,以便能及时了解和检查总分类账各科目的经济业务发生情况。

(二) 明细分类账

根据总账科目的内容,按照所属明细科目开设账户,并依据原始凭证或记账凭证登记明细账簿。明细分类账的格式应根据管理、核算的要求和经济内容确定。一般债权、债务账户选用三栏式账页;存货类账户选用数量金额式账页;费用、成本账户选用多栏式账页。

采用会计电算化系统进行核算的也要按照上述要求设置账户。

(三) 会计报表

各责任中心的性质和核算内容不同,需要编制的责任会计报表也有所不同。部分责任中心的报表种类及编报时间如表11-2所示。

表11-2 责任中心会计报表

序号	报表名称	分厂			销售部			采购部			管理部室		
		月	季	年	月	季	年	月	季	年	月	季	年
1	资产负债表	√	√	√									
2	损益表	√	√	√									
3	产品成本表	√	√	√									
4	生产费用表	√	√	√									
5	制造费用明细表	√	√	√									
6	管理费用明细表										√	√	√
7	产品销售明细表				√	√	√						
8	销售费用明细表				√	√	√						
9	现金流量表	√	√	√	√	√	√	√	√	√	√	√	√
10	材料采购表							√	√	√			

四、责任中心的核算方法与内容

责任中心的核算可以细分为模拟法人核算、收入费用核算、制造成本核算、期间费用核算、采购成本核算、储备资金核算、专项资金核算七种类型。由于各类责任中心从事的经营活动、承担的预算责任各不相同,因此,各类责任中心的核算方法与内容也各不相同。

(一) 模拟法人核算

所谓模拟法人核算是指对没有法人资格的二级单位,进行类似于法人单位的会计核算。模拟法人核算一般适应于对利润中心的核算,例如分公司、分厂、车间等。利润中心按其是否能够真正取得收入可划分为"自然"利润中心和"人为"利润中心。其中,自然利润中心是指能够通过直接对企业外部销售产品或提供劳务而形成真正的销售收入,从而形成利润的责任中心;人为利润中心是指不直接对企业外部销售产品或提供劳务,其产品或劳务仅在内部各责任中心之间传递,因而通过内部计划价格形成内部收入,进而形成内部利润的责任中心。自然利润中心和人为利润中心在核算方法上的明显区别是,前者按实际销售价格计算收入,后者按内部计划价格计算收入。

实行模拟法人核算的单位一般规模较大，需要单独设立核算机构或安排专职核算人员。核算机构及核算人员主要接受公司财务部的垂直领导，同时还要接受所在利润中心负责人的协调。下面，以分厂为例说明模拟法人核算的方法和内容。

（1）每年12月份，公司总经理与各分厂厂长签订下一年度的《预算目标责任书》，内容主要包括产品产量、产值、成本、消耗、质量、内部利润、安全生产等项指标以及对分厂工作业绩的奖惩政策。

（2）分厂管理、使用的全部资产都要在分厂建立资产账簿，形成公司与分厂、分厂与实物的核对关系。分厂的资金来源全部由内部贷款解决，并按月上缴借款利息。各分厂要对自己管辖的实物资产全面负责，建立收、发、保管、盘点等责任制度和奖惩制度，如丢失、损坏，要追究经济责任。

（3）各分厂会计要按照财务部的统一要求，准确地设置和运用会计科目，正确地填制会计凭证、登记账簿、计算成本和编制内部报表，按月进行成本分析，编写经济活动分析报告，搞好所在分厂的责任核算。同时要建立"在用低值易耗品登记簿"，核算正在使用的工装、模具等，做到序时登记，日清月结。

（4）分厂耗用的一切材料、人工、费用支出，都要由分厂会计开具内部银行支票购买；分厂生产入库的合格产品，储运部要开具内部银行支票收购；分厂当月的收入减去成本支出，为分厂当月的利润。

（5）分厂发生的水电费、工资、办公费、差旅费等费用，一律首先要经过分厂会计的审核，并附上分厂会计开具的内部银行支票后，方能到财务部报销；材料会计编制的材料消耗汇总表也必须经过分厂会计的审核，并附上内部银行支票后，才能到财务部处理账目。

（6）凡是由财务部分配或划转到分厂的费用，如折旧费、保险费等，财务部必须附上《内部资金收款凭证》，并经分厂会计审核无误后，才能进行账目处理。

（7）各分厂须按月向财务部报送内部会计报表，财务部安排专人审核、汇总各分厂的会计报表，并与财务部核算的有关账簿进行核对。

（8）各分厂进行内部收支结算及成本核算时，一律使用公司制定的计划价格，该计划价格必须与编制预算时的价格保持一致；财务部对各分厂的成本核算资料进行价格差异调整后，转变为公司的实际成本核算资料。

（二）收入费用核算

所谓收入费用核算是指对责任中心的收入及费用支出进行的核算。企业的销售部门适合此种核算方式。销售部门的业务特点是直接接触外部市场，负责产品销售业务及货款回收，销售部的责任核算内容与公司财务部会计核算的销售收入、应收账款、销售费用等账簿的核算内容完全一致。

根据企业销售部门的规模大小和企业组织机构设置安排，公司财务部可以在销售部门单独设立核算机构或安排专职核算人员负责其责任核算工作。核算的方法和内容如下：

（1）每年12月份，公司总经理与分管销售的副总经理或销售部经理签订下一年度的预算目标责任书，内容主要包括销售收入、回收货款、产销率、应收账款余额、坏账损失率、销售计划变动率、销售费用率等指标以及销售提成率和对销售部经营业绩的奖励政策。

(2) 财务部每月编制销售部的责任会计报表,根据公司的考核结果兑现销售提成,将款项拨入销售部的内部存款账户。

(3) 销售部的一切支出,均须凭内部银行支票办理结算。

(4) 财务部要按月进行销售收入、应收账款及销售费用分析,编写经济活动分析报告,搞好销售部的责任核算。

(三) 制造成本核算

所谓制造成本核算是指对成本中心的产品制造成本进行的核算。制造成本核算的特点是不计算收入、只控制成本;成本中心的职责就是以最低的成本费用按质、按量、按时去完成预定的生产预算和成本预算。一般生产规模较小的车间或工段可采用此种核算方法。

对于小型成本中心的责任核算要灵活确定核算内容,主要是核算产量、消耗、质量、安全等指标,并充分考虑四点:一是该成本中心的生产工艺过程和劳动组织特点;二是贯彻"干什么,管什么,算什么"的原则;三是能直接反映该成本中心的工作成绩,有利于分清经济责任;四是核算指标要直观明确,通俗易懂,便于统计。

成本中心的核算一般由公司财务部安排专职核算人员负责,规模较小的成本中心可安排兼职核算人员负责。核算的方法和内容如下。

(1) 每年12月份,分厂厂长与车间主任或工段长签订下一年度的预算目标责任书,内容主要包括产品产量、成本、消耗、质量、安全生产等指标以及对车间或工段工作业绩的奖惩政策。

(2) 核算人员按照责任会计核算的要求,协助分厂将有关成本指标分解、细化到各个车间和工段,并建立车间、工段成本指标的日报制度,成本指标日报表由车间、工段的兼(专)职核算员负责填报。

(3) 车间、工段的成本指标核算要遵循可控性原则,即只核算该车间、工段有责任控制并能控制的项目指标。

(4) 分厂核算员负责汇总编制各车间、工段的成本指标完成情况;按月进行成本指标分析,编写成本分析报告,搞好各车间、工段的责任核算。

(四) 期间费用核算

所谓期间费用核算是指对费用中心发生的各项期间费用支出的核算。期间费用的支出与企业的供产销活动没有直接关系,属于企业综合性的费用支出。企业的财务部、人力资源部、制造部等职能部室均采取期间费用核算形式。

由于各职能部室的责任核算内容与公司财务部会计核算的管理费用、财务费用等账簿的核算内容完全一致,因此,财务部只需按照责任会计核算的要求,将管理费用的核算细化到各个责任中心即可,而没有必要另设一套责任会计账簿;各职能部室的内部存款账户,由财务部的会计人员进行统一核算和管理。期间费用核算的方法和内容如下。

(1) 每年12月份,公司总经理与各职能部室经理签订下一年度的《预算目标责任书》,内容主要包括各职能部室的费用预算指标、责任范围、工作任务、工作目标等指标以及对各职能部室工作业绩的奖惩政策。对各职能部室的指标确定要充分考虑其工作性质、责任大小、员工人数、工作量大小、工作难度等因素,做到准确、合理,避免苦乐不均。

(2) 各职能部室的费用指标核算要遵循可控性原则,将各期间费用划分为可控费用和不可控费用两种类型。不可控费用如折旧费用、工资、保险费等不属于责任核算的范围,可采取按职能归口核算;可控费用如办公费、邮电费、修理费、差旅费等则属于责任核算的范围。

(3) 财务部根据公司确定的各职能部室费用预算指标,按期拨入各职能部室的内部存款账户。

(4) 各职能部室发生支出时,一律凭财务部费用核算会计开具的内部银行支票办理付款业务。

(5) 财务部费用核算会计每月负责编制各职能部室的责任会计报表;按月进行费用分析,编写经济活动分析报告,搞好各职能部室的责任核算。

(五) 采购成本核算

所谓采购成本核算是指对采购成本中心发生的采购成本进行的核算。企业采购部采取此种核算形式,其特点是直接接触外部市场,负责采购物资、对外结算和承付应付货款。

采购部的责任核算内容与财务部会计核算的材料采购、应付账款等账簿的核算内容完全一致,财务部材料采购核算会计负责其责任核算工作。采购成本核算的方法和内容如下。

(1) 每年 12 月份,公司总经理与采购部经理签订下一年度的《预算目标责任书》,内容主要包括材料及外协件采购量、材料及外协件采购价格降低率、采购材料的质量要求、应付账款余额、采购费用等指标以及对采购部经营业绩的奖励政策。

(2) 财务部材料采购核算会计设置采购资金内部存款日记账核算采购资金的支付及结存情况。

(3) 采购部向外付款时,必须在月度资金支出预算额度内凭财务部材料采购核算会计开具的内部银行支票办理支付业务。

(4) 采购部偶遇特殊情况,需要超出月度资金支出预算向外付款时,必须经公司财务负责人批准后,核拨追加预算额度。

(5) 采购部采购的物资入库后,储运部按计划价格向采购部支付货款。

(6) 材料采购核算会计每月编制采购部的责任会计报表;按月进行材料采购及应付账款分析,编写经济活动分析报告,搞好采购部的责任核算。

(六) 储备资金核算

所谓储备资金核算是指对物资管理部门的储备资金占用进行的核算。企业储运部采取储备资金核算形式,其责任核算内容与财务部会计核算的材料核算、产成品核算等账簿的核算内容完全一致,财务部存货核算会计负责其责任核算工作。储备资金核算的方法和内容如下。

(1) 每年 12 月份,公司总经理与储运部经理签订下一年度的《预算目标责任书》,内容主要包括各类材料、外协件及产成品的平均库存定额、储备资金周转天数、多余积压物资比率、仓储费用、货物运输价格、储运服务质量要求等指标以及对储运部工作业绩的奖励政策。

(2) 财务部存货核算会计设置储备资金内部存款日记账核算储备资金的收付及结存情况。

（3）储运部办理材料、外协件及产成品入库结算时,分别向采购部、各分厂开具内部银行支票办理支付业务。

（4）储运部办理材料、外协件及产成品出库结算时,分别向各分厂、销售部及其他领料部门收取内部银行支票办理收款业务。

（5）材料、外协件及产成品的出入库结算,均执行计划价格。

（6）储运部负责的货物运输属管理职能,运费由各受益单位承担。在办理向外付款时,储运部负责向各运输收益单位收取内部银行支票,然后到财务部办理对外付款业务。

（7）财务部存货核算会计每月编制储运部的责任会计报表;按月进行储备资金分析,编写经济活动分析报告,搞好储运部的责任核算。

（七）专项资金核算

所谓专项资金核算是指对长期投资支出项目进行的核算。企业的技术改造、基本建设项目及重大新产品试制均采取专项资金核算形式,其责任核算内容与财务部会计核算的在建工程核算、新产品试制核算等账簿的核算内容完全一致。财务部在建工程核算岗位的会计人员负责专项资金的责任核算工作。核算的方法和内容如下。

（1）财务部根据公司总经理签署的技术改造、基本建设项目及重大新产品试制预算,将专项资金拨入专项资金内部存款账户,并按照一个项目一个户头的原则进行单项核算。没有办理预算审批手续的各类项目,财务部一律不予办理内部银行开户手续,更不予办理付款业务。

（2）技术改造、基本建设项目及重大新产品试制项目的一切支出,均由财务部专项核算会计开具内部银行支票办理结算。

（3）专项资金的支出要严格按预算执行,未经公司专门会议批准,一律不得超预算开支。

（4）财务部专项核算会计每月编制各项目的责任会计报表;按月进行专项资金分析,编写经济活动分析报告,搞好专项资金的责任核算。

第四节 责任中心的资金结算

实行责任会计核算的重要内容是要分清各责任中心应承担的经济责任和应获取的经济利益,使责任中心发生的每一项成本、费用支出都要支付资金,创造的每一项劳动成果都要获得资金收入。为此,公司应在财务部设立内部银行(或结算中心),行使各责任中心的内部结算职能。

内部银行是将商业银行的信贷与结算职能引入企业内部管理,用来充实和完善企业内部经济核算的办法。它的基本职能有两个:一是结算;二是信贷。公司可在财务部设置一个责任会计核算岗位兼职担任内部银行的信贷及结算业务。

一、资金结算凭证

各责任中心之间的转账结算采用"内部银行支票"和"内部银行特种转账传票"方

式;各责任中心直接到财务部支付货币资金的结算采用"货币资金对外付款凭单"方式。

（一）内部银行支票方式

内部银行支票是由公司内部银行发行的在各责任中心内部流通的结算凭证。采用内部银行支票方式办理结算时,由付款方根据有关付款凭证一式三份签发内部银行支票,一联作为收款方增加内部存款的依据;一联作为付款方减少内部存款的依据;一联作为内部银行将付款方的存款划转给收款方的依据。凡各责任中心内部之间的材料、物资及产品的出入库、劳务提供、费用支付都采用内部银行支票方式结算。内部银行支票的格式如表11-3所示。

表11-3 内部银行(转账)支票

收款单位	全称		付款单位	全称									
	账号			账号									
金额	人民币(大写):				百	十	万	千	百	十	元	角	分
付款原因		付款单位(章)		内部银行(章)									

注:本支票由付款单位一式三联填写;收(付)款单位、内部银行各一联。

（二）货币资金对外付款凭单

货币资金对外付款凭单是各责任中心申请向公司以外单位支付款项或到财务部领取现金时填写的一种付款凭证。当责任中心发生对外付款业务或需要从财务部领取现金时,一律由各责任中心一式三联填写货币资金对外付款凭单,一联作为付款方减少内部存款的依据;一联作为内部银行将付款方的存款划转到"出纳货币资金"账户的依据;一联作为出纳员办理各类付款业务的依据。填写货币资金对外付款凭单要注明付款方式和用途,以便财务部分类处理。货币资金对外付款凭单格式如表11-4所示。

表11-4 货币资金对外付款凭单

年　月　日　　　　　　　　　　　　　　编号:

收款单位	全称		付款单位	全称									
	账号			账号									
人民币金额(大写)					百	十	万	千	百	十	元	角	分
用　途													
付款方式	A. 现金　B. 支票　C. 信汇　D. 电汇　E. 汇票　F. 承兑汇票　G. 本票　H. 信用证　I. 其他												
付款单位(章)		内部银行(章)		出纳员(章)									

注:本凭单由申请到内部银行办理对外付款的单位一式三联填制;本凭单内部银行、付款单位、财务部各一联。

(三) 特种转账传票

特种转账传票是一种多功能的收付结算凭证,用于财务部及内部银行与各责任中心发放贷款、收回贷款、提取折旧、计收利息、收缴利润、拨补亏损等特种资金收付业务。财务部及内部银行与各责任中心发生的上缴下拨款项业务,一律由财务部或内部银行通过特种转账传票的方式进行划转。采用特种转账传票方式办理结算时,由财务部或内部银行根据有关付款凭证一式三份签发特种转账传票,一联作为收款方增加内部存款的依据;一联作为付款方减少内部存款的依据;一联作为内部银行将付款方的存款划转给收款方的依据。特种转账传票格式如表11-5所示。

表11-5 特种转账传票

年　　月　　日　　　　　　　　　　　编号：

收款单位	全称		付款单位	全称									
	账号			账号									
金额					百	十万	万	千	百	十	元	角	分
	人民币(大写):												
转账原因				内部银行(章)									

注:本传票由财务部或内部银行一式三联填写;本传票收(付)款单位、内部银行各一联。

二、内部银行的资金管理

为管理和控制各责任中心的对内、对外两种资金收付业务,内部银行为各责任中心开设的银行账户分两种类型:

一种是内部结算存款账户。这是一种内部资金结算账户,各责任中心之间的内部资金结算业务,均由各责任中心开具内部银行支票或由财务部、内部银行开具特种转账传票,通过内部结算存款账户办理,即内部结算存款账户只能用于内部资金结算业务,不能用于对外收付货币资金。

另一种是外部结算存款账户。这是一种对外资金结算账户,责任中心通过外部结算存款账户开具的货币资金对外付款凭单可以直接到财务部支付货币资金,即外部结算存款账户只能用于到财务部办理的货币资金收付款业务,不能用于各责任中心之间的内部资金结算业务。

各责任中心两种银行账户的铺底存款采用不同的方法核定。

(1) 内部结算存款账户的铺底存款由财务部根据各责任中心的性质按照下列方法核定:①分厂的铺底存款按各分厂的资金占用量和月度资金周转量核定;②采购部的铺底存款按月度资金周转量核定;③储运部的铺底存款按储备资金占用量和月度资金周转量核定;④各职能管理部室的铺底存款按年度管理费用预算指标核定;⑤销售部的铺底存款按年度销售费用预算指标核定;⑥基建技改项目的铺底存款按年度项目支出预算指标核定。

(2) 外部结算存款账户的铺底存款由财务部每月根据公司下达的各责任中心及基

建技改项目的货币资金预算指标,通知各责任中心从内部结算存款账户中转入。

三、各责任中心的往来结算

(1) 储运部要按照资金下库的要求,既管物又管钱,做到货进来、钱出去;货出去、钱进来,钱货两清。储运部与采购部、各分厂、销售部及其他关联部门的材料出入库、外协件出入库、产成品出入库等业务均需办理内部资金结算手续,每月的资金结算次数和时间要根据业务性质、业务量大小灵活掌握,原则上每月结算次数不少于两次。可以采取每周按匡算金额结算,月末轧清结算的办法。

(2) 各责任中心与储运部结算材料、发放员工工资、支付水电费需要附上责任会计开具的内部银行支票;到财务部报销差旅费、办公费等费用需要附上责任会计开具的货币资金对外付款凭单。

(3) 各分厂之间互相提供半成品、劳务及加工模具、工装的经济活动,月末由收益方向付出方支付内部银行支票,为简化手续可每月结算 1—2 次。

(4) 销售部在内部银行的内部结算账户用于向储运部支付出库产成品的结算款和存入销售产品的收入款;外部结算存款用于销售部向外支付的各项销售费用。

(5) 采购部在内部银行的内部结算账户用于收取仓库每月支付的入库材料及外协件结算款;外部结算存款用于采购部当月的对外付款。

(6) 财务部根据公司下达的管理费用预算指标给各职能部室增拨内部结算存款;每月根据公司下达的各职能部室的货币资金预算指标从内部结算存款账户中转增各职能部室的外部结算存款账户存款。

(7) 公司批准的技改、基建和新产品试制项目,由财务部负责给每个项目编制一个内部银行账号,按照公司下达的年度项目预算指标拨入项目内部结算存款账户;每月根据公司下达的货币资金预算指标从内部结算存款账户中转增项目的外部结算存款账户存款;各部门在各技改、基建和新产品试制项目发生的材料、设备、施工等费用支出凭证上要注明内部银行账号,以便于财务部正确归集各项目的各类费用支出。

(8) 各责任中心通过内部银行收付的各种款项,必须当月入账,特殊情况滞后入账的,必须在内部银行对账单中说明原因,理由不充分或无故不入账的,内部银行可按收付凭证金额的 5‰ 罚款。

(9) 内部银行具有调配公司内部资金的职能,可向各申请借款的责任中心发放内部贷款。内部银行向申请单位发放的贷款,一律实行有偿使用,按月计收贷款利息,贷款利率由财务部根据公司从商业银行获得贷款的利率确定。

四、内部结算价格

根据责任会计核算的可控性原则和责权配比原则,责任中心之间的材料、劳务、产成品结算一律使用内部结算价格。内部结算价格制定的责任部门为财务部,采购部、工程部、制造部及各分厂予以配合。

(一) 内部结算价格的范围

内部结算价格的结算范围包括以下四种结算业务:

(1) 有关原材料、辅助材料、包装物、外协件、修理用备件、燃料、动力和低值易耗品的结算价格;

(2) 各责任中心之间相互提供劳务和半成品的结算价格;

(3) 各责任中心之间相互提供工装、模具的结算价格;

(4) 有关产成品的结算价格。

(二) 内部结算价格的制定原则

(1) 有利于充分发挥各分厂的生产潜力,鼓励相互提供劳务的积极性。

(2) 既要满足财务部成本核算的需要,又要满足考核采购部门、生产部门及其他部门工作业绩的需要。

(3) 有利于搞好各分厂的责任成本核算,既要体现分厂、部门之间物品的等价交换,又要体现内部协作的优惠关系。

(4) 内部结算价格与实际价格或实际成本的差异率原则上不得超过10%。

(三) 内部结算价格的制定依据和方法

1. 外购原材料及辅料、外协件、包装物等物资的内部结算价格

以公司现行实际采购价格为基础,考虑年内市场价格变动情况,加上合理的费用确定。此类结算价格与实际价格越接近越好。

2. 自制半成品的内部结算价格

根据自制半成品定额成本加上10%(酌情决定)的利润制定。计算公式为:

$$自制半成品定额成本 = \sum(零部件材料消耗定额 \times 材料计划单价) + \sum(零部件工时定额 \times 小时工资率) + 费用定额$$

$$自制半成品结算价格 = 自制半成品定额成本 \times (1 + 10\%)$$

3. 模具内部结算价格

根据模具定额成本加上10%(酌情决定)的利润制定。计算公式为:

$$模具定额成本 = \sum(模具材料消耗定额 + 模具试模材料消耗) \times 材料计划价格 + \sum 模具外购外协件价格 + \sum(模具加工工时 \times 小时工资率) + 费用定额$$

$$模具结算价格 = 模具定额成本 \times (1 + 10\%)$$

4. 冲压件内部结算价格

根据冲压件定额成本加上10%(酌情决定)的利润制定。计算公式为:

$$冲压件定额成本 = \sum(冲压零件材料消耗定额 \times 材料计划价格) + \sum(冲压零件加工工时 \times 小时工资率) + 费用定额$$

$$冲压件结算价格 = 冲压件定额成本 \times (1 + 10\%)$$

5. 工装内部结算价格

根据工装定额成本加上10%(酌情决定)的利润制定。计算公式为:

$$工装定额成本 = \sum(工装材料消耗定额 \times 材料计划价格) + \sum(工装加工工时 \times 小时工资率) + 费用定额$$

$$工装结算价格 = 工装定额成本 \times (1 + 10\%)$$

6. 内部劳务协作内部结算价格的制定办法

车辆运输、机器修理、计量、复印等内部劳务协作价格应参照市场价格标准,并以不高于外部市场价格的标准制定。

7. 各种产成品的内部结算价格

按定额成本加上10%(酌情决定)的利润制定。计算公式为:

$$产品定额成本 = \sum(产品材料消耗定额 \times 材料计划价格) + \sum(产品加工工时 \times 小时工资率) + 费用定额$$

$$产品结算价格 = 产品定额成本 \times (1 + 10\%)$$

8. 分厂产品成本核算

为使分厂产品成本核算的最终结果能够近似于实际成本,各责任中心之间的产成品、半成品、冲压件、工装、模具结算应一律采用计划成本。月末,财务部根据各分厂实现的内部销售数额,按10%(酌情决定)的内部销售利润率给每个分厂下拨内部销售利润。公司在给各个责任中心核定产成品、半成品、冲压件、工装和模具的结算价格时,应采取"买方"按计划成本、"卖方"按计划成本加10%利润的办法测算。

第十二章 预算分析与考评

在全面预算管理体系中,预算分析与预算考评处于承上启下的关键环节。通过预算分析可以发现预算执行中存在的问题和造成问题的原因,有助于落实责任和纠正偏差;通过预算考评可以增强全面预算管理的严肃性和激励约束作用,不仅为预算的全面执行注入活力和动力,也为下一周期的预算管理打下基础。

第一节 预算分析概述

一、预算分析的含义

预算分析是以预算指标、预算报告、预算执行情况以及其他相关资料为依据,采用一系列专门的分析技术和方法,对全面预算管理过程和结果进行分析、确认的综合管理活动。

预算分析有广义和狭义之分,广义的预算分析是指对预算管理全过程的分析,包括预算的事前、事中和事后分析。

事前分析是一种预测性分析,是指在实施预算活动之前所做出的研究其可行性的分析。在制定预算目标、编制预算之前所进行的分析就属于此类,它是进行各种预算决策的基础。例如,筹资方案分析、投资风险分析、经营预测分析等。事实上,任何决策在拍板之前都是要经过事前分析的。例如,从北京到上海出差,是乘飞机,还是坐火车,或是坐汽车,在做出决定之前就需要进行事前分析,绝不是随心所欲的。

事中分析是一种控制分析,是指在预算执行过程中,对预算执行状况及其控制成效所进行的日常性分析,它是进行预算执行调控的前提。例如,各种预算执行情况的预测分析、存货控制分析、费用支出过程的控制分析等。人们对生产经营活动的任何调控行为在实施之前都是要经过事先分析的,从某种意义上说,事中分析寓于预算执行的整个过程之中。

事后分析是一种总结性分析,是指对一定期间内预算执行结果的分析,它是对各预算执行部门进行考核、评价和奖惩兑现的依据。例如,预算执行的销售收入分析、成本分析、费用分析、利润分析、资金分析、财务状况分析等。

狭义的预算分析只包括事后分析,即是指对预算执行结果的分析。其目的是确定预算执行结果与预算标准之间的差异,找出产生差异的原因,并确定其责任归属。因此,狭义的预算分析也称作预算差异分析。

二、预算分析的作用

预算分析是全面预算管理的组成部分,也是保证全面预算顺利实施的重要手段,它在全面预算管理中的重要作用表现在以下五个方面:

(1)预防作用。通过对预算的事前分析,可以为预算决策提供依据,提高预算决策的准确性,有效预防决策失误的发生。

(2)控制作用。通过对预算的事中分析,可以及时发现和纠正预算执行中的偏差和存在的问题,为预算控制提供资料和依据,从而实现预算执行全过程的控制。

(3)评价作用。通过对预算的事后分析,可以总结预算执行的情况和结果,评价企业及各预算执行部门的工作业绩,揭示企业生产经营活动中存在的问题,总结预算管理工作的经验教训。

(4)辨析作用。通过预算分析,可以分清造成预算执行结果与预算标准之间差异的原因,落实预算差异责任,为预算考评与奖惩兑现提供可靠资料。

(5)促进作用。通过开展预算分析,可以促进各预算执行部门加强预算管理,严格预算执行,挖掘内部潜力,不断和完善提高经营管理水平。

三、预算差异的种类

预算差异是指预算执行结果与预算标准之间的差额。预算执行产生的差异有很多种,根据不同的标准可以将预算差异分为不同的种类。

(一)按差异产生的原因分类

按照差异产生的原因分类,可以将预算差异分为价格差异、数量差异和结构差异。

(1)价格差异是指由于价格变动而产生的预算执行结果与预算标准之间的差额。例如,由于材料采购价格提高所导致的采购成本上升,由于产品销售价格降低所导致的销售额降低等。

(2)数量差异是指由于数量变动而产生的预算执行结果与预算标准之间的差额。例如,由于材料消耗降低所导致的产品制造成本降低,由于销售数量增加所导致的销售额提高等。

(3)结构差异是指由于组成结构变动而产生的预算执行结果与预算标准之间的差额。例如,由于销售利润率高的产品占销售总额的比例提高所导致的销售利润提高等。

（二）按差异对预算执行及结果的影响分类

按照差异对预算执行及结果的影响分类，可以将预算差异分为有利差异和不利差异。

（1）有利差异是指预算执行结果与预算标准之间的差额有利于预算的执行及结果。例如，由于实际现金收入超过预算现金收入而产生的现金差额对整个预算执行及结果是有利的因素。

（2）不利差异是指预算执行结果与预算标准之间的差额不利于预算的执行及结果。例如，由于实际现金收入低于预算现金收入而产生的现金差额对整个预算执行及结果是不利的因素。

（三）按差异产生的性质分类

按照差异产生的性质分类，可以将预算差异分为主观差异和客观差异。

（1）主观差异是指由于预算执行部门内在因素造成的预算执行结果与预算标准之间的差额。例如，由于操作工效率不高、工作不负责任而导致的产品质量降低、消耗增加、成本提高等就属于主观差异。

（2）客观差异是指由于外部因素或预算执行部门不可控因素造成的预算执行结果与预算标准之间的差额。例如，国家提高汽油价格而导致炼油厂的利润高于预算标准的差额就是客观差异。

主观差异和客观差异是相对的、可以转化的。例如，采购价格变化造成的成本差异，对于车间而言是客观差异，对于采购部门而言则是主观因素；如果企业授予车间物资采购权，则采购价格变化造成的成本差异，对于车间而言也就转换成了主观差异。

分清预算差异种类，对于分析差异原因、落实差异责任具有非常重要的意义。

四、预算分析的方法

预算分析方法由定量分析方法和定性分析方法两大类组成。定量分析方法是最基本的分析方法，定性分析方法是辅助分析方法。没有定量分析，就不能获得科学的分析数据；只有通过定量分析，才能计算出各项预算指标的变动大小和变动幅度，才能据以分清责任，抓住主要矛盾，解决关键问题。但是，单纯的定量分析，有时也难以准确地反映预算执行的实际情况。只有把定量分析方法和定性分析方法有机地结合起来，加以综合运用，才能构成完整的预算管理分析体系，才能充分发挥预算分析的作用。因此，定量分析方法和定性分析方法有机结合，构成了完整、系统、科学的预算分析方法体系。

在预算分析实务中，应根据具体分析对象和分析要求，选择有关定量分析方法和定性分析方法，实现两者的有机结合、灵活运用。

（一）定量分析方法

定量分析方法是借助于数学模型，从数量上测算、比较和确定各项预算指标变动的数额，以及影响预算指标变动的原因和影响数额大小的一种分析方法。常用的定量分析方法主要有因素分析法、比较分析法、比率分析法、因果分析法、价值分析法、趋势分析法、量本利分析法、敏感性分析法等。下面，介绍几种进行预算分析常用的定量分析法。

1. 比较分析法

比较分析法是通过某项经济指标与性质相同的指标评价标准进行对比,揭示企业经济状况和经营成果的一种分析方法。在运用比较分析法时,要注意各项指标的可比性,相互比较的经济指标必须是相同性质或类别的指标。一般而言,应做到指标的计算口径、计价基础和时间单位都保持一致,以保证比较结果的正确性。常用的指标评价标准包括:

(1) 公认标准,是对各类企业不同时期都普遍适用的指标评价标准;

(2) 行业标准,是反映某行业水平的指标评价标准;

(3) 目标标准,是反映本企业目标水平的指标评价标准;

(4) 历史标准,是反映本企业历史水平的指标评价标准。

在预算差异分析中,一般是通过预算执行结果与预算标准之间的比较来揭示结果与标准之间的数量关系和差异,为进行预算的深度分析指明方向。

2. 比率分析法

比率分析法是通过计算和对比各种比率指标来确定经济活动变动程度的分析方法。采用比率分析法首先要将对比的指标数值变成相对数,然后再进行对比分析。常用的比率指标有构成比率、效率比率和相关比率三类。

(1) 构成比率又称结构比率。它是某项经济指标的各组成部分数值占总体数值的百分比,这类比率揭示了部分与整体的关系。计算公式为:

$$构成比率 = 某个组成部分数值 \div 总体数值 \times 100\%$$

利用构成比率,可以考察总体中某个部分的形成和安排是否合理;通过不同时期构成比率的比较还可以揭示其变化趋势。

(2) 效率比率,是某经济活动中所费与所得的比率,反映投入与产出的关系。利用效率比率指标,可以进行得失比较,考察经营成果,评价经济效益。

(3) 相关比率,是以某个项目和与其相关但又不同的项目加以对比所得出的比率,反映有关经济活动的相互关系。利用相关比率指标,可以考察企业有联系的项目指标数值之间的合理性,反映企业某方面的能力水平。

比率分析法具有计算方法简便,计算结果也比较容易判断,适应范围较广的优点。但采用比率分析法时,应当注意对比项目的相关性、对比口径的一致性和衡量标准的科学性。

3. 因素分析法

因素分析法是依据分析指标与其影响因素的关系,从数量上确定各因素对分析指标影响方向和影响程度的一种定量分析方法。因素分析法适于多种因素构成的综合性预算指标分析,如成本、利润、资金周转等方面的指标。因素分析法是在比较分析法的基础上加以应用的,是比较分析法的发展和补充。

运用因素分析法的一般程序:首先,确定需要分析的预算指标;其次,确定影响该预算指标的各因素;再次,确定各因素之间的关系,如加减关系、乘除关系、乘方关系、函数关系等;最后,计算确定各个因素影响预算指标的程度及数额。

因素分析法包括连环替代法和差额分析法两种具体方法:

(1) 连环替代法。连环替代法是将分析指标分解为各个可以计量的因素,并根据各个因素之间的依存关系,顺次用各因素的比较值(即实际值)替代基准值(即标准值),据以测定各因素对分析指标的影响。

【例12-1】 大地公司2013年1月甲产品耗用H材料的实际成本、预算成本及相关资料如表12-1所示。

表12-1 大地公司2013年1月甲产品消耗H材料成本资料表

计算关系	项目	计量单位	实际完成	预算指标	比较
①	甲产品产量	件	130	120	+10
②	每件产品的H材料消耗量	千克	5	6	-1
③	H材料的每千克单价	元	9	7	+2
④=①×②×③	消耗H材料的总成本	元	5 850	5 040	+810

表中资料显示,甲产品消耗H材料的实际总成本比预算总成本增加810元。运用连环替代法测定各因素对总差异810元的影响程度如下。

预算指标:$120 \times 6 \times 7 = 5\,040$(元) ············ ①
第一次替代:$130 \times 6 \times 7 = 5\,460$(元) ············ ②
甲产品产量变化对消耗H材料成本的影响:
②-①式:$5\,460 - 5\,040 = 420$(元)
第二次替代:$130 \times 5 \times 7 = 4\,550$(元) ············ ③
单位产品消耗H材料数量变化对材料成本的影响:
③-②式:$4\,550 - 5\,460 = -910$(元)
第三次替代:$130 \times 5 \times 9 = 5\,850$(元) ············ ④
材料单价变化对材料成本的影响:
④-③式:$5\,850 - 4\,550 = 1\,300$(元)
三项因素变动对消耗H材料成本的综合影响:
$420 - 910 + 1\,300 = 810$(元)

(2)差额分析法。差额分析法是连环替代法的一种简化形式,它是利用各个因素的比较值与基准值之间的差额,来计算各因素对分析指标的影响。

【例12-2】 仍以表12-1所列资料为例,采用差额分析法测定各因素对总差异810元的影响程度如下:

第一,由于甲产品产量增加对消耗H材料总成本的影响:
$$(130 - 120) \times 6 \times 7 = 420(元)$$
第二,由于单耗降低对消耗H材料总成本的影响:
$$(5 - 6) \times 130 \times 7 = -910(元)$$
第三,由于材料单价提高对消耗H材料总成本的影响:
$$(9 - 7) \times 130 \times 5 = 1\,300(元)$$

因素分析法既可以全面分析若干因素对某一经济指标的共同影响,又可以单独分析其中某个因素对某一经济指标的影响,在预算分析中的应用十分广泛。但在应用因素分析法时必须注意以下四个方面的问题:

(1)因素分解的关联性。构成经济指标的因素,必须在客观上存在因果关系,要能够反映形成该项指标差异的内在构成原因,否则就失去了其存在价值。

(2)因素替代的顺序性。替代因素时,必须按照各因素的依存关系,排列成一定的顺序并依次替代。一般替代顺序:先替代数量因素,后替代质量因素;先替代用实物量、劳动量表示的因素,后替代用价值量表示的因素;先替代主要因素、原始因素,后替代次要因素、派生因素;在除式关系中,先替代分子,后替代分母。

(3)替代顺序的连环性。连环替代法在计算每一个因素变动的影响时,都是在前一次计算的基础上进行,并采用连环比较的方法确定因素变化影响结果。因为只有保持计算程序上的连环性,才能使各个因素影响之和,等于分析指标变动的差异,以全面说明分析指标变动的原因。

(4)计算结果的假定性,连环替代法计算的各因素变动的影响数,会因替代计算顺序的不同而有所差别,因而计算结果不免带有假定性,即它不可能使每个因素计算的结果都能达到绝对的准确。它只是在某种假定前提下的影响结果,离开了这种假定前提条件,也就不会是这种影响结果。

(二)定性分析方法

定性分析方法是指运用归纳和演绎、分析与综合,以及抽象与概括等方法,对企业各项经济指标变动的合法性、合理性、可行性、有效性进行思维加工、去粗取精、去伪存真、由此及彼、由表及里的科学论证和说明。它是对定量分析的结果,根据国家有关法规、政策和企业的客观实际进行相互联系的研究,考虑各种不可计量的因素加以综合论证,并对定量分析结果进行切合实际的修正,并做出"质"的判断的分析方法。

定性分析方法的具体方法包括实地观察法、经验判断法、会议分析法、类比分析法等方法。

五、预算分析的步骤和内容

预算分析通常包括下列基本步骤和内容。

(一)确定分析对象,明确分析目的

在进行预算分析之前,首先要确定分析的对象及范围,明确分析的目的,熟悉与分析有关的资料,以保证有的放矢地开展分析工作。

(二)收集资料,掌握情况

进行预算分析时,必须广泛收集内容真实、数字正确的资料。这些资料包括内部资料和外部资料两个方面。

内部资料主要是有关预算标准及其执行情况的资料,有关预算标准的资料可以从预算文件中获取;预算执行情况的资料则有赖于预算执行核算信息系统的完备。

外部资料包括影响预算执行结果的有关外部因素的变动信息和相应外部市场的可比信息。例如,原材料市场价格的变动情况、各种能源供给及其价格的变动情况、企业经营产品市场总容量的变化、同行业竞争对手的销售及盈利状况、相关技术指标的变动等。

(三)对比分析,确定差异

通过预算执行结果与预算标准的对比,可以得到两者之间的差额,然后,采用比率分析法、因素分析法等定量分析法说明预算指标的完成程度,提示偏离预算的原因,为进一步的定性分析指明方向。

（四）分析原因,落实责任

通过定量分析,一般只能看出数量和现象上的差异,还不能说明差异的实质。因此,必须通过定性分析进行深入研究,分析造成差异的原因,抓住主要矛盾。首先,要从总差异入手,按其发生的时间、地点,研究这些差异形成的过程和原因；其次,要进行因果分析,在因果分析中要注意一个原因并不总是产生一个结果,而一个结果又并不总是由一个原因形成,因为实际情况往往十分错综复杂,总是先看结果,然后分析结果形成的原因；再次,将有关因素加以分类,衡量诸因素对预算完成结果的影响程度,在相互联系中找出起决定作用的主要因素；最后,全面地进行综合分析,真正抓住问题的关键,并落实责任单位和责任人。

（五）提出措施,改进工作

确定差异、分析原因、落实责任是为了解决预算执行中存在的不足和问题。因此,当存在的问题找准、找出后,就应根据分析的结果,提出加强全面预算编制、执行和控制的具体措施,以提高企业的经营管理水平。

（六）归纳总结,分析报告

归纳总结,就是依据对各项预算执行情况的分析结果进行综合概括,对企业全面预算管理的整个过程及其结果做出正确评价。在预算分析的最后阶段,要根据归纳分析的内容,编写书面分析报告。分析报告的编写要注意以下三点。

（1）数据要确凿。在分析报告中,所引用的数据必须确凿无误,防止差之毫厘,谬以千里。

（2）观点要鲜明。在分析报告中,要有理有据、是非分明,杜绝不着边际、模棱两可的结论。

（3）语言要简朴。要善于用数据说明问题,用事实摆明道理,切忌不要把分析报告写成空话连篇的八股文。

第二节 预算差异分析的实施

一个预算周期结束后,为了分析预算执行结果与预算标准之间的差异,揭示预算执行中存在的问题,企业需要对本预算周期的预算执行结果进行差异分析。由于各种预算的性质、内容、特点各不相同,所以,预算差异分析的具体方法也各不相同。本节将系统介绍经营预算和利润预算执行结果的差异分析。

一、预算完成情况的综合分析

为了从宏观上掌握经营预算和利润预算的完成情况,分析销售、成本、费用等项因素变化对利润指标的影响,首先需要从综合性预算指标入手,对企业预算期的经营预算执行结果进行总括分析。由于企业各种具体预算都是围绕利润预算展开的,预算期内企业执行经营预算、投资预算及财务预算后的结果和效益情况都会直接或间接地体现在利润表预算的完成情况中,因此,预算完成情况的综合分析可以以利润表预算为基础,采用比较分析法,编制反映预算期收入、成本、费用及利润预算完成情况的综合分析表。

【例12-3】 2013年1月,阳光公司以利润表预算为基础,采用比较分析法对2012年的预算执行结果与预算标准进行了综合分析。分析结果如表12-2所示。

表12-2 阳光公司2012年利润表预算差异分析表　　　　金额单位:元

项　目 计算关系	2012年预算 ①	2012年实际完成 ②	实际比预算增减额 ③=②-①	实际比预算增减(%) ④=③÷①
一、营业收入	5 500 000.00	5 780 000.00	280 000.00	5.09
减:营业成本	4 250 000.00	4 444 400.00	194 400.00	4.57
营业税金及附加	39 905.77	42 000.00	2 094.23	5.25
销售费用	350 000.00	380 000.00	30 000.00	8.57
管理费用	220 006.00	225 000.00	4 994.00	2.27
财务费用	111 088.23	118 000.00	6911.77	6.22
加:投资收益	11 000.00	11 000.00	0	0
二、营业利润	54 0000.00	581 600.00	41 600.00	7.70
加:营业外收入	30 000.00	30 000.00	0	0
减:营业外支出	20 000.00	200 00.00	0	0
三、利润总额	550 000.00	591 600.00	41 600.00	7.56
四、资产负债率(%)	54.60	55.00	0.40	0.73

通过对利润表预算完成情况的差异分析,可以从总体上把握企业预算期的主要预算指标完成情况,确定预算执行结果与预算标准之间的差异额和差异率。从表12-2所展示的信息可以看到,阳光公司2012年的收入、利润等主要预算指标都已完成。其中,利润总额比预算指标增长7.56%,高于收入比预算指标的增长速度,说明企业收入、效益的增长幅度总体上高于成本及费用的增长幅度。

但是,要详细了解、掌握各项预算指标的完成情况及其造成预算执行结果与预算标准之间差异的具体原因,还需要对各项预算指标逐一展开分析。

二、销售收入预算差异分析

预算执行结果的销售收入之所以会多于或少于销售收入预算数额,一般是由销售数量和销售价格两方面因素变动所致,即销售收入实际数与预算数的差异是由销售数量差异和销售价格差异构成的。因此,进行销售收入预算差异分析,首先就要确定销售数量差异和销售价格差异的数额。

因为,产品销售收入的计算公式是:

产品销售收入 = 销售数量 × 销售单价

所以,销售量差、价差及总差异的计算公式如下:

销售数量差异 = (实际数量 − 预算数量) × 预算价格

销售价格差异 =（实际价格 - 预算价格）× 实际数量

销售总额差异 = 销售数量差异 + 销售价格差异

= 实际销售收入 - 预算销售收入

销售数量差异是指由于实际销售数量高于或低于预算销售数量而造成的销售收入差异；销售价格差异是指由于实际销售价格高于或低于预算销售价格而造成的销售收入差异。

在产销多种产品的情况下，销售收入差异应按每一种产品进行分析，然后加以综合。各种产品的预算价格和预算销售量，可以直接从销售预算中取得。由于产品在预算期内的实际价格可能会有多次升降变化，所以在分析销售收入预算差异时，应采取加权平均单价进行分析。下面，举例说明销售收入预算的分析方法。

【例 12 -4】 2013 年 1 月，阳光公司采用因素分析法将 2012 年的销售收入预算执行结果与预算标准进行了分析。分析结果如表 12 -3 所示。

表 12 -3 阳光公司 2012 年销售预算差异分析表　　金额单位：元

产品名称	计量单位	预算销售额			实际销售额			差异分析		
		数量	单价	金额	数量	单价	金额	数量变动	价格变动	合计
计算关系	×	①	②	③=②×①	④	⑤	⑥=⑤×④	⑦=(④-①)×②	⑧=(⑤-②)×④	⑨=⑦+⑧
A 产品	吨	200	5 000	1 000 000	215	5 400	1 161 000	75 000	86 000	161 000
B 产品	吨	150	10 000	1 500 000	160	10 800	1 728 000	100 000	128 000	228 000
C 产品	吨	500	6 000	3 000 000	490	5 900	2 891 000	-60 000	-49 000	-109 000
合　计	—	—	—	5 500 000	—	—	5 780 000	115 000	165 000	280 000

通过表 12 -3 可以得出：

销售数量差异 = $\sum$（实际数量 - 预算数量）× 预算价格

= (215 - 200) × 5 000 + (160 - 150) × 10 000 + (490 - 500) × 6 000

= 75 000 + 100 000 + (- 60 000)

= 115 000（元）

销售价格差异 = $\sum$（实际价格 - 预算价格）× 实际数量

= (5 400 - 5 000) × 215 + (10 800 - 10 000) × 160 + (5 900 - 6 000) × 490

= 86 000 + 128 000 + (- 49 000)

= 165 000（元）

销售差异合计 = 数量差异 + 价格差异 = 115 000 + 165 000 = 280 000（元）

通过表 12 -3 分析发现，阳光公司 2012 年销售收入预算差异有如下三个特点：

（1）销售收入总额比预算多完成 28 万元是由于销售数量变动增加销售收入 11.5 万元和销售单价变动增加销售收入 16.5 万元所致。其中，销售价格提高是销售收入增长的主要原因。

（2）A、B 两种产品的销售数量和销售单价变动都是向着有利于企业的方向发展。

（3）C 产品的销售数量和销售单价变动都是向着不利于企业的方向发展，应引起注意。

影响产品销售数量和销售单价变动的具体原因很多,当销售量差和价差确定下来之后,就需要具体分析影响产品销售数量和销售单价变动的主客观原因。另外,对影响销售数量变动和销售价格变动的因素分析还应结合销售费用的支出情况进行综合考察。

三、产品销售利润预算差异分析

产品销售利润是企业利润总额的主体,其预算指标完成情况受数量、价格、成本、税金等多种因素的影响。进行销售利润预算分析的方法主要有品种法和综合法两种,下面分别做一简介。

（一）品种分析法

品种分析法是按每一种产品的销售数量、单价、成本、税金等项目进行分析,然后加以汇总的销售利润分析方法。因为它所分析的结果,是按每一种产品分析的结果逐一汇总得出的。所以,品种分析法分析不出销售品种结构变动对利润的影响。它比较适宜于产销单一产品,或者产品品种不太多的企业采用。下面,举例说明销售利润预算的品种分析法。

【例12-5】 阳光公司2012年销售利润预算及完成情况如表12-4和表12-5所示。

表12-4　阳光公司2012年销售利润预算表　　　　　　金额单位:元

产品名称	计量单位	销售收入			销售成本		销售税金及附加		销售利润	
		数量	单价	总金额	单位	总金额	单位	总金额	单位	总金额
栏次	×	(1)	(2)	(3)	(4)	(5)	(6)	(7)	(8)	(9)
A产品	吨	200	5 000	1 000 000	3 910	782 000	36.28	7 255.60	1 053.72	210 744.40
B产品	吨	150	10 000	1 500 000	7 720	1 158 000	72.56	10 883.39	2 207.44	331 116.61
C产品	吨	500	6 000	3 000 000	4 620	2 310 000	43.53	21 766.78	1 336.47	668 233.22
合 计	—	—	—	5 500 000	—	4 250 000	—	39 905.77	—	1 210 094.23
备 注	1. 本表中的数据来源于表7-17和表7-69,其中销售税金及附加是指应缴城市维护建设税和教育费附加,其合计数39 905.77元以销售收入为系数,分摊到各种产品上。 2. 表中各项目中的"单位"是指每一计量单位的产品。									

表12-5　阳光公司2012年销售利润完成情况表　　　　　　金额单位:元

产品名称	计量单位	销售收入			销售成本		销售税金及附加		销售利润	
		数量	单价	总金额	单位	总金额	单位	总金额	单位	总金额
栏次	×	(10)	(11)	(12)	(13)	(14)	(15)	(16)	(17)	(18)
A产品	吨	215	5 400	1 161 000	3 880	834 200.00	40.00	8 600.00	1 480.00	318 200.00
B产品	吨	160	10 800	1 728 000	7 680	1 228 800.00	74.00	11 840.00	3 046.00	48 7360.00
C产品	吨	490	5 900	2 891 000	4 860	2 381 400.00	44.00	21 560.00	996.00	48 8040.00
合 计	—	—	—	5 780 000	—	4 444 400.00	—	4 2000.00	—	1 293 600.00

根据上述资料,采用品种法分析逐一分析产品销售利润预算差异情况。分析结果如表12-6所示。

表 12-6 阳光公司 2012 年销售利润预算差异分析表   金额单位:元

产品名称	计量单位	销售数量		销售价格		销售成本		税金及附加		销售利润	
		增长量	增加利润	单位增加	增加利润	单位减少	增加利润	单位降低	增加利润	单位增加	增加总额
栏次	×	(19)	(20)	(21)	(22)	(23)	(24)	(25)	(26)	(27)	(28)
计算关系	×	(10)-(1)	(19)×(8)	(11)-(2)	(21)×(10)	(4)-(19)	(23)×(10)	(6)-(15)	(25)×(10)	(17)-(8)	(18)-(9)
A 产品	吨	15	15 805.83	400.00	86 000.00	30.00	6 450.00	-3.72	-800.23	426.28	107 455.60
B 产品	吨	10	22 074.44	800.00	128 000.00	40.00	6 400.00	-1.44	-231.05	838.56	156 243.39
C 产品	吨	-10	-13 364.66	-100.00	-49 000.00	-240.00	-117 600.00	-0.47	-228.56	-340.47	-180 193.22
合 计	—	—	24 515.61	—	165 000.00	—	-104 750.00	—	-1 259.84	—	83 505.77

从表 12-6 反映的数据可以很清晰地看到:2012 年实际产品销售利润比预算指标增加了 83 505.77 元。其中:

由于各种产品销售数量变动增加利润 24 515.61 元;

由于各种产品销售价格变动增加利润 165 000 元;

由于各种产品销售成本变动减少利润 104 750 元;

由于各种产品单位税金及附加变动减少利润 1 259.84 元;

四种因素合计影响增加利润 83 505.77(24 515.61 + 165 000 - 104 750 - 1 259.84)元。

另外,每种产品的因素变动影响数额,也可以从表中很清楚地看出。

利用品种分析法分析产品销售利润预算完成情况具有结构简单、内容直观、计算迅速、适用广泛等特点。它不仅能总括地反映企业产品销售利润的完成情况和各因素影响的数额,而且还能一目了然地反映出每一种产品销售利润的完成情况和各因素影响的数额,是一种有着较高应用价值的产品销售利润分析法。但是品种分析法有一个缺点,就是分析不出产品销售结构变动对销售利润的影响。采用综合分析法可以解决这个问题。

(二) 综合分析法

综合分析法是按整个公司的产品销售利润总额和产品销售总额进行分析计算销售量、单价、成本、税金等项目变动对利润影响结果的销售利润分析方法。因为它所分析的结果,是按照产品销售总额进行分析得出的,由于各种产品的利润水平不同,因此,每种产品所占销售总额比例的变动,都会影响利润总额的高低。所以,运用综合分析法可以反映出销售品种结构变动对利润的影响。它比较适宜于产销多品种的企业采用。下面,举例说明销售利润预算的综合分析法。

【例 12-6】 根据阳光公司 2012 年销售利润预算及完成情况(表 12-4 和表 12-5),计算销售结构比率如表 12-7 所示。

表 12-7 2012 年销售利润率及销售结构计算表   金额单位:元

产品名称	计量单位	预算			实际		
		销售收入	销售利润	销售结构(%)	销售收入	销售利润	销售结构(%)
栏次	×	①	②	③	④	⑤	⑥
A 产品	吨	1 000 000	210 744.40	18.18	1 161 000	318 200.00	20.08
B 产品	吨	1 500 000	331 116.61	27.27	1 728 000	487 360.00	29.90
C 产品	吨	3 000 000	668 233.22	54.55	2 891 000	488 040.00	50.02
合 计	×	5 500 000	1 210 094.23	100.00	5 780 000	1 293 600.00	100.00

根据表12-4、表12-5和表12-7所示的资料,采用综合分析法分析产品销售利润预算差异情况。

1. 销售数量变动对销售利润的影响,按下列公式计算:

$$销售数量变动影响的利润 = 预算销售利润 \times 销售增长率$$

$$销售增长率 = 销售数量完成率 - 1$$

$$销售数量完成率 = \frac{\sum(各产品实际销售数量 \times 预算销售单价)}{\sum 各产品预算销售收入}$$

因此,销售数量变动对销售利润的影响为:

(1)销售数量完成率:

$$\frac{215 \times 5\,000 + 160 \times 10\,000 + 490 \times 6\,000}{1\,000\,000 + 1\,500\,000 + 3\,000\,000} \times 100\%$$

$$= 5\,615\,000 \div 5\,500\,000 \times 100\% = 102.09\%$$

(2)销售数量变动对销售利润的影响为:

$$1\,210\,094.23 \times (102.09\% - 1) = 25\,290.97(元)$$

2. 销售品种结构变动对销售利润的影响,按下列公式计算:

$$销售品种结构变动对销售利润的影响 = \sum 预算单位产品销售利润 \times 实际销售数量 - 预算销售利润 \times 销售数量完成率$$

因此,销售品种结构变动对销售利润的影响为:

$$(1\,053.72 \times 215 + 2\,207.44 \times 160 + 1\,336.47 \times 490) - (1\,210\,094.23 \times 102.09\%)$$

$$= 1\,234\,610.50 - 1\,235\,385.20 = (-)774.70(元)$$

3. 销售价格变动对销售利润的影响,按下列公式计算:

$$销售价格变动对销售利润的影响 = \sum \left(\begin{array}{c} 实际产品 \\ 销售单价 \end{array} - \begin{array}{c} 预算产品 \\ 销售单价 \end{array} \right) \times 实际销售数量$$

因此,产品销售价格变动对销售利润的影响为:

$$(5\,400 - 5\,000) \times 215 + (10\,800 - 10\,000) \times 160 + (5\,900 - 6\,000) \times 490$$

$$= 86\,000 + 128\,000 + (-49\,000)$$

$$= 165\,000(元)$$

4. 销售成本变动对销售利润的影响,按下列公式计算:

$$销售成本变动对销售利润的影响 = \sum \left(\begin{array}{c} 预算单位 \\ 销售成本 \end{array} - \begin{array}{c} 实际单位 \\ 销售成本 \end{array} \right) \times 实际销售数量$$

因此,由于产品销售成本变动对销售利润的影响为:

$$(3\,910 - 3\,880) \times 215 + (7\,720 - 7\,680) \times 160 + (4\,620 - 4\,860) \times 490$$

$$= 6\,450 + 6\,400 + (-117\,600)$$

$$= (-)104\,750(元)$$

5. 销售税金及附加变动对销售利润的影响,按下列公式计算:

$$\begin{array}{c} 销售税金及附加变动 \\ 对销售利润的影响 \end{array} = \sum \left(\begin{array}{c} 预算单位销售 \\ 税金及附加 \end{array} - \begin{array}{c} 实际单位销售 \\ 税金及附加 \end{array} \right) \times 实际销售数量$$

因此,由于销售税金及附加变动对利润的影响为:

$(36.28-40)\times215+(72.56-74)\times160+(43.53-44)\times490$
$=(-799.80)+(-230.40)+(-230.30)$
$=(-)1\,260.50(元)$

6. 以上五项因素变动对销售利润的总影响为：
   （1）销售数量变动对销售利润的影响　　　　　　25 290.97(元)
   （2）产品销售品种结构变动对销售利润的影响　　 －774.70(元)
   （3）销售价格变动对销售利润的影响　　　　　　165 000.00(元)
   （4）销售成本变动对销售利润的影响　　　　　　－104 750.00(元)
   （5）销售税率变动对销售利润的影响　　　　　　 －1 260.50(元)

   各因素变动对销售利润的影响合计　　　　　　　　83 505.77(元)

需要说明的是：销售利润的各种分析方法都有一定的假定性，特别是运用因素分析法进行分析计算时，虽然各因素影响数的总和与所分析指标总差异是相等的，但由于各因素替代计算的顺序不同、某种假定的前提条件不同，总会给各因素影响的数额带来一定的差异性。这就要求我们根据因素之间的逻辑关系和公认的原则，确定合理的因素替代顺序和假定条件，并保持一贯性，以保证分析结果的准确性和可比性。

四、销售费用预算差异分析

销售费用的发生与销售收入数额密切相关，因此，仅以销售费用数额是否超过预算指标是无法判断销售部门工作绩效和费用控制情况的。所以，销售费用预算的分析，应结合销售收入预算完成情况进行综合分析。一般可以通过考察销售费用率的变化情况，衡量销售费用预算的执行结果。所谓销售费用率，是指销售费用占销售收入的百分比。

根据与销售额的关系特点，我们可以将销售费用分为变动性销售费用和固定性销售费用。由于变动性销售费用与销售额的变动成正比例关系，因此，可运用差额分析法直接分析销售额及其他因素变动对变动性销售费用的影响结果。按费用差异产生的原因不同，变动性销售费用差异可分为开支差异和销售量差异两部分：开支差异是指由于预算开支标准，即销售费用率变化所引起的差异；销售量差异是指由于销售量变化所引起的差异。分析计算公式如下：

变动性销售费用差异 = 开支差异 + 销售量差异

开支差异 = (实际销售费用率 - 预算销售费用率) × 实际销售量(额)

销售量差异 = [实际销售量(额) - 预计销售量(额)] × 预算销售费用率

实际(预算)销售费用率 = 实际(预算)销售费用 ÷ 实际(预算)销售收入总额

在多品种产品销售的情况下，变动性销售费用预算的开支标准如果是以销售量为基础确定的，其预算差异应按每种产品进行分析，然后加以综合；如果是以销售额为基础确定的，则不需要按产品品种进行分析。

固定性销售费用的发生与销售额的变动没有直接比例关系，因此，可采用比较分析法直接得到预算执行结果与预算标准之间的差异额，然后分析导致差异的原因。

下面,举例说明销售费用预算差异的分析方法。

【例 12-7】 阳光公司 2012 年销售费用预算为 35 万元,其中变动性销售费用 27.5 万元,固定性销售费用 7.5 万元;预算执行结果是销售费用总支出 38 万元,其中:变动性销售费用 30 万元,固定性销售费用 8 万元。

1. 变动性销售费用分析

根据变动性销售费用预算和执行情况填制分析表如表 12-8 所示。

表 12-8 2012 年变动性销售费用预算差异分析   金额单位:元

项 目	销售费用		销售费用率(%)		销售费用差异		
	预算	实际	预算	实际	开支差	量差	合计
计算关系	①	②	③=①÷预算销售额	④=②÷实际销售额	⑤=(④-③)×实际销售额	⑥=③×(实际销售额-预算销售额)	⑦=⑤+⑥
1. 销售人员薪酬	66 275.00	70 000.00	1.21%	1.21%	351.00	3 374.00	3 725.00
2. 运杂费	59 925.00	65 000.00	1.09%	1.12%	2 024.27	3 050.73	5 075.00
3. 货物保险费	22 000.00	25 000.00	0.40%	0.43%	1 880.00	1 120.00	3 000.00
4. 广告宣传费	94 000.00	105 000.00	1.71%	1.82%	6 214.55	4 785.45	11 000.00
5. 差旅费	7 000.00	8 000.00	0.13%	0.14%	643.64	356.36	1 000.00
6. 业务招待费	3 800.00	4 000.00	0.07%	0.07%	6.54	193.46	200.00
7. 培训费	12 100.00	12 000.00	0.22%	0.21%	-716.00	616.00	-100.00
8. 售后服务费	7 700.00	9 000.00	0.14%	0.16%	908.00	392.00	1 300.00
9. 其他	2 200.00	2 000.00	0.04%	0.03%	-312.00	112.00	-200.00
合 计	275 000.00	300 000.00	5.00%	5.19%	11 000.00	14 000.00	25 000.00
销售收入	5 500 000.00	5 780 000.00	—	—	—	—	—

表 12-8 分析说明:

阳光公司 2012 年预算销售收入为 550 万元,实际销售收入为 578 万元。所以,在表 12-8 中:

$$预算销售费用率 = \sum 各项预算销售费用 \div 5\,500\,000$$

$$实际销售费用率 = \sum 各项实际销售费用 \div 5\,780\,000$$

$$开支差异 = \sum (实际销售费用率 - 预算销售费用率) \times 5\,780\,000$$

$$销售量差异 = \sum (5\,780\,000 - 5\,500\,000) \times 各预算销售费用率$$

通过分析可以得出,变动性销售费用实际比预算多支出 25 000 元。其中,由于销售费用率由 5% 提高为 5.19%,增加支出 11 000 元;由于销售收入由 550 万元提高到 578 万元,增加费用支出 14 000 元。各项变动性销售费用具体增减数额在表 12-8 中都已清楚表明,对于造成费用率降低的原因,还需要做进一步的深层次剖析。

2. 固定性销售费用分析

首先,通过表格形式逐项分析各项固定性销售费用实际发生额与预算指标的差异额及差异率,如表 12-9 所示。

表 12-9　2012年固定性销售费用预算差异分析　　　　金额单位：元

项 目	预算数	实际数	实际比预算增减额	实际比预算增减（%）
计算关系	①	②	③=②-①	④=③÷①
1. 管理人员薪酬	35 427.00	38 410.00	2 983.00	8.42%
2. 折旧费	25 000.00	25 000.00	0	0
3. 财产保险费	9 983.00	13 000.00	3 017.00	30.22%
4. 办公费	4 000.00	3 000.00	-1 000.00	-25.00%
5. 其 他	590.00	590.00	0	0
合 计	75 000.00	80 000.00	5 000.00	6.67%

然后，对出现差异的费用项目进行定性分析，分析确认造成差异的具体原因。例如，经过分析后确认：销售公司管理人员薪酬实际比预算增加 2 983 元的原因是支付加班费用所致；财产保险费实际比预算增加 3 017 元的原因是保险公司保险费率提高所致；办公费实际比预算减少 1 000 元的原因是计算机耗材支出降低所致。

值得注意的是：根据以上销售费用预算的分析结果，我们还不能简单地说销售部门费用控制得好与不好，还需要将销售费用与销售收入以及利润情况结合起来进行分析。如果销售费用的提高带来了销售收入和利润的提高，那么，销售费用的提高就是有必要的。下面，我们采用费用贡献分析法简要分析阳光公司销售费用预算超支是否合理。

阳光公司 2012 年销售费用贡献分析表如表 12-10 所示。

表 12-10　2012年销售费用贡献分析

项 目	预算		实际		实际比预算增减	
	金额（元）	结构（%）	金额（元）	结构（%）	金额（元）	增减（%）
计算关系	①	②=①÷55万	③	④=③÷57.8万	⑤=③-①	⑥=⑤÷①
一、产品销售收入	5 500 000.00	100.00	5 780 000.00	100.00	280 000.00	5.09
减：产品销售成本	4 250 000.00	77.27	4 444 400.00	76.89	194 400.00	4.57
销售税金及附加	39 905.77	0.73	42 000.00	0.73	2 094.23	5.25
二、毛利	1 210 094.23	22.00	1 293 600.00	22.38	83 505.77	6.90
减：产品销售费用	350 000.00	6.36	380 000.00	6.57	30 000.00	8.57
三、利益贡献	860 094.23	15.64	913 600.00	15.81	53 505.77	6.22

表中：

$$毛利 = 销售收入 -（销售成本 + 销售税金及附加）$$
$$利益贡献 = 毛利 - 销售费用$$

表 12-10 中的数据可以说明以下两个问题：

一是实际销售收入比预算增加了 28 万元，增长率为 5.09%；实际销售费用支出比预算额增加了 3 万元，增长率为 8.57%；销售费用的增长率高于销售收入的增长。通过对销售费用项目进行逐个分析发现，导致销售费用实际支出增加的主要项目有销售人员薪酬、运杂费、货物保险费、广告宣传费、管理人员薪酬和财产保险费。

二是由于产品销售成本的增长率为 4.57%，低于销售收入 5.09% 的增长幅度，所以利益贡献的增长为 6.22%，高于销售收入的增长幅度。

结合费用贡献分析法对销售费用预算完成情况的综合分析评价是：企业为了增加销

售收入,采取了提高销售费用的措施。尽管销售费用的增长幅度大于销售收入的增长幅度,但是,由于产品销售成本增长幅度低于销售收入的增长幅度,从而导致公司总体经济效益增长了6.22%。分析表明,销售费用实际支出的提高带来了销售收入和利润的提高,因此,阳光公司2012年销售费用预算的适当超支是合理的。

五、成本预算差异分析

成本预算差异分析是对预算期内实际产品制造成本与预算产品制造成本之间差异的分析。一般需要分两步进行:首先,需要分析各种产品实际总成本与预算总成本的差异,确定各种产品成本影响总成本的情况;然后,对各种产品制造成本的构成进行具体分析。

(一) 总成本预算差异分析

造成总成本预算差异的原因主要有两个:一是由于产品产量变动而导致的差异;二是由于产品单位成本变动而产生的差异。所以,产品总成本预算差异可分为产量差异和成本差异两部分。计算公式如下:

$$产量差异 = (实际产量 - 预算产量) \times 预算单位成本$$

$$成本差异 = (实际单位成本 - 预算单位成本) \times 实际产量$$

$$总差异 = 产量差异 + 成本差异$$

$$= 实际单位成本 \times 实际产量 - 预算单位成本 \times 预算产量$$

下面,举例说明总成本预算差异的分析方法。

【例12-8】 2013年1月,阳光公司采用因素分析法将2012年的总成本预算执行结果与预算标准进行了分析。计算结果如表12-11所示。

表12-11 2012年总成本预算分析　　　　　　　金额单位:元

产品名称	计量单位	预算			实际			差异分析		
		产量(吨)	单位成本(元/吨)	总成本(元)	产量(吨)	单位成本(元/吨)	总成本(元)	产量变动(元)	成本变动(元)	合计(元)
计算关系	×	①	②	③	④	⑤	⑥	⑦=(④-①)×②	⑧=(⑤-②)×④	⑨=⑦+⑧
A产品	吨	190	3 900	741 000	205	3 868	792 940	58 500	-6 560	51 940
B产品	吨	160	7 700	1 232 000	170	7 657	1 301 690	77 000	-7 310	69 690
C产品	吨	490	4 600	2 254 000	480	4 855	2 330 400	-46 000	122 400	76 400
合计	—	—	—	4 227 000	—	—	4 425 030	89 500	108 530	198 030

通过表12-11可以得出:

产量差异 = $\sum$(实际产量 - 预算产量) × 预算单位成本
　　　　 = (205 - 190) × 3 900 + (170 - 160) × 7 700 + (480 - 490) × 4 600
　　　　 = 58 500 + 77 000 + (-46 000)
　　　　 = 89 500(元)

成本差异 = $\sum$(实际单位成本 - 预算单位成本) × 实际产量
　　　　 = (3 868 - 3 900) × 205 + (7 657 - 7 700) × 170 + (4 855 - 4 600) × 480

$$= (-6\ 560) + (-7\ 310) + 122\ 400$$
$$= 108\ 530(元)$$

总成本差异 = 产量差异 + 成本差异 = 89 500 + 108 530
$$= 198\ 030(元)$$

通过表 12-11,可以分析出各种产品成本由于产品产量变动导致的预算差异和由于产品单位成本变动而产生的预算差异。至于各种产品成本降低或提高的具体原因,则有赖于对各种产品制造成本的构成项目进行深入分析。

(二) 产品制造成本构成项目的预算差异分析

产品制造成本是由直接材料成本、直接人工成本和制造费用构成的。因此,对产品制造成本构成项目的预算差异分析就是分别分析上述三个预算的执行差异,并对造成预算差异的原因进行剖析。下面,通过案例分析说明直接材料成本、直接人工成本和制造费用预算差异的分析方法。

【例 12-9】 阳光公司 2012 年 A 产品的预算产量为 190 吨,实际产量为 205 吨,A 产品制造成本预算及执行结果如表 12-12 所示。

表 12-12 A 产品制造成本预算及执行情况

项目	预算		实际		预算差异	
	单位成本(元/吨)	总成本(元)	单位成本(元/吨)	总成本(元)	单位成本(元/吨)	总成本(元)
计算关系	①	② = ① × 190 吨	③	④ = ③ × 205 吨	⑤ = ③ - ①	⑥ = ④ - ②
直接材料	2 850.00	541 500.00	2 820.00	578 100.00	-30.00	36 600.00
直接人工	867.60	164 844.00	877.24	179 834.20	9.64	14 990.20
制造费用	182.40	34 656.00	170.76	35 005.80	-11.64	349.80
其中:变动费用	50.00	9 500.00	47.00	9 635.00	-3.00	135.00
固定费用	132.40	25 156.00	123.76	25 370.80	-8.64	214.80
产品制造成本	3 900.00	741 000.00	3 868.00	792 940.00	-32.00	51 940.00

从表 12-12 中可以总括分析出 A 产品的单位制造成本项目预算差异和总成本项目预算差异,对其具体成本项目预算差异的分析需要分别进行。

1. 直接材料成本差异分析

直接材料实际成本与预算成本之间的差异主要由三个原因造成:一是由于材料价格偏离预算价格而形成的材料价格差异;二是由于材料耗用量偏离预算耗用量而形成的材料数量差异;三是由于产品生产量偏离预算产量而形成的材料产量差异。计算公式如下:

材料价格差异 = (实际价格 - 预算价格) × 实际单位耗量 × 实际产量

材料数量差异 = (实际单位耗量 - 预算单位耗量) × 预算价格 × 实际产量

材料产量差异 = (实际产量 - 预算产量) × 预算价格 × 预算单位耗量

材料成本差异 = 材料价格差异 + 材料数量差异 + 材料产量差异
$$= 材料实际成本 - 材料预算成本$$

下面,以【例 12-9】为例说明直接材料成本预算差异的分析方法。已知阳光公司 2012 年 A 产品直接材料成本预算及执行结果如表 12-13 所示。

表 12-13 2012 年 A 产品直接材料成本预算及执行情况　　　　金额单位：元

材料名称	计量单位	预算				实际			
		单耗	单价	单位成本（元/吨）	总成本	单耗	单价	单位成本（元/吨）	总成本
计算关系	×	(1)	(2)	(3)=(1)×(2)	(4)=(3)×190 吨	(5)	(6)	(7)=(5)×(6)	(8)=(7)×205 吨
Z 材料	吨	2	500	1 000	190 000	2	500	1 000	205 000
Y 材料	千克	8	150	1 200	228 000	7.2	140	1 008	206 640
X 材料	件	3	200	600	114 000	4	190	760	155 800
工艺电	千瓦时	50	1	50	9 500	52	1	52	10 660
合　计	×	—	—	2 850	541 500	—	—	2 820	578 100

表 12-13 中：

$$直接材料预算总成本 = \sum 预算单位成本 \times 预算产量$$
$$= 2\ 850 \times 190 = 541\ 500(元)$$

$$直接材料实际总成本 = \sum 实际单位成本 \times 实际产量$$
$$= 2\ 820 \times 205 = 578\ 100(元)$$

根据表 12-13 的资料，采用因素分析法分析直接材料成本预算完成情况。分析结果如表 12-14 所示。

表 12-14 A 产品直接材料成本预算执行分析　　　　金额单位：元

材料名称	计量单位	数量分析		价格分析		产量分析		材料总差异
		单耗差	成本差异	单价差	成本差异	产量差（吨）	成本差异	
计算关系	×	(9)=(5)-(1)	(10)=(9)×(2)×205	(11)=(6)-(2)	(12)=(11)×(5)×205	(13)=205-190	(14)=(13)×(3)	(15)=(10)+(12)+(14)
Z 材料	吨	0	0	0	0	15	15 000	15 000
Y 材料	千克	-0.8	-24 600	-10.00	-14 760	15	18 000	-21 360
X 材料	件	1	41 000	-10.00	-8 200	15	9 000	41 800
工艺电	千瓦时	2	410	0	0	15	750	1160
合　计	×	—	16 810	—	-22 960	—	42 750	36 600

表 12-14 中：

$$材料数量差异 = \sum 单位耗量差 \times 预算价格 \times 实际产量$$
$$= (-0.8 \times 150 \times 205) + (1 \times 200 \times 205) + (2 \times 1 \times 205)$$
$$= 16\ 810(元)$$

$$材料价格差异 = \sum 单位价格差 \times 实际单位耗量 \times 实际产量$$
$$= (-10 \times 7.2 \times 205) + (-10 \times 4 \times 205)$$
$$= -22\ 960(元)$$

$$材料产量差异 = \sum 产量差 \times 预算单位材料成本$$
$$= (15 \times 1\ 000) + (15 \times 1\ 200) + (15 \times 600) + (15 \times 50)$$
$$= 42\ 750(元)$$

$$材料成本差异 = 16\ 810 - 22\ 960 + 42\ 750 = 36\ 600(元)$$

分析结果表明：

A 产品直接材料预算总成本 541 500 元，实际总成本 578 100 元，实际总成本比预算总成本多 36 600 元。导致实际总成本比预算总成本多 36 600 元的原因是：

（1）由于 A 产品的材料单耗变化（其中，Y 材料单耗降低，X 材料和工艺电单耗提高）提高材料成本 16 810 元；

（2）由于 A 产品耗用材料单价变化（其中，Y 材料、X 材料单价降低）降低材料成本 22 960 元；

（3）由于 A 产品产量实际比预算增加 15 吨（205 − 190）增加材料成本 42 750 元。

通过以上材料成本分析将导致直接材料实际成本与预算成本之间差异的数量、价格、产量三个因素搞清楚后，还需要分别分析造成材料消耗数量变化、材料价格变化及产品产量变化的原因。

造成材料消耗数量变化的原因主要有工人操作因素、机器设备因素、技术工艺因素、产品质量因素、材料质量因素、生产数量因素等；

造成材料价格变化的原因主要有材料市场价格的变动、材料采购数量的变动、运费和损耗的变动、耗用材料的变动等。

造成产品产量变化的原因主要有产品供求因素、机器设备因素、材料供应因素、生产效率因素、产品质量因素、资金因素、成本因素等。

总之，导致材料成本升降的原因非常多，既有主观原因，也有客观原因；既有企业内部原因，也有企业外部原因；既有技术原因，也有管理原因等。因此，需要进行具体的调查研究后才能明确责任归属。

2. 直接人工成本差异分析

直接人工实际成本与预算成本之间的差异主要由三个原因造成：一是由于实际工资率偏离预算工资率而形成的工资率差异；二是由于实际劳动效率偏离预算劳动效率而形成的人工工时差异（也称效率差异）；三是由于实际产品生产量偏离预算产量而形成的人工产量差异。计算公式如下：

人工工资率差异 =（实际工资率 − 预算工资率）× 实际单位工时 × 实际产量

人工工时差异 =（实际单位工时 − 预算单位工时）× 预算工资率 × 实际产量

人工产量差异 =（实际产量 − 预算产量）× 预算工资率 × 预算单位工时

人工成本差异 = 人工工资率差异 + 人工工时差异 + 人工产量差异

= 人工实际成本 − 人工预算成本

下面，以【例 12 − 9】为例说明直接人工成本预算差异的分析方法。已知阳光公司 2012 年 A 产品的直接人工预算成本为 867.60 元/吨，实际成本是 877.24 元/吨；A 产品的预算产量为 190 吨，实际产量为 205 吨。直接人工成本预算及执行结果如表 12 − 15 所示。

表 12 − 15 A 产品直接人工成本预算及执行情况表

费用名称	预算				实际			
	单位工时（小时）	工资率（元/小时）	单位人工成本（元）	人工总成本（元）	单位工时（小时）	工资率（元/小时）	单位人工成本（元）	人工总成本（元）
计算关系	(1)	(2)	(3) = (1)×(2)	(4) = (3)×190	(5)	(6)	(7) = (5)×(6)	(8) = (7)×205
直接工资	6	120.00	720.00	136 800.00	5.6	130.00	728.00	149 240.00
工资附加	6	24.60	147.60	28 044.00	5.6	26.65	149.24	30 594.20
人工成本	6	144.60	867.60	164 844.00	5.6	156.65	877.24	179 834.20
备注	工资附加是指按工资总额 20.5% 计提的"五险一金"和"三项经费"。							

表 12-15 中：

$$直接人工预算总成本 = \sum 预算单位人工成本 \times 预算产量$$
$$= 867.60 \times 190$$
$$= 164\,844(元)$$

$$直接人工实际总成本 = \sum 实际单位人工成本 \times 实际产量$$
$$= 877.24 \times 205$$
$$= 179\,834.20(元)$$

根据表 12-15 的资料,采用因素分析法分析直接人工成本预算完成情况。分析结果如表 12-16 所示。

表 12-16 A 产品直接人工成本预算执行分析　　　　　　　　　　　　　　单位：元

费用名称	工时分析		工资率分析		产量分析		人工总差异
	工时差	成本差异	工资率差	成本差异	产量差	成本差异	
计算关系	(9)=(5)-(1)	(10)=(9)×(2)×205	(11)=(6)-(2)	(12)=(11)×(5)×205	(13)=205-190	(14)=(13)×(3)	(15)=(10)+(12)+(14)
直接工资	-0.4	-9 840.00	10.00	11 480.00	15	10 800.00	12 440.00
工资附加	-0.4	-2 017.20	2.05	2 353.40	15	2 214.00	2 550.20
人工成本	-0.4	-11 857.20	12.05	13 833.40	15	13 014.00	14 990.20

表 12-16 中：

$$人工工时差异 = \sum 人工单位工时差 \times 预算工资率 \times 实际产量$$
$$= (-0.4) \times 144.60 \times 205 = -11\,857.20(元)$$

$$人工工资率差异 = \sum 单位工资率差 \times 实际单位工时 \times 实际产量$$
$$= 12.05 \times 5.6 \times 205 = 13\,833.40(元)$$

$$人工产量差异 = \sum 产量差 \times 预算单位人工成本$$
$$= 15 \times 867.60 = 13\,014.00(元)$$

$$人工成本差异 = 13\,833.40 + 13\,014.00 - 11\,857.20 = 14\,990.20(元)$$

分析结果表明：

A 产品直接人工预算成本 164 844.00 元,实际成本 179 834.20 元,实际比预算多 14 990.20 元。导致实际比预算多 14 990.20 元的原因是：

(1) 直接人工单位工时降低,导致直接人工成本降低 11 857.20 元;

(2) 直接人工单位工资率提高,导致直接人工成本提高 13 833.40 元;

(3) A 产品实际产量比预算增加 15 吨,导致直接人工成本增加 13 014.00 元。

通过以上分析将导致直接人工实际成本与预算成本之间差异的工时、工资率、产量三个因素搞清楚后,还需要分别分析造成直接人工工时及工资率变化的原因。

造成直接人工工时(劳动效率)变化的原因主要有工作环境因素、工人操作因素、技术工艺因素、工人结构因素、机器或工具因素、作业计划安排因素、原材料质量及供应因素、停工和停产因素等。

造成直接人工工资率变化的原因主要有工资调整因素、工资等级变更因素、工人结构变化因素、工人使用及安排和调度因素等。

上述具体原因都可以通过直接人工成本的深入分析而搞得一清二楚。

3. 制造费用分析

制造费用由变动性制造费用和固定性制造费用组成,由于两种费用对业务量的依存关系不同,所以应采用不同的方法分别进行分析。

(1) 变动性制造费用差异分析。

变动性制造费用一般与产品产量成正比例变动,因此,对于变动性制造费用的分析一般可采用因素分析法。导致实际变动性制造费用与预算标准之间差异的主要原因有费用分配率、工作效率和产品产量三个方面的因素,所以形成了以下三种变动性制造费用差异:

一是变动性制造费用分配率差异。是指由于变动性制造费用的实际费用分配率偏离预算标准而形成的差异,它反映的是变动性制造费用耗费水平的高低,所以也称耗费差异。

二是变动性制造费用工时差异。是指由于单位产品实际单位工时(或工人工资、产品产量等分配标准)偏离预算单位工时而形成的差异,它反映的是工作效率变化引起的费用节约或超支,所以也称效率差异。

三是变动性制造费用产量差异,是指由于实际产品产量偏离预算产量而形成的差异。

变动性制造费用差异的计算公式为:

费用工时差异 = (实际单位工时 − 预算单位工时) × 预算费用分配率 × 实际产量

费用分配率差异 = (实际费用分配率 − 预算费用分配率) × 实际单位工时 × 实际产量

费用产量差异 = (实际产量 − 预算产量) × 预算费用分配率 × 预算单位工时

变动性制造费用差异 = 费用工时差异 + 费用分配率差异 + 费用产量差异

= 实际变动性制造费用 − 预算变动性制造费用

下面,以【例 12 - 9】为例说明变动性制造费用预算差异的分析方法。已知阳光公司 2012 年 A 产品单位产品变动性制造费用预算为 50 元/吨,实际为 47 元/吨;A 产品预算产量为 190 吨,实际产量为 205 吨。A 产品变动性制造费用预算及执行结果如表 12 - 17 所示。

表 12 - 17　A 产品变动性制造费用预算及执行情况　　　　　　　　　单位:元

费用项目	预算				实际			
	单位工时	分配率	单位变动性制造费用	总变动性制造费用	单位工时	分配率	单位变动性制造费用	总变动性制造费用
计算关系	(1)	(2)=(3)÷(1)	(3)	(4)=(3)×190	(5)	(6)=(7)÷(5)	(7)	(8)=(7)×205
机物料消耗	6	1.666 67	10	1 900	5.6	1.964 29	11	2 255
维修费	6	1.333 33	8	1 520	5.6	1.250 00	7	1 435
检测费	6	0.333 33	2	380	5.6	0.535 71	3	615
计量费	6	0.166 67	1	190	5.6	0.178 57	1	205
搬运费	6	2.000 00	12	2 280	5.6	1.785 71	10	2 050
劳动保护费	6	2.500 00	15	2 850	5.6	2.142 86	12	2 460
其他	6	0.333 33	2	380	5.6	0.535 71	3	615
合计	6	8.333 33	50	9 500	5.6	8.392 86	47	9 635

表 12 – 17 中：

$$预算总变动性制造费用 = \sum 预算单位变动性制造费用 \times 预算产量$$
$$= 50 \times 190 = 9\ 500(元)$$

$$实际总变动性制造费用 = \sum 实际单位变动性制造费用 \times 实际产量$$
$$= 47 \times 205 = 9\ 635(元)$$

根据表 12 – 17 的资料，采用因素分析法分析变动制造费用预算完成情况。分析结果如表 12 – 18 所示。

表 12 – 18　A 产品变动性制造费用预算执行分析　　　　　　　　　　单位：元

费用名称	工时分析		分配率分析		产量分析		变动性费用总差异
	工时差	费用差异	分配率差	费用差异	产量差	费用差异	
计算关系	(9) = (5) – (1)	(10) = (9) × (2) × 205	(11) = (6) – (2)	(12) = (11) × (5) × 205	(13) = 205 – 190	(14) = (13) × (3)	(15) = (10) + (12) + (14)
机物料消耗	– 0.4	– 136.67	0.297 62	341.67	15	150.00	355.00
维修费	– 0.4	– 109.33	– 0.083 33	– 95.67	15	120.00	– 85.00
检测费	– 0.4	– 27.33	0.202 38	232.33	15	30.00	235.00
计量费	– 0.4	– 13.67	0.011 90	13.67	15	15.00	15.00
搬运费	– 0.4	– 164.00	– 0.214 29	– 246.00	15	180.00	– 230.00
劳动保护费	– 0.4	– 205.00	– 0.357 14	– 410.00	15	225.00	– 390.00
其他	– 0.4	– 27.33	0.202 38	232.33	15	30.00	235.00
合计	– 0.4	– 683.33	0.059 52	68.33	15	750.00	135.00

表 12 – 18 中：

$$费用工时差异 = \sum 费用单位工时差 \times 预算费用分配率 \times 实际产量$$
$$= (-0.4) \times 8.333\ 33 \times 205 = -683.33(元)$$

$$费用分配率差异 = \sum 费用分配率差 \times 实际单位工时 \times 实际产量$$
$$= 0.059\ 52 \times 5.6 \times 205 = 68.33(元)$$

$$费用产量差异 = \sum 产量差 \times 预算单位变动性制造费用$$
$$= 15 \times 50 = 750(元)$$

$$变动性制造费用差异 = 费用工时差异 + 费用分配率差异 + 费用产量差异$$
$$= (-683.33) + 68.33 + 750 = 135.00(元)$$

分析结果表明：

A 产品预算变动性制造费用 9 500 元，实际 9 635 元，实际比预算多 135 元。导致实际比预算多 135 元的原因是：

（1）变动性制造费用单位工时降低，导致变动性制造费用降低 683.33 元；

（2）变动性制造费用分配率提高，导致变动性制造费用提高 68.33 元；

（3）A 产品实际产量比预算增加，导致变动性制造费用增加 750 元。

影响变动性制造费用成本差异的因素包含在各变动性制造费用明细项目之中。在实际工作中，需要按各费用明细项目进行逐项分析。

需要说明的是，在实际工作中，制造费用分配计入产品制造成本的方法有多种。例如，生产工人工时比例分配法、生产工人工资比例分配法、机器工时比例分配法、按预算分配率分配法、直接成本比例分配法等,企业具体采取哪种分配方法进行制造费用分配,需要根据产品的生产特点合理选择。因此,在进行变动性制造费用分析时,需要结合具体的制造费用分配方法进行。

(2) 固定性制造费用分析。

固定性制造费用总额在一定业务量范围内不受产品产量变动的影响,但其分摊到单位产品成本中的数额一般与产品产量成反比例变动。产量增加,单位产品成本的固定性制造费用就相应减少;反之,则相应增加。因此,固定性制造费用的差异分析应以固定性制造费用预算为标准,将实际发生的各项固定性制造费用数额与预算指标逐项进行比较分析,从中找出存在的差异,并分析其产生差异的原因。固定性制造费用差异的计算公式为:

$$固定制造费用差异 = \sum (固定性制造费用实际数额 - 固定制造费用预算数额)$$

同时,还可以通过如下公式,分析由于产品产量变动对单位产品成本所含固定性制造费用数额的影响:

$$\frac{单位产品固定性}{制造费用增减额} = \frac{(实际产量 - 预算产量) \times 单位产品固定性制造费用}{实际产量}$$

固定性制造费用相对增减额 = 单位产品固定性制造费用增减额 × 实际产量

计算结果若为正值,则为相对减少额;若为负值,则为相对减少额。

其中,

$$单位产品固定性制造费用 = 固定性制造费用实际总额 \div 实际产量$$

下面,以【例12-8】为例说明固定性制造费用预算差异的分析方法。已知阳光公司2012年A产品固定性制造费用预算总额为25 156.00元,实际为25 370.80元;A产品预算产量为190吨,实际产量为205吨。A产品固定性制造费用预算差异分析如表12-19所示。

表12-19　A产品固定制造费用预算差异分析　　　　　　　　　　　　单位:元

费用项目	预算		实际		差异	
	单位产品含量	费用总额	单位产品含量	费用总额	单位差额	总差异额
计算关系	① = ② ÷ 190吨	②	③ = ④ ÷ 205吨	④	⑤ = ③ - ①	⑥ = ④ - ②
管理人员薪酬	45.82	8 704.92	43.00	8 815.00	-2.82	110.08
折旧费	71.07	13 503.00	66.40	13 612.00	-4.67	109.00
财产保险费	5.88	1 118.00	5.60	1 148.00	-0.28	30.00
办公费	4.53	860.00	4.00	820.00	-0.53	-40.00
水电费	2.26	430.00	2.00	410.00	-0.26	-20.00
其他	2.84	540.08	2.76	565.80	-0.08	25.72
合计	132.40	25 156.00	123.76	25 370.80	-8.64	214.80

表12-19中:

A产品固定性制造费用预算为25 156.00元,实际发生25 370.80元,实际比预算多支出214.80元。通过逐项分析查明预算超支214.80元的原因如下:

(1) 预算期分厂管理人员发放加班费,导致预算期管理人员薪酬增加110.08元;

(2) 2012年11月份,分厂为A产品生产线花费1.09万元购置钻床一台,12月份增加折旧费109元,比预算多缴财产保险费30元;

(3) 分厂开展增产节约活动,节省办公费40元、水电费20元;

(4) 分厂其他固定性制造费用比预算增支25.72元的原因是6月份开支了一笔汽车租赁费。

另外,2012年A产品实际产量205吨,比预算产量增加15吨。由于A产品产量增加15吨,对固定性制造费用的影响如下:

$$单位产品固定性制造费用增减额 = \frac{(205-190) \times 123.76}{205} = 9.06(元/吨)$$

$$固定性制造费用相对增减额 = 9.06 \times 205 = 1\,857.30(元)$$

分析结果显示,由于A产品产量比预算产量增加15吨,导致单位产品成本所含固定性制造费用数额降低9.06元/吨,固定性制造费用相对节约1 857.30元。

六、管理费用预算差异分析

管理费用预算差异是指管理费用实际支出与管理费用预算标准之间的差额。管理费用是企业为了组织和管理生产经营活动而发生的各项费用,它与产品制造成本的最大不同是,产品制造成本的发生与产品产量多少密切相关,而管理费用的发生与产品产量多少无直接关系。因此,管理费用的预算差异分析不能像直接材料预算、直接人工预算和变动性制造费用预算那样,通过因素分析法或差额分析法确定数量、价格、成本、产量等因素对预算执行结果的影响。

在实务中,管理费用发生的多少与企业的规模大小、行业特点、企业性质、管理风格、效益高低密切相关。一般而言,管理费用与企业规模和经济效益成正比例关系;垄断性行业、高利润行业管理费用较高,生产制造行业、低利润行业管理费用较低;上市公司、跨国公司、集团公司、股份制公司管理费用较高,其他性质的企业管理费用较低;管理控制严格、规范的公司管理费用较低,管理控制宽松、随意的公司管理费用较高。

因为管理费用的具体项目可根据能否进行人为控制而细分为酌量性管理费用和约束性管理费用两部分;同时,企业的管理费用预算一般采取按明细项目逐一分解落实到各个职能管理部门的控制方法。因此,企业应从以下两个方面进行管理费用预算差异分析:

一是按照管理费用项目的不同习性进行差异分析。对酌量性管理费用差异要重点分析其支出的必要性;对约束性管理费用差异要重点分析其发生依据的合理性。

二是按职能部门进行差异分析。要在各个职能部门管理费用差异分析的基础上,逐项分析造成管理费用项目差异的原因。

下面,举例说明管理费用预算差异的分析方法。

【例12-10】 阳光公司2012年管理费用预算指标为220 006元,实际支出225 000元,超出预算目标4 994元。财务部门采用比较分析法对管理费用执行结果与预算标准之间的差异进行了分析。分析结果如表12-20所示。

表 12-20　阳光公司 2012 年管理费用预算执行分析　　　　　　　单位：元

性质	项　目	2012年预算	2012年实际	差　异
×	计算关系	①	②	③＝②－①
约束性费用	职工薪酬	81 458	90 000	8 542
约束性费用	保险费	1 000	1 500	500
约束性费用	折旧费	20 000	20 000	0
约束性费用	应缴税费	8 000	8 000	0
约束性费用	小　计	110 458	119 500	9 042
酌量性费用	修理费	49 500	40 000	-9 500
酌量性费用	办公费	22 050	20 202	-1 848
酌量性费用	差旅费	17 640	22 000	4 360
酌量性费用	招待费	12 060	15 000	2 940
酌量性费用	其　他	8 298	8 298	0
酌量性费用	小　计	109 548	105 500	-4 048
	合　计	220 006	225 000	4 994

经过分析确认，阳光公司 2012 年管理费用预算超支 4 994 元的主要原因如下：

（1）增加一名会计人员，增加管理人员薪酬支出 8 542 元；

（2）保险公司保险费率，增加财产保险费支出 500 元；

（3）预算中安排的轿车大修没有实施，减少修理费支出 9 500 元；

（4）开展增收节支活动，降低计算机耗材支出 1 848 元；

（5）地方政府组织企业到外地参观考察活动，增加差旅费支出 4 360 元；

（6）兄弟单位到企业学习推行全面预算管理的方法和经验，增加业务招待费支出 2 940 元。

七、财务费用预算差异分析

财务费用预算差异是指财务费用实际支出与财务费用预算标准之间的差额。财务费用是企业为维持正常生产经营活动筹集资金而发生的费用，其发生的数额一般受以下六个因素的影响：

（1）对外筹集资金的数额和种类，如银行借款、信托借款、企业债券等；

（2）对外筹集资金的成本，如借款利率、手续费等；

（3）承兑汇票的贴现数额及贴现率；

（4）调汇数额及汇兑成本；

（5）企业日常银行存款数额；

（6）银行业务手续费等。

因此，对财务费用预算的差异分析应按照以上六个方面的因素进行逐项分析，并将差异分解为数量差异和利率差异两部分，要重点搞清楚财务费用发生差异的具体原因及其合理性。

下面，举例说明财务费用预算差异的分析方法。

【例 12-11】　阳光公司 2012 年财务费用预算指标为 111 088.23 元，实际支出

118 000元，超出预算目标6 911.77元。财务部门采用因素分析法对财务费用执行结果与预算标准之间的差异进行了分析。财务费用预算及执行结果如表12-21所示。

表12-21 阳光公司2012年财务费用预算及执行情况 单位：元

序号	项目	2012年预算	2012年实际	差异
×	计算关系	①	②	③=②-①
1	借款利息支出	112 500.00	118 800.00	6 300.00
2	减：利息收入	2 700.00	3 000.00	300.00
3	汇票贴现利息支出	1 000.00	2 000.00	1 000.00
4	手续费	288.23	200.00	-88.23
5	合　计	111 088.23	118 000.00	6911.77

表12-21中①：

预算借款利息支出 = 银行借款每月平均余额 × 月利率 × 12
$$= 1\,875\,000 \times 5‰ \times 12 = 112\,500(元)$$

银行借款每月平均余额 = $\sum$ 各月份银行借款余额 ÷ 12
$$= (1\,500\,000 \times 3 + 1\,900\,000 \times 3 + 2\,000\,000 \times 3 + 2\,100\,000 \times 3) \div 12$$
$$= 1\,875\,000(元)$$

预算利息收入 = 银行存款每月平均余额 × 月利率 × 12
$$= 450\,000 \times 0.5‰ \times 12 = 2\,700(元)$$

银行存款每月平均余额 = $\sum$ 各月份银行存款余额 ÷ 12
$$= \frac{300\,000 \times 3 + 500\,000 \times 2 + 600\,000 \times 3 + 400\,000 \times 3}{12}$$
$$= 450\,000(元)$$

预算汇票贴现利息支出 = $\sum$（各季度汇票贴现金额 × 贴现天数 × 月贴现率 ÷ 30）
$$= (50\,000 \times 30 \times 5‰ \div 30) \times 4 = 1\,000(元)$$

预算手续费 = 各种在财务费用中列支的银行、融资业务手续费 = 288.23(元)

实际借款利息支出 = $1\,800\,000 \times 5.5‰ \times 12 = 118\,800(元)$

实际利息收入 = $500\,000 \times 0.5‰ \times 12 = 3\,000(元)$

实际汇票贴现利息支出 = $(100\,000 \times 30 \times 5‰ \div 30) \times 4 = 2\,000(元)$

实际手续费 = 各种在财务费用中列支的银行、融资业务手续费 = 200(元)

根据上述资料，采用因素分析法对财务费用预算差异情况进行分析。

(1) 银行借款利息支出超出预算指标6 300元的影响因素。

借款数量差异 = $\left(\begin{array}{c}实际银行借款\\每月平均余额\end{array} - \begin{array}{c}预算银行借款\\每月平均余额\end{array}\right) \times$ 预算月利率 × 12
$$= (1\,800\,000 - 1\,875\,000) \times 5‰ \times 12 = -4\,500(元)$$

借款利率差异 = （实际月利率 - 预算月利率）× 实际银行借款每月平均余额 × 12

---

① 财务费用预算有关数据见第七章表7-66和表7-67。

$$= (5.5‰ - 5‰) \times 1\,800\,000 \times 12 = 10\,800(元)$$

$$银行借款利息差异 = 借款数量差异 + 借款利率差异$$

$$= -4\,500 + 10\,800 = 6\,300(元)$$

分解结果表明,由于银行借款平均余额减少,导致财务费用比预算节省 4 500 元;由于银行借款利率提高,造成财务费用比预算多支出 10 800 元。

(2) 银行存款利息收入比预算指标增加 300 元的影响因素:

$$存款数量差异 = \left(\begin{array}{c}实际银行存款\\每月平均余额\end{array} - \begin{array}{c}预算银行存款\\每月平均余额\end{array}\right) \times 预算月利率 \times 12$$

$$= (500\,000 - 450\,000) \times 0.5‰ \times 12 = 300(元)$$

$$存款利率差异 = (实际月利率 - 预算月利率) \times 实际银行存款每月平均余额 \times 12 = 0$$

$$银行存款利息差异 = 存款数量差异 + 存款利率差异$$

$$= 300 + 0 = 300(元)$$

分解结果表明,由于银行存款平均余额增加,导致利息收入比预算增加 300 元,相应节省财务费用支出 300 元。

(3) 汇票贴现利息支出超出预算指标 1 000 元的影响因素:

$$贴现数量差异 = \sum\left[\left(\begin{array}{c}实际各季度\\贴现金额\end{array} - \begin{array}{c}预算各季度\\贴现金额\end{array}\right) \times \begin{array}{c}预算贴\\现天数\end{array} \times \begin{array}{c}预算月\\贴现率\end{array} \div 30\right]$$

$$= (100\,000 - 50\,000) \times 30 \times 5‰ \div 30 \times 4 = 1\,000(元)$$

$$贴现利率差异 = \sum\left[\left(\begin{array}{c}实际贴\\现利率\end{array} - \begin{array}{c}预算贴\\现利率\end{array}\right) \times \begin{array}{c}实际各季度\\贴现金额\end{array} \times \begin{array}{c}预算贴\\现天数\end{array} \div 30\right]$$

$$= (5‰ - 5‰) \times 100\,000 \times 30 \div 30 \times 4 = 0(元)$$

$$贴现天数差异 = \sum\left[\left(\begin{array}{c}实际贴\\现天数\end{array} - \begin{array}{c}预算贴\\现天数\end{array}\right) \times \begin{array}{c}实际各季度\\贴现金额\end{array} \times \begin{array}{c}实际贴\\现利率\end{array} \div 30\right]$$

$$= (30 - 30) \times 100\,000 \times 5‰ \div 30 \times 4 = 0(元)$$

$$贴现利息差异 = 贴现数量差异 + 贴现利率差异 + 贴现天数差异$$

$$= 1\,000 + 0 + 0 = 1\,000(元)$$

分解结果表明,由于汇票贴现金额由预算安排的 5 万元变为 10 万元,导致财务费用比预算超支 1 000 元。

(4) 手续费用支出比预算指标节省 88.23 元的原因是由于金融机构调低了融资手续费率。

八、预算差异分析的汇总

完成各项预算差异分析后,需要将所有预算差异汇总起来,以便确认预算总差异。因为各项经营预算都是围绕利润预算展开的,所以,通过对各项经营预算差异的汇总可以得到利润预算的总差异,从而全面、系统地反映企业预算期生产经营活动的全貌以及利润总额超过或低于预算目标的具体原因。对于利润预算而言,凡是直接构成增加利润的各项预算差异,称为有利差异;反之,则称为不利差异。

各项预算差异之间的关系如图 12-1 所示。

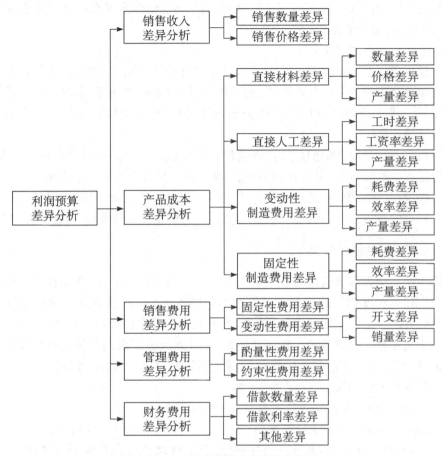

图 12－1　全面预算差异结构示意图

除了前面所述围绕利润预算展开的各项预算差异分析外,企业还需要对其他预算差异进行分析。也就是说,企业需要对所有预算的执行情况进行差异分析,以确定各项预算的差异数额和造成预算差异的原因。

对所有预算差异进行分析之后,应形成预算分析报告。分析报告是对企业全面预算管理实施情况及预算执行情况的总结,要从定量与定性两个层面全面反映预算执行的现状、发展趋势和存在的问题,说明预算执行结果与预算标准之间的差异及其形成的原因。企业预算管理部门及各预算执行部门应当充分、客观地分析产生预算差异的原因,落实责任,提出相应的解决措施或整改建议,为预算的考核、评价提供翔实的资料依据。

第三节　预算考评

一、预算考评的含义

预算考评是以预算指标、预算执行结果以及预算分析等相关资料为依据,运用一定的考核方法和评价标准,对企业各部门、各环节的全面预算管理实施过程和实施效果进行考核、评价的综合管理活动。

预算考评包括两层含义：

（1）预算考评是对全面预算管理活动的考核与评价。预算编制、预算执行和预算考评作为全面预算管理的三个基本环节,相互作用,周而复始地循环,实现对企业经营活动的全面控制。其中,预算考评既是本期全面预算管理循环的终结,又是下期全面预算管理循环的开始。

（2）预算考评是对各部门预算执行过程和预算执行结果的考核与评价。一方面,在预算执行过程中,通过预算考评可以及时发现和纠正预算执行与预算标准的偏差,实现预算的过程控制；另一方面,通过对预算执行结果的考核与评价,可以实现各部门预算责任、权力、利益的有效结合,将预算奖惩落到实处,实现全面预算管理的约束与激励功能。

二、预算考评的重要意义

预算考评在全面预算管理体系中处于承上启下的关键环节,是全面预算管理的一项重要职能。预算管理如果缺少考评环节,预算执行者就缺乏预算执行的积极性和主动性,预算就会流于形式,全面预算管理的功能作用就有可能丧失殆尽。通过预算考评,既可以确保全面预算管理的各项工作落到实处,又可以及时发现预算执行过程及执行结果与预算标准的偏差,确保企业战略规划的落实和经营目标的实现。因此,预算考评是企业全面预算管理的生命线。

（一）预算考评是全面预算管理顺利实施的保障

全面预算管理包括预算编制、执行、控制、调整、核算、报告、分析、考评等一系列环节,各个环节相互关联、密不可分,任何一个环节出现问题都会影响到其他环节的实施。只有对各个环节实施有效的考核与评价,才能严肃全面预算管理各个环节的工作,才能把预算编制、执行、核算、报告等各项工作落到实处,从而确保全面预算管理所有环节的顺利实施。

（二）预算考评是增强预算"刚性"的有效措施

一方面,预算必须是刚性的,预算一经确立,必须严格执行,这是实现预算目标的保证；另一方面,预算也是柔性的,当客观环境发生变化时,企业必须以动制动适时调整预算,这是预算得以顺利实施的保证。然而,在预算管理实施过程中,预算的柔性往往会挤兑预算的刚性,使预算变为一种软约束。因此,通过实施预算考评可以严肃预算的执行,增强预算管理的刚性,使全面预算管理真正成为一项"以刚为主,刚柔并济"的有效管理制度。

（三）预算考评是确保预算目标实现的保证

预算目标从确定到变为现实需要一个漫长的执行、控制过程。在这个过程中,通过对各责任中心预算执行的考核和评价,分析预算执行与预算标准之间的差异,明确发生差异的原因和责任,适时提出纠正预算偏差的对策,能有效增强预算管理的执行力和约束力,促进各执行部门及时发现并迅速纠正预算执行中的偏差,为预算目标的顺利实现提供可靠的保障。

（四）预算考评是建立预算激励与约束机制的重要内容

在全面预算管理实施过程中，通过严格的预算考评制度，一方面，可以强化预算执行的力度，督促各责任中心努力完成预算指标；另一方面，通过对各责任中心的预算考评，可以科学评价各部门及员工的工作业绩，将预算执行情况与各责任中心及员工的经济利益密切挂起钩来，奖惩分明，从而使企业所有者、经营者和员工形成责、权、利相统一的责任共同体，最大限度地调动企业上下各个层级的工作积极性和创造性。

三、预算考评的原则

预算考评的基本目标是实现预算的激励与约束机制作用，确保全面预算管理的顺利实施和预算目标的圆满完成。为此，预算考评应遵循以下基本原则。

（一）目标性原则

预算考评的目的是确保企业各项预算目标的实现。因此，预算考评的目标性原则包括两方面的内容：

一是在预算考评指标的设计中，必须遵循目标性原则，以考核引导各预算执行部门的行为，避免各部门只顾局部利益，不顾全局利益甚至为了局部利益损害全局利益行为的发生。例如，在生产部门的考评指标中，应将销售指标和利润指标包含在内，以引导生产部门关心企业产品的销售和利润；在销售部门的考评指标中，应将产销率、产成品资金占用指标包含在内，以引导销售部门努力降低产成品的资金占用。

二是预算考评必须以预算目标为基准，按预算完成情况评价预算执行部门的经营绩效；如无特殊原因，未能实现预算目标就说明预算执行者未能有效地执行预算，这是实施预算考评的首要原则，也是提高预算权威性的有效保证。

（二）可控性原则

预算考评既是预算执行结果的责任归属过程，又是企业内部各预算执行部门间利益分配的过程，因此，客观、公正、合理是预算考评环节的基本要求。而这一基本要求的集中体现是：各责任主体以其责权范围为限，仅对其可以控制的预算结果和差异负责。因此，在预算考评指标的设计中，必须遵循可控性原则，凡是该责任中心无法控制的项目指标就应坚决予以排除。例如，生产车间没有材料采购权，所以，由于材料采购价格升降而引起的产品制造成本提高或降低与生产车间无关，对车间产品制造成本的考核应该按材料的预算（计划）价格，而绝不能用实际价格。在对各责任中心的预算考评中，如果由于不可控因素导致预算执行结果与预算标准之间产生差异，则该差异应予以剔除计算。例如，汽油价格对于生产企业和消费企业都是不可控因素，如果国家提高汽油销售价格，对于炼油厂而言，在考评销售收入和利润指标时，就应剔除由于销售价格提高而带来的预算外收入和利润；对于消费汽油的企业而言，在考评采购部门的汽油采购成本时，就应剔除由于汽油价格提高而引起的预算外支出。

但是，也要注意避免因为强调预算的可控性而导致的预算责任的相互推诿。所谓可控应该是相对的，而不是绝对的。只要某责任主体对某项因素具有重大的影响和作用力，或者说没有比其更具控制力的责任主体，则该项因素就应是该责任主体的可控因素。例如，产品销售价格的高低往往受市场、质量、品牌等多种因素的影响，企业的销售部门并不能完全控制。但是,相对于任何其他部门而言,销售部门对产品销售价格最具控制力,所以,应该将产品销售价格纳入销售部门的预算考核范围。

（三）分级考评原则

预算目标是分级落实的,预算控制也是分级实施的,因此,预算考评也必须分级进行。这是预算考评的重要原则,是实行分权管理和实现各部门、各层级责、权、利有机统一的基本要求,也是预算管理激励与约束机制作用得以发挥的重要保证。预算分级考评原则包含三个方面的内容：

一是上级考评下级原则,即预算考评是上级预算部门对下级预算部门实施的考评,而不是下级预算部门对上级预算部门实施的民主评议。上级预算部门是预算考评的实施主体,预算执行部门是预算考评的对象主体。

二是逐级考评原则,即预算考评要根据企业预算管理的组织结构层次或预算目标的分解次序进行,预算考评只能是直接上级考评直接下级,而不能是间接上级隔级考评间接下级。

三是执行与考评分离原则,即是本级预算责任主体的预算考评,应由其直接上级部门来进行,而绝对不能自己考评自己。

（四）客观公正原则

预算考评应以预算目标、预算执行结果、预算分析结论、预算考评制度和预算奖惩方案为基本依据,按照客观公正的原则进行。预算评价本身是主观的行为,但主观的行为必须以客观的事实为依据,只有这样才能做到公正与公平。为了保证预算考评的客观公正性,企业进行预算考评时应注意以下四点：

一是预算考评的程序、标准、结果要公开。企业应当将预算考评程序、考评方法、考评标准、奖惩方案及考评结果及时公开,以最大限度地减少预算考评者和被考评者双方对预算考评工作的神秘感,对存有异议的考评标准和考评结果要通过分析、研究、协商、复议等方法予以解决。

二是预算评价指标要以定量考评指标为主。预算考评结果要用数字说话,以减少主观成分和人为因素对预算考评结果的干扰。

三是预算考评应当以客观事实作为依据。预算考评要用事实说话,切忌主观武断,缺乏事实依据的,宁可不做评论,或注上"无据可查"、"待深入调查"等意见。

四是预算考评人员要实行轮换制。负责预算考评的人员应具备客观公正的优良品质并实行轮流考评制度,年终预算考评应聘请公司独立董事或社会中介机构的人士参与,以增强预算考评的客观公证性。

（五）时效性原则

预算考评应及时进行,并依据奖惩方案及时兑现。只有这样,才能取信于民,才能使预算管理起到激励和约束作用,才能有助于各项预算目标的完成。如果本期预算的执行结果拿到下期或者拖延更长的时间去考评,就会丧失预算考评的功效。因此,时效性原则要求,企业预算考评的周期应与预算管理的周期保持一致。因为,企业的年度预算目标一般都是细分为月度预算目标,所以,预算考评应该按月度进行。一般做法是：每月预算考评、全年预算总考评；月度奖惩只兑现奖惩方案的80%左右,以丰补歉,年终统算。

（六）利益挂钩原则

利益挂钩原则包含三层含义：

一是预算考评的结果应当与预算执行部门以及员工的物质利益挂钩兑现，不管是薪酬奖惩还是职位升降，否则，预算考评将难以起到激励作用；

二是预算考评的方式要与员工的薪酬分配形式紧密结合起来，如果预算考评针对的是整个预算执行部门，而员工薪酬却采取个人职能化的薪酬方式，就会导致员工薪酬模式与预算考评模式缺乏一致性和匹配性，无法实现预算考评的激励效果；

三是预算的奖惩方案必须如期兑现，只有这样才能维护预算考评的严肃性和权威性，才能使预算考评真正达到奖勤罚懒、激励预算执行者完成预算目标的目的。

（七）制度化原则

预算考评的制度化原则具有两层含义：一是企业要建立健全预算考评制度，使预算考评的原则、方法、内容、程序、奖惩等规则条款化、明晰化、规范化；二是预算考评要按预算考评制度组织实施，实施预算考评的部门和人员要按照预算考评制度行使职权，预算考评的方法、原则、内容、步骤、奖惩兑现也必须按预算考评制度进行。

在预算执行前，企业应采用签订预算目标责任书的方式，将预算执行的条件、预算指标、权力和责任、奖惩办法等内容予以明确，以此作为实施预算考评的基本依据。

四、预算考评体系的内容

为了规范预算考评工作的进行，发挥预算的激励和约束作用，企业应当建立健全预算考评体系。预算考评体系主要包括如下五个方面的内容。

（一）建立预算考评机构

预算考评机构隶属于企业预算管理委员会直接领导，组成人员应以预算管理部门和人力资源部门的职能人员为主，抽调财务、审计、技术、质保等职能部门的专业人员参与。同时，要针对不同层次的责任中心，建立相应层次的预算考评机构。

（二）制定预算考评制度

预算考评制度包括预算编制考评制度、预算执行考评制度、预算控制考评制度、预算核算考评制度、预算分析考评制度和预算报告考评制度等。通过建立健全预算考评制度，将全面预算管理的各个环节全部纳入预算考评与奖惩的范围，真正实现预算考评的制度化、规范化和全面化管理。

（三）确定预算考评指标

只有建立科学、合理的预算考评指标，并据以进行预算评价和奖惩兑现，才能促使各责任中心积极纠正预算偏差，努力完成预算指标，确保企业总体预算目标的实现。同时，各责任中心都是一个企业的有机组成部分，各责任中心之间密切联系，休戚与共。预算考评应当引导各责任中心既要努力完成自身承担的预算目标，又要为其他责任中心完成预算目标创造条件。因此，在确定预算考评指标时，应实现以下四个有机结合：

1. 局部指标与整体指标有机结合

预算考评指标要以各责任中心承担的预算指标为主，同时必须本着相关性原则，增加一些全局性的预算指标和与其关系密切的相关责任中心的预算目标。

2. 定量指标与定性指标有机结合

预算考评要以定量指标为主,同时必须辅之以定性指标。

3. 绝对指标与相对指标有机结合

绝对指标与相对指标的确定要根据具体收入或成本项目的习性确定,预算考评通常要以绝对指标为主,相对指标为辅。

4. 长期指标与短期指标有机结合

预算指标要以预算期的短期指标为主,同时也必须辅之以关系到企业战略利益的长期指标。

（四）制定预算奖惩方案

预算奖惩方案需要在预算执行前确定下来,并作为《预算目标责任书》的附件或内容之一。设计预算奖惩方案时不仅需要考虑预算执行结果与预算标准之间的差异和方向,还要将预算目标直接作为奖惩方案的考评基数,以激励各责任中心尽最大努力提高预算的准确性。同时,预算奖惩除了和本责任中心的预算目标挂钩外,还必须与公司整体效益目标挂钩,以确保公司预算总目标的实现。

（五）预算考评的组织实施

预算考评作为全面预算管理的一项职能,在预算管理的整个过程中都发挥着重要作用,是从预算编制、预算执行到预算结束的全过程考评。

1. 预算编制考评

预算编制是全面预算管理的首要环节,预算编制得是否准确、及时,对于预算能否顺利执行是至关重要的。因此,这一阶段预算考评的主要内容是建立预算编制考评制度,对各预算编制部门编制预算的准确性和及时性进行考核、评价,促进各部门保质、保量、按时完成预算编制工作。

2. 预算执行考评

预算执行考评是一种动态考评,是对预算执行和预算标准之间的差异所做的即时确认、即时处理。对预算偏差确认和处理得越及时,对预算执行的调控就越有利,也就越有利于预算目标的实现。因此,这一阶段预算考评的主要内容是建立预算执行考评制度,对各部门预算执行过程进行考核和评价,及时发现预算执行中存在的预算偏差和问题,为预算管理部门及预算执行部门实施预算控制、纠正预算偏差或调整预算提供依据。

3. 预算结果考评

预算结果考评属于综合考评,是以预算目标为依据,以各个预算执行部门为对象,以预算结果为核心,对各预算执行部门的预算完成情况进行的综合考核与评价。其主要内容包括建立预算综合考评制度,实施预算综合考评,确定预算差异,分析差异原因,落实差异责任,考核预算结果,评价各责任中心的工作绩效,进行奖惩兑现等内容。

预算综合考评作为本期预算的终点和下期预算的起点,不仅涉及对企业内部各部门的绩效评价和利益分配,而且关系到企业整体经营绩效评价以及对企业全面预算管理实施效果的评价,是预算考评的重点内容。

对于充分发挥预算考评机制的作用而言,动态考评与综合考评是相辅相成、缺一不可的。动态考评作为过程控制的重要手段,与期末的综合考评相得益彰,使得过程控制与结果控制并重,从而有效发挥全面预算管理系统对企业各项经营活动的控制作用。

五、预算奖惩方案的制订

预算奖惩方案是预算奖励方案和预算惩罚方案的统称,它是全面预算管理激励机制与约束机制的具体体现,是预算考评系统的有机组成部分。通过制定科学的预算奖惩方案,一方面能使预算考评落到实处,真正实现权责利的结合;另一方面能够有效引导各责任中心的预算行为,实现局部目标与企业整体目标的一致性。

(一)制订预算奖惩方案的原则

1. 目标性原则

企业实施预算奖惩的目的除了激励约束、奖勤罚懒外,更重要的目的是实现预算目标。这里所说的实现预算目标的数额与预算目标数额相比,应当没有差异或差异很小,而且不论这个差异对企业是有利的差异,还是无利的差异。道理很简单:如果我们侧重于鼓励各责任中心超额完成预算指标,那么,各责任中心在编报预算指标时,就会将预算指标压得很低,以便获得超额奖励。这样的结果在一定程度上是挖掘了各责任中心的内部潜力,但也助长了各部门不实事求是编报预算的风气,打乱了企业整体预算目标,违背了全面预算管理"以预算为标准,控制生产经营活动"的基本原理,使全面预算管理流于形式。因此,企业制订的预算奖惩方案必须有利于引导各责任中心实事求是地编报预算指标,并努力实现预算目标。

2. 客观公正原则

预算奖惩方案与每名员工的个人利益密切相关,必须经得起时间和实践的检验。奖惩方案要注意各部门利益分配的合理性,要根据各部门承担工作的难易程度和技术含量合理确定奖励差距,各部门既不能搞平均分配,又不能悬殊太大。奖惩方案设计完成后,要经过模拟试验,避免出现失控现象。

3. 全面性原则

预算奖惩方案的全面性原则包含两个方面的含义:一是预算奖惩方案的内容必须涵盖预算管理的全部过程,绝不能使奖惩成为单纯的结果论者。事实上,只要控制好了过程,结果自然会好。因此,预算奖惩方案不仅要对预算执行结果进行奖惩,也要对预算编制、预算核算、预算分析、预算控制、预算反馈等环节进行奖惩。二是预算奖惩方案的范围必须涵盖企业的供、产、销各个环节,人、财、物各个方面,销售部门、生产部门、技术部门、管理部门、后勤服务部门都要纳入预算奖惩的范围。

4. 奖罚并存原则

奖励是对预算管理及预算执行结果在肯定基础上的激励和倡导;处罚是对预算管理及预算执行结果在否定基础上的一种警戒和纠正。两者相辅相成,相得益彰,在预算奖惩方案中具有同等重要的地位。因此,企业在设计预算奖惩方案时,应当奖罚并举,有奖有罚,不能畸轻畸重。

(二)预算奖惩方案的设计

为实现引导各责任中心实事求是编报预算目标的目的,企业在设计预算奖惩方案时应重点把握以下两点。

1. 以预算目标为奖励基数

设计预算考评方案时,为了将预算目标与奖惩挂起钩来,可以将预算目标作为奖惩方案的一个基数。例如,在制定销售部门的奖惩方案时,可以将预算奖惩方案设计成如下模式:

当 $X_2 \geq X_1$ 时,$Y = A + BX_1 + C_1(X_2 - X_1)$

当 $X_2 < X_1$ 时,$Y = A + BX_1 - C_2(X_1 - X_2)$

其中,$A > 0, C_2 > B > C_1 > 0$

式中,Y 表示销售部门的薪酬总额;

A 表示不与奖惩挂钩的固定薪酬部分;

B 表示与预算目标挂钩的系数;

C_1 表示预算指标超额完成差异的奖励系数;

C_2 表示预算指标没完成差异的惩罚系数;

X_1 表示销售收入预算目标;

X_2 表示实际完成销售收入。

此公式的最大特点是将预算目标(X_1)作为了计算薪酬总额的一个项目;同时,由于完不成预算指标的惩罚系数(C_2)大于预算目标系数(B),从而该奖惩模式既能起到促进责任中心如实编报预算目标,又能防止虚报预算目标的作用。

2. 奖惩方案要涵盖全局目标和密切相关目标

在企业中,任何一个责任中心都不可能离开企业整体或其他责任中心而独立运行,因此,预算奖惩方案除了和本责任中心的预算目标直接挂钩外,还必须与公司整体效益目标以及密切相关的其他责任中心的预算目标挂钩。这样可以有效防止个别责任中心只顾局部利益,不考虑全局利益的狭隘行为发生。例如,在制定销售部门的奖惩方案时,可以将前面所设计的预算奖惩方案改成如下模式:

当 $X_2 \geq X_1$ 时,$Y = A + 0.7 \times [BX_1 + C_1(X_2 - X_1)] + 0.3RE$

当 $X_2 < X_1$ 时,$Y = A + 0.7 \times [BX_1 - C_2(X_1 - X_2)] + 0.3RE$

其中,$A > 0, C_2 > B > C_1 > 0$

式中,R 表示销售部门的员工人数;E 表示整个公司人均预算考评奖惩金额。

通过模式修正后,就将销售部门预算考评奖惩的70%与本部门预算目标挂钩,其余30%则与整个企业的预算考评挂起钩来。

(三)预算奖惩方案的设计案例

蓝天公司2012年预算奖惩方案

为确保2012年公司经营目标的实现,完善公司的预算考评体系,将员工的薪金收入与个人的工作业绩、所在部门的工作绩效以及整个公司的经济效益挂起钩来,充分发挥各部门及全体员工的积极性和创造性,挖掘企业增收节支的巨大潜力,特制定本预算奖惩方案。

(一)各部门绩效考核方案

1. 生产部门预算奖惩办法

各生产车间的员工收入以计件工资为主,与产品成本完成情况以及公司利润总额挂钩浮动。员工每月的预算奖惩办法如下。

（1）以当月验收入库的产品产量和产量工资率为依据计算车间的计件工资。计算公式为：

$$计件工资总额 = \sum（验收入库的产品产量 \times 产量工资率）$$

（2）以当月验收入库的产品成本与预算成本的差额和奖惩系数计算车间每月的成本奖惩工资。计算公式如下（计算结果为正数，系奖励工资；为负数，系扣罚工资）：

$$成本奖惩工资总额 = \sum（产品预算总成本 - 产品实际成本）\times 成本奖惩系数$$

（3）以公司当月利润完成数额与预算目标的差额乘以奖惩系数计算公司效益奖惩工资。计算公式为（计算结果为正数，系奖励工资；为负数，系扣罚工资）：

$$效益奖惩工资总额 =（利润完成额 - 利润预算额）\times 效益奖惩系数$$

（4）车间管理人员、技术人员、后勤服务人员执行计时工资，但与生产工人一样与产品成本的完成情况以及公司利润完成情况挂钩浮动。

（5）车间每月的工资总额及每个员工的工资计算公式为：

$$车间工资总额 = 计件工资总额 + 计时工资总额$$
$$\pm 成本奖惩工资总额 \pm 效益奖惩工资总额$$

$$奖惩工资分配率 = \frac{成本奖惩工资总额 \pm 效益奖惩工资总额}{计件工资总额 + 计时工资总额}$$

$$个人奖惩工资 = 计件（计时）工资 \times 奖惩工资分配率$$

$$某生产工人工资 = 本人计件工资 \pm 个人奖惩工资$$

$$某管理技术人员工资 = 计时工资 \pm 个人奖惩工资$$

2. 管理部门预算奖惩办法

管理部门的员工收入以计时工资为主，与管理费用发生额和公司利润总额挂钩浮动。员工每月的绩效考核办法如下。

（1）以当月出勤情况和工资标准为依据计算管理部门员工的计时工资。

（2）以当月本部门管理费用实际发生额与预算定额的差额乘以奖惩系数计算管理部门每月的费用奖惩工资。计算公式如下（计算结果为正数，系奖励工资；为负数，系扣罚工资）：

$$费用奖惩工资 =（管理费用预算额 - 管理费用实际发生额）\times 费用奖惩系数$$

（3）以公司当月利润完成数额与预算目标的差额乘以奖惩系数计算公司效益奖惩工资。计算公式如下（计算结果为正数，系奖励工资；为负数，系扣罚工资）：

$$效益奖惩工资 =（利润完成额 - 利润预算额）\times 效益奖惩系数$$

（4）管理部门每月的工资总额及每个管理人员的工资计算公式如下：

$$某管理部门工资总额 = \sum 个人计时工资 \pm 费用奖惩工资 \pm 效益奖惩工资$$

$$奖惩工资分配率 =（费用奖惩工资 \pm 效益奖惩工资）\div 计时工资总额$$

$$个人奖惩工资 = 个人计时工资 \times 奖惩工资分配率$$

$$某管理人员工资 = 计时工资 \pm 个人奖惩工资$$

3. 采购部门预算奖惩办法

采购部门的员工收入除了与管理费用、公司利润总额挂钩浮动外，还要与物资采购价格挂钩浮动。

（1）工资与采购价格挂钩浮动的计算公式为（计算结果为正数，系奖励工资；为负数，系扣罚工资）：

价格奖惩工资 = $\sum$ [（核定采购价格 − 实际采购价格）× 采购量] × 价格奖惩系数

（2）采购部门每月的工资总额及每个采购人员的工资计算公式为：

采购部门工资总额 = $\sum$ 个人计时工资 ± 费用奖惩工资 ± 价格奖惩工资 ± 效益奖惩工资

奖惩工资分配率 =（费用奖惩工资 ± 价格奖惩工资 ± 效益奖惩工资）÷ 计时工资总额

个人奖惩工资 = 个人计时工资 × 奖惩工资分配率

某采购人员工资 = 计时工资 ± 个人奖惩工资

4. 销售部门预算奖惩办法

销售部门的员工收入需要与销售收入、回收货款、销售费用以及公司利润总额挂钩浮动。

（1）工资与销售收入挂钩浮动的计算公式为（计算结果为正数，系奖励工资；为负数，系扣罚工资）：

销售额奖惩工资 =（实际销售额 − 预算销售额）× 销售奖惩系数

（2）工资与回收货款挂钩浮动的计算公式为（计算结果为正数，系奖励工资；为负数，系扣罚工资）：

回收货款奖惩工资 =（实际回收货款 − 预算回收货款）× 回收货款奖惩系数

（3）工资与销售费用挂钩浮动的计算公式为（计算结果为正数，系奖励工资；为负数，系扣罚工资）：

费用奖惩工资 =（销售费用预算额 − 销售费用实际发生额）× 费用奖惩系数

（4）工资与公司利润总额挂钩浮动的计算公式为（计算结果为正数，系奖励工资；为负数，系扣罚工资）：

效益奖惩工资 =（利润完成额 − 利润预算额）× 效益奖惩系数

（5）销售部门每月的工资总额计算公式为：

销售部门工资总额 = $\sum$ 个人计时工资 ± 回收货款奖惩工资 ± 销售额奖惩工资 ± 费用奖惩工资 ± 效益奖惩工资

（6）销售人员每月的工资计算应由销售部门按内部责任制办法奖惩兑现。

（二）预算奖惩方案的实施步骤

（1）公司每月将产品成本指标、回收货款指标、物资采购价格、销售费用、管理费用等预算指标分解落实到各个部门。

（2）每月结束后，财务部负责对各部门的预算指标完成情况进行考核，计算出奖惩工资总额，人力资源部负责对考核结果和奖惩工资进行审核。

蓝天公司的预算奖惩方案，实现了车间的产品制造成本与奖惩挂钩；采购部的采购价格与奖惩挂钩；销售部的销售收入、回收货款、销售费用与奖惩挂钩；各管理部室的管理费用与奖惩挂钩；所有员工收入与公司利润总额挂钩。可以有效调动全体员工降低成本费用、提高经济效益的主观能动性。具体实施本预算奖惩方案时，应注意以下几点：

（1）奖惩工资的比例不易太高，以免造成工资失控，特别是在挂钩基数不准确和缺乏经验的情况下。所以，第一年实行奖惩挂钩时，奖惩工资的各类系数一般应控制在5%以下，并经过反复测算后将奖惩比例确定下来。

（2）管理费用、销售费用的奖惩一般只与可控费用挂钩，固定费用因部门无法控制，所以一般不挂钩考核。

（3）各部门的奖惩工资应由各部门分解落实到每名员工。

（4）实行预算奖惩后，要特别注意各项预算指标的科学性、准确性、合理性和均衡性，避免部门之间苦乐不均。

（5）财务部门要确保各项预算考核指标的准确性。

（6）各部门的预算奖惩方案一般采用公司总经理与各部门负责人签署《预算目标责任书》的办法，以提高其严肃性。

总之，推行全面预算管理是一项规模浩大的系统工程，从实施到完善需要一个循序渐进的过程，不可能一蹴而就，一步到位。只要我们勇于探索，善于创新，与时俱进，全面预算管理这朵绚丽之花，就一定会结出丰硕的企业绩效之果。

# Reference

主要参考文献

1. 于增彪、梁文涛:《现代公司预算编制起点问题的探讨》,《会计研究》,2002 年第 3 期。
2. 于增彪等:《我国集团公司预算管理运行体系的新模式》,《会计研究》,2001 年第 8 期。
3. 财政部企业司:《企业全面预算管理的理论与案例》,经济科学出版社 2004 年版。
4. 苏寿堂:《以目标利润为导向的企业预算管理》,经济科学出版社 2001 年版。
5. 麦履康、韩壁:《国家预算》,中央广播电视大学出版社 1994 年版。
6. 张长胜、朱晓红:《企业财务制度设计与案例大全》,北京大学出版社 2006 年版。
7. 张长胜:《财务改革探索与制度大全》,科学普及出版社 1996 年版。
8. 财政部:《关于企业实行财务预算管理的指导意见》,2002 年 4 月。
9. 北京商学院会计系:《企业预算管理的构造与运行》,中国人民公安大学出版社 1999 年版。
10. 孟凡利:《内部会计控制与全面预算管理》,经济科学出版社 2003 年版。
11. 王化成:《全面预算管理》,中国人民大学出版社 2004 年版。
12. 史习民:《全面预算管理》,立信会计出版社 2003 年版。
13. 潘爱香、景东丽:《如何解读全面预算管理》,《财务与会计》,2002 年第 8 期。
14. 张立新、刘克雄:《企业预算目标的形成与分解》,《经济导刊》,2005 年第 9 期。
15. 黄正健、龚凯颂:《管理会计学》,广东人民出版社 1998 年版。
16. 于增彪:《管理会计》,高等教育出版社 2005 年 2 版。
17. 余绪缨、蔡淑娥:《管理会计》,中国财政经济出版社 1999 年 10 版。
18. 赵西卜:《企业实施全面预算管理的几大误区》,《财务与会计》,2003 年第 3 期。
19. 谢获宝:《企业预算管理中的问题及实施预算管理应有的理念》,《财会通讯》,2001 年第 7 期。
20. 宗根宝:《分析新兴铸管的预算管理模式 把握企业财务管理运行机制》,《会计之友》,1999 年第 2 期。
21. 王斌:《企业预算管理及其模式》,《会计研究》,1999 年第 11 期。
22. 王斌、竺素娥:《论资本预算管理体系的构建》,《会计研究》,2002 年第 5 期。
23. 郭弘励:《目投资的资金来源及融资方案分析》,国务院发展研究中心信息网,2000 年 5 月。
24. 南京大学会计系课题组:《中国企业预算管理现状的判断及其评价》,《会计研究》,2001 年第 4 期。

25. 财政部会计资格评价中心:《财务管理》,中国财政经济出版社 2004 年版。
26. 周国富、马成文:《投资分析》,当代中国出版社 2002 年版。
27. 刘俊彦:《筹资管理学》,中国人民大学出版社 2003 年版。
28. 潘飞、朱百鸣:《企业筹资决策》,立信会计出版社 2000 年版。
29. 潘飞、郭秀娟:《作业预算研究》,《会计研究》,2004 年第 11 期。
30. 编写组:《卷烟商品营销员》,当代世界出版社 2003 年版。
31. 欧佩玉、王平心、汪应洛:《作业基础预算流程分析》,《预测》,2004 年第 1 期。